Jan Goodwin
»Der Himmel der Frau ist unter den Füßen ihres Mannes«

Jan Goodwin

»Der Himmel der Frau ist unter den Füßen ihres Mannes«

Muslimische Frauen erzählen

Aus dem Amerikanischen von
Paul Schröder

Gustav Lübbe Verlag

Für Donald G. und Marilyn B.
für das schönste Geschenk ...

Für die deutsche Ausgabe:
Copyright © 1995 by Gustav Lübbe Verlag GmbH,
Bergisch Gladbach
Redaktion: A.-M. Kösling, Köln
Schutzumschlagentwurf: Axel Bertram, Berlin,
unter Verwendung eines Fotos von
R. & S. Michaud/Woodfin, Camp & Associates
Satz: Dörlemann-Satz, Lemförde
Druck und Einband: Friedrich Pustet, Regensburg

Printed in Germany
ISBN 3-7857-0769-X

3   2   1

Inhalt

Die Reise

Die Reise meines Lebens
beginnt in meinem Heim
und endet auf dem Friedhof.
Mein Leben ähnelt dem
eines Leichnams, der auf den Schultern
meines Vaters, meiner Brüder,
meines Mannes und meines Sohnes getragen wird.
Gebadet in Religion,
bekleidet mit Bräuchen
und begraben in Ignoranz.

Hand in Hand

Ich möchte an deiner Seite
durchs Leben gehen.
Und DU
möchtest mir einen Ring durch die Nase stecken,
an dem du mich mit dir ziehst.
Von der Liebe vergiftet
will ich dich lieben,
und DU
möchtest Gott sein,
der mich erschafft und zerbricht.
Ich möchte für immer
im Hof deines Herzens tanzen.
Und DU
besingst meine Hilflosigkeit,
schlägst auf dem Tamburin meiner Bedürfnisse,
läßt mich zappeln wie eine Marionette.
Ich wäre so gern ein Parfüm,
das deinen Körper durchdringt,
doch DU
willst mich in deiner Tasche verstecken.
Ich möchte weinen:
und DU
willst, daß ich lache, wenn du
mit dem Finger schnippst.

Atiya Dawood, Sindhi-Dichterin, Pakistan

1 Völlig anders?

Wir haben gerade genug Religion, um uns gegenseitig zu hassen,
und nicht genug, um uns lieben zu können.

Jonathan Swift, 1667–1745

Mit Maria fing alles an. Sie trat für kurze Zeit in mein Leben, als sie neun Jahre alt war. Zwei Jahre später verlor ich sie wieder an eine Welt, die ich damals kaum verstehen konnte. Für sie war ich die Mutter, die sie nie gehabt hatte, und sie war für mich die Tochter, die ich nie geboren hatte. Als ich sie beim letzten Mal sah, weinte sie herzzerreißend und erklärte mir, immer wieder von Schluchzen unterbrochen, daß sie sich umbringen wolle. Ich schauderte, als sie das sagte, und war genauso schockiert wie sechs Monate zuvor, als sie mir schon einmal das gleiche gesagt hatte.

Das letzte, an was ich mich erinnern kann, ist ihr bleiches, vom Kummer gezeichnetes Gesicht mit den braunen Augen, die so dunkel waren wie die Schatten unter ihnen, Schatten, die ein elfjähriges Kind noch nicht haben durfte. Sie konnte sich nur mit Mühe bewegen, und die blauen Flecken von den letzten Schlägen waren noch deutlich sichtbar. Maria war Objekt einer Auktion, zu der Außenseiter keinen Zutritt hatten. Ich habe sie nie wiedergesehen, aber es vergeht kein Tag, an dem ich nicht an sie denke und mich frage, wie es ihr wohl gehen mag. Und ich frage mich, ob ich nicht mehr hätte tun können, um das scheinbar Unvermeidliche, das ihr widerfahren ist, zu verhindern.

Als ich später versuchte, sie wiederzufinden, war es mir genauso unmöglich, die Kulturschranken zu überwinden, wie es Maria unmöglich war, die Mauern der *purdah*, hinter denen sie gefangen war, zu durchbrechen. Ein Jahr später berichtete man mir, daß sie zum erstenmal schwanger sei. Damals war sie noch keine zwölf. Mit elf Jahren war sie an einen Mann verkauft und gegen ihren Willen mit ihm verheiratet worden, der »bereits zwei Frauen hatte und so alt war, daß er keine Zähne mehr hatte und ständig zitterte«, – vermutlich litt er an der Parkinsonschen Krankheit. Im Gegenzug hatte Marias betagter Bräutigam ihrem Vater, der Witwer war und wieder heiraten wollte, sich aber keine neue Braut leisten konnte, eine seiner Töchter überlassen.

Ich traf Maria zum erstenmal, als sie zu mir in das Haus zog, in dem ich 1988 in Pakistan wohnte. Ihr Vater arbeitete in diesem Haus, das in Peshawar lag, als Wachmann. Peshawar, eine Grenzstadt zwischen Pakistan und Afghanistan in der Nähe des sagenumwobenen Khyber-Passes ist konservativ islamisch. Die Situation dort war außerdem sehr brisant – Sprengstoffanschläge, Entführungen und Überfälle mit Maschinengewehren waren an der Tagesordnung. Zehn Jahre zuvor hatte die Stadt fünfhunderttausend Einwohner gehabt; als ich dorthin zog, hatte sich die Bevölkerung wegen der zahlreichen Flüchtlinge aus Afghanistan, die vor der sowjetischen Invasion im Jahre 1979 geflohen waren, verdreifacht. Maria, ihre alte Großmutter und ihr Vater gehörten zu diesem Flüchtlingstreck. Sowjetische MiGs und Kampfhubschrauber hatten ihr Heimatdorf in den Bergen dem Erdboden gleichgemacht und den Rest der Großfamilie, darunter ihre Mutter, fünf Geschwister und auch ihren Hund getötet.

Ihre erste Unterkunft in Pakistan war eine Behelfsgarage, die nur an drei Seiten geschlossen war. Schon im Alter von sechs Jahren mußte Maria arbeiten, und zwar als Babysitter für das Kind des Arbeitgebers ihres Vaters. Als ich sie drei Jahre später wieder traf, hatte sie noch keine Schule besucht. Es war einfach niemand auf den Gedanken gekommen, sie anzumelden. Als ich ein paar Wochen mit ihr zusammen war, wurde mir klar, daß sie einen scharfen, kritischen Verstand und ein beinahe fotografisches Gedächtnis hatte. Ihr englischer Wortschatz wurde von Tag zu Tag größer. Mit Erlaubnis ihres Vaters meldete ich sie in der ersten Klasse einer Mädchenschule an, die von Afghanen geführt wurde.

Maria und ich kauften Stoff für ihre Schuluniform, wählten eine ordentliche Schultasche, Schulbücher, Hefte, ein Bleistiftmäppchen und eine Rechentabelle aus. Gemeinsam machten wir die Hausaufgaben und buken ihre Lieblingsplätzchen. Ich las ihr Gutenachtgeschichten vor, und sie erzählte mir Geschichten über ihr Leben in Afghanistan und über die Folklore ihres Landes. Ich schenkte ihr ein kleines Hündchen, einen kleinen Streuner, den ich gefunden hatte. Sie schmückte mein ganzes Haus mit Blumen. Ich brachte ihr bei, wie man Geburtstag feiert und Geburtstagskuchen bäckt. (Nur wenige Afghanen wissen, wann sie geboren sind oder wie alt sie sind.) Sie erklärte mir die islamischen Feiertage und bat mich, während des Ramadans, des Monats, in welchem dem Propheten Mohammed zum erstenmal der Koran offenbart wurde, gemeinsam mit ihr zu fasten.

Ein Jahr später besuchte Maria bereits die dritte Klasse, hatte Schreiben und Lesen gelernt, sprach sowohl fließend Englisch und Urdu als auch ihre eigenen beiden Dialekte, Dari und Pashto.

Als wir eines Tages mit dem kleinen Hund, den ich ihr geschenkt hatte, spazierengingen, nahm sie mich bei der Hand und sagte: »Du bist meine Mutter, meine zweite Mutter.« Und ich empfand das genauso.

Trotzdem gab es viele Gelegenheiten, bei denen klar wurde, daß ich nicht wirklich ihre Mutter war. Um einen Erfolg zu feiern, den Maria gehabt hatte und an den ich mich nicht mehr genau erinnern kann, lud ich sie zu einem Eisbecher ein, es war ihr erster. So etwas konnte man damals nur im einzigen Vier-Sterne-Hotel des Ortes bekommen. Die verhältnismäßig luxuriöse Ausstattung der Eingangshalle und die livrierten Pagen machten großen Eindruck auf sie, und sie hielt mich ganz fest bei der Hand. Als dann aber der riesige Eisbecher serviert wurde, entspannte sie sich und lachte über das ganze Gesicht. Es war eine ganz einfache Angelegenheit, aber für Maria war es ein wunderschönes Abenteuer, von dem sie jedem aufgeregt erzählte, den sie kannte.

Freunde ihres Vaters waren jedoch sehr aufgebracht und ließen ihn das auch wissen. Einer meiner afghanischen Freunde, ein hoher Beamter, klärte mich über die Unangemessenheit meines Verhaltens auf. »Aber ich habe ihren Vater doch vorher um Erlaubnis gebeten«, erwiderte ich und wies darauf hin, daß ich nie eine Entscheidung traf, die sich auf Maria bezog, ohne vorher die Zustimmung ihres Vaters einzuholen. Ich hatte mich immer sehr bemüht, nicht gegen die Sitten dieser patriarchalischen Gesellschaft zu verstoßen.

»Du ermutigst ein afghanisches, muslimisches Mädchen zur Unbescheidenheit«, erklärte er mir. »Wie bitte?« fragte ich verwirrt. Wir beide, Maria und ich, trugen die ortsübliche traditionelle Kleidung, *shalwar kamez* – lange Pumphosen, die unter einem losen, knielangen Kasack mit langen Ärmeln getragen wurden. Außerdem waren Marias Kopf und ihre Brust von einem großen, weißen, bettuchartigen *tschador* bedeckt, den sie, solange ich sie kannte, trug, obwohl ihre Religion dieses Kleidungsstück erst nach der Pubertät vorschrieb. Ich wies außerdem darauf hin, daß sich noch andere Frauen im Café des Hotels befunden hätten. »Du konfrontierst sie mit einem Leben, das ihr fremd ist und auch fremd bleiben sollte. Sie gehört nicht an einen öffentlichen Ort – du ermutigst sie zur Prostitution.«

Ich war so verblüfft, daß mir keine Antwort einfiel.

Ein paar Monate später hatte ich außerhalb der Stadt zu tun und erfuhr nach meiner Rückkehr, daß Maria während meiner gesamten Abwesenheit nicht in die Schule gegangen war. Nach einer gewissen Zeit erklärte sie mir, daß die Freunde ihres Vaters ihm den Rat gegeben hätten, sie nicht in die Schule zu schicken, da sich eine solche Ausbildung für ein Mädchen nicht schicke. »Sie werden streitsüchtig und sind dann nicht mehr gut zu verheiraten«, hatten sie gesagt. Daß Maria nicht einmal elf Jahre alt war, schien dabei keine Rolle zu spielen.

Und dann begannen die Prügel. Zuerst litt sie still. Ich kam erst dahinter, als ich merkte, daß es ihr schwerfiel, von den Bodenkissen aufzustehen, die in der Wohnung ihrer Familie als Sitzmöbel dienten. Ihre Großmutter erzählte mir dann, was geschehen war, und zeigte mir Marias Blutergüsse und den dicken Axtstiel, mit dem sie verprügelt worden war.

Maria konnte mehrere Tage lang nicht richtig gehen. Ich wollte ihren Vater zur Rede stellen, aber weder ihre Großmutter noch Maria selbst ließen es zu. »Das würde für Maria alles nur noch schlimmer machen«, erklärte mir die Großmutter. »Ein Mann hat das Recht, die Frauen in seiner Familie zu schlagen. Dagegen können Sie nichts machen.«

Und so schien es tatsächlich im ganzen Land zu sein, wie ich im

letzten Jahr auf dem ersten pakistanischen Kongreß über Kindesmißhandlung erfahren mußte. Ich saß völlig perplex auf meinem Platz,
während Ärzte, Anwälte und Rechtsexperten über die Schwierigkeiten
bei der strafrechtlichen Verfolgung von Kindesmißhandlungen berichteten. Ein Mann hat das Recht, seine Familie zu züchtigen, das ist in
dieser Kultur so üblich. Auf demselben Kongreß berichtete ein Anwalt
über einen Fall von Inzest, der vom Gericht abgewiesen worden war,
obwohl das Mädchen von seinem Vater geschwängert worden war. In
einer islamischen Familie gibt es keinen Inzest, befand der Richter
kategorisch, bevor er die Klage abwies.

Maria wurde weiter verprügelt, und ihr Vater sperrte sie immer
häufiger zu Hause ein. Schließlich erfuhr ich den Grund. »Er will
wieder heiraten und hat eine neue Frau gefunden, die Maria nicht
haben will. In unserem Land will die neue Frau nie die Kinder ihrer
Vorgängerin übernehmen. Er wird Maria dem Mann geben, dessen
Tochter er heiratet«, erklärte mir ihre Großmutter. »Maria muß das
tun, was ihr Vater ihr sagt. So ist das bei uns.«

Dieses Kind, das noch ein paar Monate zuvor davon geträumt hatte,
eines Tages vielleicht ein College besuchen zu können, leistete jedoch
hartnäckigen Widerstand. »Soll er mich töten. Es wäre besser, wenn ich
tot wäre. Ich möchte sterben. Ich werde mich selbst umbringen.«

Afghanische Freunde gaben mir den dringenden Rat, mich nicht
einzumischen. »Selbst wenn er sie umbringt, würde keine Autorität sein
Recht dazu in Frage stellen«, sagte einer. »Sie ist seine Tochter, also muß
sie ihm gehorchen.« Ein afghanischer Kollege schlug vor: »Kauf sie
ihm ab, biete dem Vater Geld und verschwinde mit ihr.« Obwohl der
Gedanke, einen Menschen zu kaufen, genauso abscheulich war wie die
Gewalttätigkeiten, zog ich ihn doch ernsthaft in Betracht. In einem
Telefongespräch mit der amerikanischen Botschaft erklärte man mir,
daß eine Adoption in Pakistan mindestens zwei Jahre dauern würde.
Außerdem müßte ich beweisen, daß sie eine Waise sei oder daß ihre
Eltern sie verlassen hätten.

Kurz darauf zog Marias Familie um, und obwohl ich immer wieder
versuchte, sie zu finden, habe ich sie nie wieder gesehen. Hätten wir in
einer anderen Kultur gelebt und uns so nahegestanden, hätte ich damit
rechnen können, daß sie mich gefunden hätte. Aber die Welt außerhalb

ihres Elternhauses war für sie tabu. Sie konnte das Haus nur in Begleitung eines männlichen Familienmitglieds verlassen. Ich wußte, daß sie –
wie jede andere Frau ihres Kulturkreises – mit der Tatsache, eingesperrt zu sein, fertig werden würde, aber das geistige Gefängnis, in dem
sie leben mußte, war für sie genauso schlimm wie die erzwungene
Heirat mit einem Mann, den sie abstoßend fand.

Maria war für mich der Anlaß, dieses Buch zu schreiben. War das, was
mit ihr geschah, in den unterentwickelten Ländern der Welt nur etwas
Alltägliches: daß Mädchen von Geburt an kaum eine Chance hatten,
daß ihre Bedürfnisse und Fähigkeiten ignoriert wurden? Könnte ihre
Geschichte sich genausogut in Afrika oder Lateinamerika zugetragen
haben? Oder waren ihre Erfahrungen typisch für die Kultur, in der sie
lebte? Ich wollte wissen, wie das ist, wenn man als weibliches Wesen in
Marias Welt aufwächst.

Auf meiner Entdeckungsreise besuchte ich zehn islamische Län-
der: Pakistan, Afghanistan, den Iran, die Emirate, Kuwait, Saudi-
Arabien, den Irak, Jordanien, die israelisch besetzten Gebiete und
Ägypten.

In dieser Zeit sprach ich mit Hunderten von islamischen Frauen,
mit Angehörigen von Königshäusern, mit Rebellinnen, mit berufstätigen Frauen und Bäuerinnen. Ich sprach auch mit den Männern, die
über das Leben ihrer Frauen bestimmen: mit den Vätern, Brüdern,
Ehemännern, Söhnen, mit islamischen Gelehrten und Religionsführern, ja sogar mit dem Mann, der für 85 Prozent der Muslime die
höchste Autorität ist, mit dem Scheich von Al Azhar. In dieser elfhundert Jahre alten Moschee und Universität von Kairo wird über alle
weltlichen, geistlichen und rechtlichen Fragen der sunnitischen Muslime entschieden.

Schon sehr bald schob sich ein bestimmtes Thema immer mehr in
den Vordergrund, das gegen Ende meiner Reisen mein ganzes Bewußtsein beherrschte und so wichtig war, daß es nicht vernachlässigt werden
durfte. Der ständig zunehmende islamische Extremismus war das Leit-
motiv, das mich in diesen zehn Ländern begleitete.

Immer wieder mußte ich feststellen, daß die militanten Männer, mit
denen ich sprach, in den Vereinigten Staaten studiert hatten und häufig

erst im Westen so radikal geworden waren. Zunächst konnte ich das nicht verstehen. Es war jedoch offensichtlich, daß eine neokonservative Welle selbsternannter religiöser Koran-Exegeten begonnen hatte, den Islam von innen anzugreifen. Dadurch veränderten sie die Welt, in der sie lebten, vor allem für die Frauen, und machten ihren Einfluß oft auch außerhalb geltend.

Für uns westliche Menschen ist die Trennung von Kirche und Staat eine unverzichtbare Forderung. In der muslimischen Welt bestimmt der Islam alle Aspekte des öffentlichen, privaten und spirituellen Lebens. Und diese Vermischung von Religion und Staatsgewalt hat zur Folge, daß die wachsende islamische Erneuerungsbewegung den Leuten vorschreiben kann, was sie zu denken haben und wie sie sich verhalten, kleiden und leben sollen. Sie nimmt darüber hinaus immer stärkeren Einfluß auf die Regierungsform dieser Länder.

Alle Staaten der islamischen Welt betrachten die wachsende fundamentalistische (oder islamistische) Bewegung als größte Bedrohung der bestehenden Regierungen. Der Fanatismus der religiösen Extremisten hat zahlreiche muslimische Regierungschefs so entnervt, daß die arabischen Staaten seit Anfang 1993 im Mittleren Osten und in Europa eine Reihe von Konferenzen abhalten, auf denen beraten wird, wie man die Bewegung des islamischen Fundamentalismus zerschlagen könnte. Die Zahl der Bombenanschläge, Sabotageakte und Überfälle, die im Namen des Islam stattgefunden haben, ist in den letzten Jahren enorm angestiegen. Gewaltakte und subversive Aktivitäten haben in einem solchen Maß zugenommen, daß die einzelnen Regierungen inzwischen erkannt haben, daß sie unbedingt etwas dagegen unternehmen müssen.

Fromme Muslime sind stets schockiert, wenn sie hören, daß das Wort »Islam«, das soviel bedeutet wie Gehorsam und Unterwerfung unter den Willen Gottes, ein Synonym für Gewalt geworden ist. Es gibt im Islam sicher genauso unterschiedliche Formen wie im Christentum und Judentum. Man darf gemäßigte oder eher weltlich orientierte Muslime nicht mit den Fundamentalisten in einen Topf werfen, und Menschen, die sich dem orthodoxen Islam verpflichtet fühlen, sind nicht zwangsläufig Fanatiker, oder umgekehrt. In der westlichen Welt übersieht man außerdem gern die Tatsache, daß nicht alle Mitglieder der Organisationen, die im allgemeinen als islamisch bezeichnet werden, Muslime sind. Der Arzt George Habash, einer der gewalttätigsten PLO-Terroristen der frühen Jahre, der später der Volksfront für die Befreiung Palästinas – einer ihrer extremistischen Splittergruppen – angehörte, ist Christ. Weitere bekannte Christen in der islamischen Welt sind Tariq Aziz, Saddam Husseins Außenminister, und Hanan Ashrawi, die Sprecherin der Palästinenser bei den Nahost-Friedensgesprächen. Die einzigen Waffen, mit denen diese Frau gekämpft hat, waren ihr wacher Verstand und ihre Beredsamkeit.

Mit der Zeit wird immer deutlicher, daß die Anhänger dieser islamischen Erneuerungsbewegung bedeutend radikaler sind als ihre Vorgänger. Sie fordern eine Besinnung auf die frühe, spirituellere (und mit Sicherheit idealisierte) Form des Islam, und ihre Rhetorik dient der Demagogik und hat wenig mit der Reinheit des Glaubens zu tun. Die Islamisten haben begriffen, was schon Machiavelli und Platon erkannt hatten: Die Religion kann ein Werkzeug sein, mit dem sich die Macht legalisieren läßt. So haben die Extremisten denn auch in den letzten Jahren den Islam mißbraucht, um entweder ihre Machtansprüche zu rechtfertigen oder dort, wo sie bereits an der Macht waren, die Aufrechterhaltung der politischen Kontrolle zu sanktionieren. Zu diesem Zweck haben viele fundamentalistische Gruppierungen die Lehren des Propheten Mohammed und des Korans verfälscht, für deren Erneuerung sie angeblich eintreten.

Das betrifft vor allem die muslimischen Frauen. Die extremen Einschränkungen, die die islamische Bewegung den Frauen auferlegt, zum Beispiel die vollständige Verschleierung oder das Eingesperrtsein, lassen sich nicht auf den Koran oder auf die Lehren des Propheten zurückführen. Sie werden erzwungen, weil die Frau in der muslimischen Welt eine bestimmte Rolle spielt. Man glaubt, daß die Ehre einer Muslim-Familie von der Keuschheit und Sittsamkeit ihrer Frauen abhängt. Deshalb muß eine muslimische Frau auch jungfräulich in die Ehe gehen und wird möglicherweise getötet, wenn das nicht der Fall ist. Aus dem gleichen Grund bestehen die Islamisten auch darauf, daß ihre Frauen vollständig verschleiert sind und von der Außenwelt abgeschlossen leben. Hassan al-Turabi, der eigentliche Führer des fundamentalistischen Sudan, sagte einmal: »Die Frauen sind der symbolische und substantielle Schlüssel zur neuen islamischen Bewegung.« Barnett

Rubin, ein New Yorker Politologe von der Columbia University, stimmt mit ihm überein:»Die Frauen sind zum Symbol für die Hingabe der Männer an den islamischen Glauben geworden.«

Wenn Maria und ihre Familie 1992 nach der Machtergreifung durch die Widerstandsbewegung wie viele andere afghanische Flüchtlinge in ihre Heimat zurückgekehrt wären, hätten sie feststellen müssen, daß ihr Land sich in einen absolut theokratischen Staat nach dem Vorbild des Iran und Saudi-Arabiens verwandelt hatte. Und getreu ihren Vorbildern führte die fundamentalistische Regierung Afghanistans auch gleich öffentliche Hinrichtungen ein. Die ersten Delinquenten wurden im September 1992 im größten Park der Hauptstadt aufgehängt, ihr Verbrechen:»Un-islamische Aktivitäten«. Gleichzeitig mußten sich die Frauen des Landes damit abfinden, daß man ihnen unmittelbar nach der Machtübernahme fast alle Rechte aberkannte. Nach siebenundzwanzig Jahren verloren sie ihr Wahlrecht und dürfen in Zukunft weder Regierungsämter bekleiden noch beim Fernsehen oder im Rundfunk arbeiten. In einem Land, in dessen Hauptstadt man in den sechziger Jahren Miniröcke getragen hatte, durften sich die Frauen jetzt nur noch völlig verschleiert in der Öffentlichkeit zeigen. In den Anfängen des Islam vor vierzehnhundert Jahren hatte der Prophet Mohammed es den Frauen noch erlaubt, politisch aktiv zu sein, zu arbeiten und sich unter die Männer zu mischen. Und sie brauchten ihr Gesicht damals nicht hinter einem Schleier zu verbergen.

In den Staaten der muslimischen Welt wird der Einfluß der extremistischen islamischen Bewegung immer größer, und man kann davon ausgehen, daß die Männer, die dort an der Macht sind, dem Druck der strenggläubigen Religionsführer nachgeben. Die Einschränkungen, die den Frauen auferlegt werden, sind ein nach außen hin sichtbares Symbol, mit dem die Massen beschwichtigt werden sollen. Und diejenigen, die diese Einschränkungen durchsetzen, kostet es keine große Mühe. Koran-Exegeten, zumeist Männer, betonen vor allem die Koran-Passagen, die sich auf die patriarchalischen Aspekte des Islam beziehen, während sie alle noch so deutlichen Hinweise auf die Gleichberechtigung der Frau und ihr Recht auf eine Ausbildung verschweigen. Aus politischen Gründen werden die Absichten des Propheten, die sich auf die Frauen beziehen, sowohl falsch interpretiert als auch falsch umgesetzt, und von seiner positiven Einstellung den Rechten der Frauen gegenüber ist weder im Rechtssystem noch in der Praxis der modernen Regierungen etwas übriggeblieben. Und da die Muslimfrauen als erste von den Veränderungen betroffen werden, lassen sich ihre Freiheiten oder ihre Unfreiheit als Indikator für die politische Richtung betrachten, in die sich diese Staaten bewegen.

Im Westen ist es heutzutage Mode, alle Muslime als die neuen Parias zu betrachten: Sie sind ausnahmslos Terroristen, Fundamentalisten und Fanatiker und haben inzwischen in unserem Bewußtsein den Platz der Kommunisten eingenommen. Vor noch gar nicht langer Zeit veröffentlichte das »Time«-Magazin eine Titelgeschichte mit der Überschrift »Die Entwicklung des Islam: Müssen wir Angst haben?« Viele Leute beantworteten diese Frage mit einem entschiedenen Ja. Das läßt sich leicht erklären: Nichtwissen erzeugt Angst. Die Menschen der westlichen Welt würden am liebsten einen Zaun um die islamischen Staaten ziehen und das ganze Territorium Arabien nennen, wo ausschließlich bärtige Männer leben, die viele verschleierte Frauen haben, welche ihnen im Abstand von zwei Schritten folgen müssen. Jeder besitzt in seinem Garten eine Ölquelle, in jeder Garage stehen ein Mercedes (das lange Modell natürlich) und ein Kamel, und in jedem Schrank befindet sich eine Kalaschnikow. Außerdem gibt es natürlich in jedem Haus einen Harem. Solche unsinnigen Vereinfachungen kennen wir umgekehrt auch aus Filmen, die dem Rest der Welt zeigen, was die Amerikaner für Menschen sind.

Während sich westlich orientierte Organisationen redlich Mühe geben, die Vorstellungen über die Muslime in den Köpfen der Nicht-Muslime zu revidieren, haben die militanten Islamisten begonnen, ihren gewalttätigen Radikalismus zu exportieren. Einige Jahre nachdem die letzte amerikanische Geisel muslimischer Extremisten nach Hause zurückgekehrt war und Muslime, die im Ausland lebten, keine Angst mehr hatten, sich offen zu ihrem Glauben zu bekennen, fügte ein einziger Terrorakt in New York City dem Bild des Islam in den Vereinigten Staaten einen Schaden zu, der genauso groß war wie der, den Khomeinis Revolution angerichtet hatte. Der Bombenanschlag auf das World Trade Center in Manhattan Anfang 1993 tötete sechs Menschen und verletzte über tausend. Es war der bisher schlimmste terroristische Anschlag auf amerikanischem Boden.

Bei den jungen Männern, die im Zusammenhang mit dem Bombenanschlag verhaftet wurden, handelte es sich um palästinensische Flüchtlinge und Ägypter. Alle waren Schüler des fanatischen Scheichs Omar Abd el Rahman, des Führers der muslimischen Fundamentalisten. Vier Monate später wurde eine weitere Gruppe seiner Anhänger, zu der mehrere schwarze amerikanische Muslime gehörten, verhaftet, weil sie angeblich Bombenanschläge auf das Gebäude der Vereinten Nationen, auf die Büros des FBI und auf den Lincoln-and-Holland-Straßentunnel zwischen New Jersey und Manhattan geplant hatten. Kurz darauf wurde Scheich Omar selbst verhaftet, zunächst wegen eines Verstoßes gegen das Einwanderungsgesetz, dann jedoch wegen Bildung einer terroristischen Vereinigung.

Rahman, ein Ägypter, der als Folge von Zuckerkrankheit seit seiner Kindheit blind ist, ist Führer einer in Ägypten verbotenen fundamentalistischen Organisation. Als die Gruppe »Al-Jihad« (Heiliger Krieg) verboten wurde, nannte Scheich Omar die Gruppe einfach »Al Gamaat al Islamiyya« (Islamische Gruppe) und setzte seine Aktivitäten fort. Man vermutet, daß er und seine Organisation unter anderem auch an der Ermordung des ägyptischen Präsidenten Sadat beteiligt waren. Scheich Omar ist Autor jenes *fatwa* (einer religiösen Verlautbarung), durch den Sadat zum Abtrünnigen erklärt worden war – zu einem Menschen, der seinen Glauben verloren hat. Im Islam steht darauf die Todesstrafe. Dieses *fatwa* ähnelte im Stil dem Aufruf, durch den Salman Rushdie von Khomeini zum Tode verurteilt worden war.

Die Organisation des Scheichs wurde darüber hinaus mit der Ermordung des ägyptischen Parlamentssprechers im Jahr 1990 und des Schriftstellers Farag Fouda 1992 in Verbindung gebracht. Fouda mußte sterben, weil er sich spöttisch über die Art geäußert hatte, wie die Fundamentalisten die Frauen betrachten. Er kritisierte zum Beispiel, daß es den Männern verboten ist, sich im Bus auf einen Platz zu setzen, auf dem vorher eine Frau gesessen hat. Sie sind angehalten, erst zehn Minuten zu warten, bis die Körperwärme dieser Frau nicht mehr zu spüren ist. Außerdem sprach die Organisation des Scheichs gegen eine Anzahl von prominenten Ägyptern, darunter mehrere Schriftsteller,

Todesdrohungen aus, so zum Beispiel gegen den Nobelpreisträger
Naguib Mahfouz und die führende ägyptische Feministin Nawal El
Saadawi. Die Regierung sah sich gezwungen, die Betroffenen rund um
die Uhr von bewaffneten Polizisten bewachen zu lassen.

Ende 1992 und im Jahr 1993 begannen die Anhänger des Scheichs,
den ägyptischen Tourismus zur Zielscheibe ihrer terroristischen Anschläge zu machen. Touristenbusse und Ausflugsdampfer auf dem Nil
wurden mit Maschinenpistolen beschossen, auf Cafés und Sehenswür-
digkeiten, die bei westlichen Touristen beliebt waren, wurden Bombenanschläge verübt, wobei mindestens drei Ausländer getötet und viele
Araber verletzt wurden. Als Folge dieser Terroranschläge ging der
ägyptische Tourismus innerhalb weniger Monate um 80 Prozent zurück, was der Regierung ein Steuerdefizit von umgerechnet 6 Milliarden D-Mark bescherte, eine Summe, die sich ein so armes Land kaum
leisten kann.

Nachdem der Scheich in den achtziger Jahren mehrfach verhaftet
worden war, floh er 1990 in den Sudan. Dieses Land, dessen eigene
Fundamentalisten vom Iran finanziert und unterstützt werden, bildet
religiöse Extremisten in speziellen militärischen Trainingslagern aus,
die nahe der ägyptisch-sudanesischen Grenze liegen. Während seines
Aufenthalts in Khartum beantragte Rahman ein Visum für die Vereinigten Staaten, das ihm auch ausgestellt wurde, obwohl er seit der
Ermordung Sadats auf der Schwarzen Liste des State Department
stand.

Kurz nachdem Scheich Omar in den Vereinigten Staaten angekommen war, wurde einer seiner Anhänger des Mordes an dem rechtsradi-
kalen Rabbi Meir Kahane in New York angeklagt. Und einige Monate
danach fand man einen seiner Gesinnungsgenossen, mit dem der
Scheich sich über die Kontrolle der Finanzen zerstritten hatte, tot in
seiner Wohnung in Brooklyn auf.

Scheich Omar ist ein Anhänger des Takfir wal Hijra, einer Ideologie, die auf den ägyptischen Intellektuellen Sayyid Qutb zurückgeht,
der während des Nasser-Regimes hingerichtet worden war. Qutb, der
von 1949 bis 1951 in Amerika studiert hatte, war mit der Zeit immer
radikaler geworden und hatte eine extrem anti-westliche Einstellung
gewonnen. Sein Abscheu vor dem moralischen Zerfall, in den der

Westen seiner Meinung nach getrieben wurde, veranlaßte ihn, der
Muslimischen Bruderschaft beizutreten. Heute ist diese Bruderschaft,
die 1928 in Ägypten gegründet worden war, die größte islamische
fundamentalistische Organisation der Welt und nach eigenen Angaben
in allen größeren Ländern einschließlich der USA und Europa vertreten.

Vor kurzem hat der Scheich Ägyptens Präsidenten Mubarak bedroht und zu seinem Sturz aufgerufen, weil er ein Ungläubiger und
seine Regierung korrupt und anti-islamisch sei. Wenn man einen Muslim einen Ungläubigen nennt, so ist das das gleiche, als würde man ihn
als Abtrünnigen bezeichnen. Für einen fundamentalistischen Muslim
kann so etwas nur mit dem Tode gesühnt werden. Mit dieser simplen
Argumentation rechtfertigen die Extremisten alle islamischen Mord-
anschläge.

Der wahre Islam ist jedoch bedeutend barmherziger. Wenn jemand
beschuldigt wird, ein Abtrünniger zu sein, hat er ein Recht auf einen
Prozeß, und wenn er widerruft, wird er begnadigt. Nur wenn der
Beschuldigte sich weigert zu widerrufen, kann das Todesurteil ausgesprochen werden. Der Islam verfügt auch über sehr strenge Richtlinien,
die die Erklärung des Heiligen Krieges betreffen. Die Tatsache, daß
man einen lästigen politischen Widersacher loswerden will, ist noch
kein Grund, den *jihad* zu erklären.

Scheich Omar führt einen Titel der juristischen Fakultät der berühmten Al-Azhar-Universität und hat sowohl in Ägypten als auch in
Saudi-Arabien Vorlesungen über Rechtsprechung gehalten. Man
möchte daher meinen, daß er als islamischer Gelehrter eigentlich wissen müßte, wie die Strafe für jemanden aussieht, der ohne triftigen
Grund den Heiligen Krieg erklärt oder einen anderen Muslim ermordet. Seit seiner Ankunft in den Vereinigten Staaten haben einige große
Moscheen sich geweigert, ihn predigen zu lassen, weil seine Predigten
theologisch zu oberflächlich seien und nur den Zweck hätten, politischen Fanatismus zu verbreiten.

Um sich gegen die gewalttätigen Fundamentalisten durchsetzen zu
können, mußte Mubarak in Ägypten hart durchgreifen, was zur Folge
hatte, daß seine Regierung vorübergehend ins Wanken geriet. Aber er
setzte es durch, daß die Mitgliedschaft in einer terroristischen Vereini-

gung in Ägypten wieder mit dem Tode bestraft werden kann. Diese drakonischen Strafen und das Verbot zahlreicher radikaler Organisationen haben dazu geführt, daß Europa und vor allem die Vereinigten Staaten zu einem Refugium für islamische Extremisten geworden sind. Wie ich erfahren konnte, werben die islamischen Fundamentalisten vor allem an den amerikanischen Universitäten ihre neuen Mitglieder an. Die Muslim-Bruderschaft, das indische Gegenstück Jamaat-i-Islami, Scheich Omars Organisation Takfir wal Hijra und die gewalttätige, vom Iran unterstützte Hisbollah – die für die Entführung der Amerikaner in Beirut und die Selbstmordkommandos, bei denen unter anderem 1983 zweihundertfünfzig Soldaten der US-Marineinfanterie in ihrer Kaserne getötet wurden, verantwortlich war – betreiben regelrechte Anwerbeprogramme für Studenten in allen möglichen amerikanischen Colleges. Von Berkeley im Westen bis zur Florida University im Osten und an vielen anderen Orten, wie zum Beispiel an der Michigan State University und der Southern Illinois University, gibt es professionell aufgezogene, finanziell abgesicherte Studentenorganisationen, die die muslimischen Kommilitonen betreuen. »Für die wachsamen Augen der Polizei ihres Heimatlandes unsichtbar, werden Studenten von einer Vielzahl islamischer Organisationen angeworben«, sagt Yvonne Haddad, eine Expertin auf dem Gebiet des Islam in Amerika. »Hier können sie Verbindungen zu Studenten anderer Nationen herstellen und auf diese Weise den Kern einer internationalen Organisation bilden, die es sich zum Ziel gesetzt hat, einen islamischen Staat oder eine islamische Weltordnung zu schaffen.«

Die Basis einer der größten und aktivsten islamischen Studentenverbindungen befindet sich Scott Appleby zufolge an der Southern Illinois University in Carbondale. Appleby ist Co-Direktor des »Fundamentalist Project« und wahrscheinlich die angesehenste Autorität auf dem Gebiet des religiösen Fundamentalismus in Amerika. Das Projekt, das auf sechs Jahre geplant ist, wird von der »American Academy of Arts and Science« finanziert und von führenden Wissenschaftlern der berühmtesten Universitäten des Landes betreut. Es arbeitet an einer »enzyklopädischen Übersicht über den Fundamentalismus auf der ganzen Welt«. Die Ergebnisse dieser Untersuchung werden unter anderem den Politikern zur Verfügung gestellt werden.

Laut Appleby produziert die islamische Studentenschaft, zu der Muslime aus dem Mittleren Osten und Südostasien zählen, »große Mengen an Literatur und leistet auch außerhalb des Universitätskampus intensive Bekehrungsarbeit«.

Während ihres Studiums in den Vereinigten Staaten fühlen sich die muslimischen Studenten zu den islamischen Organisationen hingezogen, weil sie häufig das Gefühl haben, von den anderen Studenten nicht akzeptiert zu werden. Das erfuhr ich von den Fundamentalisten, die ich auf meiner Odyssee durch zehn Länder kennenlernte. Sie berichteten mir, daß man sie wegen ihres Glaubens verspottet und von oben herab behandelt habe, und beschwerten sich über die Borniertheit ihrer Kommilitonen und Professoren. »Die Muslime sind die einzige ethnische Gruppe, der gegenüber man in Amerika noch Rassist sein darf«, erklärte mir ein arabischer Ingenieur in der Golfregion, der in Amerika studiert hatte. »In dieser Beziehung haben wir die Schwarzen abgelöst.« Nach jedem Gewaltakt, der von Muslimen verübt worden war und in die Schlagzeilen kam, so berichtete er, wurden muslimische Studenten in Amerika beschimpft und mitunter sogar angegriffen. »Als der Iran amerikanische Geiseln genommen hatte, nannten sie mich einen verdammten Iraner und gaben mir den Rat, doch wieder zu Khomeini zurückzugehen. Als die Kaserne der Marinesoldaten in die Luft gesprengt wurde, nannten sie mich einen dreckigen Araber und sagten mir, ich solle doch nach Beirut zurückgehen. Während des Golfkriegs nannte man die Araber Saddam Husseins Sandneger, und man riet ihnen, doch nach Bagdad zurückzugehen. Ich habe in Amerika viele Studenten gekannt, die ihre muslimische Herkunft verleugneten, um sich diese Probleme zu ersparen. Ich selbst habe das getan, nachdem man mir Prügel angedroht hatte.«

Heutzutage setzen sich die normalen Muslime gegen diese Borniertheit zur Wehr. Nach dem Bombenanschlag auf das World Trade Center und den dramatischen Schlagzeilen demonstrierten Hunderte von Muslimen vor der Moschee in New Jersey, die mit Scheich Omar in Verbindung gebracht wird, und trugen Plakate mit den Aufschriften »Islam ist nicht gleich Terrorismus« und »Wir sind nicht bereit, Vorurteile hinzunehmen«.

Der religiöse Fundamentalismus ist Appleby zufolge auf der ganzen

Welt auf dem Vormarsch. »Gegen Ende des zwanzigsten Jahrhunderts haben das Versagen und der Bankrott der weltlichen Alternativen die Entstehung solcher Bewegungen gefördert, ganz gleich, ob es sich dabei um den Islam, das Christentum, das Judentum, den Hinduismus, die Religion der Sikhs oder den Buddhismus handelt. Im Mittleren Osten, in Südostasien und Afrika haben viele Länder unter dem Kolonialismus leiden müssen, und obwohl sie inzwischen davon befreit sind, leben diese Gesellschaften immer noch unter denselben kulturellen Rahmenbedingungen. Der zweiten und dritten Generation der Bürokraten und Administratoren dieser Länder, also der westlich orientierten Elite, ist es bisher nicht gelungen, ihren Ländern wirtschaftlichen Wohlstand oder politische Freiheit zu bringen.

Man ist unzufrieden und hat das Gefühl, irgendwie die Orientierung verloren zu haben. Man kann beobachten, daß die einzelnen Gesellschaften zu den religiösen Wurzeln und Gesetzen zurückkehren, um mit den Problemen fertig zu werden.« In den wegen ihrer Ölvorkommen wohlhabenden muslimischen Staaten, in denen Armut und Mangelzustände nicht die Rolle spielen wie in den vielen anderen islamischen Ländern, sind die Muslime laut Appleby »in ihren Moralvorstellungen verletzt, verwirrt und verunsichert« über das, was der Reichtum mit sich bringt. »Nur zu oft haben sie das Gefühl, sich an den Westen zu verkaufen.«

Die enorme Entwicklung des islamischen Fundamentalismus der letzten Jahre wird zum Teil auf den Erfolg der Revolution im Iran zurückgeführt. »In vielen Ländern der islamischen Welt, auch in solchen, die so verschieden sind wie Nigeria, Malaysia und Indonesien, sind die Führer durch den Erfolg des iranischen Regimes beeinflußt worden«, sagt Appleby. »Ein neues Nationalgefühl ist entstanden; die Menschen fühlen sich durch den Erfolg und die Beachtung, die der fundamentalistische Iran genießt, bestätigt.« Die moderne fundamentalistische Parole »Der Islam ist die Lösung« kommt bei den Leuten sehr gut an. In Ländern, die unter korrupten, tyrannischen Regierungen leiden, die nicht in der Lage oder nicht bereit sind, Arbeitsplätze zu schaffen, Wohnungen zu bauen und andere Grundbedürfnisse zu befriedigen, scheint sie die einzige Alternative zu sein.

Die »Islamische Erweckungsbewegung«, eine Bezeichnung des Fundamentalismus, die von Turabi stammt, dem militanten Religionsführer des Sudan, der im Westen studiert hat, steht für die Modernität der islamischen Gesellschaften, so jedenfalls drückt er das aus. »Wenn man dem Islam Gelegenheit bietet, sich friedlich zu entwickeln, wird er eine Evolution durchmachen. Sonst wird er sich über den Weg der Revolution durchsetzen. Was der Islam darstellt und ob er militant ist oder nicht, hängt davon ab, wie die Muslime ihn definieren.« Und inzwischen beteiligen sich immer mehr Muslime auf der ganzen Welt an dieser Debatte, häufig mit der Waffe in der Hand.

Muslime, die Hilfslieferungen oder militärische Unterstützung von anderen islamischen Staaten oder Organisationen angenommen haben, müssen feststellen, daß die Bezahlung eine Übernahme der radikalen Ideologie des Spenders einschließt. Gleichzeitig hat das Anwachsen des Fundamentalismus in den islamischen Ländern dramatische und zerstörerische Veränderungen im Leben der Frauen zur Folge. Die starre Haltung im Hinblick auf extremistische Gedanken und Verhaltensweisen hat große Auswirkungen auf jeden Aspekt des Lebens der Frauen. Wir wissen natürlich, daß es viele Frauen gibt, die der radikalen Bewegung freiwillig beitreten, so wie es zu Beginn der Revolution unter Khomeini geschehen ist. Solche Frauen wurden Fundamentalistinnen, weil sie vorher zu den Entrechteten gehört hatten und zum erstenmal eine gewisse Macht bekamen oder weil sie wirklich an die Ideologie glaubten. Andere sind der Meinung, daß sie unter einem fundamentalistischen Regime und wenn sie völlig verschleiert sind, von den Männern eher respektiert und weniger belästigt werden. In der großen Mehrzahl der Fälle werden die Frauen jedoch entweder durch die Männer in der Familie oder durch Drohungen der Islamisten in ihrer Gemeinde zum Fundamentalismus gezwungen.

Die internationale islamische extremistische Bewegung ist keine billige Angelegenheit. Waffen und militärische Ausbildung kosten Geld. Das gleiche gilt für den weltweiten Propagandaapparat. Und obwohl der islamische Fundamentalismus keineswegs eine Einheit darstellt, kommt es in zunehmendem Maß zu einer Zusammenarbeit zwischen Sunniten und Schiiten. Auf meinen Reisen konnte ich feststellen, daß die islamische Ausdrucksweise, die Philosophie und Didaktik überall

dieselben waren, ganz gleich, in welchem Land ich war und mit welcher
Gruppe ich sprach. »Die mächtigste Waffe der islamischen Fundamentalisten ist die Uniformität ihrer Meinungen und das Fehlen einer
jeglichen Abweichung von der Schrift«, sagt Alon Ben-Meir, ein in New
York lebender Politologe, der sich auf den Mittleren Osten spezialisiert
hat.

Es ist ein weitverbreiteter Irrtum, zu glauben, der Iran sei der
Hauptfinanzier der islamischen fundamentalistischen Bewegung. Auch
wenn dieses Land maßgeblich an der Verbreitung fanatischer Parolen
beteiligt ist, ist es weit davon entfernt, der wichtigste Finanzier der
Extremisten zu sein. Irans eigene Wirtschaft ist ein einziger Trümmer-
haufen, denn das Regime der Mullahs weiß zwar, wie man eine religiöse Revolution vom Zaun bricht, ist jedoch nicht in der Lage, ein
Land zu regieren.

Es dürfte kaum überraschen, daß bei der Finanzierung der Fundamentalisten die Länder am spendabelsten sind, die es sich leisten
können: die reichen Ölstaaten am Golf. Saudi-Arabien, Kuwait und die
winzigen, aber ungeheuer reichen Vereinigten Arabischen Emirate,
allesamt enge Verbündete der USA, spielen schon seit langem ein
politisches Doppelspiel. Während es auf der einen Seite die Friedensgespräche im Nahen Osten nach außen hin unterstützt, finanziert zum
Beispiel Saudi-Arabien gleichzeitig die Hamas, den militanten palästinensischen Zweig der Muslimischen Bruderschaft im Westjordanland
und im Gazastreifen, der sich offen gegen die Existenz Israels bekennt.
In einem einzigen Jahr hat es der Hamas, die ständig in Saudi-Arabien
präsent ist, 72 Millionen Dollar zukommen lassen. Das Königreich hat
auch die PLO finanziert, und zwar zu einer Zeit, als sie noch als
terroristische Organisation bezeichnet wurde. 1985 belief sich eine
einzelne Zahlung auf 85 Millionen Dollar. Und obwohl Riad die Organisation öffentlich verdammte, nachdem Jassir Arafat Saddam Hussein
im Golfkrieg unterstützt hatte, setzten die Saudis ihre Finanzhilfe über
hochgestellte Persönlichkeiten in aller Stille fort.

Genauso besorgniserregend ist die Tatsache, daß Saudi-Arabien,
ähnlich wie der Iran, Scheich Omars tödliche Politik unterstützt. Darüber hinaus haben die Saudis sowohl die Muslim-Bruderschaft als auch
deren gewalttätige Ableger im Sudan, in Jordanien, Syrien und anderen

islamischen Staaten finanziell unterstützt. Seit Nasser die Organisation nach einem Mordanschlag auf seine Person in den fünfziger Jahren verbot, pumpt Riad Geld in die Bruderschaft. Auch andere extremistische Gruppen haben von der Großzügigkeit der Saudis profitiert, unter anderem die Jamaat-i-Islami in Pakistan und alle vier fundamentalistischen Parteien des afghanischen Widerstands, von denen eine höchstwahrscheinlich Anhänger Scheich Omars zu Terroristen ausgebildet hat. Die afghanischen Fundamentalisten erhielten von Saudi-Arabien während der sowjetischen Besetzung 3,2 Milliarden Dollar. Von den Vereinigten Staaten erhielt die Widerstandsbewegung eine Finanzhilfe in Höhe von ebenfalls 3,2 Milliarden Dollar.

Die Islamisten versorgen auch verschiedene Hilfs- und Wohltätigkeitsorganisationen mit Milliardenbeträgen, um den Armen und Entrechteten ihre Ideologie schmackhaft zu machen. Ein großer Teil der Finanzhilfe der Saudis an die Fundamentalisten auf der ganzen Welt läuft zum Beispiel über die »Rabitat al-Alam as-Islami«, eine halbamtliche Organisation, oder über die »Muslimische Weltliga«, die Organisation, die für mein Visum gebürgt und mir die Einreise nach Saudi-Arabien ermöglicht hat. Darüber hinaus unterstützt Rabitat massiv die islamischen Studentenorganisationen im Westen, darunter mehrere in den Vereinigten Staaten, und ist für einen großen Teil der islamistischen Bekehrungspropaganda, die auf der ganzen Welt betrieben wird, verantwortlich. »Es ist leichter, sich unter dem Deckmantel der Wohltätigkeit zu etablieren, denn so etwas wird eher akzeptiert. Und wenn sich eine solche Institution erst einmal etabliert hat, kann sie eine bestimmte Ideologie verbreiten«, sagt Scott Appleby.

Im Lauf der Jahre haben riesige Summen aus den Golfstaaten die fundamentalistischen Organisationen in die Lage versetzt, Infrastrukturen aufzubauen, die mit denen der Regierungen der Länder konkurrieren können, in denen sie operieren. Das ist zum Beispiel in Jordanien der Fall. Und da sich die Grenzen verwischen, ist es häufig unmöglich, die militanten Gruppierungen von den islamischen Hilfsorganisationen zu unterscheiden. So haben diese Gruppen es zum Beispiel erreicht, daß sich die Frauen in den palästinensischen Flüchtlingslagern völlig verschleiern, indem sie den Männern für jede verschleierte Frau in der Familie eine monatliche Unterstützung zahlen. In Kuwait und in den Emiraten bieten fundamentalistische Wohltätigkeitsorganisationen den Männern beträchtliche Geldbeträge, wenn sie polygam leben. »Die Saudis sind bei ihrer Unterstützung extremistischer Elemente nicht gerade wählerisch«, sagt ein Beamter des State Department. »Die drei Golfstaaten zahlen Lösegeld an die Extremisten, weil sie Angst haben«, sagt der Politologe Ben-Meir. »Wenn die Saudis die Hamas finanziell unterstützen, obwohl diese Gruppe die Nahost-Friedensgespräche hintertreibt, die von den Saudis nach außen hin befürwortet werden, dann erklärt sich dieser Widerspruch durch ein übergeordnetes Interesse. Die königliche Familie möchte von diesen extremistischen Gruppen nicht bedroht oder umgebracht werden. Die Golfstaaten zahlen schon seit Jahren viele Milliarden Dollar Lösegeld.«

In einer Region, in der Könige und Tyrannen selten eines natürlichen Todes sterben, hat diese Angst einen realistischen Hintergrund.

Kuwait wird schon seit langem auf ähnliche Weise erpreßt. Vor allem zwischen 1981 und 1987 waren dort militante Gruppen für eine Reihe von Bombenanschlägen verantwortlich. Die Kuwaitis zahlen inzwischen auch Lösegeld an verschiedene extremistische Organisationen und haben nach eigenen Angaben 1989 allein an die Hamas 60 Millionen Dollar gezahlt.

Die gleiche Nervosität herrscht auch in den Emiraten, die seit langer Zeit Gruppen und Einzelpersonen finanzieren. Abu Nidal, ein Terrorist, den die Araber den »Vater der Zerstörung« nennen, wurde von ihnen mit Millionen Dollar unterstützt.

Diese Art, sich freizukaufen, ist eine neue Version der Philosophie, die man von bestimmten Kleinstadtpolitikern in den Vereinigten Staaten kennt, die sagen: »Aber bitte nicht in meinem Garten.« Leider hat der Bombenanschlag auf das World Trade Center auf eindrucksvolle Weise gezeigt, daß eine derart unsinnige Politik im Mittleren Osten und am Golf dazu führen kann, daß sich das Problem in unsere direkte Nachbarschaft verlagert.

Heute stammt ein Teil der Finanzierung des radikalen Islam aus den Vereinigten Staaten. Ben-Meir zufolge kam es 1992 in Detroit, Kalifornien und Houston direkt nach der Verbannung der vierhundertfünfzehn Mitglieder der Hamas aus Israel zu Spendensammlungen, bei denen »auf der Stelle Millionen Dollar zusammenkamen«. In Jordanien berichtete mir ein führendes Mitglied der Muslimischen Bruderschaft, daß die Organisation schon seit langer Zeit Geschäfte in westlichen Ländern und in den USA besitzt, die einen großen Teil ihres Gewinns an die Bruderschaft abführen.

In den letzten Jahren spielte das Öl in der Entwicklung des islamischen Fundamentalismus eine entscheidende Rolle. Als die Golfstaaten sich entschlossen hatten, Öl als Waffe gegen die westliche Welt einzusetzen, entpuppte sich das als zweischneidiges Schwert, das seitdem die Stabilität dieser Staaten bedroht. Das arabische Ölembargo im Jahre 1973, das durch die amerikanische Aufrüstung Israels im Jom-Kippur-Krieg ausgelöst worden war, traf den Westen an seiner empfindlichsten Stelle – an der Tankstelle. Aber nicht nur der Westen litt darunter, sondern sehr bald auch die gesamte Weltwirtschaft. Die Benzinpreise vervierfachten sich, eine weltweite Rezession war die Folge. Am schlimmsten waren die armen muslimischen Länder betroffen.

In Israel hat man immer wieder mit dem Schicksal gehadert und sich gefragt, warum ausgerechnet das »Gelobte Land« das einzige in der Region ohne Öl sein mußte. Ärmere muslimische Länder wie Ägypten, der Jemen, Jordanien und Pakistan haben ebenfalls oft darüber nachgedacht, welches Kismet die drei Golfstaaten mit der geringsten Einwohnerzahl – Saudi-Arabien, Kuwait und die Emirate – mit den größten Ölvorkommen gesegnet hat.

Die Staatseinkünfte Saudi-Arabiens stiegen bis auf 120 Milliarden Dollar pro Jahr, was für ein Land, dessen Einwohnerzahl nur neun Millionen beträgt, kein schlechtes Ergebnis ist. In Ägypten war dagegen jeder fünfte arbeitslos, und die Infrastruktur brach im wahrsten Sinne des Wortes zusammen, so wie in Kairo mit schöner Regelmäßigkeit Wohnblocks einstürzen und die Bewohner unter sich begraben. Lediglich die Geburtenrate und die Korruption in der Verwaltung prosperierten.

Unter solchen Voraussetzungen gewinnt die Parole der Fundamentalisten »Der Islam ist die Lösung« immer mehr an Attraktivität. Zynische junge Menschen sagen: »Selbst wenn es nicht stimmt, kann es nicht schlimmer werden, als es jetzt ist.« Und es muß auch gesagt werden, daß es die fundamentalistischen Organisationen waren, die 1992 nach

dem Erdbeben, das ganze Stadtteile von Kairo verwüstete, den Hilfs-
bedürftigen erste Hilfe zukommen ließen. Ägyptens aufgeblähte Bürokratie war wieder einmal völlig unbeweglich und konnte die Menschen,
die ihre Häuser verloren hatten, nicht einmal mit Trinkwasser versorgen.

Auch wenn es paradox erscheinen mag, über Fundamentalismus im
ohnehin erzkonservativen Saudi-Arabien zu reden, läßt sich doch feststellen, daß die radikalen islamischen Organisationen immer mehr
Einfluß gewinnen, zunehmend militanter werden und der königlichen
Familie gegenüber ein feindseliges Verhalten an den Tag legen. Kuwait
flirtet mit der Demokratie – oder dem, was man dort darunter versteht –, aber sein Regierungschef hat schon einmal vor gar nicht langer
Zeit aus einer Laune heraus das Parlament aufgelöst, und man muß
damit rechnen, daß er das wieder tut, wenn die Herrschaft des Volkes
die Macht der königlichen Familie einschränken sollte. Sowohl in
Kuwait als auch in Saudi-Arabien wird der Widerstand gegen die
Macht der königlichen Familie und deren Kontrolle über die Petrodollars der Nation immer größer.

»Die ungleiche Verteilung des Öls im Mittleren Osten hat zu einer
Teilung in superreiche und extrem arme Gesellschaften geführt, wie
man sie nicht einmal in Mittelamerika oder in Afrika südlich der Sahara
antrifft«, sagt Paul Kennedy, Direktor des internationalen Sicherheits-
programms der Yale University. »Die Kluft zwischen Arm und Reich
wird durch Millionen von ungelernten ägyptischen, jemenitischen,
jordanischen und palästinensischen Arbeitern, die in den reichen Ölländern arbeiten, immer größer und die gegenseitige Abneigung immer
stärker«, erklärt Paul Kennedy, Autor des Buches »In Vorbereitung auf
das 21. Jahrhundert«. »Es dürfte kaum verwundern, daß die arbeitslosen Menschen der Großstädte, die in schlechten Wohnungen untergebracht sind und die Hoffnung verloren haben, es in dieser Welt noch
zu etwas bringen zu können, sich von Religionsführern oder ›starken
Männern‹ angezogen fühlen, die islamischen Stolz und ein Gefühl der
Einheit heraufbeschwören und zum Widerstand gegen die ausländischen Mächte und ihre lokalen Lakaien aufrufen.«

Die höchste Geburtenrate der Welt hat dazu geführt, daß im größten Teil der Staaten des Nahen Ostens und der Golfregion 50 Prozent

der Bevölkerung unter fünfzehn Jahre alt sind. Dieser Umstand läßt diese ohnehin schon instabilste Region der Welt zunehmend an Explosivität gewinnen.

Sowohl der Westen als auch die ehemaligen Ostblockländer und China haben modernste Waffen im Wert von Milliarden D-Mark in diese Region geliefert und tun es noch. Daher gibt es in diesem Teil der Welt, der am anfälligsten gegen Kriege und Konflikte ist, »wahrscheinlich mehr Kampfflugzeuge, Raketen und andere Waffen als in jedem anderen Gebiet«, erklärt Paul Kennedy. Seit dem Golfkrieg haben die Vereinigten Staaten militärische Hardware im Wert von 37 Milliarden D-Mark an Saudi-Arabien verkauft, genauso viel wie der Iran in der letzten Zeit für sein Aufrüstungsprogramm ausgegeben hat. Mitte der achtziger Jahre war der Irak der größte Waffenkäufer, und obwohl der Golfkrieg Saddams Versorgung mit Waffen etwas eingeschränkt hat, verlor er nicht seine erfahrenen Technokraten und ihr Know-how. Ähnlich wie Israel besitzt auch der Irak schon seit langer Zeit eine sehr effiziente Rüstungsindustrie.

Man muß sich fragen, wie lange es noch dauern wird, bis Saudi-Arabien mit seinen Technokraten der zweiten Generation, die die teuerste Ausbildung genossen haben, die man für Petrodollars bekommen kann, es Israel und dem Irak gleichtut und Waffen produziert oder kopiert, vor allem wenn man an die enormen finanziellen Ressourcen dieses Landes denkt. (Wie aus dem Umfeld des US-Congress zu erfahren war, ist Pakistan seit kurzer Zeit der erste muslimische Staat, der über Atomwaffen verfügt.) Jedenfalls haben es die Saudis in drei Jahrzehnten geschafft, aus einem verarmten Königreich, in dem es 1950 noch keine asphaltierten Straßen gab, ein Land zu machen, das Astronauten ausbildet und das nach der Begrünung einer der dürresten Wüsten der Welt ein bedeutender Weizenexporteur wurde.

Eine Zeitlang forderten radikale saudische Gruppierungen eine vereinte arabische Armee, die eine Million Soldaten umfassen sollte, ähnlich wie die palästinensische Hamas. Auch der Irak setzt sich schon seit langer Zeit für eine Vereinigung der vier Golfstaaten mit den größten Ölreserven der Welt – Saudi-Arabien, Irak, Kuwait und die Vereinigten Arabischen Emirate – ein. Auf diese Weise entstünde »eine Wirtschaftsmacht, mit der die Vereinigten Staaten und der Rest der

westlichen Welt rechnen müßten«. Selbst nach dem Golfkrieg schlägt
der Irak weiterhin eine solche Vereinigung vor.

1992 bekam ich von Regierungsbeamten im Irak immer wieder zu
hören: »Wenn es auf der ganzen Welt nur noch zwei Barrel Öl geben
wird, wird eins davon aus dem Irak stammen, und Sie können sicher
sein, man wird es benutzen, um Amerika zu bestrafen.«

Saddam Hussein hat etwas erkannt, was den meisten Amerikanern
nicht bewußt zu sein scheint: Die Abhängigkeit der Vereinigten Staaten
vom Golf-Öl ist nicht geringer, sondern größer geworden; das zeigen
Statistiken, die in irakischen Zeitungen veröffentlicht wurden. Die
Amerikaner haben ihre Lektion aus den Ölkrisen von 1973 und 1979
immer noch nicht gelernt. Während des ersten Ölembargos 1973 mußten die Vereinigten Staaten 36 Prozent ihres Öls einführen. Vor zwanzig
Jahren schluckten unsere Autos – die für die Hälfte des Ölverbrauchs in
den USA verantwortlich sind – bedeutend mehr Benzin als heutzutage.
Trotz einer Verbesserung der Ausnutzung des Treibstoffs um 50 Pro-
zent müssen wir, dem American Petroleum Institute (API) zufolge,
inzwischen die Hälfte unseres Ölverbrauchs aus Importen decken – im
Jahr 2000 werden es 60 Prozent sein. Und unser Hauptlieferant ist
Saudi-Arabien. »Wenn die Saudis ihre Produktion aus irgendeinem
Grund plötzlich einstellen würden, säßen wir alle ganz schön in der
Tinte«, sagt Ed Ross, Sprecher des API. »Wenn Saudi-Arabien unterge-
hen würde, wäre das für uns eine Katastrophe.« Selbst die Wall Street
drückt Besorgnis aus. Jim Clark vom New Yorker Büro der First
Boston Corporation, ein Ölspezialist, sagt, daß die Vereinigten Staaten
wegen des Umfangs ihrer Ölimporte »verwundbar« seien. »Der Einfluß
des islamischen Fundamentalismus auf Saudi-Arabien, Ägypten, ja
sogar auf den Irak hat zugenommen«, fügt er hinzu.

Daniel Yergin, der vermutlich führende Ölexperte der USA, schrieb
1992 in seinem vielgepriesenen Buch »Der Preis. Die Jagd nach Öl,
Geld und Macht« über die Geschichte des Öls: »Das Öl bleibt der
Motor der Industriegesellschaft und der Lebenssaft einer Zivilisation,
die es mitgeschaffen hat. Es ist ein wesentliches Element der Macht
jedes einzelnen Landes und ein bedeutender Faktor der Weltwirtschaft.« Auch Präsident Bush warnte, »daß sowohl amerikanische
Arbeitsplätze als auch unsere Lebensart und unsere Freiheit bedroht

wären, wenn die Kontrolle über die großen Ölreserven der Welt in falsche Hände geriete«. Aus diesem Grund führte er Amerika in einen Krieg gegen den Irak, als Hussein das Ölförderland Kuwait überfiel.

Die einfache Wahrheit ist, daß die Ölförderung in den USA, die einst der größte Ölexporteur waren, auf den niedrigsten Stand seit 1960 zurückgegangen ist. Gleichzeitig steigt unser Verbrauch weiter an. Allein in Kalifornien wird heute mehr Öl verbraucht als in ganz Deutschland oder Japan.

Es besteht außerdem eine Vereinbarung, die vor zwanzig Jahren mit den Saudis und Kuwaitis geschlossen wurde und allgemein kaum bekannt, jedoch heute noch in Kraft ist: Wenn die Vereinigten Staaten die massiven Petrodollar-Investitionen der Saudis und Kuwaitis in Amerika nicht geheimhalten, werden beide Länder ihre Ölförderung einstellen. Diese Vereinbarung wurde 1974 von William Simon, Nixons Finanzminister, ein Jahr nach dem Ölembargo geschlossen. Damals hatte Riad Washington in der Zange. Die Vereinbarung, die auch die Emirate einschließt, wird in den Dokumenten des Congress als »geheim« eingestuft und hat zur gegenwärtigen Destabilisierung der islamischen Welt beigetragen. Sie hat darüber hinaus vermutlich unserer inneren Sicherheit geschadet und vor allem zu einer enormen Verschwendung amerikanischer Steuergelder geführt.

Warum wollten die Golfstaaten ein solches Abkommen schließen? »Die Saudi Arabian Monetary Authority, SAMA [gleichzeitig die Staatsbank des Königreichs] investiert in den Vereinigten Staaten«, sagt James Jackson, der Nationalökonom des Congress. »Im Grunde ist die königliche Familie die SAMA. Und die hat es nicht gern, wenn ihr privater Aktienbesitz publik gemacht wird. Das Finanzministerium der Vereinigten Staaten hat sich bereit erklärt, Daten zurückzuhalten, durch die die Inhaber bestimmter Aktien identifiziert werden könnten, ganz gleich, ob es sich dabei um eine Privatperson oder um eine Regierung handelt.«

In Kuwait und in den Emiraten ist die Situation ähnlich. Die Steuereinnahmen und/oder Ölgewinne aller drei Golfstaaten werden von den regierenden Familien schon seit langer Zeit als ihr persönliches Zubrot betrachtet. Und wegen der politisch und ökonomisch unsicheren Situation in den Golfländern wurden diese Einkünfte im Ausland investiert.

»Fluchtkapital«, wie man so etwas in der Finanzwelt nennt, besitzen auch Diktatoren wie Saddam Hussein. Solche Despoten schröpfen die Finanzminister ihrer Länder und verstecken das Geld als private Investitionen im Ausland.

»Der Regent von Abu Dhabi [der gleichzeitig Regierungschef der sieben Staaten ist, die sich zu den Vereinigten Arabischen Emiraten zusammengeschlossen haben] behielt die gesamten Staatseinnahmen aus der Ölförderung, etwa 10 Milliarden Dollar pro Jahr, in Form von Fluchtkapital für sich, weil er Angst vor einem Umsturzversuch in seinem eigenen Land hatte«, sagt Jonathan Winer, Rechtsexperte des Senators John Kerry und Leiter der Kommission, die den Skandal um die Bank of Credit and Commerce International untersuchte. (Die BCCI wurde als »finanzieller Supermarkt für Gangster und Spione« bezeichnet.) Zusammen haben die drei Ölstaaten in einem einzigen Jahr 200 Milliarden Dollar investiert. Zur Zeit schätzt man das jährliche Investitionsvolumen auf 90 Milliarden Dollar. »So etwas wurde im gesamten Mittleren Osten und in der Golfregion praktiziert, und das Ganze ist ein großes Geheimnis. Die Regierenden wollen nicht, daß ihre Bevölkerung erfährt, daß sie ihr ganzes Geld, das Ölgeld der gesamten Nation, im Ausland untergebracht haben.«

»Die Darstellungen des Finanzministeriums, die sich auf die Zahlen der Investitionen von Ausländern beziehen, sind durch diese Vereinbarung Simons völlig verändert worden«, sagt Jackson. »Und es ist dem Congress noch nie gelungen, das zu umgehen.« Die Geheimhaltung durch das Finanzministerium war so effektiv, daß nicht einmal der CIA dem Congress genaue Daten über die arabischen Investitionen liefern konnte.

Aber wo genau wurde das arabische Ölgeld in den USA investiert? Ein großer Teil besteht aus kurzfristigen Schatzbriefen. Amerikanische Ölexperten nehmen jedoch an, daß bis zu zwei Drittel der Investitionen aus den Golfstaaten nicht einmal dem Finanzministerium bekannt sind. Die Behörde hat bereits zugegeben, daß es bei der Berechnung der gesamten arabischen Investitionen in den USA »Diskrepanzen« in Höhe von 37 bis 75 Milliarden Dollar gegeben habe. Wenn man versucht, die wenigen Details, die man über arabische Investitionen bekommen kann, zu sammeln, wird man an das Monopoly-Spiel erinnert: Nach einer Weile registriert man nur noch die Transaktionen, bei denen es um sehr große Beträge geht. Die Araber der Golfstaaten folgten dem alten Rat »Kaufe das, wovon du am meisten verstehst« und zahlten 1,5 Milliarden Dollar für das fünfundvierzig Stockwerke hohe Saks-Gebäude auf der Fifth Avenue in New York. Etwas geringer war der Preis für Tiffany's, Carvel Ice Cream und die Kontrollmehrheit bei Gucci. Auf einem etwas gewöhnlicheren Niveau kauften sie für eine halbe Milliarde Dollar Color Tile, eine Teppich- und Tapetenkette.

Die kuwaitische Regierung zahlte 2,5 Milliarden Dollar in bar für die Santa Fe International, eine kalifornische Ölgesellschaft. Darüber hinaus besitzt sie Unternehmensanteile im ganzen Land, so am dreißigstöckigen Atlanta Hilton, am Baltimore Hilton und an der Ferieninsel Kiawah in South Carolina. Das Effektenportefeuille der Kuwaitis enthält Aktien der AT&T im Wert von 100 Millionen Dollar, der Dow Chemicals im Wert von 52 Millionen und der Atlantic Richfield im Wert von 43 Millionen Dollar.

Ein saudischer Prinz zahlte 590 Millionen Dollar für 15 Prozent der Anteile an der Citibank, der größten Bank Amerikas. Die Saudis kauften außerdem eine fünfzigprozentige Beteiligung an den Texaco-Raffinerien und -Tankstellen in dreiunddreißig Staaten. Inzwischen gehört ihnen außerdem die United Press International (UPI). Als sie diesen Pressedienst kauften, beteuerte ein Sprecher der Saudis, daß der Kauf »nicht politisch motiviert« sei. Zu weiteren Investitionen der Saudis zählen 6,8 Prozent der First Chicago Corporation, 5,3 Prozent der Transamerica und jeweils 1 Prozent der Chase Manhattan Bank und der J.P. Morgan & Co.

1975 sagte Ghaith Pharoan, ein damals in Amerika noch unbekannter saudischer Magnat, in Chicago zu einem Journalisten: »Investoren aus dem Mittleren Osten sollten dem Westen willkommen sein. Die Amerikaner haben immer Angst, Ausländer würden ihnen alles wegkaufen. Ich weiß nicht, warum man sich solche Sorgen macht.«

Als dreizehn Jahre später die vier Jahre dauernden Untersuchungen des BCCI-Skandals begannen, floh Pharoan aus den Vereinigten Staaten. Er hatte die US-Geschäfte der Bank gesteuert, bei denen die BCCI den größten Betrug aller Zeiten – 30 Milliarden Dollar – beging.

Anfang der neunziger Jahre kam es in der westlichen Welt zu einer radikalen Verlagerung des politischen Interesses. Die Sorgen, die der kalte Krieg uns bereitet hatte, wurden geringer, unsere Sicherheitsbedürfnisse und unsere Energieversorgung sind jetzt unauflöslich mit der islamischen Welt verbunden, mit einer Kultur, die für uns nach wie vor ein Rätsel ist. Unser Ethnozentrismus ist in dieser Beziehung kurzsichtig und gefährlich.

Der Islam ist die Religion, die sich am schnellsten ausbreitet und bereits jetzt eine Milliarde Anhänger hat. Ein Fünftel der Welt fühlt sich diesem Glauben verpflichtet, und der Islam nimmt weltweit die zweite Stelle nach dem Christentum ein. Die »World Christian Encyclopaedia« schätzt, daß die Christen seit 1900 gleichbleibend 34 Prozent der Weltbevölkerung ausmachen. Die Zahl der Muslime hat sich in der gleichen Zeit versechsfacht, während sich die Weltbevölkerung nur vervierfacht hat. Da die muslimischen Länder die höchsten Geburtenraten der Welt haben, sagen die Demographen voraus, daß sich die islamische Bevölkerung in den nächsten zwanzig Jahren auf zwei Milliarden verdoppeln wird.

Vom siebten Jahrhundert an »breitete sich der Islam mit atemberaubender Geschwindigkeit auf den verschiedenen Kontinenten aus«, sagt Ismaiʾil al-Faruqi, ein Religionswissenschaftler an der Temple University. »Seine politische Macht wurde nach und nach größer als die des Römischen Reichs, der größten politischen und gesellschaftlichen Organisation, die die Welt je gekannt hatte. Tausend Jahre lang war der Islam im Hinblick auf seine weltliche Macht, seinen Einfluß, seine hochentwickelte Zivilisation und Kultur mit keiner anderen Macht zu vergleichen. Tausend Jahre lang stellte er für Europa eine Herausforderung dar und hätte diesen Kontinent beinahe erobert.«

Auch in den Vereinigten Staaten breitet sich der Islam schneller aus als alle anderen Religionen: Zum erstenmal ist in den USA die Zahl der Muslime (6,5 bis 7 Millionen) größer als die der Juden (5,7 Millionen). Vierundvierzig Prozent sind konvertierte schwarze Amerikaner, von denen viele immer wieder darauf hinweisen, daß der islamische Glaube Teil ihres Erbes ist. Fast die Hälfte der Sklaven, die nach Amerika verschifft wurden, waren Muslime. Die meisten wurden gezwungen, zum christlichen Glauben überzutreten. (Von den etwa achtzigtausend amerikanischen weißen Konvertiten aus jüngster Zeit sind 80 Prozent Frauen, von denen die meisten zum Islam übertraten, weil sie einen Muslim geheiratet hatten.)

Fareed Nu'man, einem Sprecher des American Muslim Council in Washington, zufolge gibt es in den Vereinigten Staaten heute 1200 Moscheen und 165 islamische Schulen für die muslimische Bevölkerung, die sich vorwiegend in Kalifornien, New York, Illinois, New Jersey, Indiana, Michigan, Virginia, Texas, Ohio und Maryland befinden. »Es gibt in den Vereinigten Staaten zweihunderttausend Firmen, deren Besitzer Muslime sind, angefangen von Kiosken bis zu regelrechten Konzernen«, sagt Nu'man. Der erste muslimische Bürgermeister Amerikas ist Charles Bilal in Knoze, Texas, und Detroit hat einen stellvertretenden Bürgermeister, der Muslim ist.

Der jüdische Wissenschaftler Jonathan Sarna von der Brandeis University sagt: »Die Tatsache, daß der Islam in den Vereinigten Staaten zu einer wichtigen Glaubensrichtung geworden ist, hat in jüdischen Kreisen kaum zu größeren Diskussionen geführt.« Er weist jedoch darauf hin, daß man Amerika nicht mehr länger als eine jüdisch-christliche Gesellschaft bezeichnen könne. »Die USA sind eine jüdisch-christlich-muslimische Gesellschaft geworden«, sagt Sarna. »In den nächsten Jahrzehnten erwartet die Juden das gleiche Schicksal, wie es dem größten Teil der Protestanten zu Beginn des Jahrhunderts widerfahren ist: Sie werden das Gefühl haben, ihren Status verloren zu haben und in gewisser Weise enteignet worden zu sein.«

Sarna weist darauf hin, daß Israel vermutlich am meisten unter diesen Veränderungen leiden wird. »Der Statusverlust der amerikanischen Juden und die zunehmende politische Macht der amerikanischen Muslimgemeinde wird dazu führen, daß es in den kommenden Jahren immer schwerer werden wird, die Zustimmung des Congress für die umfangreiche Unterstützung Israels zu gewinnen. Diese Veränderungen sollten zwar mit größter Wachsamkeit beobachtet werden«, sagt er, »sie sind aber noch kein Grund zur Panik. Das Gute daran ist, daß die Zunahme des Islam und die Erweiterung des Spektrums der amerikanischen Religionen auf längere Sicht zu einer Verbesserung der Beziehungen zwischen Muslimen und Juden führen kann.«

Obwohl die islamische Welt immer stärkere Auswirkungen auf unser Leben hat, verstehen die Muslime uns besser als wir sie. Ihre Elite hat häufig in westlichen Ländern studiert und auf diese Weise unsere Politik, unsere Ökonomie und unsere Technologie kennengelernt. Mit der Zeit sind die meisten von ihnen bilingual und bikulturell geworden. Wir können allerdings nicht von ihnen erwarten, daß sie wegen ihrer Vertrautheit mit dem Westen zu Spiegelbildern unserer selbst werden. Das sind sie mit Sicherheit nicht.

Was wir schon in bezug auf Japan erfahren mußten, trifft auch auf den Islam zu: Er ist eine uralte Kultur mit streng traditioneller Ausrichtung und war für den westlichen Menschen jahrhundertelang weitgehend unzugänglich. Der Islam hat seine eigene Art, Dinge zu tun, seine eigene Philosophie und, was das Wichtigste ist, seinen eigenen Glauben.

»In den Vereinigten Staaten und in Europa herrscht eine unglaubliche Arroganz im Hinblick auf den Islam«, sagt Scott Appleby. »Man geht davon aus, daß der Islam weitgehend irrational ist. Und man ist außerdem von der Überlegenheit westlicher Lebensart, westlicher Religion und unserer Trennung von Kirche und Staat überzeugt. Selbst bei Karrierediplomaten, die arabisch sprechen, ist das Verständnis für die Kultur nur sehr bruchstückhaft. Sie leben zwar in islamischen Ländern, sind im wesentlichen jedoch von der Bevölkerung isoliert und verbringen den größten Teil ihrer Zeit mit anderen Ausländern.

Westliche Menschen können sich nicht vorstellen, was es bedeutet, wenn die eigene Weltanschauung durch das religiöse Bewußtsein nicht nur geprägt, sondern weitgehend festgelegt ist. Muslime und Westler mögen die gleichen Worte verwenden – Verhandlung, Konfliktlösung, Demokratie, Konsultation –, aber im Islam stehen diese Begriffe in einem völlig anderen Zusammenhang. Konsultation bedeutet zum Beispiel nicht nur, daß sich ein paar Experten an einen Tisch setzen und versuchen, mit ihren verschiedenen Meinungen zu einem gewissen Konsens zu kommen. Immer werden in solchen Fällen auch Religionswissenschaftler und Quellen des Islam hinzugezogen. Als Reaktion darauf sagte mir beispielsweise der britische Vizepremier Geoffrey Howe einmal: ›Wir haben natürlich auch unsere Bibelverse, aber wir kämen nie auf den Gedanken, sie am Konferenztisch zum Tragen zu

bringen. Wir würden Verhandlungen nicht mit religiösen Dingen bela-
sten.‹ Aber die Muslime tun das, und wir müssen das begreifen.«

In den letzten beiden Jahrzehnten hat der Islam dramatische Auswirkungen auf unser Leben gehabt; Ereignisse wie der Golfkrieg und
die fortdauernde Abhängigkeit der Welt vom Öl werden dafür sorgen,
daß sich daran auch in den kommenden Jahrzehnten nichts ändern
wird. Während der Einfluß der muslimischen Welt immer größer
geworden ist, hat unser mangelndes Verständnis für diese Kultur dazu
geführt, daß wir über den Ölpreis erpreßbar geworden sind und immer
häufiger als Geiseln in die Mündung einer Maschinenpistole blicken
müssen. Das hat außerdem zur Folge gehabt, daß wir fromme, fried-
fertige Muslime mit gewalttätigen Fanatikern in einen Topf werfen.

Unser oberflächliches Verständnis für die islamische Welt hat dazu
beigetragen, daß unsere Geheimdienste bei jeder größeren Krise, die
den Mittleren Osten in den letzten beiden Jahrzehnten heimgesucht
hat, völlig falsch lagen:

– Noch vierundzwanzig Stunden bevor Ägypten 1973 in Israel einfiel
und jener Krieg begann, der schließlich zu dem Ölembargo führte,
berichtete die CIA dem Weißen Haus, die zur Zeit ablaufenden militärischen Vorbereitungen hätten nichts mit irgendwelchen Angriffsplänen
zu tun, und das, obwohl die Russen ihre Leute bereits abgezogen
hatten.
– 1979 stellten unsere Nachrichtendienste kurz vor dem Sturz des
Schah fest, daß er wohl noch mindestens zehn Jahre an der Macht
bleiben würde.
– Und wir irrten uns genauso, als Saddam Hussein hunderttausend
Soldaten für die Invasion Kuwaits und möglicherweise auch Saudi-
Arabiens aufmarschieren ließ. Sie begann am 2. August um zwei Uhr
morgens. Ende Juli berichtete der amerikanische Botschafter in Bagdad
noch: »business as usual« – und trat seinen Heimaturlaub an.

In den ersten Wochen seiner Amtszeit war Clintons Außenminister
Warren Christopher überrascht, daß Saudi-Arabien, Syrien und andere arabische Länder nicht bereit waren, einer Übereinkunft, die er
mit Israel im Hinblick auf die Palästinenser getroffen hatte, zuzustim-

men. Christopher hatte sich darauf verlassen, daß die Palästinenser so reagieren würden, wie Israel es prophezeit hatte. Und sowohl der Außenminister als auch Präsident Clinton wurden 1993 von der Übereinkunft zwischen der PLO und Israel überrascht, die nach Geheimverhandlungen in Norwegen zustande kam, an denen die Vereinigten Staaten nicht teilgenommen hatten.

Eine Woche vor der Bombenexplosion im World Trade Center konnten sich amerikanische und ägyptische Regierungsbeamte nicht über die Bedeutung von Video-Kassetten einigen, die von Scheich Omar stammten und an fundamentalistische Gruppen in Kairo verschickt wurden. Die Amerikaner meinten, die Bänder dienten lediglich der moralischen Unterstützung, seien aber nicht als eine Anleitung zum gewaltsamen Umsturz in Ägypten zu verstehen.

»Die fundamentalistische islamische Bewegung wird nicht mehr aufzuhalten sein, sobald sie eine gewisse Grenze überschritten hat. Trotzdem wird sie im Westen und von den Medien immer noch nicht richtig verstanden«, sagt der in Palästina geborene Wissenschaftler Hisham Sharabi, der an der Georgetown University lehrt und Autor des Buches »Neopatriarchy, The Theory of Distorted Change in Arab Society« (Das neue Patriarchat. Theorie der verzerrten Veränderung in der arabischen Gesellschaft) ist. »Wenn man dem Fundamentalismus keine Grenzen setzt, wenn keine Alternativlösung angeboten wird, wird er schwer zu kontrollieren sein. Wir kennen bisher nichts Vergleichbares. Er ist die erste politische Massenbewegung, die die islamische Welt im zwanzigsten Jahrhundert erlebt. Er ist außerdem eine Bewegung, die für die Frauen die Hölle bedeuten kann.«

Zaki Badawi, Leiter des muslimischen Colleges in London, fügt hinzu: »Nur sehr wenige muslimische Länder haben den Frauen ihre vollen Rechte zugestanden, und sowohl das islamische Gesetz als auch die Botschaft des Islam sind verletzt worden. Heute jedoch löst der Petro-Islam mit seinen ungeheuren Geldmitteln eine Welle des Fundamentalismus in der islamischen Welt aus. Diese Bewegung, die vor allem von Saudi-Arabien und Kuwait finanziert wird, propagiert eine Lehre, die sich gegen die Frauen, die Intellektuellen, den Fortschritt und die Wissenschaft richtet. Ich mache mir vor allem große Sorgen, was mit den Frauen geschehen wird. Eine solche Lehre wird sich

außerdem außerordentlich zerstörerisch auf den Islam auswirken.«
(Badawi, der früher Professor an der Al-Azhar-Universität war, ist
immer noch Mitglied des Hohen Rates für Islamische Angelegenheiten,
der höchsten Autorität für Fragen des Islam.)

Zu Beginn der Reisen, die ich bei den Recherchen für dieses Buch
gemacht habe, sagte mir Badawi, der wichtigste Indikator für die
Veränderungen in der islamischen Welt sei die Art und Weise, wie die
Frauen behandelt würden. »Wenn man die islamische Welt verstehen
will, muß man einen Schlüssel zum Verständnis der Art und Weise
finden, wie die Gesellschaft die Frauen betrachtet«, sagte er. Die Beziehung, die die islamische Kultur zu den Frauen hat, sagt viel über die
Struktur der Gesellschaft und über die Einstellung zu einer Vielzahl
anderer Fragen aus – ob es sich dabei nun um soziologische oder
politische Probleme handelt oder um die Grundrechte des Menschen.
Die muslimischen Länder werden zur Zeit mit zwei gegensätzlichen
Trends konfrontiert: mit dem zunehmenden religiösen Extremismus
und dem lebensnotwendigen Bedürfnis, in einer modernen, von der
Technologie geprägten Welt kommunizieren und konkurrieren zu können. An dem Ausmaß, in dem es dem Islam gelingt, diese beiden
gegensätzlichen Trends im Hinblick auf die Stellung und Behandlung
der Frauen in Einklang zu bringen, wird man ablesen können, ob sich
diese beiden polaren Facetten ihrer Gesellschaft integrieren lassen.

»Die Frauen sind die Rezipienten der Familienehre; Gründe dafür
sind die Kultur, die allgemeine Orientierung, die angeborene Eifersucht, die Sorge und die Angst. Das ist seit Generationen ihre wichtigste
Rolle«, sagt der Politologe Alon Ben-Meir. »Und aus diesem Grund
sind die Frauen auch immer die ersten, die betroffen sind, ganz gleich,
ob der islamische Fundamentalismus sunnitisch oder schiitisch ist.«

Im Grunde sind die muslimischen Frauen der Windsack, an dem
sich ablesen läßt, aus welcher Richtung der Wind in der islamischen
Welt weht. Und je stärker die extremistische Bewegung wird, um so
zutreffender ist auch der Vergleich, den eine Frau, mit der ich gesprochen habe, anstellte: Sie sind die Kanarienvögel im Bergwerk.

2 Muslime, die ersten Feministen

Behandle deine Frauen gut und sei lieb zu ihnen.
Prophet Mohammed

Obwohl sich der Islam außerordentlich schnell ausgebreitet hat, ist er keine Religion für Leute, die solche Dinge auf die leichte Schulter nehmen: Es ist mühsam und erfordert große Selbstdisziplin, sich immer streng an die fünf Säulen des Islam zu halten. Das bedeutet, daß man vor Sonnenaufgang aufstehen und das erste der fünf Gebete sprechen muß, die täglich verlangt werden. Und vor jedem Gebet müssen unbedingt die rituellen Waschungen durchgeführt werden. Schlaf, Arbeit und Freizeitaktivitäten kommen nach den Gebeten erst an zweiter Stelle. Das Fasten im Monat Ramadan, die Pilgerfahrt nach Mekka, die man mindestens einmal im Leben machen muß, das Zahlen der *zakat*, der Almosen-Steuer zur Unterstützung der armen Muslime, und die strikte Befolgung des islamischen Glaubensbekenntnisses, das beginnt: »Es gibt keinen anderen Gott außer Allah, und Mohammed ist sein Gesandter«, erfordern ein ernsthaftes und intensives Engagement. Die große Mehrheit der Muslime befolgt diese Gebote.

Jeder Aspekt und jede Situation des Lebens wird, so glaubt man, im Koran bedacht, und zwar in den *hadiths* (den Berichten über die Traditionen, in denen das Verhalten und die Sprüche Mohammeds aufgezeichnet sind) und in der *scharia*, dem islamischen Recht. Selbst die kleinsten Einzelheiten des täglichen Lebens werden behandelt, so zum Beispiel die korrekte Frisur oder mit welchem Fuß man eine Toilette zuerst betreten soll. Die Lehren des Koran sollen insgesamt in ihrer ursprünglichen reinen Form befolgt werden. Im Gegensatz etwa zur Bibel darf der Koran nicht auf moderne Weise ausgelegt werden. Er wird als von den heutigen Sitten unabhängig betrachtet und darf nicht verändert werden. Aus diesem Grund wird auch von allen Muslimen erwartet, daß sie ihre heilige Schrift in der Originalsprache, also auf arabisch, lesen und sich nicht mit einer Übersetzung begnügen, durch die die ursprüngliche Bedeutung verändert werden könnte.

Es entbehrt daher nicht einer gewissen Ironie, daß die fehlende Gleichberechtigung der muslimischen Frauen im krassen Widerspruch zu den Äußerungen Mohammeds steht. Er schaffte Praktiken wie die Tötung weiblicher Kinder, die Sklaverei und die Leviratsehe (Ehe eines Mannes mit der Frau seines kinderlos verstorbenen Bruders) ab und entwickelte Konzepte, nach denen den Frauen das Recht zu erben und zu vererben sowie die uneingeschränkte Verfügung über ihren Besitz zugestanden wurde. Man kann sagen, daß der Islam vermutlich die einzige Religion ist, die die Rechte der Frauen formal definiert hat und Möglichkeiten gesucht hat, sie zu schützen. Heutzutage preisen Sprecher des Islam immer wieder die revolutionären Neuerungen des Propheten, übersehen jedoch in der Regel, daß sie in der Praxis kaum beachtet werden.

So nehmen sie zum Beispiel nicht zur Kenntnis, daß der Koran die Frauen gar nicht zwingt, von Kopf bis Fuß verschleiert zu gehen oder sich in ihrem Haus einsperren zu lassen, während es den Männern freisteht, Frauen zu belästigen, die trotzdem ausgehen. Mohammeds Anweisungen waren an beide Geschlechter gerichtet und unmißverständlich:

Sagt den gläubigen Männern, daß sie ihren
Blick senken und auf ihre Sittsamkeit achten sollen ...
Und sagt den gläubigen Frauen, daß sie ihren
Blick senken und auf ihre Sittsamkeit achten sollen ...

Der islamische Wissenschaftler Zaki Badawi sagt dazu: »In diesem Abschnitt des Koran steht außerdem, daß die Frauen ›nicht ihren Schmuck zeigen sollen außer dem, was man normalerweise sehen kann‹. Das bedeutet, daß es dem jeweiligen Brauch überlassen ist. Es hat nie ein islamisches Gebot gegeben, demzufolge sich die Frauen ständig verhüllen müßten. Der Gesichtsschleier ist eine Neuheit, die im Islam nicht die geringste Grundlage hat. Selbst in Saudi-Arabien ist die vollständige Verschleierung der Frauen eine Errungenschaft der Neuzeit; bevor man das Öl entdeckte, war sie nicht erforderlich gewesen. Auch der *hijab* (der Schleier, mit dem die muslimischen Frauen ihr gesamtes Haar bedecken) ist nicht obligatorisch. In Europa sollte man ihn verbieten, denn die Frauen bekommen dadurch viele Probleme. Wenn sie wegen des Kopftuchs angegriffen werden, wie es vor kurzem noch in Frankreich geschehen ist, sollten sie es lieber nicht tragen. Ich habe mich bei mehreren Anlässen zu diesem Problem geäußert, und seitdem haben viele muslimische Frauen in Europa ihr Kopftuch nicht mehr getragen.«

Der Schleier hat seinen Ursprung in Persien. Dort war er ein Zeichen der Elite, durch das sich die Aristokratie von der breiten Masse absetzte. Er ist seitdem immer mal wieder in und aus der Mode gekommen. Frühe islamische Gelehrte haben zum Beispiel versucht, die Verschleierung zu erzwingen, indem sie erklärten, »alles an der Frau ist schamhaft«. Die Islamistin Nancy Dupree von der Duke University hat erklärt, welchen Sinn die Verschleierung in der Neuzeit hat. »In Zeiten, in denen sich nationale Bewegungen gegen die Kolonialmächte auflehnten, wurde der Schleier zu einem Symbol des Widerstandes gegen die fremde Politik, durch die die Frauen nach Meinung der Allgemeinheit zu einer übertriebenen Freizügigkeit ermutigt werden sollten. Nachdem man die Unabhängigkeit erreicht hatte und die neuen Regierungen einen westlich orientierten Kurs einschlugen, wurde der Schleier als Zeichen einer aufgezwungenen Orthodoxie und sozialer Einengung diskreditiert, als eine archaische gesellschaftliche Institution, ähnlich der Sklaverei.«

So wie Pakistans erste Premierministerin Benazir Bhutto trugen viele muslimische Frauen, die in dieser weniger restriktiven Ära aufgewachsen waren, westliche Kleidung. Bhutto islamisierte ihre Garderobe erst während des Wahlkampfs. Seit sie im Amt ist, hat sie große Schwierigkeiten, ihren Kopf immer sittsam bedeckt zu halten, denn sie ist es nicht gewöhnt, einen *tschador* zu tragen – er rutscht ihr immer wieder vom Kopf.

Als der islamische Radikalismus Ende des letzten Jahrzehnts immer weiter zunahm, schlug das Pendel für die muslimischen Frauen wieder in die entgegengesetzte Richtung aus. Wieder einmal mußten sie sich hinter Schleiern verstecken. Diese Entwicklung legitimierte und institutionalisierte die Ungleichheit der Frauen. Als erstes forderten die islamischen Organisationen die muslimischen Frauen auf, sich wieder zu verschleiern, und bald danach mußten sie dann auch ihren Beruf aufgeben, zu Hause bleiben, ihre Ausbildung auf ein Minimum beschränken und von allen öffentlichen Ämtern zurücktreten. Badawi wendet dagegen ein: »Der Islam fordert so etwas nicht. In unserer Religion haben die Frauen durchaus das Recht, am öffentlichen Leben teilzunehmen.«

Trotz aller Einschränkungen, die ihnen auferlegt wurden, haben es die muslimischen Frauen erstaunlich weit gebracht. In den islamischen Ländern, in denen eine Ausbildung für Frauen meist erst seit drei oder vier Jahrzehnten möglich ist, erreichen Frauen, deren Mütter noch völlige Analphabetinnen waren, regelmäßig Schul- oder Universitätsabschlüsse. Der Prozentsatz der Frauen, die in den muslimischen Ländern an Universitäten lehren, läßt erkennen, wie schnell sich die Veränderungen auf das Leben der Frauen ausgewirkt haben. »1981 waren an den ägyptischen Universitäten 25 Prozent der Universitätslehrer Frauen, in den Vereinigten Staaten 24 und in Deutschland ebenfalls 25 Prozent«, sagt Fatima Mernissi, eine prominente marokkanische Soziologin. »Selbst im konservativen Saudi-Arabien haben die Frauen sich akademischen Raum erobert – wenn auch von der Universitätswelt der Männer getrennt. Ihr Anteil beträgt dort 22 Prozent.« In der gleichen Ära war Benazir Bhutto die erste Frau an der Spitze eines muslimischen Staates, und zahlreiche Frauen folgten ihr in hohe öffentliche Ämter. Einige arabische Staaten hatten jedoch schon in den fünfziger Jahren weibliche Minister, lange vor den meisten westlichen Ländern. Diesen muslimischen Frauen war es gelungen, einen Ausgleich zwischen den traditionellen Bräuchen ihrer Kultur und den damit verbundenen Forderungen – von den Eltern gestiftete Ehen, Gehorsam dem Ehemann gegenüber – und der Fortschrittlichkeit, die ihr Beruf verlangte, zu schaffen.

Frauen, die in den Golfstaaten oder im Mittleren Osten arbeiten, genießen im Beruf Vorteile, um die sie ihre westlichen Kolleginnen beneiden würden. Seit den siebziger Jahren gibt es in einigen Ländern bereits gleichen Lohn für Frauen und Männer. In den Vereinigten Staaten und in Europa verdienen sie immer noch kaum mehr als die Hälfte dessen, was die Männer für die gleiche Arbeit bekommen. Im Irak, einem Land, das kaum als Musterbeispiel für die Wahrung der Menschenrechte betrachtet werden kann, haben die Frauen im Beruf viele Vorteile, so zum Beispiel die kostenlose Betreuung der Kinder während der Arbeitszeit und das Recht, sich nach fünfzehn Arbeitsjahren ohne Abzüge pensionieren zu lassen. Und in allen arabischen Ländern ist der Mutterschaftsurlaub bei vollem Lohnausgleich länger als in den Vereinigten Staaten.

Auf der anderen Seite wird das Leben der Mehrheit der muslimischen Frauen gegen Ende des zwanzigsten Jahrhunderts immer noch von ihren engsten männlichen Verwandten bestimmt. Als Töchter müssen sie sich damit abfinden, daß ihr zukünftiger Ehemann immer noch vom Vater ausgewählt wird. Man erwartet von ihnen, daß sie in der Hochzeitsnacht noch unberührt sind, und sie müssen damit rechnen, aus Gründen der Ehre getötet zu werden, falls sie es nicht mehr sind – oft sogar von den eigenen Brüdern. Um sich davor zu schützen, ist die Wiederherstellung des Hymens – ein einfacher operativer Eingriff – in den muslimischen Ländern weitverbreitet. Wenn sich eine junge Frau weigert, den Mann zu heiraten, den ihre Familie für sie ausgewählt hat, kann es ebenfalls zum Geschwistermord kommen. Obwohl der Islam sagt, daß eine Frau das Recht hat, den Mann, der für sie ausgewählt wurde, abzulehnen, kann der Druck der Familie in der Realität so groß werden, daß er zu ihrem Tod führt, wenn sie sich nicht fügt.

Auch heute noch wird in muslimischen Ländern die Braut gekauft. Dadurch wird klargestellt, daß die Frau Besitz des Mannes ist. Wenn sie erst einmal verheiratet ist, wird jeder Aspekt ihres Lebens von ihrem Mann bestimmt. Das bezieht sich auf alles: Was sie tut, wer ihre Freunde sind, wo sie hingehen darf, wie ihre Kinder erzogen werden und ob sie empfängnisverhütende Mittel benutzt oder sich sterilisieren läßt. Ohne die schriftliche Einwilligung ihres Mannes bekommt sie keinen Paß und kann nirgendwohin reisen.

Und wenn sie nicht gehorcht, kann ihr Mann sich eine andere Frau nehmen. Die Vielweiberei ist das Schreckgespenst jeder verheirateten muslimischen Frau: Der Ehemann hat das Recht, sich vier Frauen zu nehmen. Im Koran steht, daß ein Mann zuerst seine Frau um Erlaubnis fragen muß, wenn er noch einmal heiraten will. Er muß darüber hinaus jede seiner Frauen gleich behandeln. Das gilt für seine Zuneigung, für die Zeit, die er mit jeder verbringt, für den materiellen Besitz und den Status. In der Praxis sieht es allerdings so aus, daß er auch dann wieder heiratet, wenn seine Frau nicht einverstanden ist, und es entspricht der menschlichen Natur, daß er zwangsläufig die neue, jüngere Partnerin vorzieht.

Ich kann mich an ein Gespräch mit einer Frau erinnern, deren Mann sich eine zweite Frau genommen hatte, als sie sechsundzwanzig war und sechs Kinder bekommen hatte. »Er brachte sie einfach mit nach Hause, ohne mir vorher etwas zu sagen. Von einem auf den anderen Tag war sie einfach da. Wenn ich mit ihnen in einem Zimmer sitze, spricht er kaum noch mit mir, und er ist seitdem nie wieder in mein Bett gekommen. Auch unsere Kinder beachtet er kaum noch, er hat nur noch Augen für die andere. Es ist schon schwer, ihn dazu zu bringen, Kleider für mich zu kaufen.« Inzwischen sind zehn Jahre vergangen, und sie freut sich jetzt, daß ihr Mann sich eine dritte Frau nimmt. »Jetzt wird die zweite Frau am eigenen Leib erfahren, wie schwer das für mich war. Jetzt wird sie erleben, wie er sie links liegen läßt und seine ganze Zeit mit der neuen Frau verbringt, genau wie er es mit mir gemacht hat.«

Es ist noch gar nicht so lange her, da löste eine junge Frau in Pakistan einen Proteststurm aus, als sie in einem Leserbrief die Frage aufwarf, warum der Islam, wenn er den Männern das Recht der Polygynie (Vielweiberei) zubilligte, den Frauen das entsprechende Recht der Polyandrie versagte. Empörte religiöse und politische Führer verdammten die Frau in aller Öffentlichkeit und bezeichneten ihre Aussage als »ungesetzlich, unmoralisch und im höchsten Grade verantwortungslos«. Sie wurde aufgefordert, »Reue zu zeigen, oder man würde sie zur Renegatin erklären«.

Die junge Frau hatte nur auf eine Tatsache hinweisen wollen, die in der ganzen Entrüstung völlig übersehen wurde: Die Vielweiberei war ursprünglich nicht als automatisches Recht der muslimischen Männer gedacht, als Möglichkeit, das alte Modell gegen ein eleganteres, neues einzutauschen. Ursprünglich hatte der Prophet Mohammed mit dieser Regelung die Witwen und Waisen schützen wollen. Die Koran-Verse, die sich auf die Vielweiberei beziehen, wurden kurz nach einer großen Schlacht aufgezeichnet, in der zahlreiche muslimische Männer getötet worden waren und die Frauen mittellos zurückgeblieben wären, wenn die überlebenden Männer sich nicht zusätzliche Ehefrauen genommen hätten.

Anfänglich waren in der arabischen Gesellschaftsform der vor-islamischen Zeit, der Jahilliah-Periode, die oft als Ära der Unwissenheit bezeichnet wird, Polygynie und Polyandrie akzeptierte Lebensformen. Männern wie Frauen war es gestattet, mehrere Ehepartner zu haben. Der Islam verurteilte diese Praktiken jedoch für beide Geschlechter. Der Koran erlaubte Polygynie nur in Ausnahmefällen, vor allem für Kriegerfrauen, bei denen der Prophet befürchtete, sie würden verarmen oder »ungeschützt« sein, wenn der Ehemann gestorben war. Als das frühe islamische Kalifat durch die Monarchie ersetzt wurde, stellten wohlhabende Männer mit Unterstützung der damals nur mäßig gebildeten *ulama* (religiöse und gesetzliche Führer) die vorislamische Form der Polygynie wieder her. Polyandrie für Frauen blieb jedoch verboten. Und zur gleichen Zeit begannen die Männer, die im Koran genannten Voraussetzungen für die Polygynie zu ignorieren. Anstatt unversorgte Witwen zu heiraten, wurde die bis zum heutigen Tag gültige Praxis eingeführt, junge, unverheiratete Frauen als zusätzliche Ehefrauen zu nehmen.

In der islamischen Welt diskutiert man ständig darüber, ob die Vielweiberei sich überlebt hat und abgeschafft werden sollte. Die Modernisten behaupten, sie sei frauenfeindlich und passe nicht mehr in die heutige Zeit, andere weisen darauf hin, daß die ohnehin schon hohen Geburtenraten in den muslimischen Ländern dadurch noch weiter anstiegen. Die Traditionalisten bestehen jedoch darauf, daß die Vielweiberei ein angestammtes Recht des muslimischen Mannes sei, und daß das Wort Gottes, wie es im Koran festgelegt sei, nicht verändert werden dürfe. Aber obwohl angeblich die Absichten des Koran nicht verändert werden dürfen, sind das Konkubinat und die Sklaverei – beide stehen auch im Koran – abgeschafft worden.

In Tunesien ist die Polygamie seit 1957 verboten. Dort berief man sich auf den Koran-Vers, in dem Mohammed einräumt, daß »ihr Männer nicht in der Lage seid, euch auf die gleiche Weise mehreren Frauen zu widmen, so sehr ihr es auch wünschen mögt ... «. Die religiösen Autoritäten in Tunis schlossen daraus, daß »solange und bis hinreichende Beweise vorliegen, daß die Frauen gleich behandelt werden, was praktisch unmöglich ist, die wesentlichen Voraussetzungen für die Polygamie nicht erfüllt sind«.

Als Atatürk in den zwanziger Jahren in der Türkei an die Macht kam, schaffte er als erster Regierungschef der muslimischen Welt den Schleier per Dekret ab. Heute sieht man jedoch in den kleinen Städten und im Inneren des Landes kaum eine Frau auf der Straße, die nicht einen schwarzen *tschador* trägt, und es gibt trotz des Verbots immer noch Polygamie, und das, obwohl das Land von einer Frau regiert wird. Die Feministinnen sagen, daß das, was Atatürk auf dem Papier erreicht hat, von vielen Türken in der Praxis noch nicht akzeptiert worden ist.

Wie ist es möglich, daß der Islam, die einzige Religion, die den Schutz der Rechte der Frauen formal definiert hat, gleichzeitig der Glaube ist, in dessen Namen die Frauen am meisten unterdrückt werden? Als der Islam vor vierzehnhundert Jahren entstand, nahmen die Frauen in der Umgebung des Propheten am öffentlichen Leben teil, äußerten sich zu sozialen Ungerechtigkeiten und waren oft an seinen Entscheidungen beteiligt. Viele der Frauen hatten Einstellungen, die eine moderne Feministin akzeptieren würde.

Ihre Beziehung hätte aus der heutigen Zeit stammen können. Sie war vierzig Jahre alt, zweimal verwitwet und wohlhabende Chefin eines florierenden internationalen Unternehmens. Außerdem war sie eine reife, aristokratische Schönheit und verkehrte nur in den besten Kreisen. Als intelligente, zielstrebige Frau und gute Menschenkennerin hatte sie in ihrer Gemeinde großen Einfluß.

Er war ein fünfundzwanzigjähriger Import-Export-Kaufmann, ein schlanker, mittelgroßer junger Mann mit einem Bart, der wie sein Haupthaar schwarz und kraus war. Die Adlernase war typisch für seine Herkunft, aber vor allem seine Augen waren auffallend: Sie waren groß und lagen weit auseinander, hatten lange Wimpern und leuchteten so

stark, daß es jedem auffiel, der den jungen Mann kennenlernte. Schon
als Kind hatte er beide Eltern verloren und mußte bereits mit zwölf
Jahren arbeiten. Dreizehn Jahre später hatte er immer noch nicht genug
verdient, um heiraten zu können. Bei seinem ersten Heiratsantrag
bekam er einen Korb. Dem Vater seiner Zukünftigen war er nicht
vermögend genug. Das einzige Kapital des Twens war seine berufliche
Reputation. Die Kaufleute, für die er gearbeitet hatte, respektierten
ihn, weil er ein ehrlicher, zuverlässiger und vertrauenswürdiger Mann
war, und in seiner Branche kannte ihn fast jeder.

Sie brauchte einen Mann mit genau diesen Eigenschaften, der eine
große Lieferung nach Syrien überwachte. Also stellte sie ihn ein.

Er war ein erfahrener Geschäftsmann, und die Tauschgüter, die er
mit nach Hause brachte, ließen sich für das Doppelte dessen verkaufen,
was sie investiert hatte.

Kurz darauf machte sie ihm einen Heiratsantrag, und er sagte ja.

Khadija bint Khuwaylid, fünfzehn Jahre älter als er und seine
Arbeitgeberin, wurde die erste Frau Mohammeds, des Mannes, der
auserwählt war, Prophet und Begründer des Islam zu werden.

Die Ehe dauerte fünfundzwanzig Jahre und verlief harmonisch und
monogam. Erst als sie gestorben war, heiratete er wieder, sprach aber
oft mit großer Liebe von ihr. Sie gebar ihm sechs Kinder, vier Mädchen
und zwei Jungen; beide Söhne starben schon in der Kindheit.

War Khadija im Mekka des sechsten Jahrhunderts, dem heutigen
Saudi-Arabien, eine ungewöhnliche Frau? Sie hatte ein umfangreiches
Vermögen geerbt, war daher finanziell unabhängig. Sie nahm am
öffentlichen Leben teil und hatte sich ihren – erheblich jüngeren –
Ehemann selbst ausgesucht. Das vorislamische Arabien soll eine von
Männern beherrschte Gesellschaft gewesen sein, in der Frauen kaum
mehr waren als Tauschobjekte und weibliche Säuglinge so wenig ge-
schätzt wurden, daß man sie häufig lebendig begrub. Obwohl viele
Frauen wie Sklaven behandelt wurden, bot sich einflußreichen Frauen
wie Khadija in größeren Städten und Handelszentren mitunter die
Gelegenheit, ein Geschäft aufzubauen. Und in ihrem Fall – so Leila
Ahmed, Professorin und Leiterin der Frauenforschungsabteilung an
der Universität von Massachusetts – »befreite das Geld, das sie an den
Handelskarawanen verdiente, Mohammed von der Notwendigkeit,

selbst zu arbeiten, so daß er sich ganz seinen Kontemplationen widmen konnte, die ihn schließlich zum Propheten machen sollten«.

Sie hat mit Sicherheit dazu beigetragen, daß Mohammed den Frauen mit Respekt begegnete und sich besonders für sie einsetzte. Sie war ihm Vertraute und Ratgeberin und seine treueste Anhängerin. Sie teilte seine Ansichten und war die erste, die sich zum Islam bekehren ließ und den neuen Glauben verkündete. Während ihrer gesamten Ehe machte sie ihm immer wieder Mut, wenn er von seinen Feinden bedroht wurde oder ihn seine religiösen Erleuchtungen verwirrten. Und sie war zur Stelle, als er seine erste Vision hatte. Sie nahm ihm die Angst, daß er krank sei oder den Verstand verloren habe.

Als ihm der Erzengel Gabriel im Jahre 610 n. Chr. zum erstenmal erschien – Mohammed war damals vierzig Jahre alt – und ihn aufforderte zu lesen, schien das zunächst eine sonderbare Anweisung zu sein, denn wie die meisten seiner Zeitgenossen war Mohammed Analphabet. Er befand sich gerade allein in einer Höhle oberhalb Mekkas und meditierte wie so oft, als er eine Stimme hörte, die ihm zurief: »O Mohammed, du bist der Apostel Gottes, ich bin Gabriel.«

Im Laufe der nächsten zwanzig Jahre wurden Mohammed viele Offenbarungen verkündet, deren Inhalt im Koran zusammengefaßt wurde. Dies ist der göttliche Ratgeber aller Muslime, von denen erwartet wird, daß sie jedes Wort buchstabengetreu als Wort Gottes betrachten.

»Etwa 80 Prozent der Gesetze des Korans beziehen sich auf die Regelung ehelicher Beziehungen und auf das Verhalten der Frauen«, sagt Leila Ahmed, eine Autorität auf dem Gebiet der Frauenfragen und des Islam. »Ehe und sexuelle Beziehungen sind die Bereiche, in denen der Islam die größten Reformen durchgeführt hat.« Wenn man an das Wort des Propheten denkt, daß die »Ehe die halbe Religion ist«, verwundert das nicht.

Viele dieser Regelungen, von denen ein großer Teil rein praktischer Natur ist und den Alltag der Muslime verbessern und regeln soll, entstanden, wenn der Prophet in seinem Leben tiefgreifende Erfahrungen gemacht hatte. Die verschiedenen häuslichen Dramen, die Mohammed mit seinen Frauen erlebte, wurden zur Quelle seiner Erleuchtung.

Als Khadija im Jahr 620 n. Chr. starb, war das für Mohammed, der zu der Zeit fünfzig war, ein schmerzlicher Verlust, und seine Freunde rieten ihm, wieder zu heiraten. Sie schlugen ihm zwei mögliche Ehefrauen vor, Sawdah bint Zam'ah, eine Frau in den Dreißigern, die vor kurzem Witwe geworden war, oder A'isha, die Tochter seines engsten Freundes Abu Bakr, je nachdem, ob er eine Jungfrau oder eine Nicht-Jungfrau heiraten wolle. Der Prophet entschied sich für beide und heiratete zuerst Sawdah. Bei seiner Hochzeit mit der sechsjährigen A'isha, die ein paar Monate später stattfand, war die Kindbraut nicht anwesend, und der Ehevertrag wurde zwischen Mohammed und dem Vater des Mädchens geschlossen. Da A'isha noch so jung war, wohnte sie weiterhin im Haus ihrer Eltern und wußte gar nicht, daß sie verheiratet war.

Drei Monate später heiratete der Prophet noch einmal, diesmal Hafsa, die Tochter eines seiner einflußreichsten Anhänger, deren Mann gerade in einer Schlacht gefallen war. Nach der vierten Eheschließung des Propheten wurden ihm die Koran-Verse, die sich auf die Polygynie beziehen, offenbart: »Heirate die Frauen, die dir gut erscheinen, zwei oder drei oder vier. Und wenn du befürchtest, so vielen nicht gerecht werden zu können, dann heirate nur eine.«

In den zwölf Jahren nach Khadijas Tod bis zu seinem eigenen Tod im Alter von zweiundsechzig heiratete Mohammed zwischen neun und zwölf Frauen (die genaue Zahl ist nicht mehr bekannt). Wegen seiner hohen Stellung galt für ihn offenbar die Einschränkung auf vier Frauen nicht. Er gab sich jedoch große Mühe, alle seine Frauen fair zu behandeln. Nach jeder neuen Eheschließung wurde ein gleich großes zusätzliches Zimmer an das Haus des Propheten angebaut, in dem die neue Frau untergebracht wurde. Für sich selbst ließ Mohammed keine Unterkunft bauen, sondern er wohnte abwechselnd bei einer seiner Frauen.

Von allen Religionen der Welt ist der Islam am engsten mit dem Christentum verwandt. Trotzdem hat die christliche Welt ihn und seinen Gründer von den Kreuzzügen bis zum heutigen Tag geschmäht. Ein häufiger Angriffspunkt sind dabei die vielen Ehen des Propheten, die die Christen dazu veranlaßten, ihn als »lüstern« darzustellen. Voltaire ging sogar noch weiter und bezeichnete ihn als sexuell unersättlich. Solche Argumente wurden offensichtlich noch durch die Schriften früher Chronisten der *hadiths* bestärkt, die Mohammeds sexuelle Potenz als »gleich der von vierzig Männern« beschrieben.

Es gab jedoch gute politische und soziale Gründe für die zahlreichen Ehen des Propheten. Auch als der Islam schon viele Anhänger hatte und Mohammed als Prophet fest etabliert war, war die neue Religion doch immer wieder heftigen Angriffen ausgesetzt. Durch die Wahl seiner Ehefrauen stellte der Prophet Verbindungen mit Stämmen her, die vorher erbitterte Gegner des Islam gewesen waren und im Kampf gegen diese neue Religion an vorderster Front gestanden hatten. Seine Hochzeit mit Safiya bint Huyay, Tochter eines bedeutenden jüdischen Stammesältesten, ließ beispielsweise den jüdischen Widerstand gegen die Mission des Propheten schwächer werden. Bedeutende Klans beendeten ihre langjährigen Fehden mit den Muslimen und akzeptierten den neuen Glauben.

Selbst der Vollzug der Ehe mit der gerade erst zehnjährigen A'isha – für die Kritiker späterer Zeitalter ein Skandal – fand auf Wunsch des Vaters statt, der die Bande zwischen beiden Familien festigen wollte. A'ishas Vater, Abu Bakr, ein bedeutender Anhänger des Islam, wurde nach Mohammeds Tod sein Nachfolger als religiöser Führer.

Mit Ausnahme von A'isha waren alle Ehefrauen Mohammeds Witwen gewesen; die meisten hatten ihren Mann im Krieg verloren. In einer Zeit, in der es nur wenigen Frauen gestattet war, nach dem Tod ihres Mannes wieder zu heiraten, nahm Mohammed diese Witwen zur Frau, damit sie, die sonst schutzlos gewesen wären, versorgt waren.

Der Prophet soll ein toleranter, flexibler, liebevoller und gutmütiger Ehemann gewesen sein. Es gelang ihm allerdings nicht, seinem eigenen Ideal entsprechend zu leben und alle seine Frauen gleich zu behandeln. Daß er es versuchte, wurde jedoch von ihnen gewürdigt. So ließ er sie zum Beispiel Lose ziehen, welche von ihnen ihn auf einer Reise begleiten sollte, und er verbrachte jede Nacht reihum bei einer anderen. In einem *hadith* sagt er: »Ein Mann, der mehr als eine Frau heiratet und der sich dann nicht gerecht zwischen ihnen aufteilt, dessen Fähigkeiten werden bei der Auferstehung zur Hälfte gelähmt sein.«

Durch eine koptische Christin namens Maryam kam der Prophet zu Fall. Sie war eine wegen ihrer Schönheit berühmte Sklavin, die ihm vom Herrscher Ägyptens zum Geschenk gemacht worden war. Mohammed verliebte sich unsterblich in sie, war Tag und Nacht mit ihr zusammen und vernachlässigte seine anderen Frauen, so daß sie mit der Zeit immer eifersüchtiger wurden. Schließlich wurde ihr Zorn so groß, daß der Prophet das Haus verließ und sich zurückzog, um meditieren zu können. Während er weg war, verbreitete sich schnell das Gerücht, daß er sich von allen Frauen scheiden lassen wolle. Seine Anhänger waren entsetzt, denn ihnen war klar, daß die Scheidungen die Bündnisse zerstören würden, die durch diese Ehen geschlossen worden waren.

Während seiner langen Meditation hatte er eine Vision, die ihm zeigte, wie er die Harmonie in seinem Haus und den Frieden mit seinen geliebten Frauen wiederherstellen könne. Einen Monat später kehrte Mohammed zu seiner Familie zurück und sagte zu seinen Frauen, Gott habe sie vor die Wahl gestellt: Entweder sie würden ein gewöhnliches Leben und eine ehrenhafte Scheidung akzeptieren oder, wenn sie »Allah und seinen Propheten und sein Haus hiernach noch wünschten, dann [habe] Allah [für sie] eine große Belohnung bereit ... «. Wenn sie sich allerdings für die letztgenannte Lösung entscheiden sollten, verlange Allah von ihnen, daß sie »im Hause bleiben und sich nicht so zur Schau stellen wie in den Tagen der Unwissenheit«. Unter dem Einfluß von A'isha entschieden sich die Frauen dafür, bei dem Propheten zu bleiben.

Die anderen Frauen des Propheten waren jedesmal eifersüchtig, wenn er mit A'isha zusammen war. Es war offensichtlich, daß er sie am meisten liebte, und die Frauen, die Mohammed gefallen wollten, verzichteten zu A'ishas Gunsten auf die Zeit, die ihnen zustand. Wenn sie jedoch ihre Unzufriedenheit zum Ausdruck brachten, wurden sie von Mohammed gescholten. In A'ishas Gesellschaft, so belehrte er sie, würden ihm die meisten Offenbarungen zuteil.

Auch bei Zeinab bint Jash, einer anderen seiner Frauen, hatte er zahlreiche Offenbarungen. Sie war eine hochgestellte, schöne Kusine des Propheten, und Mohammed hatte sie einige Jahre zuvor mit seinem Adoptivsohn Zaid, einem ehemaligen Sklaven, verheiratet. Er wollte damit dokumentieren, daß die Zugehörigkeit zu einer bestimmten sozialen Klasse keine Rolle spiele. Zeinab, die eine sehr stolze Frau war, wurde mit dem Mann, der ihr nach ihrer Auffassung weit unterlegen war, nicht glücklich, und da sie unzufrieden war, konnte auch Zaid nicht glücklich werden.

Eines Morgens besuchte Mohammed seinen Adoptivsohn und erhaschte dabei einen flüchtigen Blick auf Zeinab, die sich gerade ankleidete. Seine Gefühle brachten ihn in arge Verlegenheit, und er verließ fluchtartig das Haus. Als Zeinab ihrem Mann später den Vorfall berichtete, deutete sie an, daß der Prophet wahrscheinlich in Leidenschaft zu ihr entbrannt sei. Da Zaids Ehe unglücklich war und er seinem Adoptivvater nicht im Wege stehen wollte, bot er ihm an, sich scheiden zu lassen, falls der Prophet Zeinab heiraten wolle. Mohammed lehnte das ab. Damals wurde in Arabien ein Adoptivsohn als Blutsverwandter betrachtet, und eine Heirat mit Zaids Exfrau wäre als Inzest angesehen worden. Der Vorfall führte zum endgültigen Zusammenbruch der Ehe, und das Paar ließ sich scheiden. Kurz darauf befahl Gott Mohammed in einer Offenbarung, Zeinab zu heiraten.

Ein Skandal in der Gemeinde wurde dadurch vermieden, daß dem Propheten in derselben Offenbarung kundgetan wurde, daß Adoptionen nicht länger erlaubt seien und daher auch nicht mehr zu einem Eltern-Kind-Verhältnis führen konnten. Zaid, der seit dreißig Jahren den Namen Ibn Mohammed getragen hatte, was soviel wie »Mohammeds Sohn« bedeutet, nahm nun wieder den Namen seines leiblichen Vaters an.

Und da eine Scheidung im Islam mit Mißfallen betrachtet wurde, verkündete die göttliche Offenbarung außerdem, daß eine Ehe in Zukunft nur noch dann geschlossen werden könne, wenn beide Partner ihr Einverständnis erklärt hatten. Die Frau mußte also vorher auch gefragt werden und zustimmen. Das stellte damals eine radikale Veränderung dar und war zu der Zeit, als Zeinabs erste Ehe über ihren Kopf hinweg geschlossen worden war, nicht so gewesen.

Auf Mohammeds Hochzeit mit Zeinab wurde noch ein zusätzliches weitreichendes göttliches Dekret offenbart. Mohammed wurde ärgerlich, als die Hochzeitsgäste sich zu lange in Zeinabs Zimmer aufhielten und mit ihr redeten. Am gleichen Tage beobachtete er, wie andere Männer die Hände seiner Frauen berührten, vermutlich, wenn sie diesen Gästen die Speisen reichten. Da sein Heim gleichzeitig das

Zentrum einer neuen, aufblühenden Religion darstellte und dem Propheten keine privaten Räume zur Verfügung standen, gab es in diesem Haus einen unaufhörlichen Besucherstrom. Eine Offenbarung, die ihm bald darauf zuteil wurde, besagte, daß die Frauen des Propheten in Abgeschlossenheit leben sollten. »Betretet das Haus des Propheten nicht für ein Gastmahl, ohne abzuwarten, bis die richtige Zeit gekommen ist und man euch die Erlaubnis erteilt. Wenn das Mahl beendet ist, geht auseinander. Bleibt nicht, um euch noch zu unterhalten ... Und wenn ihr die Frauen des Propheten um irgend etwas bittet, solltet ihr dabei hinter einem Vorhang stehen.«

In demselben Dekret wurde es den Frauen Mohammeds untersagt, sich nach dem Tode des Propheten wiederzuverheiraten. Durch diesen und andere heilige Verse wurde allen klargemacht, daß die Frauen des Propheten anders behandelt werden und sich anders verhalten mußten als gewöhnliche Frauen. Die Regelung, der zufolge sie im Haus bleiben und sich hinter einem Vorhang verbergen mußten – das ist die wörtliche Übersetzung des Wortes *purdah* –, wurde offiziell in der Religion festgeschrieben. Es ist jedoch klar ersichtlich, daß sich diese Regelungen ausschließlich auf Mohammeds Frauen bezogen und nicht für alle Frauen galten.

Ein Vorfall, an dem A'isha beteiligt war, führte jedoch nicht nur zu der im Koran vorgeschriebenen Strafe für Verleumdung, sondern soll sogar die ursprüngliche Spaltung des Islam in die Sekten der Sunniten und Schiiten ausgelöst haben.

Im achten Jahr der Ehe zwischen A'isha und dem Propheten begleitete sie ihn auf einer seiner zahlreichen Reisen und ritt dabei in einer abgeschlossenen Kabine auf dem Rücken eines Kamels. Bei einer der regelmäßigen Gebetspausen schlich sie sich fort, um bei den erforderlichen rituellen Waschungen nicht von den Männern beobachtet werden zu können. Als sie wieder zurückkam und ihren Schleier zurechtrückte, stellte sie fest, daß sie ein Halsband verloren hatte. Sie ging zurück, um es zu suchen, denn die Perlen besaßen für sie einen hohen emotionalen Wert, da sie ein Hochzeitsgeschenk ihrer Mutter waren. Als sie das Halsband schließlich gefunden hatte, war die Expedition ohne sie aufgebrochen, weil jeder angenommen hatte, sie befände sich in der abgeschlossenen Kabine des Kamelsitzes. A'isha blieb nichts anderes übrig, als so lange zu warten, bis jemand den Irrtum bemerkte und zurückkehrte, um sie abzuholen.

Während sie wartete, kam ein junger Mann, den sie noch aus der Zeit vor ihrer Ehe kannte, vorbeigeritten und erkannte sie. Er bot ihr an, sie zu Mohammeds Reisegesellschaft zu bringen, setzte sie auf sein Kamel und brachte sie in die Stadt zurück. Aber die Gerüchte waren schneller als die beiden: Leute, die das attraktive Paar zusammen sahen, schlossen daraus, daß Mohammeds Lieblingsfrau, die zu der Zeit erst vierzehn war, die Gesellschaft eines jungen Mannes der des alternden Propheten vorzog. Das war der Beginn eines Skandals, der die gesamte Gemeinde in Aufruhr versetzte. Das Ganze kam für Mohammed zur unrechten Zeit: In der muslimischen Gemeinde herrschte Uneinigkeit, und die göttlichen Offenbarungen blieben aus. Seine Beziehung zu A'isha kühlte sich merklich ab, und er fing an, zahlreiche Leute über ihren Charakter und ihre Treue auszufragen. Bis auf einen einzigen Mann berichteten alle, mit denen er über dieses Problem sprach, nur Gutes über sie. Nur sein Vetter und Schwiegersohn Ali, der mit Mohammeds Tochter Fatima verheiratet war, machte eine Ausnahme: »Es gibt genügend Frauen, du kannst jederzeit die eine gegen eine andere austauschen«, sagte er und ermunterte den Propheten, sich von A'isha scheiden zu lassen. Sie hat ihm das nie verziehen. Die Antipathie zwischen den beiden führte später zur Spaltung des Islam in die beiden großen Sekten.

Das Drama wurde schließlich durch eine neue Offenbarung beendet, in der dem Propheten verkündet wurde, daß seine Frau unschuldig sei. Der Koran-Vers, der auch heute noch in Fällen von Ehebruch zitiert wird, stammt aus dieser Zeit: »Und diejenigen, die ehrbare Frauen beschuldigen, ohne vier Zeugen beizubringen, sollen mit achtzig Peitschenhieben bestraft werden, und man soll ihr Zeugnis nie wieder akzeptieren. Denn solche Männer sind Übeltäter.«

Während seines ganzen Lebens hat der Prophet die Frauen und vor allem die Mütter geliebt und sich immer besonders um sie gekümmert. Als er einmal von einem seiner Anhänger gefragt wurde, wem man mit dem größten Respekt begegnen und wen man am freundlichsten behandeln solle, antwortete er: »Deine Mutter.« »Und danach?« wollte der hartnäckige Frager wissen. »Deine Mutter«, sagte Mohammed noch einmal. »Und wer kommt dann?« »Deine Mutter«, antwortete der Prophet zum dritten Mal. Der Frager ließ nicht locker: »Und danach?« »Dein Vater.« Die Männer kamen also erst an vierter Stelle. Auf eine ähnliche Weise beantwortete er auch die Frage, ob es eine Abkürzung zum Paradies gebe: »Das Paradies liegt unter den Füßen deiner Mutter.«

Und bei seiner öffentlichen Ansprache auf dem Berg Arafat in der Nähe von Mekka, die seine letzte sein sollte, ermahnte der Prophet die Männer: »Behandelt eure Frauen gut und seid freundlich zu ihnen.«

Kurz darauf begann Mohammed, der inzwischen zweiundsechzig geworden war, über rasende Kopfschmerzen zu klagen. Die Schmerzen wurden immer schlimmer, bis er schließlich einen totalen Zusammenbruch hatte. Man trug ihn in A'ishas Zimmer, wo er von all seinen Frauen gepflegt wurde. Ein paar Tage später, am 11. Juni des Jahres 632 n. Chr., starb der Mann, den die Muslime als ihren letzten Propheten betrachten, in den Armen seiner Lieblingsfrau A'isha, die damals gerade erst achtzehn Jahre alt war.

Der unerwartete Tod eines Propheten, der keinen männlichen Erben hinterließ, führte in der islamischen Welt zu einer großen Krise. Überall in Arabien kam es zu Aufständen, und eine Zeitlang sah es so aus, als würde die neue islamische Einheit zerbrechen und dem alten Stammeswesen wieder Platz machen. Diejenigen, die einen Nachfolger für Mohammed bestimmen wollten, spalteten sich sofort in zwei rivalisierende Lager. Abu Bakr, A'ishas Vater, trat schließlich die Nachfolge an und wurde der erste Kalif oder Vertreter Mohammeds, und nur Ali weigerte sich, seine Autorität anzuerkennen.

A'ishas Position in der islamischen Welt wurde durch die Ernennung ihres Vaters zum Kalifen gefestigt. Da sie dem Propheten so nahegestanden hatte, wurde sie schon als junges Mädchen häufig gebeten, Koran-Verse und religiöse Überlieferungen zu interpretieren oder nach islamischem Recht zu richten. Sie wurde die prominenteste der Frauen Mohammeds, galt als bedeutende Autorität in Fragen des Islam und diente den Muslimen als Ratgeberin. Damals sagte man über sie: »Wenn es um die Lehren des Koran, um die Pflichten, um gesetzliche und ungesetzliche Dinge oder um Poesie, Literatur, arabische Geschichte und Genealogie geht, gibt es keine größere Gelehrte als

A'isha.« In juristischen Angelegenheiten baten viele Leute sie um Rat, und ein Viertel des islamischen Scharia-Gesetzes, das auf einer Sammlung von *hadiths* basiert, soll von ihr überliefert worden sein.

Später, als ihr Vater und sein Nachfolger gestorben waren, stand sie an der Spitze der Opposition, die die Ernennung Alis, ihres früheren Gegenspielers, zum vierten Kalifen verhindern wollte. Als die beiden Oppositionsparteien bei der Schlacht des Kamels, wie sie heute genannt wird, gegeneinander antraten, führte A'isha selbst ihre Truppen an. Ali, der erkannte, daß sie für ihre Männer der Sammelpunkt war, gab den Befehl, das Kamel, auf dem sie saß, zu töten. Dadurch entstand eine Verwirrung bei der Truppe, die zu einer Feuereinstellung führte.

A'ishas Anhänger sind die späteren Sunniten, während sich Alis Leute Schiiten nannten. Heutzutage glauben die Sunniten, die ungefähr 85 Prozent der islamischen Bevölkerung ausmachen, daß die vier Kalifen die rechtmäßigen Nachfolger Mohammeds waren. Sie respektieren zwar die Familie des Propheten, glauben aber nicht, daß die weltlichen und geistlichen Führer des Islam unbedingt Mitglieder dieser Familie sein müssen.

Der schiitische Islam lehnt die ersten drei Kalifen ab und betrachtet Ali, den Vetter und Schwiegersohn des Propheten, als den ersten wahren Kalifen. Die Schiiten bestehen darauf, daß der Imam, das Oberhaupt der Muslimen, ein Nachfahre Alis und seiner Frau Fatima, der Tochter des Propheten, sein muß. Sie lehnen den sunnitischen Zweig ebenso wie die *Sunna-hadith*-Gesetze, von der er seinen Namen hat, ab. Die meisten Schiiten leben im Iran, Irak, in Jemen und Aserbaidschan. Außerdem bilden sie in Kuwait, den Emiraten, Saudi-Arabien, Afghanistan und Pakistan starke Minderheiten. Seit der Ermordung Alis im Jahr 661 n. Chr. versuchten die Schiiten bis zum heutigen Tag immer wieder, die Sunniten in Kriegen zu besiegen und den schiitischen Glauben, der älter ist als der sunnitische, zur vorherrschenden Religion zu machen.

Nach A'ishas Niederlage beschuldigte Ali sie, durch die Teilnahme an der Schlacht gegen das Gebot der Zurückgezogenheit verstoßen zu haben, das Mohammeds Frauen vom Propheten auferlegt worden war. Ihr Platz, so erklärte er ihr, sei zu Hause bei den anderen Frauen.

Danach zog sich A'isha aus dem öffentlichen Leben zurück. »Auch in den folgenden beiden Generationen treffen wir noch weibliche Gelehrte und Frauen in verantwortungsvollen Positionen an, aber ihre Zahl ist geringer geworden«, sagt Leila Ahmed. »Mit der Zeit gab es nur noch wenige Lehrer der *hadiths*, die bei einer Frau gelernt hatten. Dies ist die Periode, die gewöhnlich für die Restriktionen verantwortlich gemacht wird, durch die das Leben der Frauen eingeengt wird.« In einer alten Biographie A'ishas schreibt der Autor: »Die Stellung der muslimischen Frau verdammte sie zur Passivität und Unterwerfung. Im zweiten und dritten Jahrhundert des Islam war die Isolierung und Erniedrigung der Frauen weiter fortgeschritten, als man es je in den ersten Jahrzehnten des Islam erlebt hatte.«

Das Ganze beginnt bei der Geburt. Wird ein Junge geboren, gratuliert man den Eltern und feiert eine Party. In einigen muslimischen Ländern wird aus diesem Anlaß sogar Salut geschossen. Die Geburt eines Mädchens ist dagegen immer ein Grund zur Trauer. Sogar heutzutage schlägt sich das in der arabischen Welt noch in alltäglichen Redensarten nieder. So sagt man zum Beispiel, wenn bei einer Gesellschaft plötzlich niemand mehr etwas sagt, *yat bint*, was soviel heißt wie »ein Mädchen wird geboren«. Und wenn das wirklich geschieht, kann es passieren, daß die Hebamme alles stehen- und liegenläßt, sobald sie merkt, daß das Kind, das sie gerade zur Welt gebracht hat, das »falsche« Geschlecht hat. Noch bevor die Nabelschnur durchtrennt wurde, ist manche Frau geohrfeigt worden, weil sie es gewagt hatte, ein Mädchen zur Welt zu bringen.

Die Ehemänner schämen sich meistens, die Frauen haben Schuldgefühle, und die restlichen Familienmitglieder sprechen flüsternd ihr Beileid aus, statt die üblichen Süßigkeiten zu überreichen. »Es ist Gottes Wille«, sagen sie traurig und machen dabei ein Gesicht, als sei jemand gestorben. Die junge Mutter tröstet man mit den Worten: »Beim nächsten Mal wirst du ihm einen Sohn schenken.«

Moderne muslimische Ärzte kennen das Problem. Ein Gynäkologe, der in einem supermodernen Krankenhaus am Golf arbeitet, sagte mir einmal: »Wir sagen den Frauen nach der Ultraschalluntersuchung nie, ob es ein Junge oder ein Mädchen wird. Wir haben die Erfahrung gemacht, daß sie die Wehen länger aushalten, wenn sie nicht wissen, daß sie ein Mädchen auf die Welt bringen.«

Wenn eine muslimische Frau ihrem Mann keinen Sohn schenkt, wird er sich mit großer Wahrscheinlichkeit eine zweite Frau nehmen. Er kann sich deshalb sogar von ihr scheiden lassen, wodurch sie in der islamischen Welt zum gesellschaftlichen Paria wird. In einer Kultur, in der die Männer auf die Frage, wie viele Kinder sie sich wünschen, zum Beispiel antworten: »Vier Kinder« und damit vier Söhne meinen – und nur unter Druck widerwillig hinzufügen »und drei Töchter«, gibt man den Frauen die Schuld, wenn sie ein Mädchen zur Welt bringen. Selbst unter den gebildeten muslimischen Männern gibt es nur wenige, die zugeben, daß *sie* für das Geschlecht ihrer Kinder verantwortlich sind und nicht ihre Frauen. »Meine Frau ist nichts wert, sie hat mir nur Töchter geboren«, hört man immer wieder. Und der Platz, den eine Frau in der muslimischen Gesellschaft einnimmt, kann tatsächlich durch ihre Söhne bestimmt werden. Ohne Söhne hat sie einen niedrigeren Status als andere Frauen. Auch wenn ein Ehepaar kinderlos bleibt, wird die Frau dafür verantwortlich gemacht.

In der muslimischen Welt hat ein weibliches Kind nur einen geringen Wert, das drückt sich schon in dem Wort aus, mit dem ein unverheiratetes Mädchen bezeichnet wird. Es bedeutet soviel wie »Besitz eines anderen«. Diese Bezeichnung bezieht sich auf die Tatsache, daß nur die Familie des späteren Ehemannes in den Genuß dessen kommt, was in ein Mädchen in der Kindheit investiert wurde. Und da es in seiner eigenen Familie nur eine »vorübergehende Gastrolle« spielt, werden möglichst wenig Geld, Zeit und Mühe in seine kindliche Entwicklung investiert.

Im Jahr 1985 setzte der Präsident Pakistans eine Kommission ein, die den Status der Frau untersuchen sollte. Der Bericht kam zu dem Ergebnis: »Die durchschnittliche Frau ist von Geburt an kaum etwas anderes als eine Sklavin; sie führt ein Leben voller Mühsal und gerät nach ihrem Tod sofort wieder in Vergessenheit. Das ist die grausame Wirklichkeit, in der die Hälfte unserer Bevölkerung nur deshalb leben muß, weil sie zufällig weiblich ist.« Es ist nicht weiter verwunderlich, daß die Regierung die Veröffentlichung dieses Berichtes untersagte.

In den meisten muslimischen Ländern gibt es nur wenige Statisti-

ken. Das liegt ganz einfach daran, daß alle Informationen der strengen
Kontrolle der Regierungen unterliegen. Und wenn es um die Frauen
geht, sind sie noch spärlicher. Doch die, die man zu Gesicht bekommt,
malen ein ziemlich düsteres Bild. In Pakistan haben Frauen eine gerin-
gere Lebenserwartung als Männer. Das Land wird aus einem sehr
ungewöhnlichen Grund im »Guinness-Buch der Rekorde« erwähnt – es
hat den niedrigsten Anteil an Frauen: Auf 1000 Männer kommen
936 Frauen. Der Hauptgrund liegt in der schlechten Gesundheit der
Frauen, die durch die Diskriminierung verursacht wird, mit der sie von
Geburt an konfrontiert sind. So wird zum Beispiel ein Junge zwei Jahre
lang gestillt, wie es der Koran vorschreibt. Ein weiblicher Säugling wird
häufig schon bedeutend früher abgesetzt. In einem großen Teil der
Familien essen Mütter und Töchter erst nach den männlichen Familienmitgliedern. Es überrascht daher nicht, daß Mangelerscheinungen
bei den Mädchen häufiger vorkommen als bei den Jungen. Selbst in den
Häusern der Privilegierten bekommen die Söhne häufiger Milch, Eier,
Fleisch und Obst als die Töchter.

Obwohl ein Mädchen weniger ißt als seine Brüder, muß es in einem
normalen Haushalt doppelt soviel arbeiten. Durch die Unterernährung
kommt es zu Anämie und anderen Mangelerkrankungen; die Anfälligkeit für Infektionen ist hoch. Mädchen sind häufiger krank als ihre
Brüder. Aber selbst wenn sie krank sind, werden sie den Untersuchungen zufolge häufiger zu Hause behandelt. Die Jungen kommen dagegen
in den Genuß einer ärztlichen Behandlung und werden ins Krankenhaus gebracht. Es sind schon Frauen und Mädchen gestorben, weil die
männlichen Mitglieder der Familie es nicht zugelassen haben, daß ein
männlicher Arzt sie untersucht, denn der Islam verbietet das, und es
gibt immer noch zu wenig weibliche Ärzte.

Untersuchungen zeigen, daß in Pakistan der Anteil der weiblichen
Todesfälle in der Altersgruppe zwischen fünfzehn und vierzig um 75 Prozent höher liegt als der der männlichen Vergleichsgruppe. Ein Grund
dafür ist die extrem hohe Müttersterblichkeit – in Pakistan ist sie höher
als in allen anderen Ländern der Welt –, die auf die vielen Fälle von
Anämie als Folge schlechter Ernährung zurückzuführen ist. In diesem
Land leiden 97,4 Prozent aller Schwangeren unter Blutarmut, eine
schockierende Zahl.

Und dieser Zusammenhang ist nicht auf Pakistan beschränkt. In vielen muslimischen Ländern herrschen die gleichen deprimierenden Zustände, ausgenommen davon sind jeweils die Angehörigen der gebildeten Oberschicht, die jedoch nur eine Minderheit darstellen. Aber selbst in dieser Gesellschaftsschicht, in der man sich um das leibliche Wohl der Frauen kümmert, werden ihre seelischen Bedürfnisse häufig nicht beachtet.

Vom fünften, sechsten Lebensjahr an wird ein Mädchen auf die einzige für sie akzeptable Rolle vorbereitet: Ehefrau und Mutter zu sein. Es wird so erzogen, daß es später eine gute Ehefrau ist: sanftmütig, gehorsam und aufopfernd. Das Mädchen lernt, daß seine Brüder immer an erster Stelle kommen und daß selbst die jüngeren Brüder über sein Leben bestimmen können. Ich fand es ziemlich ärgerlich, mit ansehen zu müssen, wie ein neunjähriger Junge ins Zimmer kam, seine siebzehnjährige Schwester mit einem kurzen Blick aufforderte, ihren Stuhl für ihn freizumachen und sich zu seinen Füßen niederzulassen. Eine junge, graduierte Studentin, deren Semester eine ganz normale, halbtägige Exkursion machte, erzählte: »Mein Vater hat mir die Erlaubnis gegeben mitzufahren. Aber mein jüngerer Bruder wurde sehr wütend und sagte, es sei nicht schicklich, daß seine Schwester an einem solchen Ausflug teilnähme. Er war so wütend, daß er drohte, das Haus zu verlassen, wenn mein Vater das zuließe. Also konnte ich nicht mitfahren.« Ein noch deprimierenderes Beispiel für männliche Dominanz erlebte ich, als ein Siebenjähriger seiner Mutter, die an einem Mütterkurs teilnehmen wollte, verbot, das Haus zu verlassen. Sie gehorchte.

Wenn ein muslimisches Mädchen heranwächst, wird noch strenger darauf geachtet, daß es sich möglichst unauffällig verhält. Das gilt für die Art, wie es geht, wie es redet und wie es sich kleidet – es muß unsichtbar sein. Immer wieder muß es sich Sprüche anhören wie: »Ein Mädchen muß wie Wasser sein, nachgiebig. Das Wasser nimmt die Form des Gefäßes an, in das man es gießt, hat aber selbst keine Form.« Sogar seine Bewegungen und Kontakte werden extrem eingeschränkt. Sein Platz ist im Haus, es darf nicht draußen spielen, und die Zahl seiner Freundinnen ist begrenzt. Wenn es das Glück hat, die Schule besuchen zu dürfen – die mit Ausnahme der untersten Klassen in der Regel nach

Geschlechtern getrennt ist –, wird es häufig schon als Teenager gezwungen, wieder abzugehen.

Durch den Eintritt der Pubertät wird es noch strenger eingegrenzt.
Das Ausmaß der Beschränkungen hängt davon ab, wo es lebt und
welcher Klasse es angehört. Erst nach der Menopause bekommt eine
Frau wirkliche Autorität. Da sie keine Kinder mehr bekommen kann,
wird sie oft als Mann ehrenhalber betrachtet. Und während sie vorher
immer völlig verschleiert war, darf sie in diesem Alter ihr Gesicht
zeigen, falls sie dann noch Lust dazu hat.

Trotzdem kann der Feminismus in der islamischen Welt schon auf
eine lange Geschichte zurückblicken. Die erste feministische Bewegung
entstand Ende des letzten Jahrhunderts in Ägypten und breitete sich
rasch auf die Türkei, Syrien und den Iran aus. Frauen setzten sich
intensiv für Veränderungen ein, die die Vielweiberei, das Scheidungsrecht, das Erbrecht und das Sorgerecht für die Kinder betrafen, konnten aber nur kleine Erfolge erzielen. In den zwanziger Jahren begannen
dann die ägyptischen Frauen, den Schleier abzulegen. Im Iran wurde
der Schleier 1936 durch den Schah offiziell abgeschafft. Er folgte damit
dem Beispiel, das der König von Afghanistan bereits 1921 gegeben
hatte. Unter dem Einfluß einer konservativen Reaktion wurde der
Schleier dann wieder Pflicht, bis ihn der afghanische Präsident Daud
1959 erneut abschaffte und die meisten Frauen diese Freiheit auch
wahrnahmen.

In der Zeit zwischen 1950 und 1980 machten die Frauen in einigen
muslimischen Ländern große Fortschritte; heute verkehrt sich die Situation wieder ins Gegenteil. Dafür sorgt der ständig wachsende Einfluß konservativer Bewegungen wie der Muslim-Bruderschaft, der von
der Wahhabi-Sekte unterstützten Gruppen und der Rabitat-Islami, von
denen letztere in Saudi-Arabien entstanden sind.

»Eine Zeitlang hatten die Frauen die Möglichkeit, eine Ausbildung
zu absolvieren, zu arbeiten und in einzelnen Fällen sogar in der Armee
des Landes zu dienen. In einigen dieser Staaten bildete sich eine Mittelklasse, und die Frauen waren der aktive Teil dieser neuen Klasse«, sagt
Shaul Bakhash, ein iranischer Orientalist, dessen Spezialgebiet der
Mittlere Osten ist. »Ende der siebziger Jahre lief für die Frauen alles
wieder in die entgegengesetzte Richtung. Wenn man heute die muslimi-

schen Länder betrachtet, geht die Tendenz durch die Bank in Richtung
der islamischen Bewegungen. Die gegenwärtige Situation ist für die
Frauen alles andere als ermutigend; im Gegenteil, sie stellt einen schweren Rückschlag dar.

In Ländern wie dem Iran, in denen die Frauen besonders eingeengt
werden, leisten die gebildeten Frauen, die der neuen Elite angehören,
erheblichen Widerstand. Und aus diesem Grund werden die muslimischen Bewegungen, die sich der Rückkehr zu den alten Traditionen
verschrieben haben, in einigen Fragen nachgeben müssen. Umgekehrt
werden die Frauen in etlichen muslimischen Ländern (wegen ihrer
bloßen Existenz) wieder als potentielle Quelle der Zerrüttung der
Gesellschaft betrachtet: Man glaubt, sie ständig im Auge behalten zu
müssen, damit ihr Einfluß nicht zu stark wird.«

Für Akbar S. Ahmed, einen international anerkannten islamischen
Wissenschaftler, der in Princeton und Harvard gelehrt hat, lassen sich
die gegenwärtigen Veränderungen in der islamischen Welt im Hinblick
auf die Frauen auf eine einfache Formel bringen: »Die Stellung der Frau
in der islamischen Gesellschaft spiegelt das Schicksal des Islam wider:
Wenn der Islam sich sicher fühlt und selbstbewußt ist, sind es seine
Frauen auch, wenn er sich bedroht fühlt und unter Druck steht, geht es
auch den Frauen so.«

3   Pakistan: Ein Schritt nach vorn,
    zwei Schritte zurück

Und macht nicht Gott mit euren Eiden zu einem Hinderungsgrund,
Pietät zu üben und gottesfürchtig zu sein.
Koran 2:224

Lahore ist die Stadt der Gärten, eine asiatische Metropole, die
unserer Vorstellung vom romantischen Osten entspricht. Die
Städte in der Dritten Welt sehen in der Regel so schäbig und heruntergekommen aus wie die abgemagerten, streunenden Hunde auf ihren
Straßen. Lahores Verfall hat dagegen eine verblichene Eleganz. Die
breiten, von Bäumen gesäumten Boulevards, die Kanäle und die zahllosen Parks – mehr als in vielen europäischen Städten – bieten er-
frischende Zuflucht vor der sengenden Sommerhitze. Und die stolze
Geschichte der Mogule wird an jeder Ecke sichtbar. In Lahore schuf
Shah Jahan, der Erbauer des Taj Mahal, vor dreihundertfünfzig Jahren
die Shalimar-Gärten, deren Marmorpavillons und Springbrunnen auf
eine ästhetischere und effektivere Weise Kühlung bringen als jede moderne Klimaanlage. Das massive Fort, das von Akbar, dem größten aller
Mogul-Kaiser, erbaut wurde, befindet sich in Lahore, und dort steht
auch die riesige, immer noch schöne Badshahi-Moschee, in der an
hohen islamischen Feiertagen vierhunderttausend Muslime ihre Gebete
verrichten. Überall in der Stadt erkennt man, daß Lahores prachtvolle
Bauten aus einer Periode stammen, in der die Mogul-Architektur und
-Kunst ihren Höhepunkt erreicht hatten. Die Geschichte der Region
beginnt jedoch schon Jahrtausende vor der Herrschaft der Mogule.
    Die Zivilisation im Tal des Indus erlebte hier schon vor fünftausend

Jahren eine Blütezeit. In der westlichen Welt ist es kaum bekannt, daß sich diese Kultur zur gleichen Zeit wie die Ägyptens und Mesopotamiens entwickelt hat, und man glaubt, daß das Land größer und fortschrittlicher war als die beiden anderen und eine bessere Verwaltung hatte. Es ist daher nicht weiter verwunderlich, daß Lahore, die tausend Jahre alte Hauptstadt des Punjab, Pakistans reichster und fruchtbarster Provinz, gleichzeitig der kulturelle und intellektuelle Mittelpunkt des Landes ist. Das wird vor allem durch Eliteschulen wie das Aitcheson College vermittelt, das von vielen späteren Regierungschefs des Landes besucht worden ist. Und man erkennt es an den Pukka-Gymkhana- und Punjab-Clubs, in denen Kellner mit weißen Handschuhen Lunch und Dinner servieren. Die Mitgliedschaft in diesen Clubs ist auch heute noch so exklusiv wie zur Zeit der britischen Kolonialherrschaft. Hinter dieser eleganten Fassade der Stadt verbirgt sich jedoch ein erschreckendes Maß an Brutalität.

»Es geschah in einer so glücklichen Zeit«, sagt Ahmedi Begum. »Ich war so stolz, weil ich gerade zum erstenmal Großmutter geworden war. Es war ein Junge, Gott sei Dank. Meine Tochter lag noch hier in diesem Bett und erholte sich von der Geburt«, sagt sie und klopft mit der Hand auf das Holzbett, auf dem eine Steppdecke liegt, die sie selbst bestickt hat, und auf dem wir beide sitzen. Ahmedi, eine sechzigjährige Witwe, wartete damals auf ihren Neffen Tufail, der einen Sack Zement holte, um im Hof einige Ausbesserungsarbeiten durchzuführen. Das kleine Haus in Bukarmandi, einem Mittelklasse-Vorort von Lahore, bedeutet ihr viel, das merkt man sofort. Ihr winziges Wohnschlafzimmer ist makellos sauber, die türkisfarbenen Wände leuchten, und die Regale, in denen sie ihr Geschirr und ihre Gläser aufbewahrt, sind mit Spitzenbordüren geschmückt.

Ihr Neffe kam zurück, als sie gerade das Tor für zwei Besucherinnen geöffnet hatte. Die beiden Frauen waren etwa Mitte Zwanzig, beide vollständig verschleiert, und interessierten sich für die obere Etage des Hauses, die Ahmedi vermieten mußte, weil sie das Geld brauchte. »Ich kannte sie nicht, aber sie machten einen ehrlichen Eindruck. Ich wollte ihnen gerade die Zimmer zeigen, da gab es draußen einen Tumult, und mehrere Polizisten stürmten in den Hof. In dem dann entstehenden großen Durcheinander verhafteten sie die beiden Frauen und meinen Neffen, dabei hatte er einfach nur mit seinem Sack Zement danebengestanden.«

Als ihr Schwiegersohn später am Nachmittag von der Arbeit nach Hause kam, ging er mit Ahmedi zur Polizeistation, um herauszubekommen, was eigentlich passiert war. Die Verhaftung ergab keinen Sinn, denn Tufail kannte die beiden Frauen überhaupt nicht.

Selbst nach fünf Jahren fällt es Ahmedi Begum immer noch schwer, über das zu reden, was dann geschah. »Die Polizisten brachten mich in einen anderen Raum und erklärten mir, daß sie mich auch verhaften würden. Ich war entsetzt. ›Ich bin eine ehrbare Frau und habe immer ein anständiges Leben geführt. Sie haben sich geirrt‹, sagte ich zu ihnen. ›Sie müssen mich freilassen.‹ Aber sie hörten überhaupt nicht zu. Dann nahmen sie mir meine Ohrringe und Armbänder ab, meinen ganzen Hochzeitsschmuck. Als der Vorgesetzte der Polizisten kam, sagte ich ihm das gleiche: ›Ich bin eine Großmutter, Witwe und eine ehrbare Frau, warum halten Sie mich hier fest?‹ Er sagte mir, man würde mich bald freilassen.« Während Ahmedi das erzählt, bewegt sie ihre abgearbeiteten Hände, die sie im Schoß hält, immer wieder hin und her.

»Während ich dort saß und wartete, öffnete einer der Polizisten die Tür und sagte: ›Wenn du die anderen Frauen haben willst, hier sind sie‹, und man stieß sie in den Raum. Sie waren nackt und bluteten ... Vor meinen Augen vergewaltigten sie sie noch einmal. Ich hielt mir die Augen zu«, sagt Ahmedi und hält sich unwillkürlich wieder die Hände vor die Augen. »Ich konnte das nicht mit ansehen.«

Ihre Reaktion machte die Polizisten wütend. Ahmedi wurde gezwungen, sich hinzuknien, und man hielt ihre Arme fest. »Warum hältst du dir die Augen zu? Schau hin, schau hin!« befahl man ihr. Und während die anderen sie festhielten, drückte ihr einer der Polizisten seinen Penis in den Mund. »Sie lachten und riefen: ›Lutsch dran, lutsch dran!‹«, sagt Ahmedi, und die Tränen strömen ihr über das Gesicht. »Wo ich vorher noch nie den Körper eines anderen Mannes gesehen habe als den meines eigenen. Ich habe mich so geschämt, es war eine so große Schande. So etwas mußte mir widerfahren, einer Großmutter, einer ehrbaren Frau. Aber sie waren noch nicht fertig mit mir.« Genau wie die beiden anderen Gefangenen wurde die nur einszweiundfünfzig große Witwe ausgezogen und festgehalten, während die Polizisten sie nacheinander vergewaltigten. »Es zog sich über Stunden hin, und mit den beiden anderen Mädchen war es das gleiche. Ich weinte, ich betete, ich fragte Gott, warum. Ich weiß nicht, wie viele Polizisten in dieser Nacht in das Zimmer kamen. Es können fünfzig gewesen sein. Ich werde ihr Lachen und ihr Schreien mein Leben lang nicht vergessen.«

Als man sie nach draußen schleppte, dachte Ahmedi, es sei nun endlich vorüber. »Der Morgen war angebrochen, und ich dachte, sie würden mich freilassen«, erinnert sie sich. »Aber sie warfen mich hin, drückten mein Gesicht auf den Boden und schlugen mich mit einem breiten Ledergürtel. Ich dachte, sie würden mich umbringen. Plötzlich hörten sie auf ... Und dann schrie und schrie ich, denn ich hatte plötzlich das Gefühl, meine Eingeweide ständen in Flammen. Noch nie habe ich solche Schmerzen gehabt.« Einer der Polizisten hatte einen *lathi*, einen großen Schlagstock, mit scharfer Chilipaste eingeschmiert und in ihr Rektum gestoßen. Er tat das mit derart brutaler Gewalt, daß die Haut eingerissen wurde und die Chilipaste wie Feuer auf dem verletzten Gewebe brannte. Dann wurde Ahmedi ohnmächtig – es war wie eine Erlösung für sie. Als sie nach einigen Stunden wieder zu sich kam, befand sie sich im Frauengefängnis von Kot Lokhpat.

»Ich konnte nicht gehen, nicht sprechen, mein Mund war völlig geschwollen. Meine Kleider waren blutverschmiert.« Ahmedi lag tagelang fast bewegungslos in ihrer Zelle, bis zufällig ein Minister der Regierung auf einer VIP-Tour das Gefängnis besichtigte. Die Sträflinge mußten sich während des Besuchs auf den Boden setzen, und ihre Strafakte lag vor ihnen. »Er sah das Blut an mir und sprach mich an, aber ich konnte nicht antworten, da mein Mund so geschwollen war«, sagt Ahmedi. »Er ließ einen Arzt kommen, der mich untersuchen sollte.« Er ordnete außerdem eine Untersuchung durch den Polizeipräsidenten von Lahore an.

Im medizinischen Untersuchungsbericht wurden die Folgen der brutalen Mißhandlung detailliert aufgeführt; die Ärzte gaben zu Protokoll, daß Ahmedi Opfer »extremer sexueller Folter« geworden war. Die beiden anderen Frauen hatte man wegen »Herumstreunens« angeklagt, das in Pakistan bereits als Prostitution angesehen werden kann. Zur gleichen Zeit erfuhr Ahmedi, daß sie eingesperrt worden war, weil man sie der *zina* angeklagt hatte.

Zina, außerehelicher Geschlechtsverkehr, umfaßt Ehebruch, Unzucht und Vergewaltigung. Die Höchststrafe für Verheiratete lautet Steinigung bis zum Tode. Bei Unverheirateten besteht die Strafe aus bis zu hundert Peitschenhieben und zehn Jahren Gefängnis.

Nach dem gegenwärtigen Gesetz können Frauen, die vergewaltigt wurden, des Ehebruchs oder der Unzucht angeklagt werden. Der erforderliche Beweis für die Vergewaltigung besteht darin, daß vier erwachsene muslimische Männer mit »gutem Leumund« den Akt der sexuellen Penetration bezeugen. Natürlich würde kein anständiger männlicher Zeuge einfach zusehen, wie eine Frau vergewaltigt wird, ohne den Versuch zu unternehmen, ihr zu helfen. Aus diesem Grund ist es unmöglich, Vergewaltiger zu bestrafen. Statt dessen wird das Opfer strafrechtlich verfolgt. Dessen Rechtsbeschwerde gegen die Vergewaltigung gilt als Eingeständnis des unerlaubten Geschlechtsverkehrs.

Genau das widerfuhr 1983 der sechzehnjährigen Safia Bibi. Das fast blinde Mädchen arbeitete im Haushalt eines Großgrundbesitzers. Sie wurde zuerst von dem Sohn ihres Arbeitgebers und dann von ihm selbst vergewaltigt. Sie wurde schwanger und brachte ein uneheliches Kind zur Welt. Safias Vater erhob Anklage wegen der Vergewaltigung seiner Tochter. Der Richter sprach jedoch sowohl den Sohn als auch den Vater frei, da es keine vier männlichen Zeugen für die Vergewaltigung gab. Safias Schwangerschaft genügte dem Gericht dagegen als Beweis der Unzucht. Sie wurde zu drei Jahren schwerem Kerker, einer öffentlichen Auspeitschung und einer Geldstrafe von 1000 Rupien verurteilt. Der Richter sagte, er gebe dem behinderten jungen Mädchen eine »milde Strafe«, weil es noch so jung und fast blind sei.

Ahmedi verbrachte drei Monate im Kot-Lokhpat-Gefängnis. Sie wurde erst auf Kaution freigelassen, als sich Asma Jahangir, eine Anwältin, die in der Menschenrechtsbewegung aktiv war, ihres Falls angenommen hatte. Nach drei Jahren wurde die Großmutter aus Lahore endlich freigesprochen. Ihr Schwiegersohn hatte ihre Tochter inzwischen verlassen und sich scheiden lassen, denn er hatte das Gerede als Schande empfunden.

Ahmedi ist wegen chronischer Geschwüre am Rektum immer noch

in ärztlicher Behandlung und klagt noch heute über Rückenschmerzen, die auf die Schläge zurückzuführen sind. Darüber hinaus leidet sie unter hohem Blutdruck und häufigen Alpträumen. Sie glaubt, daß sie verhaftet wurde, weil sie sich vorher geweigert hatte, Zimmer an einen Polizisten der Wache zu vermieten, auf der sie später mißhandelt wurde.

Ihr Gesundheitszustand verschlimmerte sich noch durch die wiederholten Besuche der Polizei nach ihrer Freilassung. »Sie boten mir Tausende Rupien an, damit ich die Anklage gegen sie zurückziehe, aber sie gaben mir nicht den Schmuck zurück, den ich als Mitgift bekommen hatte. Ich sagte ihnen, meine Ehre sei mir wichtiger als ihr Blutgeld. Als sie das letzte Mal bei mir waren, sagte ein Polizeibeamter zu mir: ›Diese Männer dürfen nicht bestraft werden. Das ist schlecht für unser Land und schadet dem Ruf der Polizei.‹«

Die Polizisten, die an der Mißhandlung beteiligt gewesen waren, wurden angeklagt, aber nie verurteilt. Sie wurden in verschiedene Gegenden des Bundesstaats versetzt, und auch der Prozeß fand in einer anderen Stadt statt. Die Zeugen konnten sich die häufigen und teuren Reisen nach Rawalpindi, dem neuen Gerichtsort, der sieben Stunden entfernt liegt, nicht leisten. Solche Tricks sind in Pakistan bei Gerichtsverhandlungen gegen die Polizei an der Tagesordnung. Leider ist Ahmedis Fall keine Ausnahme. 72 Prozent aller Frauen, die von der Polizei verhaftet wurden, sind mißhandelt und sexuell mißbraucht worden, berichtet Asma Jahangir, Anwältin und Mitbegründerin des »Women's Action Forum«, einer Organisation der Frauenrechtsbewegung. Genauso schockierend ist die Tatsache, daß 75 Prozent der Frauen, die in pakistanischen Gefängnissen sitzen, beschuldigt werden, *zina* begangen zu haben. »Viele von ihnen müssen Monate, wenn nicht sogar Jahre in der Untersuchungshaft warten, bis sie dem Richter vorgeführt werden«, fügt Hina Jilani hinzu, Jahangirs Schwester, ebenfalls Anwältin und Aktivistin der Menschenrechtsbewegung.

Aber nicht nur die Gesetzeshüter betrachten Vergewaltigungen gewissermaßen als eine Art Sonderprivileg. In einem Land, in dem Keuschheit, Reinheit und Ehre einer Frau um jeden Preis bewahrt bleiben müssen, selbst wenn es ihren Tod bedeutet, werden Frauen fast täglich Opfer von sexuellen Übergriffen, das berichtet eine pakistanische Zeitung. Und für die Männer ist es ungefährlich, denn sie werden selten bestraft.

Die Vergewaltigung ist eine Waffe, die sehr häufig als Mittel der Rache eingesetzt wird. Im August 1992 wurde die im achten Monat schwangere Allah Wasai von sechsundzwanzig Männern vergewaltigt, die sich an ihrem Schwiegervater rächen wollten. Danach wurde sie splitternackt durch die Gemeinde gejagt. Im November desselben Jahres wurden zwei junge Frauen Opfer eines ähnlich brutalen Überfalls. Beide wurden von je acht Männern vergewaltigt, die ihnen anschließend die Nase abschnitten. Jemandem die Nase abschneiden bedeutet in Pakistan, ihn zu demütigen. In beiden Fällen stellten die Überfälle Racheakte gegen die Brüder der Frauen dar, und die Polizei nahm auch hier keine Ermittlungen auf.

»Durch derartige Angriffe auf ihre Frauen sollen die männlichen Mitglieder ihrer Familie gedemütigt werden«, sagt eine Sprecherin der Organisation »War Against Rape« (Krieg gegen die Vergewaltigung), die ihren Sitz in Karachi, der größten Stadt Pakistans, hat. Sie hatte jedoch zuviel Angst, ihren Namen zu nennen, da sie selbst einmal Opfer eines solchen Racheakts geworden war. »Die Motivation der Täter gleicht der eines Kindes, das wütend auf die Mutter ist und aus diesem Grund Sachen zerstört. An die Frauen, die daran beteiligt sind, denkt niemand.«

Vergewaltigung wird darüber hinaus als Waffe im Kampf gegen den politischen Gegner eingesetzt. Im April 1992 wurden zwanzig Wahlhelferinnen, darunter eine ehemalige Politikerin, während einer Gemeindewahl in der Provinz Sindh vergewaltigt, um den Ablauf der Wahlen zu stören. Eine Zeitung schrieb damals in ihrem Leitartikel: »Wieder einmal bestätigte die Sindh-Regierung, daß sie die Vergewaltigung für ein sehr wirksames Mittel der politischen Manipulation hält.« Übergriffe auf Frauen als Mittel der Politik waren vor noch gar nicht langer Zeit Thema der internationalen Presse: Veena Hayat, eine langjährige enge Freundin der damaligen Oppositionsführerin Benazir Bhutto, wurde von fünf bewaffneten Männern vergewaltigt, die in ihr Haus eingedrungen waren. Der Überfall auf eine so prominente Frau, der zu Demonstrationen führte und Hungerstreiks der pakistanischen Frau-

enrechtlerinnen auslöste, geschah angeblich im Auftrag des Schwieger-
sohns des Präsidenten. Während der zwölfstündigen Qualen wurde
das Opfer immer wieder nach den Aktivitäten und Besuchern Benazir
Bhuttos befragt. Und auch in diesem Fall wurde niemand verhaftet.

Ein anderer häufiger Grund für eine Vergewaltigung sind familiäre
Auseinandersetzungen und Rache an einer Familie, die ihre Schulden
nicht bezahlt hat. Majida Abdullah war elf Jahre alt, als sie von den
Arbeitgebern ihres Vaters entführt wurde. Er arbeitete in einer Ziegel-
brennerei – ein Beruf, der in Pakistan der Sklavenarbeit gleichkommt –
und schuldete der Firma Geld, das er nicht zurückzahlen konnte.
Majida wurde zwei Monate festgehalten und mehrfach vergewaltigt.
Einer der Täter war ein Regierungsbeamter der Antikorruptionsabtei-
lung. Man drohte ihr außerdem, sie als Prostituierte an einen Mädchen-
händler zu verkaufen. Als ihre Familie versuchte, den Landeigentümer
wegen Vergewaltigung zu belangen, wurde Majida angeklagt, *zina* begangen zu haben, und ins Gefängnis geworfen. Nach vierjähriger Untersuchungshaft kam sie auf Kaution frei, ihr Fall ist bis heute noch
nicht entschieden. Die Vergewaltiger kamen auch in diesem Fall davon.
Nach dem Überfall hatte Majida versucht, Selbstmord zu begehen.
»Pakistan ist kein Land für Frauen, mein Leben ist zu Ende. Nur weil
diese Männer reich sind und ich arm, betrachteten sie mich so, wie die
Ziegelsteine in ihrer Fabrik – ich war ihr Eigentum«, sagt sie.

In Pakistan wird die Vergewaltigung von den Feudalherren in
ländlichen Gemeinden auch als brutale Machtdemonstration benutzt.
Um ihren Forderungen an die ortsansässigen Bauern Nachdruck zu
verleihen, vergewaltigen sie Frauen in aller Öffentlichkeit. Auch Krankenschwestern, denen man Unmoral vorwirft, weil sie nachts arbeiten
und männliche Patienten versorgen, werden auf diese Weise bestraft.
Die dreiundzwanzigjährige Farhat Sadiq, Krankenschwester in einem
Krankenhaus in Karachi, wurde von zwei Besuchern eines männlichen
Privatpatienten mit vorgehaltener Pistole vergewaltigt. »Ich meldete
den Vorfall der Oberschwester, und sie riet mir, besser den Mund zu
halten. Es war ein prominenter Patient«, berichtete Sadiq. »Die gleiche
Antwort bekam ich, als ich zum Krankenhauschef ging. Ich hatte
Angst, zur Polizei zu gehen, weil ich dort womöglich noch einmal
vergewaltigt worden wäre.«

Zehn Tage später wurde Sadiq verhaftet und der *zina* angeklagt. Sie verbrachte zwei Monate im Zentralgefängnis von Karachi. Bei dem Gerichtstermin konnte sie zwar die Täter identifizieren, wurde aber selbst schuldig gesprochen und mit fünf Jahren Gefängnis, fünf Peitschenhieben und einer Geldstrafe von 2000 Rupien bestraft. Die Täter blieben straffrei. Bei der Revision wurde Sadiq von der höheren Instanz in allen Anklagepunkten freigesprochen. Da ihr Ruf jedoch »beschmutzt« war, hatte sie ihre Stellung inzwischen verloren. Ihr Verlobter hatte sich von ihr getrennt, weil er keine Frau heiraten wollte, »die nicht mehr rein ist«. Ihre Mutter sagt: »Ich war so stolz, als meine Tochter Krankenschwester wurde. Es ist gut, wenn sich jemand um kranke Menschen kümmert. Aber die Männer in Pakistan glauben, daß eine Frau, die nachts aus dem Haus geht, um als Krankenschwester zu arbeiten, schlecht sein muß. Die Männer, die das Leben meiner Tochter zerstört haben, sollten gehängt werden. Statt dessen wurden sie überhaupt nicht bestraft. Warum gibt es *ein* Recht für Männer und ein anderes für Frauen?«

Angesichts solcher Fälle ist es nicht weiter verwunderlich, daß Pakistan unter einem großen Mangel an Krankenschwestern leidet. Paula Herber, die an der Agha-Khan-Schwesternschule unterrichtet, sagt, daß in diesem Land auf vier Ärzte nur eine Schwester kommt.

Anfang der achtziger Jahre, nach der »Islamisierung« Pakistans durch den Kriegsrechts-Präsidenten General Zia-ul-Haq nahm die Zahl derartiger Angriffe auf Frauen zu. Zia, ein Enkel eines Mullah, kam nach dem Sturz von Zulfikar Ali Bhutto, dem Vater Benazir Bhuttos, an die Macht und ließ Bhutto hinrichten.

Nach dem Wunsch Mohammad Ali Jinnahs, der Pakistan 1947 gegründet hat, sollte das Land den Muslimen eine Heimat bieten, der Staat selbst jedoch weltlich orientiert sein. Und ähnlich wie schon vor ihm Kemal Atatürk, ermahnte er seine muslimischen Landsleute: »Betrachtet eure Frauen als Kameraden, und laßt sie an allen Lebensbereichen teilhaben.« Er wies darauf hin, daß der Koran keinen Hinweis enthält, demzufolge die Frauen eingesperrt werden müßten. »Wir sind Opfer schlechter Sitten«, sagte er. »Es ist ein Verbrechen gegen die Menschlichkeit, daß unsere Frauen wie Gefangene in ihren vier Wänden eingesperrt werden. Ich will damit nicht sagen, daß wir die schlechten Sitten des Westens kopieren sollen. Wir sollten jedoch versuchen, den Status unserer Frauen so zu erhöhen, wie es die Ideale und Normen des Islam vorschreiben. Für die beklagenswerten Verhältnisse, in denen unsere Frauen leben müssen, gibt es keine Rechtfertigung.« Und eine Zeitlang sah es tatsächlich so aus, als ob die pakistanischen Frauen Hoffnung schöpfen könnten.

Nach der Machtübernahme im Jahr 1977 ließ Präsident Zia bereits in seiner ersten Ansprache keinen Zweifel daran, daß er die ursprünglich weltliche Orientierung seines Landes ignorieren würde. Er rechtfertigte diesen Entschluß damit, daß er »Pakistans göttliche Mission« erfülle, derzufolge das Land ein islamischer Staat werden müsse.

Während der Diktatur des Generals Zia, die von den USA unterstützt wurde, wurde die Stellung der pakistanischen Frauen durch die Einführung neuer Gesetze, die ihnen große Nachteile brachten, auf dramatische Weise ausgehöhlt. Im Namen des Islam wurden unter anderem die sogenannten Hudood-Verordnungen erlassen, zu denen auch die pakistanischen *zina*-Gesetze gehören. Die Anwältin Asma Jahangir sagt dazu: »Die schludrige Abfassung und Durchführung dieser Hudood-Verordnungen konnte der Islamisierung kaum Glaubwürdigkeit verleihen. Statt dessen war diese Gesetzesvorlage von massivem politischem Opportunismus geprägt.« Die neuen Gesetze, die Zia erlassen hatte, besagten unter anderem, daß es bei Anhörungen vor Gericht zweier Frauen bedurfte, um das Zeugnis eines Mannes aufzuwiegen, und daß in Entschädigungsfällen das Leben einer Frau nur halb so viel wert sein sollte wie das eines Mannes.

Mit dem Versprechen, das Land zur »Reinheit des frühen Islam« zurückzuführen, erließ Zia eine Reihe von Anordnungen, die die Frauen unmittelbar betrafen. Weibliche Regierungsangestellte mußten islamische Kleidung tragen. In Pakistan besteht sie aus einem losen, langärmeligen Kaftan, der bis über die Knie fällt, am Hals hoch geschlossen ist und über Pumphosen getragen wird, die bis zu den Füßen reichen. Darüber mußten die Frauen einen *tschador* tragen, der den Kopf und den größten Teil des Körpers bedeckt.

Von einem Tag auf den anderen erschienen die Ansagerinnen im Fernsehen nur noch mit vollständig eingehülltem Kopf und langärmeligen Kleidern. Dann wurde die Anordnung auf Schulen und Universitäten ausgedehnt, wo sie sowohl für die Schülerinnen und Studentinnen als auch für die Lehrerinnen und Professorinnen galt. Der Verhaltenskodex der pakistanischen Frauen wurde nach dem Vorbild Saudi-Arabiens und des Iran abgefaßt, da diese Länder nach Meinung vieler islamischer Theologen die einzigen wahren islamischen Staatsgebilde sind.

Von einem Tag auf den anderen nahm man jeden einzelnen Aspekt des Lebens der Frauen aufs Korn. Neue Gesetze gegen Obszönität und Pornografie wurden erlassen, und Frau zu sein war gleichbedeutend mit Obszönität, Unmoral und Verderbtheit. Wenn Frauen auf der Straße oder zu Hause belästigt, getötet oder vergewaltigt wurden, dann nur, weil sie diese Angriffe durch ihr Reden, Handeln oder allein durch ihre Anwesenheit provoziert hatten.

Die Anweisung des Koran, daß auch Männer ihren Blick senken sollen, wenn sie sich in Anwesenheit des anderen Geschlechts befinden, ist offenbar in Vergessenheit geraten. Die Frauenrechtlerinnen Khawar Mumtaz und Farida Shaeed sagen, daß die Frauen heute von den Männern in einer Weise taxiert werden, wie es nie zuvor der Fall gewesen ist. Der Theologe Israr Ahmad, Berater des Council of Islamic Ideology, wurde von Zia speziell für den Federal Council ausgewählt und verkündete wortwörtlich im staatlich kontrollierten Fernsehen, daß niemand wegen des Angriffs auf eine Frau oder deren Vergewaltigung bestraft werden könne, bis eine islamische Gesellschaft geschaffen worden sei, in der die Frauen unsichtbar sein würden. Er und Präsident Zia forderten die Frauen auf, wieder zum traditionellen *tschador* und in die *chardiwari* – »zum Schleier und in die vier Wände« – zurückzukehren.

Dieser Brauch, der in konservativen Regionen Pakistans und vor allem in den Provinzen Baluchistan und im nordwestlichen Grenzgebiet immer noch üblich ist, besagt, daß eine Frau nur dreimal im Leben ausgehen sollte: Das erste Mal, wenn sie geboren wird, das zweite Mal, wenn sie heiratet und ihrem Mann in sein Haus folgt, und das dritte Mal, wenn sie gestorben ist und zum Friedhof gebracht wird. Und wenn sie ausgeht, muß sie einen *burqa*-Schleier tragen, ein zeltähnliches Kleidungsstück, das sie von Kopf bis Fuß einhüllt, so daß nur noch die

Füße zu sehen sind. Die einzige Öffnung ist ein kleines, besticktes Gitter in Augenhöhe, durch das sie nur einen verschwommenen Eindruck von der Außenwelt bekommt.

In Pakistan ist es im Sommer extrem heiß, und die Frauen ersticken fast unter einer solchen *burqa*. Die täglichen Besorgungen, sogar das Einkaufen der Lebensmittel, erledigen die männlichen Familienmitglieder. Das Eingesperrtsein nimmt in vielen Fällen solche extremen Formen an, daß die Frauen an einer Vielzahl von Krankheiten leiden, die durch den Bewegungsmangel und den Mangel an Sonnenlicht entstehen. Fälle von Osteomalazie (Knochenerweichung) kommen in muslimischen Ländern, in denen die Frauen vollständig verschleiert sind, häufig vor. Der Mangel an Sonnenlicht begünstigt darüber hinaus die Entstehung von Ekzemen und Hautgeschwüren.

Die Isolierung der Frauen wird so ernst genommen, daß viele Häuser in Pakistan von zweieinhalb bis drei Meter hohen *purdah* (Mauern) umgeben sind. Alle Fenster des Untergeschosses befinden sich entweder ganz oben unter der Decke oder sind aus undurchsichtigem Glas, damit kein vorbeikommender männlicher Besucher oder Händler die Frauen, die dort wohnen, zu Gesicht bekommt. In der Provinz, die an der nordwestlichen Grenze des Landes liegt, ist es nicht erlaubt, Häuser zu bauen, aus deren Fenstern man die Fenster oder den Garten eines anderen Hauses sehen kann. Als zusätzliche Vorsichtsmaßnahme verfügen diese muslimischen Häuser über Gästezimmer mit einem separaten Eingang, damit männliche Besucher nie absichtlich oder aus Versehen einen Blick auf die dort wohnenden Frauen werfen können.

Als Benazir Bhutto nach Zias Tod – sein Flugzeug explodierte in der Luft – an die Macht kam, erwarteten alle, daß sie das Los der pakistanischen Frauen verbessern würde. In ihrem Wahlkampf versprach sie unter anderem, »alle Gesetze abzuschaffen, durch die die Frauen diskriminiert werden«, vor allem die Hudood-Verordnungen. »Die Rechte der Frauen werden gestärkt, damit es zu einer Gleichberechtigung zwischen Mann und Frau kommt.«

»Benazir hat Banken für die Frauen eingeführt, das war alles«, sagt Hina Jilani. »Ihr Hauptinteresse bestand darin, die Mullahs zu besänftigen und sich mit dem Establishment zu arrangieren. Ihre Beliebtheit beruhte auf dem Wunsch der Bevölkerung nach einer Verbesserung der wirtschaftlichen Lage. Unterprivilegierte Gruppen fühlten sich zu ihr hingezogen, weil sie häufig über die Unterdrückten sprach. Leider stellte sich heraus, daß sie selbst zum traditionellen System gehört.«

Wie war es möglich, daß eine junge, attraktive Frau es schaffte, das höchste Staatsamt in Pakistan zu erringen, in einem Land, das von Männern beherrscht wird? Sie war der erste weibliche Regierungschef eines modernen muslimischen Staates und mit fünfunddreißig die jüngste Premierministerin aller Zeiten. Viele Mullahs ihres Landes waren empört und bezichtigten sie in aller Öffentlichkeit »un-islamisch« zu sein, da sie es gewagt hatte, das Amt des Premierministers anzustre-ben. Sie setzten die Gläubigen unter Druck, sie nicht zu wählen, weil sie sonst ihr Seelenheil aufs Spiel setzen würden. Maulwi Syed Moham-mad Abdul Qadir Azad, Pakistans oberster Mullah, der in der Ba-dshahi-Moschee residiert, veröffentlichte ein *fatwa*, in dem stand, daß jeder, der Bhutto wählen sollte, aus der muslimischen Religionsgemein-schaft ausgestoßen würde und folglich das Leben nach dem Tod in der Hölle verbringen müsse.

Benazirs Aufstieg zur Macht war vorbestimmt, das jedenfalls erfuhr sie von einem Medium in England, das sie konsultierte, um Kontakt mit ihrem verstorbenen Vater aufzunehmen. »Das Medium sagte mir, ich würde mein Land regieren«, sagte Benazir allen Ernstes, als ich sie auf ihrem Familiensitz in Larkana in der Sindh-Provinz kurz vor ihrer Wahl zur Premierministerin interviewte. Ob nun vorherbestimmt oder nicht, ihr Aufstieg vollzog sich jedenfalls in einem atemberaubenden Tempo. Sehr bald nannte man sie die Prinzessin Diana des Ostens, und gemeinsam mit jener stand sie kurz darauf schon auf der Liste der bestgekleideten und einflußreichsten Frauen der Welt. Mit Lady Di konkurrierte sie, wer häufiger auf den Titelseiten der Illustrierten zu sehen war. Und als sie vor dem US-Congress sprach, betörte sie mit ihrem Charisma, ihrer charmanten Art und ihrer exotischen Ausstrah-lung ganz Washington.

Nachdem der Anfang ihrer Karriere bedeutend weniger glamourös gewesen war – sie stand eine Zeitlang unter Hausarrest und lebte, von den Medien vergessen, im selbstgewählten Exil –, genoß sie die neue Rolle. Und sie ließ sich das Ganze etwas kosten. Obwohl Devisen in ihrem Land sehr knapp waren, zahlte sie einem Washingtoner Publizisten mehrere hunderttausend D-Mark pro Jahr, damit er dafür sorgte, daß sie weiter im Rampenlicht stehen konnte und nicht in Vergessenheit geriet. Dieser Umstand wurde natürlich in ihrem Heimatland nicht veröffentlicht.

Eine Zeitlang hatte dieser Publizist einen leichten Job, denn Benazir war fest entschlossen, sich als Superfrau zu profilieren. Nach ihrer Wahl brachte sie ihr erstes Kind zur Welt. Sie war die erste Regierungschefin, die das während ihrer Amtszeit fertigbrachte. Noch einen Tag bevor die Wehen einsetzten, sprach sie vor der Nationalversammlung, dem pakistanischen Parlament. Und trotz einer schlimmen Infektion nach einem Kaiserschnitt nahm sie schon bald die Regierungsgeschäfte wieder auf. Zwischen den Konferenzen mit Ministern, Senatoren, Präsidenten und Königen fand sie noch Zeit, ihr Kind zu stillen. Für ihre Landsleute war die Tatsache, daß ihr erstes Kind ein Junge war, ein Beweis für ihre Unfehlbarkeit.

Benazirs Erziehung hatte sie eigentlich nur darauf vorbereitet, eine gute Ehefrau zu sein und ein Haus voller Dienstboten zu regieren. Sie war das älteste Kind Zulfikar Ali Bhuttos, der ausgedehnte Ländereien – »so weit das Auge reichte«, so Benazir – in der Sindh-Provinz besaß. Sie genoß eine westlich orientierte Erziehung und wurde ziemlich verwöhnt. Ihre elegante Garderobe von Saks wurde eigens aus New York nach Pakistan geschickt. Wie in vielen Familien der Oberklasse wurde zu Hause nur englisch gesprochen, und Benazir besuchte als Kind eine englischsprachige private Klosterschule. Die Folge ist, daß sie Urdu, die Sprache ihrer Landsleute, nur schlecht beherrscht. Für eine Premierministerin ist es ziemlich peinlich, wenn sie bei Fernsehansprachen Fehler macht oder Wörter falsch ausspricht.

Wie ihr Vater besuchte auch Benazir ein College in den Vereinigten Staaten (Radcliff) und ging anschließend nach Oxford. Freunde aus ihrer Studentenzeit erzählten mir, daß sie damals eine Schwäche für Sportwagen in leuchtenden Farben gehabt habe und gern auf Partys gegangen sei. Erst als ihr Vater 1979 hingerichtet worden war, ging sie in die Politik. Aus Gesprächen, die ich ein paar Jahre nach seinem Tod mit ihr geführt habe, ging klar hervor, daß sie ihn als eine Gottheit betrachtete. In Wirklichkeit war Bhutto senior alles andere als ein Gott.

Er hatte sich als Wegbereiter der Modernisierung und Stimme seines Volkes dargestellt, verlangte andererseits aber, daß man ihn als den Feudalherrn behandelte, der er war. Obwohl er den Frauen Zugang zu den Bildungseinrichtungen und Machtpositionen verschaffte, lag seine Stärke eher auf rhetorischem Gebiet als in tatsächlichen Reformen. Er predigte demokratischen Sozialismus, war aber selbst ein Tyrann, was sich zum Beispiel in der Schaffung einer brutalen persönlichen Geheimpolizei zeigte. Um die allmächtigen Mullahs zu besänftigen, verbot er jede Form des Glücksspiels, wie der Islam es vorschreibt, und verlegte den freien Tag am Wochenende von Sonntag auf Freitag. Aber da er selbst ein Trinker war und nicht auf den Alkohol verzichten wollte, der im Islam ebenfalls verboten ist, prahlte er in seinen Reden mit seinem Alkoholkonsum und erklärte den Mullahs, *er* tränke Whisky, *sie* das Blut der Menschen.

Schließlich empörte sein westlicher Lebensstil die Mullahs so sehr, daß sie mithalfen, ihn zu stürzen. Der größte Teil des verarmten pakistanischen Volkes, dem er viel versprochen hatte, stand mit leeren Händen da. Die Menschen vergaßen jedoch nicht, daß er im Gegensatz zu seinen Vorgängern der erste Regierungschef gewesen war, der sie wenigstens zur Kenntnis genommen hatte.

Benazir war von Anfang an klar, daß sie ihrem Vater ihren Status verdankte, und sie manipulierte sein Erbe in brillanter Weise. Ihr Wahlkampf stand ganz im Zeichen ihres Vaters; auf Fotos und Plakaten erschien er weit häufiger als sie selbst. Das hatte zur Folge, daß das Volk vor dem Parlament während ihrer Vereidigung »Jeeay Jeeay Shaheed Bhutto« – »Lang lebe der Märtyrer Bhutto« – rief.

Nachdem Benazir das erste Rennen gewonnen hatte, erlitt sie unmittelbar nach dem Überqueren der Ziellinie einen Schwächeanfall. Sehr bald wurde deutlich, daß sie als Premierministerin zwar Stil, aber wenig Substanz hatte. Sie hatte wohl die feudale Arroganz ihres Vaters geerbt, nicht aber seine politische Klugheit. Sie war rhetorisch genauso stark wie er, besaß aber nicht seine Führungsqualitäten. In einem Leitartikel stand damals: »Sie hat alle Fehler ihres Vaters geerbt, aber nicht eine einzige seiner Tugenden.«

Da sie Außenstehenden gegenüber mißtrauisch war, versuchte Benazir, Unterstützung durch Vetternwirtschaft und Kumpanei zu bekommen. Sie verließ sich in immer stärkerem Maß auf ihren Ehemann Asif, der vor der arrangierten Ehe ein Polo spielender Playboy gewesen war. Während seine Frau Regierungschefin spielte, soll Asif einen neuen Beruf ausgeübt haben: Er benutzte Benazirs Namen, um Anordnungen der Regierung zu umgehen, so daß er sich lukrative Industrielizenzen sichern konnte, und er hatte immer ein offenes Ohr für Freunde, die ihm dankbar waren, wenn ihre nicht ganz lupenreinen Geschäfte ohne Verzögerung oder lästige Fragen durchgedrückt wurden.

Kollegen und Freunde versuchten, sie zu warnen. Aber wie immer konnte Benazir Bhutto keine Kritik vertragen und war streitsüchtig und selbstherrlich. Als einer ihrer Berater eingreifen wollte, erklärte sie ihm in der Art einer traditionsbewußten, unterwürfigen muslimischen Frau: »Laßt meinen Mann tun, was er tun will.«

Nach nur zwanzig Monaten wurde sie gezwungen abzudanken. Man bezichtigte sie selbst der Korruption und Inkompetenz und warf ihren Mann ins Gefängnis. Er mußte zwei Jahre sitzen, bevor er auf Kaution freikam. Mehrere Anklagepunkte gegen ihn wurden fallengelassen, aber die verbleibenden waren so schwerwiegend, daß er mit einer hohen Strafe rechnen mußte. Dann aber führte die sich ständig verändernde politische Situation in Asien im Oktober 1993 zu Benazirs Wiederwahl, wobei der Wahlausgang allerdings denkbar knapp war und die Wahlbeteiligung für Pakistan ein Rekordtief erreichte.

Während ihrer ersten Amtszeit hatte sich Pakistans wirtschaftliche Situation weiter verschlechtert, die Bürger des Landes gehörten zu den ärmsten der Welt, und die Unterdrückung und die Menschenrechtsverletzungen, unter denen die Frauen des Landes leiden mußten, gingen unvermindert weiter.

Würden sich die Verhältnisse diesmal ändern? Die ersten Anzeichen lassen das nicht vermuten. Kurz vor diesen letzten Wahlen wurde bekannt, daß Bankkredite in Höhe von umgerechnet über drei Milliarden D-Mark – das entspricht zwei Dritteln der Schulden dieses verarmten Landes – von prominenten Pakistani veruntreut worden waren. Zu den namentlich Beschuldigten, die angeblich ihren politischen Einfluß dazu benutzt hatten, ihre Schulden abschreiben zu lassen, gehörten auch Benazir Bhutto, ihr Mann und ihre Mutter. Benazir reagierte auf die Veröffentlichung, indem sie sie als »Partisanenpolitik« abtat.

Während ihres Wahlkampfs versprach sie, die vor kurzem einge-
führte und dringend benötigte Besteuerung der wohlhabenden Land-
besitzer, von der sie selbst betroffen war, wieder abzuschaffen. Und die
Frauenfrage? Ein Kuhhandel, wie er für die pakistanische Politik typisch ist, führte dazu, daß in Benazirs Koalition alle religiösen Parteien
des Landes vertreten sind. Wie schon in ihrer ersten Amtszeit muß
Benazir wieder die Mullahs besänftigen, um im Amt bleiben zu können.
Und das hat zur Folge, daß sie sich nicht mit den Rechten der Frauen
befassen kann.

Während Bhutto immer noch nichts getan hat, um die Situation der
Frauen in Pakistan zu verbessern, war unter dem reichen Industriellen
Nawaz Sharif, ihrem Nachfolger nach ihrer ersten Amtszeit, alles noch
viel schlimmer geworden. Die Zusicherungen, die er den fundamentalistisch orientierten Parteien, die seine schwache Koalitionsregierung
stärken sollten, gegeben hatte, fanden ihren Höhepunkt in einer Pas-
sage der Scharia-Gesetzesvorlage im Mai 1991. Der ehemalige pakistanische Innenminister Aizaz Ahsan, ein prominenter Jurist und Mitglied
des Nationalrats, bezeichnete sie als »das schlechteste Beispiel eines
legislativen Entwurfs«. Man befürchtete, daß das Scharia-Gesetz Pakistan auf eine Stufe mit Saudi-Arabien stellen würde. Ahsan äußerte
sich besorgt, daß dieses Gesetz die Fundamentalisten in die Lage versetzen würde, Aktionen durchzuführen, wie sie unter Zia ul Haq stattgefunden hatten, als er zu Anfang seiner Regierungszeit die Islamisierung
durchsetzen wollte.

Ahsan erinnert sich, daß 1980 der von einem Mullah aufgestachelte
Mob einen ausgesetzten Säugling zu Tode gesteinigt hatte, weil er
angeblich unehelich geboren war und daher nicht toleriert oder von
Menschenhänden versorgt werden durfte. Einem Mann wurde von der
Menge, deren Anführer ein ortsansässiger Kirchenmann war, die Hand
abgehackt, obwohl nicht einmal bewiesen war, daß er gestohlen hatte.

Scharia bedeutet »Weg zu Gott«. Es basiert auf dem Koran und den
hadiths und ist die Quelle aller Gesetze und der Politik in Pakistan. Es
verleiht den religiösen Gerichten die Macht, sich über alle bestehenden
Gesetze hinwegzusetzen und den »Marriage Act« (Ehegesetz) und die
»Family Protection Bill« (Gesetz zum Schutz der Familie), durch die den
Frauen ein gewisses Maß an Schutz in persönlichen Rechtsdingen

gewährt wurde, außer Kraft zu setzen. »Statt eine gerechte Rechtsordnung zu schaffen, drängt die Scharia die Frauen an den Rand der Gesellschaft und bringt sie unter noch stärkere Kontrolle. Das Gesetz leistet der Aggression gegen Frauen Vorschub, ignoriert jedoch sowohl die Korruption in diesem Land als auch die Gewalt gegen Frauen«, sagte eine prominente Feministin.

Internationale Wirtschaftsexperten betrachten Pakistan schon seit langem als eines der korruptesten Länder der Welt. Präsident Ghulam Ishaq Khan, der sowohl Benazir Bhutto als auch ihren Nachfolger Nawaz Sharif mit dem Vorwurf der Korruption aus dem Amt gedrängt hatte, stand selbst auf der Gehaltsliste der BCCI (Bank of Credit & Commerce International). Er war Vorsitzender einer ihrer Stiftungen, die für die internationalen Beziehungen zuständig war. Nachforschungen, die im Auftrag des US-Congress durchgeführt wurden, ergaben, daß auch Pakistans Präsident Zia ul Haq 1985 allein von der BCCI Hunderttausende von Dollar bekommen hatte.

Weniger als einen Monat, nachdem die Scharia Gesetz geworden war, begann das staatliche Fernsehen in Pakistan die Werbespots zu zensieren. Als erstes verschwand eine Teewerbung vom Bildschirm, bei der man einen Mann und eine Frau in islamischer Kleidung sieht, die miteinander Tee trinken. Daß die beiden das vermutlich bekannteste Geschwisterpaar des Landes sind, konnte die Entscheidung nicht beeinflussen. Nach langen Überlegungen wurde der Spot wieder erlaubt, nachdem man vorher die Szene herausgeschnitten hatte, in der das Paar sich anlächelt und gemeinsam durch einen Park wandelt. Ein Werbespot für Süßigkeiten hatte weniger Glück. Seine gezeichneten tanzenden Gummibärchen wurden für immer vom Bildschirm verbannt, weil Tanzen »un-islamisch« ist.

Obwohl tanzende Gummibärchen für das Fernsehpublikum offenbar zu unreligiös sind, floriert in Pakistan das professionelle Tanzgeschäft. Es dient zwar im allgemeinen als Deckmantel für die Prostitution, ist aber offiziell erlaubt. Die Tradition der Tanzmädchen ist Hunderte Jahre alt. Ein Mädchen wird entweder in diesen Beruf hineingeboren oder von ihren Eltern an eine entsprechende Institution verkauft. Tanzmädchen werden für Junggesellenpartys vermietet, man kann sie jedoch im Amüsierviertel auch viertelstundenweise mieten.

Pakistan hat den höchsten Anteil an Kindern in der Bevölkerung – 45 Prozent der hundertzehn Millionen sind unter fünfzehn Jahre alt. Wenn in Pakistan das Geld in einer Familie knapp wird, kann man eine Tochter verkaufen, auf den Baby-Strich schicken oder einfach Kinderarbeit verrichten lassen. Untersuchungen haben ergeben, daß die Teppichindustrie und die Ziegelherstellung zusammenbrächen, wenn die Kinder, manche gerade erst vier Jahre alt, aus dem Arbeitsprozeß genommen würden.

Kleine Mädchen, die als Prostituierte verkauft werden, arbeiten im Bordell als Dienstmädchen, bis sie neun oder zehn Jahre alt sind. Dann sind sie angeblich alt genug, um die Kunden »unterhalten« zu können. In der Dritten Welt ist die Karriere einer Prostituierten nicht sehr lang, denn Hepatitis und Syphilis sind weit verbreitet, und die ärztliche Versorgung ist sehr schlecht. Viele Prostituierte werden keine fünfundzwanzig Jahre alt. Vor kurzem kam noch Aids dazu. Nachdem man im Rahmen einer medizinischen Untersuchung in Karachi festgestellt hat, daß 80 Prozent der Tanzmädchen und der restlichen Prostituierten mit Aids infiziert sind, kann man davon ausgehen, daß viele von ihnen nicht einmal so lange leben werden.

Das berüchtigtste Amüsierviertel in Pakistan, Hira Mundi in Lahore, liegt direkt im Schatten der historischen Badshahi-Moschee. Ähnlich wie in christlichen Ländern, in denen Bordelle oft in der Nähe der Gotteshäuser zu finden waren, liegen die Bordelle auch in den muslimischen Ländern häufig in der Nähe der Moscheen und Andachtsstätten, dort nämlich, »wo Publikumsverkehr ist«.

Es war nicht leicht, einen Fremdenführer und Dolmetscher zu finden, der mich nach Hira Mundi begleitete. Mehrere Männer erklärten sich zuerst bereit, machten dann aber einen Rückzieher, weil es »zu gefährlich« sei, vor allem seit der Stadtteil auf Anordnung der Regierung nur noch zwischen elf Uhr abends und ein Uhr morgens betreten werden darf. Die Zuhälter, die das Gebiet kontrollieren, sind bekannt für ihre Brutalität, und es kommt nicht selten vor, daß dort jemand umgebracht oder zumindest zusammengeschlagen wird. Schließlich erklärte sich jedoch ein Journalist, der seinen Magister an der Oklahoma State University gemacht hatte und für die nationale Tageszeitung Pakistans arbeitet, bereit, mich zu begleiten: Tahir Malik ist über einsachtzig groß und hat einen athletischen Körper. In den dunklen, engen Gassen von Hira Mundi, in denen sich die verfallenen, uralten Häuser gefährlich aneinanderlehnen und der ganzen Szene eine mittelalterliche Düsternis verleihen, war es für mich ein sehr beruhigendes Gefühl, ihn an meiner Seite zu wissen. Zunächst sah es trotz der vielen Männer, die die Straßen bevölkerten, so aus, als sei Hira Mundi noch nicht geöffnet – die Fenster waren mit Läden verschlossen, und vor den Türen hingen dicke Vorhänge. Aber das habe nur etwas mit der privaten Atmosphäre zu tun, erklärte mir Tahir. Die Kunden müssen hineingehen und die Ware begutachten. Viele der Männer, die im Abstand von fünfzig Metern in Dreier- oder Vierergruppen zusammenstanden, waren Polizisten, die durch ihre deutlich sichtbare Anwesenheit für Ruhe und Ordnung sorgen sollten, die aber darüber hinaus auch gut geschmiert wurden.

Wir traten durch eine große hölzerne Tür, die hinter uns von einem männlichen Musiker geschlossen wurde. Zwei Schwestern, Chandri, siebzehn, und Tanya, die behauptete, zwanzig zu sein, aber viel jünger aussah, würdigten uns kaum eines Blickes, während sie mit mechanischen Bewegungen schwere Reifen mit Glöckchen über die Fußgelenke streiften. Die Mutter der beiden saß unter zwei farbenprächtigen Bildern von Mekka und begann sofort mit den Verhandlungen. »500 Rupien«, verlangte sie; das sind 37 D-Mark, etwa der durchschnittliche Wochenlohn eines pakistanischen Arbeiters. Tahir bot 200 Rupien, woraufhin Tanya ihre Mutter anfuhr: »Nimm es, dumme Frau, nimm es!«

Der Tanz war eine Mischung aus westlichem Discostil und indischer Klassik. Tanya und Chandri trugen bunte *shalwarkamezes*, die mit goldenen und silbernen Stickereien verziert waren, in denen sich das Licht brach, wenn sie sich drehten. Die Mädchen selbst hatten während des ganzen Tanzes einen mürrischen Gesichtsausdruck. Sie waren dick geschminkt, und ihre Finger- und Zehennägel waren leuchtend rot lackiert. Beide trugen kostbaren Schmuck, wie ihn in Pakistan gewöhnlich eine Braut als Mitgift bekommt. Die Tanzmädchen erhalten solche kostbaren Geschenke normalerweise von dem Kunden, der ihnen ihre Jungfräulichkeit abkauft oder dem sie später besonders gut gefallen. Als Höhepunkt der Vorführung stampften die Mädchen in schnellem

Tempo mit den Füßen auf den Boden, so daß die Glöckchen an ihren Fußgelenken wild klingelten. Diese Bewegungen wirken auf die Liebhaber dieser Kunst ganz besonders erotisch. Fünf Minuten nachdem sie begonnen hatte, war die Vorstellung abrupt zu Ende, und man erwartete von uns, daß wir schnell wieder gingen. Interviews konnten erst nach Feierabend gegeben werden. Sie hatten Angst, zahlende Kunden zu verlieren: An guten Abenden kann ein Tanzmädchen 2000 Rupien verdienen, soviel wie das durchschnittliche Monatsgehalt eines pakistanischen Mannes.

Später erklärte eine Gruppe der Mädchen aus Hira Mundi, 90 Prozent von ihnen seien in diesem Geschäft, weil ihre Eltern zu arm seien, um sie zu ernähren. Die meisten hatten mit etwa zehn Jahren angefangen zu tanzen und sich lange dagegen gesträubt, Prostituierte zu werden. »Wir haben keine andere Möglichkeit, Geld zu verdienen«, sagte eine, die wie die anderen Mädchen Angst hatte, ihren Namen zu nennen. Die Zuhälter verhandelten mit den Kunden über den Preis, zahlten Schmiergelder an die Polizei und beschützten die Mädchen. Alle Prostituierten kannten Fälle, in denen ein Freier brutal geworden war und das Mädchen zusammengeschlagen oder sogar getötet hatte. Hatten sie jemals daran gedacht, aus diesem Geschäft auszusteigen? »Was sollten wir denn dann tun?« lautete ihre Antwort. Machten sie sich Sorgen um ihre Gesundheit? »Wir haben Angst vor Krankheiten. Und wir haben auch von Aids gehört, wir wissen aber nicht genau, was es bedeutet, nur daß es etwas mit Sex zu tun hat.«

Als ich den Mullah Azad, den obersten Religionsführer Pakistans, in seinem Haus auf dem Anwesen der Badshahi-Moschee interviewte, fragte ich ihn, warum die Regierung und die Mullahs ein Vergnügungsviertel wie Hira Mundi direkt im Schatten der Moschee duldeten. Schließlich war er der Mann, der ein *fatwa* erlassen hatte, demzufolge Benazir Bhutto niemals Premierministerin sein könne, weil Frauen zu schwach seien und ständig von den Männern beschützt werden müßten. Damals hatte er verkündet, es wäre besser, wenn sie wie die anderen Frauen zu Hause bliebe und sich an die *purdah* halten würde.

Mullah Azad saß bei diesem Interview auf dem Fußboden seines Wohnzimmers, spielte mit seinen Gebetsperlen und richtete seine Antworten an meinen Fahrer, den er eingeladen hatte, an dem Gespräch teilzunehmen. »Es stimmt, daß Hira Mundi mit offizieller Erlaubnis operieren darf. Ich würde alle diese Mädchen am liebsten adoptieren und verheiraten«, sagte er. Beide Männer glucksten amüsiert. Ich ließ nicht locker. »Ja, ja«, erwiderte er, »ich habe die Angelegenheit mit Präsident Zia besprochen, und er erklärte sich bereit, Hira Mundi zu schließen. Trotzdem ist bisher nichts geschehen. Ich werde die Sache noch einmal mit Nawaz Sharif besprechen.«

Das Interview mit Mullah Azad zog sich ziemlich in die Länge, denn er predigt gern. Es war darüber hinaus ziemlich verwirrend und besorgniserregend, denn dieser Mann, der einen extrem großen Einfluß auf die Menschen hat und dessen Ansichten regelmäßig an hundertzehn Millionen Menschen weitergegeben werden, verwickelte sich häufig in Widersprüche. Der fünfundfünfzigjährige Azad ist seit achtzehn Jahren oberster Mullah der Badshahi-Moschee und läßt seine Besucher gern wissen, was für ein bedeutender Mann er ist. »Der Erzbischof von Canterbury hat mich besucht, wir haben in der Moschee gemeinsam christliche Gebete gesprochen, und das ist gut, denn alle Religionen sollten zusammenkommen.« Und fast im selben Atemzug: »Christentum und Judentum sind begrenzte Religionen; sie gestehen den Menschen keine Rechte zu. Im Islam hat jeder Rechte – Ehemann, Ehefrau, Vater, Mutter, ja sogar Tiere haben Rechte.« Um das zu betonen, nahm er einen Hühnerknochen von seinem Teller und warf ihn einer Katze im Korridor zu.

»Vom ägyptischen Staatspräsidenten wurde mir der Verdienstorden verliehen. Ich war immer ein großer Anhänger Amerikas. Ich war der erste, der die Geiselnahme im Iran verdammt hat. Warum sollte ich nicht von den Vereinigten Staaten für den Nobelpreis vorgeschlagen werden?« Minuten später: »Amerika ist gottlos. Der westliche Einfluß ist nicht gut für unsere Leute. Sie können CNN und MTV empfangen, sie sehen, wie Leute sich küssen ... Wir leiden darunter, das bringt uns neue Krankheiten wie Aids.« Und fast ohne Pause: »Ich möchte meinen Sohn nach Harvard schicken, damit er dort den Islam studiert.«

Er erklärte mir, daß sein gegen Benazir Bhutto gerichtetes *fatwa* nötig gewesen sei. »Eine Frau muß ihre Grenzen kennen; sie kann unmöglich Regierungschefin eines islamischen Landes sein. Was geschieht, wenn ein Krieg ausbrechen sollte, während sie gerade ein Kind

zur Welt bringt?« Ich fragte ihn, was denn passieren würde, wenn ein
männlicher Premierminister in einem ähnlich unpassenden Augenblick
einen Herzanfall hätte. »Die Ärzte sagen, daß das Herz eines Mannes
medizinisch gesehen stärker ist als das einer Frau. Körper und Gehirn
sind bei der Frau schwächer als beim Mann, vor allem, wenn sie ihre
Periode hat.« Er meinte aber, es sei statthaft, daß der gegenwärtige
pakistanische Botschafter in den Vereinigten Staaten eine Frau sei.
»Abida Hussein ist eine alte Frau [als er das sagte, war sie fünfundvier-
zig], deshalb ist das erlaubt. Sie ist nicht mehr fruchtbar, also kann sie
durch ihre Arbeit in der Öffentlichkeit auch nicht mehr verdorben
werden.«

Die Antwort, die mich am meisten beunruhigte, erfolgte auf meine
Frage, warum Vergewaltiger freigesprochen würden, während man die
weiblichen Opfer strafrechtlich verfolge. Er sagte: »Beide, Mann und
Frau, sollten verurteilt werden. Und *sie* sollte gezwungen werden, den
Mann zu heiraten, der sie vergewaltigt hat. Wenn sie von diesem Mann
verdorben wurde, muß sie ihn auch heiraten.«

Mullah Azad ist Vater von neun Kindern, darunter drei Töchter,
und hat zwei Frauen. Warum hat er zweimal geheiratet? »Meine erste
Frau ist inzwischen Großmutter, sie muß sich um meine Ländereien
kümmern. Und da ich von ihr getrennt war, brauchte ich eine zweite
Frau. Ich bat meine erste Frau um Erlaubnis, und sie willigte ein und
nahm an der Hochzeit teil. Nach den Regeln des Islam hätte ich sie nicht
um Erlaubnis bitten müssen. Solange ein Mann noch über seine volle
sexuelle Potenz verfügt, kann er heiraten, ohne vorher um Erlaubnis
bitten zu müssen.«

1991 geriet Mullah Azad mit dem islamischen Gesetz in Konflikt.
Fünfzig Fälle von »grobem Fehlverhalten in bezug auf das Antikorrup-
tionsgesetz« wurden ihm vom Gerichtshof in Lahore zur Last gelegt.
Die Anklage gegen ihn wurde kurz nach dem offiziellen Besuch von
Prinzessin Diana im September 1991 erhoben. Die Anklagevertretung
war empört, daß der Mullah es gewagt hatte, sie in der Moschee zu
empfangen, »wo Tausende sehen konnten, wie er ihren Kopf mit einem
tschador verhüllte, ihr einen Koran schenkte und sie in der ganzen
Moschee herumführte«. Man warf ihm vor, daß er »ein Sakrileg begangen und die Moschee und den heiligen Koran entweiht« habe. Die

Anklage beruhte darauf, daß Prinzessin Dianas Beine bei diesem Besuch unterhalb der Wadenmitte sichtbar gewesen seien und daß der Mullah nicht gewußt habe, ob sie gerade ihre Periode hatte, als er ihr den Koran übergab, denn dann wäre sie »unrein« gewesen und hätte das heilige Buch nicht berühren dürfen. Erst nach langen Beratungen stellte das Gericht das Verfahren gegen ihn ein.

Karachi, die frühere Hauptstadt im südlichen Pakistan, die heute noch das Industrie- und Wirtschaftszentrum des Landes darstellt, ist eine Stadt, die auf dem besten Weg ist, Selbstmord zu begehen. Die Luftverschmutzung, die Verunreinigung des Trinkwassers und der Küstengewässer sind so schlimm, daß auf den Ausweisen der Bewohner dieser Stadt ein Aufdruck stehen müßte: »Das Leben in Karachi schadet Ihrer Gesundheit.«

Trotzdem wächst die Einwohnerzahl dieser fast unbewohnbaren und äußerst häßlichen Metropole Jahr für Jahr dramatisch an. Das hängt einerseits mit den allgemein hohen Geburtenraten zusammen, ist andererseits aber auch auf die Landflucht Tausender Pakistani zurückzuführen, die nach Karachi kommen, weil sie hoffen, dort bessere Lebensbedingungen vorzufinden. Es ist daher nicht weiter verwunderlich, daß die Versorgungseinrichtungen der Stadt den ständig steigenden Anforderungen längst nicht mehr gewachsen sind. Stromsperren und Wassermangel sind an der Tagesordnung.

In den besseren Vororten der Stadt wie Clifton, zu deren Bewohnern neben anderen Prominenten auch Benazir Bhutto und ihre Familie zählen, haben die Luxuswohnungen eigene Stromgeneratoren und eine eigene Wasserversorgung. Die großen Marmorvillen sind wie Festungen von hohen Mauern umgeben und werden rund um die Uhr von bewaffneten Sicherheitsleuten bewacht. Entführungen und Lösegelderpressungen sind in der Sindh-Provinz schon seit langem ein Problem.

Unter Verwaltungsgesichtspunkten ist Karachi wegen seiner Überlastung, seiner Bevölkerungsdichte und seinem chronischen Geldmangel eine Art schwarzes Loch. Die Edhi-Stiftung, eine private Wohltätigkeitsorganisation, deren Begründer, Abdul Sattar Edhi, »Vater Teresa von Pakistan« genannt wird, ist die einzige Hilfsorganisation, die dort existiert. Bei den häufigen gewaltsamen Auseinandersetzungen zwischen den einzelnen ethnischen Gruppen sind Edhis zweihundertfünfzig Krankenwagen-Besatzungen die einzigen, die es trotz der immer wieder aufflammenden Gewalt und trotz der Schießereien wagen, den Verletzten zu helfen. Die Edhi-Stiftung verfügt im ganzen Land über medizinische Notversorgungsstationen, Heime für geistig Behinderte, Waisenhäuser und zahlreiche andere Dienste, die das Leben der Randgruppen ein wenig erträglicher machen.

Edhi und seine Frau Bilquis sind rastlose Leute, und bei meinem Versuch, sie zu finden, mußte ich in einem Suzuki-Krankenwagen kreuz und quer durch Karachi fahren. Der Wagen besaß keine Klimaanlage (die Edhis beschränken den Luxus und die Bürokratie auf ein Minimum), was bei einer Temperatur von 48 Grad im Schatten kein Vergnügen war. Die offenliegende Kanalisation und die riesigen Müllberge stanken, und Kinder planschten im schlammigen Wasser der Kanäle, das einen seltsamen metallischen Glanz hatte und noch seltsamer roch. Kamele, an deren schwieligen Kniegelenken Glockenringe befestigt waren, halbverhungerte Maultiere und Esel, die riesige Lasten auf dem Rücken trugen, uralte Bedford-Lastwagen, die mit ihrem Auspuffqualm die Luft verpesteten und in grellen Farben mit Filmstars und anderen Bildern aus der Traumfabrik bemalt waren, verstopften die Straßen.

Schließlich fand ich Bilquis in einem der Edhi-Zentren in einem Gewirr von Straßen, die so eng waren, daß kein Auto, das breiter war als der Suzuki, durchgekommen wäre. An der Außenwand stand »Fragen Sie nach Toten« und »Hier können Sie für die Toten beten«. Im Inneren war Bilquis, eine vierundvierzigjährige Frau, von weiblichen Bittstellern umringt, die geduldig auf sie warteten. Eine gutgekleidete junge Frau erklärte mir unter Tränen, daß sie hier sei, um sich die ausgesetzten Säuglinge anzusehen. »Ich bin unfruchtbar, aber ich möchte gern ein Kind haben. Dies hier ist die einzige Möglichkeit.«

Zwischen Telefonanrufen und Fragen machte Bilquis eine kurze Pause und ging mit mir in ein Hinterzimmer mit zwei Feldbetten, in dem sie mit ihrem Mann wohnte, wenn Notfälle eintraten oder eine Ausgangssperre verhängt wurde. Ich fragte sie, was in einem Land, das keine Adoption zuläßt, gewöhnlich mit den Kindern geschehe, die ausgesetzt würden. Sie legte mir ein dickes Fotoalbum auf den Schoß und zeigte mir die Bilder von toten Neugeborenen. »Das passiert mit vielen von ihnen«, sagte sie. Es gab noch etliche Alben mit solchen Bildern. Ich habe nur einmal im Leben ähnlich grausige Dokumente gesehen, und zwar Anfang der achtziger Jahre in El Salvador. Dort legten religiöse Gruppen solche Fotoalben an, damit die Frauen und Mütter herausfinden konnten, ob ihre Männer und Söhne Opfer der Todesschwadronen geworden waren.

Die Edhis führen die Säuglings-Alben aus einem ähnlichen Grund: Es könnte sein, daß ein Verwandter oder Nachbar die Babys identifizieren kann. »In Karachi werden pro Jahr über fünfhundert solcher Säuglinge im Rinnstein, in Mülltonnen und auf dem Bürgersteig gefunden. Die Polizei bringt sie zu uns. Neunundneunzig Prozent von ihnen sind Mädchen – die in dieser Gesellschaft als Last betrachtet werden. Manche von ihnen sind verkrüppelt. Einige sind Jungen. Sie sind zwischen ein paar Stunden und mehreren Monaten alt, wurden erwürgt, mit einer Plastiktüte erstickt oder einfach liegengelassen, bis sie tot waren. Tote männliche Säuglinge sind in den meisten Fällen Kinder unverheirateter Mütter. Wenn die Mutter nicht verheiratet ist, wird sie in der Regel von den Männern ihrer Familie umgebracht.«

Um solche Morde zu unterbinden, rief Bilquis vor drei Jahren ein Programm ins Leben, durch das Familien dazu ermutigt wurden, unerwünschte Kinder der Stiftung zu übergeben. Vor jedem Edhi-Zentrum hängt draußen ein eisernes Kinderbettchen mit der Aufschrift »Tötet keine unschuldigen Kinder. Macht die erste Sünde nicht noch schlimmer«. Es kommt selten vor, daß die Krippen morgens leer sind. Obwohl die Adoption in Pakistan keine Tradition hat, ist es der Stiftung in der Zeit ihres Bestehens gelungen, siebentausend unerwünschte Säuglinge in Familien unterzubringen. Die Kinder, die nicht unterzubringen sind, bleiben in den eigenen Zentren.

Die sechsjährige Kausar wird wahrscheinlich in der letzten Kategorie bleiben; ihr Vater ist einer der zwei Millionen Heroinsüchtigen, die es nach Schätzungen der Regierung in Pakistan gibt. »Hier verkaufen die Heroinsüchtigen alles – ihre Frauen, ihre Töchter –, um an Drogen zu kommen«, sagte Bilquis. In Kausars Fall war ihr Vater zu der Ansicht gelangt, daß sie ihm mehr einbringen würde, wenn er sie regelmäßig

als Bettlerin arbeiten ließe. Er wußte auch, was er tun mußte, um sein
Einkommen zu steigern: Er brach ihr mit einem Knüppel den rechten
Arm und das linke Bein. Dann fügte er ihr mit Kerosin am ganzen
Körper Brandwunden zu. Verkrüppelte und entstellte Kinder verdie-
nen als Bettler mehr. »Er muß in Panik geraten sein, weil er zu weit
gegangen war, denn sie lag im Sterben. Deshalb tauchte er vor einigen
Monaten hier auf, bat uns, sie wieder gesundzumachen, und ver-
schwand.«

Zuerst sah es so aus, als würde Kausar nicht überleben, aber die
erstklassige medizinische Versorgung ließ ihre Wunden allmählich
heilen. Die Knochenbrüche waren allerdings so schlimm, daß ihre
Glieder nie wieder normal sein werden. »Sie war so stark traumatisiert,
daß sie immer nur kurze Zeit redete«, sagte Salma Mazhar, eine von
Edhis Ärztinnen. Als Kausar endlich sprach, waren ihre ersten Worte:
»Bitte holt meine Schwester Shenaz. Mein Vater schlägt sie auch immer.« Leider ist es der Stiftung bisher nicht gelungen, Kausars Vater
oder Schwester aufzufinden.

So wie das wohlhabende Clifton sich hinter hohen Mauern vom größten Teil des Elends in Karachi abschottet, hilft ihr Reichtum den
begüterten pakistanischen Frauen auch, sich den vielen Einschränkungen ihrer Kultur zu entziehen. Das Leben und die Interessen des jungen
pakistanischen Jet-sets können denen einer jeden Yuppie-Gemeinde im
Westen sehr ähnlich sein: Man liebt Designer-Kleidung, Schmuck,
Autos, schicke Frisuren und sogar Designer-Drogen.

Muslimische Mädchen, die im Westen erzogen wurden, sind mit
Wertvorstellungen konfrontiert worden, die sich sehr von denen ihres
eigenen Landes unterscheiden. War es ihnen im westlichen Ausland
möglich, mit Jungen zu flirten, so werden sie das, was in ihrer Kultur als
Ungeheuerlichkeit empfunden wird, nach ihrer Rückkehr kaum aufgeben wollen. Und so beginnt das Spiel:

Wenn sie das Haus verläßt, ist sie von Kopf bis Fuß verhüllt und
nimmt eine Anstandsdame mit. Wenn sie angekommen ist und den
tschador ablegt, dann trägt sie darunter möglicherweise einen Minirock.
Ebenso flott nimmt dann der Freund den Platz der Anstandsdame ein.
In Pakistan, wie in den meisten islamischen Ländern, ist Alkohol

verboten, trotzdem werden auf privaten Partys geschmuggelter Whisky und Gin serviert. Und wenn die Eltern und Dienstboten des Gastgebers nicht zu Hause sind, schaut man sich darüber hinaus geschmuggelte Softporno-Videos an. In muslimischen Ländern, in denen jeder Körperkontakt zwischen den Geschlechtern und die Zurschaustellung von kleinsten Teilen des nackten Körpers in Filmen zensiert werden, hat die Videoindustrie viele libidinöse Wünsche freigesetzt. Und genau wie im Westen will der Freund unserer jungen Dame vermutlich etwas weiter gehen, und sie läßt ihn gewähren. Vorsichtshalber hat sie aus diesem Grund während ihres Auslandsaufenthalts größere Vorräte der Pille gehortet. Sollte sie das Pech haben, schwanger zu werden, geht sie wieder ins Ausland – angeblich, um einzukaufen – und läßt das Kind abtreiben.

In dieser »modernen« Gesellschaftsschicht gibt es sogar Liebesheiraten, aber selbst in den Kreisen der Wohlhabenden bestehen die meisten Eltern darauf, den Ehepartner für ihre Kinder zu bestimmen. Ein Privileg dieser privilegierten Klasse besteht allerdings darin, daß es leichter ist, ein Veto einzulegen. In diesen Kreisen ist es durchaus möglich, daß sich die jungen Leute ein paarmal in Begleitung einer Anstandsdame treffen, bevor sie den Bund fürs Leben schließen. Auch von der modernen Technik wird zunehmend Gebrauch gemacht. »Ich habe meine Verlobte mehrmals getroffen, bevor wir geheiratet haben«, sagte Sohail. »Aber ihre Familie schickte mir außerdem Videos von ihr, damit ich sehen konnte, was sie für ein Mädchen ist.«

Wenn die Eltern für ihre Söhne auf Brautschau gehen, achten sie vor allem auf gute Bildung. Ein höherer Schulabschluß ist erwünscht, auch wenn die Mehrzahl der Frauen nach ihrer Eheschließung nichts mehr damit anfangen kann. Die Eltern der Mädchen bevorzugen gut ausgebildete Männer, besonders beliebt sind solche, die eine amerikanische Versicherungskarte oder das europäische Äquivalent besitzen. Wenn jemand Zugang zu westlichen Dingen hat, vor allem wenn er an Aufenthaltsvisa kommen kann, wächst sein Ansehen.

Nach der Hochzeit gestaltet sich das Leben einer gutbetuchten jungen Ehefrau ganz anders als das ihrer unbemittelten Geschlechtsgenossin. Statt den ganzen Tag im Haus schuften zu müssen – das erledigen die Dienstboten –, verbringt sie ihren Tag mit Fitneßtraining oder Tennis in der Frauensporthalle, macht Einkäufe oder amüsiert sich mit ihren Freundinnen ein wenig beim illegalen Glücksspiel. In einem Punkt steht sie allerdings unter dem gleichen Druck wie die anderen Frauen: Sie muß so schnell wie möglich Kinder bekommen und ihrem Mann Söhne gebären. Wenn die Ehe später etwas langweilig geworden ist, kann es sein, daß beide Partner ein bißchen fremdgehen. *Seine* Untreue wird in diesen Kreisen nicht sehr ernst genommen, bei *ihr* sieht das anders aus. Im Gegensatz zu ihren Geschlechtsgenossinnen aus dem gemeinen Volk setzt sie aber nicht ihr Leben aufs Spiel, wenn sie erwischt wird. Die Wahrscheinlichkeit ist allerdings hoch, daß sie geschieden und dadurch in vielen muslimischen Kreisen als Ausgestoßene betrachtet wird.

Ein pakistanischer Arzt, mit dem ich befreundet bin, gestand mir, nachdem ich ihn schon einige Zeit kannte, daß seine Schwester, auch eine Akademikerin, geschieden sei. »Es ist eigentlich ein Familiengeheimnis«, erklärte er mir. »Sie geht nie aus. Meine Mutter schämt sich ihretwegen. In unserer Familie wird so etwas als Schande angesehen.« Warum war die Ehe zerbrochen? »Meine Schwester hatte sich geweigert, ihrem Mann zu erlauben, eine zweite Frau zu nehmen«, sagte er. »Daraufhin ließ ihr Mann sich scheiden und heiratete wieder. Meine Schwester wird natürlich nie wieder heiraten, obwohl sie es dürfte, aber in unseren Kreisen würde es keinem Mann in den Sinn kommen, eine geschiedene Frau zu heiraten.«

»Für die Elite in Pakistan gelten andere Gesetze«, sagt Asma Jahangir, die Anwältin. »Das erklärt auch, wie es möglich ist, daß eine Frau Politikerin oder Diplomatin werden kann. Eine wohlhabende Frau wird beispielsweise auch viel seltener der *zina* angeklagt. Wenn ich selbst nicht aus einer privilegierten Familie stammen würde, könnte ich nie meinen Beruf so ausüben. Man hätte mich schon vor langer Zeit zum Schweigen gebracht.« Jahangir ist ungefähr einsfünfzig groß und hat eine Figur wie ein Püppchen. Sie ist sanft und sehr charmant, und man könnte sie leicht für eine x-beliebige traditionsbewußte muslimische Frau aus gutem Hause halten. Ich sah sie zum erstenmal bei einem Vortragsabend, an dem sie die Hauptreferentin war. Ihre dynamische, klare Art faszinierte das hauptsächlich aus muslimischen Männern bestehende Publikum, das sich zum Schluß mit stehendem Applaus bedankte. Das ist allerdings nicht die übliche Reaktion auf Jahangirs Vorträge. Mit ihren brillanten juristischen Schachzügen gewann sie zahllose Prozesse, bei denen es um krasse Ungerechtigkeiten und Menschenrechtsverletzungen ging, deren Opfer Frauen waren. Das hat allerdings auch dazu geführt, daß sie gelegentlich Morddrohungen erhält.

Ihr Kettenrauchen läßt darauf schließen, daß das Leben einer Streiterin für die Rechte der Frauen in Pakistan kein Zuckerschlecken ist. »Ich bin bis jetzt nur einmal im Gefängnis gewesen, drei Wochen lang, damals als Zia das Kriegsrecht verhängt hatte«, erzählt sie mir, »und ich weiß genau, daß ich viel Glück hatte. Wenn ich nicht aus einer so einflußreichen Familie stammen würde, hätte man mich schon längst für immer eingesperrt.«

Jahangirs Vater war ein prominenter liberaler Politiker, und von ihm hat sie ihr Engagement. Schon auf dem College war sie in der Studentenbewegung politisch aktiv gewesen. Nach dem Examen schloß sie eine standesgemäße Ehe mit einem Mann, der inzwischen ein sehr erfolgreicher Geschäftsmann ist. »Ich hielt mich an die Tradition, zog in das Haus seiner Eltern und versuchte, so zu sein, wie es von einer Ehefrau erwartet wurde – sanft, häuslich, gehorsam –, obwohl ich in Wirklichkeit ganz anders bin. Ich mußte wegen jeder Kleinigkeit um Erlaubnis bitten. Und ich mußte jede Woche zum Friseur, mich immer elegant kleiden mit passender Handtasche und Schuhen, an den Kaffeekränzchen meiner Schwiegermutter teilnehmen und höflich Konversation machen, aber nie über so etwas Unangenehmes wie etwa die Politik reden. Jahrelang lebte ich so und bekam Kinder. Schließlich konnte ich mich selbst nicht mehr leiden. Ich wurde dick, dumm, hatte keinen Status, und ich merkte, wie mein Mann den Respekt vor mir verlor. Ich war nicht mehr die schicke Vorzeigefrau, aber ich war auch nicht ich selbst. Es war eine Katastrophe.«

Asma Jahangir überredete ihre Familie, sie Jura studieren zu lassen. Der Dekan der juristischen Fakultät verlangte die formelle Erlaubnis ihres Schwiegervaters. Aus familiären Gründen studierte Asma zu Hause und ging nur zu den Prüfungen ins College. Nach ihrem Abschlußexamen verbot ihr Mann ihr, in einer »Männerkanzlei« zu arbeiten. Deshalb tat sich Asma 1980 mit zwei Freundinnen und ihrer jüngeren Schwester zusammen – alle drei frischgebackene Anwältinnen – und eröffnete die erste pakistanische Anwaltspraxis für Frauen. »Wir waren so arm, daß wir uns anfangs mit einer gebrauchten Schreibmaschine begnügen mußten. Und das Büro putzten wir selbst – einschließlich der Fenster.«

Heute ist das Wartezimmer ihrer Praxis immer voll, doch es liegt in der Natur der Sache, daß die Anwältinnen in 70 Prozent der Fälle ohne Honorar arbeiten. Einige ihrer Klientinnen reisen Tausende von Kilometern, um sie aufzusuchen, so zum Beispiel Josianne Malik, eine Schweizerin, der es um das Sorgerecht für ihre Kinder ging. Josiannes Exmann, ein Pakistani, hatte die Kinder aus der Schweiz nach Pakistan entführt und war seiner Verhaftung durch Interpol wegen Kindesentführung entkommen. Bei den ersten Gerichtsterminen bezog sich der Richter immer wieder auf das islamische Recht, demzufolge dem Vater und nicht der Mutter das Sorgerecht zusteht. Josianne, die ihre beiden Kinder seit über einem Jahr nicht mehr gesehen hatte, war verzweifelt. »Es ist unmöglich, gegen eine Religion anzukommen«, sagte sie unter Tränen.

Die meisten pakistanischen Frauen sind nicht über ihre Rechte informiert. Außerdem kommen sie in den seltensten Fällen in den Genuß eines Rechtsbeistands, wenn diese Rechte verletzt worden sind. Besonders grotesk sind die Fälle von Frauen, die von ihrer Familie gezwungen werden, den Koran zu heiraten, ein Vorgang, für den es im gesamten Islam keine Grundlage gibt. Solche Ehen werden in der Regel dann geschlossen, wenn in einer Familie keine unverheirateten männlichen Vettern mehr vorhanden sind. Würde die Frau, nachdem sie ihren Anteil am Familienerbe bekommen hat, einen Fremden heiraten, müßte der Besitz geteilt werden. Um das zu vermeiden, wird die junge Frau gezwungen, den Koran zu heiraten. Die Zeremonie ist genau wie bei einer normalen Hochzeit, nur der Bräutigam fehlt. Die Braut trägt ein Hochzeitsgewand, Gäste werden eingeladen, und alles läuft so, als würde sie einen Mann heiraten. Wenn sie dann mit dem Koran verheiratet ist, darf sie das Haus nicht mehr verlassen und für den Rest ihres Lebens keinen erwachsenen Mann mehr sehen, nicht einmal im Fernsehen. Sie ist dann zu einem Leben in Isolation und Leere verdammt.

Ein weiteres Verbrechen, das von den juristischen und religiösen

Autoritäten des Landes weitgehend ignoriert wird, ist das sogenannte Verbrennen der Mitgift. Jungverheiratete Frauen, deren Mitgift trotz vorausgegangener Absprachen als nicht ausreichend betrachtet wird, werden von ihren Ehemännern oder deren Verwandten verbrannt, es sei denn, die Familie der Frau ist in der Lage, die zusätzlichen Forderungen zu erfüllen. Im Jahr 1991 starben im Zeitraum von nur zehn Monaten zweitausend Frauen unter fünfundzwanzig auf diese Weise. Wie hoch die Dunkelziffer ist, weiß man nicht. Ein Angehöriger einer dieser Frauen erklärte den Angestellten im Krankenhaus: »Wir haben keine Anzeige bei der Polizei erstattet, weil wir keinen Skandal wollen; und überhaupt – wenn sie es überleben sollte, wird sie ohnehin wieder zu ihrem Mann zurück müssen. Und das dürfte schlimm für sie werden.«

Ein typischer Fall wurde mir von Farkander Iqbal, einer der beiden weiblichen stellvertretenden Polizeikommissare der Punjab-Provinz, berichtet. Sie ist Leiterin einer nur aus Frauen bestehenden Polizeistation in Lahore, die vor kurzem speziell für Verbrechen an Frauen eingerichtet wurde. Es ist die erste dieser Art im ganzen Land.

»Rahina Jasnin, ein sechzehn Jahre altes Mädchen, war mit einem Arbeitslosen verheiratet worden und zog nach der Hochzeit, wie es hier üblich ist, in das Haus seiner Eltern. Nach einigen Monaten beschwerten sich die Schwiegereltern, die Mitgift sei zu gering gewesen, und verlangten zusätzlich einen Fernseher und einen Videorecorder. Die Eltern des Mädchens hatten kaum genug Geld zum Leben und konnten sich einen derartigen Luxus nicht leisten. Um die Schwiegereltern zu besänftigen, verkaufte die inzwischen schwangere Rahina ihren Hochzeitsschmuck, aber sie stellten immer neue Forderungen und begannen, sie zu schlagen.

Die Nachbarn hörten die Schläge und Schreie, aber niemand schritt ein. Als sie dann auch noch eine Tochter zur Welt brachte, wurde sie wieder beschimpft und geschlagen. Kurz darauf wurde Rahina eines Nachts von ihrer Schwiegermutter geweckt und festgehalten, während ihr Mann Kerosin über sie goß und es anzündete. Die Nachbarn kümmerten sich nicht um die Schreie, sondern dachten, es handele sich wieder um die üblichen Schläge.

Als alles vorüber war, dachten Rahinas Schwiegereltern, sie sei tot, und brachten sie ins Krankenhaus. Dort behaupteten sie, sie habe Selbstmord begangen. Aber die junge Frau, deren Körperoberfläche zu 90 Prozent verbrannt war, lebte noch zwei Tage. Bevor sie starb, gab sie zu Protokoll, was wirklich geschehen war.

Die örtliche Polizei legte den Fall zu den Akten«, berichtete Iqbal. »Ich griff ihn wieder auf, weil die Beweise für ihre Ermordung erdrükkend waren.« Iqbal beklagte sich, daß die Polizei häufig bestochen werde, damit sie ihre Nachforschungen einstellt. »Man begegnet immer wieder männlichen Polizisten, die mit den Tatverdächtigen gemeinsame Sache machen. Sie sind mehr am Geld interessiert, als an dem, was wirklich vorgefallen ist. Solche Fälle nehmen in den letzten Jahren ständig zu. Wir erleben allein in dieser Gegend pro Monat zehn bis fünfzehn Verbrennungen von Ehefrauen.«

Iqbal zufolge hat sich Pakistan in den letzten fünfzehn oder zwanzig Jahren völlig verändert. »Früher kamen Verbrechen an Frauen relativ selten vor«, sagt die fünfunddreißigjährige Kommissarin. »Wenn sich ein Mann an einer Frau vergriffen hatte, wurde er sofort strafrechtlich verfolgt, und die Gesellschaft ächtete ihn. Heute werden die Frauen in Pakistan überhaupt nicht mehr respektiert, und Verbrechen an ihnen haben dramatisch zugenommen.

Sie behaupten, sie hätten uns ›islamisiert‹. Wie kann man Menschen islamisieren, die bereits Muslime sind? Seit Zia den Mullahs die Macht übertragen hat, sieht es so aus, als könne sich jeder Mann einfach eine Frau packen und sie zerreißen.«

Die Situation der Frauen in Pakistan sieht düster aus, aber Organisationen wie das Women's Action Forum (WAF) und War Against Rape (WAR) werden stärker und sind zunehmend erfolgreicher. Das WAF wurde 1981 gegründet, als sich mehrere Frauenorganisationen zusammenschlossen, um ein Urteil anzugehen, das zu einem Präzedenzfall des »Hudood-Erlasses« wurde. Fehmida und Allah Bux waren wegen Unzucht zu hundert Peitschenhieben sowie zum Tod durch Steinigen verurteilt worden. Kläger war der Vater der Frau, der behauptete, Fehmida, die mit Bux ausgerissen war, sei von ihm entführt worden, weil ihre Familie gegen die Heirat gewesen sei. Als die Polizei das Paar aufgespürt hatte, war Fehmida bereits schwanger. Der Bux-Fall war der erste, bei dem die folgenschweren Auswirkungen dieser Verordnung erkennbar wurden, und viele Frauen demonstrierten, um ihrer Empörung über das Urteil Ausdruck zu geben. Daraufhin hob der Oberste Gerichtshof das Urteil auf.

Und es waren ebenfalls pakistanische Frauen, die 1983 die erste Demonstration gegen das Kriegsrecht organisierten.

Im Berufsleben machten einige Frauen ebenfalls Fortschritte und schufen Präzedenzfälle und neue Möglichkeiten für die anderen. Erst nach langem Kampf wurde einer Pilotin der Berufspilotenschein ausgehändigt; Bedingung war allerdings, daß sie beim Fliegen immer einen *hijab*-Schleier trägt. In einem anderen Fall ließ sich ein Ehepaar für ein politisches Amt zur Wahl aufstellen. Sie wurde gewählt, er verlor. Die dadurch ausgelöste Empörung zog sich wochenlang hin. Die Mehrheit verlangte, die Frau solle selbstverständlich ihren Sitz an ihren Mann abtreten. Sie weigerte sich jedoch.

Und vor gar nicht langer Zeit demonstrierten Studentinnen anderthalb Monate lang gegen die krassen Zulassungsbeschränkungen für Frauen zum Medizinstudium, obwohl sie von der Polizei geschlagen und viele von ihnen verhaftet wurden. Eine der Frauen, Iffat, die zwanzigjährige Schwägerin des Journalisten Tahir Malik, berichtete mir: »Ich wollte Medizin studieren und lag mit meinen Zensuren 35 Prozent über dem Durchschnitt der Jungen, die zugelassen wurden. Aber die bekamen ihren Studienplatz einfach aufgrund der Quoten. Diese ungerechte Situation bestand schon seit langer Zeit, und wir mußten unbedingt etwas dagegen unternehmen.« Iffat, die jeden Tag an den Demonstrationen teilgenommen hatte, wurde wie viele andere Frauen verhaftet, nach ein paar Stunden jedoch wieder freigelassen. Letzten Endes siegten die Studentinnen, und die Zulassungsquoten für das Medizinstudium wurden abgeschafft. Für Iffat kam das jedoch bereits zu spät: Sie ist heute Diplom-Psychologin.

Es gibt zumindest eine islamische Organisation in Pakistan, die »Töchter des Islam« in Karachi, die Frauen ermutigt, sich zu befreien, indem sie die Rechte wahrnehmen, die ihnen der Islam zugesteht. Auch wenn Nilofar Ahmad, Gründerin und Leiterin der Organisation, Iffats jugendlichen Feminismus ein wenig hart finden würde, ist sie doch genauso fest entschlossen, das Los der pakistanischen Frauen zu verbessern. In den sechziger Jahren war sie im Auftrag der Fulbright-Stiftung als Dozentin in den Vereinigten Staaten und hat bis vor fünf Jahren die meiste Zeit ein weltliches Leben geführt. Dann stellte sie fest, daß sie »immer religiöser wurde«.

Als Ahmad anfing, sich in den Islam zu vertiefen, wurde ihr klar, daß die muslimischen Frauen keine Ahnung hatten, welche Rechte ihnen ihre Religion zugestand. »Die meisten waren nicht in der Lage, den Koran in der Originalversion zu lesen, oder machten sich nicht die Mühe. Sie mußten daher notgedrungen die Auslegungen der Männer akzeptieren. Der Islam, die Religion, die die Frauen befreit hat, wird heute dazu mißbraucht, sie zu unterdrücken. Die Situation, in der sich die muslimischen Frauen heute befinden, stellt einen Rückschritt dar, der einzig und allein darauf zurückzuführen ist, daß die ursprünglichen Quellen des Islam absichtlich oder unabsichtlich falsch interpretiert werden.«

Ahmad weist darauf hin, daß zum Beispiel in den letzten vierzehnhundert Jahren die Mehrheit der Muslime geglaubt hat, die Männer würden im Paradies von wunderschönen Jungfrauen umsorgt. »Wenn die Frauen fragen, was denn mit ihnen im Paradies geschehe, bleibt man ihnen die Antwort schuldig«, sagt Ahmad. »Im Koran steht aber, daß Männer *und* Frauen im Paradies angenehme Partner bekommen.

Es ist kaum zu glauben, welche Klimmzüge man gemacht hat, um die arabische Grammatik so zu verändern, daß einige entscheidende Wörter falsch übersetzt werden konnten«, sagt sie. »Wenn zum Beispiel im Koran das männliche Geschlecht benutzt wird, wenn es um eine Anordnung geht, von der man glaubt, daß die Frauen sie zu befolgen haben, wird das Wort als Neutrum gedeutet. Wenn jedoch das gleiche Pronomen im Zusammenhang mit einer Sache benutzt wird, die die Männer ausschließlich für sich in Anspruch nehmen, ist es angeblich männlich.«

Ahmad zitiert zahlreiche Beispiele, die auf der einen Seite zeigen, was der Koran gemeint hat, und auf der anderen Seite beweisen, wie diese Lehren heute verfälscht werden. Alle Koran-Verse, die sich auf die Frauen beziehen – dabei kann es sich um Bildung, Finanzen, Gleichberechtigung, Scheidung, Erbschaft, Polygamie oder Verschleierung handeln –, werden von der Organisation unter die Lupe genommen. Sie zeigt den Frauen, an welchen Stellen die Übersetzung und Interpretation zugunsten der Männer vorgenommen wurden. Sie hat sogar im Fall des berühmten Vers 4:34 eine abweichende Meinung: »Die Männer stehen über den Frauen, weil Gott sie vor diesen ausgezeichnet hat ... Und die rechtschaffenen Frauen sind demütig ergeben ...« Dieser Vers wird seit Jahrhunderten von muslimischen Patriarchen als Beweis für die Überlegenheit des Mannes zitiert. »Im ursprünglichen Koran werden Männer und Frauen häufig als *awliya* bezeichnet, was bedeutet, daß sie ›Freunde‹ sind oder der eine der ›Ratgeber‹ des anderen ist«, erklärt Ahmad. »In dem entscheidenden Vers 4:34 wird ein Wort verwendet, das eine ähnliche Bedeutung hat. Das Wort *qawwamun* wurde in diesem Fall aber so gedeutet, daß es die Überlegenheit des Mannes über die Frau dokumentiert.

Die Frauen dürfen nicht vergessen, was der Prophet gesagt hat: ›Männer und Frauen sind so gleich wie zwei Zähne eines Kamms‹. Machthunger hat dazu geführt, daß der Islam politisiert wurde. Wenn ich den muslimischen Frauen eine Botschaft übermitteln sollte, würde ich ihnen sagen, daß sie selbst ihre Religion studieren müssen und nicht die Ideen eines anderen Menschen übernehmen sollen. Nur so werden sie in der Lage sein, um ihre Rechte zu kämpfen und dabei die Waffe zu benutzen, die zur Zeit gegen sie gerichtet ist – den Koran.«

4 Afghanistan: Kannst du den Esel nicht schlagen, schlag den Sattel

Wer die Frauen ehrt, ist selbst ehrenwert,
Wer sie beleidigt, ist von niederer Gesinnung und gemein.
Prophet Mohammed

Wenn man einige Zeit mit Fatima Gailani zusammen ist, erlebt man ein klassisches Beispiel für den Unterschied zwischen Schein und Sein. Sie ist groß, schlank, hat eine elegante Art, ihre Stimme ist sanft und leise, und ihre Bewegungen sind graziös. Sie kleidet sich wie eine Studentin, trägt einen hellgrünen Schottenrock, einen modischen Kaschmirpullover, eine einfache Kette aus echten Perlen und hat einen kurzgeschnittenen Bubikopf. Insgesamt strahlt sie elegante Weiblichkeit aus.

Wenn man sie als Gastgeberin eines Fünf-Uhr-Tees in ihrem mit Seide und Orientteppichen ausgestatteten Salon erlebt, verstärkt sich dieser Eindruck noch. Daß das ganze eine Täuschung ist, verraten erst einige diskret verborgene Details in ihrer Umgebung: die komplizierten Sicherheitssysteme und teuren Schlösser, die in einem Haus in einer ruhigen Vorortstraße im Westen Londons mit ihren blühenden Gärten unangebracht erscheinen, und dazu der kräftig gebaute Koch, der immer lächelt und gleichzeitig als ständiger Leibwächter fungiert.

Und obwohl weder ein Turban noch eine einzige Kalaschnikow zu sehen ist, handelt es sich bei dieser liebenswürdigen, höflichen Frau um eine afghanische Guerilla-Kämpferin, die genauso für ihre Sache eintritt wie ihre bärtigen Brüder. Fatima ist neununddreißig, sieht aber mindestens neun Jahre jünger aus. Seit zwölf Jahren ist sie Repräsentantin der afghanischen Widerstandsbewegung, ist die einzige Frau in der Guerilla-Armee sowie Vertreterin der Nationalen Befreiungsfront für Afghanistan in Europa. Obwohl sie an verschiedenen Waffen ausgebildet worden ist und sich schon häufig mit europäischen Generälen getroffen hat, um Waffen für ihre Organisation zu beschaffen, ist sie vor allem Diplomatin und Lobbyistin.

Als die sowjetischen Truppen 1979 in Afghanistan einfielen, legte Fatima gerade an der Universität von Teheran ihre Magisterprüfung in persischer Literatur und islamischer Geschichte ab. Sie hatte alle Vorlesungen und Seminare erfolgreich abgeschlossen, erhielt aber nie ein Diplom. Zehn Monate bevor ihr Land angegriffen wurde, hatte im Iran die Revolution begonnen, und alle Bildungseinrichtungen waren geschlossen worden. Da ein Preis auf den Kopf ihres Vaters ausgesetzt worden war, konnte Fatima nicht mehr nach Hause zurückkehren. Obwohl sie kein Wort Englisch sprach, ging sie nach England. Ein Jahr lang beschäftigte sie sich intensiv mit der englischen Sprache und arbeitete dann als Dolmetscherin für die schwerverwundeten afghanischen Kämpfer und die verletzten Kinder, die von der britischen Regierung zur Behandlung nach England gebracht wurden.

Afghanistan, das an China, den Iran, Pakistan und Rußland angrenzt, ist etwa so groß wie Deutschland und Polen zusammen, aber eines der am wenigsten entwickelten Länder der Welt. Das hängt zum Teil mit seiner Topographie zusammen, die es lange Zeit sehr unzugänglich machte. Vor der Invasion der russischen Panzer, die Weihnachten vor vierzehn Jahren durch die Straßen der Hauptstadt Kabul rasselten, war es ein Land, in dem die Zeit stillzustehen schien. Nur in Kabul und in einigen Provinzhauptstädten schienen die Afghanen im zwanzigsten Jahrhundert zu leben.

Turban tragende Kuchi-Nomaden, deren Kleidung genauso farbenprächtig ist wie die Sättel und das Zaumzeug ihrer Kamele, ziehen auch heute noch jedes Jahr durchs Land und suchen Weideflächen für ihre großen Herden. Die Dörfer aus einfachen Lehmhütten, die in der Landschaft verstreut liegen, haben sich in den letzten dreihundert Jahren kaum verändert; ihre dicken, festungsähnlichen Außenmauern schützen bei den häufigen Stammesfehden. Ackerbau wird weitgehend noch mit der Hand oder gelegentlich auch mit Hilfe von Tieren betrieben, und die Frauen verbringen den größten Teil des

Tages damit, Wasser, Holz oder Tierdung zu sammeln, der als Brenn-
stoff dient.

Afghanistan ist ein Land von wilder Schönheit. In der Pamir- und
Hindukusch-Region erheben sich einige der höchsten Berggipfel der
Welt. Wie Phantome streifen dort die seltenen, einen Meter fünfzig
großen Marco-Polo-Schafe umher, die früher als Großwild gejagt wurden. Die schneebedeckten, schroffen Gipfel bilden einen krassen Gegensatz zu den ausgetrockneten Ebenen und trostlosen Salzwüsten, in
denen der Wind das einzig Lebendige ist. Und wenn die Strenge dieser
Landschaft das Auge zu ermüden droht, erscheint plötzlich ein grünes
Tal, in dem es nach wildem Thymian und Lupinen duftet, die im
Schatten von Maulbeer- und Mandelbäumen wachsen. Plötzlich hört
man Vögel zwitschern und Bäche rauschen, die von den steilen Bergen
herabstürzen.

Zu Beginn des Krieges hatte Fatimas Vater – Pir Sayed Ahmad
Gailani, ein ehemaliges Mitglied des Parlaments und geistiger Führer
vieler sunnitischer Afghanen – die Nationale Islamische Front Afghanistans (NIFA) gegründet. Sie ist eine der sieben wichtigen Widerstandsbewegungen, und er ist auch heute noch ihr Führer. Gailani,
dessen Familie verehrt wird, weil sie vom Propheten Mohammed
abstammt, wirkt nicht wie ein religiöser Kriegsherr, sondern eher wie
ein Gesandter. Er ist ein gebildeter, liberaler Mann, ein Spezialist für
islamisches Recht, und er tritt für eine weltlich orientierte Demokratie
in einem freien Afghanistan ein. Es ist daher nicht weiter verwunderlich, daß die NIFA eine der gemäßigten Widerstandsbewegungen ist.

Als Moskau 1988 seine Truppen aus Afghanistan abzog, waren fast
zwei Millionen Menschen umgekommen – jeder achte Afghane. Fünf
Millionen – jeder dritte – mußten ins benachbarte Pakistan oder in den
Iran fliehen, und die gesamte Infrastruktur des Landes war zusammengebrochen. Der Abzug der sowjetischen Truppen brachte Afghanistan
jedoch nicht den erhofften Frieden. Die Marionettenregierung in Kabul, die von Moskau massiv mit Geld und Waffen unterstützt wurde,
setzte die Kämpfe fort. Drei Jahre später, im April 1992, wurde das
Regime gestürzt, weil die verarmte russische Regierung nach dem
Zusammenbruch des Kommunismus nicht mehr in der Lage war, die
Regierung in Kabul finanziell zu unterstützen. Jetzt rechnete man mit

einem triumphalen Sieg des afghanischen Widerstands. Leider entwikkelte sich der Befreiungskrieg jedoch zu einem Kampf zwischen den einzelnen islamischen Gruppierungen. Heute kämpfen sie gegeneinander um die Macht. Dabei kamen allein dreitausend Einwohner der Hauptstadt bei einem vierundzwanzigstündigen Raketenangriff ums Leben.

Die fundamentalistischen Führer der ehemaligen Widerstandsbewegung haben das früher gemäßigt muslimische Afghanistan in einen theokratischen Staat verwandelt, der so strenggläubig und konservativ ist wie der Iran und Saudi-Arabien, wobei diese beiden Länder sich diese Entwicklung in Afghanistan viele Millionen Mark haben kosten lassen. Als im Mai 1992 die Interimsregierung, die sich Führungsrat nannte, den islamischen Staat Afghanistan ausgerufen hatte, nahmen die Mudschaheddin sofort die afghanischen Frauen ins Visier. Bereits am ersten Tag gab die Regierung, die sich dem Islam verschworen hatte, einen Erlaß heraus, demzufolge die Frauen ab sofort nur noch islamische Kleidung tragen durften. Von einem Tag auf den anderen verschwanden Röcke und hohe Absätze aus dem Straßenbild von Kabul. Um sicherzugehen, verhüllten die Fernsehansagerinnen ihr Haar unter einer *dupatta*, einem Chiffon-Schal, der ein moderner Ersatz für den größeren *tschador* sein sollte. Als sie jedoch im Funkhaus ankamen, wurde ihnen mitgeteilt, daß die neue Regierung es den Frauen verboten hatte, im Fernsehen oder im Rundfunk zu arbeiten. Sie mußten sich von jetzt an völlig verschleiern, nur Hände, Füße und Gesicht durften frei bleiben.

Die fanatischeren Gruppierungen verlangten, daß die Frauen sogar ihr Gesicht verhüllten. Die zeltähnlichen *burqas*, die plötzlich in allen Basaren der Hauptstadt auftauchten, waren sehr schnell ausverkauft.

In einem Land, dessen Verfassung aus dem Jahr 1964 »Frauen und Männern gleiche Rechte vor dem Gesetz ohne Diskriminierung und Privilegien« zugestanden hatte und in dem die Frauen seit 1965 Stimmrecht besaßen, erklärte die neue Regierung unmittelbar nach der Machtübernahme, daß in Zukunft nur Männer an den Wahlen teilnehmen durften. Die Frauen wurden wieder an den häuslichen Herd verbannt, und auf den Straßen von Kabul war sehr bald kaum noch eine Frau zu sehen. Die Afghanen erinnerten sich voller Angst daran, daß die gleichen fundamentalistischen Parteien die Frauen, die aus Afghanistan geflohen waren, in Pakistan mit Gewalt dazu gezwungen hatten, Schleier und *purdah* zu tragen. Seit Anfang der achtziger Jahre und auch heute noch werden Frauen, von denen man weiß, daß sie eine liberale Einstellung haben, entführt, gesteinigt und ermordet.

»Zur Zeit ist in Afghanistan die Kontrolle über die Frauen ein Symbol der Macht der Männer und ihrer Ehre«, sagte Barnett Rubin, ein Politologe von der Columbia University, Leiter des »Center for the Study of Central Asia« und prominenter Afghanistan-Experte. »Die Frauen sind jener Teil der Gesellschaft, der kontrollierbar ist, deshalb mißbrauchen die Islamisten sie als Symbol. Die Frauen sind in diesem Islamisierungsprozeß die Marionetten der Männer.«

Angesichts dieser Entwicklung bereitet sich Fatima Gailani auf einen anderen *jihad* vor, der sich von dem Krieg unterscheidet, in dem sie in den letzten zehn Jahren mitgekämpft hat. Da sie befürchtet, daß die Fundamentalisten, die über mehr Geld und Waffen verfügen, die Macht an sich reißen, nimmt sie Zuflucht zu einer Methode, die auch Nilofar Ahmad in Pakistan befürwortet: Sie bekämpft die islamischen Extremisten mit ihren eigenen Waffen – mit dem Islam.

»Frauen sind für die sogenannten Fundamentalisten oder Hardliner eine leichte Beute geworden. Zur Zeit ist die Situation für die muslimischen Frauen sehr ernst, sogar gefährlich. Es ist dringend erforderlich, daß sich die islamischen Frauen, von denen die meisten eine gemäßigte Einstellung haben, zur Wehr setzen. Um das tun zu können, müssen wir jedoch zuerst unsere Religion gründlich kennenlernen.«

Da Staat und Religion in der islamischen Welt nicht voneinander getrennt sind, haben die Religionsführer die gleiche, mitunter sogar noch mehr Macht als die Politiker. Fatima immatrikulierte sich 1991 am Londoner Muslim College und studiert zur Zeit *fiqh*, das islamische Recht, das alle Aspekte des Lebens eines Muslim regelt. Sie ist eine von fünf Frauen an diesem College, an dem Männer aus der gesamten islamischen Welt zu Imamen ausgebildet werden. Nach dem Abschlußexamen wollte Fatima zur Al-Azhar-Universität in Kairo wechseln, hatte aber Anfang 1992 eine Begegnung mit dem afghanischen Interims-Außenminister, einem gemäßigten Mann, der sie in London besuchte. »Er teilte mir mit, daß die afghanischen Frauen mich zu ihrer

Führerin machen wollten. Ich sollte ihre Stimme im neuen Afghanistan sein.« Sie fügt hinzu: »Und es ist dringend notwendig, daß sie sich Gehör verschaffen.« Sie ließ ihren Plan fallen, an der Al-Azhar-Universität weiterzustudieren, und beschloß statt dessen, nach dem Examen so schnell wie möglich nach Kabul zurückzukehren.

»Die muslimischen Frauen haben den Fehler gemacht, zu glauben, es sei nicht ihre Sache, sich in islamischem Recht oder in der islamischen Denkweise auszukennen«, sagt Fatima. »Da man den gebildeten Frauen weisgemacht hat, sie könnten weder Richter noch Imame oder Prediger werden – was nicht der Wahrheit entspricht –, verlegten sie sich auf die Medizin, auf die Forschung, befaßten sich jedoch nie mit dem Islam selbst. Das haben wir den Männern überlassen. Jetzt beklagen wir uns über das große Unrecht, das man uns angetan hat.

Wenn man uns im Namen des Islam etwas wegnehmen will, das uns von Gott geschenkt wurde, müssen wir uns dagegen wehren. Nur so können wir unseren Anteil an der Welt sichern und dafür sorgen, daß ihn niemand mißbraucht. In unserem Land werden die Frauen seit langer, langer Zeit überhaupt nicht beachtet. Der schlimmste Feind, mit dem Frauen und Männer in der islamischen Welt konfrontiert sind, ist die Ignoranz: Unwissende Menschen sind mit selbstsüchtigen Mächten konfrontiert, die die Religion für politische Zwecke und für ihre Macht mißbrauchen.«

Fatima betont immer wieder, daß sie genauso reagieren würde, wenn Kinder oder Männer auf dieselbe Weise unterdrückt würden. »Ich habe diesen Kampf nicht begonnen, weil ich eine Frau bin, sondern weil im Namen meiner Religion Unrecht geschieht. Und dieser Mißbrauch des Islam ist einer der Hauptgründe, warum meine Religion im Westen völlig falsch verstanden wird. Das muß nicht so sein.«

Besonders besorgt ist sie wegen der *fatwas*, die von den Führern der fundamentalistischen Widerstandsbewegung ausgegeben worden sind. Durch diese Gesetze wurden die Ausbildungsmöglichkeiten für afghanische Frauen stark eingeschränkt oder sogar völlig abgeschafft. Die *fatwas* galten sowohl für die Frauen in den pakistanischen Flüchtlingslagern, in denen drei Millionen Menschen lebten, als auch für die in der Stadt Peshawar, in der die afghanische Widerstandsbewegung seit 1979 ihr Hauptquartier hatte. In Anbetracht der Tatsache, daß Afghanistan die höchste Zahl an Analphabeten hat, reagierten viele verblüfft und empört auf dieses neue Gesetz. »Ausbildungsmöglichkeiten zu verbieten ist ein Verstoß gegen die islamische Ordnung«, sagt Fatima. »Der Koran schreibt unsere Ausbildung ausdrücklich vor.« Die *fatwas* sind jedoch nicht der erste Fall, durch den die Ausbildung von Frauen torpediert wird. In mehreren muslimischen Ländern gibt es den alten Spruch: »Bring einem Mädchen das Lesen bei, damit es den Koran lesen kann, bring ihm aber nicht das Schreiben bei, denn dann kann es Liebesbriefe an die Jungen schreiben.«

Ein *fatwa*, das 1990 für die afghanischen Flüchtlinge erlassen worden war und weite Verbreitung fand, besagte unter anderem: »Es ist Gottes Gebot, daß Männer und Frauen eine Ausbildung absolvieren müssen. Die Art des Lernens ist jedoch unterschiedlich … Wenn Mädchen oder Frauen lernen wollen, müssen sie von ihren nächsten Verwandten lernen … Dies ist jedoch nicht die richtige Zeit, in der Mädchen und Frauen ausgebildet werden können. Deshalb verbietet die Religion den Frauen, zu lernen und zu schreiben. Die vereinigten *ulama* [hochrangige islamische Gelehrte] der Führer der islamischen Widerstandsbewegung fordern, daß die Afghanen es ihren Frauen nicht erlauben, Schulen zu besuchen und/oder eine Ausbildung zu absolvieren, denn sonst würde die islamische Bewegung eine Niederlage erleiden.« Ein Drittel dieses *fatwa*-Dokuments, das etwa sechzig Zentimeter breit und neunzig Zentimeter lang war, war mit fast zweihundert Unterschriften von Mullahs, Führern der Widerstandsbewegung und Religionswissenschaftlern bedeckt. Die Folge war, daß Schulen und Ausbildungsstätten für afghanische Frauen geschlossen wurden, denn man befürchtete eine Welle der Gewalt, die normalerweise auf solche religiösen Erlasse folgt.

In Peshawar wurde Tajwar Kakar kurz nach dem Erlaß des *fatwa* durch mehrere Todesdrohungen und einen Anschlag auf ihr Leben gezwungen, ins Exil zu gehen. Dabei ist die vierzigjährige afghanische Lehrerin keine Frau, die leicht aufgibt. Bevor sie nach Pakistan kam, hatte sie schon über ein Jahr im Gefängnis von Kabul gesessen und war dort gefoltert worden, weil sie Widerstand gegen die sowjetische Invasion geleistet hatte. Mit finanzieller Unterstützung aus dem Westen und Hilfe der afghanischen Widerstandsbewegung hatte sie in Peshawar das Lycée Malalai, eine der wenigen höheren Schulen für Mädchen, gegründet und war dort Direktorin geworden. Diese Schule, die auch Maria, das Mädchen, das bei mir gewohnt hat, besuchte, war nach der afghanischen Johanna von Orleans benannt worden, einer Frau, die ihre Landsleute im neunzehnten Jahrhundert in die Schlacht gegen die britischen Kolonialisten geführt hatte.

Im Jahr 1989 erhielt Kakar die letzte Todesdrohung. Sie wurde gewarnt, weil sie den Flüchtlingsmädchen erklärt hatte, daß der Islam es ihnen erlaube, Gesicht und Hände zu entblößen, was tatsächlich so im Koran steht. »Sie müssen *burqas* tragen«, erklärte man ihr, »und wenn du das nicht akzeptierst, werden wir dich töten. Dies ist unsere letzte Warnung.«

Damals hatte Tajwar Kakar erklärt: »Wir Frauen haben hart für die Freiheit unseres Volkes und unserer Nation kämpfen müssen. Man hat uns ins Gefängnis geworfen und gefoltert, und einige von uns sind sogar getötet worden. Wir Frauen haben in diesem *jihad* mitgekämpft, und jetzt will man uns einfach vergessen.«

Es gab keine weitere Warnung mehr. Monate später wurde das Lycée Malalai während des Unterrichts angegriffen. Ein Türsteher, der versuchte, Kakar zu beschützen, wurde von einer Salve aus einer Maschinenpistole getroffen und schwer verwundet. Wie durch ein Wunder wurde keine Schülerin verletzt, obwohl alle natürlich in Panik gerieten. In dem darauffolgenden Chaos brachte man Kakar in einem Versteck in Sicherheit. Tage später schaltete sich das Flüchtlingshilfswerk der Vereinten Nationen ein. Australien nahm sie und ihre Familie auf unbürokratische Weise auf.

Solche Vorfälle lassen die tiefe ideologische Kluft innerhalb der afghanischen Widerstandsbewegung erkennen. Die fundamentalistische Machtzentrale entstand kurz nach der sowjetischen Invasion. Die USA lieferten Waffen und sonstige Hilfsgüter im Wert von 4,5 Milliarden D-Mark an die Mudschaheddin. Das war eine der letzten Aktionen der USA im kalten Krieg gegen den Kommunismus und die größte geheime militärische Unterstützungsaktion der CIA seit Vietnam. Da sich die Zentrale der afghanischen Widerstandsbewegung jedoch in Pakistan befand, verlangte Präsident Zia, daß das Geld durch die Hände seiner Offiziere an die Afghanen weitergeleitet würde. Und da

er selbst wegen seines Islamisierungsprogramms mit den Fundamentalisten sympathisierte, bekamen sie im Gegensatz zu den gemäßigten
Gruppierungen den Löwenanteil. In zwölf Jahren wurden von Pakistan
75 Prozent der amerikanischen Gelder an die fanatisch anti-amerikanischen Islamisten in Afghanistan weitergeleitet. Heute gibt das State
Department zu, daß das ein Fehler war.

Saudi-Arabien zahlte auf die Mark genau die gleiche Summe an
Afghanistan wie die Amerikaner. Die Saudis finanzierten die Widerstandsbewegung zwar auf direktem Wege, ließen das Geld jedoch nur
den Gruppierungen zukommen, die genauso erzkonservative Islamisten waren wie sie selbst. Die ärmeren gemäßigten Mudschaheddin
schlossen sich mehr und mehr den fundamentalistischen Widerstandsgruppen an, denn von ihnen konnten sie Waffen bekommen. Gegen
Ende des Krieges gab es Zeiten, in denen die gemäßigten Widerstandsgruppen nicht einmal ihre Telefonrechnungen bezahlen konnten, geschweige denn Munition.

Zusätzlich zu der Finanzhilfe sandten die Saudis arabische Kämpfer
nach Afghanistan, die dort »Wahhabis« genannt wurden. Der Wahhabismus ist die puritanischste Strömung des Islam. Die Sekte wurde im
achtzehnten Jahrhundert gegründet und hat ihre Anhänger in Saudi-
Arabien. Die schwerbewaffneten und finanziell aus der Heimat gut
versorgten Wahhabi-Guerillas leisteten in den speziellen Trainingslagern in Afghanistan und Pakistan zusätzlich intensive Bekehrungsarbeit. Etliche der Anhänger des ägyptischen Scheichs Omar und zumindest ein Mann, der an dem Bombenanschlag auf das World Trade
Center beteiligt war, waren von den Wahhabi-Guerillas in Afghanistan
ausgebildet worden und hatten mit ihnen gekämpft. Dasselbe trifft auf
mindestens tausend Extremisten zu, die zur Zeit in die Kämpfe in
Algerien verwickelt sind. Der Wahhabismus ist den Afghanen fremd;
über 80 Prozent von ihnen gehören den Hanafiten an, der am wenigsten fundamentalistischen Sekte des Islam.

»Außerdem leitete die extremistische Muslim-Bruderschaft über ihre
verschiedenen Organisationen im Mittleren Osten riesige Geldmengen
an die fundamentalistischen Widerstandsbewegungen in Afghanistan«,
berichtet Professor Rubin von der Columbia University. »Es gibt heute
in Kabul und in zahlreichen Provinzen schon viele Araber«, sagt er,

»und es hat sich eine Allianz zwischen den Arabern und Afghanen gebildet.«

Libyen ist ein weiteres arabisches Land, das sich an dem Versuch beteiligt hat, in Kabul eine fundamentalistische Regierung an die Macht zu bringen. Libyens Staatschef Gaddhafi fungierte im Frühjahr 1990 als Vermittler zwischen Gulbuddin Hekmatyar und dem Präsidenten des Regimes in Kabul. Hekmatyar gilt als der brutalste und tyrannischste Führer einer Widerstandsgruppe in Afghanistan. Wäre seine Machtübernahme gelungen, wäre Kabuls kommunistischer Diktator durch ihn abgelöst worden – einen Mann, den die meisten Afghanen verabscheuen und den alle fürchten. Vor allem die afghanischen Frauen können sich gut daran erinnern, daß seine Anhänger in Kabul Säureattentate auf Frauen verübten, die westliche Kleidung trugen. Hekmatyar, der, während ich diese Zeilen schreibe, provisorischer Vizepremier ist, bot außerdem Scheich Omar Asyl an, als der fundamentalistische Geistliche im Sommer 1993 in den Vereinigten Staaten verhaftet worden war.

Auch die 15 Prozent Schiiten, die in Afghanistan leben, wurden nicht vergessen: Die Revolutionsregierung des Iran nahm sich der schiitischen Mudschaheddin an. Neben der materiellen Unterstützung fand zusätzlich umfangreiche religiöse Propaganda statt. In der Schiitenregion Afghanistans und in Kabul sind Plakate von Khomeini und Rafsandschani keine Seltenheit.

Der Begriff »Das große Spiel«, mit dem man im neunzehnten Jahrhundert die politischen und militärischen Machenschaften zwischen dem zaristischen Rußland und dem britischen Empire in dieser Region bezeichnet hat, bekam plötzlich eine ganz neue, bedrohliche Bedeutung. Afghanistan war eine moderne Fallstudie geworden, an der man erkennen konnte, wie der gemäßigte Islam durch die Hegemonie und die Petrodollars der theokratischen Staaten des Islam aufgesaugt wurde.

Fatima Gailani ist außerdem beunruhigt, weil die neue afghanische Führung den Frauen das Wahlrecht aberkennt. »Als ich noch ein Kind war, erhielten die Frauen in Afghanistan das Wahlrecht«, sagt sie. »Damals wurden Frauen ins Parlament gewählt, wir hatten eine Frau im Senat, weibliche Diplomaten und sogar Frauen im Kabinett. Diese

Rechte waren uns im Rahmen einer Verfassung zugestanden worden, die von den islamischen *ulama* anerkannt worden war – in einem Land, in dem 99 Prozent der Menschen Muslime sind. Damals hatte niemand etwas dagegen, auch nicht die Führung des Landes. Und niemand war dagegen, daß Frauen die Universitäten besuchten. Jetzt verkündet Mohammad Nabi, ein Mann, der an der Spitze der gemäßigten Partei steht und selbst vor dem Krieg mit weiblichen Politikerinnen zusammengearbeitet hat, plötzlich, daß Frauen nicht wählen sollten und daß Wahlen an sich schon nicht islamisch seien.

Ich würde ihn gern einmal fragen, ob er damals, als er Seite an Seite mit Frauen im Parlament saß, ein *kafir* [Ungläubiger] war und erst kürzlich zum Islam übergetreten ist.«

Fatima griff sogar ihren eigenen Vater an, weil er sich in der Öffentlichkeit nicht für das Wahlrecht der Frauen eingesetzt hatte. Selbst er, ein extrem westlich orientierter afghanischer Politiker, hatte sich nicht für eine Beibehaltung des Frauenwahlrechts ausgesprochen. »Seine Antwort war ›Laß uns um Gottes willen erst einmal an unser Land denken, das Problem können wir dann später lösen‹«, berichtet Fatima. »Ich weiß jedoch genau, daß das nie geschehen wird, denn wenn schon der erste Schritt falsch ist, werden auch alle folgenden falsch sein.«

Wie Asma Jahangir in Pakistan ist auch Fatima klar, daß sie es sich wegen der guten Verbindungen ihrer Familie erlauben kann, so etwas auszusprechen. »Gott sei Dank bin ich in diese Familie hineingeboren worden«, sagte sie. »Wenn ich die Tochter eines einfachen Mannes wäre, hätte man mich wahrscheinlich schon längst eingesperrt oder mein Haus abgebrannt, wie es in Peshawar passiert ist. Oder man hätte mich wie Tajwar Kakar gezwungen, ins Exil zu gehen. Der Name meiner Familie, die Stellung meines Vaters und der Umstand, daß ich einer privilegierten Schicht angehöre, bieten mir Schutz. Es ist bedeutend schwieriger, mich zu beseitigen oder zu töten als eine gewöhnliche Muslimfrau.«

Fatima ist jedoch der Meinung, daß sie als Mitglied der Elite ihres Landes entsprechende Verpflichtungen hat und an sich selbst höhere Ansprüche stellen muß. »Daß ich in meinem Leben so viele Privilegien gehabt habe, verdanke ich dem afghanischen Volk, in dessen Schuld ich stehe. Wegen meiner exponierten Stellung kann ich größere Risiken eingehen als andere Menschen.

Aber ich kann die Situation nicht allein verändern. Es gibt in Afghanistan viele liberale Religionsführer und Politiker, die genau wissen, daß ich recht habe. In diesem Kampf geht es nicht um die Rechte der Frauen, sondern um die Bewahrung des wahren Islam.«

Fatima Gailani hat sich nicht schon immer für die Rechte der Frauen eingesetzt. Sie gibt sogar offen zu, daß sie dieser brisanten Problematik zunächst aus dem Weg gegangen ist, weil sie nicht ihre gerade erst gewonnene Glaubwürdigkeit als Vertreterin der Widerstandsbewegung aufs Spiel setzen wollte. Selbst heute zuckt sie noch zusammen, wenn sie das Wort Feminismus hört.

Fatima will keine Feministin sein, für sie ist das ein typisch westlicher Begriff. »Und ich bin sehr östlich orientiert«, sagt sie. »Mir geht es nicht um Gleichberechtigung, sondern um die Rechte, die der Islam den Frauen zugesteht.« Feminismus ist außerdem eine Bezeichnung, die in Afghanistan heutzutage tödliche Folgen haben kann. Die »Revolutionary Association of Women in Afghanistan«, die es sich zum Ziel gesetzt hatte, die Frauenemanzipation voranzutreiben, wurde 1987, als Mina Kishwar Kamal, ihre dreißigjährige Gründerin, und zwei Mitarbeiterinnen ermordet worden waren, gezwungen, in den Untergrund zu gehen. Da Kamal in ihrer Zeit als Aktivistin der Studentenbewegung an der Universität von Kabul Maoistin gewesen war, setzte man den Feminismus auf eine Stufe mit dem chinesischen Kommunismus, der bei der Widerstandsbewegung genauso verhaßt war wie sein sowjetisches Äquivalent.

Fatima weigert sich, als Feministin betrachtet zu werden. Damit hat sie recht, und es ist auch klug. Ihre Auffassung über die Rechte der Frauen würde jede westliche Feministin erbleichen lassen. Über die Polygamie sagt sie: »Meine Ansichten darüber dürften bei der Befreiungsbewegung der Frauen im Westen nicht sehr beliebt sein, aber unter bestimmten Umständen, wie sie beispielsweise zur Zeit in meinem Land herrschen, in dem es viele Kriegerwitwen gibt, sollte Polygamie vorübergehend gesetzlich erlaubt sein. Man sollte die Menschen sogar dazu ermutigen, damit die Frauen auf irgendeine Weise geschützt werden. Wenn eine Frau, die kleine Kinder hat, Witwe wird und keine

Mittel hat, um sich selbst zu versorgen, warum sollte sie dann nicht die zweite, dritte oder vierte Frau eines anderen Mannes werden? Andererseits befürwortet der Islam die Polygamie nicht ohne weiteres. Sie sollte daher nicht ein Gewohnheitsrecht der Männer sein. Nach den Gesetzen des Islam ist sie das jedenfalls nicht«, sagt Fatima, die sich kürzlich nach siebzehnjähriger Ehe von ihrem Mann scheiden ließ, nachdem er sich eine zweite Frau genommen hatte. Sie ist der Meinung, daß jede Regierung das Recht haben sollte, die Polygamie zu verbieten, wenn sie nicht mehr notwendig ist.

Fatima versichert, daß sie jederzeit die Verbote des Islam, die sich auf die Frauen beziehen, akzeptieren würde, auch wenn sie aus westlicher Sicht repressiv erschienen. »Ich werden sie akzeptieren, denn ich glaube an Gott, an den Propheten und an unsere Heilige Schrift. Gott weiß, was gut für uns ist.«

Es klingt fast wie ein Zusatz zu dieser Erklärung, wenn sie sagt, daß sie nicht glaube, daß Männer und Frauen gleich seien. »Ich glaube, daß der Mann im Islam andere Pflichten hat als die Frau«, sagt sie. »Es ist zum Beispiel völlig gleichgültig, wie reich eine Frau ist, ob sie geerbt hat oder ob sie das Geld selbst verdient hat – nach dem islamischen Recht ist der Mann verpflichtet, sie und die gemeinsamen Kinder zu versorgen. Er hat keinerlei Anspruch auf ihr Geld, es sei denn, sie stellt es ihm freiwillig zur Verfügung. Die muslimischen Frauen mögen Grund haben, sich zu beschweren, die Männer aber auch.«

Sie hat zwar nichts dagegen, in islamischen Ländern islamische Kleidung zu tragen, und sie bedeckt ihr Haar mit einem weißen Schal, wenn sie die Vorlesungen am Muslim College in London besucht, weigert sich aber strikt, Gesicht und Hände zu verhüllen, ganz gleich, wie konservativ oder islamisch die Gesellschaft ist, in der sie sich befindet. Sie tut das nicht einmal in Saudi-Arabien, obwohl sich in der Hauptstadt Riad keine islamische Frau unverschleiert in der Öffentlichkeit zeigt. Als einzige weibliche Autoritätsperson der afghanischen Widerstandsbewegung ist sie natürlich ein Vorbild für die Frauen ihres Landes. Wie haben unter diesen Umständen die Führer der Mudschaheddin auf sie reagiert?

»Zunächst haben sie gesagt: ›Du kannst tun, was du willst, denn du bist keine Frau.‹« Damit wollten sie ausdrücken, daß Fatima wegen ihrer Ausbildung und Stellung gewissermaßen zum Mann ehrenhalber erklärt worden sei. »Ich habe ihnen erwidert, daß ich bereits bewiesen hätte, daß ich eine Frau sei, denn ich hätte schließlich eine Tochter zur Welt gebracht«, sagt Fatima trocken. Humeira, ihr einziges Kind, ist inzwischen fünfzehn und lebt mit ihr in London.

Fatima weigert sich, ihr Gesicht zu verschleiern, weil der Islam das nicht vorschreibt. Um das zu beweisen, weist sie auf die Tatsache hin, daß die Frauen, die nach Mekka pilgern, unverschleiert sein müssen. »Selbst wenn sie ihr ganzes Leben lang eine *burqa* getragen haben, müssen sie sie dann ablegen.«

Solche Details sind auch der Grund, warum Fatima so großen Wert darauf legt, daß die muslimischen Frauen sich mit ihrer Religion vertraut machen. Ihrer Meinung nach ist es außerordentlich wichtig, daß sie in der Lage sind zu erkennen, ob der Koran richtig zitiert oder interpretiert wird oder ob eine Aussage aus dem Zusammenhang gerissen wurde. »Oft wird etwas dem Koran zugeschrieben, obwohl es gar nicht drinsteht. Nehmen wir zum Beispiel Benazir Bhutto. Sie wurde im Westen erzogen und hatte kaum eine Ahnung vom Islam. Als sie nach Pakistan zurückkehrte, um ihren Wahlkampf zu führen, hatte man ihr geraten, den Männern nicht die Hände zu schütteln. Ohne sich vorher zu informieren, nahm sie das hin und verbarg ihre Hände sogar unter dem *tschador*, so als seien sie etwas Unanständiges. Ich kann mich erinnern, daß ich damals gedacht habe: Mein Gott, wird uns allen das jetzt so ergehen?«

Wird Fatima nach ihrer Rückkehr nach Kabul, wo fast anarchische Verhältnisse herrschen, wegen ihrer neuen Rolle als Botschafterin der afghanischen Frauen keine Angst um ihre Sicherheit haben? Afghanen, die sich offen zu einer liberalen Einstellung bekennen, werden dort systematisch umgebracht. Und Kabul ist eine Stadt, in der es offenbar weder Sicherheitsorgane noch eine Verwaltung gibt. Jede Straße hat eine eigene Regierung. Und jeden Tag kommt es zu gewalttätigen Auseinandersetzungen zwischen den einzelnen Gruppen. Keiner fühlt sich seines Lebens sicher, und jeder hat Angst, daß man ihm seine Habe oder seine Würde raubt.

Fatima antwortet mir ziemlich gleichmütig: »Ich werde dorthin zurückkehren, ob es sicher ist oder nicht. Ich bin fest davon überzeugt, in Kabul wird man feststellen, daß ich im Hinblick auf den Islam konservativer bin als die Leute, die unter dem kommunistischen Regime gelebt haben. Ich bin zwar nicht einverstanden mit der Art, wie die Frauen auf dem Land behandelt werden, ich kann jedoch die westlichen Exzesse, die unter der sowjetischen Herrschaft eingeführt worden sind, erst recht nicht billigen.«

Im Sommer 1985 kam ich zum erstenmal nach Kabul. Zu der Zeit hatten die Sowjets die Stadt schon seit fünf Jahren besetzt. Es war damals kein besonders angenehmer Ort. Alle paar hundert Meter waren militärische Kontrollposten eingerichtet worden, und man hatte eine strenge nächtliche Ausgangssperre verhängt – die Soldaten hatten Anweisung, ohne Vorwarnung zu schießen. Lebensmittel und Wasser waren knapp, und es gab ständig Stromausfälle. Dazu kamen die täglichen Raketenangriffe der Mudschaheddin, deren Stützpunkte sich vor der Stadt befanden. Ich war der einzige Gast in dem zweihundert Zimmer großen Intercontinental Hotel. Es war noch geöffnet, weil hier gelegentlich kommunistische Würdenträger untergebracht wurden. Der größte Teil des Personals war vorübergehend nach Hause geschickt worden, und meine Schritte hallten in den leeren Korridoren.

Torkelnde Betrunkene sah man in der Hauptstadt genauso häufig wie Plakate, auf denen schreckliche Autounfälle abgebildet waren. Sie sollten die Fahrer ermahnen, sich nicht betrunken ans Steuer zu setzen. Eine – für ein muslimisches Land, in dem der Alkoholkonsum verboten ist – seltsame Werbekampagne. 1985 war es in Kabul jedoch leicht, an Alkohol zu kommen, denn die Stadt verfügte damals über eine von den Sowjets erbaute Brennerei, in der Wodka und Weinbrand produziert wurden. Als ich einen Spaziergang durch die fünfhundert Jahre alten Gärten machte, die von dem Mogul-Kaiser Babar angelegt worden waren, sah ich fast ausschließlich Betrunkene, zumeist sowjetische Soldaten, aber auch ein paar Afghanen.

Der enorme Alkoholkonsum dürfte auch der Grund dafür gewesen sein, daß die Zahl der Vergewaltigungen in der Hauptstadt seit der Besetzung dramatisch zunahm. Westliche Menschenrechtsorganisationen dokumentierten mehrere Fälle, bei denen afghanische Frauen und Mädchen von sowjetischen Soldaten entführt und vergewaltigt worden waren.

In Afghanistan begehen die Opfer von Vergewaltigungen in der Regel Selbstmord. Sie wissen, daß die Gesellschaft und sogar die nächsten Familienmitglieder sie ausstoßen würden. Ein besonders tragischer Fall ereignete sich während des Krieges, als sowjetische Soldaten ein Dorf angriffen: Die Frauen stürzten sich aus Angst vor der drohenden Vergewaltigung in den reißenden Fluß. Sie ertranken lieber als entehrt zu werden.

Ich war wegen eines Interviews mit Anahita Ratebzad, dem einzigen weiblichen Mitglied des afghanischen Politbüros, nach Kabul gekommen. Ich sollte mit ihr verschiedene Projekte der »Women's Democratic Organization of Afghanistan« (WDOA), der Frauensektion der kommunistischen Partei Afghanistans, besuchen, um über ihren Erfolg berichten zu können. Es war eins der erklärten Ziele der kommunistischen Partei, in diesem Land Reformen durchzuführen, die Ratebzad zufolge vor allem den Frauen zugute kommen sollten. Es stellte sich jedoch heraus, daß es in einem Land, das sich im Krieg befand, unmöglich war, solche Reformen durchzusetzen. Außerdem konnte ich bei meinem Besuch in Kabul feststellen, daß der größte Teil des Programms nur auf dem Papier existierte.

Ratebzad behauptete, ihre Organisation sei die erste, die sich in Afghanistan um die Emanzipation der Frau bemühe. Sie erklärte mir, daß die WDOA es sich zum Ziel gesetzt habe, den Analphabetismus unter den Frauen abzuschaffen, ihnen durch Erziehung und Berufsausbildung zu größerem Einfluß zu verhelfen und sie vom Schleier zu befreien. Nach fünf Jahren sowjetischer Besatzung konnte die Organisation nur sechsmonatige Lese- und Schreibkurse, die von Schülern der Gymnasien durchgeführt wurden, und Unterricht in Nadelarbeit anbieten.

Später erfuhr ich, daß die WDOA nichts Neues war, sondern eine abgewandelte Version der »Afghan Women's Welfare Association«, die von der Regierung bereits im Jahr 1946 gegründet worden war. Damals umfaßte das Programm bereits Fremdsprachenkurse, Betriebswirtschaftslehre, Hauswirtschaftskunde, Schreib-, Lese- und Handarbeitskurse.

Ratebzads Schützling, eine vierundzwanzigjährige Frau namens So-
haila Sherzai, begleitete mich bei der Besichtigung der verschiedenen
WDOA-Projekte. In einem Dorf, das nur aus Lehmhütten bestand und
ein paar Kilometer von Kabul entfernt war, führte sie mir stolz einen
Schreib- und Lesekurs vor, der aus fünfzehn Frauen zwischen achtzehn
und sechzig bestand, die sangen und dabei den Text aus schlecht
fotokopierten Schulfibeln ablasen. Diese Frauen, erklärte sie mir, absol-
vierten den letzten Monat des Kurses. Mir fiel allerdings auf, daß
zumindest zwei Schülerinnen noch keine großen Fortschritte gemacht
haben konnten, denn sie hielten ihre Fibeln verkehrt herum. Später
berichtete mir ein westlicher Diplomat, daß Parteimitglieder – entgegen
den Behauptungen des Regimes – insgeheim zugeben mußten, daß sich
weniger als zweitausend Frauen außerhalb von Kabul für diese Kurse
angemeldet hatten. Er sagte außerdem, daß es das Hauptziel der
WDOA sei, marxistisch-leninistische Ideologie zu verbreiten und
Frauen für die Geheimpolizei anzuwerben. Tatsächlich waren Programme, die den Frauen zugute gekommen wären, wie zum Beispiel
kostenlose Kinderbetreuung, gestrichen worden, da die Regierung das
Geld für das Militär brauchte.

Obwohl die kommunistische Partei das Gegenteil behauptet, wurde
der Schleier in Afghanistan bereits 1921 verboten, als König Amanullah
ein Programm zur Emanzipation der Frau einführte und seine Frau
Soraya unverschleiert in der Öffentlichkeit auftrat. Einige Monate
später wurde die erste Mädchenschule eröffnet. Fortgeschrittene Schüler wurden in die Türkei geschickt, um sich dort weiterzubilden. Als
König Amanullah acht Jahre später gestürzt wurde, zwangen die Konservativen seinen Nachfolger, den Schleier wieder einzuführen.

Dann zeigten sich 1959 am Unabhängigkeitstag die Frau des Premierministers Daud Khan und ihre Schwestern in Kabul unverschleiert
auf der Ehrentribüne. Das war der erste Schritt in Dauds Programm:
Den Frauen wurde freigestellt, den Schleier abzulegen, und viele
Frauen folgten schnell diesem Beispiel.

Einflußreiche Geistliche organisierten daraufhin Protestveranstal-
tungen, und in der Provinz Kandahar wäre es beinah zu einer Revolte
gekommen. Daud, der das Ablegen des Schleiers als Teil seines Mo-
dernisierungsprogramms betrachtete, war nicht bereit nachzugeben.

Er ließ die Mullahs, die die Demonstrationen angeführt hatten, sofort einsperren. Um sie anschließend noch weiter zu demütigen, schickte er ihnen Musa Shafiq, den obersten Mullah, der in der Moschee des Königspalastes residierte. Er sollte mit ihnen über die Gesetze des Koran debattieren. Shafiq, der spätere Premierminister Afghanistans, besaß einen Titel der juristischen Fakultät der Columbia University und war außerdem Absolvent der Al-Azhar-Universität in Kairo. Er wurde damals als eine der höchsten Autoritäten in Fragen des Islam betrachtet. Daud trug ihm auf, die eingesperrten Mullahs aufzufordern, im Koran Belege für das Gebot der Verschleierung der Frauen zu finden. Da die Kirchenmänner dazu nicht in der Lage waren, konnte Daud seine Reformen ungehindert fortsetzen.

Erst neun Jahre später wurde es Mädchen erlaubt, an der Universität von Kabul zu studieren, obwohl es schon seit 1946 höhere Schulen für Mädchen gab. Als 1964 die Gleichberechtigung von Mann und Frau in der Verfassung verankert wurde, begann an allen Grundschulen der gemischte Unterricht, desgleichen an den Instituten der Universität von Kabul, sogar in der theologischen Fakultät. Rokia Habib, eine der ersten vier Frauen, die in den sechziger Jahren in das afghanische Repräsentantenhaus gewählt wurden, erklärt: »Zwei Frauen waren Mitglieder des Beratungskomitees, das für den Entwurf der neuen afghanischen Verfassung zuständig war. Vier weitere, zu denen ich selbst gehörte, wurden Mitglieder der Nationalversammlung, die die neue Verfassung im gleichen Jahr verabschiedete. Die Frauenemanzipationsbewegung hatte in Afghanistan lange vor der kommunistischen Machtübernahme begonnen.«

In vieler Hinsicht wurde der Fortschritt für die Frauen während der Besatzungszeit sogar ins Gegenteil verkehrt. So waren zum Beispiel bereits 1968 Beratungsstellen zur Familienplanung gegründet worden, die teilweise von der »Planned Parenthood Federation« und der USAID finanziert worden waren. Weder die Religionsführer noch die Traditionalisten hatten damals etwas dagegen gehabt. Die kommunistische Partei Kabuls schloß hingehen 1979 alle Zentren im ganzen Land. Man behauptete, Familienplanung sei ein von den Imperialisten entwickeltes Konzept, mit dem die Massen vom wahren Grund ihrer Armut und ihrer Unterentwicklung abgelenkt werden sollten, indem man einen so unwichtigen Faktor wie die Zahl der Kinder in den Mittelpunkt rücke.

Bei meinen Reisen durch zehn der achtundzwanzig afghanischen Provinzen in jenem Jahr und weiteren Reisen, die ich in den folgenden Jahren unternahm, wurde mir klar, daß sich in den dörflichen Gemeinden am Leben der Frauen – ähnlich wie am Leben ihrer ungebildeten Männer – in Jahrhunderten kaum etwas geändert hat. Sie sind uralten Traditionen verhaftet und werden auf religiösem Gebiet von ungebildeten Mullahs angeleitet, die nur über sehr mangelhafte Kenntnisse des Koran verfügen. Für sie haben die Rechte der Frau keine Bedeutung.

Azar Jhan, ein junger Afghane, den ich kennenlernte, zeigte mir, wie schwer es ist, bestimmte Traditionen zu verändern, vor allem wenn sie angeblich eine religiöse Grundlage haben. Er war Bauer in der Nangarhar-Provinz an der Grenze zu Pakistan und baute nur für seinen eigenen Lebensunterhalt an. Eine Generation zuvor waren die Mitglieder seiner Familie noch Nomaden gewesen. Er war einsachtundneunzig groß, bestand scheinbar nur aus Muskeln und konnte Lasten tragen, unter denen mancher Mann zusammengebrochen wäre. Er war zweiundzwanzig und hatte im Vorjahr ein vierzehnjähriges Mädchen geheiratet. Im letzten Stadium ihrer Schwangerschaft hatte seine Frau hohes Fieber bekommen. Er fragte mich, ob ich sie in eine Frauenklinik nach Pakistan bringen könnte. In der Klinik stellten die Ärzte fest, daß das Kind im Mutterleib gestorben war. Azar Jhans junge Frau berichtete mir, daß sie eine Woche, bevor sie das Fieber bekam, jeden Tag »von früh bis spät« Wasser in schweren Metalltöpfen hatte holen und Holz habe schleppen müssen – zur Vorbereitung für eine Hochzeitsfeier.

Azar Jhan nahm den Tod seines ungeborenen Kindes ziemlich gelassen hin. »Allah wird uns noch mit vielen Kindern segnen, meine Frau ist noch jung«, sagte er. Als ich ihm aber den Rat gab, seiner Frau beim nächsten Mal die schwere Arbeit abzunehmen, wurde er ungehalten: »Das ist keine Arbeit für einen Mann. Wasser muß von Frauen getragen werden. Der Islam sagt, daß die Arbeit von Frauen und Männern verschieden ist. Fragen Sie unseren Mullah.« Und dann ging er weg. Ein anderer Dorfbewohner erklärte mir, daß Azar Jhan im Dorf sein Gesicht verlieren würde, wenn einer ihn dabei beobachtete, daß er seiner Frau beim Wasserholen hilft.

Da die Landfrauen Analphabetinnen sind, können sie den Koran natürlich selbst nicht lesen und wissen daher auch nicht, wie sich der Prophet Mohammed ihr Leben vorgestellt hat. Ihnen mag es unter Umständen leichter fallen, die Rolle zu akzeptieren, die ihnen die Gesellschaft zugewiesen hat, weil sie im Gegensatz zu den gebildeten Frauen oft gar nicht wissen, daß es auch andere Existenzweisen gibt. Ich habe unter den afghanischen Flüchtlingen in Pakistan Frauen getroffen, die lebende Beispiele dafür sind. Sarai, eine Frau Mitte Dreißig und unverheiratet, weil ihr Verlobter gestorben war, hatte nur ein paar Jahre die Grundschule besuchen dürfen. Jetzt war ihr Haus ihre ganze Welt. Nur ganz selten verließ sie das Heim der Familie, immer vollständig verschleiert und in Begleitung, um zum Beispiel an einer Hochzeitsfeier teilzunehmen oder einen Verwandten zu besuchen. Obwohl die seltenen Ausflüge sie immer sehr anregten, erklärte sie mir, daß sie zu Hause glücklich sei und daß es sich für eine Frau nicht schicke, häufiger auszugehen. »Warum muß ich mein Haus verlassen?« fragte sie mich. »Alle meine Bedürfnisse werden hier befriedigt. Alles, was ich brauche, bringen mir mein Vater und meine Brüder mit.

Wenn ich so leben müßte wie Sie in Amerika, hätte ich Angst. Jeden Abend kommt man in ein leeres Haus zurück. Sind Sie nicht einsam? Jeden Tag zur Arbeit gehen und mit den Männern konkurrieren müssen, nur um genug Geld zu haben, um sich ernähren zu können? Was geschieht, wenn Sie krank oder alt werden? Wer kümmert sich dann um Sie? Wer gibt Ihnen einen Rat? Gott hat gewollt, daß wir beide keine Kinder haben, aber ich bin von meiner Familie umgeben – von Brüdern, Schwestern, Onkeln, Tanten und all den Kleinen. *Sie* sind allein. Nein, ich will nicht das, was ihr ausländischen Frauen ›Freiheit‹ nennt. Ich glaube, unsere Lebensart ist besser und freundlicher.«

Hamida gehörte zur ersten Generation ihrer Familie, die ein College besuchte. Sie bestand das erste Abschlußexamen für Naturwissenschaften an der Universität von Kabul mit Auszeichnung und war kurze Zeit als Mathematiklehrerin an einer Mädchenschule tätig.

Als sich ihre Welt ganz plötzlich völlig veränderte und konservativ wurde und nachdem ihre Eltern Flüchtlinge geworden waren, mußte Hamida mit den anderen Frauen zu Hause bleiben. Von einem Tag auf den anderen mußte sie ihre westliche Kleidung ablegen und sich in der traditionellen Weise verschleiern. Sie konnte nur noch selten ausgehen. Hamida war verbittert. »Meine Brüder genießen alle Freiheiten, ich bin völlig unfrei, und das, obwohl meine Ausbildung genauso gut war wie ihre, wenn nicht besser. Mein Studium war völlig umsonst. Ich werde verrückt, wenn ich noch länger immer zu Hause bleiben muß.« Ihre Gesundheit hatte bereits unter dem Eingesperrtsein gelitten. Sie schlief schlecht und aß kaum noch etwas, hatte häufig Depressionen und litt an plötzlichem Herzklopfen.

Da sie das Gefühl hatte, nichts gegen ihre Einschränkungen unternehmen zu können, genoß sie ihre Unabhängigkeit in einem bestimmten Lebensbereich – sie weigerte sich zu heiraten. »Wahrscheinlich sind meine Eltern trotz aller Einschränkungen mit mir noch liberaler als es ein afghanischer Ehemann sein würde«, sagt sie. Ich konnte mir das kaum vorstellen. Einmal beklagte sich Hamida darüber, wie schwer ihr bis zu den Hüften reichendes Haar sei und wie drückend die Hitze im Sommer unter dem *tschador*. Ich schlug ihr vor, die Haare abzuschneiden. »Um Gottes willen, das darf ich nicht«, erwiderte sie. »Ich habe meine Mutter um die Erlaubnis gebeten, aber sie hat nein gesagt und mir erklärt, daß eine gute Muslimin ihr Haar nicht abschneidet.« Hamida war zu der Zeit sechsundzwanzig Jahre alt.

Wäre sie ein Mann gewesen, hätte man ihren Wunsch, unverheiratet zu bleiben, als un-islamisch betrachtet. Der Koran verlangt von einem Mann, der Frau und Kinder ernähren kann, daß er heiratet. Für Frauen ist eine Heirat nur dann vorgeschrieben, wenn sie sich allein nicht versorgen können oder befürchten, daß ihre sexuellen Bedürfnisse sie »zur Unzucht treiben« könnten. Muslimische Männer können andersgläubige Frauen heiraten; einer muslimischen Frau ist es dagegen verboten, einen Mann zu heiraten, der einer anderen Glaubensgemeinschaft angehört.

Die Hochzeit, die eigentlich einen Höhepunkt im Leben einer Frau darstellen sollte, ist in der muslimischen Welt oft mit Ängsten verbunden. Traditionsgemäß lernt die afghanische Braut ihren Bräutigam erst am Ende der Trauungszeremonie kennen. Sie darf erst dann einen ersten Blick auf ihren Zukünftigen werfen, wenn die Trauung bereits vollzogen ist, und auch dann nur mit Hilfe eines Spiegels, den man ihr unter den Schleier hält. Selbst wenn sie schon als Kind mit einem nahen

Verwandten verlobt wird, trifft sich das Paar nach der offiziellen Verlobungsfeier erst einige Jahre später wieder, wenn die Trauung vollzogen wird.

Während der Trauungszeremonie erwartet man von der Braut, daß sie unglücklich aussieht – das macht einen sittsameren Eindruck –, und den meisten fällt das auch gar nicht schwer. Für die meisten afghanischen Frauen bedeutet der Hochzeitstag, daß sie von nun an Eigentum der Familie ihres Mannes sind. Wenn sie erst einmal verheiratet sind, dürfen sie ihre eigene Familie nur noch mit Erlaubnis ihres Mannes besuchen, und die kann er nach eigenem Ermessen geben oder verweigern. Direkt nach der Hochzeit verläßt die Braut das Haus ihrer Familie und zieht in das der Familie ihres Mannes. Und wenn diese Familie nicht wohlhabend ist, muß sie damit rechnen, daß man sie viele Jahre lang wie eine Hausmagd behandelt, bis sie nach der Geburt eines oder mehrerer Söhne in der Hierarchie aufsteigt.

Afghanistan kann den zweifelhaften Ruhm für sich in Anspruch nehmen, die schlechteste Gesundheitsstatistik der Welt zu haben: die höchste Kindbettsterblichkeit, die zweithöchste Säuglingssterblichkeit und die höchste Geburtenrate. Die Ärzte sagen, das läge nicht nur an den schlechten hygienischen Verhältnissen, an der Unterernährung und der angegriffenen Gesundheit der Mütter. »In zahlreichen Fällen bekommen die Mädchen Kinder, obwohl ihre körperliche Entwicklung noch gar nicht abgeschlossen ist«, erzählte mir eine Gynäkologin, die in einer afghanischen Geburtsklinik in Peshawar arbeitet. »In den Familien ist man offenbar der Meinung, daß ein Mädchen, das zum erstenmal seine Periode bekommen hat, alt genug ist, zu heiraten und Kinder zu kriegen. Viele Mädchen beginnen bereits mit zehn oder elf Jahren zu menstruieren. Sie dürften in dem Alter auf keinen Fall Kinder kriegen. Das kann sie umbringen. Außerdem ist in unserem Teil der Welt, wo der Gesundheitszustand der Frauen und Mädchen ohnehin sehr schlecht ist, der Körper einer Vierzehn- oder Fünfzehnjährigen noch nicht genügend entwickelt und weniger robust als in den westlichen Ländern.«

In Afghanistan vollziehen Braut und Bräutigam die Ehe, ohne sich überhaupt zu kennen. Und sie muß, wie in allen muslimischen Staaten, Jungfrau sein und das auch in aller Öffentlichkeit unter Beweis stellen.

Auch heute noch wird am Tag nach der Hochzeit das von der Deflora-
tion blutige Laken unter den Verwandten herumgereicht. »Sie war ein
reines Mädchen [gemeint ist unberührt]; das Laken war blutig«, erzählten mir die Hausangestellten letztes Jahr nach der Hochzeit einer
afghanischen Bekannten. Dieser Brauch ist für eine junge Braut, die
nicht blutet, eine Katastrophe, es sei denn, das Paar entschließt sich
dazu, das Ganze vorzutäuschen. Wenn auch nur die leisesten Zweifel
an der Keuschheit einer afghanischen Braut auftauchen, wird sie sofort
geschieden und mit der Bemerkung »Sie war eine Frau, kein Mädchen«,
zu ihrer Familie zurückgeschickt, ganz gleich, wie alt sie ist. Wenn so
etwas passiert, muß sie damit rechnen, von ihren eigenen Brüdern
umgebracht zu werden.

Für die muslimischen Frauen beginnt mit der Ehe ein Leben, in dem
sie auf Kommando zum Geschlechtsverkehr bereit sein müssen. Der
Koran sagt den Männern: »Eure Frauen sind für euch wie gepflügtes
Land; sät euer Land, wie es euch gefällt.« Nur während der Menstrua-
tion, während der die Frau dem Koran zufolge als unrein betrachtet
wird und daher unberührbar ist, in den letzten Schwangerschaftsmona-
ten und in den ersten vierzig Tagen nach der Geburt eines Kindes darf
sie ihren Mann zurückweisen. Eine Frau, die sich ihrem Mann verweigert, wird, so der Prophet Mohammed, »von den Engeln mit einem
Fluch belegt«. Der Prophet hat zwar den Frauen das Recht auf sexuelle
Befriedigung zugestanden, aber für viele afghanische Frauen ist dieses
Ziel nur selten zu erreichen. In der Großfamilie im Haus ihres Mannes
gibt es kaum eine Privatsphäre, denn viele Personen schlafen in einem
Zimmer. Der Geschlechtsverkehr findet in der Regel heimlich statt und
ist sehr kurz; es gibt kein Vorspiel, und normalerweise zieht man sich
nicht einmal aus. Eine weitverbreitete Meinung in vielen afghanischen
Stämmen besagt, daß Nacktheit einen Mann impotent macht. (Impo-
tenz ist einer der wenigen Gründe, der es einer muslimischen Frau
gestattet, die Scheidung zu beantragen. Sonst muß der Mann entweder
geisteskrank sein oder Lepra haben.)

Natürlich gibt es unter den Muslimen auch viele glückliche Ehen.
Viele Frauen haben mir gesagt, daß die Liebe der Heirat folgen sollte
und nicht umgekehrt und daß von den Eltern arrangierte Ehen bedeutend erfolgreicher seien als die im Westen. »Schauen Sie sich selbst an«,

sagte Shafiqa zu mir, »Sie sind unverheiratet und müßten sich Ihren Mann selbst aussuchen. Woher sollen Sie das können? Woher wollen Sie wissen, ob er ein guter Mensch ist, ob er klug ist, ob er aus der richtigen Familie kommt oder Sie und Ihre Kinder versorgen kann? Unsere Eltern, die in solchen Dingen erfahren sind, wissen, wie man zwei Leute aussucht, die in jeder Beziehung gut zueinander passen. Wissen Sie überhaupt, wie viele Nachforschungen unsere Familien anstellen, bevor sie eine Ehe arrangieren? Der Mann kann ihnen nichts verheimlichen. Im Westen heiratet man, wenn man ineinander verliebt ist. Beide Partner versuchen dann, den anderen auf eine möglichst positive Weise zu beeindrucken. Erst wenn man dann längere Zeit zusammengelebt hat, entdeckt man all die unangenehmen Überraschungen. Ich glaube, da ist unsere Art und Weise praktischer. Wir wissen von Anfang an, was auf uns zukommt.«

Als ich 1988 zum erstenmal nach Peshawar kam und dann vier Jahre dort wohnte, war mir klar, daß ich mich konservativ anziehen mußte. Von dem Augenblick an, in dem eine Frau das Flugzeug verläßt, vermittelt man ihr das unangenehme Gefühl, nicht richtig gekleidet zu sein, es sei denn, sie kleidet sich so, wie es der islamische Brauch vorschreibt. Ich trug ein *shalwar kamez*, das sind Pumphosen und eine lange, weite Hemdbluse mit langen Ärmeln. Nur mein Kopf, meine Hände und Füße waren zu sehen, und das bei 48 Grad im Schatten.

Zu Anfang riet man mir, einen *tschador* zu tragen, um meinen Kopf zu bedecken. Ich könne ihn lose drapieren, um meine weiblichen Formen zu verbergen. Damit könne ich verhindern, daß ich auf der Straße oder im Basar sexuell belästigt würde, vor allem weil meine leuchtend roten Haare die Aufmerksamkeit aller auf sich ziehen würden. Die muslimische Kultur bemüht sich zwar ständig, die Sexualität der Frau zu negieren, mir selbst ist meine Sexualität allerdings noch nie so bewußt gemacht worden wie in den islamischen Ländern.

Weil es so unerträglich heiß war und mir der *tschador* ständig vom Kopf rutschte oder sich abwickelte, zog ich ihn sehr bald nicht mehr an. Die muslimischen Frauen sind in der Lage, den *tschador* mit den Zähnen festzuhalten – ich habe das nie geschafft und finde es außerdem sehr unbequem. Statt einen Schleier zu tragen, übte ich die Kunst des »Augen-*purdah*«, ein Ausdruck, den ich erst später kennenlernte. Sie besteht darin, daß man als Frau die Augen abwendet, wenn man auf der Straße geht und Belästigungen vermeiden will. In der muslimischen Kultur, in der man von einer Frau nur die Augen sehen kann, gilt der Blickkontakt als besonders erotisch anregend.

Ich lernte sehr schnell, daß es nicht ratsam ist, allein spazierenzugehen, denn das würde eine muslimische Frau niemals tun. Und Fahrrad fahren, was ich sehr liebe, kam schon überhaupt nicht in Frage – rittlings auf einem Fahrradsattel zu sitzen wurde als so unzüchtig betrachtet, daß man dafür gesteinigt werden konnte. Frauen durften jedoch hinter einem männlichen Verwandten im Damensitz, das heißt, mit beiden Beinen auf derselben Seite, auf einem Rad mitfahren.

Für mich, eine amerikanische Frau, die sich vor zwei Jahrzehnten als eine Vorreiterin der Frauenemanzipation betrachtet hat, brachte die Umsiedlung in ein konservatives muslimisches Land viele schockierende Erfahrungen mit sich. Ich war zur Zeit der Einführung der Pille volljährig geworden, mir klangen die Worte von Gloria Steinem und Germaine Greer, mit denen ich groß geworden war, noch im Ohr. Die Emanzipation, wie sie sich zum Beispiel in der Abschaffung der Bezeichnung »Fräulein« ausdrückt, hatte mich so intensiv geprägt, daß sie fast Teil meines Erbguts geworden war. In der muslimischen Gesellschaft, in der ich jetzt lebte, wurden Frauen selten mit ihrem richtigen Namen angesprochen. Statt dessen wurden sie – selbst von engen Freunden und Verwandten – ihr Leben lang mit dem Namen ihres Vaters, Mannes oder Sohnes angeredet, so zum Beispiel »Abduls Mutter«. Der eigene Name wird selten verwendet, denn da der Status einer Frau von den Männern ihrer Familie abhängt, wird er als unbedeutend betrachtet.

Es war nicht immer leicht, mich durch dieses kulturelle Minenfeld hindurchzulavieren, ohne Explosionen auszulösen. Ich mußte immer darauf achten, nur ja keinen muslimischen Mann zu berühren, ihn niemals am Arm zu fassen, um seine Aufmerksamkeit zu erregen, oder aus Sympathie seine Hand zu berühren. In dieser neuen islamisierten Gesellschaft weigerten sich viele männliche Muslime, einer Frau die Hand zu geben, und nachdem viele Männer ostentativ einen Schritt zurückgetreten waren, um meine sich ausstreckende Hand zu vermeiden, hatte ich gelernt, sie nicht mehr in Verlegenheit zu bringen.

Schlimmer war der Aufruhr, den ich auslöste, als ich auf einen jungen Bekannten zuging, der mit Freunden zusammenstand, und ihn fragte, wie es seiner Schwester gehe, von der ich wußte, daß sie krank war. Er weigerte sich, mich überhaupt zur Kenntnis zu nehmen, und als ich ihn beim nächsten Mal sah, tobte er los, wie ich es wagen könne, seine Schwester in Anwesenheit anderer Männer zu erwähnen, nicht einmal ihren Namen hätte ich in den Mund nehmen dürfen. Er ließ sich nicht davon abbringen, sondern bestand darauf, daß mein Verhalten ihn in eine peinliche Situation gebracht hätte.

In der afghanischen Familie eines Funktionärs der Widerstandsbewegung, die mich während meines Aufenthalts bei sich aufgenommen hatte, wurde ich zu Anfang ähnlich behandelt wie Fatima Gailani – ich war ein Mann ehrenhalber. Ich aß gemeinsam mit den Männern und durfte als einzige Frau des Hauses an ihren Zusammenkünften teilnehmen. Ich war sogar bei einigen Treffen der Guerillakommandeure anwesend. Damals legte man Wert darauf, meine Meinung über die Tagesereignisse, den Krieg und die Politik zu hören. Selbst wenn die Familie vor dem Fernseher saß und die Frauen hinausgeschickt wurden, weil zum Beispiel westliche Filme liefen, die sie nicht sehen sollten, durfte ich bleiben.

Als meine Bindung an die Familie jedoch enger wurde, änderte sich das. Eines Tages plauderte ich im Gästezimmer mit verschiedenen Familienmitgliedern über alles mögliche, als es plötzlich hieß: »Versteckt euch!« Das war der traditionelle Alarm, wenn sich männliche Besucher näherten. Die Frauen eilten aus dem Zimmer, nahmen ihr Nähzeug mit und schafften andere Utensilien, die an eine Frau erinnerten, außer Sichtweite. Ich blieb sitzen. Plötzlich stand der Patriarch der Familie vor mir. »Versteck dich!« sagte er schroff, schnippte mit den Fingern und zeigte auf die Tür. Sein autoritäres Verhalten überraschte mich so sehr, daß ich brav aufstand und, ohne ein Wort zu sagen, einen anderen Teil des Hauses aufsuchte.

Die anderen Frauen lachten, als ihnen klar wurde, was gerade passiert war. »Jetzt bist du eine von uns«, erklärte man mir. Und das war tatsächlich so. Von diesem Tag an wurde ich nicht mehr wie früher eingeladen, mit den Männern auszugehen. »Das schickt sich nicht«, erklärte man mir, und es war offensichtlich, daß man nicht erwartete, daß ich diese Entscheidung in Frage stellte. Die Tradition hatte mich schließlich doch noch eingeholt. Als nächstes begann eine Kampagne der Großmutter, die unbedingt erreichen wollte, daß ich aufhörte zu arbeiten und mit den anderen Frauen zu Hause bliebe. Jedesmal, wenn sie mich dabei überraschte, daß ich las, ganz gleich, ob die Zeitung, einen Untersuchungsbericht oder ein Taschenbuch, schnalzte sie traurig mit der Zunge und sagte, ich müsse mich doch nicht so anstrengen, denn Gott und ihre Familie würden doch für mich sorgen.

Eine Sitte, an die ich mich nie gewöhnen konnte, bestand darin, daß die Männer das Haus verließen, ohne sich zu verabschieden oder mir oder den anderen Frauen zu sagen, wohin sie gingen oder wann sie wieder zurückkämen. Sie taten das bewußt nicht, weil es bedeutet hätte, daß wir wichtig genug wären, um informiert zu werden.

Durch meine Arbeit in Afghanistan lernte ich auch Laili kennen. Sie und ihr Mann arbeiteten für eine afghanische Hilfsorganisation, die ihre Zentrale in New York hatte und deren Aufsichtsrat ich angehörte. Abgesehen von ihrem Mädchennamen Zikria deutete bei unserer ersten Begegnung nichts darauf hin, daß sie Afghanin war. Sie trug Jeans, einen Pullover, kniehohe Stiefel und einen Pferdeschwanz, sprach akzentfrei englisch und wirkte insgesamt absolut westlich. Sie war drei Jahre vor der sowjetischen Invasion in die Vereinigten Staaten gekommen. Eigentlich hatte sie Afghanistan nicht verlassen wollen, denn wie viele ihrer Landsleute liebte sie ihr Land leidenschaftlich. Selbst als ich sie elf Jahre später wieder traf, träumte sie immer noch von dem Tag, an dem sie wieder zurückkehren würde.

Ihre Familie war gezwungen worden, ins Exil zu gehen, weil ihr Großvater Faisal Zikria, ehemaliger afghanischer Außenminister, ein engagierter Kritiker des Premierministers Daud gewesen war. 1973 hatte Daud die Monarchie abgeschafft, und Zikria war ein enger Freund des letzten afghanischen Königs Zahir Shah gewesen. Lailis Teenagerjahre, die sie in Tenafly, New Jersey, verlebte, waren eine Mischung aus westlicher und muslimischer Kultur. Im Haus ihrer Eltern war Alkohol selbst für amerikanische Gäste verboten. Die älteren Frauen trugen Schleier, man betete fünfmal am Tag, und der Fastenmonat Ramadan wurde streng eingehalten. Laili besuchte eine gemischte höhere Schule, spielte Volleyball und Baseball und hatte wie jedes andere amerikanische Mädchen eine Vorliebe für die Musik und die Tänze der siebziger Jahre. Sie durfte sich jedoch nicht mit Jungen verabreden, und sie und ihre Familie gingen davon aus, daß ihre Ehe eines Tages von den Eltern arrangiert werden würde.

Als die Kommunisten ihr Land besetzten, war Laili sechzehn. Ihre männlichen Verwandten in Afghanistan kamen sofort ins Gefängnis, und viele von ihnen wurden gefoltert. »Was in Afghanistan geschehen war, ließ mich nicht mehr los«, erinnerte sich Laili. Ihr politisches Engagement führte dazu, daß sie den fünfundzwanzigjährigen Roger Helms, den blonden, blauäugigen Neffen des ehemaligen CIA-Direktors Richard Helms, kennenlernte. Er war zu der Zeit bereits politisch aktiv und engagierte sich besonders für Afghanistan. Als Absolvent der »American Academy of Arts & Science« hatte er auch die persische Sprache und den Islam studiert.

»In meiner Familie wurden damals schon die ersten Namen von afghanischen Männern erwähnt, die für mich in Frage kamen«, erzählte Laili, die zu dieser Zeit im vierten Semester Psychologie und Kommunikationswissenschaften studierte. »Als sich Roger allein mit mir treffen wollte, sagte ich ihm, daß das unmöglich sei. Ich war ein braves, muslimisches Mädchen. Ich trank nicht und war noch nie mit einem Jungen ausgewesen.« Letzten Endes setzte sich der attraktive junge Amerikaner, der sich in der gleichen Weise für Afghanistan engagierte wie sie selbst, jedoch durch. »Es hat mir überhaupt nicht gepaßt, daß ich meine Eltern belügen mußte, und ich hatte mich gerade entschlossen, mich nicht mehr mit ihm zu treffen, da bat er mich, ihn zu heiraten.«

Als Laili ihrer Mutter die Neuigkeit mitteilte, erklärte diese, das sei lächerlich, eine solche Ehe könne die Familie in keinem Fall hinnehmen. Ihr Vater und die anderen Verwandten waren empört. Gegen den Widerstand der ganzen Familie heirateten Laili und Roger, der inzwischen zum Islam übergetreten war, in einer Moschee in Manhattan. Nach einiger Zeit verzieh die Familie den beiden.

Kurz nachdem ich nach Peshawar gezogen war, kamen Laili und Roger auch dorthin. Sie waren kaum zwei Tage in der Stadt, da bot die Agentur eines amerikanischen Flüchtlingshilfswerks ihnen bereits Arbeit an. Das war 1988. Als sie jedoch einen Tag später in ihr Hotel zurückkehrten, fanden sie in ihrem Zimmer eine Todesdrohung, die an sie beide gerichtet war. Man sagte ihnen, der Brief sei von Afghanen abgeliefert worden, die in einem Jeep vorgefahren seien und »wie Mudschaheddin ausgesehen« hätten.

Schockiert und verängstigt suchte das junge Paar Rat. Die amerikanische Agentur, die ihnen zugesagt hatte, sie einzustellen, sah auch keinen Ausweg und mußte ihr Angebot zurücknehmen, denn beide stellten plötzlich ein Sicherheitsrisiko dar. Es gab verschiedene Mutmaßungen über die Gründe für die Todesdrohungen: In der Agentur, die ihnen den Job angeboten hatte, arbeiteten zahlreiche Fundamentalisten, die die Royalisten als ihre Erzfeinde betrachteten; die Afghanen sind bekannt dafür, daß sie eine Fehde über Jahrzehnte aufrechterhalten können, und Lailis Großvater war immer noch nicht vergessen; Rogers Verbindung zum CIA war eine weitere mögliche Ursache. Obwohl der CIA die Afghanen mit Waffen beliefert hatte, haßten sie ihn. Die letzte Hypothese war, daß radikale Islamisten es nicht mit ansehen konnten, daß eine afghanische Frau mit einem Amerikaner schlief.

»Da wir uns vor allem deswegen Sorgen machten, trug ich in Pakistan immer einen enorm großen *tschador*, der alles außer meinen Augen verhüllte«, berichtete Laili. »Die Leute konnten es einfach nicht ertragen, eine afghanische Frau in Begleitung eines westlichen Mannes zu sehen, das ging ihnen gegen den Strich. Wir leben jetzt seit vier Jahren in Peshawar, sind aber aus diesem Grund noch nicht ein einziges Mal gemeinsam auf den Basar gegangen.«

Trotz der Todesdrohungen und anderer Probleme gaben Laili und Roger nicht auf und dachten gar nicht daran, in die Vereinigten Staaten zurückzukehren. »Afghanistan in mein Heimatland, und Roger ist mein Mann«, sagte Laili kurz und bündig. Heute arbeitet sie im »Afghan Women's Resource Center«, und Roger, der bei der USAID angestellt ist, überwacht Wiederaufbauprogramme in Afghanistan.

Laili hat sich nie daran gewöhnen können, vollständig verschleiert zu gehen. »Es ist demütigend, einen *tschador* tragen zu müssen, um als rein angesehen zu werden«, sagte sie. »Die afghanischen Frauen, mit denen ich zusammenarbeite, sehen das genauso. Wir sind sauer darüber. Es ist verdammt unbequem, vor allem im Sommer, wenn es so heiß ist. Aber um ganz sicher zu sein, müssen die afghanischen Frauen ihn tragen, das gilt vor allem für diejenigen, die in einer westlichen Agentur arbeiten. Eine Frau wird heute danach beurteilt, wie sie geht, sitzt und wie sie die Augen bewegt, wenn sie lacht. Ich muß sehr vorsichtig sein. Es hat bereits zu viele Vorfälle und Drohungen gegeben.«

Laili und Roger haben zu einer Zeit in Peshawar gelebt, in der gewalttätige, anti-westliche Anschläge verübt wurden und die extremistischen Aktivitäten der Afghanen gegen die Frauen immer häufiger wurden. In den Jahren 1989 und 1990 sicherten westliche Hilfsorganisationen ihre Büros mit Wachposten, die mit Maschinenpistolen bewaffnet waren, und errichteten hohe Mauern, die oben Stacheldraht trugen. »Shelter Now«, eine australische Organisation zur Betreuung von Flüchtlingen, wurde von einem fünftausend Mann starken, bewaffneten afghanischen Mob angegriffen. Die Männer waren vorher von einem extremistischen Mullah während des Freitagsgebets aufgehetzt worden. Er hatte behauptet, man habe den Flüchtlingsfrauen Seife gegeben, weil die Männer der westlichen Hilfsorganisation Sex mit ihnen haben wollten. Die Seife – für die Flüchtlinge ein sehr begehrter Luxus – war verteilt worden, weil man hoffte, daß man die afghanischen Frauen auf diese Weise zur Mütterberatung locken könnte. Der Mob verwüstete das Büro der Organisation und brannte die Lagerhäuser nieder. Während der ganzen Zeit weigerten sich die pakistanischen Behörden einzugreifen. Daß sich in den Lagerhäusern Tonnen von Milchpulver für afghanische Flüchtlingskinder befanden, spielte dabei keine Rolle.

Zwei Monate später wurde der Jeep des Leiters der Organisation, Thor Armstrong, der mit seinem kleinen Sohn unterwegs war, von Maschinenpistolensalven afghanischer Extremisten durchsiebt. Armstrong, der nur von den Glassplittern verletzt worden war, schaffte es, den Jeep zum nächstgelegenen Krankenhaus zu fahren. Die ganze Familie verließ am nächsten Tag das Land. John Tarzwell, ein kanadischer Abteilungsleiter der christlichen Wohltätigkeitsorganisation SERVE, hatte nicht so viel Glück. Eine Woche vor der Geburt seines dritten Kindes wurde er von afghanischen Guerillas mit vorgehaltener Pistole entführt und nie wieder gesehen. Man nimmt an, daß er tot ist.

Kurz darauf erhielt der Leiter des »American International Relief Committee« eine Todesdrohung. Man versteckte ihn, bis er und seine

Familie das Land verlassen konnten. Wenig später wurden anonyme Flugblätter in Umlauf gebracht, auf denen zu lesen war, daß fünfzig christliche Frauen, die bei den Hilfsorganisationen arbeiteten, mit Aids infiziert seien und daß man sie nur nach Peshawar gebracht habe, um muslimische Männer anzustecken. Das war eine so groteske und lächerliche Anschuldigung, daß man sie für einen Witz hätte halten können, wäre die Situation nicht so brisant gewesen.

Nicht nur die westlichen Hilfsorganisationen, sondern auch die Frauen, die bei ihnen arbeiteten, wurden bedroht. Überall in den afghanischen Bezirken der Stadt tauchten Plakate auf, auf denen jede afghanische Frau mit dem Tod bedroht wurde, die an einem der Ausbildungsprogramme, die von den Organisationen angeboten wurden, teilnahm oder mitarbeitete. Busse, mit denen die Frauen zu den Kursen oder zur Arbeit gefahren wurden, wurden verfolgt oder von afghanischen Extremisten aus dem Jeep heraus mit Maschinenpistolen beschossen. Eine Krankenschwester, die in einer Flüchtlingsklinik arbeitete und der man kurz vorher in einem Briefumschlag eine Pistolenkugel geschickt hatte, wurde von ihrem Arbeitsplatz entführt. Wenig später fand man ihren verstümmelten Leichnam.

Ein *fatwa* wurde erlassen, in dem es den Frauen verboten wurde, »Parfüm oder Kosmetika zu benutzen, ohne Erlaubnis ihres Mannes auszugehen, mit anderen Männern, mit denen sie nicht verwandt sind, zu reden, einen stolzen Gang zu haben oder mitten auf dem Bürgersteig zu gehen«. Die Mullahs verkündeten, daß jede Frau, in deren Haus man Materialien zum Sticken fände, mit einer Geldstrafe in Höhe eines fünfmonatigen Familieneinkommens belegt würde. (Die Hilfsorganisationen boten den Frauen, die an Projekten teilnahmen, mit denen sie ihr Einkommen aufbessern konnten, solches Material an.) Später drohten sie, die Häuser der Frauen anzuzünden, die sich nicht an diese Gebote hielten. Man sagte, für Frauen sei der Weg ins Grab besser als der Weg zur Arbeit.

Laili und ihre Kolleginnen arbeiteten weiter und erhielten auch weitere Drohungen. Als Laili von arabischen Extremisten bedroht worden war, sah sich die USAID gezwungen, die Helms an einen anderen Ort zu schaffen. »Das Haus neben unserem war ein Gästehaus für fundamentalistische Araber«, erzählte Laili. »Die Männer, die dort wohnten, hatten mich bereits angespuckt und mit Steinen beworfen. Als ich eines Tages mit dem Auto wegfuhr, fuhren sie hinter mir her und zielten mit Maschinenpistolen auf mich. Sie verfolgten mich ungefähr zehn Minuten lang und versuchten, mich von der Straße zu drängen. Ich hatte Todesangst und war fest davon überzeugt, daß sie mich töten würden.« Erst als Laili eine stark befahrene Hauptstraße erreicht hatte, gaben sie die Verfolgung auf. Drei von Lailis Nachbarn, liberale Afghanen wie sie, wurden im selben Jahr ermordet.

»Das ist nicht die Religion, mit der ich aufgewachsen bin«, sagte Laili voller Zorn. »Der Islam, den ich kenne, ist mitfühlend, tolerant und verständnisvoll. Was diese Leute im Namen der Religion tun, ist das genaue Gegenteil. Sie haben den Islam für ihre politischen Zwecke mißbraucht. Das Ritual und die nach außen hin sichtbaren Zeichen, wie der Schleier der Frau, sind das Wichtigste geworden. Aber der Anstand ist auf der Strecke geblieben.

Das entscheidende Merkmal des heutigen Islam ist die Scheinheiligkeit. Unsere Moscheen in Peshawar wurden mit Geldern aus dem Drogen- und Waffenhandel gebaut, und damit werden die Zeitungen der Widerstandsbewegung finanziert. Die Leute, die nach außen hin besonders religiös sind, sind gleichzeitig die korruptesten und gewalttätigsten Menschen.« Der Opiummohn, der Pakistan zum größten Heroinlieferanten der Vereinigten Staaten gemacht hat, wurde auf afghanischem Boden angebaut und sollte zur Finanzierung des Krieges dienen.

»Es ist nicht leicht, im Krieg sauber zu bleiben, und nach vierzehn Jahren, in denen ständig gekämpft wurde, hat ein großer Teil der Widerstandsbewegung seine Unschuld verloren. Die Leute haben inzwischen nicht mehr das Gefühl, daß ihre Führer ihre Interessen vertreten, und die Kinder wachsen als Fanatiker ohne Mitgefühl für andere auf.«

Laili glaubt, daß man das, was in Afghanistan geschieht, in einem größeren Zusammenhang sehen muß. »In der gesamten muslimischen Welt sind die fundamentalistischen Bewegungen auf dem Vormarsch. Zur Zeit hat sich wieder eine größere Welle in Bewegung gesetzt. Es fing mit terroristischen Vereinigungen im Iran und im Libanon an; inzwischen sind die Muslim-Bruderschaft und ähnliche Gruppen bereits etablierte Organisationen. Mit Hilfe der Medien und durch den tagtäglichen Druck, dem die Menschen in den Moscheen ausgesetzt sind, wird die Denkweise der Muslime beeinflußt. Zwei Provinzen in Afghanistan, Kunar und Nangarhar, werden bereits vom Geld arabischer Extremisten kontrolliert.«

Eine ähnliche Reaktion beobachtet sie in der Organisation, für die sie arbeitet. Das »Afghan Women's Resource Center« hat zum Ziel, die Position der Frauen zu stärken. »Aber wir vermitteln den Frauen nicht mehr Kraft für sich selbst, sondern wir sorgen dafür, daß sie in den hübschen kleinen Rahmen passen, den die Fundamentalisten für sie gezimmert haben. Die meisten Frauen in verantwortungsvollen Positionen sind bereit, sich streng an die Parteilinie der Muslimischen Bruderschaft und der Wahhabis zu halten. Sie können das in unseren Zeitungen lesen. Sie sind voll von arabischen Artikeln, in denen steht, daß die revolutionäre islamische Bewegung die Macht übernehmen wird, und voll von Aufrufen westlicher Frauen wie Anita Hill. Die Frauen hier haben keine andere Wahl: Entweder sie fügen sich, oder die Extremisten machen ihnen den Laden zu.

Die afghanischen Frauen müssen sich hier von Kopf bis Fuß schwarz kleiden – Gesicht, Hände, alles muß bedeckt sein. Sie sehen aus wie Imker. Wir haben uns noch nie so anziehen müssen. Die Frauen wissen, daß sie keine andere Wahl haben, obwohl sie so noch weniger respektiert werden als vorher. Jetzt, da wir fast vollständig verhüllt sind, blicken uns die Männer an, als wären wir Huren. Wir fühlen uns unterdrückt, weil man uns zwingt, uns zu verschleiern, und die Männer sehen in uns trotzdem nichts anderes als Sexualobjekte. Sie sind der Meinung, eine Frau müsse unsichtbar sein. Wenn sie sich zeigt, führt sie den Mann in Versuchung. Diesen Männern hat man beigebracht, daß eine Frau, die man in der Öffentlichkeit sehen kann, etwas Westliches und damit un-islamisch ist, ganz gleich wie sie aussieht oder verpackt ist.«

Laili glaubt, daß die Männer die Frauen unterdrücken, weil sie selbst von der neuen politisierten Religion unterdrückt werden. »Wir haben in Afghanistan ein Sprichwort: ›Wenn du den Esel nicht schlagen kannst, schlag den Sattel.‹ Und die Frauen sind der Sattel.«

Als das Regime in Kabul im Frühjahr 1992 gestürzt wurde, glaubte

Laili, wie die meisten Afghanen, daß jetzt in Afghanistan der Friede einkehren würde, und sie wollte nach Hause zurückkehren. Sie überredete Roger, mit ihrem dreijährigen Sohn in Peshawar zu bleiben, und schloß sich einer Gruppe von heimkehrenden Flüchtlingen an, mit denen die Familie befreundet war. Die Busfahrt zu der Stadt, in der sie geboren war, dauerte sechzehn Stunden. Der Mann, der die Gruppe führte, bestand darauf, daß die Frauen auf der Reise *burqas* trugen, denn die Fahrt ging durch Nangarhar, wo arabische und afghanische Fundamentalisten stark vertreten waren. »Es war das erste Mal, daß ich eine *burqa* trug«, sagt Laili. In dem Bus war es unerträglich heiß, die Temperatur betrug fast 50 Grad. Laili wurde unter der *burqa* beinahe ohnmächtig. Sie erreichte Kabul in der gleichen Woche, in der die Widerstandsbewegung die Regierung übernahm.

»Ich konnte die Stadt kaum wiedererkennen. Alle Gebäude an der Straße in die Stadt hinein waren ausgebrannt. Aus den Fenstern des Museums und der Universität quoll noch immer Rauch. Wohin man auch sah, überall zerstörte Häuser. Die Stadt war voll von Arabern, vor allem das Viertel, in dem ich gewohnt hatte. Überall sah man Plakate von Khomeini und anderen iranischen Führern. Während ich dort war, wurden Mädchenschulen überfallen und die Bücher, die man dort fand, verbrannt. Kinos, die als unreligiös galten, wurden verwüstet. Täglich wurde die Innenstadt von verschiedenen Widerstandsgruppen mit Artillerie beschossen. Die Mudschaheddin wissen nicht mehr, wofür sie kämpfen, höchstens noch für die absolute Macht ihrer jeweiligen Partei.

Bei diesem Besuch in Kabul gab ich endgültig die Hoffnung auf, jemals wieder hierhin ziehen und mit meinen Kindern hier leben zu können. Das ist nicht die Welt, in der ich meine Kinder großziehen möchte«, sagt Laili, die zum zweiten Mal schwanger ist. »Ich möchte, daß sie den Islam kennenlernen, mit dem ich aufgewachsen bin, und nicht diese gewalttätige politische Bewegung, die sich Religion nennt.« Statt sich in Afghanistan niederzulassen, wird die Familie in die Vereinigten Staaten zurückkehren, sobald Rogers Vertrag abgelaufen ist. »Fünf Jahre in diesem Wahnsinn leben zu müssen, das reicht«, sagt sie.

5   Iran: Kein Spaß im Islam

Und wenn ihr fürchtet, daß Frauen sich auflehnen, dann ermahnt sie,
meidet sie im Ehebett und schlagt sie!
Wenn sie euch gehorchen, dann unternehmt nichts gegen sie.
Koran 4:34

Wenn man ein Visum für den Iran bekommen will, muß man viel Geduld haben und darf sich nicht so leicht entmutigen lassen. Das gibt einem einen kleinen Vorgeschmack auf den Aufenthalt in diesem Land. Als ich in London zum erstenmal ein Visum beantragte, bekam ich gar keine Antwort. Bei meinen telefonischen Nachfragen wurde ich angeblich immer weiter verbunden. Bei der Gelegenheit brach dann die Leitung so oft zusammen, daß ich schließlich den Verdacht hatte, daß es sich dabei um eine eigenartige persische Methode handelte, mir klarzumachen, daß mein Antrag abgelehnt worden sei.

Als ich es dann von Pakistan aus noch einmal versuchte, wurde ich mit einer völlig anderen Herausforderung konfrontiert. Es begann damit, daß ich auf dem iranischen Konsulat in Peshawar schon am Eingang zurückgeschickt wurde, weil mein Kopf nicht verhüllt war. Beim nächsten Versuch hatte ich mich, wie es sich gehört, mit einem *tschador* verschleiert und schaffte es, einen Termin beim Vizekonsul zu bekommen. Er erklärte mir, daß er die Fotos, die ich meinem Antrag beigelegt hatte, nicht akzeptieren könne; sie seien »respektlos, weil Ihr Kopf nicht bedeckt ist«. Ich kam am nächsten Tag wieder, meinen realen Kopf und den fotografierten in Stoff gehüllt. Und wieder lehnte der Vizekonsul meine Fotos freundlich lächelnd ab. »Vorn ist noch ein Teil Ihres Haars zu sehen«, sagte er und bezog sich auf ein Stückchen

Pony, das meine Aufmachung offenbar »un-islamisch« wirken ließ. Die
dritte Fotoserie wurde endlich akzeptiert, ich selbst jedoch nicht, wie
ich eine Woche später auf dem Konsulat erfahren mußte. »Teheran hat
Sie abgelehnt«, sagte der Vizekonsul. Warum? »Wahrscheinlich will
man nicht, daß eine alleinstehende Frau aus dem Westen dort herum-
läuft«, erwiderte er gutgelaunt.

Das Schicksal eines Journalisten kann sich von einem Tag auf den
anderen ändern. In meinem Fall hatte ich das Glück, daß kurz nach der
Ablehnung meines Antrags ein guter Freund von mir aus der afghanischen Widerstandsbewegung von der neuen Regierung in Kabul zum
Botschafter in Pakistan ernannt wurde. Ich rief ihn an, um ihm zu
gratulieren, und fragte ihn bei dieser Gelegenheit, ob er mir nicht helfen
könne. Am nächsten Tag wurde ich zum iranischen Konsulat bestellt.
»Jetzt ist alles in Ordnung«, sagte der Vizekonsul. »Sie sind Gast der
afghanischen Mudschaheddin, Sie werden in Teheran in ihrem Haus
wohnen und dort als Frau nicht allein sein. Bitte geben Sie mir Ihren
Paß.« Als ich ging, warnte er mich: »Tragen Sie auf jeden Fall islamische
Kleidung, wenn Sie in Teheran ankommen und auch während Ihres
gesamten Aufenthalts.«

Als nächstes ging ich auf den Kleiderbasar in Peshawar, wo mir der
Verkäufer versicherte, daß der schwarze, lange Wickelrock und der
lange Schal für den Kopf die korrekte iranische Bekleidung seien – also
tschador und *hijab.* »Sie müssen dazu schwarze Socken tragen«, fügte er
hinzu, »und dürfen weder Make-up noch Nagellack benutzen.«

Auf dem Flug nach Teheran hatte ich diese iranische Version der
islamischen Kleidung in eine Plastiktüte gepackt und zog mich vor der
Landung um. Das Ensemble war nicht gerade elegant, aber das sollte es
natürlich auch nicht sein. Als wir gelandet waren, konnte ich beobachten, wie die Frauen um mich herum an ihrer islamischen Kleidung
herumnestelten. Sie wollten sichergehen, daß sie die Flughafenkontrol-
len unbehelligt passieren konnten. Seit die Mullahs an der Macht
waren, sei die Zollabfertigung am Flughafen von Mehrabad, einem
westlichen Stadtteil Teherans, eine langwierige Prozedur geworden,
hatte man mich gewarnt; sie könne bis zu fünf Stunden dauern. Als ich
dort ankam, hatte man die Prozedur etwas gestrafft, obwohl man auch
nicht gerade besonders freundlich war. Die Dekoration war immer

noch dieselbe – große Fotos von Khomeini, von seinem Nachfolger Ayatollah Ali Khamenei sowie von Präsident Hashemi Rafsandschani.

Kaum eine Stunde nach meiner Ankunft saß ich bereits in einem Taxi, das mich zu meinem Ziel im Norden Teherans brachte. Der Wagen, ein klappriger, im Iran hergestellter Peykan, stotterte und keuchte, als er das Flughafengelände verließ. Seine uralte Maschine fuhr noch mit verbleitem Benzin. Solche Vehikel, die zum typischen Straßenbild Teherans gehören, sind auch der Grund für die extrem schlechte Luft dieser Stadt. Was den Schwefeldioxidgehalt der Luft anbetrifft, steht Teheran zur Zeit an dritter Stelle auf der Welt. An vielen Tagen warnt die Regierung ältere Menschen und solche, die unter Atembeschwerden leiden, davor, ihre Häuser zu verlassen. An dem Tag, an dem ich ankam, war die Luft wunderbar klar, und am nördlichen Stadtrand konnte man die in der Sonne glitzernden schnee-bedeckten Gipfel des Elbrus-Gebirges sehen. Der mit 5580 Metern höchste Berg des Iran, der Mount Demavend, liegt direkt im Nordosten der Stadt.

Wenn man die Berge sehen kann, wird der Anblick Teherans erträg-licher. Ansonsten ist die Stadt schmutzig, heruntergekommen und langweilig. Auch unter dem Schah war es kaum anders, aber die Mullahs haben noch weniger Interesse oder Geschick bei der Verwal-tung dieser Stadt gezeigt.

Auf der Innenseite der Tür, an der der Fahrgast sitzt, dort wo in amerikanischen Taxis das Nichtraucherzeichen angebracht ist, befand sich ein Aufkleber, dem man im Iran auf Schritt und Tritt begegnet: »Aus Respekt vor dem Islam muß ein *hijab* getragen werden.« Diesen zehn Zentimeter breiten Aufkleber sah ich in allen Geschäften, Restau-rants und öffentlichen Gebäuden. Später erklärte mir ein Geschäftsin-haber: »Es bedeutet, daß es verboten ist, eine Frau zu bedienen, die nicht den vorgeschriebenen *hijab* trägt.« Während wir durch die Stadt fuhren, sah ich noch viele andere *hijab*-Aufkleber. »Ein schlechter *hijab* bedeutet Prostitution«, stand auf einem. Das entbehrte nicht einer gewissen Ironie, denn keine Frau war so vollständig verschleiert wie die Prostituierten – sie bedeckten sogar ihr Gesicht. Ein anderes Schild-chen, das weniger beleidigen als drohen sollte, besagte: »Ohne *hijab* keine Manneskraft.«

Wir bogen in die Einfahrt der Autobahn »Shaheed Ayatollah Sayyed Mohammad Baqer-e-Sadr« ein, die nach Kamraniyeh, dem Ziel meiner Reise, führte. Viele Straßen in Teheran sind nach den *shaheed* oder Märtyrern benannt, die während der Revolution oder in dem achtjährigen Krieg gegen den Irak gefallen und als Belohnung für ihren Opfertod ins islamische Paradies gekommen waren. In dem Viertel, in dem ich wohnte, waren viele Straßen nach *shaheed* benannt. Die ganze Gegend hatte dadurch eine düstere Atmosphäre, und man glaubte, auf einem Friedhof zu wohnen.

Kamraniyeh liegt am Fuß des Elbrus-Gebirges. Seine von hohen Mauern umgebenen privaten Villen, deren Fenster mit kunstvollen schmiedeeisernen Gittern gesichert sind, werden inklusive Swimmingpool für umgerechnet etwa 3000 D-Mark monatlich vermietet. Neben den Straßen, die auf beiden Seiten von Bäumen bestanden sind, laufen Kanäle, die früher die einzige Wasserversorgung der Stadt darstellten. Heute sind sie eine Gefahr für den Autofahrer, der seinen Wagen am Straßenrand abstellen will. In den nördlichen Stadtteilen, wo die Luft besser ist, kann ein Haus über drei Millionen D-Mark kosten. Im Süden der Stadt ist ein großer Teil der Industrie Teherans angesiedelt. Dort wohnen auch die Leute, die in den heruntergekommenen Fabriken arbeiten.

Das Haus, in dem ich wohnte, hatte weiße Marmorböden, einen aus Stein gehauenen offenen Kamin, eine große Küche im amerikanischen Stil, mehrere Bäder, einen Swimmingpool im Garten, ein kleines Hallenbad und Zimmer für die Bediensteten. Die benachbarten Häuser waren ähnlich. Der Luxus, den man in diesen Häusern antrifft, stammt noch aus der Zeit vor der Revolution. Als Khomeini an die Macht gekommen war, flohen die meisten Mitglieder der privilegierten Klasse in den Westen. Das ist auch der Grund, warum in diesem Land ein besorgniserregender Mangel an Ärzten, Zahnärzten und anderen Spezialisten herrscht. Damals hatte der Ayatollah erklärt, Spezialisten seien nicht wichtig, »denn der Islam wird für alles sorgen«. Für diejenigen, die geblieben sind, ist die islamische Revolution eine große Gleichmacherin.

Das Regime hat natürlich eine eigene Elite hervorgebracht, die sich mitunter gegenseitig bekämpft. Ein paar hundert Meter von meinem

Haus entfernt lag eine riesige, von Maschinengewehren bewachte
Villa. Sie gehörte dem Scheich Mehdi Karubi, dem ehemaligen Sprecher des iranischen Parlaments, des Majlis. Karubi, einer der Führer
des radikalen Flügels des Klerus, ist ein erbitterter Gegner der Vereinigten Staaten und lehnt jede Verbesserung der Beziehungen zu Amerika
ab. Er und sieben seiner Gesinnungsgenossen, die alle dem radikalen
Klerus angehörten, wurden Ende 1990 in aller Öffentlichkeit aus der
prestigeträchtigen »Versammlung der Experten« ausgeschlossen. Zuvor hatten sie eine Prüfung ihrer Kenntnisse auf dem Gebiet der
islamischen Ideologie und Theologie, mit denen sie ihren Ruf begründet hatten, nicht bestanden. Mit dieser Prüfung wollte Präsident Rafsandschani verhindern, daß Extremisten seine Bemühungen, die Beziehungen zum Westen wieder zu verbessern, blockierten. Für den Iran ist
der Kontakt zum Westen lebenswichtig, denn ohne Zusammenarbeit
mit dem Westen kann die desolate Wirtschaft des Landes kaum saniert
werden.

Khomeinis Bild verfolgt den Besucher des Iran auf Schritt und Tritt.
In Teheran gab es jedoch ungewöhnlich viele Plakate. Da der Tod des
Ayatollah sich zum drittenmal jährte, wurden in der Stadt eine Woche
lang Trauerfeiern abgehalten. Seidene Stoffbahnen mit dem Bild des
verstorbenen Geistlichen hingen fast an jedem Laternenpfahl und an
vielen Bäumen im großen E-Millat-Park.

Große Kabinen, die mit schwarzem Samt ausgeschlagen waren,
wurden auf den meisten Straßen und vor öffentlichen Gebäuden und
Schulen aufgebaut und dienten als Altäre. Die Plakate mit dem Bild
Khomeinis waren mit roten und weißen Gladiolen geschmückt. Auf
Spruchbändern war zu lesen »Imam Khomeini, wir grüßen dich« oder
»O Imam, du hast uns verlassen, und wir sind dazu verdammt zurück-
zubleiben«.

Während der Trauertage wurden von den beiden iranischen Fern-
sehsendern, deren Sendezeit sonst hauptsächlich religiösen Dingen und
Lesungen aus dem Koran gewidmet ist, täglich stundenlange Bänder
mit Khomeinis Reden, Vorlesungen oder Predigten abgespielt. Da-
zwischen waren Szenen von seinem Begräbnis zu sehen. Die Kameras
konzentrierten sich vor allem auf die vielen der Trauernden, die sich
weinend auf die Brust schlugen. Nicht einmal die Kinderstunde blieb

verschont. In allen Programmen sah man Kinder, auch solche, die kaum laufen konnten, sich auf Kopf und Brust schlagen und den Namen des verstorbenen Ayatollah rufen. Eine Lehrerin berichtete mir: »Das ist vor allem für die Kleinen schlimm. Der Iran ist ein Land geworden, in dem jede Form der Freude verboten ist. Aus der Trauer machen sie jedoch eine große Show, das Ganze ist zum bloßen Ritual verkommen.«

Khomeini selbst hatte erklärt, daß Freude un-islamisch sei. Sechs Monate nach dem Beginn der iranischen Revolution hatte er im nationalen Rundfunk verkündet: »Im Islam gibt es keinen Spaß. Bei einer so ernsten Sache kann es keinen Spaß und kein Vergnügen geben.« Und offenbar ist dieser Kommentar sehr ernst genommen worden. Die Straßen von Teheran machen das ganze Jahr über einen traurigen Eindruck. Schwarz ist die vorherrschende Farbe, vor allem, weil alle Frauen einen schwarzen *tschador* tragen. Nach einer Weile wurde mir bewußt, daß die Kleider der kleinen Mädchen die einzigen Farbtupfer auf den Straßen waren, und unwillkürlich lächelte ich ihnen zu. Ihre bloßen Arme und Beine waren Symbol einer Freiheit, die sie bald verlieren würden. Sobald sie neun geworden sind, dürfen die Mädchen nach dem Gesetz nur noch völlig verschleiert gehen. Viele von ihnen tragen den *tschador* jedoch schon viel früher. Khomeini bestimmte, daß ein Mädchen mit neun Jahren alt genug ist, um zu heiraten.

Aber trotz strenger Kleiderregeln hat sich auch hier so etwas wie Mode eingeschlichen. Viele Frauen tragen inzwischen am liebsten einen *rapoosh*, das ist ein Mantel, der bis auf die Füße reicht und von den Teheranern mit dem französischen Wort *manteau* bezeichnet wird. Ein solcher Manteau ist leichter zu tragen als der *tschador*, weil er vorn geknöpft ist und sich daher nicht so leicht abwickelt und seine Trägerin entblößt. Das nämlich ist ein Verbrechen, das mit Auspeitschen oder Gefängnis bestraft werden kann. Außer Schwarz gibt es noch Marineblau, Dunkelgrün, Braun, Grau und Beige, hin und wieder sieht man sogar ein dunkles Weinrot oder Erbsgrün. Auch der Stil hat sich gewandelt. Manche Kleidungsstücke erinnern an große Regenmäntel, und es gibt auch reich bestickte Versionen. Alle haben allerdings enorme Schulterpolster. Auch die *hijab*s verändern sich mit der Zeit. Schwarz ist zwar immer noch die vorherrschende Farbe, aber man sieht auch schon weiße, dunkel bedruckte Stoffe und Paisley-Muster. Ein Manteau kostet zwischen 60 und 300 D-Mark, was in einer Stadt, in der das monatliche Durchschnittseinkommen 150 D-Mark beträgt, sehr teuer erscheint. Und da sie ständig getragen werden müssen – im Restaurant, in der Schule, im Büro und auf der Straße –, halten sie natürlich nicht lange. Da das Tragen dieser Kleidungsstücke offiziell angeordnet wird, sind viele Frauen der Meinung, daß die Regierung sie dann auch kostenlos zur Verfügung stellen sollte.

Frauen, die sich »un-islamisch« kleiden, müssen damit rechnen, auf der Stelle verhaftet zu werden. Zu solchen Vergehen gegen die Kleiderordnung zählen Gold- und Silberknöpfe oder zu große Knöpfe an den Manteaus, Schlitze an der Rückseite der Mäntel, die das Gehen erleichtern sollen, aber zuviel Bein freigeben. Nackte Füße oder Strümpfe, die nicht absolut undurchsichtig sind, sind genauso gefährlich. Die Liste der Vergehen, die die Frauen im Iran allein mit ihrer Aufmachung begehen können, ist lang: Make-up, Nagellack oder Haar, das unter dem Schal hervorlugt, sind nur einige Beispiele. Rafsandschani, ein Mann, der im Westen häufig als gemäßigt bezeichnet wird, sagt: »Die Frau ist dazu verpflichtet, ihren Kopf zu verhüllen, denn von Frauenhaar geht etwas aus, das die Männer erregt, auf die schiefe Bahn bringt und korrumpiert.« Das größte Risiko für die iranischen Frauen sind die Kopftücher – vor allem im Sommer, wenn es unter den Schals und Mänteln unerträglich heiß ist und sie sie als Ausdruck einer Art Mini-Rebellion nach hinten schieben. Teheran bedeutet aus dem Farsi übersetzt »heißer Ort«, ein sehr treffender Name. Die Temperatur steigt im Sommer nicht selten über 50 Grad, und nur wenige Gebäude verfügen über eine Klimaanlage. Nachdem ich am ersten Tag in der Stadt herumspaziert war, war der Rücken meines Manteau voller Salzflekken, so sehr hatte ich geschwitzt.

»Das Problem ist, daß nur wenige dieser Einschränkungen schriftlich fixiert sind«, sagte mir Zahra Qasim, eine dreiundvierzigjährige Verkäuferin. »Sie ändern sich ständig. Niemand hat genau festgelegt, wie groß die Knöpfe sein dürfen, bevor sie als un-islamisch angesehen werden. Die Behörden machen urplötzlich eine Razzia in der Innenstadt, bei der jede Frau mit großen Knöpfen verhaftet wird. In der einen Woche wird beispielsweise Lippenstift geduldet, und man fahndet statt dessen nach lackierten Nägeln, in der nächsten ist es umgekehrt. Die Razzien finden ganz plötzlich und ohne jede Warnung statt und konzentrieren sich vornehmlich auf die überfüllten Geschäftsviertel in der Innenstadt.«

Die *pasdaran*, das sind die »Wächter der Revolution«, haben es vor allem an Feiertagen oder bei besonderen Ereignissen auf die iranischen Frauen abgesehen: Meist werden sie am persischen Neujahrsfest vor dem Ramadan – dem islamischen Fastenmonat – und am Jahrestag von Khomeinis Tod aktiv. Man muß jedoch jederzeit mit einer Razzia rechnen. Kati Ghazi, die im Iran geborene Korrespondentin der »New York Times«, die ihre Ausbildung in Amerika absolviert hat, war gerade nach Teheran zurückgekehrt, als sie an einer Pressekonferenz mit Rafsandschani teilnahm, die auch vom Fernsehen übertragen wurde. Als sie dabei dem Präsidenten eine Frage stellte, wurde ihr Gesicht auf dem Bildschirm unkenntlich gemacht. Am nächsten Tag erfuhr sie den Grund. Sie wurde ins Ministerium für Islamische Lebensführung bestellt, wo man ihr den Presseausweis abnahm, weil bei dem Interview eine Haarsträhne unter ihrem Kopftuch hervorgelugt hatte.

Man teilte ihr mit, daß sie ihre Zulassung als Korrespondentin erst dann wieder zurückbekäme, wenn sie »ihre westliche Art aufgegeben« hätte. Den Behördenvertretern war offenbar auch nicht entgangen, daß sie einem männlichen Kollegen, der zur Berichterstattung über das Erdbeben dorthin gekommen war, die Hand geschüttelt hatte. Ghazi hatte Glück: Sie konnte zwar acht Monate lang nicht arbeiten, bekam aber letzten Endes ihre Zulassung zurück.

Die fünfundfünfzigjährige Faribah hatte weniger Glück. Sie hatte gerade Einkäufe in einem Supermarkt gemacht und ging vollbepackt zu ihrem Wagen. »Ich wollte gerade den Kofferraum aufschließen, als mich eine Wächterin daran hinderte. Ich wußte nicht, warum. Ich trug die gleiche Kleidung wie immer, wenn ich aus dem Haus ging – meinen langen Manteau, Turnschuhe, Socken und Hosen. Ich war von Kopf bis Fuß vollständig verhüllt. Und ich trug auch kein Make-up, obwohl ich das manchmal tat. Alles, was ich anhatte, war absolut schlicht und schmucklos.

Dann merkte ich plötzlich, daß mein Kopftuch ein bißchen aus meiner Stirn gerutscht war, und ich hatte wegen der vielen Tüten keine Hand frei, um es wieder zurechtzurücken.« Faribah wurde zu einem der vielen Busse gebracht, die in der Nähe geparkt waren und in denen bereits über hundert Frauen im Alter zwischen fünfzehn und zweiundsechzig warteten. »Die Frauen, die uns verhaftet hatten, trugen alle schwarze *tschadors* und waren sehr einsilbig. In der Regel konzentrieren sie sich auf jüngere Frauen, denen sie eine Lektion erteilen wollen. Diesmal hatten sie jedoch viele Frauen verhaftet, die in meinem Alter oder älter waren. Viele waren mit ihren Männern da. Ich sah, wie eine junge Frau gezwungen wurde, ihrem Mann ihren Säugling zu geben, den sie bei der Verhaftung auf dem Arm getragen hatte. Es war ein warmer Frühlingstag, und einige der Frauen trugen unter dem Mantel einen kurzen Rock. Viele weinten. Andere saßen im Bus und versuchten in Panik, den Nagellack von ihren Fingernägeln abzuknabbern.

Was mich so wütend gemacht hat, war die Tatsache, daß alle diese Männer dort standen und zusahen, wie wir in die Busse geladen wurden. Niemand sagte ein Wort, und keiner von ihnen unternahm irgend etwas. Tief in ihrer Seele haben es die Männer gern, wenn ihre Frauen vollständig verhüllt sind, das verleiht ihnen ein Gefühl der Macht. Als wir vor der Revolution Bikinis getragen haben, haben sie zwar nichts gesagt, aber es hat ihnen auch nicht gefallen.«

Als die Busse voll waren, wurden die Frauen ins Monkarat-Gefängnis gebracht. »Dort wurden unsere Personalien aufgenommen und unsere Vergehen zu Protokoll gegeben«, berichtete Faribah. »Mir erklärte man, man habe mein Haar sehen können und der Schlitz an der Rückseite meines Mantels sei zu lang. Er reicht in Wirklichkeit nur bis zu den Knien, aber als ich mich über den Kofferraum gebeugt habe, muß er länger ausgesehen haben. Wir wurden jeweils zu viert oder zu fünft in eine Zelle gesperrt, und man sagte uns, wir müßten dort ein, zwei Tage warten, bis der Termin für unsere Verhandlung angesetzt sei. Inzwischen hatten alle große Angst und fragten sich, ob man uns wohl auspeitschen würde.«

Die Strafe für einen schlechten *hijab* beträgt ein bis zwölf Monate Gefängnis und/oder Auspeitschen. Seit kurzer Zeit war es Frauen manchmal freigestellt, anstelle der Peitschenhiebe eine Geldstrafe zu zahlen. Der Preis pro Hieb ist unterschiedlich, die Skala beginnt bei

10 000 iranischen Rial, so daß achtzig Hiebe zwischen sechs und zwölf durchschnittliche Monatsgehälter kosten können. »Um mich selbst zu beruhigen, sagte ich zu den anderen: ›Natürlich wird man uns nicht auspeitschen. Manche Frauen sind alt genug, um Großmütter zu sein, und eine von uns ist sogar schwanger.‹«

Faribah wurde sieben Stunden lang festgehalten und dann freigelassen, weil ihr Mann die Übertragungsurkunde ihrer gemeinsamen Eigentumswohnung als Kaution hinterlegt hatte. Ihre Verhandlung fand zwei Wochen später statt.

Während wir uns unterhielten, saßen Faribah und ich in ihrer eleganten Wohnung, von der aus man einen wunderschönen Blick auf die Berge hat. Ich hatte sie in einem Restaurant kennengelernt, und sie war damals genauso trist gekleidet wie am Tag ihrer Verhaftung. Als sie mir die Wohnungstür öffnete, hätte ich sie beinah nicht erkannt. Sie sah fünfzehn Jahre jünger aus, war dezent aufgemacht, trug eine elegante Hemdbluse aus Seide über einem knielangen Rock, reinseidene schwarze Strümpfe und Wildlederpumps mit sehr hohen Absätzen. Sie sah aus, als käme sie gerade vom Essen in einem teuren Restaurant einer Weltstadt. Die Mode in Teheran unterscheidet sich kaum von der im Westen. Viele Frauen, die ich besuchte, waren nach dem letzten Schrei gekleidet, und ihre Töchter trugen hautenge Hosen oder Miniröcke. Die Dessous, die in einigen der teureren Geschäfte verkauft wurden, bildeten eine Mischung aus mondän und vulgär. Für Frauen, die die meiste Zeit wie Nonnen vor dem Zweiten Vatikanischen Konzil herumlaufen müssen, besitzt leuchtendrote Unterwäsche mit schwarzem Spitzenbesatz sicherlich eine große Attraktivität.

Faribahs Eleganz, ihr akzentfreies Englisch, viele ihrer Bemerkungen und die Umgebung, in der sie lebte, erweckten bei mir die Illusion, irgendwo in New York mit einer westlichen Frau zusammenzusitzen. In Teheran ist mir das öfter passiert. Da zumindest die großen Städte im Iran unter dem Schah sehr westlich geprägt gewesen waren, orientierten sich die großstädtischen Frauen kulturell auch mehr am Westen. Ich war amüsiert, als ich bei meinem Besuch feststellen konnte, daß eine geschmuggelte persische Übersetzung von »Scarlett«, der Fortsetzung von »Vom Winde verweht«, in Teheran der Bestseller war.

Geschmuggelte Musik und Videofilme, einschließlich Aufnahmen von Madonna, sind bei privaten Händlern erhältlich. Westliche Videos wurden im Iran verboten, denn die Mullahs wollten das Land von der Dekadenz der westlichen Kultur befreien. Wenn heute jemand dabei erwischt wird, daß er so etwas verkauft oder verleiht, wird er mit zehn Jahren Gefängnis bestraft. »Wenn wir uns solche Videos anschauen, laden wir die Prostituierten aus Ost und West in unsere Wohnzimmer ein«, steht auf einem offiziellen Plakat der Regierung, das man überall sieht. In einem Haus, das ich besuchte, sollte ein junger Mann ein Video ausleihen gehen. Er kam mit einer Kuchenschachtel zurück. »Hier«, sagte er und legte die Schachtel auf meinen Schoß, »iranisches Heroin.« In der Schachtel befand sich der Film »Pretty Woman«.

In Teheran hätte sich in der Schachtel genausogut Heroin befinden können. Die Droge ist in der Stadt leicht zu bekommen, obwohl die Iraner es bei den Partys in den eleganten Villen im unverarbeiteten Zustand als Opium bevorzugen. Sowohl Opium als auch Heroin werden aus Afghanistan und Pakistan eingeführt. Die Drogenhändler riskieren allerdings dabei ihr Leben. Auf Drogenhandel steht die Todesstrafe durch Erhängen. Im Iran gibt es unter dem gegenwärtigen Regime insgesamt hundertneun Delikte, auf die die Todesstrafe steht. Drei Monate vor meiner Ankunft war in Teheran ein Drogenhändler öffentlich gehängt worden. »Die Hinrichtung fand auf einem Platz im Stadtteil Qazin statt«, berichtete Mohammed, ein Teheraner Journalist. »Sie verlief wie immer. Sie halten den Verkehr an und lassen einen Kran und einen Wagen kommen. Dann wird der Delinquent auf den Wagen gestellt, der Strick wird an dem Kran befestigt, und der Wagen fährt unter ihm weg. Erwachsenen wird schon schlecht, wenn sie so etwas mit ansehen müssen, besonders schlimm ist es aber für Kinder.« Bei den im Islam üblichen Amputationen als Strafe für bestimmte Verbrechen, wie zum Beispiel Diebstahl, hat man inzwischen High-Tech-Methoden eingeführt. Raffinierte elektrische Guillotinen, die Mitte der achtziger Jahre im Iran erfunden wurden, können in Sekundenschnelle eine Hand oder – bei Wiederholungstätern – einen Fuß amputieren.

Obwohl ich mich mit iranischen Frauen wie Faribah leichter identifizieren konnte als mit den Frauen der anderen islamischen Kulturen, die ich besucht habe, hätte die Welt, in der sie lebte, sich kaum krasser von meiner eigenen unterscheiden können. »Als ich zwei Wochen nach meiner Verhaftung vor dem Gericht erscheinen mußte, begleiteten mich mein Mann und meine Eltern«, erzählte Faribah, während sie mir Tee einschenkte und mich mit Gebäck versorgte. »Wir waren um sieben Uhr morgens dort. Man sagte mir, ich müsse allein hineingehen und dort warten, bis ich aufgerufen würde. Vor dem Gerichtssaal warteten viele Frauen, darunter einige Prostituierte und Drogenabhängige. Man hatte sie geschlagen, ihre Beine waren blutverkrustet. Jede von uns wurde einzeln vor einen Mullah zitiert. Als ich fünf Stunden später an die Reihe kam, las er mir die Anklageschrift vor und hielt mir eine lange Predigt. Dann sollte ich wieder nach draußen gehen und warten.«

Eine Wächterin der Revolution teilte den Frauen, die gemeinsam mit Faribah verhaftet worden waren, mit, daß sie jeweils zu einer Geldstrafe von 500 000 Rial verurteilt worden seien, das entspricht in etwa drei durchschnittlichen Monatsgehältern. »Eine Frau wurde sehr erregt und rief laut, daß ihr Mann nicht so viel Geld aufbringen könne. Sie sagte, die Wächterinnen der Revolution hätten sie nur verhaftet, um sich zu bereichern«, erzählte Faribah. »Der Mullah hatte ihr Schreien offenbar gehört und rief die *pasdaran*. Mir wurde angst und bange, ich machte mir Sorgen, wie er wohl reagieren würde. Als die Wache zurückkam, teilte man uns mit, daß der Mullah fürchterlich wütend geworden sei und wir alle mit achtzig Peitschenhieben bestraft würden. Die Frau, die im fünften Monat schwanger war, hatte panische Angst. Ich konnte es immer noch nicht glauben und dachte, man wolle uns bloß Angst einjagen. Ich hoffte immer noch, man würde es bei der Geldstrafe belassen.«

Faribah wurde mit den anderen Frauen in den Keller des Gebäudes getrieben. »Es war schrecklich dort unten, feucht und dunkel. Als eine Frau hysterisch zu schluchzen begann, sagte der Wärter zu ihr: ›Du brauchst nicht zu schreien, spar dir die Kraft, hier unten hört dich sowieso keiner.‹

Zwei *pasdaran* brachten mich in eine Zelle. Einer hielt eine Peitsche in der Hand. Sie fesselten mich mit dem Gesicht nach unten mit Handschellen auf eine Holzpritsche. Ich dachte nur noch, das kann doch alles nicht wahr sein, das ist doch nicht islamisch, wie kann eine

religiöse Regierung es zulassen, daß Männer so mit Frauen umgehen?
Und dann begannen sie, mich auszupeitschen.«

Faribah machte eine Pause und atmete tief aus, so als habe sie
während der letzten Minuten die Luft angehalten. »Ich glaube, was sie
mir angetan haben, hat mich seelisch schlimmer verletzt als körperlich.
Irgendwie war ich wie betäubt und habe die Schmerzen kaum bemerkt,
so schockiert war ich über das, was da passierte. Ich fühlte mich völlig
hilflos und ausgeliefert. Diese Ohnmacht! Man hat mir meine ganze
Würde genommen. Es war einfach widerwärtig und demütigend. Und
es war genauso verletzend wie eine Vergewaltigung. Das Erlebnis hat
mich in vieler Hinsicht verändert. Seitdem habe ich immer Angst, wenn
ich ausgehe. Mir ist dadurch auch bewußt geworden, was dieses
Regime von den Frauen hält. Ist es denn normal, in einem Land leben
zu müssen, in dem eine Frau sich als erstes morgens häßlich machen
muß, bevor sie das Haus verlassen darf? Wo niemand es wagt, in der
Öffentlichkeit zu lachen?«

Und eine Zeitlang sah es aus, als teile Präsident Rafsandschani diese
Gefühle. Im Jahr 1990 hatte er in einer Rede, die überall veröffentlicht
wurde, gesagt: »Der Sinn für das Schöne und die Suche nach der
Schönheit sind ernstzunehmende Gefühle. Es kann nicht Gottes Wille
sein, dagegen anzukämpfen.« Trotzdem haben die Razzien seitdem
noch zugenommen. Die Regierung schickt Patrouillen, die die Straßen,
Schulen, Büros und Geschäfte kontrollieren und nicht einmal vor den
Kliniken haltmachen. Dort kontrollieren sie, ob Ärztinnen und Patientinnen korrekt gekleidet sind.

Faribah erzählte weiter, daß die Behörden so gewaltversessen geworden seien, daß die Wächter der Revolution inzwischen wie Motor-
radbanden durch die Stadt braußten und den Frauen den Lippenstift
mit Rasierklingen entfernten. Ich hielt das für eine Schauergeschichte,
bis ich von einem Interview erfuhr, das der iranische Innenminister im
Sender Radio Teheran gegeben hatte. »Die Brüder, die auf Motor-
rädern durch ganz Teheran patrouillieren, um gegen das Laster zu
kämpfen, handeln mit Wissen des Innenministers.« Rafsandschani gab
in seinem Freitagsgebet dazu folgenden Kommentar ab: »Wir haben inzwischen erkannt, daß diesen Menschen nur mit einem gewissen Maß
an Gewalt zu begegnen ist.«

Viele Verbesserungen, die die iranischen Frauen in den fünfzig Jahren vor der islamischen Revolution erreicht hatten, wurden durch Khomeini sofort wieder rückgängig gemacht. In den Gesetzen zum Schutz der Familie, die in den Jahren 1965 und 1975 verabschiedet worden waren, war die Situation der Frauen durch den Gesetzgeber erheblich verbessert worden. Die Gesetze, die sich auf die Ehe, die Scheidung und das Sorgerecht für die Kinder bezogen, wurden sofort wieder abgeschafft und der Schwangerschaftsabbruch für illegal erklärt. Zur gleichen Zeit legten die weiblichen Anhänger Khomeinis freiwillig den Schleier an. Eine der stärksten Befürworterinnen des Schleiers war Zahra Rahnavard, die Frau des ehemaligen Premierministers Mir Hussein Mousavi. In den sechziger Jahren hatte sie Miniröcke getragen, heute kleidet sie sich streng islamisch und ist eine fundamentalistische Ideologin. »Der *hijab* war ein Symbol unseres Widerstandes gegen den Schah«, sagt sie. Für Rahnavard, die Drehbuchautorin ist und Vorlesungen an der Universität hält, sind die Frauen im Westen Sklavinnen der Mode und des Make-ups und sind zu Sexualobjekten gemacht worden. »Der Schleier befreit die Frauen von den Fesseln der Mode und ermöglicht ihnen, menschliche Wesen um ihrer selbst willen zu sein«, behauptete sie. »Wenn die Menschen nicht mehr von der körperlichen Erscheinung einer Frau abgelenkt werden, können sie sich besser auf ihre Ansichten konzentrieren und die innere Person erkennen.«

.   »Im Iran hatte die Errichtung des islamischen Regimes im Jahr 1979 verheerende Folgen für die Stellung der Frau in der Gesellschaft«, sagte Eliz Sanasarian, eine im Iran geborene Professorin, die jetzt an der Universität von Südkalifornien lehrt. »Trotzdem verbündeten sich viele muslimische Frauen mit diesen Religionsführern und wurden nicht nur deren Sprachrohr, sondern sorgten auch dafür, daß sich die fundamentalistischen Ansichten über die Frau durchsetzen konnten.« Viele Akademiker betrachteten das als Reaktion auf die weitverbreitete Korruption, Dekadenz und brutale Unterdrückung durch die Savak, Irans Geheimpolizei, die die letzten Jahre des Schah-Regimes geprägt hatten.

In den ersten Tagen der Revolution verloren zahlreiche Frauen ihren Arbeitsplatz. Der »Islamische Rat der Wächter« erklärte, daß

»eine Frau nicht das Recht hat, ohne Erlaubnis ihres Mannes das Haus zu verlassen. Sie darf nicht einmal am Begräbnis ihres Vaters teilnehmen. Eine Frau muß ihrem Mann ständig zur Verfügung stehen, und ihre gesamten gesellschaftlichen Aktivitäten hängen von der Erlaubnis ihres Mannes ab.«

An allen Schulen wurde sofort wieder die Geschlechtertrennung eingeführt, und den Frauen wurde der Besuch von berufsbildenden Schulen untersagt. Sie durften weder Bergbau, noch Ingenieurwesen oder Landwirtschaft studieren. Im letzteren Fall war das besonders paradox, da zwei Drittel aller iranischen Frauen in ländlichen Gebieten leben und einen großen Teil der landwirtschaftlichen Arbeiten verrichten.

Kindertagesstätten wurden geschlossen, und gleichzeitig wurde jede Art der Geburtenkontrolle durch die *ulama* verboten. Die Mullahs erklärten, daß die Fortpflanzung von größter Wichtigkeit sei, vor allem, weil die Verluste aus dem achtjährigen Krieg gegen den Irak wieder ausgeglichen werden müßten. Die Geburtenrate stieg sprunghaft an, und die Bevölkerungszahl des Landes wuchs von siebenunddreißig Millionen im Jahr 1978 auf heute beinah sechzig Millionen an. Als das iranische Bevölkerungswachstum beinahe vier Prozent erreicht hatte und damit das größte in der Welt war, hoben die Geistlichen das Verbot wieder auf. Trotzdem ist es auch heute noch in vielen Landesteilen schwierig, an empfängnisverhütende Mittel zu kommen.

Khomeini senkte das Heiratsalter für Frauen von achtzehn auf dreizehn Jahre, erlaubte es jedoch schon Mädchen im Alter von neun, in einigen Fällen sogar von sieben Jahren, zu heiraten, wenn ein Arzt bestätigte, daß es geschlechtsreif sei. »In seinem Buch ›Tahrir Al'Vassilih‹ beschreibt Khomeini die rechtlichen Voraussetzungen für den Geschlechtsverkehr mit Kindern«, berichtete eine Rechtsanwältin, die besorgt registriert, daß seit diesem Erlaß viele Kindsbräute sterben. »In den Dörfern, in denen am häufigsten Kinder verheiratet werden, sehen sich die Ärzte das Mädchen oft gar nicht an. Sie verlassen sich auf die Aussage der Familie, daß das Kind körperlich reif genug sei, um heiraten zu können. Die Folge ist, daß die Mädchen bei diesem erzwungenen Geschlechtsverkehr verletzt werden. Sie bekommen danach Wundinfektionen und sterben. Nur wenn das Mädchen noch keine sieben Jahre alt ist, ist der Geschlechtsverkehr dem Ayatollah zufolge verboten.«

Die Anwältin wollte nicht, daß ich ihren Namen veröffentliche, denn es war den Frauen erst kürzlich wieder gestattet worden, in der Justiz zu arbeiten. Weibliche Rechtsanwälte und Richter waren zu Beginn der Revolution mit einem Berufsverbot belegt worden. Und im Iran gibt es auch heute noch ausschließlich männliche Richter, von denen die meisten Mullahs sind.

Das Regime hat noch weitere Veränderungen angeordnet, die sich auf die Ehe beziehen. So darf sich zum Beispiel ein Mann ohne Einwilligung seiner Frau von ihr scheiden lassen – er ist nicht einmal verpflichtet, sie vorher zu informieren. Eine Frau kann sich dagegen so gut wie überhaupt nicht scheiden lassen. »Die Frauen haben nicht das Recht, eine Scheidung einzureichen, weil sie dazu neigen, emotionale oder irrationale Entscheidungen zu treffen«, erklärte der oberste Richter des Iran, Ayatollah Ali Moghtadai 1992. Das Gesetz, demzufolge der Mann erst die Einwilligung seiner Frau haben mußte, bevor er sich eine zweite Frau nehmen konnte, wurde abgeschafft. Wenn ein Kind älter als zwei Jahre war, bekam der Vater automatisch das Sorgerecht. Und wenn der Mann starb, wurde das Kind dem Großvater väterlicherseits zugesprochen. Im Iran betrachtet man bis zum heutigen Tag die Mutter nicht als geeignete Person für die Erziehung des Kindes. Und im Fall einer Scheidung erbt der Vater des Mannes nach dessen Tod den gesamten Besitz.

Unter Khomeini war Ehebruch ein gravierender Verstoß gegen das Gesetz und wurde mit Peitschenhieben oder Tod durch Steinigung bestraft. Der Mann hatte das Recht, seine Frau zu töten, wenn sie ihm untreu gewesen war. Das hat dazu geführt, daß mitunter Frauen umgebracht wurden, nur weil ihre Männer den Verdacht hatten, sie seien untreu gewesen.

Auch heute noch werden Paare auf der Straße oder in ihrem Auto angehalten und nach ihren Papieren gefragt. Sie müssen beweisen, daß sie eng verwandt sind, also Vater und Tochter, Bruder und Schwester oder Ehemann und Ehefrau. Männer und Frauen, die nicht miteinander verwandt sind, dürfen nicht gemeinsam ausgehen. Frauen ist es nicht gestattet, sich ein Fußballspiel anzusehen, weil die Spieler Shorts tragen. Selbst die Skipisten sind im Iran nach Geschlechtern getrennt, obwohl die Frauen auch über den dicken Skianzügen noch ihre islamische Kleidung tragen müssen.

Wenn eine junge, unverheiratete Frau auf einer Party erwischt wird, muß sie sich automatisch einem Jungfräulichkeitstest unterziehen. Wenn sich dabei herausstellt, daß sie nicht mehr unberührt ist, wird sie mit hundert Peitschenhieben bestraft, es sei denn, sie heiratet den Mann, mit dem sie auf der Party war. Im Herbst 1991 machten die Wächter der Revolution eine Razzia in einem Privathaus im Teheraner Stadtteil Zafaraniyeh und verhafteten siebzig junge Leute im Alter zwischen sechzehn und dreiundzwanzig. Der Vorfall stand damals in allen Zeitungen. »Die Mädchen trugen kurze Röcke, und man fand geringe Mengen Alkohol«, erzählte Mehnaz, dessen Schwester dabeigewesen war. »Sie tanzten nicht einmal nach geschmuggelten westlichen Kassetten, was häufig geschieht. Trotzdem wurden alle in Gewahrsam genommen und sieben Tage lang festgehalten. Die Mädchen wurden in ihren Miniröcken fotografiert, um ihre moralische Dekadenz zu dokumentieren. Dann mußten sie sich einem Jungfräulichkeitstest unterziehen, und fünf von ihnen, die nicht mehr unberührt waren, wurden gezwungen zu heiraten. Die Behörden glauben offenbar, wenn man alles legalisiert, ist es auch in Ordnung.«

Während der Revolution ging die islamische Republik anders mit kompromittierten Jungfrauen um: Man warf sie ins Gefängnis und verurteilte sie nach den Gesetzen gegen »un-islamisches Verhalten« zum Tode. Da man jedoch glaubt, daß Jungfrauen – genau wie Märtyrer – nach dem Tode automatisch ins Paradies kommen, schafften die Mullahs Abhilfe. Das Regime erließ ein Gesetz, wonach unverheiratete Mädchen oder Frauen, die zum Tode verurteilt worden waren, erst ihre Jungfräulichkeit verlieren mußten. Das geschah entweder durch Vergewaltigung oder durch eine provisorische *mut'a*-Ehe mit einem der Gefängniswärter. Die Methode wurde 1986 in einem Bericht von Amnesty International angeprangert. Wie viele solcher Fälle vollstreckt wurden, ist nicht bekannt, in den ersten drei Jahren der Revolution wurden jedoch zwanzigtausend Mädchen und Frauen hingerichtet. Khomeini setzte das Mindestalter für eine Hinrichtung bei Mädchen auf neun und bei Jungen auf sechzehn Jahre fest.

Provisorische *mut'a*-Ehen sind nur im schiitischen Islam erlaubt; die Sunniten haben sie schon im siebten Jahrhundert abgeschafft. Solche Ehen sind Verträge, die zwischen zwei Menschen geschlossen werden und so lange gültig sind, wie es das Paar wünscht, von »einer Stunde bis zu neunundneunzig Jahren«. Wenn die festgesetzte Zeit abgelaufen ist, endet die Verbindung, ohne daß eine Scheidung erforderlich ist. Ein schiitischer Mann kann zusätzlich zu den vier Frauen, die er nach muslimischem Recht beanspruchen kann, so viele *mut'a*-Frauen haben, wie er will. Einer unverheirateten Schiitenfrau ist jeweils nur eine provisorische Ehe erlaubt.

Mut'a-Ehen waren ursprünglich für Männer gedacht, die entweder im Krieg waren oder monate-, möglicherweise sogar jahrelang mit einer Karawane unterwegs waren. Da sie ihre Familie nicht mitnehmen konnten, hatte man diese Form der Ehe eingeführt, um die Prostitution zu vermeiden. Unter dem Schah wurde dieser Brauch abgeschafft, von Khomeini jedoch wieder eingeführt; er bezeichnete ihn als ein »ausgezeichnetes Gesetz des Islam« und als eine geeignete islamische Lösung für das »Bedürfnis« der Männer nach vielen Sexualpartnern. Präsident Rafsandschani zog sich 1990 den Zorn der iranischen Frauen zu, als er diese provisorischen Ehen befürwortete und sie für nicht un-islamisch erklärte.

Heute wird es von der iranischen Gesellschaft stillschweigend geduldet, daß *mut'a*-Ehen vor allem von Prostituierten bevorzugt werden. Keiner der Mullahs hat jemals ein Wort darüber verloren, daß auf diese Weise der Verbreitung von Aids Vorschub geleistet wird, obwohl die iranischen Gesundheitsbehörden bestätigen, daß es in diesem Land mindestens achtzehn bekannte Aidsfälle gibt. Daß sie den Kontakt zur realen Welt verloren habe, ist ein Vorwurf, der der iranischen Mullah-Regierung oft gemacht wird. Die Funktionen des Staates werden von Männern bestimmt, die in ihrem Leben kaum gereist sind, deren Ausbildung sich nur auf den schiitischen Glauben bezieht und die ihr ganzes Leben lang ihre Kraft vornehmlich in den Dienst des Islam gestellt haben.

Nachdem Khomeini ein Gesetz erlassen hatte, das für Prostitution die Todesstrafe durch Steinigen vorsieht – und zwar ohne Gerichtsverhandlung –, machte der älteste Beruf der Welt die *mut'a*-Ehe zu seiner

neuen Geschäftsgrundlage. Die ersten beiden Frauen, die nach der
Machtübernahme durch das Regime wegen Prostitution hingerichtet
wurden, grub man bis zum Hals ein. Dann bewarf man ihre Köpfe mit
kleinen Steinen, damit sie möglichst langsam starben. Trotz dieser
grausamen Bestrafung hat die Prostitution im Iran in der letzten
Zeit zugenommen. Das ist vor allem auf die schlechte wirtschaftliche
Lage zurückzuführen, die die Frauen dazu zwingt, wenn sie überleben
wollen.

Trotz der zahlreichen Einschränkungen lassen sich die iranischen
Frauen nicht einschüchtern. Sie gehören zu den gebildetsten muslimischen Frauen, nehmen kein Blatt vor den Mund und wissen, was
sie wollen. Nazila Noebashari lernte ich zwei Tage vor ihrer Hochzeit
kennen. Sie ist eine dynamische, intelligente Frau im Alter von sechsundzwanzig Jahren und Geschäftsführerin in der Firma ihres Vaters.
An diesem Nachmittag war sie bei ihrem Anwalt gewesen und hatte mit
ihm einen Ehevertrag aufgesetzt, in dem ihr das Recht auf Scheidung
zuerkannt wurde. »Das mag kurz vor der Hochzeit ein wenig seltsam
erscheinen«, sagte sie mir, »aber wenn ich nicht das verbriefte Recht
habe, mich scheiden zu lassen, müßte ich den Beweis antreten, daß
mein Mann geisteskrank geworden ist oder schon seit Jahren nicht
mehr mit mir zusammenlebt, bevor ein Gericht in die Scheidung einwil-
ligen würde.

Eine meiner Freundinnen versucht seit drei Jahren, sich scheiden zu
lassen, aber das Gericht hat bis jetzt seine Zustimmung verweigert. Ihr
Mann ist nach Amerika gegangen, und als sie ihm nachgereist ist, hat er
sie nicht einmal am Flughafen abgeholt. Er trieb sich jede Nacht mit
anderen Frauen herum und zog schließlich zu einer dieser Frauen, die
von ihm auch ein Kind bekommen hat. Er will zwar nichts mehr von
seiner Frau wissen, aber er ist auch nicht bereit, sich scheiden zu lassen.
Da die Ehe von den Eltern arrangiert worden war, wollte er seiner
Familie den Ärger ersparen. Die Frau kann nichts machen. Sie steckt in
einer Sackgasse. Ich möchte nicht, daß mir so etwas passiert. Die
Scheidung ist ein Recht, das den muslimischen Frauen vor vierzehnhundert Jahren zuerkannt worden ist.

In der Firma habe ich das Recht, Schecks über hohe Summen und

wichtige Verträge zu unterzeichnen, also muß ich auch das Recht
haben, mich scheiden zu lassen, wenn meine Ehe nicht mehr in Ordnung ist. Ich weiß, daß mein Verlobter das nicht so leicht verdauen
wird. Er wird wütend sein, aber ich hoffe, daß er mich letzten Endes
doch versteht. Schließlich will ich mich ja nicht schon morgen scheiden
lassen. Vielleicht will ich mich auch nie scheiden lassen. Aber ich bin
keine Frau aus dem Mittelalter und hoffe, daß er das, was ich getan
habe, respektieren wird.«

Nazila lehnte sich zurück und lächelte. »Lassen Sie sich nicht ein-
reden, daß im Leben der iranischen Frauen alles nur negativ wäre. Wir
unternehmen immer noch eine Menge, und wir reisen immer noch.
Unter unseren Manteaus ziehen wir uns so an, wie es uns gefällt. Meine
Mutter zieht sich zum Beispiel zu Hause wie eine Herzogin an.« Nazila
sah aus, als kaufe sie ihre Sachen in der neusten In-Boutique ein; mit
ihrer Kombination aus Hose und Pullover erinnerte sie an eine Yuppie-
Frau. Die Pilotenbrille und ihr elektronisches Notizbuch, das sie immer
bei sich hatte, verstärkten diesen Eindruck noch. Sie lächelte noch
einmal: »Meine Mutter ist bei uns zu Hause die Alleinherrscherin.«

Und dann machte sie eine Bemerkung, die ich schon von vielen
Iranerinnen gehört hatte: »Ich glaube, persische Ehemänner unterscheiden sich sehr von den arabischen. In den persönlichen Beziehungen zueinander sind Mann und Frau hier mehr gleichberechtigt. Es
kommt nicht selten vor, daß der Mann das Baby trägt. Ehepaare
unternehmen viele Dinge gemeinsam – das ist in der arabischen Welt
nur selten der Fall. Sogar Mißhandlungen von Ehefrauen kommen bei
uns seltener vor.«

Auch die zweiundfünfzigjährige Mina hält die iranischen Frauen für
stark. Ihr Mann ist Professor, und sie selbst war ebenfalls Hochschullehrerin. Zu Beginn der Revolution fiel sie einer »Säuberungsaktion«
zum Opfer. »Anfang 1980 kam ich eines Tages in die Universität und
fand meinen Namen auf einer Liste von Leuten, die für die Arbeit an
einer Hochschule nicht geeignet seien. Ich drehte mich auf dem Absatz
um, verließ das Gebäude und ging nie wieder hin. Ich fragte nicht
einmal, warum. Mein Mann verlor seine Stellung auf ähnliche Weise.
Er wurde jedoch gut damit fertig. Ich kann mich erinnern, daß er sagte:
›Es ist völlig in Ordnung, daß sie uns hinauswerfen. Wir gehören nicht

zu ihnen oder ihrer Bewegung. Jetzt müssen sie selbst sehen, wie sie ihren Platz, ihre Position finden.‹

In den nächsten drei Jahren konnten wir nicht arbeiten und hatten daher auch kein Einkommen. Zum Glück hatten wir unser Haus schon vor Jahren gebaut. Obwohl wir von meinen Schwiegereltern unterstützt wurden, war es für uns eine sehr schwere Zeit, wir mußten viel durchmachen. Es war unser Persepolis, wie ich es nannte [die alte Hauptstadt von Persien wurde von Alexander »dem Großen« dem Erdboden gleichgemacht]. Mein Mann beklagte sich nie und hat nie mit seinem Schicksal gehadert.

Aber ich beobachtete die Männer meiner Freundinnen, die ähnliches erlebt hatten. Vor allem die, die leitende Angestellte gewesen waren oder einen Posten bei der Regierung gehabt hatten. Mit ihren Stellungen verloren sie auch jede Orientierung. Nachdem sie ihre Privilegien verloren hatten, waren sie wie betäubt. In der Stadt konnte man Männer herumlaufen sehen, die wie in Trance waren. Der Schlag war so plötzlich gekommen, daß sie nicht damit fertig wurden und in vielen Fällen wie gelähmt waren.

Von einem Tag auf den anderen mußten die Frauen dieser Männer die Familien ernähren, auch die, die vorher nie gearbeitet hatten. Sie machten Heimarbeit, kochten, nähten, stellten Dinge her, nur damit die Familie etwas zu essen hatte. Die Frauen wurden zum Mittelpunkt der Familie und sorgten für den Zusammenhalt. Ich war erstaunt, wie stark und einfallsreich sie waren. Ich bin nicht sicher, ob sich die Männer aus dieser Gesellschaftsschicht schon von dem Schock erholt haben. Die Frauen sind jedenfalls selbstbewußter geworden. Die Unterdrückung hat ihren Überlebenswillen gestärkt.«

Mina und ihr Mann bauten sich ebenfalls ein neues Geschäft auf, sie bat mich jedoch, es nicht näher zu beschreiben, weil man sie dann identifizieren könne. »Wissen Sie, die islamische Revolution hat uns viel gekostet, sie hatte jedoch zweifellos auch ein paar Vorteile. Sicher haben wir vorher in größerem Wohlstand gelebt. Die Ausbildung der Kinder war besser, sie waren besser genährt, das Gesundheitswesen war besser. Unter den Mullahs sind diese Institutionen im Iran zusammengebrochen. Zur Zeit des Schah war das Leben jedoch in jeder Beziehung ein einziger großer Schwindel. Moralisch und geistig war

diese Nation bankrott. Die Revolution war wie eine Prüfung, bei der
wir herausfinden konnten, was real war und was nicht. Vor allem
Freundschaften wurden während dieser Zeit auf eine harte Probe
gestellt.

Ja, der Preis der Revolution war sehr, sehr hoch. Aber die Iraner
haben auch Werte wiederentdeckt, so ihre Würde und bestimmte
Prinzipien, die in Vergessenheit geraten waren.«

Mina, deren Freundeskreis sich aus Akademikern, Schriftstellern
und Künstlern zusammensetzt, schreibt der Revolution das Verdienst
zu, zur Wiederbelebung der iranischen Kultur beigetragen zu haben.
»Künstlerisch und kulturell ist das Land unter dem Schah verarmt«,
sagt sie. »Das Leben drehte sich ausschließlich um materielle Dinge – es
ging nur darum, Geld auszugeben. Die Iraner waren in dieser Zeit
dekadent und oberflächlich. Die Leute gingen von den Partys in die
Nachtclubs, von da in die Disco und dann in die Bar. Und in der
übrigen Freizeit saßen sie vor dem Fernseher und schauten sich irgendwelchen Mist an. Da das heute alles nicht mehr möglich ist, haben sie
angefangen zu lesen. Sie versuchen dahinterzukommen, was schief-
gelaufen ist. Heute sind sie daher auch viel besser informiert.

Wir haben bei der Kritik unserer Feinde so große Vorurteile, daß
wir vergessen, daß sie vielleicht auch einige positive Seiten haben. Wir
denken nur an den Schmerz, an die Verzweiflung und das Blutvergießen – und all das hat die islamische Revolution gebracht. Es hat Zeiten
gegeben, da ist uns das Ganze wie ein Alptraum vorgekommen. Vielleicht ist es jedoch so, daß man erst einmal krank werden muß, um
richtig gesund werden zu können.«

Moniroo Ravanipoor, eine bekannte iranische Schriftstellerin, die
eigentlich allen Grund dazu hätte, das Regime zu kritisieren, sieht
trotzdem auch die positiven Seiten. Zu Beginn der Revolution war die
heute Achtunddreißigjährige eingesperrt worden, und vor kurzem hat
man ihre Bücher verboten. Trotzdem sagt sie noch heute: »Der Schah
hat uns immer nur Illusionen vorgegaukelt. Der Iran war wie ein
baufälliges Gebäude, das jeden Augenblick einzustürzen drohte, und
die Schahregierung hat die Schäden immer wieder mit Farbe überpin-
selt. Die Revolution hat die Farbe weggekratzt, so daß die wirkliche
Konstruktion sichtbar wurde und wir erkennen konnten, daß sie nicht

stabil war. Vor dreizehn Jahren standen wir am Abgrund. Heute sind
wir stärker.«

Im Oktober 1992 kam von unerwarteter Seite ein Aufruf an die iranischen Frauen, ihre Lage zu verbessern. Er stammte von Zahra
Moustafavi, Khomeinis Tochter, Professorin für Philosophie an der
Universität Teheran und Präsidentin der »Iranian Women's Association«, die zuvor stets die Lehren ihres Vaters vertreten hatte. In ihrem
Appell hieß es: »Der Islam gesteht Männern und Frauen gleiche Rechte
zu. Wenn eine Frau außerhalb des Hauses arbeiten möchte, ist ihr das
nach islamischem Recht gestattet, das Hindernis ist nur ihr Mann ... Es
sollte eine Revolution der Hausfrauen geben. Sie müssen gegen einige
der Männer rebellieren.«

Moustafavi, die sich immer noch »sehr für politische Dinge interessiert«, arbeitet an den meisten Tagen von morgens früh bis Mitternacht
und kommt oft erst um sechs Uhr abends zu ihrer wohlverdienten
Mittagspause. »Ich habe immer gearbeitet«, sagte sie, »selbst als meine
Kinder noch klein waren. Es ist mir nie in den Sinn gekommen, zu
Hause zu bleiben. Es gibt im Islam nichts, das die Frauen daran hindern
könnte, arbeiten zu gehen. Selbst während des Krieges gegen den Irak
haben sie die Männer durch ihre Arbeit tatkräftig unterstützt.«

Moustafavi beschreibt ihren Vater als einen »humorvollen, freundlichen und liebevollen« Mann. Während seines Exils unter dem Schah
hatte Moustafavi die Aufgabe, seine Reden aufzunehmen und die
Bänder überall im Iran zu verteilen. Heute betrachtet sie es als ihre
wichtigste Aufgabe, Familien dabei zu helfen, ein »Verständnis für die
Moral« zu entwickeln. Sie glaubt, daß es im Islam keine Diskriminierung zwischen Männern und Frauen gibt. »Wenn eine Frau die gleiche
Arbeit verrichtet wie ein Mann, soll sie auch den gleichen Lohn bekommen und die gleichen Vorteile genießen. Arbeitenden Müttern sollten
Kindergärten zur Verfügung gestellt werden, und man sollte ihnen das
Recht einräumen, an drei Tagen pro Woche halbtags zu arbeiten.«

Moustafavi äußerte sich auch zur politischen Problematik: »Die
iranische Frau hat das Recht, zu wählen und sich selbst in jedes Amt
wählen zu lassen. Wenn es bisher noch keine Frauen auf der Minister-
ebene gibt, dann nur, weil keine die erforderliche Qualifikation besaß.«

Präsident Rafsandschani hat in aller Öffentlichkeit verkündet, daß die Frauen – immerhin die Hälfte der menschlichen Arbeitskraft des Landes – voll zum Einsatz kommen sollten, um die Produktivität des Iran zu steigern. In einem Geheimbericht aus dem Jahr 1992, der von einer Sonderkommission für den »Obersten Sicherheitsrat des Iran« angefertigt worden war, steht jedoch, daß man die Frauen neben den ethnischen Minderheiten und der Korruption als potentielle Bedrohung der nationalen Sicherheit betrachtet.

Obwohl Präsident Rafsandschani 1993 wiedergewählt worden ist, hat er doch im Lauf der Zeit an Macht verloren. Er war zwar nie der liberale, progressive Politiker, als den ihn seine Anhänger im Ausland gern sahen, schien aber doch fortschrittlicher und nicht so engstirnig zu sein wie seine Kollegen. Er hatte erkannt, daß der Iran unbedingt wieder internationales Ansehen erringen mußte, um für Investoren aus dem Ausland attraktiv zu sein, denn ohne deren Mithilfe und Technologie ließ sich die Wirtschaft nicht ankurbeln. Nach seiner Wahl gab es allerdings Widerstand aus den Reihen der Geistlichkeit gegen seine Annäherung an den Westen. Die Koalition, die er gebildet hatte, brach fast sofort wieder auseinander, und führende Männer wie der Ayatollah Khamenei ließen ihn im Stich. Es gab deutliche Anzeichen dafür, daß sich seine Autorität ausschließlich auf die Wirtschaft erstreckte. Ayatollah Khamenei dagegen schien die Außenpolitik, die innere Sicherheit und die kulturellen Belange zu übernehmen – Ressorts, die auch zum Machtbereich seines Vorgängers Khomeini gehört hatten.

Etwa zur gleichen Zeit weigerten sich die Hardliner, das Todesurteil gegen den Schriftsteller Salman Rushdie aufzuheben, und verdoppelten statt dessen das Kopfgeld auf über zwei Millionen Dollar. Diese Aktion war für die westlichen Diplomaten in Teheran ein Hinweis auf den Machtkampf, der sich innerhalb der iranischen Regierung zwischen den Fremdenhassern unter den Erzislamisten und denen, die den Dialog mit dem Westen suchten, abspielte. Da Rushdie von Geburt her ein Muslim war, hatte Khomeini ihn wegen Gotteslästerung angeklagt.

Rushdies Buch »Die satanischen Verse« wurde als Beleidigung der Frauen des Propheten angesehen. Für einen Muslim war der Titel des Buches womöglich etwas unglücklich gewählt, denn »Satanische Verse« heißt eine Offenbarung, die Mohammed zuteil wurde und die, wie er erst später erfuhr, vom Teufel stammte. Hinweise auf diese Verse sind aus den meisten Koran-Ausgaben, die man kaufen kann, gestrichen worden. Im Islam gilt es als eine unverzeihliche Sünde, wenn man auf die Geschichte hinweist, die in diesen Versen enthalten ist. Ein Muslim, der sie rezitiert, begeht Gotteslästerung.

Viele Beobachter sehen die Ursache für die Rückkehr der Regierung zur Starrheit der Khomeini-Ära in der katastrophalen Lage der iranischen Wirtschaft und der galoppierenden Inflation, die in den letzten Jahren in mehreren Städten Unruhen ausgelöst hat. 1992 mußte Rafsandschani zugeben, daß man seit Bestehen des neuen Regimes nicht ein einziges der drängenden Wirtschaftsprobleme hatte lösen können. Er bestätigte, daß die Institutionen der Regierung durch Passivität und Ungewißheit blockiert seien. Die Mullahs reagieren offenbar nicht auf die Alltagsbedürfnisse der Bevölkerung, und die Iraner bringen ihren Zorn immer stärker zum Ausdruck.

Während ich im Iran war, kam es in Mashad, einer der berühmtesten Pilgerstätten des Landes, zu großen Unruhen. Man berichtete, daß 112 Menschen, die an dem Aufruhr beteiligt gewesen waren, hingerichtet worden seien. Die Stadt hatte provisorische Unterkünfte am Stadtrand zerstört und dadurch die Unruhen ausgelöst. Einige Wochen bevor ich in den Iran reiste, waren andere Städte – Täbris, Arak, Schiras, Ardebil und Natanz – Schauplatz ähnlicher Unruhen gewesen, die zur Hinrichtung zahlreicher Demonstranten und zur Verhaftung von Tausenden führten. Auch in Teheran kam es am südlichen Stadtrand wiederholt zu Unruhen, denn auch hier hatte die Regierung, ähnlich wie in Mashad, provisorische Behausungen abreißen lassen. In den Städten des Iran herrscht ein katastrophaler Mangel an erschwinglichen Wohnungen. Selbst Ehepaare, die der Mittelklasse angehören, leben in der ständigen Furcht, daß ihr Mietvertrag gekündigt werden könnte, denn die Kaution für eine durchschnittliche Wohnung beläuft sich inzwischen auf das Fünf- bis Sechsfache eines Jahreseinkommens. Für die vielen ungelernten Arbeiter, die in den letzten zehn Jahren aus den ländlichen Bezirken nach Teheran gekommen sind, sind die Hütten, die sie sich selbst bauen, die einzige Wohnmöglichkeit. Die meisten dieser provisorischen Quartiere haben weder fließendes Wasser noch Elektrizität.

Die Landflucht setzte direkt nach dem Beginn der Revolution ein. Grund war der Mangel an hochwertigem Saatgut, an Landwirtschaftsmaschinen, Werkzeugen oder Ersatzteilen und an Wasser, denn die meisten Bewässerungssysteme waren so alt, daß sie nicht mehr zu reparieren waren. Auch viele iranische Industriezweige verzeichneten einen deutlichen Rückgang der Produktion, denn durch das vom Westen verhängte Embargo war es bei der Versorgung mit Ersatzteilen zu großen Engpässen gekommen. Selbst die Statistiken des Regimes zeigen, daß die Schwerindustrie im Vergleich zu der Zeit vor der Revolution nur noch 25 Prozent ihrer Kapazität erreicht.

Ein Land, das sich vorher selbst hatte ernähren können, leidet jetzt unter großem Mangel. Als ich im Iran lebte, war es unmöglich, an Milch zu kommen. Zucker und Speiseöl waren rationiert. Es gab zwar Fleisch, aber bei einem Preis von umgerechnet acht D-Mark pro Kilo konnte es sich zum Beispiel ein Lehrer mit einem Monatsgehalt von rund 100 D-Mark nicht leisten. In dem Basar in der Nähe des Hauses, in dem ich wohnte, war Brot sehr oft knapp. Ironischerweise gab es aber Lancôme-Kosmetika, Vidal-Sassoon-Schampoo und Retin-A. In den letzten beiden Wintern stellte der Mangel an Kerosin, mit dem viele Iraner ihre Häuser beheizen, eine ganz besonders schwere Belastung dar. Die Temperaturen fallen in dieser Jahreszeit manchmal bis unter den Gefrierpunkt. Alkohol konnte man dagegen bekommen, wenn auch zu einem stolzen Preis. Der christlich-armenische Teil der Bevölkerung hat die Erlaubnis, ihn für seinen eigenen Bedarf herzustellen, und ein großer Teil davon findet seinen Weg auch zu muslimischen Abnehmern. Eine Flasche dieses aus Trauben gebrannten Schnapses kostet zwei bis drei D-Mark. Importierter Wein oder geschmuggelter Whisky kosten dagegen 100 D-Mark pro Flasche oder mehr.

Die Regierungsangestellten kommen in den Genuß einer Anzahl von Vergünstigungen, so zum Beispiel verbilligte Lebensmittel, medizinische Versorgung, Wohnungen, Sportanlagen usw. Aber selbst sie sehen sich mitunter gezwungen, zwei oder drei Jobs anzunehmen, um zurechtzukommen. Autobesitzer arbeiten als Taxifahrer, und an jeder Straßenecke stehen Männer und verschleierte Frauen und verkaufen Zigaretten, einzeln oder schachtelweise. Die Zahl der Obdachlosen ist in Teheran gestiegen, und ich wurde häufig von bettelnden Männern und Frauen angesprochen.

Eine Ärztin berichtete mir: »Unser Land hat enorme Ressourcen und verfügt über gut ausgebildete Techniker und Spezialisten. Trotzdem müssen wir heute vor einer Operation die Familie des Patienten bitten, die nötigen medizinischen Hilfsmittel zu beschaffen; wir haben nicht einmal Operationskittel. Außerdem herrscht ein dramatischer Mangel an Spritzen und an Insulin. Die ungebildeten Mullahs in der Regierung haben offensichtlich keine Ahnung, wie man ein Land regiert, statt dessen wirtschaften sie es in Grund und Boden. Die große ›Islamische Utopie‹ ist wie eine Seifenblase geplatzt.« 1993 gab die Regierung öffentlich zu, daß die Zahl der schweren, oft tödlichen Krankheiten wie Tuberkulose, Milzbrand und Tollwut in alarmierender Weise zugenommen hat.

Der offizielle Wechselkurs des US-Dollar liegt bei 70 Rial. Als ich dort war, bot man auf dem schwarzen Markt über 1400 Rial für einen Dollar – das Zwanzigfache.

Eine Gruppe, die sich zutraut, das Land besser zu regieren, und die 1992 auch vom US-Congress unterstützt wurde, ist der Nationalrat der Widerstandsbewegung, der zum größten Teil aus den »Volks-Mudschaheddin des Iran« besteht. Diese Organisation, die über eine Nationale Befreiungsarmee von vierzigtausend Mann verfügt und 1965 als Widerstandsgruppe gegen den Schah gegründet worden war, wurde jedoch viele Jahre lang vom Ausland kaum zur Kenntnis genommen. Als islamische Bewegung, die sich der weltlichen Demokratie verschrieben hatte, widmete sie sich dann dem Sturz des Mullah-Regimes, das ihrer Meinung nach das iranische Volk verraten hat. »Die Mullahs befinden sich in einer großen Krise«, sagte Mohammad Mohadessin, der »Außenminister« der Bewegung. »Die Wirtschaft steht kurz vor dem totalen Zusammenbruch, die Auslandsverschuldung ist enorm, und die Inflationsrate liegt bei 50 Prozent. Und was die Arbeitslosigkeit anbetrifft, so ist sie ausschließlich das Werk der Mullahs.«

Die Mudschaheddin-Organisation wird von Massoud Rajavi und seiner Frau Maryam gemeinsam geführt. Maryam Rajavi ist neununddreißig, war vorher Metallurgin und hat mit dazu beigetragen, die iranischen Frauen gegen zwei repressive Regime zu mobilisieren. Nargass, eine ihrer Schwestern, ist 1975 von der Geheimpolizei des Schah hingerichtet worden. Massoumeh, eine weitere Schwester, die damals gerade schwanger war, wurde gemeinsam mit ihrem Ehemann vom Khomeini-Regime hingerichtet. Und wenn man Maryam fassen würde, würde sie das gleiche Schicksal erwarten.

Die Organisation, zu der sich viele gebildete Iraner hingezogen fühlten, kann für sich in Anspruch nehmen, daß 40 Prozent ihres Zentralen Exekutivrates, ein Drittel ihrer Armee und die Hälfte ihrer militärischen Führung aus Frauen besteht. Als Stellvertreterin des Oberkommandierenden war Maryam Rajavi für die technische Modernisierung der seit sechs Jahren bestehenden Befreiungsarmee NLA verantwortlich. Wenn man die Organisation mit anderen Widerstandsgruppen der Welt vergleicht, stellt sie einen eindrucksvollen Machtfaktor dar. Maryams Streitkräfte sind im Osten des Irak stationiert, direkt an der Grenze zum Iran. Sie verfügen über hundertvierzig Panzer britischer, sowjetischer und chinesischer Herkunft, und es gibt komplette Panzerbesatzungen, die ausschließlich aus Frauen bestehen. Außerdem verfügt die Organisation über schwere Artilleriegeschütze, Dutzende von Schützenpanzern und mehrere Raketenwerferbatterien – einen großen Teil dieser Waffen nahm man iranischen Regierungstruppen ab.

Die NLA hat in der Vergangenheit bereits mehrere erfolgreiche militärische Aktionen gegen das Regime durchgeführt. Bei der bisher größten Offensive im Jahr 1988 war man hundertfünfzig Kilometer weit auf iranisches Territorium vorgedrungen. Militärbeobachter berichten, daß es die einzige Armee der Welt sei, die Frauen bei Kampfhandlungen in vorderster Linie einsetze. In vier Tagen verloren die Mudschaheddin elfhundert Soldaten, darunter viele Frauen, und ihren eigenen Angaben zufolge konnten sie den iranischen Streitkräften hohe Verluste beibringen. Man sprach von Tausenden von Verwundeten oder Toten.

Die weiblichen Mudschaheddin der NLA lassen Rafsandschanis Äußerungen über Frauen wie eine Farce erscheinen. In einem Interview, das 1986 in einer iranischen Zeitung veröffentlicht wurde, sagte er: »Das Regime ist der Meinung, daß Männer in jeder Beziehung stärker und besser sind als Frauen. Die Unterschiede zwischen Männern und Frauen, die sich auf Körpergröße, Robustheit, Stimme,

Wachstum, Muskulatur, Körperkraft, Ausdauer und Anfälligkeit für
Krankheiten beziehen, zeigen, daß Männer in all diesen Aspekten
stärker sind und mehr leisten können als Frauen. Männer beachten
stets die Gesetze der Vernunft und der Logik, während Frauen zur
Emotionalität neigen. Beim Mann ist der Beschützerinstinkt stärker
entwickelt, und er ist mutiger. Diese Unterschiede wirken sich auf die
Delegation der Verantwortung und auf die Rechte und Pflichten
aus.«

Das iranische Regime betont immer wieder, daß die Frau sich vor
allem um den Haushalt und um die Kinder kümmern sollte. »Das ist
auch der Grund, warum man in den Entscheidungsgremien der Legislative und Exekutive keine Frauen findet«, sagt Maryam Rajavi, »und
warum es im Parlament nur wenige Frauen gibt – und die teilen alle die
Meinung der Mullahs.«

Ihrer Meinung nach reicht es nicht aus, wenn man die Gleichberechtigung nur rechtlich absichert. »Die Gleichberechtigung muß in
allen Sparten des politischen und gesellschaftlichen Lebens sowie innerhalb der Familie in einer realistischen, nicht formalistischen Weise
umgesetzt werden. Die Rechte der Frau sollten nicht aus Mitleid oder in
einem rein theoretischen Sinn beachtet werden, sondern auf der
Grundlage ihrer tatsächlichen Gleichheit mit den Männern.«

Seit einiger Zeit betreiben die »Volks-Mudschaheddin« des Iran eine
Kampagne, »um die enormen Waffenkäufe des Regimes, darunter nukleare und chemische Waffen, anzuprangern«. Rafsandschani räumte
ein, daß die Ausgaben für die Rüstung zur Zeit einen größeren Teil des
Staatshaushalts ausmachen als während des achtjährigen Kriegs gegen
den Irak. 1992 erhielt der Iran drei russische U-Boote der Stealth-Klasse
und verhandelt noch über den Kauf von drei weiteren. Beobachter des
Iran befürchten, daß diese superleisen U-Boote im Persischen Golf und
in den angrenzenden Wasserstraßen, durch die das Öl für die Industrie-
nationen transportiert wird, ein Chaos anrichten könnten. Der Iran hat
darüber hinaus eine große Zahl von MiG-Jägern und Sukhoi-Bombern
sowie Hunderte von nordkoreanischen Scud-Raketen und über vierhundert supermoderne Panzer und gepanzerte Fahrzeuge gekauft. Als
die deutsche Regierung von den Mudschaheddin erfuhr, daß der Iran
außerdem über ein Programm zur Herstellung von Atomwaffen ver-

fügt und dabei von China unterstützt wird, beendete sie offiziell die nukleare Kooperation mit dem Regime.

Das Geld für diese Aufrüstung stammt aus der iranischen Öl-Industrie, die zur Zeit etwa 58 Prozent der vorrevolutionären Kapazität erreicht. Ein europäischer Diplomat bemerkte dazu: »Die iranische Ölindustrie befindet sich in großen Schwierigkeiten und ist weit davon entfernt, ihr altes Niveau zu erreichen. Die Produktion ist von 6 Millionen Barrel täglich auf 3,5 Millionen gesunken. Die Weltmarktpreise für Öl liegen inzwischen bedeutend niedriger, die Förderkosten sind gestiegen, und das Land weist in der gleichen Zeit einen Bevölkerungszuwachs von 62 Prozent auf.« Der wichtigste Kunde für iranisches Öl ist Japan, und seit 1993 wird außerdem Kuba beliefert.

Hohe Regierungsbeamte der Vereinigten Staaten bestätigen, daß der Iran der ehemaligen Sowjetunion zwei große Atomreaktoren abkaufen will. Alireza Jafarzadeh, ein Sprecher der Mudschaheddin in Washington, berichtete: »Eine Anzahl von Atomexperten aus den Republiken der ehemaligen Sowjetunion befindet sich im Iran, um die Verkaufsverhandlungen über das Atomprojekt zu führen.«

Kurz nach diesen Enthüllungen forderten das amerikanische Repräsentantenhaus und der Senat, den Nationalrat der Widerstandsbewegung des Iran zu unterstützen. In einer Verlautbarung des US-Congress aus dem Jahr 1992 hieß es: »Der NCR und der NLC, hinter denen die Bevölkerung des Landes steht und die Streiks und Demonstrationen im Iran organisieren, sind in der Lage, Freiheit und Demokratie im Iran wieder einzuführen. Da die Wirtschaft des Landes am Boden liegt und der Iran von inneren Krisen erschüttert wird, muß das Rafsandschani-Regime stärker als je zuvor einem Frieden in der Region Widerstand entgegensetzen und Terrorismus und Fundamentalismus nach außen exportieren ... Die dramatische Zunahme öffentlicher Hinrichtungen im Iran und eine neue Welle der Unterdrückung der Frauen sowie der Terrorismus im Ausland haben dem Mythos von der gemäßigten Linie Rafsandschanis ein Ende bereitet.«

Mitte 1993 nahm die Clinton-Regierung der iranischen Widerstandsbewegung gegenüber eine abwartende Haltung ein. Seit der Schah seine Opposition damals als sozialistisch angeprangert hatte, weigerte sich das US-Außenministerium, Delegationen des NCR zu empfangen. Kurz bevor Al Gore Vizepräsident wurde, hatte er sich jedoch mit der Führung der Mudschaheddin getroffen. Berichte über die massive Aufrüstung des Iran durch seine Hardliner-Regierung ließen die Vereinigten Staaten zu dem Schluß kommen, daß man das Land – ähnlich wie den Irak – so lange politisch und wirtschaftlich isolieren müsse, bis es seine Aufrüstung einschränke. Vor allem müsse der Iran sein Interesse an Atomwaffen und die Unterstützung des fundamentalistischen Terrorismus in der islamischen Welt aufgeben.

In den letzten Jahren haben militante Terroristen, die im Iran ausgebildet worden waren, Anschläge in Ägypten verübt und mit Hilfe der »Hamas« und der libanesischen »Partei Gottes« versucht, die Nahost-Friedensgespräche durch terroristische Anschläge zu torpedieren. In den Staaten Zentralasiens, die erst vor kurzem ihre Unabhängigkeit erlangt haben, hat sich der Iran außerdem politisch etabliert. Ein weiteres Ziel ist das islamische Afrika: Wenn es nach den Wünschen des Teheraner Regimes ginge, würde vom Sudan bis nach Algerien eine Kette von islamisch-theokratischen Staaten entstehen.

Am 4. Juni 1992 beging man im Iran Khomeinis dritten Todestag. Ich schloß mich der Menge der Trauernden an, die zu seinem Grab pilgerte. Sima und Qasim, ein junges Ehepaar, das mir angeboten hatte, mich mitzunehmen, schlug vor, schon früh aufzubrechen. Sima warnte mich: »Bitte tragen Sie nur schwarze Sachen, keinen Schmuck, kein Make-up, nicht einmal Maskara. Und Sie müssen Ihr Kopftuch ganz fest um die Stirn binden. Es wäre schlecht, wenn Sie ausgerechnet dort dabei erwischt würden, daß Ihr Haar sichtbar wird.«

Als wir durch Teheran fuhren, wachte die Stadt gerade auf. Behesht-e-Zahra, der riesige Märtyrerfriedhof, auf dem Khomeini begraben ist, liegt im Süden Teherans. Die Regierung will aus dem Gebiet um das Mausoleum Khomeinis einen Park machen und dort eine religiöse Universität, Hotels und ein großes Einkaufszentrum bauen. Die Bewohner der Slums von Teheran meinen, das Geld wäre besser angelegt, wenn man ihnen dafür Wasserleitungen und Elektrizität in ihre Behausungen legen würde.

Behesht-e-Zahra ist die letzte Ruhestätte von Tausenden der Million Gefallenen aus dem Krieg gegen den Irak; einige von ihnen sind nur zwölf Jahre alt geworden. An diesem Tag brauchten wir für die Fahrt von meinem Haus aus zweieinhalb Stunden, normalerweise wäre man in fünfundvierzig Minuten dort gewesen. Als wir das Industriegebiet der Stadt erreicht hatten, gerieten wir in einen riesigen Stau, in dem Hunderte von Bussen, Lastwagen, Personenwagen und Taxis festsaßen. Alle waren vollgepackt mit schwarzgekleideten Gestalten, und alle fuhren in dieselbe Richtung.

Tausende von Familien kampierten schon seit Tagen auf dem Friedhof und hatten Decken, Proviant, Wasserbehälter und die roten Einkaufskörbe aus Plastik auf den Fußwegen zwischen den Gräbern ausgebreitet. Wir kamen an der berüchtigten Blutfontäne vorbei, die während des gesamten Krieges gegen den Irak grausig-realistisch blutrotes Wasser ausgespuckt hatte, mit dem das Blut der Gefallenen symbolisiert werden sollte.

Sima, Qasim und ich mischten uns unter die ernste, schwarzgekleidete Trauergemeinde. Bald begann eine lange Kette von lautsprecherbewehrten *pasdarans*, die Leute zu sortieren: die Männer rechts, die Frauen links. Im Iran wird nach Geschlechtern getrennt getrauert. Als man uns auf dem großen Platz zusammengetrieben hatte, der für die Frauen reserviert war, änderte sich die Stimmung der Menge. Tausende von Frauen packten ihre Decken oder Plastikmatten aus und hockten sich in Familiengruppen zusammen. Sie waren von Horden schmuddeliger Kinder umgeben, und selbst die ganz kleinen Mädchen trugen *tschadors*. Außerdem hatten die meisten von ihnen Plakate mit dem Bild Khomeinis in der Hand. An jeder Moschee-Wand hingen zwanzig Meter lange Bänder, auf denen Khomeini manchmal als lieber Onkel, manchmal aber auch als zorniger Greis abgebildet war. Trotz dieser Porträts und trotz der schweigsamen Wächter der Revolution, die versuchten, die Menge unter Kontrolle zu behalten, erinnerte der Platz bald an ein Picknick aus einer Fellini-Inszenierung, und es kam so etwas wie Feiertagsstimmung auf.

Eine ältere Frau, die nur noch zwei Zähne im Mund hatte, von denen der eine ein Goldzahn war, bot mir ein Stück von ihrem groben Brotfladen und selbstgemachten Joghurt aus einem schmuddeligen weißen Tuch an. Beides schmeckte bedeutend besser als das, was wir in Teheran gegessen hatten. Sie erzählte mir, daß sie mit dem Bus aus ihrem Dorf hergekommen sei und schon seit drei Tagen auf dem Friedhof warte. »Die Fahrt hat siebzehn Stunden gedauert«, sagte sie, »eine weite Reise, aber es hat sich gelohnt. Ich komme jetzt schon zum drittenmal hierher.« Mit ihrer schwieligen Hand ergriff sie meine und sagte: »Der Imam im Himmel kann sehen, daß der Iran ihn nicht vergessen hat. Dies war vorher ein gottloses Land. Imam Khomeini hat uns vor der ewigen Verdammnis bewahrt. Er hätte die ganze Welt retten können, aber leider starb er zu früh. Er ist der heiligste Mann, den dieses Land je gesehen hat, solange ich lebe. Und er fehlt mir. Der ganze Iran vermißt ihn.«

Während ich da saß, berührten die Frauen um mich herum den Boden mit ihrem Kopf und beteten. Mir wurde plötzlich bewußt, daß der Iran ein muslimisches Land ist, in dem man außerhalb der Moscheen und Häuser selten jemanden beten sieht. Wenn die Zeit zum Gebet gekommen ist, kann man in anderen muslimischen Ländern häufig betende Arbeiter am Straßenrand sehen. Aus Bussen und Autos steigen die Passagiere aus, entfalten kleine Gebetsteppiche oder Tücher und verneigen sich gen Mekka. Auch den *azan*, den Ruf des Muezzin, hört man in Teheran viel seltener. In den meisten muslimischen Ländern kann man zur Zeit des Gebets den Klang des *azan* von einer Moschee zur anderen hören. In Teheran hatten sich in den sechziger Jahren weltlich orientierte Bürger darüber beschwert, daß der Ruf des Muezzin die Babys und Kranken aufwecke. Die Moscheen wurden veranlaßt, die Lautstärke zu verringern. Das war eine der wenigen Regelungen, die der Ayatollah nicht aufgehoben hat.

In dem Innenhof, in dem der Khomeini-Altar steht, sah ich eine Gruppe von zehn Männern, die auf ihren Rücken Kanister trugen und die Menge mit einer Flüssigkeit einsprühten. Ich fragte mich, ob der Ayatollah, ähnlich wie Rafsandschani, etwas gegen den Geruch der zwar treuen, aber ungewaschenen Massen gehabt hat. Rafsandschani hatte im Jahr zuvor beim Freitagsgebet von der Kanzel der Moschee der Teheraner Universität den Gläubigen gesagt, sie sollten Frömmigkeit nicht als Entschuldigung für Ungepflegtheit mißbrauchen. »In mancher Moschee ist der Geruch der nackten Füße ekelhaft«, sagte er. Die Kanister enthielten Rosenwasser, mit dem gewöhnlich die Trauernden bei Begräbnissen eingesprüht werden.

Eine junge Frau, die in der Nähe stand und von deren Gesicht nur die Augen zu sehen waren, hatte offensichtlich gehört, daß ich mit Sima englisch sprach. Sie lehnte sich schüchtern zu uns herüber und fragte in gebrochenem Englisch, wo ich herkäme und warum ich heute hier sei. »Ich bin nur hier, weil unser Schulbus uns hierhergebracht hat. Er ist zu diesem Zweck beschlagnahmt worden«, berichtete sie mir. »Die Regierung bezahlt die Busunternehmer, damit sie die Leute aus Schulen, Universitätsinstituten und Fabriken hierherbringen. Sie fahren sogar auf die Dörfer. Und die Fabrikarbeiter bekommen doppelten Lohn, damit man sicher ist, daß sie auch kommen.« Dann senkte sie ihre Stimme und fügte hinzu: »Sonst wäre wahrscheinlich niemand hier ... na ja, zumindest bedeutend weniger als heute.«

Da sie nicht sicher war, ob sie mich überzeugt hatte, fügte sie – immer noch flüsternd – hinzu: »Glauben Sie, ich würde mich zu Hause so verpacken?« Und sie lüftete ihren *tschador* und ließ mich einen Blick auf ihre Jeans und das lavendelfarbene T-Shirt werfen, die sie darunter trug. »Ich hasse das alles. Ich bin sechzehn Jahre alt, dies ist meine Zeit, meine Jugend, ich sollte mich eigentlich amüsieren. Statt dessen bin ich hier, muß mich anziehen wie eine Großmutter vom Land, um einen toten alten Mann zu betrauern, der die Schönheit und das Glücklichsein gehaßt hat. Wenn es Gottes Wille gewesen wäre, daß wir uns schwarz kleiden, daß es in unserem Leben keine Farben geben darf, warum hat er uns dann die Blumen geschenkt? Das hätte ich den toten Imam gern einmal gefragt«, sagte sie und machte eine Kopfbewegung in Richtung auf die Grabstätte.

Plötzlich merkte sie, daß Sima das Gespräch unangenehm wurde. Sie zog sich den *tschador* wieder über das Gesicht und fügte hastig hinzu: »Ich bitte um Entschuldigung, vergeben Sie mir«, und verschwand in der Menge.

So wie New York nicht Amerika ist, ist Teheran nicht der Iran. Das Land erstreckt sich fast zweieinhalbtausend Kilometer weit von Afghanistan und Pakistan im Osten bis zur Türkei und dem Irak im Westen. Als meine neue Freundin Mehri mir vorschlug, einen Ausflug nach Isfahan und Ghom zu machen, der heiligen Stadt, in der Khomeini seine Ausbildung absolviert hat, war ich einverstanden.

Teheran und Ghom sind durch eine neue Autobahn verbunden, die unter Khomeini gebaut wurde, um die Reise zu der heiligen Stadt zu erleichtern. Kurz vor Ghom führt die Strecke an dem großen Daryache-Ye-Namak (Salzsee) vorbei, der das Ende der Salzwüste markiert. Seine Oberfläche glitzert wie Schnee. In Ghom weigerte sich Mehri, mit mir eine Stadtrundfahrt zu machen. »Nein, nein, fahren Sie alleine, ich bin nicht entsprechend angezogen. Hier ist man in dieser Beziehung sehr streng«, sagte sie entschuldigend. In der Stadt trugen alle Frauen schlichte schwarze *tschadors* und *hijabs*, und die meisten verhüllten auch ihr Gesicht. Mehri befürchtete, daß ihr khakifarbener Manteau, der an einen Burberry-Regenmantel erinnerte, an diesem Ort nicht akzeptiert werden würde. »Es gibt wahrscheinlich nirgendwo auf der Welt mehr Hardliner-Mullahs als hier«, sagte sie.

Die Stadt ist schon seit Jahrhunderten das wichtigste religiöse Zentrum der Schiiten. Die Kuppeln und Minarette der zahlreichen Moscheen beherrschen das Stadtbild. Man erkennt sofort, daß hier vor allem Mullahs produziert werden. Hier hatte man in den sechziger Jahren Khomeini verhaftet und ins Exil geschickt, nachdem er schwere Unruhen gegen die Reformen des Schah angezettelt hatte, Reformen, die sich vor allem auf die Frauen bezogen.

Während des Krieges war Ghom von den Irakern mehrfach schwer bombardiert woren, denn sie wollten das geistliche Herz der Nation treffen. Wie in Teheran, das ebenfalls regelmäßig bombardiert worden war, konnte man auch hier vier Jahre nach dem Waffenstillstand kaum noch Kriegsschäden erkennen. Abgesehen von den Moscheen und den vielen Mullahs, die man auf der Straße sah, fiel vor allem auf, daß die Häuser und die Geschäfte ausschließlich islamisch grün und weiß gestrichen waren – auf Anordnung der Stadtväter.

Ghom ist eine Stadt, die sich streng an Khomeinis Maxime hält: »Im Islam gibt es keinen Spaß.« Das religiöse Zentrum und seine Bürger sind ernst. Selbst die bekanntesten Souvenirs der Stadt sind so trist, wie es der verstorbene Ayatollah gewesen ist: Leichentücher. Sie werden von den Besuchern am häufigsten gekauft, denn die islamischen Gelehrten halten die Leichentücher aus Ghom für besonders heilig. Viele Iraner heben sie für ihr eigenes Begräbnis auf.

Da nur Muslime das Heiligtum von Ghom betreten dürfen, hielten wir uns nicht lange in der Stadt auf. Mehri war erleichtert, als wir wieder zurückfuhren. Wir verließen die Autobahn und fuhren kreuz und quer durch das zumeist verdorrte, graubraun gefärbte Land. Durch Zufall gelangten wir nach Abayaneh, das ist ein Dorf, dessen Häuser aus alten, roten Lehmziegeln gebaut sind. Es ist älter als der Islam und stammt noch aus der Zeit der Feueranbeter des Zarathustra, der Religion der drei Weisen aus dem Morgenland, die nach Bethlehem gepilgert waren, um das Jesuskind zu sehen. Vor der Revolution lag dieses Dorf auf den Routen der Touristenbusse. Heute ist es ein verschlafenes Nest, in dessen Gärten Granatäpfel und Kirschen wachsen. Wie viele andere iranische Dörfer war es fast verlassen, und eine Reihe von Lehmhäusern begann zu verfallen. Die Fensterläden hingen schief in den Scharnieren und schlugen im Wind hin und her.

Hier hatte die Revolution kaum etwas verändert, nur die Busse blieben aus. Frauen, die nicht einmal wußten, wer Rafsandschani war, bestickten immer noch Kopien ihrer farbenfrohen Kleider, die sie früher den Touristen als Souvenirs verkauft hatten. In Abayaneh waren die *tschadors* leuchtend rot und mit Blumen bestickt. Man trug sie aus Tradition und nicht, weil ein Gesetz aus Teheran es verlangte. Zahra, eine Frau, die uns zum Mittagessen einlud und uns mit Maisbrot, Gurken und Joghurt bewirtete, zeigte auf einen Stapel von Röcken und bestickten Blusen, die sie an den langen Winterabenden gemacht hatte, »weil eines Tages die Ausländer wiederkommen werden«. Mit der schlichten Weisheit aller Menschen vom Land sagte sie: »Nichts bleibt ewig, alles verändert sich, selbst Revolutionen gehen einmal zu Ende.«

6 Vereinigte Arabische Emirate: Spielplatz am Golf

Ein Mann liebt an erster Stelle seinen Sohn, dann sein Kamel und dann seine Frau.

Arabisches Sprichwort

Wenn man nach dem zweistündigen Flug von Teheran in Dubai landet, glaubt man, auf einem anderen Planeten zu sein, Lichtjahre von der Welt Khomeinis entfernt. Auf dem supermodernen Flughafen dauert die Abfertigung der Passagiere nur Minuten, und das Gepäck wartet schon auf einen. Es zahlt sich nicht aus, kostbare Zeit zu vergeuden, in der die Passagiere schon in den Flughafenboutiquen einkaufen könnten, die wahrscheinlich die besten zollfreien Läden der Welt sind. Die Regierung in Dubai sieht keinen Grund, den Passagieren bei der Ankunft nicht die gleichen Vorteile zu bieten wie beim Abflug: Baume & Mercier, Piaget, Christian Dior – alles wird angeboten und beweist, wie konsumorientiert dieser winzige Golfstaat ist.

In Dubai hatte ich zum erstenmal seit Beginn meiner Reisen in die islamische Welt das Gefühl, zuviel anzuhaben. Überall sah ich nackte, sonnengebräunte weibliche Haut, die in rückenfreien T-Shirts, Mini-Strandanzügen mit Spaghettiträgern oder in Shorts zur Schau gestellt wurde. In Miami hätte sich keiner nach diesen Frauen umgedreht, nach meinen Erfahrungen im Iran war es für mich jedoch so, als würden hier gerade Fotos für den »Playboy« gemacht.

Zugegeben, die Frauen waren ausnahmslos Ausländerinnen, aber sie bestimmten das Bild dieses Scheichtums, in dem der islamische Pragmatismus zur hohen Kunst erhoben worden ist. Achtundfünfzig Prozent der Bevölkerung der Emirate sind Ausländer. Sie kommen aus

Pakistan, Indien, Sri Lanka und von den Philippinen. Sie arbeiten als Hausdiener, Chauffeure und Bauarbeiter. Amerikaner und Europäer liefern das Know-how und die Management-Qualitäten. Für sie gibt es in den ausgezeichneten Fünf-Sterne-Restaurants umfangreiche alkoholische Getränkekarten, und Supermarktketten haben spezielle Abteilungen für Schweinefleisch. Als ich vor dem Schild mit der Aufschrift »Nur für Nicht-Muslime« stand, wunderte ich mich über das eigenartige Klassensystem, das sich hier eingebürgert hat.

Die sieben winzigen Scheichtümer, aus denen die Vereinigten Emirate bestehen, liegen zwischen Oman und Katar und werden durch die Straße von Hormus vom Iran getrennt. In Dubai, dem zweitgrößten der sieben, gibt es manches, das einen zum Staunen veranlaßt. Noch vor zwanzig Jahren gab es hier fast nur Sand, heute gehen protzige Bürohäuser mit getönten Glasscheiben und futuristische Wohnblocks nahtlos über in Viertel, die ausschließlich aus Luxusvillen bestehen. Die Mieten für solche Häuser betragen umgerechnet 6000 D-Mark pro Monat und mehr. Zwischen den Villen liegen einzelne Paläste. Die Strandhäuser sehen so aus, als wären sie einschließlich der Badezimmerarmaturen direkt aus Florida importiert worden.

Das Straßenbild wird, abgesehen von den Taxis der Marke Toyota Cressida, fast ausschließlich von BMWs, Ferraris und Mercedes sowie Jeeps und Landcruisern bestimmt. Autos mit Allradantrieb werden hier am Wochenende für das sogenannte »Wadi-bashing« verwendet, das heißt, man verläßt die gepflasterte Straße und fährt in die Wüste, wo die Sanddünen so steil wie Klippen sein können.

Die Telekommunikation ist erstklassig, und auf den Visitenkarten findet man eine ganze Reihe von Nummern, die sich auf Telefone, Telefaxgeräte, Mobiltelefone und Piepser beziehen. Am »Dubai Men's College of Technology« müssen die Studenten inzwischen ihre mobilen Telefone und Piepser an der Garderobe abgeben, weil die Vorlesungen dauernd gestört wurden.

In dieser »Kauf-bis-du-umfällst«-Atmosphäre gibt es, gemessen an der Einwohnerzahl, überdurchschnittlich viele klimatisierte, mehrstöckige Einkaufsstraßen, und die Zahl der Banken und Juweliere pro Kopf der Bevölkerung ist – wie das Durchschnittseinkommen – Weltspitze. Ein Angestellter der Dubai-Citibank berichtete mir von einem Scheich,

der kürzlich seiner neuen Frau für 45 Millionen D-Mark Schmuck
gekauft habe. Aber selbst das sind im Vergleich zu dem Geld, das der
Regierungschef pro Jahr für seinen Garten ausgibt, noch kleine Fische.
Scheich Maktum bin Raschid Al Maktum liebt Bäume und Blumen und
hat ein riesiges Vermögen ausgegeben, um sein nicht mal viertausend
Quadratkilometer großes Scheichtum in eine üppige grüne Oase zu
verwandeln. Folge dieser Begrünungsaktion ist, daß Dubai heute Erd-
beeren nach Europa exportiert.

   Die sieben Fernsehkanäle der Vereinigten Arabischen Emirate
(VAE) senden ständig britische und amerikanische Seifenopern und
Serien, und zwar ohne jede Zensur. Und die Videogeschäfte, die man
überall findet, orientieren sich am westlichen Publikumsgeschmack.
Die Emirate machen nach außen hin einen amerikanisierten Eindruck.
Das ist auch der Grund, warum Khomeini die regierenden Scheichs als
»Marionetten des großen Satans Amerika« bezeichnet hat. Der westliche Komfort, noch verbrämt mit all der Pracht, die man für Petrodollars kaufen kann, ist in den Emiraten so allgegenwärtig, daß man
ganz überrascht ist, wenn man in einer Ausgabe von »Time« blättert
und feststellt, daß das Foto einer Nackten von Rubens von der Zensur
übermalt wurde. Trotz der liberalen Haltung, die man dem Fernsehen
gegenüber einnimmt, werden die Zeitungen streng zensiert. Die »Kha-
leej Times«, eine der beiden Tageszeitungen in englischer Sprache,
ähnelt den britischen und deutschen Boulevardblättern, nur die busen-
freien Fotomodelle fehlen. Wenn man näher hinschaut, findet man
zwar den ganzen Klatsch und Tratsch aus Hollywood, aber Informationen, die die Regierung in einem schlechten Licht erscheinen ließen –
Meldungen über Korruption, schlechtes Management, Vergewaltigungen oder Aids –, sucht man vergebens. Das Konkurrenzblatt »Gulf
News« war vor einigen Jahren mit der Regierung aneinandergeraten,
als es einen Artikel über die Zunahme von Aids in den Emiraten
veröffentlicht hatte. Die Journalisten berichteten, man habe ihnen zwar
gestattet, über Aids im allgemeinen zu berichten, nur dürften sie nicht
spezifisch auf die Situation im Land eingehen. Falls sie sich nicht an
diese Auflage hielten, würde man ihnen die Redaktion schließen.

   Mediziner bezeichnen die Emirate als das Aids-Zentrum der Golf-
Region. Es werden zwar keine Statistiken veröffentlicht, und man

nimmt an, daß die Zahl der Infektionen niedriger liegt als in vielen anderen Ländern, aber andererseits berichteten Ärzte über die Geburt HIV-positiver Kinder, über HIV-positive ausländische Prostituierte, die man des Landes verwiesen habe, sowie über einen Fall von Aids, der durch verseuchtes Blut verursacht wurde, das vor den strengen Kontrollen aus den USA importiert worden war. Ärzte und Krankenschwestern stimmen darin überein, daß der Sextourismus der arabischen Männer nach Thailand die Hauptursache für die Aids-Infektionen ist, denn die Prostituierten, die in Bangkok in den Bordellen und Nachtclubs arbeiten, sind zu über 90 Prozent mit Aids infiziert.

Die größeren Krankenhäuser in Dubai haben inzwischen besondere Aids-Programme und machen routinemäßig bei allen Patienten, die eingeliefert werden, HIV-Untersuchungen. Ein Arzt berichtete mir: »Die jungen Männer haben hier einfach zu viel Geld, sie sind schrecklich verwöhnt. Sie können es sich leisten, entweder hier ausländische Prostituierte aufzusuchen oder regelmäßig Sextouren nach Thailand zu machen.«

Eine Schwester aus einer Frauenklinik ergänzte: »Wir haben schon ganze Famlien gehabt, die HIV-positiv waren. Die Frauen wissen hier kaum etwas über solche Dinge, und die Männer leben ihr eigenes Leben. Die Frauen wissen nie, was ihre Männer tun. Ich mache mir vor allem Sorgen um meine Schwägerin. Ihr Mann fliegt ständig mit seinen Freunden nach Bangkok, und jeder in der Familie weiß, warum. Ich habe versucht, ihr klarzumachen, daß es nur eine Frage der Zeit ist, bis er und dann auch sie infiziert werden. Ich habe ihr gesagt: ›Du bist verrückt, wenn du nichts dagegen unternimmst.‹ Ihre Antwort war: ›Ja, ich weiß, was er tut, aber was soll ich machen? Er ist ein Mann. Es liegt alles in Gottes Hand.‹«

Der extreme Anstieg des Drogenkonsums ist ein Thema, mit dem sich die Regierung von Zeit zu Zeit öffentlich auseinandersetzt. Man weist darauf hin, daß die Jugend der Nation »durch die Folgen des Wohlstands auf Abwege gerät«. Fouzya Ghobash, ein Staatssekretär, der für die Resozialisierung junger Menschen zuständig ist, glaubt, daß die Ölgelder – abgesehen von der Verbesserung der wirtschaftlichen und sozialen Bedingungen – in den letzten sechs Jahren auch zu einer dramatischen Zunahme des Drogenmißbrauchs geführt haben. »In den

westlichen Ländern ist es eher die ärmere Schicht der Bevölkerung, die
zu Drogen greift. Bei uns sind vor allem die wohlhabenden jungen
Leute davon betroffen. Sie sind nicht nur süchtig, sondern handeln
auch mit Drogen.« Es gibt in Dubai bereits ein Krankenhaus, das
ausschließlich drogenabhängige Patienten behandelt. Ghobash gibt
den Eltern die Hauptschuld dafür, daß ihre Kinder sich in einem
»sozialen Chaos« befinden. Es klingt bemerkenswert westlich, wenn er
sagt: »Die Eltern, vor allem die Väter, haben zuviel zu tun, um sich um
ihre Kinder kümmern zu können.«

Naima Al-Ali, klinische Psychologin am Tawan-Hospital, ist für
eine Arbeit über dieses Problem mit einem Preis ausgezeichnet worden.
Sie sagt, daß die Kinder in den Emiraten vor dem Ölboom in Großfami-
lien aufwuchsen und ihre Mütter sich intensiv um sie kümmern konnten. »Heutzutage schauen sich die meisten Mütter den ganzen Tag lang
Videofilme an, während ihre Kinder von ausländischen Kindermädchen großgezogen werden. Jede Frau hat mindestens ein Haus- oder
Kindermädchen, und nur wenige von ihnen können mit den Kindern
arabisch sprechen. Außerdem gehen die meisten nach ein, zwei Jahren
wieder, so daß es für das Kind keine Kontinuität gibt.« Ali spricht von
einem Syndrom der »Wohlstandsvernachlässigung«.

Eine weitere Folge des Ölbooms war die Zunahme der Prostitution.
Einheimische Journalisten unterscheiden drei Arten von Prostituierten.
Zur ersten Kategorie gehören teure europäische und amerikanische
Frauen, die auf der Basis von Monatsverträgen von umgerechnet bis zu
45 000 D-Mark samt zusätzlicher Vergünstigungen eingeflogen wer-
den. Inbegriffen sind selbstverständlich der Hin- und Rückflug erster
Klasse und die Unterbringung in einem Fünf-Sterne-Hotel, in dem ein
Einzelzimmer bis zu 600 D-Mark pro Nacht kostet; dazu kommen
Abschiedsgeschenke in Form von Schmuck, wenn sie das Land wieder
verlassen. Solche Spitzenkräfte brauchen eigenen Angaben zufolge nur
drei Monate im Jahr zu arbeiten.

Zur zweiten Kategorie gehören ebenfalls vor allem Frauen aus
westlichen Ländern, die die Möglichkeit, am Golf schnell reich zu
werden, nutzen wollen. Sie arbeiten schwarz, sind weniger geschützt als
die Frauen, die einen Vertrag haben, und können leichter erwischt
werden. Es ist durchaus kein Einzelfall, daß die Arbeitserlaubnis eines

Ausländers plötzlich widerrufen wird, weil seine Frau wegen »Unmoral« verhaftet worden ist.

Die dritte Kategorie besteht zum größten Teil aus Afrikanerinnen, aber auch aus Frauen aus den ärmeren asiatischen und arabischen Ländern. Die Kundschaft dieser Frauen kommt aus der asiatischen Arbeiterschicht. Ungelernte Arbeiter werden mit »Junggesellen-Visa« ins Land gebracht und haben unter Umständen zwei, drei Jahre lang keine Gelegenheit, ihre Frauen zu Hause zu besuchen. Die meisten von ihnen leben in Wohnheimen, und die Regierung geht naiverweise davon aus, daß sie wie Mönche leben. Pakistanische Taxifahrer verdienen in Dubai zum Beispiel zwischen 5000 und 6000 Dirham im Monat – für die gleiche Summe müßten sie zu Hause achtzehn Monate lang arbeiten. Sie schicken zwar einen großen Teil des Geldes nach Pakistan, um ihre Familien zu unterstützen, ein nicht unerheblicher Teil bleibt jedoch in den Emiraten.

Die Vereinigten Arabischen Emirate, die 1971 gegründet wurden, sind eine lose Föderation verschiedener Scheichtümer. Jeder der nach dem Erbfolgerecht bestimmten Herrscher der sieben Emirate ist Mitglied des »Obersten Rats der Herrscher«, der höchsten Instanz der Föderation. In ihren jeweiligen Ländern sind die sieben Scheichs jedoch gleichzeitig absolute Monarchen.

Das größte und bevölkerungsreichste Emirat ist Abu Dhabi, und sein Führer, Scheich Said bin Sultan Al Nahajan, ist gleichzeitig Präsident der VAE. Vizepräsident ist der Herrscher von Dubai. Vor Beginn der kommerziellen Ölförderung, also bis 1962, war Abu Dhabi – ähnlich wie Dubai – kaum mehr als eine Sandwüste. Es gab keine befestigten Straßen, nur ein Krankenhaus und drei Schulen. Eine vierundsechzigjährige Frau erzählte mir: »Vor dem Öl lebten wir in kleinen Gruppen von fünfzehn Familien zusammen. Die Landschaft war öde. Die reichsten unserer Leute hatten Sklaven aus Afrika, vor allem aus Äthiopien. Ansonsten heirateten die Männer mehrere Frauen, damit sie ihnen bei der Arbeit helfen konnten. Das Leben war einfach, wir lebten in den Tag hinein. Was morgen geschehen würde, lag in Gottes Hand. Wir ernährten uns von Fisch, Honig und Brot. In den heißesten vier Monaten des Jahres zogen wir nach Ras al Caima [das nördlichste

Emirat], weil es dort kühler war. Da es noch keine Straßen gab, fuhren wir mit dem Boot. Und dann wurde plötzlich das Öl entdeckt. Wir lebten danach im Sommer nicht mehr in Häusern aus Palmwedeln, in denen es kühler war als im Zelt, sondern in klimatisierten Räumen. Das alles geschah wie über Nacht.«

In einem Reiseführer aus dem Jahr 1961 wird die Gegend, die damals die »Vertragsstaaten« genannt wurde, folgendermaßen beschrieben: »Die unfruchtbaren Küstengebiete werden zum größten Teil von Nomadenstämmen bewohnt. Öl wurde bisher in dieser Gegend nicht gefunden. Die wichtigsten Industriezweige sind Fischfang und Perlentauchen.« Auf Luftaufnahmen, die Anfang der sechziger Jahre gemacht wurden, besteht Abu Dhabi nur aus einer Anzahl von kleinen Gebäuden, die sich an der Stelle befanden, wo heute das Dokumentations- und Forschungszentrum steht. Nur zehn Jahre später war die Stadt aus dem Boden geschossen. Heute ist der Corniche Highway, von dem aus man einen weiten Blick über den Persischen Golf hat, so gut ausgebaut wie die Küstenstraße von Cannes. Die Region, die früher für ihre Piraten und Perlentaucher bekannt war, ist heute moderner als der größte Teil der USA. Bei einer Bevölkerungzahl von ungefähr zwei Millionen – zum größten Teil Ausländer – besitzen die VAE zehn Prozent der Ölreserven der Welt und außerdem noch umfangreiche Erdgasvorkommen. Beides konzentriert sich auf Abu Dhabi; Dubai ist der zweitgrößte Produzent.

Die Emirate rivalisieren sehr stark miteinander und stehen offenbar in ständigem Wettbewerb, wer die größte Ladenstadt oder das höchste Gebäude besitzt. Zur Zeit steht der höchste Wolkenkratzer der Union, ein zweiunddreißigstöckiges Handelszentrum, in Dubai. Und auf einem Gebiet, das etwa den Benelux-Staaten entspricht, haben fünf der Emirate internationale Flughäfen gebaut. Dubai hat zusätzlich zu der »Emirate Union Defense Force«, dem gemeinsamen Militär, eine eigene Armee, obwohl diese Streitkräfte kaum mehr als dekorativen Charakter haben. Die fünf kleineren Emirate müssen sich anstrengen, um mithalten zu können. Schardscha, das drittgrößte Emirat, verlor in den achtziger Jahren eine wichtige Einkommensquelle. Damals half Saudi-Arabien ihm finanziell aus der Patsche. Die Saudis machten ihre Hilfe allerdings von der Einführung eines strikten Alkoholverbots abhängig. Deshalb ist Schardscha das einzige der sieben Emirate, in dem Alkohol verboten ist. Das winzige Ras al Chaima sowie Adschman, Fudschaira und Umm al Kaiwain sind bedeutend weniger entwikkelt als die anderen drei und leben gewissermaßen von den Krumen, die vom Tisch der Reichen – Abu Dhabi und Dubai – fallen, und ordnen sich unter.

Dubais Freihandelszone Dschebel Ali erstreckt sich um den größten von Menschenhand erbauten Hafen der Welt. An seinen siebenunddreißig Anlegeplätzen können jährlich Importe und Exporte in Höhe von Milliarden D-Mark umgeschlagen werden. Der kleine Staat hat sich in den letzten Jahren zu einem Zentrum für Banken, Finanzierungsgesellschaften und Versicherungen entwickelt und möchte nach 1997 Hongkong als Drehscheibe internationalen Handels ablösen.

Obwohl die Emirate in kommerziellen Dingen sehr fortschrittlich sind, sind sie ansonsten immer noch Oligarchien. Im Telefonbuch findet man zum Beispiel auf einundzwanzig Seiten die Telefonnummern der regierenden Scheichs, ihrer Paläste, Residenzen und sogar die Nummern ihrer Mütter – eine Geste, die den Anschein der Gleichberechtigung erweckt. Es sind jedoch immer wieder dieselben arabischen Prinzen, die den Ministerien der Regierung vorstehen. Und die Toleranz der Regierung gegenüber un-islamischen Dingen scheint zwar groß zu sein, westliche Ausländer berichteten jedoch, daß sie noch nie gesellschaftlichen Kontakt mit arabischen Frauen hatten und auch noch nie von ihren arabischen Geschäftsfreunden nach Hause eingeladen wurden. Diplomaten erklären das mit einem Gefühl der Belagerung, weil die Bürger der Emirate so extrem in der Minderzahl sind. Auch für mich wäre es sicher schwer gewesen, mit einer Frau aus den Emiraten in Kontakt zu kommen. Doch einige Jahre zuvor war ich zu einer Reihe von Vorträgen nach Dubai eingeladen worden, und bei dieser günstigen Gelegenheit hatte ich eine Sheikha, eine Scheichfrau, kennengelernt.

Sheikha Lubna bint Khalid bint Sultan Al Kasimi von Schardscha ist sehr kontaktfreudig. Daß ihre Freunde sowohl aus dem Osten als auch aus dem Westen kommen, spiegelt zwei verschiedende Seiten ihrer Persönlichkeit wider. Wie so viele ihrer arabischen Landsleute hat sie im Westen studiert und steht daher mit einem Bein in jeder der beiden

Kulturen. Im Gegensatz zu vielen ihrer Altersgenossinnen fühlt sie sich jedoch in beiden zu Hause. Sie hat zwar in Kalifornien studiert, aber ihr Gebrauch der Umgangssprache und die rasante Geschwindigkeit, mit der sie redet, erinnern stark an New York. Lubna ist jedoch in allem schnell, und wenn man mit ihr zusammen ist, muß man sich beeilen, denn sie jagt von Termin zu Termin und nimmt ihre Begleitung mit. Sie ist zwar nur einsachtundfünzig groß und wiegt kaum mehr als hundert Pfund, aber sie hat die Energie eines Kolibris und intellektuell die Punktgenauigkeit eines Lasers. Aber trotz ihrer geistigen Beweglichkeit und Kreativität und ihrer Fähigkeit, Ideen umzusetzen, kann sie auch die berühmte Geduld der Beduinen an den Tag legen, vor allem wenn es um die Einschränkungen geht, die ihr die Kultur, ihr Geschlecht und ihre Zugehörigkeit zum Königshaus auferlegen.

Eigentlich hätte Lubnas Vater Herrscher von Schardscha werden sollen. Die Al Kasimis regieren auch noch ein zweites Emirat: Ras al Chaima. Als jedoch Lubnas Großvater väterlicherseits starb, übernahm ihr Großvater mütterlicherseits die Macht und vererbte den Titel seinem Sohn, einem von Lubnas Onkeln. Ihr Vater und die anderen männlichen Verwandten, die eine Bedrohung für den neuen Thronfolger darstellten, wurden mit ihren Familien nach Saudi-Arabien ins Exil verbannt. Lubna lebte einige Jahre dort, kehrte jedoch noch als Kind in die VAE zurück.

Die Sheikha lehnt es ab, über diesen Teil ihrer Familiengeschichte zu reden. Einerseits hängt das mit ihrer politischen Klugheit zusammen, andererseits ist sie ihrem Onkel, Scheich Sultan bin Mohammed, dem gegenwärtigen Herrscher von Schardscha, gegenüber loyal. Wenn man Einzelheiten wissen will, muß man in entsprechenden Büchern nachlesen. Lubna sagt dazu nur: »Das ist alles schon so lange her«. Und für sie scheinen solche familiären Schachzüge tatsächlich nur noch Geschichte zu sein. Ihr älterer Bruder hat das Ganze jedoch offenbar noch nicht vergessen können: Auf dem Nummernschild seines Rolls Royce steht »Schardscha 1«.

Lubna ist Computerspezialistin, sechsunddreißig Jahre alt und hat eine leitende Position in der Informationsbehörde der Regierung. Die weiche Ledercouch und die mit grauem Flanell bezogenen Stühle in ihrem eleganten Büro sind Statussymbole. Der Erfolg ist ihr jedoch nicht in den Schoß gefallen. Sie gehört zur ersten Generation der Frauen, die überhaupt in den Genuß einer höheren Bildung kamen. Ihre Mutter ist fast eine Analphabetin und trägt wie die meisten Frauen ihrer Generation immer noch eine Gesichtsmaske, die hier *burqa* genannt wird und so aussieht, als sei sie aus Leder, was früher auch der Fall war. Heute werden die breiten Bänder – zwei quer über Stirn und Mund, eins senkrecht über der Nase – aus einem steifen Stoff genäht und indigoblau gefärbt, wodurch ein blasser blauer Fleck auf dem Gesicht der Trägerin zurückbleibt, wenn sie die *burqa* ablegt. Außer dieser *burqa* tragen die Frauen in den Emiraten, die sich der Tradition verpflichtet fühlen, eine schwarze Kopfbedeckung, die *shaylah*, die mehrfach um Kopf und Hals gewickelt wird, und einen schwarzen *abaya*, das ist ein langer Mantel aus Seide oder Kunstfaser.

Diese strengere Form der Bekleidung feiert bei den neokonservativen Angehörigen der jungen Generation ein Comeback. Anfang der achtziger Jahre griff der islamische Fundamentalismus auch auf die Emirate über, gefördert von Gruppen in Kuwait und Saudi-Arabien. Wie viele ihrer Altersgenossinnen ist auch Lubna wegen des neuen religiösen Extremismus beunruhigt. »Überall auf der Welt wird der Fundamentalismus wieder stärker, nicht nur in meiner Religion, sondern auch in Ihrer«, sagt sie. »Die hiesige Bewegung geht auf Khomeini zurück. Wir sind nicht weit vom Iran entfernt, und das, was dort geschehen ist, hat auch uns sehr beeinflußt, denn wir haben hier eine große Schiitengemeinde. Schon heute sieht man immer wieder junge Frauen, die sich von Kopf bis Fuß verhüllen. Sie verschleiern sogar ihre Gesichter, obwohl das nicht dem islamischen Glauben entspricht. Sie benutzen den Fundamentalismus als Schild, als Decke oder als Mauer. Sie wollen sich dahinter verstecken. Sie sind nicht in der Lage zu sagen, jawohl, ich will dies oder das, ich werde damit nicht fertig oder ich werde das schon durchstehen. Sie berufen sich immer nur darauf, was im Koran steht oder auf das, was der Islam vorschreibt. Sie sprechen nie für sich selbst, sondern immer nur durch den Islam.

Der Islam ist ein individueller Glaube. Niemand steht zwischen mir und Gott, so wie das im Christentum der Priester oder der Papst tut. Der Glaube wird weder von einer Moschee noch von einer religiösen Bewegung beeinflußt. Die Fundamentalisten wollen das alles ändern und messen dabei unwesentlichen Kleinigkeiten eine große Bedeutung bei, vor allem, wenn es um die Frauen geht. Sie bestehen darauf, daß die Frau zu Hause bleiben muß, und vergessen dabei, daß die Frauen in der Frühzeit des Islam sehr aktiv gewesen sind. Sie haben sogar in Kriegen mitgekämpft. Die Extremisten verfälschen den Islam. Sie sagen zum Beispiel: ›Wir wollen die Frauen beschützen, deshalb soll jeder Mann vier Frauen heiraten.‹«

Nach dem Golfkrieg orientierte sich die islamistische Muslimbewegung am Beispiel der Kuweitis und startete eine Kampagne, die den Männern die Polygamie schmackhaft machen sollte. Sie behauptete, die Männer seien dem Islam gegenüber verpflichtet, mehrere Frauen zu haben. In Kuweit war dieser Schritt mit der Tatsache begründet worden, daß viele Frauen ihre Männer im Krieg verloren hatten. Obwohl es in den VAE gar keine Kriegerwitwen gab, fingen die wohlhabenden fundamentalistischen Gruppen mit Einwilligung der Regierung an, Männern eine Prämie von 35 000 Dirham (etwa 15 000 D-Mark) anzubieten, wenn sie sich zusätzliche Frauen nehmen würden. Außerdem versprachen sie den Heiratswilligen, einen großen Teil der Hochzeitskosten zu übernehmen. Vermutlich sorgt sich die Regierung, daß viele Frauen in den Emiraten nicht mehr an den Mann zu bringen sind, weil der Preis für eine Braut 250 000 Dirham und mehr betragen kann – einer der Gründe für das großzügige Angebot. Die Hochzeitsfeier und die Geschenke für die Braut können diese Kosten schnell um weitere 850 000 Dirham erhöhen. Viele Männer aus den Emiraten holen sich deshalb muslimische Bräute aus dem Libanon, aus Ägypten, Indien oder Pakistan, deren Familien sich mit einer Mitgift von 3000 Dirham zufriedengeben. Die Regierung befürchtet daher, daß die arabischen Emirate überfremdet werden könnten.

Lubna sagt dazu: »Der Westen fragt sich, ob seine Angst vor der augenblicklichen Entwicklung des Islam begründet ist. Wenn es um die militanten Extremisten geht, die den Islam für ihre politischen Ziele mißbrauchen, dann sollte die Welt sich meiner Meinung nach wirklich Gedanken machen. Khomeini hat uns mit seinem Krieg gegen den Irak ein Beispiel gegeben, was eine extremistische Religion den Menschen antun kann. Wie war es möglich, daß man ein zwölfjähriges Kind in einem weißen Umhang mit einem Plastikschlüssel in der Hand, der angeblich die Tür zum Paradies öffnet, dazu benutzen konnte, vor den Soldaten herzugehen, um vergrabene Tretminen zur Explosion zu bringen? Diese Jungen wußten genau, daß sie sterben mußten, aber alle glaubten, daß sie direkt in den Himmel kommen würden. Die psychologische Beeinflussung war enorm. Diese Fanatiker haben ungeheuren Einfluß.«

Lubna trägt zwar eine *shaylah* auf dem Kopf und wickelt sich ein schwarzes Tuch um die Hüften, sie lehnt es jedoch ab, sich so zu verschleiern wie ihre Mutter oder wie es die Fundamentalisten fordern. »Ich bewege mich zu schnell«, sagt sie. »Ich bin sehr aktiv und sehr körperorientiert. Ich laufe ständig herum. Und das geht nicht, wenn man von Kopf bis Fuß verschleiert ist. Ich bete regelmäßig, ich faste, und ich habe meine *hadsch* [Pilgerfahrt nach Mekka] gemacht, aber ich kann mich unmöglich so verschleiern und werde es auch nicht tun.«

In anderen Lebensbereichen akzeptiert Lubna die strengen Auflagen der Gesellschaft, weil sie Respekt vor ihrer Kultur und vor ihrer Religion hat. Oder sie schlägt ganz behutsam Veränderungen vor und wartet, bis das, was sie gesät hat, Früchte trägt, auch wenn es Jahre dauert. Und wie viele andere Frauen in ihrer Welt bekennt sie sich zur Tradition, so wie sich ein Muslim zum Islam bekennt. Deshalb hat sie immer noch nicht geheiratet, obwohl sie ein Alter erreicht hat, in dem viele Frauen in der islamischen Welt bereits Großmütter sind.

»Ich hätte gern geheiratet. Ich liebe Kinder und wollte selbst welche haben«, sagt sie ruhig. »Aber in meiner Familie darf man nur Vettern heiraten. Da ich meine Hochzeit wegen meines Studiums aufgeschoben habe, gibt es jetzt keine ledigen Vettern mehr. Also werde ich unverheiratet bleiben.

Meine Ausbildung bedeutete mir sehr viel. Sie gab mir ein Gefühl der Freiheit und der Kraft. Ich wußte, daß ich etwas leisten konnte. Hier führen die Frauen ein sehr behütetes Leben. Für eine muslimische Frau ist eine gute Ausbildung die einzige Möglichkeit, ihre Identität zu finden. Nur so hat sie etwas, das nur ihr allein gehört. Ich habe mir selbst gesagt, geh auf ein College, arbeite anschließend ein paar Jahre, dann kannst du heiraten. Ich bin der Meinung, daß eine Frau vor der Ehe gearbeitet haben sollte. Durch den Umgang mit anderen Menschen wird sie reifer. Das ist etwas anderes als die spärlichen Kontakte,

die unsere Frauen zu Hause haben. Eine Frau wird so zu einer besseren
Ehefrau und Mutter. Aber das Leben liefert keine Patentrezepte, nach
denen man seine Zukunft gestalten kann.«

Könnte Lubna nicht außerhalb der königlichen Familie heiraten?
Einer ihrer Brüder war schließlich auch mit drei ausländischen Frauen
verheiratet gewesen. »Er ist ein Mann«, erwidert sie. »Frauen ist das
nicht gestattet. Die Familie würde das niemals zulassen. Der Herrscher
würde seine Zustimmung verweigern, und von der bin ich abhängig.
Auch meine Mutter würde es nicht dulden.« (Lubnas Vater lebt nicht
mehr.) Der Prinzessin bleibt nur noch die Möglichkeit, einen Vetter zu
heiraten, der bereits verheiratet ist, und Nebenfrau zu werden. Aber
daran ist sie nicht interessiert. »Wenn ich mich entschließen sollte,
gegen den Willen meiner Familie zu heiraten, müßte ich in Kauf
nehmen, daß ich mich von ihr trennen müßte. Man würde mich
verstoßen. Ich bin finanziell unabhängig, habe viele Jahre im Ausland
gelebt und bin viel gereist. Ich könnte in jedem Land leben. Außerdem
bin ich sehr anpassungsfähig. Trotzdem ist meine emotionale Bindung
an die Familie sehr stark, sie bedeutet mir viel. Ich würde es nie wagen,
die Nähe zu meiner Familie wegen einer Heirat aufs Spiel zu setzen, mit
der sie nicht einverstanden wäre.«

Trotzdem fällt es Lubna schwer, sich mit dem Gedanken abzufin-
den, unverheiratet zu bleiben. »Mit Mitte Zwanzig war ich aus diesem
Grund sehr deprimiert. Das war eine sehr emotionale Periode. Ich
fühlte mich einsam und sehnte mich nach etwas, das, wie ich genau
wußte, nie passieren würde. Inzwischen ist mir klar geworden, daß ich
nicht die einzige Person auf der Welt bin, der es so geht.«

Die nächste Frage liegt auf der Hand: Wie wurde sie mit den
emotionalen und körperlichen Bedürfnissen fertig, die nur ein Ehepartner oder – in einer weniger restriktiven Gesellschaft – ein Liebhaber
befriedigen kann? Lubna beantwortet auch diese Frage sehr direkt. »Sie
meinen ein erfülltes Sexualleben mit einem Mann? Als ich in Kalifornien auf dem College war, hatte ich eine Freundin, die mir ständig
Vorträge über dieses Thema hielt. Sie erklärte mir, ich sei unreif, ein
Kind, das nie erwachsen geworden sei, um die Befriedigung seiner
Bedürfnisse als Frau zu fordern. ›Was soll das heißen, wenn du sagst,
du würdest nie einen Freund haben?‹ wollte sie immer wissen.

Ich kann nicht behaupten, daß ich nie neugierig auf Sex gewesen wäre. Das war ich sicher. Ich bin überhaupt ein sehr neugieriger Mensch. Also fing ich an zu lesen. Ich las alles, was ich zum Thema Sexualaufklärung in die Hände bekommen konnte, von Alex Comforts Buch ›Joy of Sex‹ bis zu wissenschaftlichen Abhandlungen. Ich habe mich ausführlich über das Thema informiert«, sagt sie lächelnd. »Inzwischen überrasche ich mich selbst dabei, daß ich meinen Freundinnen, die sexuelle Probleme in ihrer Ehe haben, gern einen Rat geben würde. Ich würde ihnen gern sagen: ›Nun ja, vielleicht liegt es ja an dem oder dem ...‹ Aber in dieser Kultur rechnet man nicht damit, daß eine alleinstehende Frau über solche Dinge Bescheid weiß.

Ich fühle mich inzwischen wohl. Okay, dann bin ich eben Jungfrau, und es sieht auch ganz so aus, als ob sich daran nicht viel ändern wird. Aber so schlimm ist das auch nicht. Ich habe mich damit abgefunden, ich lehne mich nicht dagegen auf. Sehen wir es doch einmal so: Ich habe mitangesehen, wie sich meine Freundinnen in den Vereinigten Staaten um 180 Grad gedreht haben. Es gibt dort heute ernste Probleme mit Aids, und wir wissen alle, daß die sexuelle Befreiung auch eine große Belastung mit sich gebracht hat. In den USA gehört es inzwischen schon zum guten Ton, in sexuellen Dingen weniger freizügig zu sein.«

Lubna besuchte Ende der siebziger Jahre ein College in Kalifornien, zu einer Zeit also, als Drogen, Alkohol und Sex im Studentenleben wichtige Rollen spielten. »Daß ich nicht mitgemacht und wie alle anderen alles mögliche ausprobiert habe, hatte einen einfachen Grund: Ich hatte Angst. Bevor ich mein Studium in Amerika aufnahm, mußte ich meiner Familie versprechen, daß ich unseren Sitten treu bleiben würde; sie übertrug mir die Verantwortung. So etwas macht mehr angst, als wenn ständig einer hinter dir steht und nur darauf wartet, dich bestrafen zu können, wenn du vom rechten Weg abkommst.« Ihre Familie erlaubte es ihr jedoch nicht, sich gemeisam mit einer Kusine eine eigene Wohnung zu nehmen. Beide Mädchen wurden statt dessen in Mormonen-Familien untergebracht.

Auch als sie nach dem Examen wieder nach Hause zurückgekehrt war und arbeiten wollte, sah sie sich mit dem Widerstand der Familie konfrontiert. »1980 gab es überall, wo ich arbeiten wollte, ausschließlich Männer. Das paßte meiner Familie nicht, deshalb sagte sie nein.«

Da sie kaum eine Alternative hatte, kehrte Lubna in die Vereinigten Staaten zurück, um dort weiterzustudieren und ihren Magister zu machen. »Als ich dann wieder nach Hause zurückkehrte, gab es schon mehr berufstätige Frauen. Nach einer gewissen Zeit hatte sich meine Familie schließlich damit abgefunden, daß auch ich eine Arbeit annehmen würde.«

Aber wie so viele andere Frauen in Schardscha mußte auch sie die Erfahrung machen, daß die Landesregierung es nicht zuließ, daß Frauen in den Ministerien arbeiteten. Heute arbeitet sie für die Bundesregierung der VAE. Aber selbst die Frauen dort beschweren sich darüber, daß sie nur pro forma eingestellt worden seien und praktisch keine Aufstiegschancen hätten. Auf Lubna trifft das allerdings nicht zu: Sie ist heute Leiterin einer Abteilung mit neunundzwanzig Angestellten.

Die Familie der Sheikha war auch dagegen, daß sie an Konferenzen im Ausland teilnahm. »Meine Mutter lehnte den Gedanken schlichtweg ab. Erst als meine Familie sich nach einer gewissen Zeit mit meiner Arbeit vertraut gemacht hatte, akzeptierten sie sie. Es hat allerdings Jahre gedauert. Ich mußte viel Geduld aufbringen.«

Laut Lubna geht es vielen arabischen Frauen in den VAE genauso wie ihr. Das hängt damit zusammen, daß die Emirate in nur zwei Jahrzehnten hundert Jahre Entwicklung durchgemacht haben. »Mit der Ausbildung kam ein gewisser Grad an Unabhängigkeit. Zum erstenmal stellten Frauen ihre Welt in Frage. Inzwischen gibt es in den VAE zum Beispiel mehr Scheidungen. Früher war eine Frau so angepaßt, daß sie die von den Eltern arrangierte Ehe und die Rolle, die ihr zugedacht war, akzeptierte. Sie stritt sich nie mit ihrem Mann. Wenn es heute bei einem Ehepaar zum Streit kommt, wird die Frau mit großer Wahrscheinlichkeit ihre Meinung sagen, und man wird über das Problem diskutieren. Als den Frauen im Leben nur wenige Möglichkeiten offenstanden, waren viele in einer Ehe gefangen, die sie unglücklich machte.«

Gewisse Aspekte haben sich jedoch in Lubnas Leben nicht verändert, und sie ist mit dem Status quo zufrieden. Sie wohnt mit einer Schwester und mehreren Dienstboten bei ihrer Mutter und hat nie daran gedacht, sich eine eigene Wohnung zu nehmen. Da sie mit ihrer Mutter zusammenlebt, muß sie jedesmal um Erlaubnis bitten, wenn sie ausgehen will, und sie muß es hinnehmen, daß ihr diese Erlaubnis

mitunter verwehrt wird. Letztes Jahr ging sie mit einer amerikanischen
Freundin segeln und war begeistert von diesem Sport. »Als ich zum
zweitenmal segeln wollte, sagte meine Mutter nein. Ihrer Meinung
nach schickte es sich nicht, und ich mußte es akzeptieren. Ich glaube, sie
machte sich Sorgen, daß gelegentlich auch Männer mit von der Partie
sein könnten.

Auch im Beruf gibt es solche Einschränkungen. Obwohl ich bei
meiner Arbeit ständig mit Männern zu tun habe, darf ich nicht an einem
Dinner oder an einem Empfang teilnehmen. Das wird nicht gern
gesehen. Alle berufstätigen muslimischen Frauen müssen sich mit solchen Einschränkungen abfinden.«

Lubna gibt sich die größte Mühe, um einen Ausgleich zwischen
ihrer selbst errungenen Freiheit, den Ansichten ihrer Familie sowie den
Erwartungen, die die Gesellschaft an eine muslimische Frau stellt, zu
finden. »Ich habe schon vor langer Zeit gelernt, daß die Kultur viele
Dinge diktieren kann. In diesem Teil der Welt kann sie sogar die
Religion außer Kraft setzen. Aber mein Glaube bedeutet mir viel. Ich
bin eine überzeugte Muslimin, ich genieße die spirituelle Seite meines
Lebens. Der Islam hat mir innere Kraft gegeben. Wenn ich meinen
Glauben nicht gehabt hätte, hätte ich im Westen sicherlich nicht überleben können. Er hat mir geholfen, zu Drogen nein zu sagen, obwohl alle
um mich herum welche nahmen, und auch wenn man mich links liegen
ließ, weil ich mich nicht mit Jungen verabredete. Heute gibt mir der
Glaube Frieden und bringt Ordnung in mein Leben. Der Islam ist in
sich stimmig und sehr geordnet. Ich glaube, das ist der Grund, warum
es leichter ist, dieser Religion zu folgen als einer anderen. Hier fasten
oder beten alle zur gleichen Zeit. In den USA gibt es so viele verschiedene Religionen, das muß sehr verwirrend sein.«

Lubna glaubt, daß man die wachsende extremistische Bewegung
des Islam nur mit Bildung bekämpfen kann. Menschen, die Fragen
stellen und nicht alles ungeprüft hinnehmen, kann man nicht mehr so
leicht manipulieren. Große Sorgen macht ihr der Mangel an wissen-
schaftlicher Bildung in der Golfregion. »Zur Zeit besteht die Wirtschaft
der VAE nur im Konsum. Wir kaufen sowohl die Technologie als auch
die Technokraten, die damit umgehen können. Und selbst wenn wir
unsere eigenen Leute ausbilden, ist die Ausbildung nicht gut genug.

Wir glauben offenbar, daß wir immer genügend Geld haben werden,
um uns die Arbeitskraft anderer kaufen zu können. Wir vergessen
dabei, daß der Technologietransfer nicht unbedingt mit einem Transfer
des Know-how einhergeht.
Eines Tages werden die Ölvorräte kleiner werden. Solange wir
noch so reich sind, sollten wir hier eine Grundlage für Wissenschaftler schaffen. Viele Länder können sich inzwischen schon keine teure
Forschung mehr leisten, das gilt sogar für die westlichen Länder. Wir
sind dazu in der Lage. Geschichtlich betrachtet kamen die größten
Wissenschaftler aus dem Islam. Sie haben ihr Wissen in den Westen
gebracht, nicht umgekehrt. Wir sollten in der islamischen Welt eine
Stiftung der Wissenschaften gründen. Als ich einmal untersuchte,
wieviel die Golfländer in die Forschung investiert haben, war ich
schockiert. Die VAE haben keine einzige Mark investiert. Der Golfkrieg hätte uns eigentlich eine Lehre sein müssen: Man kann nicht
einfach stillsitzen und den Dingen ihren Lauf lassen. Es muß sich
etwas ändern. Es genügt nicht, wenn man immer nur konsumiert;
man kann nicht immer nur alles kaufen, was man haben will, und es
sich aus dem Ausland schicken lassen. Bei dem Reichtum, über den
Länder wie unseres verfügen, gibt es keinen Grund, warum wir auf
dem Gebiet der Technologie in Zukunft nicht den Platz Japans oder
Koreas einnehmen könnten.«
    Die mangelhafte Ausbildung der Bewohner der Emirate stellt ein
Problem dar, das der Regierung der VAE allmählich bewußt wird. Vor
kurzem gab es Diskussionen über eine Verringerung des Ausländer-
anteils. Das ist natürlich erst dann möglich, wenn die Bürger der
Emirate ohne Hilfe ausländischer Manager und Technokraten zurecht-
kommen können. Die Eröffnung der »Men's and Women's Colleges of
Higher Technology« (Technische Hochschule) war ein Schritt auf dem
Weg in diese Richtung. Die einzige Universität des Landes, die sich in
Al Ain an der Grenze zu Oman befindet, ist oft kritisiert worden, weil
sie ihre Studenten nicht auf das praktische Leben vorbereitet. Die
Universität hat neuntausend Studenten, zwei Drittel davon Frauen,
und das ist wahrscheinlich auch der Hauptgrund, warum die Regierung sich kaum um diese Hochschule kümmert. Viele männliche Studenten werden auf ausländische Universitäten geschickt, aber die El-

tern sträuben sich immer noch, es den jungen Frauen zu gestatten, von zu Hause wegzugehen.

Das »Dubai Women's College of Technology« (DWCT) entließ 1992 seinen ersten Jahrgang, und die internationalen Firmen in den Emiraten überschlugen sich, um die Absolventen einzustellen. Früher beschäftigten ausländische Firmen nur ungern Bürger der Emirate, sondern holten lieber hochspezialisierte Ausländer ins Land. Für die meisten Studienabgänger gab es daher nur zwei Möglichkeiten: Sie gingen entweder in eins der Ministerien oder machten eine eigene Firma auf. Heute sind die Ministerien völlig überbesetzt, und das ist ein weiterer Grund für den wachsenden Drogenmißbrauch der jungen Leute. »Die Ministerien sind noch jung, und das gleiche gilt für das Personal, das dort arbeitet«, sagte mir ein westlicher Diplomat. »Es kann Jahre dauern, bevor es für Universitätsabsolventen wieder freie Stellen gibt. Die Folge davon ist, daß sich die jungen Leute zu Tode langweilen. Junge Menschen, die viel Geld, aber nichts zu tun haben – das ist eine tödliche Kombination. Ich werde im Konsulat immer wieder von jungen Leuten angerufen, die völlig weggetreten sind und nur anrufen, um einmal mit jemandem reden zu können. Sie haben so viel Energie und wissen nicht, wohin damit.«

Das dreijährige Studium am DWCT, das mit einem Diplom abschließt, umfaßt Bankwesen, Computerwissenschaften, Informatik, Betriebswirtschaft, Marketing und Kommunikationswissenschaften. Die meisten Studentinnen werden von einem Chauffeur gebracht und sind so angezogen, wie man sich in einem arabischen Land elegante, erfolgreiche Geschäftsfrauen vorstellt. Sie tragen lange Röcke mit schicken Blusen oder lange Kleider. Hier werden die Vorlesungen nicht durch Piepser oder Mobiltelefone gestört, sondern durch die teuren Klunker, die immer wieder den allgemeinen Geräuschpegel anheben. Viele Studentinnen kommen mit Goldschmuck im Wert von mehreren tausend D-Mark in die Vorlesungen. Von Semester zu Semester steigt jedoch auch die Zahl der Studentinnen, die von Kopf bis Fuß schwarz gekleidet sind; einige verschleiern sogar ihr Gesicht und tragen Handschuhe. In einer Vorlesung, an der ich teilnahm, zog eine Studentin ihre Handschuhe aus, um zu schreiben, behielt jedoch den Gesichtsschleier die ganze Zeit an, obwohl nur Frauen auwesend waren.

Ellie LeBaron, die Frau des US-amerikanischen Generalkonsuls in
Dubai, die Vorlesungen am DWCT hält, berichtete mir: »Anfangs war
es sehr mühsam, einige Mädchen zu motivieren. In Amerika wissen die
Studenten, daß sie arbeiten müssen, wenn sie ihr Examen bestehen
wollen. Hier wissen sie, daß sie es sich leisten können, nichts zu tun.
Der Studienbetrieb läuft hier in englischer Sprache. Wir hatten anfangs
Schwierigkeiten, weil die Studentinnen sich die Hausaufgaben von
ihren philippinischen Hausmädchen, die gut englisch sprechen, machen ließen. Sobald die Studentinnen jedoch Interesse gewinnen und
merken, welche Möglichkeiten ihnen diese Schule bietet, arbeiten sie
hart und bringen gute Leistungen. Sie wissen genau, daß sie ansonsten
nur zu Hause herumsitzen, Verwandte besuchen oder Einkaufsbummel machen könnten.«

Man schätzt, daß etwa die Hälfte der Absolventinnen nicht in der
Lage sein wird, einen der hochdotierten Jobs anzunehmen, die angeboten werden. Viele Eltern, Brüder und Verlobte begrüßen es, wenn die
jungen Frauen eine gute Ausbildung bekommen, lehnen es jedoch ab,
sie arbeiten zu lassen, denn dann kämen sie in Kontakt mit Männern,
mit denen sie nicht verwandt sind. Selbst diejenigen, die von ihrer
Familie die Erlaubnis bekommen, nach dem Examen eine Arbeit anzunehmen, rechnen damit, daß ihr Berufsleben nur von kurzer Dauer
sein wird. Die zwanzigjährige Amal ist von der Dubai Petroleum Com-
pany eingestellt worden, ihre Familie hat aber bereits Heiratspläne mit
ihr. Und Amal selbst findet, daß es nicht gut wäre, wenn sie nach der
Hochzeit weiterarbeiten würde. »Meine Kinder bekämen einen schlechten Eindruck von mir, wenn sie mitansehen müßten, wie ihre Mutter
draußen in der Welt in einem Büro arbeitet. Es ist besser, ich bleibe
zu Hause und benutze meine Ausbildung dazu, ihnen etwas beizubringen.«

In den VAE stellt sich zur Zeit die Frage, wie weit die berufstätigen
Frauen ihren Verstand und ihre Ausbildung auch wirklich einsetzen
dürfen. Ich habe mit zahlreichen Frauen gesprochen, die gute Leistungen vorweisen konnten, aber frustriert waren, weil sie bei Beförderun-
gen und Gehaltserhöhungen übergangen wurden und bedeutend weniger Sondervergütungen erhielten als die Männer. Als ich mir ihre
Klagen anhörte, wurde ich an die Sorgen erinnert, die meine Alters-

genossinnen noch vor zwei Jahrzehnten hatten, als die feministische
Bewegung in den westlichen Ländern begann. In den Emiraten waren
die Frauen allerdings noch weit davon entfernt, ihre *burqas* und *abayas*
zu verbrennen, und sie hatten sich auch noch nicht organisiert, um für
ihre Rechte im Beruf zu kämpfen. Die Frauenrechtsbewegung fiel im
Westen auch nicht mit einem fundamentalistischen Kreuzzug zusammen, dessen Ziel es war, den Frauen jeden noch so kleinen Fortschritt,
den sie erreicht hatten, wieder wegzunehmen und sie ins Mittelalter
zurückzuversetzen.

Auch Ärztinnen beklagen sich über eklatante Diskriminierung. Die
Al-Wasl-Frauenklinik ist luxuriös wie ein Fünf-Sterne-Hotel. Das Mar-
morgebäude mit seinen Springbrunnen und geschmackvollen Wand-
malereien wirkt in der sengenden Hitze wie eine kühle Oase. Das
Krankenhaus, das über dreihundert Betten und eine VIP-Station verfügt, wurde 1986 erbaut und kann sich rühmen, die modernsten medizinischen Geräte und Apparaturen zu besitzen. Und die ärztliche Versorgung in dieser Klinik ist erstklassig. Dank der Staatseinkünfte aus der
Ölförderung ist die Behandlung für die Bürger des Landes kostenlos.
Das gilt auch für die Ausbildungseinrichtungen; darüber hinaus zahlt
die Regierung auch Mietzuschüsse.

Wenn eine Frau jedoch heiratet, verliert sie einen großen Teil dieser
Vergünstigungen. Nadia Al Sawalhi, Oberärztin der Station für Gynä-
kologie und Geburtshilfe, sagt dazu: »Wenn nicht ich, sondern mein
Mann der Arzt wäre, wären wir reich. So aber verdiene ich 6000 Dirham im Monat [etwa 2600 D-Mark], genausoviel wie ein Taxifahrer.
Sogar Schreibkräfte in der Verwaltung verdienen mehr als ich. Ich
bekomme weder einen Mietzuschuß noch eine Schulgeldbefreiung,
und da mein Mann in einem Privatunternehmen arbeitet, bekommt er
das alles auch nicht.« Männliche Ärzte bekommen Kredite in Höhe von
300 000 bis 450 000 D-Mark, wenn sie ein Grundstück kaufen und ein
Haus bauen wollen. Solche Vergünstigungen werden Frauen vorenthalten, weil ein Satz des Koran besagt, daß der Mann die Frau ernähren
muß.

Al Sawalhi, ihr Mann und ihre beiden kleinen Kinder wohnen in
einer winzigen Wohnung im ersten Stock eines Wohnblocks und fahren einen alten Chevrolet, einen der wenigen nicht luxuriösen Wagen,

die ich in den Emiraten gesehen habe. Die Ärzte im Al-Wasl-Hospital haben eine Arbeitszeitregelung, unter der in anderen Ländern nur junge Assistenzärzte leiden müssen: sechsunddreißig Stunden Dienst, vierundzwanzig Stunden frei.»Ich bin so erschöpft, daß ich meine Stellung schon vor einem Jahr aufgeben wollte, aber das Krankenhaus ließ mich nicht gehen. Ich mußte meinen kleinen Sohn schon sehr früh in einen Kindergarten schicken, weil ich keine Zeit hatte, mit ihm in den Park zu gehen, wo er mit den anderen Kindern hätte spielen können. Unsere Wohnung ist so klein, daß Kinder dort nicht spielen können.«

Frustriert erinnert sich Al Sawalhi an ein Treffen, das die Ärzte und Ärztinnen mit dem Verwaltungchef des Krankenhauses hatten und bei dem es um das Thema der finanziellen Benachteiligung der Frauen ging.»Die Ärzte waren bereit, auf einen bestimmten Prozentsatz ihres Einkommens zu verzichten, so daß Ärztinnen und Ärzte das gleiche Geld verdienen würden. Der Chef lehnte das ab und sagte, er müsse sich an die Bestimmungen der Regierung halten.

Ich arbeite auch als Dozentin an der hiesigen medizinischen Fakultät. Die Regierung zahlte uns zuerst 1000 Dirham zusätzlich pro Monat für den Lehrauftrag, dann reduzierte sie den Betrag auf 800, und selbst die hat sie uns seit sechs Monaten nicht gezahlt.« (Vor kurzem führte die medizinische Fakultät für alle Studierenden ein neues Pflichtfach ein: islamische Medizin. Das Fach soll eine Verbindung zwischen der gesamten modernen Medizin einschließlich der Genetik und dem Koran herstellen. Solche Kurse wurden zuerst im orthodoxen Saudi-Arabien eingeführt. Die Saudis haben erhebliche Summen für medizinische Kongresse ausgegeben, bei denen prominente westliche Wissenschaftler bestätigen sollten, daß die Verse des Koran, die dem Laien ziemlich vage formuliert erscheinen, in Wirklichkeit die moderne Wissenschaft exakt vorweggenommen haben. Videos und Handzettel von diesen Kongressen wurden von den Saudis in der gesamten muslimischen Welt in Umlauf gebracht.)

Es liegt sicher nicht an der mangelnden Finanzkraft der Emirate, wenn die Frauen nicht angemessen entlohnt werden. »Wenn es um den Sport geht, dann haben sie plötzlich Geld«, sagt Al Sawalhi. »Wenn ein Footballspieler erfolgreich ist, bekommt er von der Regierung einen Rolls Royce oder ein Haus oder man gibt ihm 500 000 Dirham. Der

Sieger eines Kamelrennens bekommt einen Mercedes im Wert von 500 000 Dirham, ein Boot und Bargeld. Wenn man in solchen Fällen so viel bezahlen kann, dann müßte man uns auch 2000 bis 4000 im Monat mehr geben können.«

Um dieser eklatanten Benachteiligung am Arbeitsplatz zu entrinnen, haben sich viele Frauen – darunter sogar Mitglieder des Königshauses – selbständig gemacht und sind ihre eigene Chefin geworden. Sheikha Jamila ist seit 1983 mit großem Erfolg Leiterin einer Schule für Schwerhörige und geistig Behinderte. Sie ist gelernte Psychologin und hatte das Gefühl, daß etwas getan werden müsse. Also krempelte sie die Ärmel hoch und machte sich an die Arbeit. Ihre Schule gilt heute als eine der fortschrittlichsten Institutionen in der arabischen Welt, und man beschäftigt sich dort seit kurzem auch mit einem Früherkennungsprogramm. Die Warteliste ist lang und enthält die Namen von Kindern aus anderen Ländern des Mittleren Ostens und der Golfregion. Wenn ihr anstrengender Arbeitstag zu Ende ist, beginnt die zweiunddreißigjährige Jamila eine zweite Schicht: Sie versucht, Geld aufzutreiben. Die UNICEF und die Regierung der Vereinigten Emirate finanzieren 20 Prozent der Schule, die restlichen 80 Prozent muß Jamila selbst heranschaffen. »Zu Anfang bin ich kaum zum Schlafen gekommen«, sagt sie. »Inzwischen ist es ein bißchen besser geworden. Glücklicherweise bin ich unverheiratet und kann frei über meine Zeit verfügen.« Sie appelliert an die anderen arabischen Frauen, sich freiwillig für die Belange ihrer Gemeinde einzusetzen. »Viele Frauen sitzen den ganzen Tag zu Hause herum und tun nichts, weil das der Tradition entspricht. Dabei kann eine Frau so viel tun, sei es als Freiwillige oder als festangestellte Kraft. Viel zu viele von ihnen sagen, ich kann das nicht, ich weiß nicht, wie das geht. Wir Frauen können alles, wenn wir es nur versuchen.«

Sheikha Eman, eine siebenunddreißigjährige Mutter von sechs Kindern, entdeckte eine Marktlücke besonderer Art. Ihr »Le Café – nur für Frauen« eröffnete vor zwei Jahren und befindet sich in Schardscha nicht weit vom »Nur-für-Frauen-Park«. Sie hat das Café, das einzige seiner Art im Emirat, aufgemacht, damit sich Frauen dort mit ihren Freundinnen zum Kaffeetrinken treffen können, ohne Angst haben zu müssen, von jungen Männern sexuell belästigt zu werden. »Die Jungen zwischen

sechzehn und zwanzig sind hier besonders verantwortungslos«, sagt
Eman und ist bei der Wahl ihrer Worte sehr vorsichtig. »Sie belästigen
Frauen, versuchen ihnen Telefonnummern zuzustecken, folgen ihnen
oder setzen sich in einem Restaurant einfach unaufgefordert zu ihnen
an den Tisch. Es nützt nichts, wenn man sie nicht beachtet, man kann
sie nicht bremsen. Als verheiratete Frau möchte ich nicht wissen, wie
mein Mann reagieren würde, wenn er so etwas miterlebte. Deshalb
habe ich mich entschlossen, dieses Frauencafé aufzumachen.«

Auch beim Einkaufen werden Frauen belästigt. In Dubai lassen
junge Männer in der mehrstöckigen Einkaufsstraße Al Ghurair Zettel
mit ihrer Telefonnummer vor den verschleierten Frauen fallen oder
stecken sie in Videokassetten und hoffen, daß eine Frau Kontakt mit
ihnen aufnimmt. Sie fahren auch neben von jungen Frauen gesteuerten
Autos her und halten große Schilder mit ihrer Telefonnummer hoch. In
der islamischen Welt sind telefonische Beziehungen zwischen den Geschlechtern gang und gäbe, denn die strenge Kontrolle durch die
Familie macht es einer jungen Frau schwer, einen jungen Mann privat
zu treffen. Oft rufen die Jungen wahllos irgendeine Nummer an und
hoffen, daß sich am anderen Ende der Leitung eine Frau meldet.

Es ist allerdings riskant, schwarz auf weiß zu verkünden, daß im
Paradies nicht alles in Ordnung ist. Das mußte die Journalistin, Autorin
und Lyrikerin Dhabia Khamees am eigenen Leib erfahren. Seit Beginn
ihrer Schriftstellerlaufbahn steht sie mit der Regierung auf Kriegsfuß.
Sie schrieb häufig über Demokratie, Frauen- und Menschenrechte.
»Natürlich gibt es in den VAE weder das eine noch das andere«, sagt sie.
Khamees hat zehn Bücher geschrieben, zwei Romane und acht Ge-
dichtbände. Ihre Werke sind jedoch alle nur im Ausland erschienen.
Ihre Bücher und alle Veröffentlichungen, unter denen ihr Name steht,
sind in den VAE seit zehn Jahren verboten. Und einen großen Teil
dieser Zeit hat sie im selbstgewählten Exil in Ägypten und England
verbracht, denn sie hat Angst um ihre Sicherheit. Als wir uns kennen-
lernten, besuchte sie ihre Mutter in den Emiraten, die Brustkrebs im
letzten Stadium hatte. »Meine Familie wollte nicht, daß ich zurückkomme. Sie hatte Angst, daß ich wieder verhaftet würde.«

Als Khamees 1987 verhaftet wurde, war sie der erste politische
Häftling in den Emiraten. Die Autorin selbst bezeichnet ihre Verhaf-

tung als Entführung. »Man hat mich ohne formelle Anklage aus meinem Haus geholt. Ich wurde schlecht behandelt, man hat mein Leben bedroht, und meine Familie wußte drei Monate lang nicht, wo ich war. Meiner Meinung nach kann man so etwas nur als gewaltsame Entführung und nicht als offizielle Verhaftung bezeichnen«, sagt sie voller Zorn.

Sie berichtet, die wahren Schwierigkeiten mit der Regierung hätten 1983 begonnen, als die sechs Mitgliedstaaten des »Rats für die Zusammenarbeit am Golf« neue Gesetze über die Zensur verabschiedet hatten. »Saudi-Arabien verlangte, daß alle politischen Entscheidungen ausschließlich in Riad getroffen würden, und man war und ist dort auch heute noch an einer strengen Zensur interessiert. Dadurch wurde hier alles schwieriger, vor allem, wenn es darum ging, ob man etwas veröffentlichen konnte oder nicht. Die Saudis gründeten die ›Association of Reform‹ und steckten viel Geld in diese Institution, um die fundamentalistischen Bewegungen zu stärken, wobei besonders Frauen ins Kreuzfeuer gerieten.«

Kurze Zeit später wurden Khamees Bücher verboten, und sie bekam die ersten Telefondrohungen. Als Freunde und die Familie ihr rieten, das Land zu verlassen, lebte sie bis 1985 in London. Dann kehrte sie zurück, weil sie glaubte, die Emirate wären in der Zwischenzeit liberaler geworden. Sofort setzten die Telefondrohungen wieder ein. Ihre Post wurde geöffnet, und sie stellte fest, daß sie beschattet wurde. Schließlich wurde sie im Mai 1987 durch lautes Klopfen an der Tür aus ihrem Mittagsschlaf geweckt. »Ich öffnete und blickte in die Mündungen von sieben Revolvern. Die Frau und die sieben Männer waren zivil gekleidet, doch man sah sofort, daß sie von der Regierung kamen.« Man verband ihr die Augen und brachte sie ins Innenministerium nach Abu Dhabi, das zwei Stunden entfernt liegt.

»Ich hatte keine Ahnung, wo ich war oder warum man mich verhaftet hatte. Ich konnte Stimmen hören, wußte aber nicht, wer die Leute waren.« Wochenlang wurde sie mit verbundenen Augen und auf dem Rücken gefesselten Händen gefangengehalten. »Ich wußte nicht, ob es Tag oder Nacht war. Ich wurde stundenlang verhört. Kaum hatte man mich in meine Zelle zurückgebracht, wurde ich auch schon wieder abgeholt. Sie kannten jede kleinste Einzelheit aus meinem Leben in den letzten Jahren. Sie hatten die Briefe gelesen, die ich geschrieben hatte, spielten mir Tonbänder meiner Telefongespräche vor, besaßen Kopien meiner Artikel und Fotos der Freunde, mit denen ich mich in Restaurants getroffen hatte. Sie hatten einen lückenlosen Bericht über alles, was ich an jedem einzelnen Tag gemacht hatte.

Man erklärte mir, ich würde die Frauen durch meine Veröffentlichungen in den Schmutz ziehen. Ich wäre ursprünglich eine Botschafterin meines Landes gewesen und hätte mich dann gegen die Regierung gestellt.« Als die Verhöre nicht aufhörten und Khamees wegen der Augenbinde völlig die Orientierung verloren hatte, wurde sie krank. »Ich bekam Atembeschwerden und fiel immer wieder in Ohnmacht. Ich bat sie, einen Arzt zu holen, aber sie weigerten sich.« Während sie eingesperrt war – im Gebäude der Zentrale des Geheimdienstes, wie sie später erfuhr –, versuchte ihre Familie verzweifelt, in Erfahrung zu bringen, was mit ihr geschehen war. Die Polizei und andere Behörden behaupteten, nichts über ihren Verbleib zu wissen. »Nach drei Monaten gelang es meinem Bruder, herauszufinden, wo ich war, und man erlaubte ihm, mich fünf Minuten lang zu besuchen. Das war der einzige Besuch, den ich hatte. Ich durfte keine Gymnastik machen, und als man mir schließlich die Binde abgenommen hatte, durfte ich nur den Koran lesen.«

Einen Monat später wurde sie dann ohne jede Vorankündigung entlassen. »Noch einen Tag zuvor hatten sie mir gedroht, mich umzubringen. Dann öffnete sich nachts um zwei plötzlich die Zellentür, und man teilte mir mit, ich sei frei. [Später erfuhr Khamees, daß ihre Freilassung darauf zurückzuführen war, daß ihre Mutter mit einem Herzanfall ins Krankenhaus eingeliefert worden war.] Sie verboten mir, über meine Erfahrungen im Gefängnis zu reden. Und sie warnten mich: Sollte ich je wieder schreiben, und sei es auch nur ein einziges Gedicht, würden sie mir eine Kugel durch den Kopf jagen. Sie sagten: ›Ganz gleich, wohin du gehst, wir werden dich finden und umbringen.‹«

In einer Oligarchie wie in den VAE sollte man sich nicht mit den Behörden anlegen. Noch problematischer wird so etwas, wenn die Beschwerde sich auf ein Mitglied des Herrscherhauses bezieht. Wenn die Leute, gegen die man kämpft, dieselben sind, die die Gesetze machen und sie willkürlich abändern können, kann ein Protest gegen ihre Entscheidungen in eine Sisyphus-Arbeit ausarten.

Die ersten zehn Ehejahre der Sonja Ohly klingen wie ein Kapitel aus einem kitschigen Liebesroman. Als die Ehe 1991 zu Ende ging, waren von ihrem beneidenswerten Lebensstil nur noch Trümmer übrig. Sie wurde geschieden, ohne vorher informiert worden zu sein, verlor ihr Zuhause, ihren Besitz, ihre Rechte und, was das Schlimmste war, ihre vier Kinder.

Sonja war zwanzig, als sie als Repräsentantin des Reisebüros ihrer Familie von Frankfurt in die Emirate kam. Sie sprach mehrere Fremdsprachen, hatte eine Figur wie ein Fotomodell, brünettes Haar und war allgemein eine Frau, nach der sich die Männer umdrehten. Als sie Scheich Sultan von Schardscha kennenlernte, war sie gleichermaßen von ihm beeindruckt. Sultan, der seine Ausbildung in England absolviert hatte, war ein intelligenter, weltmännischer und charmanter Mann. Drei Monate, nachdem sie sich kennengelernt hatten, machte der sechsundzwanzigjährige Scheich, der gerade geschieden worden war, Sonja einen Heiratsantrag, und sie sagte ja. Sie heiratete ihn kurz danach, nahm aber an der Zeremonie selbst nicht teil, sondern wurde dabei von männlichen Verwandten vertreten. Das junge Paar verlebte die Flitterwochen zuerst in Paris und anschließend im Fernen Osten.

Sonja erinnert sich: »Ich war sehr in ihn verliebt. Er war sehr korrekt, außerordentlich höflich, und man konnte mit ihm über jedes Thema reden – Politik, Religion, Biologie, Immunologie. Ich hatte noch nie einen Mann kennengelernt, der eine solche Allgemeinbildung hatte. Seiner eigenen Kultur gegenüber hatte er eine lockere Einstellung. Ich mußte nie lange Röcke tragen oder mich verschleiern.« Als ich Sonja und ihren Mann 1988 auf einer Party in den Emiraten kennenlernte, war ich überrascht, daß die beiden miteinander verheiratet waren. Sultan trug einen weißen *dishdasha*, ein langes arabisches Gewand, während Sonja so aussah, als käme sie direkt vom Laufsteg eines Mailänder Modesalons. Von ihrer gestylten Frisur bis zu der smaragdgrünen Haute-Couture-Seidenjacke, dem superkurzen schwarzen Seidenrock und den durchsichtigen schwarzen Seidenstrümpfen, die ihre

langen Beine betonten, war sie die typische Vertreterin des eleganten
westlichen Jet-sets.

Und auch Sonjas Leben war glamourös und kosmopolitisch. Das
Paar reiste viel und gab zahlreiche Partys. Sultan schenkte ihr unter
anderem einen grünen Rolls Royce und sieben Pferde. Sie schenkte
ihm vier Söhne: Majid ist inzwischen zehn, Khalid acht, Fahim sechs
und Rashid vier Jahre alt.

1990, als ihr jüngster Sohn in den Kindergarten kam, erlaubte ihr
Mann ihr zu arbeiten. »Wenn er nein gesagt hätte, hätte ich das auch
akzeptiert. Da ich mit einem Mitglied des arabischen Königshauses
verheiratet war, mußte ich auf bestimmte Freiheiten verzichten. Ich bat
meinen Mann zum Beispiel immer um Erlaubnis, bevor ich eine meiner
Freundinnen besuchte.« Sonja machte eine Anzeigenagentur auf. Ungefähr zur gleichen Zeit begann es in ihrer Ehe zu kriseln, sie konnte
jedoch zwischen beidem keinen Zusammenhang erkennen. Sie ist auch
noch heute fest davon überzeugt, daß das Scheitern ihrer Ehe nichts mit
den kulturellen Unterschieden zu tun hatte. »Was uns widerfahren ist,
hätte genausogut einem Ehepaar, bei dem beide Partner die gleiche
Nationalität haben, passieren können.« Sonja weigert sich, in Details zu
gehen, sagt aber, daß Freunde der Meinung seien, sie sei zu stark
gewesen und habe ihrem Mann womöglich ein Gefühl der Unterlegen-
heit vermittelt. »Arabische Männer sind sehr stolz, aber auch sehr
empfindlich«, sagt sie.

Im Mai 1990 wurde Sonja geschieden, ohne daß man sie darüber
informierte. »Ich hatte keine Ahnung«, sagt sie. »Ich hatte weder etwas
unterschrieben, noch hat mir irgend jemand etwas gesagt. Im September erfuhr ich, daß mein Mann wieder geheiratet hatte; seine neue Frau
war eine Palästinenserin, die wir beide gut kannten. Zuerst glaubte ich,
er habe sich eine Nebenfrau genommen, dann wurde mir jedoch einige
Tage später mit der Post eine Scheidungsurkunde zugestellt, in der
stand, daß unsere Ehe vor fünf Monaten geschieden worden sei. In dem
Begleitbrief stand außerdem, daß ich das Land verlassen müsse, und
zwar allein, ohne meine Kinder. Ich hatte keine andere Wahl, ich mußte
gehen. Ich durfte nichts aus dem Haus mitnehmen, nicht einmal die
Geschenke, die ich von meinen Eltern und Freunden bekommen hatte.
Nicht einmal die Fotoalben.«

Weil sie ihre Kinder so sehr vermißte und in ihrer Nähe sein wollte, kehrte Sonja einige Monate später in die VAE zurück. Sie bezog eine Wohnung in Dubai, weil das eins der Emirate war, für das sie noch ein Visum bekommen konnte. Da ihre finanziellen Mittel knapp sind, ist die Wohnung sehr bescheiden eingerichtet. Neben dem Sofa steht ein großer Korb mit Stricksachen. »Stricken ist zur Zeit meine liebste Freizeitbeschäftigung«, sagt sie. »Es hat eine therapeutische Wirkung.«

Nach dem islamischen Recht in den VAE steht der dreiunddreißig-jährigen Sonja das Sorgerecht für die beiden jüngeren Söhne zu, bis sie sieben Jahre alt sind, dann geht es auf den Vater über. Sonja, die eine Zigarette an der anderen anzündet, sagt leise: »Man hat mir nicht einmal das Besuchsrecht gewährt, das mir zusteht. Ich habe meine Kinder nur während des Schuljahrs sehen können. Ich mußte vor der Schule warten, und wenn sie dann herauskamen, blieben mir allenfalls fünf Minuten, bis sie abgeholt wurden. Sie dürfen mich nicht einmal anrufen. Weihnachten mußte man Majid im Krankenhaus an einen Tropf hängen, weil er so entwässert war«, berichtet sie mit tränen-erstickter Stimme. »Niemand hat mich angerufen, dabei bin ich doch seine Mutter.«

Sie hört auf zu sprechen, entschuldigt sich mit Tränen in den Augen und läuft aus dem Zimmer. Als sie sich nach einer Weile wieder gefangen hat, kommt sie zurück. »Mein Mann ist kein grausamer Mensch. Ich weiß nicht, was passiert ist und warum alles so gekommen ist. Ich kenne das islamische Scheidungsrecht und weiß, wie sehr es die Frauen benachteiligt. Aber nicht in tausend Jahren hätte ich jemals gedacht, daß mir so etwas passieren könnte. Sonst wäre ich klüger gewesen und hätte mich so verhalten wie einige meiner arabischen Freundinnen. Ich hätte einen Ehevertrag gemacht, in dem meine Rechte im Fall einer Scheidung festgeschrieben worden wären.

Ich habe diesen Mann geliebt, wir waren uns so nah. Ich habe ihn immer unterstützt. Jetzt sitzt mein Mann nach zwölf Ehejahren mit unseren vier Kindern in unserem Haus, und ich kann sie nicht anfassen oder mit ihm reden. Ich habe alles verloren.«

Freunde und sogar einige Mitglieder von Sultans Familie haben Sonja geraten, sich direkt an den Regenten zu wenden. In arabischen Ländern kommt es häufig vor, daß der regierende Scheich gebeten wird, solche Fälle zu schlichten. »Ich kenne ihn kaum, und ich glaube auch nicht, daß er sich einmischen würde.« Andere Freunde gaben ihr den Rat, die Kinder einfach zu entführen. »So etwas würde ich nie tun. Ich würde mich nirgendwo sicher fühlen, ganz gleich wohin ich gehen würde. Ich würde das auch den Kindern nicht antun. Sie brauchen beide Elternteile, auch wenn die Eltern geschieden sind. Und ich könnte meine Söhne nicht um ihre angestammten Rechte bringen. Sie sind hier Mitglieder des Königshauses – Scheichs. Das kann ich ihnen nicht nehmen.«

Sonja will sich an das Oberste Gericht der Emirate wenden und das Sorgerecht für ihre Kinder fordern. Da das ein langwieriger Prozeß ist, werden die Kinder in der Zwischenzeit vermutlich das Alter erreicht haben, in dem der Vater automatisch das Sorgerecht bekommt. Außerdem kann niemand garantieren, daß das Urteil zu ihren Gunsten ausfallen wird. Die hohe Stellung ihres Mannes hat mit Sicherheit einen gewissen Einfluß darauf. »Der Islam gesteht den Frauen theoretisch viele Rechte zu. In der Praxis sieht es jedoch ganz anders aus«, sagt sie.

Heimliche Scheidungen sind im Islam genausowenig eine Seltenheit wie heimliche Heiraten. Oft ist die Ehefrau die letzte, die es erfährt. Das war auch bei A'isha der Fall. Als ihr Mann sich eine zweite Frau nahm, sagten ihr weder die Familie noch ihre Freunde etwas davon. Man wollte ihr den Kummer möglichst lange ersparen.

A'isha ist groß und wirkt noch größer, weil sie zehn Zentimeter hohe Absätze trägt. Ihre bis zum Boden reichende *thoab*, in den Emiraten die weibliche Version des *dishdasha*, läßt sie noch größer erscheinen. Sie ist nicht im herkömmlichen Sinn attraktiv, wirkt aber wegen ihrer Lebendigkeit und ihres ansteckenden, kehligen Lachens außerordentlich anziehend. Sie ist aufrichtig, direkt und fühlt sich auch wohl dabei. Es fällt einem schwer, sie sich in der passiven Rolle vorzustellen, die ihr durch die Ehe aufgezwungen worden ist.

»Mit vierundzwanzig verheiratete man mich mit einem zweiundzwanzigjährigen Vetter. Ich kannte ihn nicht, denn er hatte seine Ausbildung in Amerika absolviert. Aus diesem Grund machte er auf mich auch einen sehr westlichen Eindruck. Anfangs trank er sogar Alkohol. Kaum waren wir jedoch verheiratet, da entwickelte er sich zum Islamisten. Ich bin selbst eine gute Muslimin, aber bei ihm war es so, als wolle er wieder in die Vergangenheit zurück. Er duldete zum Beispiel keine Möbel im Haus, nur Teppiche und Sitzkissen.

Wir hatten keine Dienstboten. Er wollte nicht die Gesichter von weiblichen Dienstboten sehen müssen und erlaubte mir nicht, männliche zu sehen. Fernsehen und Radio gab es nicht. Das sei Sünde, erklärte er mir. Meine Freundinnen durften mich nicht besuchen. Ich war sehr einsam, aber ich sagte mir immer, er ist mein Mann, mein Vetter, ich muß ihm gehorchen. Wenn er mit mir schlafen wollte, schliefen wir miteinander. Im Islam ist es der Frau nicht erlaubt, sich dem Mann zu verweigern. Und ich wollte ihm eine gute Frau sein.

Wenn wir ausgingen, bestand er darauf, daß ich mich völlig verhüllte, einen schwarzen Schleier trug und Handschuhe anzog. Ich habe früher nie so etwas getragen. Ohne ihn durfte ich das Haus nicht verlassen, nicht einmal, um mit meiner Mutter einkaufen zu gehen. Unter dem Schleier war es furchtbar heiß, ich konnte kaum atmen. Meine Familie sagte zu mir: ›Das ist lächerlich. Das ist doch nicht das Leben, an das du gewöhnt bist.‹ Aber ich habe mich gefügt, weil er es so wollte. Es war meine Pflicht zu gehorchen.«

Nach drei Jahren kehrte A'ishas Mann in die Vereinigten Staaten zurück, um sein Studium abzuschließen, und sie ging mit ihm. Selbst dort bestand er darauf, daß sie sich vollständig verschleierte. Zur gleichen Zeit stellten sich beide Familien die Frage, warum die beiden noch keine Kinder hatten. In einer traditionellen muslimischen Ehe ist es üblich, daß die Frau im ersten Jahr schwanger wird. »Kinder sind in unserer Kultur enorm wichtig«, sagt sie. »Ich schlug meinem Mann vor, vor unserer Abreise aus den USA einen Spezialisten zu konsultieren.«

Die Untersuchungen, die in einer Klinik in Los Angeles durchgeführt wurden, ergaben, daß A'isha fruchtbar, ihr Mann dagegen unfruchtbar war. »Das war eine sehr schwere Zeit für uns. Ich hätte so gern Kinder gehabt. Jetzt mußte ich mich damit abfinden, nie welche haben zu können.« Nach islamischem Recht hätte sich ihr Mann für den Fall, daß sie unfruchtbar gewesen wäre, eine zweite Frau nehmen dürfen. Für den umgekehrten Fall besteht diese Möglichkeit jedoch nicht. »In unserer Kultur ist es unmännlich, wenn ein Mann keine

Kinder zeugen kann. Damit mein Mann sein Gesicht nicht verlor, erklärte ich unseren Familien, mit mir sei etwas nicht in Ordnung. Meine Schwiegermutter weinte, als sie das hörte.«

Am Ende des Jahres nahm A'ishas Mann sich zwei Wochen Urlaub und fuhr mit ihr weg. »Das war ungewöhnlich. Sonst haben wir nie zusammen Urlaub gemacht. Am Ende der Reise gab er mir Geld und sagte mir, wenn ich wieder zu Hause sei, sollte ich mit meiner Mutter einen Einkaufsbummel machen und mir alles kaufen, was mir gefiele. Das war noch seltsamer. Er hatte mir noch nie erlaubt, mit ihr einkaufen zu gehen. Als wir packten, um unsere Heimreise anzutreten, kam ich dahinter, warum er sich so eigenartig benahm. Er erklärte mir, daß er einen Tag vor unserer Abreise noch einmal geheiratet hätte.

Ich war wie betäubt. ›Ich bin dir doch immer eine gute Ehefrau gewesen. Ich habe dir immer gehorcht. Warum hast du das getan?‹ fragte ich ihn. Er sagte mir, daß er unbedingt Kinder haben wolle. ›Aber du kannst doch keine Kinder zeugen. Wir haben doch hier den Untersuchungsbericht‹, sagte ich ihm. Seine Antwort war: ›Das waren amerikanische Ärzte, keine muslimischen. Die haben keine Ahnung.‹

Als wir wieder zu Hause waren, sagte ich zu ihm: ›Wenn du frisch verheiratet bist, solltest du bei deiner neuen Frau sein.‹ Ich ging in das Haus meiner Eltern zurück, weil ich nicht wollte, daß mein Mann sieht, wie ich weine. Dort kam ich dahinter, daß die ganze Familie schon vorher gewußt hatte, daß er sich eine neue Frau nehmen wollte. Ich war die einzige, die nichts davon ahnte. Eine meiner Schwestern hatte darauf bestanden, daß man es mir sagt. Aber meine Mutter hatte gesagt: ›Es ist besser, wenn sie es jetzt noch nicht weiß, dann ist sie noch eine Zeitlang glücklich, bevor sie es erfährt.‹«

A'isha war am Ende. Sie ging ein Jahr nicht aus dem Haus und weinte die meiste Zeit. Auf der einen Seite fühlte sie sich betrogen, auf der anderen Seite hielt sie sich selbst für eine Versagerin. Nach einer gewissen Zeit begann ihre Familie, sie unter Druck zu setzen, sie solle doch wieder zu ihrem Mann zurückkehren. »Meine Mutter sagte zu mir: ›Es ist deine Pflicht, zu ihm zurückzugehen. Er ist dein Ehemann, und er hat das Recht, mehr als eine Frau zu haben. Du mußt zu ihm zurückgehen.‹ Ich kann mich daran erinnern, daß ich ihr erwiderte, mein Mann sei doch auch ein Vetter von mir, und wenn ein Mitglied meiner eigenen Familie mich so schlecht behandeln würde, könne ich nicht mehr mit ihm leben.«

Ganz allmählich kehrte A'isha wieder zu ihrem früheren Leben zurück und zog sich auch wieder normal an. Ihr Mann ließ sich zwei Jahre später von ihr scheiden, ohne daß sie – ähnlich wie Sonja – informiert wurde. »Ich erfuhr es nur, weil ein Verwandter die Scheidungspapiere im Gericht gesehen hatte.«

A'isha ist jetzt fünfunddreißig und würde gern noch einmal heiraten. So wie eine Frau im Westen hat auch sie das Gefühl, daß die Zeit ihr wegläuft, wenn sie in ihrem Leben noch einmal Kinder haben möchte. Aber wie so viele andere muslimische Frauen muß sie innerhalb der erweiterten Familie heiraten. Sie hält diese Tradition, bei der die Männer die freie Auswahl haben, für ungerecht.

»Vielleicht wäre es an der Zeit, endlich mit dieser Tradition zu brechen«, sagt A'isha. »Irgendeine Frau muß die Heldentat vollbringen, als erste außerhalb der Familie zu heiraten. Vielleicht werde ich ja diese Heldin sein.«

7 Kuwait: Kampf um die Unabhängigkeit

Wir stritten über die Zeiten, in denen wir leben:
Das ist noch nicht Demokratie, wenn ein Mann über Politik reden kann,
ohne daß er bedroht wird;
Demokratie ist, wenn eine Frau von ihrem Liebhaber sprechen kann,
ohne umgebracht zu werden.
Sheikha Souad M. As Sabah

Der Krieg hat mich verändert. Ich bin nicht mehr die Frau, die er geheiratet hat, aber ich bin nicht sicher, ob ihm das schon klar geworden ist. Ich bin bedeutend stärker als vorher, während er ziemlich schwach und passiv wirkt. Ich weiß, daß wir uns scheiden lassen werden, ich weiß nur noch nicht, wie ich ihm das beibringen soll. Es wird nicht leicht sein.

Er weiß auch nicht, daß ich schon seit einem Jahr eine Affäre habe. Sie begann direkt nach Kriegsende. Ich bete zu Gott, daß er es nie erfährt, denn sonst verliere ich meinen Sohn.«

Leila ist dreißig Jahre alt, sehr kontaktfreudig, intelligent und putzmunter. Es fällt einem schwer, sie sich als die schüchterne, demütige Ehefrau im traditionellen Sinn vorzustellen, die sie nach eigenen Aussagen gewesen ist. In ihren enganliegenden weißen Leinenhosen, dem saloppen, aber schicken gestreiften T-Shirt und mit der kurzgeschnittenen Frisur, der goldenen Rolex, den Designer-Brillantarmbändern, Ringen, Ohrringen und Goldkettchen sieht sie wie ein Yuppie aus. Ihr Mercedes-Kabriolet in Silbermetallic mit dem Autotelefon, das ständig klingelt, und ihr überquellender Filofax verstärken diesen Eindruck noch.

Wenn man Leila zum erstenmal begegnet und sie mit einem Wort beschreiben wollte, fiele einem wohl das Adjektiv »verwöhnt« ein. Die Amerikaner in Kuwait nennen solche Frauen »MAPs«: muslimische arabische Prinzessinnen (als Gegenstück zu den »JAPs«: jüdisch-amerikanische Prinzessinnen). Das liegt nahe. In den internationalen Medien wurden die Kuwaitis während des Golfkriegs insgesamt als verwöhnt, genußsüchtig, zügellos und sogar dekadent bezeichnet. Die Berichterstattung konzentrierte sich oft auf die mehr als siebzig Frauen des Herrschers von Kuwait oder darauf, daß zahlreiche Scheichs in den ersten Stunden der Invasion fluchtartig mit ihren Familien das Land verlassen hatten und den Kriegsverlauf in den Luxussuiten von Fünf-Sterne-Hotels im Westen, in Saudi-Arabien oder in den VAE verfolgten – was auf drei von vier Kuwaitis tatsächlich zutrifft. Fotos, die Mitglieder der Königsfamilie As Sabah an den Spieltischen oder in den Diskos von London zeigten, als Transvestiten verkleidet auf einer wilden Party in Paris oder bei anderen extravaganten Vergnügungen, verbesserten dieses Image nicht gerade – zumal zur gleichen Zeit Amerikaner, Europäer und Muslime anderer Nationen ihr Leben aufs Spiel setzten, um das Land zu verteidigen, das von diesen noblen Bürgern im Stich gelassen worden war.

Die Kuwaitis werden gewöhnlich von den anderen Arabern verachtet. Wenn sie im Juli oder August mit ihrem ganzen Troß an Bediensteten in Kairo einfallen und ganze Etagen der Fünf-Sterne-Hotels belegen, werden sie vom Hotelpersonal unverhohlen – wegen des Trinkgelds allerdings so, daß sie es nicht hören können – »Hurenböcke und Trunkenbolde« genannt, »die nur in unser Land kommen, um sich Frauen zu kaufen und Alkohol zu konsumieren«. In den VAE werden die Frauen aus Kuwait, die am Strand in Bikinis und Shorts herumlaufen (was sie zu Hause in der Öffentlichkeit nie wagen würden), »muslimische Nutten« genannt. In New York geht der Spruch, sie brauchten Einkaufswagen aus dem Supermarkt, wenn sie in den teuren Juweliergeschäften wie Tiffany's einkaufen würden. Solche Kommentare haben ihren Ursprung in dem legendären Reichtum des durchschnittlichen Kuwaiti. Araber, die nicht aus der Golfregion stammen, erklären einem, daß es in Kuwait nur zwei Klassen gibt: »Milliardäre und Millionäre; arme Leute gibt es nicht.« Das stimmt natürlich nicht. Es gibt in Kuwait tatsächlich viele reiche Leute, trotzdem weiß ein beträchtlicher Anteil der Bevölkerung nicht, wovon er die nächste Mahlzeit bezahlen soll. Die öffentliche Meinung kann jedoch vernichtend sein. Und in vielen Vorwürfen steckt ein Körnchen Wahrheit. Aber genau wie Leila mehr ist als die Summe ihrer kostspieligen Accessoires, ist auch Kuwait mehr, als die Klischeevorstellungen über das Land aussagen. Und genau wie Leila, muß man Kuwait erst näher kennenlernen, um hinter die Fassade blicken zu können.

Wie Dubai und die anderen Emirate ist Kuwait ein Stadtstaat, dem jedoch die Dynamik und Effizienz der Emirate fehlt. Vor allem ist die Stadt nicht so schön anzuschauen. Schon vor dem Krieg wurde das Land von der Last seiner in Passivität und Apathie erstarrten Bürokratie erdrückt. Neunundneunzig Prozent der gesamten Arbeitskraft stehen im Dienst der Regierung; viele Angestellte gehen überhaupt nicht mehr zur Arbeit, sondern kassieren nur noch ihr Gehalt. Diejenigen, die am Arbeitsplatz erscheinen, kümmern sich nicht um die von der Regierung angeordnete Dienstzeit, die von halb acht bis halb zwei dauert. Man trifft diese Leute höchstens zwischen zehn und halb zwölf an. Trotz dieser kürzesten Wochenarbeitszeit der Welt können sich männliche Regierungsangestellte nach zwanzigjähriger Tätigkeit bei voller Pension zur Ruhe setzen, Frauen bereits nach fünfzehn Jahren.

Ein europäischer Diplomat erzählt: »Auf meine Frage: ›Wer regiert eigentlich dieses Land?‹ bekam ich die zynische Antwort: ›Im großen und ganzen niemand‹. Vor dem Krieg wurde Kuwait von dreihundert Palästinensern in Gang gehalten, aber seit sie des Landes verwiesen wurden, weil Arafat sich auf Saddam Husseins Seite schlug, funktioniert kaum noch etwas. Die Palästinenser kannten sich wenigstens noch einigermaßen aus. Sie wußten, wie man sich durch das Gestrüpp dieser ausufernden Bürokratie durchkämpfen mußte, um wenigstens Kleinigkeiten zu erreichen. Als sie noch hier waren, klappte es mit der Wirtschaft und der Verwaltung so gerade noch. Seit der Krieg alles lahmlegte, hat niemand versucht, das System wieder anzukurbeln.«

Und entsprechend sieht die Stadt seit dem Krieg auch aus: Zahlreiche Gebäude sind noch immer nicht wieder aufgebaut worden; Hotels, Bürohäuser, Paläste und Wohnhäuser sind immer noch ausgebrannte Ruinen. Fenster, die als Schießscharten gedient hatten, sind immer noch zugemauert, und sogar die Sandsäcke liegen noch an Ort und Stelle. Mehrere Strände und der kleine Park, der mitten in der Stadt gegenüber dem Sheraton-Hotel liegt, sind immer noch vermint. Regierungsstatistiken zufolge wurden seit der Befreiung mindestens viertausend Zivilisten durch Minen oder unsachgemäßen Umgang mit Munition getötet oder verwundet. Die Autos der Kuwaitis – sie haben weltweit die höchste Pro-Kopf-Zahl an Fahrzeugen – sind teuer und häufig neu, da die von den Irakern zerstörten Wagen ersetzt werden mußten. In den Büros, öffentlichen Gebäuden, Krankenhäusern und in der Universität fehlt noch immer ein großer Teil der Einrichtung.

Telefonieren ist schwierig: Eine Telefonauskunft wurde nach der Invasion nicht wieder eingerichtet, und Telefonbücher sind nirgendwo aufzutreiben. Im Informationsministerium wußte man auf meine Anfrage nicht einmal zu sagen, welche Telefonnummern der Bayan-Palast – der kuwaitische Regierungssitz – derzeit hatte. Dort saßen die Regierungsangestellten in ihren Büros vor den Fernsehern und schauten sich westliche Seifenopern an, anstatt zu arbeiten.

Kuwaits Landschaft ist eine flache Sandwüste, und auch die Stadt ist eintönig sandfarben. Die Architekten scheinen diesen Farbton zu bevorzugen. Es gibt viele unbebaute Sandflächen sowie Gebäude, in deren Umgebung der Boden nicht befestigt ist. Sie sehen aus, als hätte man sie buchstäblich in den Sand gesetzt. Man sieht kaum etwas Grünes in Kuwait, einem Land, das gut halb so groß ist wie Belgien. Die Regierung behauptet, sie habe vor einiger Zeit eine Million Bäume gepflanzt, um die Häuser vor den Sandstürmen zu schützen, die dort im Sommer häufig auftreten, aber im Sommer 1992 war davon kaum etwas zu sehen. Viele der Bäume haben wahrscheinlich nicht überlebt, weil sich niemand um sie gekümmert hat. Anstelle von Bäumen gibt es in Kuwait ganze Wälder von Hochspannungsmasten, die vor allem neben der Autobahn nach Ahmadi, der Ölstadt südlich des Flughafens, stehen. Die Masten stehen so eng nebeneinander, daß die elektromagnetische Strahlung in den Häusern, die unter ihnen gebaut worden sind, vermutlich die höchste der Welt ist.

Anders als Dubai hat Kuwait seine Ölmilliarden nicht für die Verschönerung seines Landes ausgegeben. Statt dessen wurde ein großer Teil des Geldes von der »Investitionsbehörde« der Regierung im Ausland angelegt, wobei in den letzten Jahren mindestens sieben bis zehn Milliarden D-Mark »verlorengingen«. Die Regierung und zwei Mitglieder des Königshauses sind aus diesem Grund massiver Korruption und

Vergeudung von Staatsgeldern beschuldigt worden. As Sabah, die aus fünfzehnhundert Mitgliedern bestehende königliche Familie, hat immer schon insgeheim die absolute Kontrolle über die enormen Einkünfte aus der Ölförderung Kuwaits gehabt. Als die Opposition im Oktober 1992 die Wahlen gewonnen hatte – es waren die ersten, seit die Nationalversammlung im Jahre 1986 durch den Herrscher aufgelöst worden war –, forderte sie die Untersuchung einer Reihe von Skandalen, in die die Steuerbehörde verwickelt war. »Da der Öffentlichkeit jeder Einblick verwehrt worden war, ist es zu einem massiven Mißbrauch öffentlicher Mittel gekommen«, erklärte ein Mitglied der Opposition.

Der Emir von Kuwait, der die Legislative durch sein Veto blockieren kann, hat frühere Forderungen des Parlaments nach Untersuchungen vorangegangener Finanzskandale ignoriert. Dazu zählt ein Vorfall, bei dem 1982 nach dem Zusammenbruch der Souk al-Manakh, der inoffiziellen Börse Kuwaits, Spekulanten, die dem Königshaus nahestanden, auf Kaution freikamen. Dieser Börsenkrach und die anschließende Finanzkrise waren der Anfang einer Entwicklung, die den Emir vier Jahre später dazu brachte, das Parlament aufzulösen, die Verfassung außer Kraft zu setzen und die Pressezensur zu verschärfen. Die Opposition hatte damals behauptet, der Emir habe das Parlament aufgelöst, weil es beschlossen hatte, die finanziellen Manipulationen einiger Mitglieder des Königshauses unter die Lupe zu nehmen. Nach den Wahlen von 1992 verabschiedete das Parlament ein Gesetz, das ihm das Recht zugesteht, alle staatlichen Investitionen zu überwachen und die Strafen für Unterschlagung zu verschärfen. Welche Konsequenzen das haben wird, bleibt abzuwarten, denn der Emir hat nach wie vor das Recht, das Parlament aufzulösen, wenn es zu selbstbewußt wird.

Die Wahlen waren zustande gekommen, weil die Alliierten des Golfkriegs Kuwait unter Druck gesetzt hatten, mehr Demokratie einzuführen. Obwohl die Opposition einunddreißig der fünfzig Sitze gewinnen konnte, ernannte der Emir wieder seinen Thronfolger, den Kronprinzen, zum Premierminister – ein Schlag ins Gesicht der Wähler. Die wichtigsten Ministerien wurden ebenfalls von Mitgliedern des Königshauses besetzt. Nur sechs der sechzehn Posten des Kabinetts gingen an neugewählte Mitglieder des Parlaments.

Neunzehn der einunddreißig Sitze der Opposition wurden von muslimischen Fundamentalisten gewonnen, mehr als doppelt soviel wie bei der letzten Wahl. Heute gehören drei der Fundamentalisten der Regierung als Minister an. In Kuwait versucht die immer stärker werdende islamistische Bewegung, eine Verfassungsänderung durchzusetzen: Sie möchte erreichen, daß die Scharia zur einzigen Grundlage der Legislative wird. Wie in anderen muslimischen Ländern sehen die religiösen Konservativen im Islam die Lösung, jedenfalls mit Sicherheit eine Alternative zu einer Regierung, die seit Jahren durch Kumpanei und Vetternwirtschaft des Königshauses und durch seine träge, unfähige und korrupte Verwaltung geprägt ist. Die Islamisten haben jedoch zumindest eins mit dem regierenden Königshaus gemein: Auch sie wollen verhindern, daß Frauen wählen oder politische Ämter bekleiden. Nur die Liberalen und die Schiiten unterstützen das Frauenstimmrecht.

Ironischerweise steht in der kuwaitischen Verfassung, daß alle Bürger des Landes vor dem Gesetz im Hinblick auf Ansehen, Rechte und Pflichten gleich sind und daß die Freiheit des einzelnen gesichert ist. Das trifft jedoch weder auf die Frauen noch auf die Menschen zu, die offiziell als »Bürger zweiter Klasse« bezeichnet werden. Das sind diejenigen, die nicht nachweisen können, daß ihre Vorfahren schon vor 1920 kuwaitische Bürger waren. In einem Land, in dem zu jener Zeit fast nur Analphabeten lebten und in dem die Archive sehr unvollständig sind, ist das eine schwierige Aufgabe. Nur männliche Bürger »erster Klasse«, die über einundzwanzig sind, dürfen in Kuwait zur Wahl gehen. Für die Wahlen 1992 bedeutete das, daß nur 13,4 Prozent der Kuwaitis wählen konnten, was eine »Demokratie der Wenigen« zur Folge hatte. Insgesamt lebten vor dem Krieg über zwei Millionen Menschen in Kuwait; drei Viertel davon waren ausländische Arbeitskräfte.

Während der 1992er Wahlen veranstalteten kuwaitische Frauen Protestmärsche zu den Wahllokalen, um für das Frauenwahlrecht zu demonstrieren. Sie trugen Spruchbänder mit Aufschriften wie: »Die Stimme der Frauen liegt im Interesse der Nation« oder »Mit Euch 1996«. Tapfer ließen sie den Zorn der Männer aus den vier konservativen islamischen Gruppen über sich ergehen, die sie anschrien und aufforderten, an den heimischen Herd zurückzukehren. Sie ließen sich nicht einmal durch einen Zusammenstoß mit der Polizei zurückhalten, die versuchte, sie vor einem Wahllokal abzudrängen. »Während des Krieges hat niemand etwas dagegen gehabt, daß Frauen in der Widerstandsbewegung für Kuwait gekämpft haben, gefoltert wurden und sogar gestorben sind. Es ist daher nicht mehr als recht und billig, daß sie jetzt ihre Stimme abgeben dürfen«, sagte eine von ihnen.

Im dritten Monat der Besetzung Kuwaits durch die Iraki versprachen der Emir und der Kronprinz Sheikh Saad Al Abdullah As Sabah auf einer Konferenz in Saudi-Arabien vor den in der Diaspora lebenden Kuwaitis, daß die Frauen nach der Befreiung Kuwaits eine bessere gesellschaftliche Stellung haben sollten. Später wurde deutlich, daß diese Ankündigung nur ein moralisches Aufputschmittel für die Frauen war, die im Befreiungskampf ihr Leben riskierten. Nach der Befreiung Kuwaits änderte der Kronprinz seine Aussage ab: Demokratie dürfe nicht zu weit führen, sagte er. Fatima Hussein, die einzige Redakteurin einer kuwaitischen Tageszeitung, der »Al Watan«, kann solche Sprüche nicht mehr hören. Sie ist eine der Organisatorinnen der Verfassungsliga, die gegründet worden war, um dafür zu sorgen, daß die Frauen die Rechte, die ihnen nach der kuwaitischen Verfassung von 1962 zustehen, auch wirklich bekommen, was bisher nicht der Fall war.

»Die erste Demonstration gegen die Iraker fand drei Tage nach der Invasion statt. Nur Frauen und Kinder nahmen daran teil«, sagt Fatima Hussein, die den Marsch mit organisiert hatte. »Wir hatten geglaubt, daß die Iraker niemals Frauen und Kinder angreifen würden, aber wir hatten uns getäuscht. Bei der zweiten Demonstration wurden mehrere Frauen getötet. Danach stellten wir die Demonstrationen ein und organisierten Untergrundzeitungen. Die kuwaitischen Frauen spielten in der Widerstandsbewegung eine entscheidende Rolle. Sie gingen völlig verschleiert, konnten also nicht erkannt werden und hatten daher mehr Bewegungsfreiheit als die Männer.« Kuwaitische Frauen schmuggelten häufig Waffen und Dokumente der Widerstandsbewegung an den irakischen Posten vorbei. Sie versteckten sie unter den langen *abayas*, die sie zu diesem Zweck trugen.

An dem Morgen, an dem wir uns miteinander unterhielten, hatte Fatima Hussein den Erziehungsminister, einen Vetter von ihr, mit einem bissigen Artikel attackiert, denn er hatte wieder einmal entschieden, daß auch die besten Studentinnen nicht mit Regierungsstipendien im Ausland studieren durften, obwohl das bei ihren männlichen Kommilitonen schon seit Jahrzehnten gang und gäbe war.»Als er gestern auf einer Pressekonferenz zu diesem Thema befragt wurde, sagte er, er habe eigentlich nichts dagegen, man müsse die Sache nur noch einmal überprüfen. Das sagen sie seit achtunddreißig Jahren. Deshalb habe ich ihn in der Zeitung auseinandergenommen. Ich habe geschrieben, wir seien es satt, daß man uns Frauen ständig mit solchen Nicht-Entscheidungen abspeist.«

Im Westen hat Kuwait den Ruf, den Frauen gegenüber liberaler zu sein als viele andere islamische Staaten. Oberflächlich gesehen trifft das auch zu. Männer und Frauen arbeiten zusammen, häufig in westlicher Kleidung, und es kommt nicht selten vor, daß weibliche Büroangestellte ausgelassen sind, mit den männlichen Kollegen flirten, Witze machen oder tratschen. Ich habe selbst gesehen, wie sechs Frauen aus den Fenstern eines BMW hingen und wie Teenager kreischten, während sie zwei Männer aus dem Informationsministerium über den Parkplatz jagten und so taten, als wollten sie sie überfahren. Sie erinnerten kaum noch an die schüchternen, sittsamen Frauen anderer islamischer Länder. Wenn es abends etwas kühler wird, sieht man kleine Gruppen von Frauen in *hijab*, Sweatshirt und Turnschuhen durch die Straßen von Kuwait City joggen,»um in Form zu bleiben«. Doch trotz des scheinbar westlichen Lebensstils der jüngeren Generation übertreffen die Einschränkungen auch weiterhin die Freiheiten.

Obwohl die zweiundzwanzigjährige Sprinterin Afrah Khami olympiareif ist, durfte sie nie an internationalen Frauenwettbewerben teilnehmen. Der »Kuwait Girls Club«, dessen Mitglied sie ist, meldete sie beim Kuwaitischen Olympischen Komitee für die Spiele im Jahr 1988 an. »Sowohl das Komitee als auch das Ministerium für Soziales sagten ›Ja, selbstverständlich‹«, berichtete Najad Al Sulta, die Präsidentin des Clubs. »Aber wenn es dann um die Finanzierung geht, heißt es, daß es für Frauen keine Zuschüsse gibt.«

Die Zeitungsredakteurin Fatima Hussein erklärte mir: »Es gibt in Kuwait die Redensart: Eine niedrige Mauer wird von jedem übersprungen. Die Frauen sind diese niedrige Mauer, und solange wir nicht wählen können, wird niemand unsere Rechte schützen.«

Kuwaits engagierte Feministinnen können sich zwar zu Wort melden – und sie tun es auch –, aber sie sind nicht in der Lage, eine
Änderung der Gesetze zu bewirken. Statt dessen müssen sie mit ansehen, wie die Islamisten allmählich immer mehr Macht über ihr Leben
gewinnen. Die königliche Familie legt, wie die meisten Regime im
Mittleren Osten und in der Golfregion, der religiösen Bewegung gegenüber eine beschwichtigende Haltung an den Tag, in der Hoffnung, die
Aushöhlung der eigenen Macht dadurch zu verhindern. »In den letzten
Jahren haben die Fundamentalisten immer mehr Macht gewonnen,
und zwar sowohl in wesentlichen als auch in unwesentlichen Bereichen«, berichtete mir eine kuwaitische Frau 1993, kurz nachdem die
Fundamentalisten die Regierung dazu überredet hatten, männliche
Friseure in Damensalons zu verbieten. »Als hätte die Regierung nichts
Wichtigeres zu tun, als sich darum zu kümmern, wer den Frauen die
Haare schneidet.« Aber die kuwaitischen Fundamentalisten vergessen
auch die wesentlichen Dinge nicht. Ihre Lobbyisten versuchen, die
enge militärische und politische Bindung an den Westen, vor allem an
die Vereinigten Staaten, zu schwächen. Viele von ihnen sähen es lieber,
wenn Kuwait die Beziehungen zu der islamischen Regierung des Iran
verbessern würde.

Vor kurzem sind einige Extremisten dazu übergegangen, Gewalt
anzuwenden, wenn man ihre Ansichten in Zweifel zieht. Der Dekan der
medizinischen Fakultät der Universität von Kuwait wurde von ihnen
ins Visier genommen, nachdem er 1992 den Studentinnen das Tragen
des *niqab*, eines schwarzen Gesichtsschleiers, untersagt hatte. Helal Al
Sayer sprach das Verbot aus, nachdem er beobachtet hatte, wie der
Schleier auf eine Leiche herunterhing, die seziert wurde. »Das ist
einfach unhygienisch«, begründete er seinen Schritt. Man befürchtete
zudem, daß unbegabte oder faule Studentinnen intelligentere Kommilitoninnen in Prüfungen schicken könnten, die man unter dem Schleier
nicht erkennen würde. Das Schleierverbot führte zu einem Streik wütender Studentinnen, die diesen Schritt als einen »Eingriff in vom Islam
garantierte persönliche Freiheit« betrachteten.

Seit zehn Jahren wird die Studentenvertretung an der Universität
von Kuwait von den Islamisten kontrolliert, die alle Wahlen gewonnen
haben. Bei einer dieser Wahlen gab die Studentenvertretung eine Ver-

lautbarung heraus, in der zu lesen war: »Wenn man verschleierte Studentinnen aus einem Grund daran hindert, ihr Studium fortzusetzen, der nichts mit ihrem Bemühen um Fortschritte zu tun hat, dann ist das eine Folge von Vorurteilen und falsch ... Sie haben kein Verbrechen begangen oder in ihren Leistungen nachgelassen, sondern fühlen sich der islamischen Sittsamkeit verpflichtet.« Kurz darauf wurde der Wagen des Dekans von einer Bombe zerstört. Aber Al Sayer gab nicht nach.

Anderthalb Monate später – ich war zu der Zeit gerade in Kuwait – erfolgte der zweite Anschlag. Eine Zwanzig-Pfund-Bombe wurde vor dem Wohnzimmerfenster seines Hauses im Stadtteil Yarmouk gezündet. Es geschah an einem Freitagnachmittag, also am arabischen Wochenende, als man damit rechnen konnte, daß die Familie zu Hause war. Die Explosion tötete den fünfundvierzigjährigen iranischen Gärtner seines Nachbarn, Sheikh Mubarak Sabah Al Nasser, und zerstörte den Mercedes eines anderen Nachbarn. Al Sayers Familie, die sich gerade in einem anderen Zimmer des Hauses aufhielt, blieb unverletzt. Als der Dekan nach der gewaltigen Explosion nach draußen stürzte, erwartete ihn dort ein grauenvoller Anblick: Die zerfetzten Körperteile des Gärtners, darunter auch der abgetrennte Kopf, waren über den ganzen Hof verstreut.

Zur gleichen Zeit, als die medizinische Fakultät den Frauen das Tragen von Schleiern untersagte, verbot das kuwaitische Straßenverkehrsamt Autofahrerinnen das Tragen der aus bis zu vier Stoffschichten bestehenden niqabs, weil sie das Gesichtsfeld stark einengen und einen hellen Sonnentag in Nacht verwandeln. Eine Augenärztin, die selbst verschleiert geht, tat das Verbot als übertrieben ab. »Es ist nicht bewiesen, daß die Sicht in irgendeiner Weise beeinträchtigt wird«, sagte sie. »Und wenn die Frauen nachts nicht so gut sehen können, nun, eine anständige muslimische Frau sollte nachts sowieso nicht ohne Begleitung ausgehen.« Die Ärztin betonte dagegen den Umstand, daß der Schleier die Augen schütze. »In sonnigen Ländern gibt es eine Augenerkrankung namens Pterygium [Bindehautwucherung]. Bei Frauen, die einen Schleier tragen, trifft man sie äußerst selten an – er bringt also sogar Vorteile.«

Das kuwaitische Verkehrsministerium ließ sich davon jedoch nicht überzeugen. »Wenn eine Frau gegen dieses Gesetz verstößt, wird sie bestraft«, äußerte sich Oberstleutnant Ismael al-Khalidi. Trotz dieser Drohung und obwohl die Straßenverkehrsordnung in Kuwait sehr streng ist – Geschwindigkeitsübertretungen können mit dreißig Tagen Gefängnis bestraft werden –, fahren viele Frauen nach wie vor verschleiert. Die Verkehrspolizisten gehen nur selten dagegen vor, da sie nicht ins Visier der Extremisten geraten wollen.

Suad Al Jarrallah, die Leiterin der »Islah Social Society«, einer islamischen Frauengruppe, fragte laut, warum viele Frauen unter dem Vorwand persönlicher Freiheit Make-up und westliche Kleidung tragen dürften, während man etwas dagegen habe, daß sie Schleier trügen. »Auch das Tragen des Schleiers sollte als Teil der persönlichen Freiheit betrachtet werden«, erklärte sie.

Als sich die »Islamist Charity Association« (Islamische Wohlfahrt) an die verheirateten Männer Kuwaits wandte und sie zur Polygamie aufforderte, um etwas gegen die Ehelosigkeit unter den Frauen zu tun, war die öffentliche Reaktion genauso kontrovers wie bei der Diskussion über den Schleier. Nur gerieten in diesem Fall die Feministinnen des Landes in Rage. Zusätzlich zu einem Hochzeitsgeschenk im Wert von 15 000 D-Mark bot die Organisation langfristige Kredite, mit denen die Männer in die Lage versetzt werden sollten, mehr als eine Frau zu versorgen. Dazu kamen kostenlose Möbel, die Benutzung eines Saals für die Hochzeitsfeier, Küchengeräte zum Einkaufspreis und ein Geschenk zur Geburt des ersten Kindes.

Ahmad Al Muzaini, der Leiter der Organisation, der selbst mit zwei Frauen verheiratet ist, erklärte in den Medien, daß Frauen eigentlich keine Probleme mit der Polygamie haben sollten. »Wenn sie welche haben, hören sie auf den Teufel, und ihr Stolz steht ihnen im Weg. Wir versuchen, die islamische Scharia einzuführen, und sie erlaubt die Polygamie. Die Feinde des Islam, vor allem die weltlichen und prowestlichen Elemente, verbieten es dem Mann zwar, mehr als eine Frau zu haben, erlauben aber Liebhaber und Freundinnen, während so etwas im Islam absolut verboten ist. Wenn man die Ehe auf eine Frau beschränkt, gleichzeitig jedoch Affären zuläßt, leistet man dem weltweiten moralischen Verfall Vorschub. Wenn man ein Krankenhaus in Kuwait besucht, kann man sehen, wie sehr sich Aids, Drogensucht und Alkoholismus ausgebreitet haben.«

Verärgerte Frauen reagierten mit Leserbriefen an die Zeitungen: »Das ist keine Wohltätigkeitsorganisation, sondern ein Komitee, das sich die Zerstörung der Familie zum Ziel gesetzt hat«, schrieb Mouda al-Motairi, eine fünfunddreißigjährige Mutter von zwei Kindern. Khadija Sellers, eine Amerikanerin, die zum muslimischen Glauben übertrat und mit einem Kuwaiti verheiratet ist, schrieb in einem Brief an die englischsprachige »Arab Times«: »Dr. Al Muzaini meint, daß es in Kuwait zu viele unverheiratete Frauen gibt, und er sagt, daß kuwaitische Männer nach Bangkok fliegen, weil ihr Sexualtrieb stärker ist als der anderer Männer. Und jetzt möchte er die unverheirateten Frauen mit diesen Männern verheiraten. Warum sollte man es den Frauen zumuten, eine Verbindung mit Männern einzugehen, bei denen sie sich mit Aids infizieren können?« Und eine dritte Frau, die vierunddreißigjährige Sara Mataqi schrieb: »Wenn mein Mann auch nur daran denken sollte, sich eine andere Frau zu nehmen, würde ich ihn in Stücke reißen.«

Die Zunahme des Fundamentalismus wird zum Teil darauf zurückgeführt, daß kuwaitische Männer wegen des Golfkriegs bis zu einem Jahr im streng konservativen Saudi-Arabien zugebracht haben. »Sie sind dort vom Konservatismus angesteckt worden und haben ihn bei ihrer Rückkehr nach Kuwait mitgebracht«, sagte ein Kuwaiti.

Wie die meisten Kriege, so wirkte auch der Golfkrieg auf viele Frauen wie ein Katalysator für Veränderungen. Der Zweite Weltkrieg, an dem viele amerikanische und europäische Frauen in den Munitionsfabriken teilnahmen, bewirkte, daß man sie in der Arbeitswelt akzeptierte. In Kuwait sind die Frauen, die im Widerstand waren oder die wie Leila durch den Krieg über Nacht erwachsen werden mußten, nicht bereit, ihre neugewonnene Unabhängigkeit wieder aufzugeben. Und ihre Sorgen über das Anwachsen der islamistischen Bewegung werden ständig größer. Sie befürchten, daß man ihnen die Flügel stutzt, noch bevor sie eine Chance hatten zu fliegen.

Vor dem Krieg hätte Leila nie an einer Demonstration für die Rechte der Frauen teilgenommen, so wie sie es bei der letzten Wahl getan hat. »Ich habe mit einundzwanzig geheiratet, bin in das Haus der Eltern meines Mannes eingezogen und war völlig passiv«, sagt sie. »Es wäre mir nie in den Sinn gekommen, anders zu sein.« Das geräumige

Haus mit den Perserteppichen und den kostbaren Möbeln ist offen-
sichtlich für eine Großfamilie gebaut worden. Leila, ihr Mann, ein
Rechtsanwalt, und das Kind bewohnen eine Zimmerflucht im oberen
Stockwerk.

Die Familie, in die Leila eingeheiratet hat, ist konservativer als ihre
eigene. Ihr Schwiegervater hatte drei Frauen, hat sich inzwischen
jedoch von einer scheiden lassen. Leilas Schwiegermutter ist seine erste
Frau. Die zweite Frau ist in einem Haus in der Nachbarschaft untergebracht, und Leilas Schwiegervater teilt seine Zeit zwischen den beiden
Häusern auf. »Meine Schwiegermutter hat offenbar nicht das geringste
Interesse an der anderen Frau ihres Mannes oder an seinem Leben mit
ihr«, sagt Leila.

»Nach meiner Heirat verbrachte ich fast die ganze Zeit zu Hause.
Wenn ich einmal Freundinnen oder Verwandte besuchte, bestand meine Schwiegermutter darauf, daß ich spätestens um neun Uhr abends
wieder zu Hause war. Es wäre mir nie in den Sinn gekommen, mich mit
ihr darüber zu streiten. Ich nahm es auch hin, daß sie darauf bestand,
daß ich mich verschleierte. Ich gehorchte ihr aufs Wort, und genauso
verhielt sich auch mein Mann. Selbst wenn ich aus dem Haus gehen
wollte, fragte ich zuerst sie und dann erst meinen Mann. Mein Mann
und seine Mutter hatten mich völlig unter Kontrolle. Ihr Verhalten mir
gegenüber war jedoch nicht ungewöhnlich. Sie ist der Prototyp einer
arabischen Schwiegermutter. Ich lehnte mich nie gegen sie auf. Ich hatte
keine eigene Persönlichkeit, und so gehört es sich auch.«

Es waren jedoch nicht diese Einschränkungen, die Leila in den
ersten Ehejahren die größten Schwierigkeiten bereiteten, sondern die
Tatsache, daß sie nicht schwanger wurde. »Ich sehnte mich nach einem
Baby. Außerdem wußte ich, daß ich meinen Schwiegereltern und meinem Mann damit eine große Freude bereiten würde. Abgesehen davon
hätte die Mutterschaft meinem Leben einen neuen Inhalt gegeben.
Immer nur Fernsehen, das machte mich fast verrückt. Nachdem wir
bereits fünf Jahre verheiratet waren, wurde ich dann endlich schwanger. Das war sehr aufregend. Und als ich schwanger war, hatte ich das
Gefühl, man hätte mich in einen exklusiven Club aufgenommen. Andere Frauen redeten mit mir über die intimsten Dinge. Erst in dieser
Zeit erfuhr ich, daß mein Sexualleben nicht normal war: Mein Mann

schlief etwa einmal alle zwei Monate mit mir. Ich war so naiv gewesen, daß ich geglaubt hatte, das sei normal. Wenn man in unserem Teil der Welt nichts über Sexualität weiß, ist es schwierig, an Informationen darüber zu kommen.« Heute führt Leila das mangelnde sexuelle Interesse ihres Mannes auf seinen starken Alkoholkonsum zurück. Wodurch sein Alkoholproblem ausgelöst wurde, weiß sie nicht; es interessiert sie inzwischen auch nicht mehr.

Zur Zeit der Invasion Kuwaits war Leila seit neun Jahren verheiratet. »Als wir hörten, wie die Hubschrauber ganz niedrig über unsere Häuser hinweg flogen, sind wir auf die Straße gelaufen. Es waren irakische Truppentransporter, und die Soldaten standen in den offenen Türen, zum Absprung bereit. Ich begann hysterisch zu schreien und verlor die Selbstbeherrschung. Ich war fest davon überzeugt, daß wir alle sterben würden. Ich weinte und schluchzte drei Tage lang. Ich hatte Durchfall vor Angst und war einfach zu nichts mehr zu gebrauchen.

Auf den Straßen waren überall Panzer und irakische Soldaten. Wir wußten, daß wir uns dringend Flaschen mit Wasser und Lebensmittel besorgen mußten. Uns war klar, daß die Männer das Haus nicht verlassen durften, weil sie sonst sofort gefangengenommen worden wären. Also ging ich mit den Frauen hinaus, um unsere Vorräte zu ergänzen. Wir verschleierten uns vollständig und hofften, daß uns das schützen würde. Jetzt, da ich etwas zu tun hatte, ging es mir schlagartig besser. Im Gegensatz zu anderen Frauen ging ich zwar nicht in den Widerstand, aber ich war für meine Begriffe schon mutiger geworden und half anderen Leuten, Lebensmittel aufzutreiben. Früher war ich ein verwöhntes Kind gewesen. Ich hätte gern mehr getan, zum Beispiel in einem Krankenhaus geholfen, aber meine Schwiegermutter ließ das nicht zu.«

Leilas Schwiegermutter setzte auch durch, daß die Familie Kuwait sechs Wochen nach der Invasion verließ. Leila und die Familie ihres Mannes gingen nach London, wo sie sich sofort in der Organisation »Bürger für ein freies Kuwait« engagierte. »Mein Mann hätte so viel tun können, um zu helfen. Statt dessen saß er den ganzen Tag vor dem Fernseher, sah sich die Bilder vom Krieg an und betrank sich. Ich, die Frau, war plötzlich diejenige, die alles für die Familie erledigen mußte. Als wir dann nach Kuwait zurückkehrten, war mir klar geworden, daß ich die stärkere von uns beiden war. Er ist einfach schwach, zu schwach für mich. Heute weiß ich das. Wir werden uns scheiden lassen; es ist nur noch eine Frage der Zeit.«

Die Scheidungsrate stieg nach dem Krieg in Kuwait dramatisch an. Inzwischen wird ein Drittel aller Ehen geschieden; das ist für ein islamisches Land ein extrem hoher Prozentsatz. Fahad Nasser, eine Soziologin an der Universität von Kuwait, führt einen Teil der Scheidungen auf den Niedergang der Großfamilie zurück. »Die Großfamilie spielte die entscheidende Rolle. Eine Ehe wurde nicht nur zwischen zwei Menschen, sondern gleichzeitig zwischen zwei Familien geschlossen, deshalb war eine Scheidung ein sehr einschneidendes Ereignis. Wenn die Ehe nicht gut lief, waren beide Familien betroffen. Dieser Einfluß schwindet zunehmend. Es fing mit dem Wohlstand an, den das Öl brachte. Die Ehepaare wollten nicht mehr bei den Eltern wohnen und konnten sich eine eigene Wohnung auch leisten. Zusätzliche Faktoren waren die Ausbildung der Frauen und der Umstand, daß sie während des Golfkriegs Kontakt mit der Außenwelt bekommen hatten.«

Als Leila und ihre Familie nach Kuwait zurückkehrten, trug sie weiter die westliche Kleidung, die sie in London getragen hatte. Aufgrund ihrer neuen Autorität wagte es auch niemand, ihr dieses Recht streitig zu machen. Auch als sie erklärte, daß sie arbeiten wolle, und eine Stellung in einem der Ministerien annahm, wagte niemand zu widersprechen. Ein paar Monate später begann sie eine Affäre mit Hamid, einem verheirateten Arbeitskollegen.

»Er war mir gegenüber immer sehr aufmerksam, das allein war schon verführerisch. Seit meiner Schwangerschaft hatte mein Mann mich kaum noch angefaßt. Hamid weckte meine sexuellen Bedürfnisse. Ich war zwar schon Mutter, wußte aber so gut wie nichts über Sexualität. Er brachte mir so vieles bei – wie man zärtlich ist und wie man Zärtlichkeit empfängt. Es war das erstemal, daß ein Mann in meinen Armen schlief. Wenn mein Mann mit mir geschlafen hat, will er mich hinterher nicht mehr anrühren. Hamid ist da ganz anders.«

Leila und Hamid treffen sich während der Woche für ein paar Stunden in einem der Strandhäuser von Freunden, wie sie die meisten reichen kuwaitischen Familien besitzen, oder, wenn es sich arrangieren läßt, in der Wohnung eines verschwiegenen Bekannten. »Ich muß aufpassen, daß mein Mann nichts merkt, er würde sich sofort scheiden lassen. Das wäre zwar in Ordnung, aber er würde mir auch meinen Sohn wegnehmen, um mich zu bestrafen, und das würde ich nicht überleben.«

Leila hat mich auf das Gedicht eines Mitglieds des Königshauses über die Demokratie aufmerksam gemacht, das in einer Wochenendzeitung stand und unter der Überschrift dieses Kapitels abgedruckt ist. »Das ist das, was ich auch unter Demokratie verstehe«, sagt sie, »die Freiheit, genauso behandelt zu werden wie ein Mann.«

Ein paar Tage später lernte ich die Autorin des Gedichts kennen. Die Wirtschaftswissenschaftlerin Sheikha Souad M. As Sabah ist aktive Frauenrechtlerin, engagiert sich für die Menschenrechte und ist außerdem eine der bekanntesten Dichterinnen der arabischen Welt. Das ist für eine Frau aus einer Familie, die die ehemalige Leiterin der amerikanischen »National Organisation of Women« als »eine despotische, von einem Clan regierte Monarchie« bezeichnete, »die sich der Geschlechter-Apartheid schuldig gemacht hat«, eine erstaunliche Kombination.

Souad ist die Witwe von Seiner Hoheit Scheich Abdullah Al Mubarak As Sabah, dem Sohn des Gründers des modernen Kuwait. Trotz ihrer guten Beziehungen zu hochgestellten Persönlichkeiten wurden ihre Bücher und Gedichte in Kuwait bereits zweimal verboten, zum erstenmal 1985/86 und dann noch einmal 1988/89. Beide Male wurde es allen kuwaitischen Medien verboten, irgend etwas zu veröffentlichen oder zu senden, was aus Souads Feder stammte, und das betraf auch wirtschaftswissenschaftliche Texte. Darüber hinaus war es verboten, ihren Namen in Verbindung mit irgendwelchen gesellschaftlichen oder kulturellen Veranstaltungen zu erwähnen. Beim zweiten Mal reichte das den kuwaitischen Behörden nicht aus, deshalb versuchten sie, das Verbot auf die gesamte arabische Welt auszudehnen, und baten die anderen Regierungen, ihre Werke ebenfalls nicht zu veröffentlichen. »Das war möglich, weil, wie Sie sicher wissen, der größte Teil der Massenmedien in der arabischen Welt staatlich kontrolliert wird«, sagt sie. Obwohl die kuwaitische Regierung für ihre Maßnahmen keine Begründung angab, konnte man davon ausgehen, daß ihre Arbeit in der Menschenrechtsbewegung und ihr Engagement für die Rechte der Frauen der Grund waren.

»Um verstehen zu können, was es für einen Schriftsteller bedeutet, verboten zu werden, muß man den Zusammenhang mit der Situation im Mittleren Osten sehen«, sagt sie. »Schon immer sind Meinungsäußerungen zensiert worden, entweder direkt oder indirekt, explizit oder implizit. Es ist also im Mittleren Osten nichts Ungewöhnliches, wenn man als Schriftsteller verboten wird. Was meinen Fall so deutlich von den anderen unterscheidet, ist der Umstand, daß mit mir ein Mitglied des Königshauses auf den Index gesetzt werden mußte. Man erwartet natürlich von mir, daß ich eine Anhängerin des herrschenden Regimes bin. Das bin ich letzten Endes auch. Aber trotzdem muß nicht jeder Anhänger, der an das System glaubt, blind sein. Wenn man dem System wirklich dienen will, muß man es auf intelligente Weise bewerten und ein objektiver Beobachter sein.«

Souad ist Gründungsmitglied der arabischen Menschenrechtsorganisation. »Die Arbeit deckt viele Felder ab: Es geht dabei sowohl um politische Probleme als auch um Frauenfragen; wir mischen uns immer ein, wenn ein schwacher Teil der Gesellschaft ungerecht behandelt wird. Im Mittleren Osten werden die Menschenrechte und die Menschenwürde schon seit langer Zeit, gelinde gesagt, ziemlich stiefmütterlich behandelt.« Solche Sätze verdeutlichen, warum die Prinzessin Schwierigkeiten mit der königlichen Familie hat, der sie selbst angehört.

Wie Fatima Gailani in Afghanistan ist Souad zwar eine Feministin, auf der anderen Seite aber auch stark von ihrer Gesellschaft geprägt. Sie ist sanft, aber entschlossen. Sie spricht so leise, daß man sie mitunter kaum verstehen kann. Über ihrem Sofa hängt ein großes Porträt ihres Mannes, der 1990 gestorben ist. Wenn die fünfundfünfzigjährige Witwe über ihn spricht, dann voller Ehrfurcht und sehr liebevoll – man hat fast das Gefühl, als lebe er noch. »Wir haben zweiunddreißig Jahre miteinander verbracht«, sagt Souad. »Er war mein Ehemann und mein Vater. Seelisch und körperlich war er mein ein und alles.« Von ihm stammen auch ihre Überzeugungen und ihre Weltanschauung.

Souad war fünfzehn, als sie mit dem Scheich verheiratet wurde, der damals zweiundvierzig war. Die arrangierte Ehe machte sie zu seiner sechzehnten Frau. Die Prinzessin erwähnt das ganz beiläufig. »Nein«, sagt sie, »das hat mir nichts ausgemacht. Das waren alles Stammesehen, die den Zweck hatten, Allianzen aufzubauen. Der Prophet hat das genauso gemacht. Mein Mann hat diese Frauen geheiratet, als er an seiner politischen Karriere arbeitete.« Im Gegensatz zum Propheten ließ sich Scheich Abdullah jedoch manchmal bereits nach einem Monat, spätestens jedoch nach einem Jahr, wieder scheiden.

Ich frage sie, was denn die jeweiligen Bräute von einer solchen Ehe gehalten hätten. War ihnen von Anfang an klar gewesen, daß die Verbindung möglicherweise nur Tage oder Wochen dauern würde? »O ja, das wußten sie«, sagt Souad. »Sie waren glücklich, daß die Wahl auf sie gefallen war, für sie war das eine große Ehre. Einen königlichen Scheich zu heiraten, wird sowohl von der Frau als auch von ihrer Sippe als große Ehre betrachtet. Selbst nach der Scheidung wird sie weiterhin mit besonderem Respekt behandelt, weil sie seine Frau gewesen ist. Viele Männer werden sie heiraten wollen, weil sie dann über ihre Frau eine gute Beziehung zum Scheich bekommen.«

Souad erklärte mir, daß auch die vielen Ehen des Herrschers von Kuwait nur der Festigung der Bündnisse mit den verschiedenen Stämmen dienten. Der Emir, Scheich Dschabir, hat angeblich zweiundsiebzig Ehefrauen gehabt, aber selbst in der königlichen Familie hat man in dieser Beziehung den Überblick verloren. Drei Ehen sind von Dauer gewesen, bei den anderen handelte es sich um kurzlebige Allianzen aus politischen Gründen. In manchen Fällen dauerte die Verbindung nur ein, zwei Wochen. Jetzt, im Alter von einundsiebzig, läßt es der Emir mit dem Heiraten angeblich etwas ruhiger angehen. Bei der letzten Zählung hatte er achtunddreißig Söhne, aber niemand, mit dem ich gesprochen habe, konnte mir die Zahl seiner Töchter nennen.

Souads Mann hatte dagegen aus den früheren Ehen und Verbindungen nur ein Kind, eine Tochter, die der Scheich und Souad gemeinsam großzogen. Hatte die frühere Frau ihres Mannes, die leibliche Mutter des Kindes, nichts dagegen gehabt, frage ich. »Sie war nicht die Tochter einer der Frauen meines Mannes, sondern einer seiner Sklavinnen.« Zum zweitenmal in wenigen Minuten verschlägt es mir die Sprache. Souad redet ruhig weiter, so als unterhielten wir uns gerade über die Lebensmittelpreise. »Die Mutter war eine Schwarze aus Sansibar. Während der Regierungszeit von Mubarak »dem Großen«, dem Vater meines Mannes, kamen unsere Sklaven hauptsächlich aus Afrika. Später wurden Weißrussen vorgezogen.«

Solche Äußerungen zeigen, daß sowohl Kuwait (und andere Ölstaaten am Golf) als auch Souad in den letzten Jahrzehnten einen dramatischen Wandel durchgemacht haben. Obwohl ihr Mann sechzehn Frauen und Sklavinnen als Konkubinen hatte, betrachtete Souad ihn als einen sehr fortschrittlichen Menschen. Und was sie anging, war das sicher auch der Fall.

Souad ging noch zur Oberschule, als ihr Vater ihr mitteilte, daß Scheich Abdullah um ihre Hand angehalten habe. »Ich war sehr aufgeregt. Ich kannte seinen Ruf und hatte davon geträumt, diesen Mann zu heiraten. Er war stark, großzügig und tapfer. Für mich war er wie einer Ihrer westlichen Ritter. Als ich ihn zum erstenmal sah, hatte ich vor lauter Ehrfurcht vor dem großen Abdullah Al Mubarak richtig Angst. Mein Vater und ich waren zum Tee in den weißen Palast [ihr jetziges Domizil] eingeladen worden. Ich legte natürlich großen Wert auf mein Äußeres, zog mich vorher mehrmals um und änderte immer wieder meine Frisur. Ich war eben eine typische Fünfzehnjährige und konnte mich einfach nicht entscheiden, obwohl mich der *abaya* ohnehin völlig verhüllen würde. Ich wurde allein in seinen Salon geführt und zitterte vor Angst. Er merkte sofort, wie nervös ich war, und sprach ganz ruhig mit mir über die Schule und über meine Prüfungen. Und als ich mich ein wenig entspannt hatte, fragte er mich, ob mein Vater mich unter Druck gesetzt habe, damit ich seinen Antrag annähme. Ich sagte ihm, daß das nicht der Fall gewesen sei, aber ich war nicht in der Lage, ihm zu sagen, wie sehr ich mich darüber gefreut hatte. Ich blickte unentwegt auf den Boden. Vor mir saß einer der größten Männer des Landes, und ich war einfach überwältigt.«

Als sie geheiratet hatten, ging Souad zwar nicht mehr in die Schule, aber ihr Mann ermunterte sie dazu, an seinen täglichen *diwaniyas* teilzunehmen. Das ist eine Art arabischer Salon, bei dem führende Persönlichkeiten über Politik und andere wichtige Tagesprobleme miteinander reden. Es ist gleichzeitig auch das Forum, auf dem Bürger dem Scheich ihre Probleme vortragen können, über die er entscheiden soll. Solche *diwaniyas* sind in der islamischen Welt eigentlich Männersache.

Souad nahm 1958 mit sechzehn Jahren zum erstenmal an einem dieser Salons teil. »Ich war die erste Frau, die an einer *diwaniya* teilnahm, und ich war unverschleiert. Ob die anwesenden Männer überrascht waren, weiß ich nicht, denn sie hatten so viel Respekt vor meinem Mann, daß sie sich nicht trauten, etwas zu sagen. Bei solchen Treffen waren etwa zweihundert Männer anwesend – Minister, Politiker, Intellektuelle, Journalisten, ja sogar König Saud von Saudi-Arabien. Und die Versammlungen waren meine Schule, dort bekam ich meine wirkliche Ausbildung. Ich war wie ein Schwamm. Anfangs war ich zu schüchtern, um aktiv teilzunehmen, aber nach einer gewissen Zeit überwand ich meine Angst, und mein Mann machte mir Mut. Ich reiste mit ihm ins Ausland und lernte Könige und Präsidenten kennen. Ich lernte eine Menge. Heute habe ich wegen meines Engagements für die Arbeit meines Mannes mehr Freunde als Freundinnen.«

Als ihr Mann dann später nach Kairo und London versetzt wurde, ermunterte er sie dazu, die Universitäten dieser Städte zu besuchen. An der London School of Economics promovierte sie. Dazu hatte das Paar auch noch fünf Kinder, von denen eins später starb.

»Seit unserer Heirat ermutigte mich mein Mann immer, etwas zu schreiben und zu veröffentlichen. Nie übte er in irgendeiner Form Zensur aus. Selbst als meine Bücher verboten wurden, bestärkte er mich, weiterzumachen. Er unterstützte mich auch bei meiner Arbeit für die Menschenrechte. Während des ersten Verbots 1985 griff die Presse mich an, weil ich an einer Konferenz im Ausland teilnehmen wollte. Man schrieb damals, eine Frau sollte nicht reisen oder Kongresse besuchen. Ich war empört. Aber mein Mann sagte mir, ich solle die Kritik einfach ignorieren und so weitermachen wie bisher.«

Ich drücke mein Erstaunen darüber aus, daß die Zeitungen sie angegriffen hatten, obwohl ihr Mann so prominent war. Sie sagt es zwar nicht direkt, vermittelt mir jedoch den Eindruck, daß der Scheich, der zu der Zeit schon über Siebzig war, die Macht an jüngere Männer abgegeben hatte. Über die Angriffe auf ihre Person sagt sie: »Ich wußte genau, wer dahintersteckte. Man wollte allen Frauen in der arabischen Welt den Schneid abkaufen. Die konservativen islamischen Bewegungen wollen verhindern, daß eine Frau zu bekannt wird. Als mein Mann noch lebte, hatte ich nicht soviel Angst vor ihnen wie heute.

Der Islam gesteht den Frauen alle möglichen Rechte zu. Khadija, die erste Frau des Propheten, war gleichzeitig seine Arbeitgeberin und nahm an allen Aktivitäten teil. Der Prophet ließ sich von seinen Frauen und Schwägerinnen beraten. Die kuwaitischen Frauen sollten um ihre Rechte kämpfen und sollten wählen dürfen. Die Bevölkerung Kuwaits besteht zu 55 Prozent aus Frauen. Die Herrschenden wissen genau, daß die Frauen die Wahlergebnisse verändern würden, wenn sie wählen dürften.«

Souad ist nicht die einzige Außenseiterin in der As-Sabah-Familie. Sheikha Dr. Rasha Al Hamoud Al Dschbir Al Mubarak As Sabah, eine Kusine ersten Grades des Emirs, ähnelt auch nicht im entferntesten den gestylten, wohlfrisierten Frauen des Königshauses. Man hat den Eindruck, daß sie ihre Kleider in einem Second-Hand-Laden kauft – in der Herrenabteilung – und nicht bei Chanel oder Dior. Wir sind uns zweimal begegnet, einmal zum Abendessen in einem Restaurant und ein paar Tage später in ihrem Haus. Zu beiden Anlässen trug sie dasselbe: ausgebeulte Hosen und ein pfirsichfarbenes Polohemd. Wenn sie es sich zu Hause bequem macht, trägt sie am liebsten ein Herren-*dishdasha*.

Sheikha Souad war vermutlich das erste weibliche Wesen, das jemals an einer *diwaniya* teilgenommen hat. Sheikha Rasha beschloß, noch einen Schritt weiterzugehen und eine eigene *diwaniya* ins Leben zu rufen. Damit war sie als Frau in Kuwait, in der Golfregion und sogar im ganzen Mittleren Osten einmalig. Ein weiterer ungewöhnlicher Aspekt an Rashas *diwaniya* besteht darin, daß Männer und Frauen gemeinsam daran teilnehmen. Souad und Rasha sind sich zwar überhaupt nicht ähnlich, sind aber trotzdem jeweils auf ihre Art Rebellinnen, die das Establishment herausfordern, zu dem sie selbst gehören.

In den islamischen Ländern, in denen es zahlreiche Analphabeten gibt, kann jede Veränderung, vor allem, wenn sie die Frauen betrifft, nur von oben ausgehen, von der etablierten Elite des Landes und nicht von Bürgerinitiativen, wie es im Westen üblich ist.

Genau wie Souad hat auch Rasha etwas gegen ihren Adelstitel; sie möchte lieber mit ihrem akademischen Titel angesprochen werden. Sie hat in Yale über die Literatur der italienischen Renaissance promoviert.

Ihre Auseinandersetzungen mit der Familie des Herrschers begannen ein Jahr nach dem Krieg, als sie als stellvertretende Rektorin der Universität von Kuwait die Schulbehörde, den Generalsekretär und den Kultusminister öffentlich der Korruption bezichtigte. Alle Beschuldigten gehörten zur Regierung oder waren von As Sabah ernannt worden. Aber so, wie bereits in der Vergangenheit alle Vorwürfe gegen Mitglieder der Regierung ignoriert worden waren, lief es auch in diesem Fall. »Meine Beschwerden trafen auf taube Ohren«, berichtet Rasha. Trotz ihrer engen Verwandtschaft zum Herrscher wurde ihr Vorwurf, daß riesige Summen aus dem Universitätsfonds abgezweigt worden seien, ignoriert.

Sie warf der Regierung vor, das Geld sei kurz nach der Befreiung verschwunden, als die Universität umgerechnet 180 Millionen D-Mark Wiederaufbauhilfe zusätzlich zu ihrem 140-Millionen-Mark-Haushalt erhalten hatte. »Die Universität wurde während des Krieges ziemlich zerstört«, sagt Rasha, die dort fünfzehn Jahre als ordentliche Professorin gearbeitet hat. Die Wiedereröffnung war für September 1991 geplant und hatte Priorität, denn Kuwaits Studenten hatten bereits zwei Semester verloren. Um dem zu begegnen, wurde dieser umfangreiche Nothaushalt verabschiedet. »Einen Monat später raufte man sich in der Universität die Haare, weil man nicht wußte, wie man diese große Summe in dem vorgeschriebenen Halbjahr ausgeben sollte. Kurz darauf stellte ich fest, daß jemand die Buchführung manipulierte: Computer, Bücher und Geräte wurden zwar bestellt, tauchten jedoch nie in der Universität auf. Der gesamte Teppichboden wurde gleich zweimal erneuert. Er war nagelneu, es gab überhaupt keinen Grund, ihn auszuwechseln. Tausend Raum-Klimageräte für insgesamt 1,4 Millionen Dollar wurden bestellt, dabei hat die Universität eine zentrale Klimaanlage und kann mit diesen Einzelgeräten überhaupt nichts anfangen.

Das Ganze machte mir große Sorgen. Es ging hier nicht um eine Meinungsverschiedenheit, die sich auf pädagogische Probleme oder die Behandlung der Studenten bezog, sondern um persönliche Integrität und Ethik. Ich ging zu den Älteren in meiner Familie, die in der Regierung sitzen, und berichtete ihnen, was in der Universität geschah. Daß ich sie damit in eine unangenehme Lage brachte, war mir bewußt. Ich teilte ihnen mit, daß der Rektor und der zuständige Minister

korrupt seien. Viele Leute in unserem Land sind schon lange der
Meinung, daß die ganze Regierung korrupt ist. Aber man konnte es
sich nicht leisten, den Minister zu feuern. Ich glaube, sie befürchteten,
daß sie dadurch indirekt zugeben würden, daß die Regierung nicht so
war, wie es der Durchschnittsbürger in Kuwait erwartete.

Das Ganze ist eine Frage der Zivilcourage. Die Leute, an die ich
mich wendete, hatten die, über die ich mich beschwerte, selbst auf ihre
Posten gesetzt. Es war also ein Fall von ›Wenn du diese Leute kritisierst,
kritisierst du indirekt auch uns‹. Als ich feststellen mußte, daß die
Verfehlungen in den verschiedenen Bereichen – auf dem Finanzsektor,
in der Verwaltung und in der Legislative – einfach ignoriert wurden,
trat ich zurück.«

Rasha ist inzwischen der Meinung, daß man sie bestraft, weil sie
nicht bereit war zu schweigen. »Im Gegensatz zu anderen Ländern
kann man hier eine Menge sagen, ohne daß einem etwas passiert. In
Kuwait gibt es keine mitternächtlichen Besucher, man verpaßt uns
keinen Maulkorb, und wir werden auch nicht ins Gefängnis gesteckt,
wenn wir nicht mit dem System konform gehen. Man geht hier viel
subtiler vor, und das ist schlimmer, als wenn man eingesperrt wird.
Wenn man im Gefängnis sitzt, wird man sofort zu einer Art Volksheld.
Um die hier übliche Art der Ächtung, die sehr demoralisierend wirkt,
aushalten zu können, muß man sehr stark sein. Ich erlebe das gerade
am eigenen Leib. Weil ich es gewagt habe, vor der Presse zu erklären,
daß der Minister und seine Beamten korrupt sind und der größte Teil
der Regierung aus Nieten besteht, beschäftigt man sich jetzt auf eine
sehr raffinierte Weise mit mir.

Man hat mir zum Beispiel bis heute noch keine neue Stelle angeboten, obwohl inzwischen sieben Monate vergangen sind, seit ich meinen
Rücktritt erklärt habe. Das wäre an sich nicht so wichtig, aber Kuwait
steckt zur Zeit mitten im Wiederaufbau, da werden Leute wie ich
gebraucht, Leute, die – und ich sage das in aller Bescheidenheit –
sowohl der akademischen Gemeinde als auch der Regierung von Nutzen sein können. Wenn ich nicht in Ungnade gefallen wäre, hätte man
mir schon längst eine neue Position angeboten. Statt dessen hat man
mich in die Wüste geschickt.

Die Universität ist mein Leben. Fünfzehn Jahre sind eine lange Zeit.

Ich würde gern wieder zurückgehen, aber ich kann nicht, solange das System so korrupt ist. Der Krieg hat mich verändert. Erst verliert man sein Land und seine Identität, und dann bekommt man plötzlich beides wieder zurück. Ich glaube, ich lebe jetzt intensiver, ich bin bei der Verfolgung meiner Ziele und in meinem Kampf gegen bestimmte Tabus und Schranken stärker geworden.«

Rasha äußert sich auch über die Rechte der Frauen. Während der Besatzungszeit hatte sie neues Selbstbewußtsein gewonnen und versucht seitdem, die Einstellung ihrer Landsleute zu verändern. »Wenn man die Leute vor der Besetzung sagen hörte ›Politische Rechte für die Frauen? Um Gottes willen, nein, denen fehlt noch die politische Reife‹, konnte einem schon schlecht werden, aber man hatte es halt schon oft gehört. Als jedoch während des Krieges Frauen vergewaltigt und getötet wurden, konnte man solche Reden einfach nicht mehr ertragen. Ich habe bei den Führern unseres Landes lautstark protestiert. Ich hatte einen direkten Zugang zu ihnen, schließlich gehören sie zu meiner Familie.

Ich erklärte ihnen, daß nach unserer Verfassung alle Bürger des Landes gleich sind und daß es ein Bruch der Verfassung ist, wenn man den Frauen ihre Rechte vorenthält. Ich erinnerte sie außerdem an all die Schwüre, die sie abgelegt hatten.« Auf der Kuwait-Konferenz, die im Oktober 1990 in Saudi-Arabien stattfand und auf der über die Zukunft Kuwaits diskutiert wurde, hatte der Kronprinz den Frauen eine Verbesserung ihrer Lebensbedingungen versprochen. Auch Rasha war ursprünglich eingeladen worden. »Aber dann luden mich die Saudis wieder aus. Ihnen war plötzlich klargeworden, daß ich eine Frau bin. Man rief mich an und fragte mich, ob es mir etwas ausmachen würde, nicht zu kommen.

Ein anderes Mal wurde ich von einem Rechtsausschuß des Parlaments eingeladen, über die Rechte der Frauen zu reden. Man hatte außerdem die ›Islamische Reformgesellschaft‹ eingeladen. Ihr Vertreter erhob sich und zitierte *fatwas*, die von der Al-Azhar-Universität in Kairo stammten, schon Jahre alt waren und besagten, daß Frauen nicht wählen sollten. Ich konterte damit, daß Al Azhar seitdem andere *fatwas* erlassen hätte, die das Frauenwahlrecht bestätigten. Ich wies darauf hin, daß die Frauen in Ägypten nicht nur schon seit vielen Jahren wählen dürften, sondern auch im Parlament säßen und zu Botschaftern und Ministern ernannt worden seien.« Trotz dieser Argumente ziehen es Kuwaits Konservative vor, den Status quo beizubehalten und die Macht nicht mit dem anderen Geschlecht zu teilen. In Kuwait führen die Traditionalisten entweder die Überlieferung oder die Religion ins Feld, wenn sie den Frauen ihre Rechte vorenthalten wollen«, sagte Rasha.

Nachdem sie einige Monate lang sozusagen Berufsverbot hatte, wandte sie sich an den Emir, ihren Vetter. Sie erklärte ihm, sie würde Kuwait verlassen und im Ausland arbeiten, wenn sich ihre Situation nicht bald änderte. »Ich sagte ihm, daß mir nichts anderes übrigbliebe als wegzugehen, denn ich könne schließlich nicht ewig zu Hause herumsitzen und nichts tun.«

Seit ihrem Rücktritt hat Rasha das getan, was viele Pensionäre tun – sie ist zum Fischen gegangen. »Ich bin viel mit den alten Perlentauchern zusammen, über achtzigjährige Leute aus ganz einfachen Verhältnissen. Sie erzählen mir, wie dieses Land vor dem Öl war, und das ist noch gar nicht so lange her.« Rashas Boot paßt zu ihrem wenig königlichen Lebensstil: »Das ist keine Jacht, sondern ein einfaches Fischerboot, knapp acht Meter lang. Es hat zwei 85-PS-Motoren und einen großen offenen Raum für das Netz.«

Da sie aus einer äußerst privilegierten Linie der As-Sabah-Familie stammt, die, wie sie einräumt, über enorme Reichtümer verfügt, könnte sie sich eigentlich alles leisten, was ihr Herz begehrt. Seit dem Krieg hat sich ihr Lebensstil jedoch verändert. Sie lebt in materieller Hinsicht eher klösterlich und nicht wie ein schwerreicher Ölscheich. Während der Besatzung war der Palast, in dem sie wohnte, geplündert und so verwüstet worden, daß er unbewohnbar war. Praktisch alles, was sie besaß, war gestohlen worden. Aber sie trauert weder ihrem Maserati noch ihrem Jaguar oder anderen Luxusdingen nach. »Mir macht das nichts aus, ohne Piaget-Uhren, Chanel und Valentino zu leben. Und ich kann auch ganz gut in einem Haus ohne viele Bedienstete klarkommen.« Rasha hatte vorher vierzehn Hausangestellte gehabt. »Aber meiner Sammlung von fünfhundert T-Shirts, die aus allen Teilen der Welt stammten und die ich alle getragen habe, trauere ich nach. Ich bin keine Frau, der man Gold und Brillanten schenkt. Ich trage so etwas nie, sondern lege es in eine Schublade und vergesse es. Wenn Leute, die mir nahestehen, mir etwas schenken wollen, dann wünsche ich mir einen Karton Motoröl für mein Boot – der kostet etwa 25 D-Mark – oder Sportsocken; meine sind nämlich schon ziemlich verschlissen.«

In ihrem neuen spartanischen Leben teilt sich Rasha die Wohnung mit Margot Badran, einer amerikanischen Wissenschaftlerin und Autorin, die ihr während des Krieges in Kairo Unterschlupf gewährt hatte. Rasha konnte in letzter Minute vor den anrückenden irakischen Truppen fliehen, die versuchten, alle Mitglieder der As-Sabah-Familie gefangenzunehmen. Sie zog sich als Beduinenfrau an und gab sich als zweite Frau eines Schäfers aus. »Auf dem Pritschenwagen, mit dem ich floh, gab es sogar Schafe.«

Ihre Wohnung ist so bescheiden, daß ich zuerst sicher war, daß man mir die falsche Adresse gegeben hatte. Der Wohnblock, in dem Studenten der Universität untergebracht sind, macht einen heruntergekommenen Eindruck. Der Putz bröckelt, die braune Farbe blättert ab, und man blickt direkt auf einen großen Parkplatz. Rashas Zimmer sind zwar frisch gestrichen, aber man findet weder Bücherregale noch Bilder an den Wänden. Das Apartment ist ohne jeden Charakter, so unpersönlich wie ein billiges Hotelzimmer, und das, obwohl sie schon ein Jahr hier wohnt. Während sie sich eine Dunhill-Zigarette nach der anderen anzündet – man sieht sie nicht ohne –, erzählt sie mir: »Ich habe nicht gern so viel Kram. Wenn ich mir die weißen Wände anschaue, entspanne ich mich; mir gefällt es so, auch wenn es irgendwie nackt aussieht. Ich habe mich für das einfache Leben entschieden.«

Drei Dinge hat sie aus ihrem alten Domizil retten können, drei Bilder, die als dünner Stoß an einer Wand lehnen: Ein großes, ramponiertes Kinderfoto von ihr, ein Foto von Margaret Thatcher im Silberrahmen mit einer persönlichen Widmung für Rasha und ein großes Bild eines ihrer Brüder, der vor ein paar Jahren von einer der Angeltouren, wie sie Rasha so liebt, nicht mehr zurückkehrte. Damals wurde gemunkelt, daß er möglicherweise von Iranern gefangengenommen worden sei, aber Rasha redet nicht gern über dieses Thema.

Die vierundvierzigjährige Adelige ist unverheiratet und erwartet auch nicht, daß sich daran etwas ändert. Seit Jahren meidet sie Promi-

nentenhochzeiten, auf denen in der islamischen Welt häufig zukünftige
Hochzeiten arrangiert werden. Die Mütter der in Frage kommenden
Männer inspizieren bei solchen Gelegenheiten die anwesenden unverheirateten Frauen. »Da geht es zu wie auf einem Viehmarkt«, sagt sie
spöttisch. »Die Mütter reden und reden über ihre Söhne, und die
Frauen, die sich selbst alle ganz toll finden, werfen sich in Positur und
versuchen, die Aufmerksamkeit auf sich zu lenken. Bei solchen Gelegenheiten wird ein ungeheurer Aufwand getrieben, alle sind von oben
bis unten mit Brillanten behängt. Für mich ist das ein Zirkus, dem ich
möglichst weit aus dem Weg gehe. Als meine Mutter noch lebte, war
das schlimm für sie. Aber für mich sind solche Veranstaltungen unerträglich. Gerade letzte Woche gab es noch eine große Hochzeit; die
Tochter eines Scheichs heiratete. Es kostete mich keine Sekunde abzu-
sagen. Ich glaube, das ist ein Privileg, das man mit zunehmendem Alter
genießt.«

Rashas Mutter und ihre Schwestern waren schon mit dreizehn
verheiratet worden. Weil die Sheikha jedoch vom achten Lebensjahr an
auf englische Internate ging, blieb ihr das erspart. Statt schon als Teenager Ehefrau zu sein, hatte sie alle Hände voll zu tun und »mußte die
Tennisschuhe der älteren Schülerinnen putzen«. Ein Teil ihres exzen-
trischen Wesens, vor allem ihr ausgefallener Geschmack, der in der
englischen Oberklasse völlig normal ist, stammt wohl aus dieser Zeit.

In Kuwait, einem Land, in dem jeder jeden kennt oder es zumindest
glaubt, sind die Leute überzeugt, daß Rasha lesbisch ist. Die Tatsache,
daß sie als unverheiratete Frau in einer Gesellschaft lebt, in der die Ehe
als Selbstverständlichkeit betrachtet wird, ihr Interesse an traditionell
männlichen Aktivitäten (Rasha ist das einzige weibliche Mitglied des
Squash-Clubs von Kuwait) und ihr saloppes Äußeres legen diesen
Schluß nahe. Die Prinzessin streitet das jedoch ungefragt ab. »Ich habe
weder männliche noch weibliche Partner«, antwortet sie auf die Frage,
wie ihr Privatleben in der Öffentlichkeit beurteilt wird. »Ich habe
keinen Sex, keine Affären, und ich nehme keine Drogen. Ich bin
ziemlich langweilig.«

Sie sieht mich an und fragte lachend: »Glauben Sie das nicht?
Vielleicht bin ich ja verklemmt oder mit meinen Büchern verheiratet ...
oder vielleicht habe ich nie geheiratet, weil ich nicht den Mann gefun-

den habe, der so ist wie mein älterer Bruder Salim. Mit ihm fühle ich mich am engsten verbunden. Ich respektiere und liebe ihn, und ich kann mich immer auf ihn verlassen. Er ist freundlich, sehr intelligent und außerordentlich weise. In diesem Teil der Welt hat der ältere Bruder Anspruch darauf, daß man sich ihm unterwirft und ihm mit besonderem Respekt begegnet. Salim ist überhaupt nicht so. Er unterstützt mich sogar noch, wenn ich etwas tue, was hierzulande gegen die Tradition verstößt.«

Auch wenn Rasha absolut keine typische As Sabah ist, betrachtet sie ihre Familie doch als das Band, das Kuwait zusammenhält. »Es mag hier Leute geben, die von dem As-Sabah-Regime enttäuscht sind, weil gewisse Trends ihren Interessen zuwiderlaufen. Der Emir ist ein Mann, der schrecklich mißverstanden wird. Er wird immer als despotischer Einsiedler betrachtet, der sein eigenes Volk nicht liebt. Die Leute machen sich ein völlig falsches Bild von ihm. Er ist ein sehr liebevoller und freundlicher Mensch, bescheiden und fromm. Die Interessen seines Landes liegen ihm sehr am Herzen. Abgesehen davon wird die Mehrheit der Bevölkerung Kuwaits keine anderen Führer akzeptieren als die, die sie 1992 gewählt hat.

Mir graut vor dem Tag, an dem unsere Familie, also die Führungsschicht, so schwach geworden ist oder so mißachtet wird, daß ihre Herrschaft nur noch symbolischen Charakter hat. Dann nämlich werden die Islamisten, die Fundamentalisten zuschlagen. Die islamischen Kräfte sind hier sehr stark und straff organisiert. Ich habe Angst, daß das, was in Algerien passiert ist und sich zur Zeit in Ägypten abspielt, auch hier geschehen kann. Und das ist durchaus möglich. Wenn man den Islam dazu mißbraucht, um Zwietracht zwischen die Bürger des Landes zu säen, kann das meiner Meinung nach sehr gefährlich werden.«

Rasha zufolge werden die Islamisten in Kuwait von der »Islamischen Reformgesellschaft« finanziert, von einer Bewegung, die in Saudi-Arabien gegründet wurde. »Außerdem werden sie von der kuwaitischen Regierung, von der Muslimischen Bruderschaft und anderen internationalen Organisationen finanziell unterstützt. Sie kontrollieren die Studentenvertretung an der Universität und haben dort großen Einfluß gewonnen. Interessanterweise werden sie ausgerechnet

von den Studentinnen gewählt. Vor sechs Jahren gelang es den Islamisten, in der Kantine und in den Hörsälen der Universität eine Trennung nach Geschlechtern durchzusetzen. Und 60 Prozent der Studentinnen tragen inzwischen den *hijab*. Das war vorher anders, nur eine
Handvoll war verschleiert. Und dann erlebten wir auch noch die
Bombenanschläge auf die medizinische Fakultät.

Dieser Extremismus kommt bei den jungen Leuten enorm an. Sie
suchen Orientierung. Und die Islamisten bieten eine Lösung an, sie
sagen ihnen, wie sie ihr Leben gestalten sollen. Ihre Parole lautet: ›Der
Islam ist die Lösung‹. Man kann eine Cartier-Brille tragen, mit einem
Cartier-Kugelschreiber schreiben, einen Maserati fahren und trotzdem
Orientierung suchen. Der Islam ist der Zug, auf den die jungen Leute
aufspringen. Dieser Fundamentalismus jagt mir Angst ein.«

Wenn man nur mit den As Sabahs und den Leuten um sie herum zu tun
hat, könnte man leicht glauben, daß es allen Kuwaitis enorm gut geht.
Aber für die dreihunderttausend Menschen, die vor kurzem zu Nicht-
Kuwaitis erklärt worden sind, obwohl schon ihre Großeltern oder
sogar die Urgroßeltern in Kuwait geboren wurden, sieht das Leben
ganz anders aus. Viele von ihnen müssen betteln gehen, um überleben
zu können. Und ausgerechnet die Bedürftigsten werden jetzt aus dem
großzügigen kuwaitischen Wohlfahrtssystem ausgeschlossen, durch
das die anderen Bürger »von der Wiege bis zur Bahre« unterstützt
werden. Die Hilfe bezieht sich auf Lebensmittel, medizinische Versorgung, Benzin, Güter des täglichen Bedarfs und auf eine kostenlose
Ausbildung.

Die *bedoun*, die Staatenlosen, sind Beduinen oder Nomaden, die sich
in Kuwait niedergelassen haben. Bevor man ihnen die Staatsbürgerschaft aberkannte, machten sie ein Drittel der Bevölkerung aus. Da
kaum einer von ihnen in den Genuß einer ordentlichen Ausbildung
gekommen war, hatten sie nur die schlecht bezahlten Jobs, an denen die
wohlhabenderen Bürger kein Interesse hatten: Sie arbeiteten als Polizisten, Soldaten, Gepäckträger und Leibwächter der königlichen Familie.
Vor allem für diese Arbeit waren die Beduinen besonders gut geeignet,
denn sie waren schon immer extrem loyal – eine bittere Ironie, wenn
man bedenkt, wie Kuwait sie in der letzten Zeit behandelte.

Ihre Probleme begannen in den fünfziger Jahren, als die Regierung die Beduinen, die die offizielle Staatsbürgerschaft beanspruchten, aufforderte, sich amtlich registrieren zu lassen. Wie die gesamte kuwaitische Bürokratie war auch dieser Vorgang umständlich und erforderte ein mehrfaches Erscheinen bei der Meldebehörde. Da die Bevölkerung damals zum größten Teil aus Analphabeten bestand, begriffen viele Beduinen nicht, warum es so wichtig war, sich registrieren zu lassen. Oder sie gingen nur ein einziges Mal hin, weil sie annahmen, damit sei die Angelegenheit erledigt. Viele Frauen wurden nicht registriert, weil die Männer glaubten, das sei unnötig. Die Beduinen waren fest davon überzeugt, daß sie aufgrund der Tatsache, daß sie und ihre Väter und Großväter in Kuwait geboren waren, Kuwaitis seien und daß ein Stück Papier daran nichts ändern könne.

Aber die Regierung änderte die Gesetze. Als man während des Golfkriegs dreihunderttausend Palästinenser, die zum größten Teil dem mittleren Management angehört hatten, zu Verrätern erklärte und des Landes verwies, weil Jassir Arafat sich mit Saddam Hussein solidarisiert hatte, erklärte man gleichzeitig willkürlich die Beduinen zu Nicht-Kuwaitis und sprach ihnen das Recht ab, in dem Land zu leben, das ihre Heimat war. Die Begründung lautete, da sie Nomaden seien, sei es durchaus möglich, daß sich unter ihnen auch Irakis und Angehörige anderer Nationen befänden. Und wenn man einfach alle des Landes verwies, sparte man sich die Mühe, diese wenigen ausfindig zu machen. Heute holt sich Kuwait für die Arbeiten, die vor dem Krieg Palästinenser und Beduinen erledigten, große Mengen von Gastarbeitern aus Ägypten.

Als die kuwaitischen Beduinen das Leben in Wüstenzelten aufgaben, wies ihnen die Regierung eigene Siedlungen außerhalb der großen Städte zu. Sie ähneln den Indianerreservaten in Amerika, sind jedoch primitiver ausgestattet. Die Beduinengettos befinden sich in Sulaibiya und Dschara. Sulaibiya erinnerte mich an die ärmeren Teile von Soweto in Südafrika. Die Reihen der Häuser aus Leichtbeton mit den nackten Zementfußböden sind nur durch schmale Wege voneinander getrennt. Mit den prächtigen Häusern der Kuwaitis, die eine knappe Autostunde entfernt sind, haben sie nichts gemein: Meist sind sie kleiner als deren Garagen.

Als ich nach Sulaibiya fuhr, herrschte eine brütende Hitze von 52 Grad, und in der winzigen Dreizimmerwohnung der Leute, die ich besuchte, war es noch heißer. Gäste und Gastgeber waren in Schweiß gebadet. Die dreiundvierzigjährige Umm Hamid, Mutter des Hamid, bot uns lauwarmes Wasser an. Diese fünfzehnköpfige Familie konnte es sich nicht leisten, ihren Gästen das übliche eisgekühlte Mineralwasser oder einen Fruchtsaft anzubieten. Vor dem Golfkrieg war Umm Hamids Mann Hausmeister an einer Schule gewesen und hatte 355 kuwaitische Dinar (2000 D-Mark) im Monat verdient. Als die Beduinen zu Staatenlosen erklärt wurden, verloren alle ihren Arbeitsplatz. Man verbot ihnen, eine Arbeit anzunehmen, und ihre Kinder durften nicht mehr in die Schule gehen.

»Die Regierung wollte damit erreichen, daß wir Kuwait verlassen. Aber wohin sollen wir gehen? Wir sind Kuwaitis, unsere Familie hat immer hier gelebt. Ich bin hier geboren, genau wie meine Eltern und meine Großeltern«, sagt Umm Hamid, die in ihrem Gesicht die indigoblaue Tätowierung einer Beduinenfrau trägt und nie eine Schule besucht hat. »Mein Bruder hat sich angemeldet, mich haben sie jedoch nicht registriert, weil sie glaubten, bei einem Mädchen sei das nicht nötig. Jetzt ist es zu spät.« Umm Hamids dreizehn Kinder haben nur deshalb noch etwas zu essen, weil ihr Bruder sie unterstützt. Ahmad, ihr fünfundzwanzigjähriger Sohn, hatte in Kuwait City auf der Straße Getränke und Obst verkauft, um die Familie zu unterstützen, man hatte ihm jedoch angedroht, daß man ihn einsperren würde, wenn er sich noch einmal dabei erwischen ließe. Die Staatenlosen werden an bestimmten Kontrollpunkten an den Einfallstraßen der Stadt zurückgewiesen. Die kleineren Kinder, die man aus der Schule ausgeschlossen hat, wissen nicht, wo sie spielen sollen. In den Siedlungen gibt es weder Parks noch Spielplätze, und die Wüste, die Sulaibiya umgibt, ist noch immer schwer vermint und steht auch nicht auf der Prioritätsliste der Minenräumkommandos. Einige Kinder sind bereits durch Minen getötet oder verletzt worden.

»Als sie unsere Kinder nicht mehr in die Schule gehen ließen, war ich sehr traurig«, sagt Umm Hamid. »Sie waren gute Schüler, und ich hatte gehofft, daß sie es wegen ihrer Schulbildung im Leben einmal besser haben würden als wir. Jetzt ist uns diese Möglichkeit auch genommen worden. Unser Leben liegt in Gottes Hand. Sonst kümmert sich kein Mensch mehr um uns.«

An dem Tag, an dem ich die Siedlung besuchte, hatte die Regierung bekanntgegeben, daß der Emir umgerechnet 3,7 Millionen D-Mark für den Londoner Zoo gestiftet hatte, um ihn vor der Schließung zu bewahren. Viele Beduinen in Sulaibiya waren wütend. »Die As Sabahs füttern die Tiere eines anderen Landes und lassen ihr eigenes Volk verhungern«, sagte ein Mann vor einem Lebensmittelgeschäft. Er wies auf eine verschleierte Frau, die in der sengenden Hitze mit ihrem Säugling vor einem Haufen getragener Kleidungsstücke auf dem Bürgersteig saß und versuchte, etwas davon zu verkaufen. »Ich muß mindestens sieben Dinar [36 D-Mark] pro Tag einnehmen, sonst müssen meine Kinder Hunger leiden«, erklärte sie mir. An vielen Tagen gelang ihr das nicht. Die Kinder, die in ihrer Nähe im Dreck spielten, waren barfuß; ihre Eltern konnten es sich nicht leisten, ihnen Schuhe zu kaufen.

Hala Diham Homoud Al Thafery lebt auch in Sulaibiya, ich lernte sie jedoch nicht dort kennen. Ich traf sie bei der »Kuwait Association to Defend War Victims« (Kriegsopferfürsorge), einer von der Regierung unabhängigen Menschenrechtsorganisation, die ihr Domizil im östlichen Teil von Kuwait City hat. Hala war trotz der zahlreichen Kontrollen dorthin gekommen, weil sie unbedingt die kleine Lebensmittelration haben wollte, die die Organisation gelegentlich an besonders bedürftige Personen verteilt. Als ich im Flur an ihr und ihrem elfjährigen Sohn Khalid vorbeikam, hielt sie mich am Ärmel fest. »*Min fadlak.* Bitte, ich küsse Ihre Füße, wenn Sie mir helfen«, flehte sie mich an. Die Beduinen sind außerordentlich stolze und würdevolle Menschen. Ich wußte genau, wie schwer es für sie gewesen sein muß, einen fremden Menschen in dieser Weise anzusprechen. Aber Hala war völlig verzweifelt. Khouloud Alfeeli, ein siebenundzwanzigjähriger Journalist der staatlichen Kuwait News Agency, der in diesem Zentrum für Kriegsopfer ein Volontariat absolvierte, brachte uns in ein Büro, wo wir in Ruhe reden konnten. Hala fragte, ob ihr Sohn den Raum verlassen könne, während sie mir ihre Geschichte erzählte. »Er weiß nicht, was mit seinem Vater geschehen ist, und er soll es auch nicht wissen«, sagte sie.

Als die Invasion begann, drängte Hala ihren Mann Jasser, mit ihr und ihren sieben Söhnen nach Saudi-Arabien zu fliehen, so wie es viele Kuwaitis taten. »Er sagte, ich hätte nichts zu befürchten. Er wäre schließlich nicht beim Militär, und die Soldaten würden armen Leuten wie uns nichts tun. Zunächst stimmte das auch. Zwei Monate nach der Besetzung kamen die Iraker in unsere Gegend. Es war spät, die Kinder schliefen schon. Die Soldaten durchsuchten unser Haus und fanden einen Umschlag mit dem Aufdruck des Gesundheitsministeriums, wo mein Mann als Pförtner gearbeitet hatte. Sie schlugen und traten ihn, zogen ihn an den Haaren und an seinem Bart. Sie warfen ihn zu Boden, banden ihm die Hände auf den Rücken und traten ihn mehrmals gegen den Kopf. Er sagte ihnen, wenn sie ihn schon umbringen wollten, sollten sie ihn doch bitte nach draußen bringen, damit die Kinder es nicht sehen müßten. Da nahmen sie ihn mit.«

Die junge Beduinenfrau hörte auf zu sprechen. Mit ihren abgearbeiteten Händen machte sie krampfhaft kleine Falten in ihren *abaya*. Sie war bei der Verhaftung ihres Mannes mit ihrem achten Kind schwanger gewesen und wußte damals nicht, was sie nun tun sollte. Sollte sie mit ihren Söhnen fliehen oder auf Jasser warten, damit er sie finden konnte, wenn er wieder entlassen wurde. Sie beschloß abzuwarten.

»Zwei Tage später kamen die Iraker wieder und sagten mir, mein Mann wolle mich sehen. Man erlaubte mir nicht, die Kinder mitzunehmen, und ich durfte Jasser auch keine saubere Wäsche mitbringen. ›Du sollst nur deinen Mann sehen und dann wieder nach Hause gehen‹, sagten sie.

Ich sagte zu meinem ältesten Sohn: ›Wenn ich nicht zurückkomme, gehst du mit den anderen Kindern zur Frau deines Onkels.‹ Die Soldaten brachten mich zum Gericht und verhörten mich. Sie sagten: ›Als Frau eines Mitglieds der Widerstandsbewegung müssen Sie wissen, mit wem Ihr Mann in Kontakt stand, nicht wahr?‹ Ich erklärte ihnen, daß er weder Mitglied der Widerstandsbewegung noch Soldat gewesen sei. Dann fragten sie mich, warum mein Kopf bedeckt sei, und zogen mir den *hijab* weg. Ich wurde sehr wütend und sagte: ›Ihr seid muslimische Brüder. Würdet ihr eure Schwestern in Anwesenheit fremder Männer so behandeln?‹

Der Offizier wurde wütend. Er nannte mich Tochter einer Hure und drohte, er würde mir schon noch Respekt vor den Irakern beibringen. Dann begann er, mich zu schlagen ...« Hala unterbrach ihre Geschichte zum zweitenmal. Plötzlich begann sie, sich auf ihrem Stuhl hin und her zu wiegen und dabei tiefe Klagelaute auszustoßen, die mir Schauer über den Rücken jagten. Tränen strömten über ihr Gesicht. Khouloud, der gedolmetscht hatte, stand auf, um sie zu trösten. »Ich glaube nicht, daß sie in der Lage ist, das Gespräch fortzusetzen«, sagte er. »Es nimmt sie zu sehr mit.« Hala wiegte sich immer schneller hin und her, und die Laute, die sie ausstieß, beschrieben eindrucksvoller als ihre Worte, welche Schmerzen ihr die Erinnerungen bereiteten.

Nach einigen Minuten wischte sie sich die Tränen mit dem verschlissenen Ärmel ihres *abaya* ab. Wir fragten sie, ob sie lieber aufhören wolle zu erzählen. Sie schüttelte den Kopf. »Nein, Sie sollen erfahren, was mit uns geschehen ist ... Die Soldaten rissen mir die Kleider vom Leib. Ich sagte ihnen, daß ich schwanger sei. Sie lachten nur. Dann vergewaltigten sie mich, vier von ihnen. Sie ließen mich blutend auf dem Boden liegen, traten mich in den Bauch und fluchten, weil ich sie beschmutzt hätte.« Hala wußte es in diesem Augenblick noch nicht, aber sie hatte eine Fehlgeburt.

»Kuwait kann mir mit all seinem Geld meine Ehre nicht wiedergeben. Wenn man Wasser auf den Boden gießt, kann man es nicht wieder in einen Krug füllen. Ich bin kein modernes Mädchen, für mich war meine Ehre mein kostbarster Besitz. Solange ein Muslim einem anderen so etwas antun kann, sind alle Geschichten von der arabischen Brüderlichkeit gelogen.« Hala sah ihren Mann nicht, sie wußte nicht einmal, ob er noch am Leben war. Als man sie nach drei Tagen wieder freiließ, hatte sie solche Todesangst, daß sie sich mit den Kindern in den Kellern verlassener Häuser versteckte. Erst der Hunger trieb sie schließlich wieder an die Oberfläche. Nach der Befreiung wurde ihr mitgeteilt, daß ihr Mann Jasser in Basra im Gefängnis gewesen sei. Die Nachricht von seiner Entlassung kam von der Verwaltung des Krankenhauses in Kuwait. Man teilte ihr mit, daß er dort zur Behandlung eingeliefert worden sei. »Als ich ihn zum erstenmal wiedersah, stieß ich einen Entsetzensschrei aus. Die Iraker hatten brennende Zigaretten auf seinem Gesicht ausgedrückt. Er fragte mich nicht, wie es mir und den Kindern ging, sondern starrte immer nur die Wand an. Dann sagten die Ärzte, sie müßten mit mir sprechen. Sie erklärten mir, daß sie ihn in ein anderes Krankenhaus verlegen würden, daß er aus seinem Penis blute, innere Verletzungen habe und operiert werden müsse.«

Jasser war von seinen irakischen Peinigern immer wieder zum Analverkehr gezwungen worden. Man hatte ihm einen abgebrochenen Flaschenhals ins Rektum gepreßt, wodurch er zahlreiche innere Verletzungen erlitten hatte. Außerdem hatte man ihn stundenlang mit den Armen an den Deckenventilator gehängt, eine übliche Foltermethode der Iraker. Als Jasser sich körperlich von der Operation erholt hatte, wurde er in eine psychiatrische Klinik eingewiesen, denn er litt noch immer unter einem schweren seelischen Trauma. Dort blieb er drei Monate.

Hala biß die Zähne zusammen. »Ich habe Jasser nie von meiner Vergewaltigung erzählt. Ich hatte Angst, daß ihn das umbringen würde. Es ist für einen Mann eine schreckliche Schande, wenn seiner Frau so etwas zustößt. Als er wieder zu Hause war, fragte ihn unser jüngster Sohn einmal, warum er so oft weine. Der Junge sagte: ›Die Soldaten haben Mutter auch mitgenommen, aber sie weint deshalb nicht ständig.‹ Jasser fragte mich, ob ich vergewaltigt worden sei. Ich sagte nein und schwor beim Koran, um ihn zu überzeugen. Ich habe einen religiösen Scheich gefragt, ob das eine Sünde war, und er hat ›nein‹ gesagt, denn die Wahrheit hätte die seelische Gesundheit meines Mannes gefährdet. Mein Mann nimmt auch heute noch regelmäßig Schlaftabletten und sagt immer wieder, daß man ihm alles genommen habe, sein ganzes Leben. Mir bricht das Herz, wenn ich meinen Mann ansehe. Er traut sich nicht mehr aus dem Haus, weil die Leute wissen, was mit ihm geschehen ist, und er sich so sehr schämt.

Jetzt muß ich mich allein um die Familie kümmern. Ich kann weder lesen noch schreiben, und weil wir inzwischen staatenlos geworden sind, dürfen wir keine Arbeit annehmen. Ich war bei der Arbeitsstelle meines Mannes, um das letzte Gehalt abzuholen, das das Gesundheitsministerium ihm noch schuldete. Es waren nur 160 Dinar [800 D-Mark]. Man sagte mir dort, daß man mir das Geld erst dann aushändigen könne, wenn ich schriftlich erklären würde, daß wir Kuwait verließen. Ich sagte dem Mann, daß unsere Familie hier geboren sei und daß wir nicht wüßten, wohin wir gehen sollten. Das war ihm egal. Jetzt bettele ich um Reis, um meine Familie ernähren zu können. Ich gehe von Moschee zu Moschee und bettele um etwas zu essen. Dann komme ich hierhin. Und dann fange ich wieder von vorn an. Ich weiß nicht, wie lange ich meine Hand noch fremden Menschen entgegenstrecken kann.

Wenn die Regierung uns deportiert, werden sie uns in den Irak schicken. Wir sind keine Iraker, und wie können wir nach allem, was uns diese Menschen angetan haben, in den Irak gehen? Man wird uns dort umbringen.«

Jedem dritten Kuwaiti ist wie Hala und ihrer Familie willkürlich die Staatsangehörigkeit aberkannt worden. Man hat sie zu Bettlern gemacht. Das ist eine Seite Kuwaits, die das Regime nicht so gern an die Weltöffentlichkeit dringen läßt. Nicht einmal die Vereinten Nationen können diesen Menschen helfen, denn sie erfüllen nicht die Kriterien für Flüchtlinge. Korruption und Mißmanagement haben viele Kuwaitis dazu veranlaßt, sich den religiösen Extremisten anzuschließen. Auch die Staatenlosen werden vielleicht keine andere Möglichkeit sehen, als sich den Islamisten anzuschließen.

8 Muslimische Missionare, amerikanische Konvertiten

*Und die an das glauben, was ihnen
und denen vor ihnen enthüllt wurde,
die sind des Jenseits sicher.*

Koran 2:4

Die Frauen waren von Kopf bis Fuß schwarz gekleidet – dunkle, unförmige, schweigende Schatten, deren Alter und gesellschaftlicher Status wegen der Kleidung nicht zu erkennen waren. Bodenlange *abayas* verhüllten die Figur, *hijabs* bedeckten das Haar, und die Gesichter waren hinter *niqabs* verborgen, die nur die Augen freiließen. Trotz der sommerlichen Hitze trugen einige von ihnen schwarze Handschuhe und Socken oder Strümpfe. An der Tür zogen sie die Schuhe aus, legten ihre islamischen Mäntel und Gesichtsschleier ab und begrüßten einander.

»Hallo, Debbie, wie geht's? ... Hast du Tracy gesehen? ... Wo soll ich die Sachen hinbringen, in die Küche? ... Da ist ja auch Angie.« Junge Frauen mit frischen Gesichtern, so amerikanisch wie ihre Namen, mit Dialekten aus Chicago, New York und North Carolina trafen sich in Mia Ponzos Haus. Wenn die tief in die Stirn gezogenen Kopftücher, die bodenlangen Röcke und die teilweise mit Hennaspiralen verzierten Hände nicht gewesen wären, hätte das Ganze ein x-beliebiger Kaffeeklatsch irgendwo in den Vereinigten Staaten sein können. Während die Mütter den neusten Klatsch austauschten, spielten die blonden, blauäugigen kleinen Kinder zu ihren Füßen in der Mitte des Raums. Zwanzig Amerikanerinnen und zwei sehr schüchterne Filipino-Frauen, die ihren Schleier nicht abgelegt hatten, warteten darauf, daß der Koran-Unterricht begann, der zweimal wöchentlich von einer konservativen islamischen Organisation in Kuwait – »The Society of Islamic Heritage Revival« – angeboten wurde.

Hind Al Anati, die Religionslehrerin, die genauso angezogen war wie ihre Schülerinnen, war von der Organisation ausgewählt worden, weil sie fließend englisch sprach. Die dreiunddreißigjährige Hind, die ihren Magister an der University of Southern California gemacht hat, ist eine ernste, sehr engagierte Frau. Sie verfügt über umfassende Kenntnisse ihrer eigenen Religion, ist eine charismatische Rednerin und kennt sich auch in der amerikanischen Kultur und im Christentum gut aus. Ich hatte Hind bereits Anfang der Woche kennengelernt, und sie hatte mich mitgebracht, damit ich ihre Ausländerklasse und die ehemaligen amerikanischen Christen kennenlernen konnte, die den Islam »ergriffen« hatten.

»Der Prophet, Friede sei seinem Namen, hat gesagt, daß es Pflicht eines Muslim ist, Menschen zum Islam zu bekehren. ›Wenn du nur einen Menschen bekehrst, so ist das schon besser als ein rotes Kamel‹, hat er uns gesagt. Rote Kamele waren sehr selten und sehr teuer«, erklärte Hind. Zu ihren erfolgreichen Bekehrungen gehörte auch ihre philippinische Dienerin, die vorher eine Sieben-Tage-Adventistin gewesen war. »Ich habe mich mit ihr über den Islam unterhalten, und eines Tages sagte sie zu mir: ›Zwischen Ihrer Religion und meiner besteht kein Unterschied‹. Ich fragte sie: ›Was willst du mehr? Bete zu Allah, werde eine Muslimin‹, und das tat sie dann auch.«

Hind ging davon aus, daß meine Kenntnisse vom Islam solider waren, als man es von einer Journalistin erwarten würde. »Sie haben eine Menge über den Islam gelesen, Sie sind mit dem Koran vertraut. Wenn Sie wissen, daß der Prophet der Prophet ist, warum treten Sie dann nicht zum muslimischen Glauben über?« Das war eine Frage, die mir während meines vierjährigen Aufenthalts in den muslimischen Ländern häufig gestellt wurde. In den arabischen Ländern gehen die Muslime automatisch davon aus, daß alle Leute aus dem Westen Christen oder eventuell auch Juden sind. In der islamischen Welt ist der Glaube ein so fester Bestandteil im Leben der Menschen, daß es ihnen gar nicht in den Sinn kommt, daß andere Agnostiker oder Atheisten sein könnten. Um langwierige Bekehrungsgespräche zu vermeiden, behaupten Westler gern, sie seien Christen, ganz gleich, was sie in Wirklichkeit glauben. Bei einem unserer Treffen gab mir Hind eine Grußkarte, auf die sie geschrieben hatte: »Liebe Jan, ich kann für dich kein besseres Geschenk finden als die folgenden Worte: Bete zu Allah! Wenn der Islam die einzig wahre und richtige Religion ist, wird Er dich führen und dein Herz öffnen. Wenn das Christentum in seiner augenblicklichen Form von Allah akzeptiert wird, dann wird Er dich darin bestärken.«

Hinds Organisation ist eine der zahlreichen muslimischen Vereinigungen in der islamischen Welt und im Westen, die sich der Bekehrungsarbeit verschrieben haben. In den Zeitungen der Golfregion und des Mittleren Ostens findet man ständig Artikel über die Bekehrung von Ausländern, so zum Beispiel unter der Überschrift »Sechshundert bekennen sich zum Islam«, die in der »Arab Times« stand, während ich in Kuwait war. Diese Konvertiten, Ausländer, die in Kuwait arbeiteten, gingen auf das Konto des »Islam Presentation Committee«, das von der Regierung und aus privaten Spenden finanziert wird. Das IPC plante damals die Ausweitung seiner Bekehrungsarbeit auf die Vereinigten Staaten und Asien. Der Leiter des pakistanischen Strafvollzugs hatte mir einmal erzählt, er habe ein Jahr lang im amerikanischen Rikers-Island-Gefängnis gearbeitet. Er behauptete, daß die mit Hilfe seines Programms konvertierten Muslime nicht mehr rückfällig geworden seien. Es ist auch bekannt, daß die Black-Muslim-Bewegung es in den Vereinigten Staaten geschafft hat, Jugendliche in den Großstädten von Drogen und Verbrechen abzubringen.

Hind begann ihren Unterricht an diesem Abend mit einem Verkündigungsthema. »Wir sind auf der ganzen Welt die Botschafter des Islam«, erklärte sie ihren Schülerinnen, die wie sie auf dem Boden saßen oder sich auf die Stühle gesetzt hatten, die an den Wänden standen. »Vor euch liegt eine große Aufgabe. Wenn ihr in die Vereinigten Staaten kommt, wird man euch fragen, warum ihr Muslime geworden seid. Durch euch werden diese Menschen den Islam kennenlernen. Wir erleben, daß man dem Islam auf der ganzen Welt mit Mißtrauen begegnet. Muslime werden gefoltert, nur weil sie Muslime sind. Schaut euch Jugoslawien an. Wenn ihr nach Amerika kommt, müßt ihr keine Angst haben, wenn die Leute euch und euren Familien Schwierigkeiten machen. Bleibt fest, sagt ihnen, woran ihr glaubt, das wird seine Wirkung nicht verfehlen.«

Tracy, die einen cremefarbenen *hijab* und einen schwarzen *abaya* trug, warf ein: »Amerikaner, selbst mein eigener Vater, sprechen immer nur davon, daß man im Islam einem Dieb die Hand abhackt. Mehr wissen sie nicht darüber. Die Leute in den Vereinigten Staaten haben Angst vor allem, was sie nicht verstehen können. Sie meinen, der Islam sei ein Kult wie die Mun-Sekte.«

»In den Vereinigten Staaten seid ihr wie die Pioniere in den Tagen des Propheten«, sagte Hind. »Wenn eure Herzen so wie die der ersten Muslime fest im Glauben verankert sind, wird der Islam auch zu den Amerikanern kommen. Das Problem in den USA ist allerdings, daß der Islam dort für die Medien oft gleichbedeutend mit Terrorismus ist ...«

»Das hängt damit zusammen, daß die amerikanischen Medien von Juden kontrolliert werden«, unterbrach Mia Ponzo, unsere einunddreißigjährige Gastgeberin aus Syracuse im Staat New York. Sie war, wie alle anderen Anwesenden, mit einem Kuwaiti verheiratet. Es war ihre dritte Ehe mit einem kuwaitischen Mann; die beiden ersten Verbindungen hatten nicht lange gehalten. »Die Prostituierten in den USA sind Juden, genauso wie die Nachtclubbesitzer.«

»Hat der Prophet die Juden nicht genauso wie die Christen und Muslime als Gläubige betrachtet, als Menschen der Schrift?« fragte ich Mia.

»Ja, sie waren Menschen der Schrift, aber die Thora und die Bibel haben sich so stark verändert, daß sie nicht mehr das Wort Gottes enthalten«, erwiderte sie. »Die Juden haben den größten Teil ihres ursprünglichen Glaubensbekenntnisses über Bord geworfen. Sie haben sogar das Leben nach dem Tod abgeschafft. Und da sie nicht mehr daran glauben, müssen sie aus diesem Leben das Beste herausholen. Die Juden hatten unzählige Gelegenheiten, Gott zu respektieren und ihm zu gehorchen, statt dessen haben sie seine Propheten umgebracht.« Mia dachte dabei an die über hunderttausend Propheten, von denen Mohammed spricht. Fünfundzwanzig von ihnen, die im Koran erwähnt werden, waren Juden oder Christen. »Heute sind die Juden ein Nomadenvolk. Sie haben keinen Respekt, keine Heimat, aber viele Krankheiten«, sagte sie. »Aber wir kämpfen nicht gegen andere Religionen, sie bekämpfen und foltern uns. Der Islam sollte die Religion sein, die die Welt regiert.«

An dieser Stelle beschloß Hind, den Abend wieder auf das richtige Gleis zu bringen, und wechselte das Thema. Sie sprach über weltliche Versuchungen. »In Kuwait ist das Geld die größte Versuchung. Je mehr man hat, um so leichter kann man all das tun, was man tun will. Hier ist es modern, sich um materialistische Dinge zu kümmern, die Nähe wohlhabender Bürger zu suchen und sich durch einen höheren Status verführen zu lassen.« Hind, die ansonsten sehr schnell spricht, wurde hier etwas langsamer und betonte die folgenden Worte: »Lest den heiligen Koran, und ihr widersteht der Versuchung.« Diese Formel wiederholte sie sechsmal wie ein Mantra. Die Frauen hörten ihr zu und nickten.

»Wenn ihr der ersten Versuchung widerstanden habt, wird es euch beim zweitenmal leichter fallen. Der heilige Koran ist kein Buch, in dem nur Geschichten stehen. Er ist ein Buch, in dem ihr alles finden werdet: Wissenschaft, Finanzwesen, Soziologie, Meditation – einfach alles. Er kann euch auf jede eurer Fragen eine Antwort geben. Wenn ihr ein Problem habt, solltet ihr euch an den höchsten Herrn des Universums wenden. Wenn ihr euch einen Fernseher oder einen Videorecorder kauft, lest ihr auch zuerst die Betriebsanleitung, denn derjenige, der die Maschine konstruiert hat, weiß natürlich auch am meisten darüber. So ist es auch mit unserer Welt. Allah hat uns geschaffen. Wenn ihr Fragen habt, gibt euch der Islam stets eine Antwort. Im Christentum ist das nicht der Fall. Auf viele eurer Fragen kann euch diese Religion keine Antwort geben; man erklärt euch dann, ihr müßtet einfach glauben. Geht mit euren Problemen zu Allah, senkt euer Haupt bis zum Boden, einmal, zweimal, dreimal, hundertmal.

Aber vergeßt nie, Satan ist immer bei euch. Bleibt immer in der Nähe von Menschen, deren Glaube besonders fest ist und die den Namen Allahs immer wieder aussprechen. Versucht euch zu bessern. Wenn ihr nicht aufsteigt, werdet ihr hinabsinken. Das Paradies ist ein Land, in dem es Wasser, Milch und Honig, Wein und Früchte im Überfluß gibt. Diejenigen, die nicht ins Paradies kommen, müssen kochendes Wasser trinken, das ihre Eingeweide zerreißen wird.«

Hind machte eine Pause, als Mias philippinisches Hausmädchen Coca-Cola und andere Getränke servierte. Während die Kinder sich auf dem Boden balgten, teilte Hind Traktate in englischer und philippinischer Sprache aus, die sich auf das zentrale Thema des Abends bezogen: die Embryologie im Licht des Koran. Ihr Vortrag erinnerte mich sehr an einen wissenschaftlichen Videofilm aus Saudi-Arabien, der mir von der Organisation »Rabitat-Islami« zur Verfügung gestellt worden war.

»Vor Beginn des zwanzigsten Jahrhunderts wußten die Wissenschaftler kaum etwas über die Stadien und Klassifizierungen der menschlichen Embryos«, begann Hind. »Ganz sicher wußte man im siebten Jahrhundert noch nichts über Embryologie, und damals wurde der Koran geschrieben. Trotzdem werden die einzelnen Stadien der Embryonalentwicklung im Koran ganz genau definiert. Wenn das Ei befruchtet ist, sieht es wie ein Blutgerinnsel aus. Im Koran steht: wie ein Tropfen Blut. Das Ei wurde natürlich erst im achtzehnten Jahrhundert entdeckt. Vorher glaubte man, daß das Sperma allein für die Fortpflanzung verantwortlich sei.

In der zweiten Entwicklungsphase sieht das Ei dem Koran zufolge wie ein Blutegel aus, und wir wissen heute, daß das zutrifft. Vierzig Tage nach der Befruchtung ähnelt der Embryo einem Stück gekautem Fleisch, man glaubt, Bißspuren zu sehen. Im Koran steht, daß der Embryo in diesem Stadium aussieht wie etwas, auf dem gekaut wurde.« Hind reichte Zeichnungen herum, die das illustrierten, was sie gerade erklärt hatte. »In der vierten Phase, so der Koran, entwickeln sich die Knochen, die anschließend mit Fleisch umgeben werden. Keith Moore, ein führender Embryologe, Vorsitzender der ›Canadian and American Associations of Clinical Anatomists‹ und Autor verschiedener Lehrbücher, die an medizinischen Fakultäten verwendet werden, sagt, daß die Medizin diese verschiedenen Stadien erst in den letzten Jahren entdeckt hat.«

In dem Videofilm aus Saudi-Arabien sagt Moore: »Der Koran betont die inneren Stadien der Embryonalentwicklung. Mohammed konnte diese Einzelheiten noch gar nicht kennen; er war kein Gelehrter und verfügte nicht über eine wissenschaftliche Ausbildung. Außerdem hätte ein solches Wissen eine hochentwickelte Technologie vorausgesetzt, die damals natürlich noch nicht existierte. Wenn im Koran zum Beispiel steht, der Embryo sähe aus wie ein Blutegel, muß es sich etwa um den dreiundzwanzigsten, vierundzwanzigsten Tag nach der

Befruchtung handeln. In diesem Stadium hätte man ein Mikroskop gebraucht, um ihn sehen zu können, und das wurde erst viel später erfunden. Es gibt dafür nur eine einzige plausible Erklärung: Gott hat dem Propheten diese Einzelheiten enthüllt. Die moderne Technologie ist heute in der Lage, das zu beweisen, was Mohammed vor vierzehnhundert Jahren geschrieben hat. Offensichtlich hatte Gott dabei seine Hand im Spiel.«

Für Hind ist es nicht weiter erstaunlich, daß diese embryologischen Details schon im siebten Jahrhundert beschrieben wurden. »Der Prophet hat auch gesagt, daß Metall gehen und reden kann, und heute haben wir Autos, Radios und Fernseher.«

Islamische Medizin als die Verbindung zwischen moderner Wissenschaft und dem Koran ist ein neues Studienfach, auf das ich bei meinen Reisen durch die verschiedenen muslimischen Länder mehrfach stieß. In den Emiraten wurde es seit kurzem sowohl an den medizinischen Fakultäten als auch im Lehrplan für internationale muslimische Studien angeboten. Als ich mit Dr. Moore sprach, der bis zu seiner Emeritierung Professor für Anatomie und Zellbiologie an der Universität von Toronto gewesen war, sagte dieser prominente Embryologe und Sohn eines presbyterianischen Pfarrers: »Wir wissen nicht, wie der Informationsstand zur Zeit des Propheten war. Umfangreiche Forschungen, die damals in Alexandria durchgeführt wurden, sind später wieder verlorengegangen. [Alexandria war unter den Ptolemäern – 323 bis 69 v.Chr. – ein Zentrum der Wissenschaft, das große Gelehrte und Mathematiker wie Archimedes und Euklid angezogen hat.] Skeptiker könnten einwenden, daß diese anatomischen Kenntnisse zur Zeit des Propheten bekannt gewesen und im Mittelalter wieder verlorengegangen sind. Aber ich kann mir durchaus vorstellen, daß Mohammed dieses Wissen auf dieselbe Art erhielt wie viele andere Propheten oder wie Jesus.«

Hind beendete ihre sechzigminütige Unterrichtsstunde mit den *Al-maghreb*-Gebeten, den wichtigsten der fünf täglichen Gebete. Die Frauen standen auf, zogen ihre *abayas* und *hijabs* wieder an und stellten sich in Reihen in Richtung Mekka auf. Man bat mich, mich hinter sie zu setzen, denn niemand darf zwischen dem Betenden und Mekka stehen. Als Hind die Gebete mit den Worten: »*Bismallah al-Rahman a-Rahim . . .*«

(Im Namen Allahs, des gnädigen, mitfühlenden . . .) begann, berührten sie den Boden mit dem Kopf. Das war das Ritual, das ihren unerschütterlichen Glauben an diese Religion ausdrücken sollte, zu der sie sich inzwischen bekannten.

Hind erklärte mir, daß sie in den USA studiert habe, weil sie dort das Wort des Islam verbreiten wollte. »Ich war die einzige verschleierte Frau an der University of Southern California und wußte genau, daß man mich nach dem Grund fragen würde. Das gab mir dann Gelegenheit, mit den Leuten über den Islam zu diskutieren. Bei den meisten Diskussionen, die ich mit meinen Professoren hatte, ging es um den Islam. Ich bin in einer religiösen Familie aufgewachsen, dafür bin ich Gott dankbar. Meine Eltern beteten ständig. Ich habe mich schon als Kind völlig verschleiert und war an der Universität von Kuwait eine Art Vorreiterin, was islamische Kleidung anbetrifft. Zu meiner Zeit waren dort nur zwei oder drei Studentinnen verschleiert, heute sind es mehr als die Hälfte. Mir war es gleich, was die anderen von mir hielten. Wenn man weiß, daß das, was man tut, richtig ist, tut man es einfach.«

Hind würde sich am liebsten noch mehr verhüllen. »Die Gefährtinnen des Propheten haben gesagt, daß eine Frau alles außer einem Auge verhüllen soll, damit sie noch sehen kann, wohin sie geht. Aber ich fahre Auto, deshalb ist das nicht so praktisch.«

Hind besteht jedoch darauf, beim Fahren den *niqab* zu tragen, obwohl das in Kuwait verboten ist. »Dabei gefährde ich den Verkehr bedeutend weniger als die Frauen, die sich westlich kleiden und schminken. Neulich hatte ich beinah einen Zusammenstoß mit einem Auto, dessen Fahrer mich nicht gesehen hatte, weil er hinter einer Frau hersah, die ihr Haar offen trug und stark geschminkt war.

Die islamische Kleidung soll eine Frau unattraktiv aussehen lassen. Deshalb ist sie schwarz. Deshalb bedecke ich auch meine Hände, denn sie sind Teil meines Körpers. Allah liebt die Schönheit am richtigen Platz. Man nimmt Blumen schließlich auch nicht mit auf die Toilette. Die Schönheit einer Frau sollte nur zu Hause von ihrem Mann gesehen werden. Schauen Sie sich an, wie das in der westlichen Welt heute aussieht. Es herrscht eine heilloses Durcheinander. Menschliche Bestien fressen die Frauen buchstäblich auf, weil sie unverhüllt sind. Eine westliche Frau muß allein ausgehen, muß alles allein machen. Das ist keine Freiheit. Freiheit bedeutet, Sicherheit zu haben. Ich möchte nicht, daß Männer mich auf der Straße mit ihren Blicken verfolgen.

Aus der Wissenschaft wissen wir, daß Männer einen stärkeren Sexualtrieb haben als Frauen. Untersuchungen, die in Amerika gemacht wurden, haben ergeben, daß Männer alle fünfzehn Minuten an Sex denken. Sie unterscheiden sich in dieser Hinsicht von den Frauen. Wenn eine Frau mit einem Mann lacht, dann lacht sie wahrscheinlich einfach nur. Aber für den Mann bedeutet ihr Lachen viel mehr. In ihm geschieht dann etwas. Deshalb reicht es auch nicht aus, wenn eine Frau einem Mann gegenüber verschleiert auftritt. Ihr gesamtes Verhalten muß ihrem Äußeren entsprechen. Sie darf in Anwesenheit eines Mannes weder lachen noch sich in anderer Weise aufreizend benehmen. Wenn eine Frau einkaufen geht, darf sie mit dem Verkäufer nicht laut sprechen oder lachen. Deshalb feilsche ich auch nicht oft. Meine Stimme soll nicht von einem Mann gehört werden, der nicht mit mir verwandt ist.«

Aus diesem Grund gab Hind, die Mutter von vier Kindern ist, auch ihre Stellung als Englischlehrerin auf. »Mohammed, der Prophet, hat den Frauen mit dem Islam alles gegeben, was sie brauchen. Eine Frau muß nicht arbeiten. Ihr Mann kümmert sich um sie, er versorgt sie. Ich habe meiner Familie und Allah zuliebe aufgehört, als Lehrerin zu arbeiten. Meine Kinder brauchen mich. Und ich muß ausgeruht sein, damit ich gutgelaunt bin, wenn mein Mann nach Hause kommt. Mein Mann hat Rechte. Er hat nicht geheiratet, um vor mir nach Hause zu kommen. Aufgabe der Frau ist es, den Mann zu empfangen und dafür zu sorgen, daß er sich entspannt. Allah hat den Männern mehr Körperkraft gegeben. Als Frau muß ich einfühlsam und lieb sein und mich um ihn kümmern.«

Hinds Koran-Unterricht wird nicht als Arbeit, sondern als religiöse Pflicht betrachtet. Sie wies darauf hin, daß sie nur zwei Stunden in der Woche gibt, nur mit Frauen zusammen ist und kein Geld dafür nimmt.

»Es ist typisch für die Menschen im Westen, daß sie ständig hinter materiellen Dingen her sind; das können Sie in den USA gut beobachten. Doch was jemand verdient, liegt allein in Allahs Hand.« Ich erinnerte sie an den alten arabischen Grundsatz: »Vertraue auf Allah, aber binde dein Kamel fest.« Sie erwiderte. »Sie haben mein Haus gesehen. Es ist ganz schlicht. Warum soll man sich anstrengen, um das Leben in dieser Welt angenehm zu machen? Damit verschwendet man doch nur seine Zeit. Das Leben auf dieser Welt ist kurz. Wir sollten uns statt dessen um unser ewiges Leben im Jenseits bemühen.

Auch wenn eine Frau unverheiratet ist, sollte sie nicht arbeiten. Ihr Vater, Bruder, Onkel, Großvater oder andere männliche Verwandte sollten sie versorgen. Eine Frau sollte keinen Beruf ergreifen, in dem sie mit Männern zusammenarbeiten muß.«

Wie sollte denn eine unverheiratete Frau ihre Zeit verbringen? »Sie sollte beten, fasten, mit Allah reden. Sie kann nähen lernen und auf diese Weise ihrer Familie Geld sparen. Aber es ist für alle Frauen besser zu heiraten. Ihre Rolle ist das Kinderkriegen.«

Ähnlich wie viele christliche Fundamentalisten glaubt auch Hind, daß die Renaissance ihrer Religion möglicherweise das Ende der Welt ankündigt. »Die Erneuerung des Islam begann vor fünfzehn Jahren. Die Bewegung ist seitdem immer größer geworden. Jetzt ist die Zeit gekommen, in der der Islam sich überall ausbreitet. Es gibt ein *hadith*, das besagt, daß der Islam kurz vor dem Weltuntergang die Welt regieren wird. Vorher wird es einen Krieg zwischen den Muslimen und den Juden geben, viele werden getötet werden. Jesus Christus wird die muslimischen Truppen als Muslim anführen. Wir glauben, daß er zurückkommen und das Kreuz zerbrechen wird. Er wird uns zeigen, daß er ein Prophet war und nicht Gottes Sohn. Für die Welt wird es gut sein, wenn sie muslimisch geworden ist. Alle werden sich wohl fühlen.«

Debbie Harris, die in Charlotte in North Carolina gelebt hat, bevor sie Jamal Madouh, einen technischen Berater, heiratete, stimmte Hind zu. »Der Islam hat mir den Seelenfrieden gebracht. Als ich mich zum Islam bekannt hatte, war das ein Gefühl, als hätte jemand mein Herz geöffnet und ihm neues Leben eingehaucht.«

Die blonde, blauäugige und sehr quirlige Debbie lernte ihren Mann in den USA kennen, wo er studierte. »Wir gingen sechs Jahre miteinander, weil Jamal ein Stipendium hatte und die kuwaitische Regierung es den Studenten nicht erlaubt, Ausländerinnen zu heiraten; er hätte sonst sein Stipendium verloren.« Debbie war zu der Zeit noch Presbyterianerin. »Als wir 1985 heirateten, erklärte ich Jamal, daß ich nicht bereit wäre, zum Islam überzutreten, und er sagte, das ginge in Ordnung.

Aber er bestand darauf, daß unsere Kinder im islamischen Glauben erzogen würden. Als ich mit unserem ersten Kind schwanger war, fragte ich mich, wie ich zulassen konnte, daß mein Kind in einem Glauben erzogen würde, der nicht meiner war. Und so begann ich, islamischen Religionsunterricht zu nehmen. Als ich anfing mich zu informieren, stellte ich fest, daß der Islam sehr vernünftig war. Er ist nicht so widersprüchlich wie meine eigene Religion. Ich konvertierte allerdings erst 1988, denn ich wollte warten, bis alle meine Fragen beantwortet worden waren. Das Christentum hatte mich immer so verwirrt. Immer, wenn ich in meiner Kirche Fragen stellte, bekam ich ausweichende Antworten. Mein Mann fragte mich: ›Warum glaubst du, daß Jesus der Sohn Gottes ist? Warum mußte Gott seinen Sohn schicken? Warum brauchte er einen Vermittler?‹ Ich konnte ihm dann immer nur antworten, daß wir daran glauben.«

Alle zum Islam übergetretenen Menschen aus dem Westen, mit denen ich gesprochen habe, berichteten mir von der Verwirrung, die sie im Christentum erlebt hätten, weil man von ihnen verlangt hatte, blind zu glauben, obwohl die Bibel voller Widersprüche sei. Man wies mich beispielsweise darauf hin, daß König Salomo an einer Stelle tausend Pferde, an einer anderen zehntausend besitzt, ferner sei im Alten Testament der Verzehr von Schweinefleisch verboten, im Neuen Testament dagegen nicht. Einige islamistische Organisationen veröffentlichen Flugblätter, auf denen solche Widersprüche der Bibel aufgelistet sind. Ich wies darauf hin, daß auch im Koran ähnliche Widersprüche zu finden seien, und zitierte Kapitel 31, in dem es heißt, daß kleine Kinder zwei Jahre lang gestillt werden sollten, während in Kapitel 46 von dreißig Monaten die Rede ist. Waren solche Einzelheiten denn wichtig? Jawohl, erklärte man mir, in der Bibel kämen solche Stellen bedeutend häufiger vor. Brenda erklärte mir: »Im Fall König Salomos mag die Differenz von neuntausend Pferden nicht so entscheidend sein. Wichtig ist jedoch, daß die Bibel von so vielen Menschen verändert, in so viele Sprachen übersetzt und schon so oft modernisiert worden ist, daß man heute nicht mehr erkennen kann, was Gottes Wort ist und was nicht.« Für Brenda und andere Konvertiten hat die Bibel zweifellos einen großen Teil ihrer Glaubwürdigkeit verloren.

Die Konvertiten, die ich kennenlernte, berichteten mir außerdem, daß sie sich in ihrer neuen Religion sicherer fühlten, weil der Koran ihnen auf ihre spezifischen Fragen klare Antworten gebe, die Bibel tue das hingegen nicht. Ein weiterer Vorteil des Koran sei ihrer Meinung nach, daß er eine strengere Ordnung in das tägliche Leben bringe. Im Westen verändern sich die gesellschaftlichen Regeln und Normen ständig, und viele Menschen fühlen sich dadurch natürlich verunsichert. Die Konvertiten aus dem Okzident, die in der islamischen Welt leben, zogen es vor, klare Regeln für die Geschlechter zu haben: »Das Leben ist dadurch für Männer und Frauen bedeutend unkomplizierter.«

Debbie betrachtet den Koran als Trost und Lebenshilfe; für sie hat er die gleiche Funktion wie Dr. Spocks Standardwerk für die junge Mutter. »Wenn ich zum Beispiel wissen will, wie lange eine Frau ausgehen kann, finde ich die Antwort im Koran. Dort steht auch, wen ich um Erlaubnis bitten muß, wenn ich ausgehen will. Und der Koran sagt mir auch, in welchem Alter ich mein Kind strafen darf und wann es beten lernen sollte. Der Koran sagt mir, wie weit sich eine Frau ohne einen *mahram* – einen männlichen Verwandten als Begleiter – von zu Hause wegbewegen darf, nämlich zweiundsiebzig Kilometer. Alles, was ich im Alltag brauche, finde ich dort: Der Koran ist so klar wie ein Kochbuch.«

Debbie sagte, daß es ihr nicht schwergefallen sei, sich als westliche Frau an die Richtlinien zu halten, die der Koran für Frauen aufgestellt hat. »Ich habe im Islam als Frau klar definierte Rechte. Und wenn ich dafür das opfern mußte, was man bei uns zu Hause als Freiheit der Frau ansieht, dann tat ich es für Allah. Ich bin froh, daß ich nicht mehr arbeite. Ich finde es schön, zu Hause bei meinen Kindern zu sein. Ich bin der Meinung, daß ich dort hingehöre. Das Schöne am Islam ist, daß alles für die Gemeinschaft ist, nichts ist nur für dich selbst.«

Während ich mich mit Debbie und den anderen Schülerinnen aus Hinds Klasse unterhielt, wurde mir das Absurde der Situation bewußt. Die Frauen in den islamischen Ländern, die ich bereist hatte, strebten nach Unabhängigkeit, Bewegungsfreiheit und Wahlmöglichkeiten, die man im allgemeinen den Frauen im Westen zuschreibt. Für sie war es ein entscheidender Durchbruch, wenn ihre Familie es ihnen gestattete, arbeiten zu gehen oder nach Belieben zu reisen. In Pakistan weigerte sich Tahir Maliks Schwester, einen *hijab* oder *tschador* zu tragen, und erklärte, ihr Charakter und ihre Sittsamkeit hingen nicht von ihrer Kleidung ab. Im Iran hatten die Frauen im Hinblick auf die Kleidung, die sie in der Öffentlichkeit trugen, keine Wahl, aber sie betonten, daß sie ihren Männern ebenbürtig, wenn nicht sogar überlegen seien.

Die Amerikanerinnen, die an diesem Koran-Unterricht teilnahmen, hatten der emanzipierten Welt, in der sie aufgewachsen waren, freiwillig den Rücken gekehrt. Diese Gruppe hatte sich entschlossen, eine der striktesten Formen des konservativen Islam zu übernehmen. Für sie bedeutete der Lebensstil in den Vereinigten Staaten mit seinem Minimum an Einschränkungen keine Freiheit, im Gegenteil: Wenn sie zurückblickten, empfanden sie den Westen als bedrohlich. Die islamische Welt bedeutete Sicherheit für sie. Dort waren die Männer Beschützer, und die Frauen gehorchten.

Mehrere Frauen, mit denen ich sprach, waren zum Islam übergetreten, ohne einen Muslim heiraten zu wollen. Iman Barber, eine von Hinds Schülerinnen, gehörte dazu. Sie sagte, sie wolle mit mir sprechen, nur nicht am selben Abend. »Ich achte immer darauf, daß ich nie später als acht Uhr abends nach Hause komme«, erklärte sie mir und unterwarf sich so denselben Einschränkungen, die Leila von ihrer Schwiegermutter auferlegt worden waren. Eine gottesfürchtige muslimische Frau ist abends nicht allein unterwegs. Iman lud mich statt dessen für nachmittags zu Kaffee und Kuchen ein.

Ihr Wohnblock lag in Jabriya im östlichen Teil von Kuwait City. Es war keine besonders ansprechende Gegend. Sand und Müll wurden von dem heißen, trockenen Wind um die Häuser und in die offene Eingangshalle gefegt. Imans Apartment befand sich im ersten Stock und war in rosa und blauen Pastelltönen gehalten. Auf einem Tisch mit Spitzendecke standen künstliche Blumen im gleichen Farbton. Der einzige Hinweis auf die Existenz einer zweiten Person in dieser kleinen Wohnung waren die beiden Zahnbürsten im Bad und der *dishdasha*, der an der Schlafzimmertür hing.

Iman, eine ehemalige Sonntagsschullehrerin, war vor sechzehn Jahren in ihrer Heimatstadt Portland, Oregon, zum Islam übergetreten. Die Zweiundvierzigjährige war bereits viermal verheiratet gewesen, dreimal mit einem Muslim. Zur Zeit ist sie die zweite Frau eines Kuwaiti und zum zweitenmal Nebenfrau. In beiden Fällen hat der Ehemann seiner ersten Frau und seiner Familie die Heirat mit ihr verschwiegen. »Es gibt hier eine Menge heimlicher Nebenfrauen«, sagte sie. »Die Männer haben Angst, es ihrer ersten Frau oder deren Familie zu sagen. Trotzdem nehmen sie sich eine zweite Frau und verschweigen es einfach.« Iman, eine große, schlanke, attraktive Frau, macht einen enorm selbstbewußten Eindruck. Sie hat eine so starke Ausstrahlung, daß es schwerfällt, sie sich in der Rolle des Opfers vorzustellen. Trotzdem fand sie sich schon mehrfach darin wieder. Wenn sie das Haus verläßt, ist Iman – wie die anderen Teilnehmerinnen des Koran-Unterrichts – völlig verschleiert.

Die Religion hat in ihrem Leben immer eine wichtige Rolle gespielt. Ihr Vater, ein Ingenieur, war Katholik, ihr Bruder Baptist, und sie selbst besuchte die lutherische Sonntagsschule. »Einige in meiner Familie gehörten zur Sekte der Holy Rollers, Sie wissen schon: Halleluja hier, lobet den Herrn da usw. Ich wurde schließlich Baptistin. Als ich dreizehn war, trennten sich meine Eltern, und ich wurde von einer Frau versorgt, die in der Kirche aktiv war. Sie war sehr gläubig und hatte einen großen Einfluß auf mich. Ich selbst habe in einer kirchlichen Jugendgruppe gearbeitet und an der Sonntagsschule unterrichtet.« Mit sechzehn verließ Iman die Oberschule und heiratete ihre Jugendliebe. Mit zwanzig hatte sie bereits zwei Söhne und war geschieden.

Ihre erste Begegnung mit dem Islam hatte sie bei einem von der Kirche veranstalteten Kaffeeklatsch. Die Gemeinde hatte einige Saudis eingeladen, die dort lebten und sonst keinen gesellschaftlichen Kontakt hatten. »Ich fühlte mich sofort zu ihnen hingezogen, weil sie so sorgsam miteinander umgingen und weil ihre Familien immer so geschlossen wirkten. Ich glaube, ich habe sie darum beneidet.«

Iman war damals auf der Suche nach religiöser Wahrheit. »Ich ging häufig in spirituelle Klausur, befaßte mich intensiv mit der Bibel und entdeckte zahlreiche Unstimmigkeiten. Ich fand auch ein Buch über das Leben des Propheten und entdeckte einige Ähnlichkeiten zwischen dem Islam und dem Christentum. Ich erwähnte das einem der Kirchenältesten gegenüber. Er sagte, ich läse das Buch des Teufels, ich solle es ihm geben, er würde es verbrennen. Das beunruhigte mich. Ich wollte mehr über den Islam erfahren. Als ich zu Hause davon erzählte, machten sich alle große Sorgen und glaubten, ich wolle einer Sekte beitreten.«

Im Unterricht an der Sonntagsschule erwähnte Iman den Kindern gegenüber, daß sie ein Buch über den Propheten Mohammed gelesen habe. Sie wurde daraufhin von der Kirchenbehörde sofort entlassen. »Ich war schockiert. Ich konnte nicht verstehen, warum man anderen Religionen gegenüber nicht offener war. Ich hatte doch nur etwas über dieses Thema erzählt.«

Zwei Jahre später trat sie zum Islam über. Kurz darauf klagte ihr Exmann auf das Sorgerecht für die Söhne. »Zu dieser Zeit hatten die Leute keine Ahnung vom Islam. Das hört sich heute sonderbar an, aber so war das damals. Mein Exmann behauptete, ich sei als Mutter untragbar, weil ich mich mit Arabern eingelassen hätte. In den Gerichtsakten wurden sie als Schwarze und der Islam als Kult bezeichnet.« Trotz verschiedener Leumundszeugen, die bestätigten, daß Iman Mitglied einer soliden Religionsgemeinschaft sei, in der weder Alkohol noch Drogen konsumiert würden, »was ansonsten in Oregon an der Tagesordnung war«, verlor sie das Sorgerecht für ihre Kinder.

»Ich war wie betäubt. Mir wurde klar, daß ich bestraft wurde, weil ich mich zu einer Religion bekannt hatte, von der die Leute nichts wußten. Ich kann mich erinnern, daß die neue Frau meines Mannes während der Anhörung vor Gericht zu mir sagte: ›Warum kannst du nicht einfach eine Amerikanerin sein?‹ und versuchte, mir den *hijab* abzunehmen. Selbst mein Vater glaubte, ich befände mich im Zustand einer vorübergehenden Verwirrung. Er blickte auf meinen *hijab* und den langen Mantel und sagte: ›Wenn du so aussiehst, wirst du nie wieder heiraten. Wenn ein Mann dein Haar nicht sehen kann oder gar nicht weiß, wie du aussiehst, wird er dich auch nicht heiraten.‹«

Nachdem sie ihre Kinder verloren hatte, versenkte sich Iman ganz in die neue Religion und bewarb sich in den Vereinigten Arabischen Emiraten, um dort an der Al-Ain-Universität Arabisch und die *sharia*-Gesetze zu studieren. »Es war ganz erstaunlich: Einundzwanzig Tage nachdem ich meinen Brief abgeschickt hatte, war ich bereits in Al Ain. Die Lehrveranstaltungen und die Unterbringung waren kostenlos, alles wurde vom Herrscher gesponsert.«

Nach ihrem Examen machte sie ihre *hadsch*, die Pilgerreise nach Mekka, und nahm anschließend ihre Arbeit als Englischlehrerin an einer Schule in Dubai auf. »Um diese Zeit wurde mir klar, daß ich wieder heiraten wollte. Ich lernte den Vater eines meiner Schüler kennen. Er hatte sich gerade scheiden lassen und das Haus und die drei Kinder, die alle unter fünf Jahre alt waren, behalten. Drei Wochen nach seiner Scheidung machte er mir einen Heiratsantrag. Ich war einsam. Und da mir der Gedanke, in eine bereits bestehende Familie zu kommen, sehr angenehm war, nahm ich seinen Antrag an. Ich habe die Kleinen sehr lieb gehabt, ihnen abends vor dem Schlafengehen Geschichten vorgelesen, und sie nannten mich Mama. Ich hatte ein so enges Verhältnis zu ihnen, als wären sie meine eigenen Kinder.«

Aber die Beziehung zu ihrem Mann funktionierte nicht. »Wir hatten nur wenige Gemeinsamkeiten, und er kam abends nie nach Hause. Ein Jahr später ließ er sich von mir scheiden. Als ich diese Kinder verlor, hatte ich das gleiche Gefühl wie bei meinen eigenen. Man hatte den dreien die leibliche Mutter genommen, sie hatten mehrere Hausmädchen über sich ergehen lassen müssen, und ihr Vater war nie zu Hause gewesen. Ich hatte den Kindern alles gegeben und war am Boden zerstört, als man sie mir nahm. Schauen Sie, ich habe immer noch ein paar Bücher von ihnen«, sagte Iman und wies auf ein kleines Bücherregal, in dem Pu-der-Bär-Bücher standen, die sie für die Kinder übersetzt hatte.

Iman kam zu dem Schluß, daß sie nur noch mit einem sehr religiösen Mann eine neue Beziehung aufbauen könne. »Ich suchte einen Mann, der den Islam so praktizierte, wie der Prophet es gelehrt hat.« Freunde machten sie mit einem Kuwaiti bekannt, der in Dubai zu Besuch war. Er war ein höherer Beamter des Ministeriums für Islamische Angelegenheiten in Kuwait. »Ich sah ihn nur ein einziges Mal, und als er wieder nach Hause flog, haben wir drei Monate lang jeden Tag miteinander telefoniert. Ich wußte, daß er verheiratet war. Als er mir dann einen Heiratsantrag machte, sagte ich trotzdem ja. Ich dachte, ein religiöser Mann, der ein so hohes Regierungsamt bekleidet, würde seine beiden Frauen sicherlich gleich behandeln, so wie es der Koran vorschreibt. Ich hatte viel über Polygamie gelesen und dachte, wenn die arabischen Frauen sie akzeptieren, müßte mir das schließlich auch

möglich sein. Ich war kein Kind mehr, und ich glaubte nicht, daß ich
eifersüchtig werden könnte. Einmal war ich die erste Frau gewesen und
hatte damit keinen Erfolg gehabt. Es schien mir gar nicht so schlimm,
meinen Mann nur jeden zweiten Tag zu sehen. Erwartung kann
durchaus spannend sein.«

Imans Verlobter, der mit seiner ersten Frau fünf Kinder hatte, kam
nach Dubai, um sie zu heiraten, und kehrte dann allein nach Kuwait
zurück. Einen Monat später schickte er ihr ein Flugticket, und sie gab
ihren Job auf, kündigte ihre Wohnung und zog nach Kuwait.»Er hatte
für mich eine Wohnung mit zwei Schlafzimmern gemietet und eingerichtet. Er versprach mir, jeden Tag zu mir zu kommen. Im Ministerium hatte er die Aufgabe, für die Verbreitung des Islam zu sorgen, und
wir wollten die Arbeit gemeinsam tun.

Als ich jedoch dort ankam, hatte er seiner Frau und der Familie
nichts von seiner zweiten Heirat gesagt. Er sagte, wegen seiner hohen
Stellung im Ministerium könne er durch seine Heirat mit mir politische
Schwierigkeiten bekommen, deshalb müsse er sie geheimhalten. Ich
war zwar enttäuscht, konnte aber seine Argumente nachvollziehen.

In den ersten beiden Wochen besuchte er mich dreimal. Dann
verschwand er einfach, ließ mich sitzen. Ich hatte seine Telefonnummern, dachte aber, es sei besser, geduldig abzuwarten. Offensichtlich
schaffte er es nicht, beide Frauen gleich zu behandeln. Dann schrieb er
mir einen Brief, in dem stand, daß er nicht mehr mein Ehemann sein
könne und sich scheiden lassen wolle. Er könne nur noch mein islamischer Bruder sein. Ich war schrecklich verletzt und deprimiert. Ich hatte
mein Leben in Dubai aufgegeben und meine Freunde, die mir meine
Familie ersetzt hatten, verlassen, nur um bei ihm sein zu können. Ich
erinnere mich noch genau, daß ich damals dachte: ›Wie kann ein
prominenter islamischer Beamter so etwas tun?‹ Damals hatte ich hier
noch keine Freunde. Ich glaube, ich war in meinem ganzen Leben nie so
einsam.«

Vielleicht waren es die Verlassenheit und die Isolation in Kuwait,
die Iman veranlaßten, sich der einzigen Person anzuvertrauen, die sie
dort kannte: ihrem Scheidungsanwalt.»Ich schüttete ihm mein Herz
aus. Ich brauchte dringend einen Menschen, mit dem ich reden konnte.
Ich kann mich erinnern, daß ich sagte, daß es Ehen mit zwei Frauen

gebe, die funktionieren, warum hat es bei mir nicht geklappt?‹ Wir sprachen darüber, daß so etwas nur gutgehen kann, wenn der Mann die islamischen Richtlinien über die Polygamie befolgt.«

Kurz darauf machte ihr der fünfunddreißigjährige Anwalt – verheiratet, fünf Kinder – einen Heiratsantrag. Sie sagte ja und erklärte sich bereit, noch einmal die Rolle der zweiten Frau zu übernehmen. Als ich Iman kennenlernte, lag die neue Hochzeit gerade einen Monat zurück, und genau wie bei ihrer ersten polygamen Ehe hatte auch ihr neuer Mann seiner ersten Frau die zweite Heirat verschwiegen. »Er hatte schon einmal eine Nebenfrau gehabt; sie war im Golfkrieg umgekommen. Und damals hatte diese zweite Ehe in seiner Familie viel Staub aufgewirbelt. Sein Vater hatte ihm sogar eine Zeitlang das Haus verboten. Ich kann verstehen, daß er diesmal keinem etwas gesagt hat.

Ich sehe ihn jetzt freitags etwa zwei und innerhalb der Woche drei Stunden. Er weiß, daß das dem Islam zufolge nicht korrekt ist und daß er eigentlich beiden Frauen die gleiche Zeit widmen müßte. Ich muß auf Allah vertrauen, daß er sich ändert.«

Meine Reaktion war nicht so großherzig. Als wir im Wohnzimmer saßen, Kaffee tranken und den Gewürzkuchen aßen, den sie gebacken hatte, konnte ich nicht an mich halten, und meine erste Reaktion war sehr westlich. »Iman! Sind Sie verrückt? Sie sind eine attraktive, intelligente Frau. Warum bringen Sie sich schon wieder in eine derart unmögliche Situation?« Noch bevor sie antworten konnte, leuchtete mir der kulturelle Zusammenhang ein: Sie hatte sich schutzlos gefühlt, und er hatte so reagiert, wie es dem Islam entspricht.

»Er sagt, daß er mich liebt. Und ich hänge auch sehr an ihm. In Amerika haben die verheirateten Männer Freundinnen. Hier haben sie Nebenfrauen. Das sind legale Mätressen. Die Männer sind zwar religiös und gottesfürchtig, deshalb flirten sie auch nicht einfach herum, aber sie sind nicht religiös genug, um beide Frauen gleich zu behandeln, wie es der Koran vorschreibt. Ich glaube, in Kuwait wird eine zweite Frau als etwas Sündhaftes betrachtet. In den Emiraten wird sie eher akzeptiert.

Ich weiß, daß ich für meinen Mann zum Teil deshalb besonders attraktiv war, weil ich Amerikanerin bin, das läßt mich in seinen Augen irgendwie exotisch erscheinen. Und ich kann einfach nicht allein

bleiben. Im Mittleren Osten gibt es für eine alleinstehende Frau viele
Versuchungen. Ich finde, sie sollte nicht auf diese Weise auf die Probe
gestellt werden. Wenn eine Frau allein und unverheiratet ist, wird sie
nur zu leicht ein Opfer des Teufels. Ich bete für meinen Mann und
hoffe, daß er sich ändert.«

Iman wird von ihrem Mann finanziell unterstützt; sie arbeitet zur
Zeit nicht. Er fragt sie nicht, wie sie ihre Zeit verbringt, wenn er nicht
bei ihr ist.»Er vertraut mir völlig. Und ich gebe ihm auch keine
Veranlassung, mir zu mißtrauen. Es hat Zeiten gegeben, da habe ich
mich sehr einsam und deprimiert gefühlt, dann bin ich oft in Tränen
ausgebrochen und war wie gelähmt. Aber Gott sei Dank bin ich wieder
auf die Beine gekommen. Ich habe allerdings das Gefühl, daß die
arabischen Männer nicht wissen, was Einfühlungsvermögen ist. Sie
können sich nicht in die Lage eines anderen versetzen. Ihnen wurde
immer alles auf einem silbernen Tablett präsentiert. Arabische Männer
werden wie Prinzen erzogen. Sie leben in einer Gesellschaft, in der ihre
Handlungsweisen von den Frauen nie in Frage gestellt werden. Für
einen arabischen Mann ist es durchaus in Ordnung, wenn er nur zum
Schlafen nach Hause kommt. Er unternimmt kaum etwas gemeinsam
mit seiner Frau und spielt auch nicht mit den Kindern. Es gibt Zeiten,
da bin ich froh, daß ich nur hin und wieder einen Mann habe. Arabische Ehemänner können sehr anspruchsvoll sein und wollen rund
um die Uhr bedient werden. Und die Bedürfnisse eines Mannes müssen immer befriedigt werden.«

Bisher war Imans Mann nur einmal über Nacht bei ihr, und zwar als
seine erste Frau die *hadsch* machte.»Ich wünschte, er würde häufiger
hierbleiben, aber ich will ihn nicht drängen, sonst läuft er mir noch weg.
Ganz gleich, wie ich mich bei seinen Besuchen fühle, ich versuche
immer, so zärtlich und lieb zu sein wie möglich. Ich bete zu Allah, daß
seine Religion, sein Glaube an den Islam, so stark wird, daß er beide
Frauen gleich behandeln kann. Und ich wünschte, ich hätte einen
arabischen Bruder, der zwischen mir und meinem Mann vermitteln
könnte. Ein familiärer Rückhalt kann eine große Hilfe sein. Der Mann
weiß, daß seine Frau nicht allein ist, und behandelt sie dann vielleicht
nicht so schlecht. Ausländische Frauen leben hier völlig isoliert; sie
müssen sich mit allem allein herumschlagen. Und in einer Kultur, in

der die Familie eine so entscheidende Rolle spielt, kann man sie leicht ausnutzen.

Wenn diese Ehe auch nicht gutgeht, werde ich es nicht noch einmal versuchen. Aber so schlimm alles gewesen sein mag, ich habe trotzdem nie daran gedacht, wieder in die Staaten zurückzukehren. Hier ist mein Platz. Meinen Glauben konnte das alles nicht erschüttern. Im Gegenteil, der Islam hat mir geholfen, die schlimmen Zeiten zu überstehen.«

Als ich an diesem Abend wieder in meinem Hotel war, deprimierte mich der Gedanke, wie leer Imans Leben doch war. Ich konnte mir überhaupt nicht vorstellen, daß ich bereit sein könnte, solche Opfer zu bringen. Aber mir fehlte natürlich auch Imans unerschütterlicher Glaube an den Islam. Und ich mußte plötzlich an die alleinstehenden Freundinnen und Kolleginnen in den Vereinigten Staaten denken, die in den Dreißigern oder Vierzigern waren und, wie Iman, intelligent, attraktiv und kontaktfreudig. Viele von ihnen klagten, daß zwischen ihren Beziehungen oft Jahre des Alleinseins lägen. Wenn sich ihnen die Möglichkeit böte, in einer Gesellschaft, in der die Polygamie akzeptiert wird, die Rolle der Nebenfrau zu spielen, wenn sie einen Teilzeitmann hätten und nicht jeden Abend in eine leere Wohnung zurückkommen müßten ... ich weiß nicht, ob alle nein sagen würden.

In den sechziger und siebziger Jahren wurde die Polygamie, die früher in der islamischen Welt allgemein üblich war, in vielen muslimischen Ländern seltener. Das Leben war teurer geworden, und viele Männer konnten es sich nicht mehr leisten, mehr als eine Frau zu versorgen. Außerdem weigerten sich viele muslimische Frauen, die eine Ausbildung absolviert hatten, die Rolle einer Nebenfrau zu spielen. Bei den Muslimen, die sich an westlichen Vorbildern orientierten, kam die Polygamie schlicht aus der Mode.

Die islamistische Bewegung gibt sich die größte Mühe, diesen Trend wieder umzukehren. In den Freitagspredigten vieler Moscheen wird die Vielweiberei wieder propagiert, man gewährt großzügige finanzielle Hilfen, und die Ehefrauen werden aufgefordert, eine zweite Frau für ihren Mann auszusuchen – das sei der höchste Ausdruck ihrer Wertschätzung und ihres Respekts sowohl gegenüber ihrem Ehemann als auch gegenüber dem rechten Glauben. Immer wieder wird festgestellt, die Polygamie sei im Islam nicht nur ein Recht des Mannes, sondern auch eine biologische Notwendigkeit. Eheliche Treue sei nur bei der Frau notwendig, für den Mann sei sie nicht erstrebenswert.

Hind, Imans islamische Lehrerin, sprach das Thema bei einem der Treffen in ihrem Haus an. Sie sagte, wenn ihr Mann den Wunsch äußern würde, wieder zu heiraten, würde sie ihm die Erlaubnis nicht verweigern. »Ich behaupte nicht, daß ich nicht traurig oder eifersüchtig wäre. Ich bin auch nur ein Mensch mit Gefühlen. Aber mir ist es trotzdem lieber, mein Mann versorgt zwei Frauen und deren Kinder, als daß er nur eine Frau hat, zu einer Prostituierten geht und Aids oder irgendeine andere Krankheit mit nach Hause bringt. Ich glaube außerdem, wenn ich irgend etwas im Leben aufgeben muß, zum Beispiel, die einzige Frau meines Mannes zu sein, dann wird Allah mir etwas anderes dafür geben.

Wenn mein Mann zum erstenmal zu seiner neuen Frau ginge und die Nacht bei ihr verbrächte statt bei mir, würde ich vermutlich nicht schlafen können. Aber nur beim ersten Mal. Ich könnte mit diesen Eifersuchtsgefühlen fertig werden. Wenn er bei seiner anderen Frau ist, kann ich die Zeit nutzen, den Koran lesen, beten und meine Unterrichtsstunden vorbereiten.

Mein Mann ist für mich nicht alles im Leben. Allah hat mir diesen Mann geschenkt, und ich achte ihn. Ich habe es immer so gesehen, als sei mein Mann einer meiner Arme. Wenn mein Mann stirbt, muß ich dann auch sterben? Natürlich nicht; das Leben geht weiter. Ich achte meinen Mann, aber ich habe auch noch ein eigenes Leben, meine Aufgabe und meine Kinder.«

Da Hind eine konservative Islamistin und Mitglied einer Bewegung ist, die die Polygamie und den Schleier als entscheidende Kriterien der Erneuerung auf ihre Fahnen geschrieben hat, überraschten mich ihre Äußerungen nicht, sie klangen allerdings ziemlich theoretisch. Trotzdem ist es durchaus möglich, daß sie das Ganze auch in der Praxis bewältigen könnte. Aber alle Frauen, mit denen ich sprach – die konvertierten wie die gebürtigen Muslime –, empfanden die Polygamie als stärkere Bedrohung ihrer Selbstachtung und emotionalen Sicherheit als alles andere. Das wurde mir noch einmal bestätigt, als ich eine von Hinds Kolleginnen besuchte. Noura und ihr Mann waren erst vor relativ kurzer Zeit Islamisten geworden, und sie war wie Hind Religionslehrerin. Ich hatte den Termin mit ihr ausgemacht, weil ich mich für ihr Engagement innerhalb der konservativen Bewegung interessierte. Man hatte mir gesagt, daß Noura noch vor gar nicht so langer Zeit ziemlich weltliche Ansichten gehabt und sogar Miniröcke getragen habe. Heute ist sie völlig verschleiert. Ich war neugierig zu erfahren, was diese Veränderung bei ihr ausgelöst hatte und welche Vorteile ihr das neue Leben bot.

Nouras Wohnung lag in der Nähe des Bayan-Palasts, in einer Gegend, in der viele neue und teure Villen stehen. Ihr großes, luxuriös möbliertes Wohnzimmer mit den weißen, mit Rohseide bezogenen Sofas, dem weißen Marmorfußboden und den pastellfarbenen persischen Seidenteppichen verrieten einen Lebensstil, um den sie mancher beneidet hätte. Sie war vierzig Jahre alt und sah wie eine arabische Natalie Wood aus. Das erste, was sie sagte, als wir uns hinsetzten, war: »Mein Mann ist diese Woche in Syrien«. Ich dachte, sie wolle nur ein wenig plaudern, und fragte, ob er geschäftlich dort zu tun habe. »Nein«, erwiderte sie auf meine Frage. »Er heiratet wieder.«

Das erinnerte mich an Sheikha Souad, die mir gesagt hatte, sie sei die sechzehnte Frau ihres Mannes, und er habe Sklavinnen als Konkubinen gehabt. Im Knigge steht nicht, wie man auf solche Äußerungen höflich reagiert. Also fragte ich sie, was sie bei diesem Gedanken empfinde. »Er macht das immer wieder«, erwiderte Noura. »Erst heiratet er, dann läßt er sich wieder scheiden. Das ist jetzt schon das dritte Mal.«

Noura ist seit zweiundzwanzig Jahren mit Ahmed, einem erfolgreichen Geschäftsmann, verheiratet. Sie hat drei Söhne und zwei Töchter. »Ich dachte immer, wir wären glücklich verheiratet, aber als er vor zehn Jahren von einer Geschäftsreise aus Syrien zurückkehrte, erklärte er mir, er habe sich gerade eine zweite Frau genommen. Er habe vor zehn Tagen geheiratet, seine neue Frau sei in Syrien geblieben.

Ich war schockiert. Unsere jüngste Tochter war damals gerade zwei Monate alt. Dann wurde ich wütend, und schließlich ging es mir so schlecht, daß ich mich umbringen wollte. In einer Woche nahm ich zehn Pfund ab. Ich konnte nicht mehr stillen, weil meine Milch ausblieb, und ich war traurig und deprimiert. Ich flehte ihn an: ›Wenn mit mir irgend etwas nicht stimmt, sag es mir doch, ich werde versuchen, mich zu bessern.‹ Seine Antwort war: ›Nein, mit dir ist alles in Ordnung, aber ich muß trotzdem eine zweite Frau haben. Ich kann nicht nur mit einer Frau leben.‹ Er behauptete, seine sexuellen Bedürfnisse seien der Grund: Er wolle wissen, wie es mit anderen Frauen sei. Außerdem erklärte er mir, daß ein Mann vier Frauen haben könne, die Religion fordere das. Ich stritt mit ihm. Ich sagte, er hätte mich um Erlaubnis bitten müssen, denn das fordert der Islam ebenfalls.

Ich sagte ihm, daß ich es ihm nicht gestatten würde, eine andere Frau mit nach Hause zu bringen. Er würde ihr ein eigenes Haus kaufen müssen, und seine Mutter, die bei uns wohnt, stimmte mir zu. Er versicherte mir, ich würde es immer als erste erfahren. Dadurch wurde es natürlich auch nicht besser. Zum Schluß sagte er zu mir: ›Sei nicht böse, ich werde ein Opfer bringen und mich wieder von ihr scheiden lassen.‹ Und das tat er dann auch.«

Die Familie kann in solchen Fällen enormen Druck ausüben und tut es auch. Das führt dazu, daß viele dieser Ehen verheimlicht werden. Und wenn eine Großfamilie unter einem Dach zusammenlebt, kann es für den Mann schwer werden, der sich nicht an die »Parteilinie« hält. »Die Familie kann Widerstand wirkungsvoller aushöhlen als das Meer einen Felsen«, erklärte mir ein Mann.

Als Nouras Mann letztes Jahr in Mekka war, heiratete er schon wieder, ohne ihr vorher etwas davon zu sagen. »Nach zwanzig Tagen ließ er sich wieder scheiden. Ich habe keine Ahnung, warum. Mit mir redet er nicht darüber. Ich wußte jedoch, daß er gar nicht vorhatte, bei der anderen Frau zu bleiben, denn unter den Scheidungspapieren waren Kondome versteckt. In unserer Kultur wünscht sich ein Mann, der bei einer Frau bleibt, daß sie schwanger wird. Er würde niemals Kondome benutzen, wenn er frisch verheiratet ist.

Die Frau, die er jetzt gerade heiratet, ist eine siebzehnjährige Schülerin. Ich fragte ihn, wie er es fertigbrächte, sich schon nach ein paar Tagen wieder von diesen Frauen scheiden zu lassen. Waren ihm die Gefühle dieser Frauen gleich? Mein Mann nimmt sie einfach in Besitz und gibt sie dann wieder zurück – wie gebrauchte Möbel. Ich flehte ihn an, doch damit aufzuhören. Es ist sehr schlecht, die Leute reden darüber. Beim nächsten Mal sagte ich ihm, er solle die Frau behalten und Kinder mit ihr haben. Eine feste Nebenfrau wäre für mich leichter zu ertragen.

Es ist durchaus möglich, daß er früher mit Frauen verheiratet war, von denen ich gar nichts weiß. Ich weiß allerdings, daß er sich in den letzten Jahren mehrmals verlobt hat, denn das hat er mir jedesmal gesagt.

Der Islam gesteht dem Mann das Recht zu, andere Frauen zu haben, aber für mich und die Kinder ist das schwer zu ertragen. Ich liebe ihn nicht mehr. Ich mag ihn nicht einmal mehr. Das ist kein schönes Leben. In all den Jahren hat er mich durch sein Verhalten so weit gebracht, daß ich ihn jetzt hasse. In seiner Gegenwart tue ich so, als sei ich glücklich, ich versuche zu lachen und setze mich mit ihm zusammen. Wir leben immer noch wie Mann und Frau zusammen und schlafen sogar noch in unserem gemeinsamen Ehebett.«

Trotz ihrer schlechten Erfahrungen glaubt Noura, daß die Polygamie einen Nutzen hat. »Sie ist die Rettung für Frauen, die keine Kinder bekommen können oder krank sind. Statt sich von einer solchen Frau scheiden zu lassen und sie zu ihrer Familie zurückzuschicken, nimmt der Mann sich eine zweite Frau. Aus diesem Grund sollte dieser Aspekt des Islam meiner Meinung nach nicht geändert werden. Aber die Männer sollten sich so verhalten, wie der Koran es ihnen vorschreibt. Es gibt ein *hadith*, in dem es heißt, der Mann solle seine Frauen wie Glas behandeln, denn sie seien sehr zerbrechlich. Das heißt also: mit Zärtlichkeit.

Mein Mann ist sehr religiös. Ich habe versucht, ihm auf dieser Ebene beizukommen, und habe ihm vorgehalten, daß das, was er mit all diesen Frauen macht, gegen den Islam verstößt. Aber ich habe es aufgegeben. Es hat keinen Wert, es tut mir nur weh. Er hört ohnehin nicht zu.«

Noura erzählte mir, daß weder sie noch ihr Mann vor ihrer Heirat besonders religiös gewesen seien. Ihr Mann begann sich erst als graduierter Student der Universität von Florida in Gainesville für die islamistische Bewegung zu interessieren. Er trat in eine islamische Studentenverbindung ein und wurde mit der Zeit immer orthodoxer. Damals hatte Noura noch modische kurze Röcke und ausgeschnittene Kleider getragen. Wie die meisten Kuwaitis lebten beide im westlichen Stil. »Zu der Zeit wollte ich noch ein modernes Leben führen. Aber dann wurden mein Mann und ich mit der Zeit immer religiöser. Ich begann, mich zu verschleiern, und als wir unsere Pilgerfahrt nach Mekka machten, verschleierte ich auch mein Gesicht. Heute verschleiert sich sogar meine Tochter schon. Mein Mann bat mich, meine Arbeit aufzugeben, was ich dann auch tat, obwohl ich es eigentlich nicht wollte. Ich unterrichtete Hauswirtschaft, liebte meinen Beruf und war auch eine sehr gute Lehrerin. Mein Mann war der Ansicht, mein Platz sei im Haus, und ich mußte ihm gehorchen. Aber ich freute mich immer, wenn ich andere Leute kennenlernte und mit ihnen reden konnte. Ich habe so viel Energie, daß es mir schwerfällt, fast immer zu Hause herumzusitzen. Seit ich nicht mehr arbeite, habe ich mehr Zeit für das Studium meiner Religion, und das ist gut.

Heute bin ich eine Islamistin wie mein Mann, und ich glaube, daß die islamistische Erneuerung gut für unser Land ist. *Inshallah*, so Gott will, wird ganz Kuwait streng islamisch werden. Wir sollten die guten Dinge aus dem Westen übernehmen – die Technologie und die Wissenschaften – und sie mit unserer islamischen Lebensart, mit unseren islamischen Werten vermischen. Mein Mann ist nicht meiner Meinung. Er würde am liebsten ganz zu den traditionellen Lebensformen zurückkehren. Aber er würde natürlich nicht gern auf die Klimaanlage, seinen Wagen und den ganzen modernen Komfort verzichten.

Ich glaube, die Probleme, die ich mit meinem Mann habe, haben mich nicht von meiner Religion entfernt, sondern mich ihr im Gegenteil nähergebracht. Wenn ich im Koran lese, beruhigt mich das, ich finde dort Trost. Immer, wenn ich mich über irgend etwas aufgeregt habe, tue ich das.«

Als Noura mich schließlich zur Tür brachte, kamen wir an einer Reihe von Haken vorbei, an denen schwarze *abayas* hingen. »Meine Mutter ist gerade von ihrer *hadsch* zurückgekehrt. Sie feiert in einem anderen Teil des Hauses eine Frauenparty. Das ist bei uns Tradition, auf diese Weise wird jemand willkommen geheißen, der von der Pilgerfahrt zurückkehrt. Sie wissen sicher, daß man bei uns noch vor gar nicht so langer Zeit von einer guten muslimischen Frau gesagt hat: ›Sie besitzt keinen *abaya*‹. Das hieß, daß sie eine so gute muslimische Frau war, daß sie gar keinen brauchte, weil sie nie das Haus verließ.«

Eine der führenden Autoritäten des Islam in den USA, Bernard Lewis von der Princeton University, hat es treffend formuliert. Er schrieb: »Der Islam ist eine der großen Weltreligionen ... Er hat zahllosen Millionen von Männern und Frauen Seelenfrieden und Trost gebracht. Er hat dem Leben der Armen Sinn und Würde gegeben. Er hat Menschen verschiedener Rassen gelehrt, brüderlich zusammenzuleben, und es den Angehörigen verschiedener Glaubensbekenntnisse ermöglicht, einigermaßen tolerant Seite an Seite zu leben. Er hat eine großartige Zivilisation hervorgebracht, in der nicht nur Muslime ein schöpferisches und sinnvolles Leben führen konnten. Er hat große Leistungen hervorgebracht und dadurch die ganze Welt bereichert. Aber wie in allen anderen Religionen hat es auch im Islam Perioden gegeben, in denen bei einigen seiner Anhänger Haßgefühle und Gewalt geweckt worden sind. Es ist unser Pech, daß ein Teil der muslimischen Welt – keineswegs alle Muslime oder auch nur der größte Teil – zur Zeit eine solche Periode durchmacht und daß sich der Haß zwar nicht ausschließlich, aber doch vor allem gegen die Amerikaner richtet.«

Lewis sagt zwar, daß man die Probleme nicht überbewerten soll. Es gibt jedoch seit der Geiselnahme 1979 im Iran in der islamischen Welt viele Muslime, die Angst vor den Amerikanern haben und sie verabscheuen. Und das gleiche gilt für die Einstellung vieler Amerikaner den Muslimen gegenüber. Von den zehn islamischen Ländern, die ich bei den Recherchen für dieses Buch bereist habe, wurde ich fünfzehn Monate nach dem Golfkrieg nur in einem, in Kuwait, nicht mit den überall an die Häuserwände geschmierten Parolen »Tod den USA« konfrontiert oder mußte mich bei Gesprächen mit leidenschaftlich anti-amerikanischen Gefühlen auseinandersetzen.

Wenn eine Amerikanerin einen Muslim aus dem Mittleren Osten heiratet, besteht die erste Hürde darin, daß sie sich mit der Bigotterie, dem Rassismus oder der simplen Feindseligkeit im eigenen Land auseinandersetzen muß und dann mit den gleichen Phänomenen im Land ihres Mannes wieder. Amerikanische Frauen, die in den USA ein Verhältnis mit einem Araber oder einem Angehörigen aus einem anderen muslimischen Land haben oder mit ihm verheiratet sind, müssen es sich gefallen lassen, daß sie von Bekannten oder von den Leuten auf der Straße als »Sandnigger« beschimpft werden. Andere müssen sich mit der Ignoranz der Eltern und Schwiegereltern herumschlagen. Ich kann mich erinnern, was Bernice Amiri mir in den Emiraten erzählt hat. Als ihr Vater erfuhr, daß sie einen Araber heiraten wollte, hatte er gesagt: »Araber sind ungebildete Scheißkerle, die viele Frauen heiraten, sie in ein Zelt sperren, schlagen und wie Sklavinnen behandeln«. Ihr Vater war so wütend, daß er sich weigerte, Aessa, ihren Verlobten, ins Haus zu lassen, und mit seiner Tochter sprach er kein Wort mehr.

Bernice, eine texanische Hispano-Katholikin, war damals neunzehn und Schwesternschülerin. Sie hatte nie etwas von Aessas Heimat, den Vereinigten Arabischen Emiraten, gehört und hatte keine Ahnung, ob die Bemerkungen ihres Vaters stimmten oder nicht. »Das einzige, was ich wußte, war, daß Aessa der zärtlichste, hilfsbereiteste und anspruchsloseste Mann war, den ich je kennengelernt hatte. Er behandelte mich immer so, als sei ich etwas ganz Besonderes. Ich hatte damals große Schwierigkeiten wegen meines Aussehens. Ich hatte einen ziemlich dicken Hintern. Aber er akzeptierte mich so, wie ich bin. Das war ein wunderbares Gefühl.

Er rauchte nicht, trank nicht, nahm keine Drogen und ging nicht fremd. Die amerikanischen Jungen, die ich in dieser Zeit kannte, machten das alles. Es tat gut, zur Abwechslung einmal einen Mann kennenzulernen, der freundlich und rücksichtsvoll war.«

Als Bernices Verlobter seiner Familie telefonisch mitteilte, daß er eine Amerikanerin heiraten wolle, reagierte sie ähnlich wie Bernices Vater. »Es war schrecklich. Als die Familie ihn aus den VAE anrief, war ein bis zwei Minuten lang alles normal. Dann hörte ich plötzlich, wie auf der anderen Seite in das Telefon gebrüllt wurde ... Sie wollten es nicht hinnehmen, daß Aessa eine Ausländerin heiratet. Sie erklärten ihm, daß alle Amerikanerinnen Prostituierte seien und einen schlechten Charakter hätten. Die einzige, die ihre Erlaubnis gab, war seine Großmutter, Gott segne sie.«

Ein Jahr nach der Hochzeit in Amerika gingen die beiden in die Emirate. »Ich hatte panische Angst. Ich wußte sehr wenig über den Islam und noch weniger über die muslimischen Länder. Ich war damals noch so unreif und naiv. Aber ich dachte dabei nicht an die Religion. Mir ging nur immer wieder durch den Kopf, daß ich überhaupt nicht wußte, was da auf mich zukam. Aber ich liebte meinen Mann so sehr, daß ich überall mit ihm hingegangen wäre. Ich hätte für ihn sterben können. Ich wollte nur, daß er glücklich ist.«

Bernice reiste mit einem Koffer voll langer Kleider und Kopftücher in die VAE. Die erste Begegnung mit Aessas Familie, in der niemand englisch sprach, war entnervend. Eine ihrer ersten Erinnerungen an ihre Schwiegermutter ist, daß diese ihr einen *abaya* zuwarf. »Sie warf ihn mir einfach ins Gesicht und sagte, ich solle ihn anziehen. Ich stand buchstäblich unter Schock. Es hat Jahre gedauert, bis das Eis auf beiden Seiten gebrochen war. Glücklicherweise sah mein Mann ein, daß wir nicht bei seinen Eltern wohnen konnten, und mietete uns eine kleine Villa. Das einzige Mitglied seiner Familie, das uns besuchte, war seine Großmutter. Wir konnten zwar nicht miteinander reden, aber ihre Gegenwart bedeutete mir sehr viel.

Weil ich all das durchgemacht hatte, weigerte ich mich drei, vier Jahre lang, Arabisch zu lernen, und wollte auch keine anderen Araber kennenlernen. Erst als ich zum erstenmal schwanger wurde, beschloß ich, daß hier mein Zuhause war, daß ich meinen Mann liebte und nirgendwo anders hingehen würde. Ich sagte mir, daß ich die Sprache lernen und mich mit der Mentalität und der Kultur vertraut machen müsse. Das war ein Wendepunkt in meinem Leben. Als dann mein erstes Kind ein Sohn war, konnte sich auch Aessas Familie für mich erwärmen und umgekehrt. Nach einer gewissen Zeit besann sich dann auch mein Vater eines Besseren.

Bei all den Problemen hatte mir mein Mann immer zur Seite gestanden, er war verständnisvoll und gab mir Sicherheit. Wenn er sich nicht so verhalten hätte, hätten wir uns wahrscheinlich schon vor langer Zeit scheiden lassen. Inzwischen sind wir elf Jahre verheiratet, haben zwei Kinder, und das dritte ist unterwegs. Mir könnte es gar nicht besser gehen.«

Brenda Ghalib, eine Kalifornierin, die es in die VAE verschlagen hat, mußte sich zuerst mit ihren eigenen Vorurteilen auseinandersetzen. Sie lernte Mohammad, ihren Mann, 1979 in Berkeley kennen. Er studierte damals an der University of California Elektrotechnik. »Als ich ihn nach seiner Religionszugehörigkeit fragte und er mir sagte, er sei Muslim, dachte ich, wie kann er das nur offen zugeben? Er sollte das lieber verheimlichen. Wegen der Geiselnahme im Iran war man in den

Vereinigten Staaten den Muslimen gegenüber äußerst feindselig eingestellt. Mein Mann gestand mir später, daß er damals an der Uni ein paarmal angegriffen worden war, weil die Leute geglaubt hatten, er sei Iraner.«

Als Brenda, die heute dreißig ist, das Verhältnis mit Mohammad begann, hielten die beiden ihre Beziehung geheim, denn sie machten sich Sorgen, daß die Leute feindselig reagieren würden. Als sie sich dann mit dem Islam befaßte, um zu konvertieren, nahm sie aus dem gleichen Grund Privatunterricht. »Wenn ich betete, schloß ich mich ein, damit keiner ins Zimmer kommen konnte. Die Leute hätten womöglich geglaubt, ich wäre verrückt geworden.« Brenda und Mohammad hatten Glück: Als sie 1981 heirateten, waren beide Elternpaare mit der Ehe einverstanden.

Als Brenda dann mit ihrem Mann in die Emirate gegangen war, begann sie auf Mohammads Wunsch, orthodoxe islamische Kleidung zu tragen. »Ich bin so glücklich mit meinen Kindern und so zufrieden mit meinem Leben, ich danke Gott dafür. Seit ich eine Muslimin bin, fühle ich mich innerlich bedeutend sicherer. Der Islam hat mir den Frieden gebracht, den inneren Frieden. Ich glaube, daß die Menschen im Westen, vor allem in Kalifornien, innerlich sehr unsicher sind. Sie sind immer auf der Suche.

In einer islamischen Gesellschaft ist es eine Freude, Mutter zu sein und Kinder großzuziehen. Man wird auf eine unglaubliche Weise von allen Seiten unterstützt. Hier gibt es noch so etwas wie Gemeinsinn. Wenn ich nach Amerika komme und Freunde von der Universität treffe, werde ich oft gefragt, ob es denn nicht langweilig sei, nur Mutter zu sein. Papperlapapp! Meine Generation ist mit der Überzeugung groß geworden, daß eine Hausfrau nichts wert ist. Ich glaube, daß sich viele amerikanische Frauen isoliert und einsam fühlen und die Orientierung verloren haben. In den Staaten ist die Familie auseinandergebrochen. Meine Freundinnen meinen, wenn ein Baby sechs Wochen alt ist, müsse man es in eine Tagesstätte geben, selbst aus dem Haus gehen und sich im Beruf selbstverwirklichen, auch wenn man nur als Sekretärin arbeitet oder bei McDonald's jobbt. Das verschafft ihnen angeblich eine größere Befriedigung als Kinder großzuziehen. Heute dreht sich in Amerika alles ausschließlich um materielle Dinge.

Einige meiner Freundinnen behaupten, sie wären gezwungen zu arbeiten. Wenn man sie dann fragt, warum sie denn arbeiten müßten, erklären sie, nur so könnten sie in einem 300 000 Dollar teuren Haus wohnen, drei Autos haben und ihre Kinder in die besten Privatschulen schicken. Manche Leute beschäftigen sich sogar mit kirchlichen Dingen, nicht wegen der Religion, sondern weil die Kirche die attraktivsten Aktivitäten anbietet.

Ich selbst kann nur sagen, daß ich durch den Übertritt zum Islam gewonnen habe. Meine Schwester hat alle Religionen vom Baptismus bis zum Katholizismus ausprobiert und ist dann ausgetreten. Sie ist immer noch auf der Suche. Immer wenn ich nach Kalifornien komme, sagt sie mir, daß sie sich wünscht, sie könne den inneren Frieden finden, den ich gefunden habe. Aber in den Vereinigten Staaten herrschen dem Islam gegenüber solche Vorurteile, daß schon das Wort allein negative Gefühle auslöst. Und das hängt damit zusammen, daß in seinem Namen so viele unselige Dinge geschehen sind. Für meine Schwester ist es aus diesem Grund unmöglich, zum muslimischen Glauben überzutreten.«

Während wir in Brendas gemütlichem Heim plauderten und die beiden Kinder, Yasmin und Majid, im Hintergrund spielten, bestätigte sie mir, »daß zur Zeit eine große Bewegung zum Fundamentalismus hin stattfindet. Ich glaube, das ist eine Reaktion auf die starke Verwestlichung, die hier vorübergehend stattgefunden hat.«

Trotzdem zieht Brenda seit einem Jahr weder einen *abaya* noch einen *hijab* an, obwohl sie sich seit ihrer Heirat an beide gewöhnt hat. Heute kleidet sie sich westlich-konservativ. Sie trägt einen langen Rock und eine langärmlige Bluse, bedeckt aber nicht ihr Haar. »Ich habe aufgehört, mich vollständig zu verschleiern, weil ich mir dabei wie eine Heuchlerin vorkam. Ich habe es meinem Mann und seiner Familie zuliebe getan, aber jedesmal, wenn ich in die Staaten zurückkehrte, habe ich westliche Kleider getragen. Und ich hatte dann immer das Gefühl, daß das Ganze irgendwie albern und scheinheilig ist. Deshalb habe ich aufgehört, mich zu verschleiern.

Meinem Mann paßt das überhaupt nicht. Er sagt, er sei in der Stadt als religiöser Mensch bekannt, deshalb könne seine Frau nicht in westlicher Kleidung herumlaufen. Andere Islamisten fragen ihn: ›Wie ist es möglich, daß deine Frau sich nicht verschleiert, wo du doch angeblich so religiös bist? Warum zwingst du sie nicht dazu?‹ Wir hatten schon viele Diskussionen über dieses Thema. Aber ich erklärte ihm, das sei eine Sache, die nur mich und Gott angehe. Ich habe nicht das Gefühl, daß ich etwas Unrechtes tue. Ich kleide mich sittsam, auch wenn ich mich nicht verschleiere.«

»Steht nicht im Koran, daß Sie Ihrem Mann gehorchen müssen?« fragte ich Brenda. Wie rechtfertigte sie ihre Entscheidung?

»Der Koran betont vor allem, daß man nicht scheinheilig sein soll, daß man nicht Dinge nur zur Schau tun soll, daß man nicht nur beten oder sich auf bestimmte Weise verhalten soll, um die Leute zu beeindrucken. Der Koran betrachtet das als eine viel größere Sünde und behandelt das Thema auch bedeutend ausführlicher. Die Verschleierung der Frauen wird dagegen nur einmal sehr kurz erwähnt. Es ist nur ein winziger Teil der Religion. Der Koran spricht vor allem über die Nächstenliebe, darüber, daß man ein guter Mensch sein, Gutes tun und sich um die Armen kümmern soll. Der *hijab* wird kaum erwähnt.

Ich erklärte meinem Mann, daß ich mir die größte Mühe gebe, eine gute Muslimin zu sein, daß ich bete und anderen Menschen helfe. Ich glaube einfach nicht, daß es so wichtig ist, sich zu verschleiern. Mein Mann weiß, daß die Religion bei mir aus dem Herzen kommt, daß ich nicht ihm zuliebe konvertiert bin. Ich bin eine Muslimin, weil ich es so wollte. Und ich halte mich für reif genug, selbst entscheiden zu können, was ich anziehe. Wenn ich mich teilweise verschleiert hatte, hieß es, ich solle mich doch mehr verschleiern. Schließlich sollte ich dann auch noch mein Gesicht verhüllen. Und wenn ich das auch noch getan hätte, hätte man mir als nächstes das Autofahren, das Ausgehen und das Arbeiten verboten, und ich hätte nicht einmal mehr mit meinen Kindern spazierengehen dürfen. Das endet nie, und man verliert schließlich die Kontrolle. An irgendeiner Stelle muß man einen Schlußstrich ziehen und sagen: ›Ich ehre meinen Gott. Ich bin nicht hier, um andere Leute zu beeindrucken, vor allem nicht die neuen Radikalen. Ich bin nur hier, um ich zu sein.‹

Eine von Mohammads Schwestern engagiert sich seit einem Jahr für die fundamentalistische Bewegung. Sie verschleiert sich jetzt völlig und hat sich vorgenommen, mich auch so weit zu bringen. Das hat zu einem kleinen Bruch zwischen uns geführt. Die islamistische Bewegung macht mir langsam angst, weil sie sich so schnell ausbreitet. Neulich abends sah ich den Film ›Nicht ohne meine Tochter‹ auf Video. Er handelt von einer Amerikanerin, die ihrem Mann in den Iran gefolgt war, der dann zum Fanatiker wurde und sie und ihre Tochter nicht gehen lassen wollte. Der Film hat mir angst gemacht. Ich fragte mich, ob uns klar ist, wie schnell so etwas auch bei uns möglich ist. Im Iran kam die Wende über Nacht, obwohl das Land fortschrittlicher war, als wir es hier sind. Das macht mir richtig angst. Mein Mann ist immer religiös gewesen. Ich kann mir zwar nicht vorstellen, daß er ein Fanatiker würde, aber man kann nie wissen, was morgen ist.

Ich habe vielen meiner westlichen Freundinnen, die mit einheimischen Männern verheiratet sind, diesen Film gezeigt. Wir haben alle auf die gleiche Weise reagiert: ›O mein Gott, wir stehen hier auch dicht vor einer solchen Entwicklung.‹ Wenn die Amerikanerin, deren Schicksal der Film behandelt, so viele Jahre mit ihrem iranischen Mann verheiratet war und ihn trotzdem nicht gut genug kannte, um zu erkennen, wozu er fähig war, wer kann dann sagen, was hier geschehen wird, wenn die Welle des Fanatismus alles überschwemmt?«

Als ich Brenda besuchte, war ihr Mann auf Reisen. Aber sie arrangierte für mich eine Verabredung mit ihm nach seiner Rückkehr. Ich traf mich mit ihm in der Nähe seines Büros zum Lunch. Mohammad, ein hochgewachsener Mann, der wie ein orientalischer Prinz aussieht, war während seines Studiums in den Staaten zum Islamisten geworden. »Ich trat der ›Rabitat-Islami's Arab Student Organization‹ in Berkeley bei«, erzählte er. Wie seine Glaubensbrüder trägt auch er einen Bart, einen *dishdasha* und eine arabische Kopfbedeckung. Obwohl sein Beruf ihn voll in Anspruch nimmt, arbeitet er zusätzlich zwei Stunden pro Tag in einer fundamentalistischen Hilfsorganisation, die Gelder für die Muslime in Bosnien und Afghanistan sammelt, und ist außerdem aktiv in der islamischen Missionsarbeit tätig. Er betrachtet sich selbst als einen Aktivisten der gegenwärtigen islamischen Erneuerungsbewegung. »Leute wie ich, die im Ausland studiert und die Probleme anderer Länder kennengelernt haben – das Auseinanderbrechen der Familien, Drogen, Aids –, begreifen sehr schnell, daß der Islam die einzige Lösung ist. Im Westen haben so viele Menschen die Orientierung verloren. Wenn hier etwas passiert, können wir uns immer auf Gott verlassen.

Leider behandelt uns der Westen von oben herab. Wir können das schon an der Art erkennen, wie man uns ansieht, wenn wir durch die Paßkontrolle gehen, und fühlen uns dabei natürlich überhaupt nicht wohl. Die amerikanischen Medien behandeln den Islam stets mit Verachtung. Ich bin allerdings optimistisch. Da Saudi-Arabien die ›United Press International‹ gekauft hat, wird der Islam in der Presse der Vereinigten Staaten etwas besser wegkommen.

Die muslimische Welt wird zur Zeit vom Westen kontrolliert, der billig an unsere Bodenschätze kommen will. Der Westen möchte die islamischen Länder klein halten. Nehmen Sie zum Beispiel Pakistan: Die USA blockieren das Atomprogramm dieses Landes, weil sie Angst haben, man könnte dort eine Atombombe bauen. Die gleichen Programme, die in Indien und Israel laufen, werden dagegen nicht beachtet. Im Westen haben die Menschen Angst vor uns, weil sie genau wissen, daß die Muslime bereit sind, für die gerechte Sache zu sterben. *Jihad*, der Heilige Krieg, ist Teil unserer Religion. Und der Islam macht uns Mut und läßt uns tapfer sein. Ich hätte gern im *jihad* in Afghanistan gekämpft, leider war mir das nicht möglich. Im Westen muß man die Menschen dagegen zwingen, in die Armee einzutreten. Wenn es um die Sache des Islam geht, ist das in den muslimischen Ländern nicht nötig. Wenn sich die islamischen Länder vereinigen würden, wären wir eine Supermacht.«

9 Saudi-Arabien: Hüter der beiden heiligsten Stätten

Wenn ein Mann und eine Frau an einem Ort allein sind,
ist als Dritter der Teufel dabei.
Prophet Mohammed

In Saudi-Arabien werden die Frauen zur Dummheit erzogen, sie bleiben wie Babys. Selbst der intelligentesten Frau wird klargemacht, daß sie unfähig ist, für sich selbst zu sorgen. Man mißbraucht die Religion, um mit ihrer Hilfe die Frauen unter Kontrolle zu bringen. Und wenn eine Frau nicht gehorcht, wird sie wie eine Wanze behandelt. Ohne nachzudenken, zerquetscht man sie unter dem Fuß.«

Die Sprecherin war eine vierundzwanzigjährige Frau aus Saudi-Arabien, die im Februar 1993 in der internationalen Presse auf sich aufmerksam machte, als man ihr in Kanada wegen der Diskriminierung der Geschlechter, die in ihrem Heimatland herrscht, politisches Asyl gewährte – weltweit der erste Fall, bei dem die Menschenrechte so interpretiert wurden. Die junge Frau war aus Saudi-Arabien geflohen. Sie hatte sich geweigert, den Schleier anzulegen, und war in Riad allein auf die Straße gegangen. Sie mußte aus diesem Grund befürchten, strafrechtlich verfolgt zu werden. Außerdem wollte sie ein Fach ihrer Wahl studieren. In einem Telefoninterview, das von ihrer Anwältin unter der Bedingung arrangiert wurde, daß der Name der jungen Frau nicht genannt werden dürfe, sagte »Nada«, daß sie Angst hätte, daß die Regierung sich an ihrer Familie rächen würde, wenn man wüßte, wer sie ist. »Ich hasse es, mein Gesicht zu verschleiern, aber wenn ich es nicht tat, warfen die Leute auf der Straße mit Steinen nach mir, nannten mich eine Prostituierte, und die Religionspolizei versuchte mich zu verhaften. Und mit den Islamisten wurde alles noch viel schlimmer. Die Regierung ging zuerst auf die Frauen los. Ich wollte Sport studieren, aber das war verboten. Wenn in Saudi-Arabien ein Mädchen dabei erwischt wird, daß es springt oder läuft, wird es bestraft. Ich konnte so nicht mehr weiterleben.«

Ihr erster Asylantrag wurde in Kanada abgelehnt. Die schriftliche Begründung der Flüchtlings- und Einwanderungsbehörde erinnert an die Behörden in Saudi-Arabien. Man schrieb, Nada täte gut daran, »sich an die Gesetze ihres Landes zu halten und sie nicht zu kritisieren. Sie sollte Rücksicht auf die Gefühle ihres Vaters nehmen, der, wie alle anderen Familienmitglieder, den Liberalismus seiner Tochter mißbillige«. Bevor die Anwältin Marie Louise Côté, eine Aktivistin der Menschenrechtsbewegung, ihren Fall übernahm und schließlich gewann, mußte Nada sich in Kanada verstecken und lebte in der ständigen Angst, verhaftet und ausgewiesen zu werden. »Wenn man mir kein Asyl gewährt, sondern mich nach Hause zurückgeschickt hätte, wäre ich dort ins Gefängnis gesteckt und womöglich sogar hingerichtet worden«, sagte sie.

Wenn sich in Saudi-Arabien jemand gegen die religiösen Autoritäten auflehnt oder den Anschein erweckt, unreligiös zu sein, kann das schlimme Folgen haben. Sadeq Abdul-Karim al-Allah, ein siebzehnjähriger Junge, wurde 1992 verhaftet und anschließend geköpft, weil er sich angeblich in beleidigender Weise über »Gott, den Propheten und den heiligen Koran« geäußert hatte.

Saudi-Arabien ist ein Land, das sich selbst sehr ernst nimmt, weil das Königreich die Wiege des Islam ist. König Fahd Ibn Abd Al Asis lehnt es zum Beispiel ab, »Majestät« genannt zu werden, sondern besteht auf der Anrede »Wächter der beiden heiligsten Stätten«. Der Titel bezieht sich auf Mekka und Medina – die heiligsten Orte des gesamten Islam.

Mekka, das Ziel der *Hadsch*-Pilger und der Ort, in dessen Richtung sich die Muslime auf der ganzen Welt täglich fünfmal verbeugen, ist der Geburtsort des Propheten Mohammed. Dort befindet sich außerdem die Kaaba – der Hauptaltar des Islam, der im Kern älter ist als der Islam selbst und der von Abraham erbaut worden sein soll, den die Araber als Stammvater ihrer Rasse betrachten. Medina, das etwa vierhundertfünfzig Kilometer nördlich von Mekka liegt, ist die zweitheiligste Stadt des Islam, denn dort befindet sich das Grab des Propheten. Wegen dieser beiden heiligen Städte genießt Saudi-Arabien in der muslimischen Welt ein besonderes Ansehen. Das Königreich ist das orthodoxeste aller muslimischen Länder.

Trotzdem ist dort eine islamistische Opposition gegen die herrschende königliche Familie entstanden, der man, wie in Kuwait, Korruption und wirtschaftliche Ungerechtigkeiten vorwirft. Ende 1992 legten hundertsieben ultrakonservative Religionsführer, *ulama*, dem König eine Petition vor, in der sie fast die gesamte Politik des Königreichs kritisierten. Obwohl Saudi-Arabien ohnehin schon das konservativste aller islamischen Länder ist, forderten sie eine noch rigorosere Anwendung des islamischen Rechts. Sie verlangten die Einsetzung besonderer religiöser Gremien, die der Regierung angehören und alle Gesetze und Verordnungen überarbeiten sollten.

Und sie rasselten mit dem »Schwert des Islam«, indem sie erklärten, es sei an der Zeit, »den Bau von Palästen einzustellen« und statt dessen eine muslimische Armee von einer Million Mann aufzustellen, »um die Feinde des Islam auf der ganzen Welt zu bekämpfen«.

Obwohl die saudischen Frauen in der islamischen Welt die wenigsten Freiheiten haben, wollte die *ulama* sie noch weiter einschränken. So forderte sie zum Beispiel ein totales Berufsverbot für Frauen. Die Petition enthielt außerdem noch Forderungen nach einer wesentlichen Verlängerung der Sendezeit für religiöse Fernseh- und Rundfunksendungen, die ohnehin schon 70 Prozent der Gesamtsendezeit ausmachten. Darüber hinaus forderten die Geistlichen die Einrichtung eines obersten religiösen Rates, der alles, was in den Medien veröffentlicht wird, vorher überprüft. Es dürfte allerdings schwer sein, die Zensur in diesem Land noch weiter zu verschärfen. In der saudischen Presse ist jeder Artikel, in dem die Königsfamilie, der Islam oder Saudi-Arabien kritisiert werden, verboten. Das gleiche gilt für das Thema Sex. Berichte über das Judentum und/oder Israel werden als ungeeignet abgelehnt. Anzeigen für Schweinefleischprodukte und Alkohol oder Inserate, bei denen »zuviel« weibliche Haut zu sehen ist – im Zweifelsfall reicht ein nackter Ellbogen –, werden aus ausländischen Zeitschriften herausgerissen oder mit schwarzer Tinte unkenntlich gemacht,

bevor sie in den Verkauf gehen. So wurde zum Beispiel aus dem
»Time«-Magazin ein vier Seiten langer medizinischer Artikel über Aids
entfernt. Seit es Faxgeräte gibt, haben viele Saudis allerdings eine
Möglichkeit gefunden, die Zensur zu umgehen. »Wir bitten einfach
unsere ausländischen Freunde, uns die fehlenden Seiten herüberzu-
faxen, wenn wir glauben, daß sie interessant sein könnten«, berichtete mir ein Autor. »Seit es diese modernen technischen Mittel gibt,
wird dem zensierten Material mehr Aufmerksamkeit geschenkt. Das
wäre nicht der Fall, wenn man die Zeitschriften und Zeitungen intakt
ließe.«

Mitte 1993 gründeten die Islamisten völlig überraschend die erste
Menschenrechtsorganisation des Königreichs: das »Komitee zur Verteidigung der gesetzlichen Rechte«. Zehn Tage später feuerten die
saudischen Behörden alle Angestellten, verhafteten den Sprecher und
lösten die Organisation auf. Sie behaupteten, es handele sich dabei in
Wirklichkeit um eine neue politische Partei, und so etwas ist in Saudi-
Arabien illegal. Offensichtlich befürchtete man, daß die Organisation
dazu dienen sollte, die Macht der islamischen Geistlichkeit weiter zu
stärken. Offiziell ließ die Regierung verlauten, ein solches Komitee sei
überflüssig, da man sich ohnehin schon nach der islamischen Scharia
richte. Dieses religiöse Gesetzeswerk reiche aus, um mit allen Ver-
stößen gegen die Menschenrechte fertig zu werden.

Das gerade erst gegründete Menschenrechtskomitee bestand aus
prominenten islamischen Religionsführern, Akademikern und Stam-
mesfürsten, die dem Politologen Mamoun Fandy zufolge »für das
saudische Königshaus eine große Bedrohung darstellten«. Das Komitee, so sagt er, habe nur verlangt, daß die Bürger Saudi-Arabiens vor
»willkürlichen Verhaftungen und Folterungen« geschützt würden.
»Wenn die Regierung diesen Wunsch mißachtet«, sagt Fandy, »wird es
zu einer Radikalisierung der Islamisten kommen, die schließlich mit
Waffengewalt gegen das Regime vorgehen werden.«

Seit es muslimischen Extremisten 1979 gelungen war, die heilige
Moschee in Mekka zu besetzen, wird die ständig wachsende islamistische Bewegung als die ernsteste Bedrohung der saudischen Monarchie betrachtet.

Es ist nicht leicht, nach Saudi-Arabien zu kommen. Das Königreich stellt überhaupt keine Touristenvisa aus, und auch Presseleute haben es schwer, eine Einreiseerlaubnis zu bekommen. (Ausnahmen wurden nur während des Golfkriegs gemacht.) Als Frau muß man auf jeden Fall einen männlichen Bürgen haben. Freunde von mir, die über gute Verbindungen verfügen, vermittelten mir den idealen Bürgen: Abdullah Naseef, Führer der Rabitat-Islami, der Muslimischen Weltliga. Die Rabitat ist eine halboffizielle Organisation, die 1974 von der saudischen Regierung gegründet wurde. Sie spielt in der konservativen muslimischen Erneuerungsbewegung weltweit eine entscheidende Rolle. Die straff organisierte und außerordentlich wohlhabende Liga hat sich die internationale Verbreitung des Islam zum Ziel gesetzt. Aus diesem Grund hat sie vor kurzem in Moskau, Mailand, Caracas, Düsseldorf und sogar in Gibraltar Moscheen gebaut, die viele Millionen gekostet haben. Abgesehen davon, daß sich die Organisation sehr aktiv an internationalen Hilfsaktionen in den muslimischen Ländern beteiligt, ist die Rabitat auch für die religiöse Ethik zuständig. Sie genehmigte zum Beispiel Organverpflanzungen bei Muslimen. Darüber hinaus hat sie gesellschaftspolitische Bedeutung: Sie versorgt islamistische Organisationen in verschiedenen Ländern mit Geld.

Trotz meines Rabitat-Bürgen wurde ich am Flughafen von Dschidda von einem Zollbeamten angehalten und gefragt: »Wo ist Ihr Mann?«

»Ich bin nicht verheiratet«, erklärte ich ihm.

»Aber wo ist Ihr *mahram*?« fragte er und meinte »männliche Anstandsdame«. Ohne einen solchen Begleiter darf keine Frau, auch wenn sie Ausländerin ist, im Königreich reisen. Wäre ich eine Saudi-Arabierin, müßte mein *mahram* ein männlicher Verwandter sein, den ich nach islamischem Recht nicht heiraten dürfte. Da ich Ausländerin war, war damit der Mann gemeint, der für mich verantwortlich war. Ich erklärte, daß ich von Naseefs Chauffeur abgeholt würde. »Das ist nicht akzeptabel«, erklärte man mir. »Sie dürfen das Königreich erst betreten, wenn ihr männlicher Bürge entweder persönlich hier erscheint oder eine schriftliche Bestätigung schickt, daß er für sie verantwortlich ist.« In Saudi-Arabien ist es unvorstellbar, daß eine Frau, ganz gleich, wie alt sie ist, für sich selbst verantwortlich sein kann.

Ich war an einem Donnerstagnachmittag um drei Uhr angekommen, kurz vor dem Beginn des muslimischen Wochenendes. Eventuell war Naseef mit seiner Familie auf dem Weg zu seinem Wochenendhaus in den Hügeln von Taif unterwegs, das etwa zwei Stunden von Dschidda entfernt liegt. Als ich etwas sagen wollte und mit »Aber ...« ansetzte, antwortete der Beamte mit der arabischen Version von »Kein Aber«. »Sie müssen hier warten. Sie sind hier nicht im Westen, wo die Frauen tun und lassen können, was sie wollen. Hier müssen Frauen, vor allem, wenn sie nicht verheiratet sind, ordnungsgemäß unter Kontrolle gehalten werden«, sagte er kurz und bündig. Ich wartete.

Zweieinhalb Stunden später kam der Fahrer mit den notwendigen Dokumenten zurück, und ich wurde in seine Obhut entlassen. Als wir den Flughafen verließen, fuhren wir an dem großen *Hadsch*-Abfertigungsgebäude vorbei, das nach Angaben der Regierung um ein Viertel größer ist als das größte Bürogebäude der Welt, das Pentagon. Die preisgekrönte Dachkonstruktion, die einem Beduinenzelt nachempfunden ist, soll die zwei Millionen Pilger, die hier jährlich ankommen, an die historische Vergangenheit der Pilgerreisen erinnern. Eine achtspurige Autobahn führt von Dschidda an der Küste des Roten Meeres nach Mekka, das etwa siebzig Kilometer östlich davon liegt. Nicht-Muslimen ist es nicht gestattet, die heiligen Städte zu besuchen, sie dürfen nicht einmal von der Autobahn aus einen Blick auf sie werfen. Man hält sie von den religiösen Stätten fern, und die saudischen Behörden achten peinlich genau darauf, daß ihnen kein Ungläubiger durch die Finger schlüpft.

Auf einem großen Autobahnschild wird die Route zum Hauptquartier der Rabitat beschrieben. Ich fuhr jedoch zuerst in das trotz seiner vier Sterne ziemlich ungemütliche Al-Attas-Hotel im Zentrum von Dschidda, das direkt an der verkehrsreichen Überführung der Al-Amir-Fahd-Straße liegt. Die Rabitat bringt alle ihre Gäste im Al-Attas-Hotel unter, aber man konnte sich dort nicht erinnern, daß jemals eine Frau darunter gewesen wäre. Am Empfang war man überrascht und unangenehm berührt, daß eine Frau ohne Begleitung sich eintragen wollte. In Saudi-Arabien verstößt es gegen das Gesetz, wenn sich eine Frau ohne Begleitung ein Hotelzimmer nimmt, es sei denn, die Direktion des Hotels hat vorab ein Dokument bekommen, das den Nachweis enthält, daß es sich bei dem weiblichen Gast nicht um eine Prostituierte handelt. Es sind bereits Hotelangestellte ins Gefängnis gekommen, weil sie dieses Gesetz mißachtet haben.

Wieder einmal befand ich mich, behördlich gesehen, im Niemandsland, während der Fahrer versuchte, die erforderlichen Dokumente aufzutreiben. Minuten wurden zu Stunden, während ich in der schlecht klimatisierten Hotelhalle warten mußte. Es war entsetzlich langweilig, und ich schwitzte unter dem beengenden *hijab* so sehr, daß die Schweißtropfen von meinem Kopf auf den *abaya* fielen. Drei Stunden später war ich müde und litt an einem Hitzestau. Ich zog meine Schuhe aus und zerrte mir verärgert den *hijab* vom Kopf. Das hätte ich viel früher tun sollen, denn sofort kam der Nachtportier angelaufen, der offensichtlich Angst hatte, ich würde mich noch weiter ausziehen, und meinte, ich könne vielleicht doch in einem der Gästezimmer warten.

Als ich am nächsten Morgen von einem Wagen der Rabitat abgeholt wurde, erfuhr ich, daß ich wegen meiner Zugehörigkeit zum weiblichen Geschlecht für die Dauer meines Aufenthalts Naseefs Schwester Fatima zugeteilt worden war, die die Leiterin der Frauenabteilung der Rabitat ist. Fatima hat an der Universität Mekka in islamischer Religionswissenschaft promoviert und war noch fünf Jahre zuvor Dekanin der Frauenabteilung an der König-Abdul-Asis-Universität in Dschidda gewesen. Sie schied damals aus, weil ihre religiösen Verpflichtungen sie zu sehr beanspruchten.

Heute hält sie nur noch ein paar Vorlesungen in islamischer Religionswissenschaft, Kirchenrecht und *da'wa*, der Verbreitung des Islam. Ihre Veranstaltungen sind so beliebt, daß ihre Hörerzahl den Durchschnitt um das Vierfache übertrifft.

Fatima Naseef ist in ganz Saudi-Arabien bekannt. Sie war unter anderem die erste Frau im Königreich und vermutlich auch in der gesamten muslimischen Welt, die das Recht hatte, *fatwas* zu erlassen. Dieses Recht war ihr von Scheich Abd al Asis bin Abd Allah bin Abd al Rahman bin Mohammad bin Abd Allah Aal bin Bas verliehen worden. Er ist die höchste religiöse Instanz des Königreichs und Leiter des Komitees für die Förderung der Tugend und die Bekämpfung des Lasters. Er entscheidet, was im Islam angemessen, korrekt und erlaubt ist. Die *matawain*, die für die Moral zuständige Religionspolizei, untersteht seinem Komitee.

Selbst im reaktionären Saudi-Arabien ist Scheich Bin Bas ein Anachronismus. Der Achtzigjährige, der sich oft beim König darüber beschwert, daß die Frauen im saudischen Fernsehen zu aufreizend seien, ist seit seinem achtzehnten Lebensjahr blind. In solchen Fällen stimmt ihm der König deshalb nicht zu, doch ansonsten wird Bin Bas, der den Koran auswendig lernte, bevor er erblindete, selten in Frage gestellt. Seine antiquierten Ansichten werden in Saudi-Arabien sehr ernst genommen. Im Jahr 1969 hatte der Scheich erklärt, die Erde sei eine Scheibe. Drei Jahre zuvor hatte er als Präsident der Islamischen Universität in Medina behauptet, die Sonne drehe sich um die Erde. Er war davon so fest überzeugt, daß er der Universität Riad wegen ihrer Lehren über das Sonnensystem Gotteslästerung vorwarf. In einer Abhandlung schrieb er, Gott habe die Erde unbeweglich gemacht und sie »mit Bergen befestigt, falls es ein Erdbeben geben sollte«. Als der erste saudische Astronaut an einer Weltraummission teilgenommen hatte, war er gezwungen, seine Behauptungen zurückzunehmen, denn die Raumkapsel hatte Bilder zur Erde gesandt, die im Fernsehen des Königreichs zu sehen waren und das Gegenteil bewiesen. Aber trotz seiner vorsintflutlichen Ansichten wurde Bin Bas Präsident der »Scientific Research«, der *da'wa* und der »Guidance Directorates«. Er bekleidet diese Position, die mit dem Rang eines Ministers verbunden ist, seit 1976.

Bin Bas äußert seine archaischen Ansichten häufig, und das ist auch der Grund, warum es in einem anderen islamischen Land, in Algerien, eine Organisation gibt, die sich »Komitee zum Schutz vor saudischer Ignoranz« nennt. In Saudi-Arabien wird der Scheich dagegen von vielen verehrt, und Ende der siebziger Jahre berief ihn der Monarch in sein hohes Amt als höchste Instanz aller islamischen Fragen.

Im November 1990 erklärte Bin Bas, es sei illegal, Frauen Auto fahren zu lassen. Saudi-Arabien wurde daraufhin das einzige Land, in dem Frauen nicht fahren dürfen. Das Verbot, für das es im Koran keine Grundlage gibt, wurde erlassen, nachdem sich siebenundvierzig Frauen auf dem Parkplatz eines Supermarkts in Riad versammelt hatten, ihre Fahrer nach Hause schickten und in einem Konvoi aus fünfzehn Wagen durch die Innenstadt fuhren. Die Frauen, darunter viele Akademikerinnen der König-Saud-Universität, wurden sofort von der Polizei und der *matawain* verhaftet, von denen einige ihren Kopf forderten. Die Frauen wurden gemeinsam mit ihren männlichen Verwandten angeklagt, dem Islam abgeschworen zu haben – ein Vergehen, das in Saudi-Arabien mit dem Tod bestraft werden kann.

Auf König Fahds Anordnung berief Salman bin Abd al Asis, der Gouverneur von Riad, in aller Eile eine Kommission ein, die die Angelegenheit untersuchen sollte. Die saudische Regierung stand schließlich ziemlich dumm da, als sich herausstellte, daß die Frauen kein einziges religiöses Gebot verletzt, sondern nur mit der Tradition gebrochen hatten. Zur Zeit des Propheten war es üblich, daß auch die Frauen durch die Wüste ritten, und damals waren die Kamele das Fortbewegungsmittel. Außerdem steuerten die Beduinenfrauen schon seit über dreißig Jahren die Pritschenwagen ihrer Stämme. Scheich Bin Bas ließ sich dadurch jedoch nicht beirren. Er nannte die Frauen am Steuer »ein böses Omen des Teufels« und erließ sofort ein *fatwa*, demzufolge es »Frauen nicht erlaubt sein sollte, ein Kraftfahrzeug zu führen, denn die Scharia sagt, daß Dinge, die die Würde der Frau mindern oder verletzen, verhindert werden müssen«. Dieser juristische Kunstgriff führte dazu, daß die siebenundvierzig Frauen, die kein Verbot übertreten hatten, weil keins existierte, trotzdem bestraft wurden.

Im Dezember 1992 erklärte mir Nourah aba AlKill: »Fünfundzwanzig Monate nach der Demonstration leiden wir immer noch unter einem Berufsverbot.« Die achtunddreißigjährige Professorin der König-Saud-Universität verlor zwei Tage nach der Demonstration ihren Lehrauftrag; das gleiche Schicksal ereilte ihre Kolleginnen. »Die Universität rief mich an und teilte mir mit, ich brauche nicht mehr zu kommen. Ich war sehr traurig. Mein ganzes Studium und meine gesamte Ausbildung, alles umsonst ... « Frau AlKill hatte in England promoviert und in den Vereinigten Staaten einen Magistertitel erworben. Für beides hatte sie von der Regierung noch ein volles Auslandsstipendium bekommen, denn Saudi-Arabien verbot Frauen erst später, im Ausland zu studieren. Zusammen mit den anderen Demonstrantinnen mußte sie nach ihrer Verhaftung neun Stunden in Polizeigewahrsam verbringen. »Die Polizisten waren sehr freundlich zu uns, die *matawain* waren dagegen schlimm.« Nourah aba AlKill hatte Angst, Details zu erzählen, auf jeden Fall hatten die Fundamentalisten die Frauen beschimpft, sie »korrumpierten die Gesellschaft«, sie seien »gefallene Mädchen, Huren und Kommunistinnen«. Damit verstieß die *matawain* selbst gegen ein Gesetz des Koran, das die Beleidigung unschuldiger Frauen verbietet. Bevor sie aus dem Gefängnis entlassen wurden, mußten die Frauen und ihre männlichen Verwandten ein Schriftstück unterzeichnen, worin sie sich verpflichteten, nie wieder an einer derartigen Demonstration teilzunehmen.

Innerhalb weniger Tage verbreiteten die *matawain* Listen mit den Namen und Telefonnummern der Demonstrantinnen. Viele von ihnen wurden am Telefon beschimpft und erhielten Morddrohungen. »Wir hatten Angst, daß es uns genauso ergehen würde wie Salman Rushdie«, sagte eine der Frauen. Überall im Land wurden in den Moscheen Predigten gehalten, in denen ihre Hinrichtung gefordert wurde: »Ihre Köpfe sollen in die Gosse rollen«. Ihre Telefone wurden angezapft, man zog ihre Pässe und die ihrer Männer ein, und die Frauen, die im Ausland studierten, mußten ihr Studium abbrechen.

Ein saudischer Journalist, der Fotos von der Demonstration gemacht hatte, wurde verhaftet und fünf Monate ins Gefängnis gesteckt. Mindestens eine westliche Menschenrechtsorganisation behauptet, daß er in dieser Zeit gefoltert worden sei.

Der Autokorso machte weltweit Schlagzeilen. Nur eine Frage wurde nicht gestellt: Warum hatten die saudischen Behörden auf die Aktion der Frauen mit so hohen Strafen reagiert? »Offen gesagt waren diese Frauen ein praktisches Werkzeug«, gestand mir ein saudischer Regierungsbeamter vertraulich. »Die Demonstration kam für die Regierung genau im richtigen Augenblick. Mit der Bestrafung dieser Frauen konnte der König von der Tatsache ablenken, daß fünfhunderttausend amerikanische Soldaten in unser Land kamen, worüber die religiösen Scheichs außer sich waren.«

Eleanor Abdella Doumato, eine Spezialistin für den Mittleren Osten und Gastprofessorin an der Brown University, glaubt, daß die Maßnahmen gegen die Frauen auch mit dem Wunsch des Königs zusammenhingen, daß Frauen sich freiwillig zum Kriegsdienst melden sollten. Er hatte diese Aufforderung zwei Monate vor der Autodemonstration geäußert und damit die Fundamentalisten des Landes in Rage gebracht. In einer illegalen Rundfunkkampagne riefen die Kommentatoren mit sich überschlagender Stimme: »Glaubt der König, unsere Ehre bedeute uns so wenig, daß wir es zulassen, daß unsere Töchter neben Zionisten und US-Soldaten stehen – neben Schweinefleischessern, Sündern und Aids-Infizierten?«

»Für den König fand die Frauendemonstration genau im richtigen Augenblick statt«, sagte Doumato. »Für ihn war das eine ideale Gelegenheit, die Aufmerksamkeit von den wichtigen Fragen im Königreich abzulenken.« Wieder einmal waren Frauen als Opferlämmer mißbraucht worden. Schon 1979 hatte die saudische Regierung eine ähnliche Aktion durchgeführt. Damals hatte Juhaiman ibn Saif al Utaiba, ein ehemaliger Theologiestudent und Protegé von Scheich Bin Bas, mit 250 seiner extremistischen Anhänger die Große Moschee in Mekka mit Waffengewalt gestürmt und sich zum *mahdi* erklärt. (Dem Koran zufolge ist der Al-Mahdi der »Auserwählte«, der am Jüngsten Tag auf der Erde erscheinen wird. Viele Schiiten glaubten, daß Khomeini der Mahdi war.) Es dauerte zwei Wochen, bis der Aufstand in Mekka niedergeschlagen war. Hundertdreißig saudische Soldaten und hundertzwei Aufständische mußten ihn mit ihrem Leben bezahlen. Der Extremist und zweiundsechzig seiner Anhänger wurden anschließend geköpft. Dieser Angriff auf Mekka – der den Muslimen in der ganzen Welt einen Schock versetzte und die Fähigkeit Saudi-Arabiens, Hüter der beiden heiligen Moscheen zu sein, in Frage stellte – erschütterte die gesamte saudische Gesellschaft.

Eleanor Doumato zufolge bestand die erste Reaktion der Saudis darin, daß sie die Leute beschwichtigten und die Aufmerksamkeit von dem Hauptproblem ablenkten, indem sie über die Frauen herfielen. Auslandsstipendien für saudische Frauen wurden sofort gestrichen (und sind immer noch nicht wieder eingeführt worden), das gleiche galt für die Erlaubnis, selbständig ein Geschäft zu führen. Frauen konnten nur noch in Begleitung eines männlichen Beschützers reisen. Die Religionspolizei verhängte rigorose Strafen gegen unverheiratete Paare, die zusammen im Auto fuhren oder in einem Restaurant aßen, und gegen »unkorrekt« gekleidete Frauen. Bis zu dieser Zeit hatten die meisten

Frauen kurze *abayas* getragen, etwa so lang wie eine Jacke, und nur wenige hatten ihr Gesicht verschleiert. Nach dem Angriff auf Mekka wurden sie gezwungen, sich völlig zu verhüllen. Judith Caesar, eine amerikanische Professorin, die in den Achtzigern fünf Jahre lang an der Universität von Riad lehrte, glaubt, »daß in Saudi-Arabien die Unterdrückung der Frauen Teil eines umfassenderen Plans ist, den König an der Macht zu halten«. Immer wenn die Regierung unter Druck gerät, wird die Aufmerksamkeit der Öffentlichkeit auf die Frauen gelenkt.

Für die saudischen Frauen war die Politik, die sich hinter der Bestrafung der siebenundvierzig Demonstrantinnen verbirgt, nicht so bedeutsam wie der Umstand, daß es allen Frauen daraufhin verboten wurde zu arbeiten. In einem Land, in dem eine Frau kaum eine Möglichkeit hat, ihre vier Wände zu verlassen, ist das beinah gleichbedeutend mit Hausarrest. Kinos, Theater und öffentliche Bibliotheken sind in Saudi-Arabien verboten. Frauen dürfen weder in öffentlichen Schwimmbädern noch in den Pools der Hotels schwimmen. Sie dürfen weder bei der Arbeit noch in der Öffentlichkeit mit Männern zusammenkommen. Sie dürfen nicht in die Moscheen – einzige Ausnahme ist der Ramadan, und dann müssen sie ganz hinten sitzen. Sie dürfen nicht einmal an der Schulabschluß- oder Examensfeier ihrer Söhne teilnehmen. Außerdem darf eine unverheiratete Frau nach dem Gesetz nicht allein leben. Viele saudische Frauen langweilen sich so sehr, daß sie die meiste Zeit schlafen. Wenn man bei ihnen anruft, sagt das Hausmädchen: »Die gnädige Frau steht nie vor vier Uhr nachmittags auf.«

»Jetzt, wo ich nicht mehr arbeiten darf, lese ich sehr viel«, sagte Nourah AlKill, die unverheiratet ist und bei ihrer Familie lebt. »Mein Leben lang war ich immer irgendwie beschäftigt, ich habe entweder studiert oder gearbeitet. Jetzt ist das Leben ein bißchen langweilig geworden. Trotzdem bereue ich nicht, daß ich an der Demonstration teilgenommen habe. Sie war notwendig. Und trotz allem, was geschehen ist, glaube ich immer noch, daß es sich gelohnt hat. Wir haben damals von Anfang an damit gerechnet, daß es Schwierigkeiten geben wird, deshalb haben wir auch alle unsere *abayas* getragen, unsere Gesichter hinter den *niqabs* verborgen und nur die Augen freigelassen. Aber keine von uns hat damit gerechnet, daß die Regierung so reagieren würde. Wir hätten nie gedacht, daß wir unsere Stellungen verlieren würden und schon seit über zwei Jahren nicht arbeiten dürfen. So weltbewegend war unsere Demonstration nun auch wieder nicht.« Ironischerweise besitzt Frau AlKill zwei Führerscheine, einen aus den Vereinigten Staaten und einen aus einem islamischen Land, aus Ägypten, wo sie als Studentin in Kairo Auto gefahren ist.

Als ich versuchte, ein Interview mit Scheich Bin Bas zu bekommen, wurde mir mitgeteilt: »Scheich Bin Bas hält es für un-islamisch, sich mit einer Frau zu treffen«. Meine Antwort war vielleicht ein wenig bissig: »Ach ja? Warum denn? Der Prophet selbst hat sich mit Frauen an einen Tisch gesetzt und mit ihnen geredet, obwohl er nicht mit ihnen verwandt war. Wie kann der Scheich so etwas unreligiös nennen?« Die Frage war natürlich rein rhetorisch, denn Bin Bas hätte ohnehin keine einzige Sure aus dem Koran zitieren können, um seine Ablehnung zu belegen. Selbst das Oberhaupt der Al-Azhar-Universität in Ägypten, an das sich der König von Saudi-Arabien wendet, wenn er Bin Bas überstimmen will, gab mir später in Kairo ein Interview.

In Kuwait hatte ich eine Nichte von Bin Bas kennengelernt, eine charmante und attraktive vierundzwanzigjährige Frau, die Informatik studiert. Nadia Al Bas berichtete mir: »Ich bin froh, daß meine Familie in Kuwait und nicht in Saudi-Arabien lebt. Ich könnte es dort nicht aushalten. Mein Onkel ist ein guter Mensch, aber er ist sehr streng. Wenn ich zu Besuch in Saudi-Arabien bin, sind die Frauen neidisch auf die Freiheiten, die ich hier in Kuwait habe, daß ich Auto fahren darf und mich so anziehen kann, wie ich möchte. Sie haben in ihrer Heimat beruflich nur wenig Möglichkeiten. Frauen dürfen dort keinen Ehrgeiz entwickeln. Ich habe meine Kusinen gefragt: ›Wie haltet ihr das eigentlich aus?‹ In Riad kommt man sich vor wie in einem Gefängnis. Die meisten Frauen sitzen entweder zu Hause oder gehen einkaufen. Es ist, als seien sie schon tot.«

Nadia trägt in Kuwait keinen *hijab*, obwohl sie deshalb längere Zeit mit sich gerungen hat. »Ich bin noch nicht so weit. Vielleicht werde ich ihn in fünf Jahren tragen, jetzt noch nicht. In Saudi-Arabien mußte ich mich völlig verhüllen, sogar mein Gesicht. Das war mir zuwider. Im Koran steht nicht, daß wir unser Gesicht verschleiern sollen, aber es steht auch nicht darin, daß Frauen nicht Auto fahren dürfen, wie es mein Onkel behauptet. Ich glaube, wenn er mich mit meinem unverschleierten Kopf sehen könnte, würde er mich umbringen«, sagte sie mit einem leisen Lachen und wurde rot dabei.

Angesichts der zahlreichen Einschränkungen, unter denen die Frauen in Saudi-Arabien zu leiden haben, war ich überrascht, daß Fatima Naseef von der Rabitat, die wegen ihrer Autorität in Sachen Religion auch mit dem Ehrentitel »Sheikha« angeredet wird, *fatwas* erlassen darf. Es hätte mich andererseits auch nicht überraschen dürfen zu erfahren, daß sie von dieser Möglichkeit noch nie Gebrauch gemacht hat. »Ich habe noch nie eins erlassen«, sagte sie mit einem kleinen Lächeln, »denn wenn ich ein *fatwa* zu Papier bringe und man mit mir nicht einer Meinung ist, muß ich mich mit ihnen streiten.« Gemeint sind natürlich Scheich Bin Bas und die anderen Religionsführer. Ich wurde dadurch an eine Bemerkung erinnert, die eine Professorin der Frauenfakultät der König-Abdul-Asis-Universität gemacht hatte, die von Männern nicht betreten werden darf. Da es nicht genügend weibliche Lehrkräfte gibt, werden 30 Prozent der Vorlesungen über Fernsehmonitore von Männern abgehalten. Sie sagte: »Ja, wir haben hier weibliche Professoren und Dekane. Aber alle Entscheidungen werden von den Autoritäten der Männerfakultät getroffen.«

Da Naseef das gleiche Universitätssystem durchlaufen hat, ist ihr offenbar klargeworden, daß ein *fatwa*, das einmal erlassen worden ist, wie ein Geschoß ist – man kann es nicht wieder zurückholen. Statt dessen verbreitet sie ihre Ansichten im ganzen Land durch zahlreiche religiöse Vorträge, wobei ihr Publikum ausschließlich aus Frauen besteht. Da sie bis zu fünftausend Zuhörerinnen hat, besitzt ihr Wort großes Gewicht. Einmal spendeten die Frauen aus dem Auditorium nach ihrem Appell, die Muslime in Bosnien zu unterstützen, 6 Millionen Rial (ca. 2,4 Millionen D-Mark). Fatima Naseef ist achtundvierzig Jahre alt und arbeitet zusätzlich als informelle Eheberaterin. »Frauen kommen mit ihren Eheproblemen zu mir, und wenn ich mit ihnen gesprochen habe, spreche ich auch mit ihren Männern und versuche zu vermitteln. Sehr oft ist das auch möglich.«

Frau Naseef ist groß und knochig, ihre buschigen Brauen und die Brille auf der Adlernase verleihen ihr einen strengen Ausdruck. Wegen ihres Aussehens und ihrer bestimmenden Art wirkt sie wie eine Schuldirektorin. Als ich sie in ihrem westlich eingerichteten großen Haus in der Nähe der König-Fahd-Klinik besuchte, wurde ich an mein Treffen mit Benazir Bhutto in Pakistan erinnert. Ständig wurde sie von einem ihrer sudanesischen Hausmädchen ans Telefon gerufen, und alle paar Minuten kamen Besucher, verbeugten sich vor ihr und küßten ihr als Zeichen ihrer Ehrerbietung die Hand und das Gesicht, so wie es auch Bhuttos feudale Bittsteller getan hatten. Manche brachten dicke, in Tücher gewickelte Banknotenbündel mit. Wie Scheich Bin Bas ist auch Fatima Naseef berechtigt, die *zakat* einzutreiben, eine Steuer, die dem Koran zufolge die Reichen zur Unterstützung der Armen jährlich abführen müssen. Der Koran verbietet die Einrichtung einer bürokratischen Institution zur Verwaltung der *zakat*, und daher gibt es auch keine Buchführung. Das Zahlen dieser Steuer ist eine Ehrensache, und viele Muslime zahlen, weil sie Angst haben, sonst im Leben nach dem Tod bestraft zu werden. Frau Naseef überwacht die Verteilung des Geldes an die Armen von Dschidda, zum Beispiel an die Witwen.

Dabei hilft ihr Suhair Al Querishi, eine resolute dreißigjährige Betriebswirtin. Obwohl sie eine Ganztagsstelle als Leiterin der Qualitätskontrolle am König-Fahd-Militärhospital hat und einen sechs Monate alten Sohn versorgen muß, verbringt die Diplomatentochter jeden Tag einen großen Teil ihrer Zeit bei der Sheikha. Sie ist ein ausgesprochenes Energiebündel und hat die ideale Einstellung, um für Naseef die Rolle des »Stabschefs« spielen zu können. »Wenn man einen starken Führer hat, folgt man ihm«, sagt sie über die Sheikha.

Suhair steht ihrer Chefin sehr nahe, außerdem hat sie vor zwei Jahren deren älteren Bruder geheiratet. Sie verbringt vermutlich genausoviel Zeit im Haus der Sheikha wie in ihrem eigenen. Trotzdem ist sie Fatimas Mann noch nie begegnet. Im Haus der Sheikha trennt ein *mashrabiyya*-Gitter die öffentlichen von den privaten Bereichen, so daß Fatimas Mann und Suhair kommen und gehen können, ohne sich zu sehen. »Fatima und ich sind wie Schwestern«, sagte Suhair, »aber es gehört sich nicht, daß ich ihren Mann kennenlerne. Wenn er sich von Fatima scheiden ließe und ich unverheiratet wäre, könnte ich ihn heiraten. Er ist für mich kein *mahram*, kein Verwandter, den ich nicht heiraten dürfte. Aber ich bin gar nicht neugierig, ihn kennenzulernen, der andere Teil des Hauses interessiert mich nicht.«

Suhair weigerte sich bei der Sheika mehrere Tage lang, in meiner Gegenwart ihren *abaya* und *hijab* abzunehmen, obwohl sie sich über die Hitze beklagte. »Warum um Himmels willen machen Sie es sich nicht bequem?« fragte ich, als sie sich immer wieder den Schweiß von der Stirn wischte. »Es gehört sich nicht. Ich darf mich in Ihrer Gegenwart nicht entblößen. Sie sind eine Frau aus dem Westen. Sie erzählen dann womöglich anderen, wie ich aussehe und wie mein Haar aussieht.« Ich versicherte ihr, daß ich das niemals tun würde, und schließlich legte sie die Hüllen ab. Vorher hatte sie ihrem kleinen Sohn in meiner Gegenwart ganz offen die Brust gegeben. Eine saudische Ärztin erklärte mir später: »Den Frauen fällt es hier häufig bedeutend leichter, vor dem Arzt einen Teil ihres Körpers zu entblößen als ihren Kopf und ihr Gesicht.«

Früher hatte Suhair, die in London und Washington studierte, sich nicht verschleiert. »Aber dann hat mir eins unserer Hausmädchen aus Eritrea eine islamische Kassette gegeben. Als ich sie mir anhörte, wurde mir ganz plötzlich klar, was meinem Leben bisher gefehlt hatte. Ein guter Muslim zu sein, ist wie die Vorbereitung auf eine Prüfung: Alles hängt davon ab, wie man eingestuft werden möchte. Wenn man eine Eins haben will, strengt man sich besonders an. Wenn man von Gott als guter Muslim eingestuft werden will, tut man alles, was man kann, und für eine Frau bedeutet das, daß man die angemessene islamische Kleidung trägt. Ich glaube, Frauen werden mehr geachtet, wenn sie sich verhüllen.

Und ich glaube auch, daß die Männer für die Frauen verantwortlich sein müssen, vor allem, wenn sie auf Reisen sind. Die Autodemonstration in Riad war dumm. Wir wollen keine korrupte Gesellschaft. Wir werden ohnehin schon von so vielen Dingen aus dem Westen beeinflußt: Wir studieren im Ausland, wir haben Satellitenschüsseln, und wir können uns in allen ausländischen Medien informieren. Das hat zur Folge, daß wir die Gesellschaft nicht mehr unter Kontrolle halten können. Wir müssen die Menschen erziehen, ihnen die richtigen islamischen Werte vermitteln, erst dann können wir es den Frauen erlauben, Auto zu fahren. Junge Männer wollen Autos haben, um sich damit zu amüsieren und schnell zu fahren. Wenn Frauen auch Auto fahren würden, würden sie vermutlich von diesen jungen Leuten belästigt werden.«

Wäre es dann nicht besser, die Jungen an die Leine zu nehmen, schlug ich vor. Suhair runzelte ablehnend die Stirn. »Sie interpretieren den Begriff Freiheit anders als ich. Glücklicherweise gibt es eine Rückbesinnung auf den wahren Islam, und zwar sowohl hier in Saudi-Arabien als auch in der restlichen muslimischen Welt. Die Leute haben die Orientierung verloren und sind auf der Suche nach der Wahrheit. Sie brauchen eine starke Hand. Schauen Sie sich doch all diese berühmten Leute im Westen an, die erfolgreich sind und materielle Güter ansammeln. Erst wollen sie diese Dinge haben, dann bekommen sie sie auch, und schließlich begehen sie Selbstmord. Sie haben alles ausprobiert und stehen zum Schluß doch mit leeren Händen da. Vor allem konnten sie nie ihren Seelenfrieden finden. Menschen bestehen aus Fleisch und Blut und aus einer Seele. In der modernen Welt kommt die Seele zu kurz. Wir wissen aber, daß religiöse Menschen körperlich und seelisch viel leichter geheilt werden können, als solche, die keinen Glauben haben. Wenn man sich dem Islam verschreibt, ist das ein Gefühl, als würde einem etwas Liebliches ins Herz gegossen. Danach kann einen nichts mehr beunruhigen.«

Nach einer weiteren Unterbrechung, diesmal zum Gebet, kam Fatima Naseef wieder zu uns und hielt einen langen Exkurs über die Gesetze und Regeln des Koran. »Wenn Ausländer über den Islam reden, erwähnen sie immer nur die abgehackten Hände. Ja, das gibt es bei uns auch. Es ist notwendig. Aber es geschieht nicht oft. Haben Sie in diesem Land schon einmal einen Mann mit nur einer Hand gesehen?« fragte sie leicht aggressiv. Ich gab zu, daß mir bisher weder hier noch in einem anderen islamischen Land einer begegnet war.

Nach saudischem Recht wird eine solche Strafe erst nach dem dritten Diebstahl verhängt. Der Schriftsteller Robert Lacey, der achtzehn Monate in Saudi-Arabien gelebt hat, berichtete, daß in diesem Zeitraum nur zehn solcher Urteile vollstreckt und öffentlich bekanntgegeben worden seien. »Das gleiche gilt für die Steinigung bei Ehebruch«, sagte Frau Naseef. »Es muß sein, geschieht aber selten.« Ein saudischer Rechtsanwalt, mit dem ich sprach, bestätigte das. »Dieses Land hat viele Mängel«, sagte er. »Wir werden zwar unterdrückt, aber in der Regel ohne physische Gewalt. Im großen und ganzen ist Saudi-Arabien eine Art zivilisierter Polizeistaat. Nur wenige Saudis befürchten, ins Gefängnis zu müssen, und noch weniger werden Opfer der strengen Scharia-Strafen. Bei den Delinquenten, die hingerichtet werden, handelt es sich zum Beispiel hauptsächlich um ausländische Arbeiter, pakistanische Drogenhändler und andere dieser Art. Bei der Bestrafung von Saudis geht man im allgemeinen subtiler vor. Mich haben sie beispielsweise finanziell bestraft.« Der Rechtsanwalt war mit der Regierung aneinandergeraten, weil er während des Golfkriegs einen Kommentar für eine westliche Zeitung geschrieben hatte. »Im darauffolgenden Jahr verlor ich Regierungsaufträge im Wert von 220 000 D-Mark. Sie ließen mich genau wissen, daß sie von dem, was ich geschrieben hatte, nicht begeistert gewesen waren, und trafen mich an einer Stelle, wo es mir wirklich weh tat.«

Im Jahr 1992 wurden in Saudi-Arabien sechsundsechzig Delinquenten öffentlich geköpft. Der Fall, der in den Jahren davor in den Medien der Welt das größte Echo hervorgerufen hatte, war die Hinrichtung der Prinzessin Misha'il bint Fahd bin Mohammad gewesen, die auch Hauptfigur des westlichen Fernsehfilms »Tod einer Prinzessin« war. Saudis, die der königlichen Familie nahestanden und mit denen ich 1977 über die Hinrichtung diskutiert hatte, behaupteten damals, die Prinzessin hätte nicht sterben müssen, wenn ihr betagter Großvater, Mohammad ibn Abdul Asis, nicht darauf bestanden hätte, weil sie Ehebrecherin war. Andere hochrangige Familienmitglieder hatten versucht, ihn davon abzubringen. Aber der starrköpfige Konservative und Bruder des Königs ließ sich nicht umstimmen und appellierte nicht einmal an die Scharia.

Seiner Meinung nach hatte der Ehebruch der Prinzessin Schande über den Stamm gebracht. Um die Stammesehre wiederherzustellen, forderte er deshalb die Todesstrafe. »Prinz Mohammad war ein alter Mann, den man leicht schockieren konnte«, berichtete mir eine Frau. »Jeder in der Familie versuchte ihn umzustimmen, aber er war der Meinung, Misha'il habe die schlimmste aller Sünden begangen. Selbst der Prophet hat alles versucht, um die Steinigung einer Frau zu verhindern, die zu ihm gekommen war und ihm ihren Ehebruch gestanden hatte. Zweimal drehte er den Kopf zur Seite, um ihr Geständnis nicht hören zu müssen. Erst als sie es ihm zum drittenmal sagte und darauf bestand, bestraft zu werden, gab er den Befehl, sie zu steinigen.«

Die Prinzessin war mit einem bedeutend älteren Verwandten verheiratet worden, der, wie man sagt, wenig Interesse an ihr zeigte. Sie verliebte sich in einen Mann, der ihrem Alter entsprach, die Beziehung blieb jedoch nicht verborgen. Als Misha'il und ihr Liebhaber das Land verlassen wollten, wurden sie am Flughafen verhaftet. Die Prinzessin, da von königlichem Geblüt, wurde erschossen; ihr Partner wurde geköpft. Wie auch in anderen muslimischen Ländern kommen Steinigungen selten vor. Hinrichtungen, die dem Zweck dienen, die Ehre eines Stammes wiederherzustellen, sind dagegen häufiger.

Weil Misha'il ein Mitglied der königlichen Familie war, versuchten die Saudis, die Hinrichtung geheimzuhalten. Ein Besucher aus dem Ausland hatte das Ganze jedoch mit seiner Videokamera aufgenommen. Der daraufhin vom britischen Fernsehen produzierte Film wurde in ganz Europa und in den Vereinigten Staaten gezeigt. Die saudische Königsfamilie war so empört, daß sie sich an Downing Street wandte, um den Film verbieten zu lassen. Als das nichts half, drohte sie damit, alle Briten, die in Saudi-Arabien arbeiteten, des Landes zu verweisen. Letzten Endes wurde jedoch nur der britische Botschafter nach Hause geschickt.

Fatima Naseef wechselte das Thema von der saudischen Jurisprudenz zum islamischen Gesetz der Notwendigkeit. »Der Islam ist eine praktische Religion, das ist wieder etwas, das ein Ausländer nicht erkennt. So ist es zum Beispiel einer Frau nicht gestattet, ohne einen *mahram* weiter zu reisen, als ein Kamel in drei Tagen laufen kann. Da heute nur noch wenige von uns mit dem Kamel unterwegs sind, geht man von einer Entfernung von etwa siebzig Kilometern aus. Für jede größere Strecke ist für die Sicherheit der Frau ein *mahram* nötig, der ihr Leibwächter ist und ihr unterwegs hilft.« Ich mußte innerlich grinsen, als sie das sagte. Bei den seltenen Gelegenheiten, bei denen mich in Saudi-Arabien ein offizieller *mahram* begleitet hatte – wenn ich zum Beispiel von einer Stadt in die andere flog –, hatte ich mich immer selbst mit meinem Gepäck herumschlagen müssen; der jeweilige *mahram* stand dabei und dachte gar nicht daran, mir zu helfen. »Wenn kein *mahram* zur Verfügung steht und die Frau unbedingt reisen muß, wenn es beispielsweise um Leben und Tod geht, dann kann sie, so steht es im Koran, statt dessen in Begleitung einer vertrauenswürdigen Gruppe

reisen, das können dann auch verantwortungsbewußte Frauen sein.
Das Gesetz der Notwendigkeit findet auch auf Schweinefleisch und
Wein Anwendung. Beides ist Muslimen verboten, wenn ein Muslim
jedoch mit dem Hungertod konfrontiert ist oder verdurstet, erlaubt der
Koran beides.«

Frau Naseef war darüber hinaus der Meinung, daß Ausländer das
Konzept der arrangierten Ehen nicht richtig verstünden. »Es funktioniert sehr gut. Der Mann sagt seiner Familie, wie er sich seine Frau
vorstellt, die dann ein entsprechendes Mädchen für ihn aussucht. In
Saudi-Arabien darf er seine Zukünftige vor der Hochzeit nur ein einziges Mal zehn Minuten lang sehen, und ihre Eltern müssen dabeisein.
Dieses eine Mal reicht auch völlig aus. Schauen Sie sich meinen Bruder
und Suhair an. Als er sie zum erstenmal sah, war sie völlig verschleiert,
er konnte nur ihre Augen sehen. Er wollte eine Frau haben, er mußte sie
nicht unbedingt sehen. Und wie ist das in Ihren Romanen? Darin steht,
daß ein Blick genügt, damit sich ein Mann verliebt. Und was bedeutet
es schon, daß sie sich nicht kennen? Wer kennt schon den anderen,
bevor er nicht lange Zeit mit ihm zusammengelebt hat?« Fatima entschuldigte sich und begann wieder zu beten.

Wenn die Stunde des Gebets gekommen ist, müssen in Saudi-
Arabien alle Firmen, Schulen, Regierungsbehörden und Geschäfte
schließen, so will es das Gesetz. Sogar Fernsehinterviews werden unter-
brochen. Auf dem Bildschirm ist dann nur ein Bild von Mekka mit dem
Text zu sehen: »Wir möchten unseren Zuschauern mitteilen, daß die
Zeit des Gebets gekommen ist.«

Wenn man abends in den westlich wirkenden Geschäftsstraßen
Einkäufe erledigen will, kann das sehr frustrierend sein. Das *Al-maghreb*-Gebet dauert etwa von halb sieben bis sieben, und es nimmt eine
gewisse Zeit in Anspruch, bis sich die Kaufhäuser geleert haben. Außerdem besteht die Religionspolizei darauf, daß auch die Sicherheitsgitter
heruntergelassen werden. Eine halbe Stunde später öffnen die Geschäfte wieder, werden aber nach einer Stunde wegen der *Isha*-Gebete
erneut geschlossen. Das ist das letzte Gebet des Tages. Im Anschluß
daran öffnen die Geschäfte noch einmal, um dann um zehn Uhr
endgültig Feierabend zu machen. Da die Abendgebete sich am Sonnenuntergang orientieren, ändern sich die Zeiten ständig. Ich kam immer

zur falschen Zeit und mußte dann wohl oder übel mit Hunderten von Kauflustigen warten, bis die Moscheen sich wieder geleert hatten.

Ich kam schnell dahinter, daß die Gebetszeiten von den jungen Männern und Frauen zur Kontaktaufnahme benutzt wurden. Sobald das »Salaat« ertönte, mit dem die Gläubigen zum Gebet gerufen werden, sicherten sie sich Plätze auf den Bänken in den Fußgängerzonen. Es entstand fast so etwas wie eine Partyatmosphäre: Gruppen von jungen Männern streiften um die Bänke herum, auf denen die jungen Frauen saßen, die sich die Freiheit nahmen, unter ihren Schleiern mit ihnen zu reden. Ich sah häufiger, daß dabei Telefonnummern ausgetauscht wurden. Und da ich selbst sowohl einen *abaya* als auch einen *hijab* trug, wurde auch ich regelmäßig angesprochen – dabei hätte ich die Mutter mancher dieser jungen Männer sein können.

Wieder einmal hatte ich das Gefühl, daß es leichter und vor allem fairer wäre, wenn man die jungen Männer verschleiern würde und sie wenigstens so lange an der Leine hielte, bis ihr Testosteronausstoß sich wieder normalisiert hätte oder sie eine kulturell legitimierte Abfuhrmöglichkeit in der Ehe fänden.

Um solche Begegnungen zwischen Jungen und Mädchen zu verhindern, steht an einem Geschäft, dem Music-Master im Al-Madinah-Einkaufszentrum, ein Schild mit der Aufschrift: »Frauen ist der Zutritt nicht gestattet«. Baskin-Robbins, der Eisladen, hat eine separate Abteilung und einen separaten Eingang für Frauen. Die Kundinnen beklagen sich jedoch, daß sie in ihrer Abteilung nie bedient werden. Und in vielen Geschäften und Boutiquen sind die Umkleidekabinen geschlossen worden, nachdem die Religionspolizei behauptet hatte, man habe gesehen, wie ein unverheiratetes Paar gemeinsam in eine solche Kabine gegangen sei.

Nach dem Gebet setzte Fatima Naseef den religiösen Kommentar genau an der Stelle fort, an der sie vorher unterbrochen worden war. »Das Christentum, Jesus, ist nicht unser Feind. Wir glauben an Jesus, aber wir glauben natürlich, daß er ein Prophet war und nicht Gottes Sohn. Im Koran wird Jesus dreiundvierzigmal erwähnt, Mohammed nur viermal. Es gibt etliche Dinge, die zum christlichen Glauben gehören, an die auch ein Muslim glaubt.

Der Islam hat jedoch drei Jahrhunderte lang geschlafen. Als die

Muslime reich geworden waren, erlebte die muslimische Zivilisation, die einst führend in der Welt war, einen Niedergang. Damals verlagerte sich die Quelle des Wissens in den Westen. Gott sei Dank wacht der Islam jetzt wieder auf und breitet sich immer weiter aus. Diejenigen, die nicht an den Islam glauben, sind seine Feinde geworden. Gott hat gesagt, daß der Islam sich auf der ganzen Welt ausbreiten wird, bis jeder ein Muslim geworden ist. Wir nähern uns jetzt diesem Ziel, aber nicht weil wir es forcieren. Der Islam setzt sich aus eigener Kraft durch. Es ist die Kraft Gottes. Wir sagen nicht, bitte, kommt doch zu uns. Die Leute kommen zu uns und sagen, bitte lehrt uns. Und genau das tun wir.«

Dschidda, eine Stadt mit zwei Millionen Einwohnern, besitzt den größten Hafen am Roten Meer. Nach saudischer Überlieferung soll Eva von hier aus aufgebrochen sein, um Adam zu suchen. Die Legende besagt, daß ihr Grab in Dschidda liegt; der Name »Dschidda« bedeutet im Arabischen soviel wie »Großmutter«, gemeint ist Eva, die Großmutter aller Menschen. Im Gegensatz zum Christentum gibt der Islam nicht Eva die Schuld an der Vertreibung aus dem Paradies, sondern im Koran steht, daß Adam dafür verantwortlich war. Eva wurde auch nicht aus einer Rippe Adams, sondern beide wurden »aus einem einzigen Wesen und von gleicher Natur« erschaffen.

Bis Anfang der dreißiger Jahre gab es in Dschidda nur einen einzigen Baum, was nicht weiter verwunderlich ist, denn die Stadt verfügte kaum über Süßwasser. Noch bis vor kurzem mußte Trinkwasser von außerhalb in die Stadt gebracht werden. Heute beherrschen die vier hohen Kamine der riesigen Entsalzungsanlage die Silhouette der Stadt, und man hat inzwischen über acht Millionen Bäume, vor allem Hennabäume, angepflanzt. Heute besitzt Dschidda den höchsten Springbrunnen der Welt, der vermutlich diese Entwicklung symbolisieren soll.

Die Stadt besitzt außerdem eine über dreißig Kilometer lange Strandpromenade, eine Art langgestrecktes Freizeitzentrum. Dort kann man die paar Sachen tun, die noch nicht verboten sind. Während der brütenden Tageshitze ist die Straße wie leergefegt, erst zwischen zehn Uhr abends und drei Uhr morgens ist sie lebendig. Wenn es kühler geworden ist, stauen sich hier die Autos Stoßstange an Stoßstange. Viele der luxuriösen Wagen sind vollgepackt mit jungen Männern in weißen *dishdashas* und mit *Ghutrah*-Kopfbedeckungen. Sie sind hinter den Mädchen her und tun das auf die saudische Art und Weise – wenn ihnen ein Mädchen gefällt, tauschen sie mit ihm die Telefonnummern aus. Das führt dann zu langen Telefongesprächen, aber in der Regel bleibt es dabei.

An der Promenade befindet sich auch ein großer Vergnügungspark, aber selbst bei diesen harmlosen Freuden werden die Geschlechter getrennt. Im Königreich Saudi-Arabien vergißt man nie das Wort des Propheten:»Wenn ein Mann und eine Frau an einem Ort allein sind, ist als Dritter der Teufel dabei.« Hier draußen am Strand liegen auch die neuen Fünf-Sterne-Hotels. Im Café des Swimmingpools, der sich im Garten des Sheraton befindet, sitzen von Kopf bis Fuß verhüllte Frauen in der abendlichen Hitze von über 38 Grad und einer extrem hohen Luftfeuchtigkeit und heben die Klappe ihrer *niqabs*, um Cappuccino trinken zu können, während die Männer – das auserwählte Geschlecht – im kühlen Wasser ihre Bahnen ziehen. In jedem anderen Land ist es ein harmloser Zeitvertreib, Schwimmern zuzuschauen, hier hat man fast das Gefühl, etwas Unanständiges zu tun.

In Saudi-Arabien kommt es einem oft so vor, als würden Stadtväter und die verantwortlichen Männer in der Regierung an jedem Aspekt des Lebens, selbst an dem banalsten, etwas Sexuelles entdecken. Vor der Frauenbank sind Wachen aufgestellt, und auf großen Schildern steht»Männern ist der Zutritt verboten«. Obwohl Bankangelegenheiten kaum als erotisch bezeichnet werden können, sah ich in der Saudi-American-Bank eine junge Frau, die zwar wie alle anderen Kundinnen schwarz verschleiert war, unter ihrem *abaya* lugten jedoch leuchtendrote Satinpumps mit zehn Zentimeter hohen Absätzen hervor. In der repressiven saudischen Atmosphäre war das ein Signal, wie es eine Frau nicht deutlicher aussenden kann. Beim Anblick der Schuhgeschäfte am Golf würde jeder Schuhfetischist in Verzückung geraten. Die Schuhe sind häufig in Leuchtfarben, oft mit Perlen oder Brillanten besetzt und haben extrem hohe Pfennigabsätze. Wahrscheinlich ist die *matawain*, die selbst Sandalen trägt, so sehr damit beschäftigt, die Moral der Massen zu überwachen, daß diese erotischen Schuhe bisher ihrer Aufmerksamkeit entgangen sind.

Vor zwölf Jahren war die Saudi-American-Bank, die ursprünglich

Alleinbesitz der Citibank war und jetzt ein Joint-venture zwischen den beiden Ländern ist, die erste im Königreich, die eigene Frauenfilialen eröffnete. Die Inneneinrichtung einschließlich der Toiletten ist daher hauptsächlich in Pink gehalten, das mitunter von schwarzem Marmor aufgelockert wird. »In Saudi-Arabien ist es üblich, daß sich eine Frau selbst um ihre Finanzen kümmert«, sagte mir Kifaya Hashem, die vierundvierzigjährige Filialleiterin. Bevor solche Banken eröffnet wurden, mußten die Frauen ihre männlichen Verwandten bitten, ihre Bankgeschäfte für sie zu erledigen.

Wie bei allen Muslimfrauen steht Kifayas Einkommen ausschließlich ihr zur Verfügung. Obwohl sie mehr verdient als ihr Mann, bestreitet er den gesamten Familienunterhalt, so wie es der Koran vorschreibt. »Von meinen Ersparnissen baue ich ein Haus mit sieben Schlafzimmern«, berichtete sie mir, »das ich dann für mindestens 50 000 Rial [21 000 D-Mark] im Jahr vermieten werde. Das elfhundert Quadratmeter große Grundstück habe ich nach meinem Examen von der Regierung geschenkt bekommen.« Sie informiert ihren Mann zwar über jede Gehaltserhöhung, verschweigt ihm aber, wieviel sie mehr bekommt. »Er weiß nicht, wieviel ich verdiene, und ich sage es ihm auch nicht.«

Ungeachtet seines strikten religiösen Konservatismus zieht es Saudi-Arabien vor, das eindeutige islamische Verbot des Wuchers zu mißachten. »Sie wollen wissen, ob wir unseren Kunden auf ihren Konten Zinsen gutschreiben?« fragte Kifaya. »Also, das kommt nur sehr selten vor. Nur wenn der Kunde darum bittet, was kaum einer tut, denn Zinsen zahlen oder kassieren verstößt gegen den Islam. In diesen seltenen Fällen zahlen wir 2,5 Prozent.«

Nimmt die Bank Zinsen? »Selbstverständlich. Wir sind keine islamische Bank. Wenn sich eine Frau bei uns Geld leiht, muß sie zwischen 7 und 15 Prozent Zinsen zahlen.«

Kifaya betont: »Es gibt auf der ganzen Welt keine einzige wirklich islamische Bank. Wir müssen schließlich mit anderen nicht-muslimischen Banken Geschäfte machen, und die berechnen uns natürlich Zinsen. Und ob wir das nun Zinsen nennen oder Bankgebühren, was sich besser anhört, es bleibt doch das gleiche. Ich hoffe, daß wir eines Tages wirkliche islamische Banken haben werden, zur Zeit ist das jedoch noch nicht möglich. Es gibt bei uns auch nur wenige Menschen, die islamische Wirtschaftswissenschaften studiert haben. Wir wüßten daher nicht einmal genau, wie wir eine solche Bank nach dem Koran führen müßten.«

Zu den Management-Besprechungen ist Kifaya jedoch nicht zugelassen, denn es wäre »un-islamisch«, wenn sie sich unter die männlichen Kollegen mischen würde. »Alle Geschäfte, die ich mit den Managern anderer Banken abwickle, müssen telefonisch erledigt werden«, erklärte Kifaya. »Und da es mir nicht erlaubt ist, an den Konferenzen teilzunehmen, schickt man mir vollständige schriftliche Protokolle. Manchmal fühle ich mich allerdings als Führungskraft behindert, weil ich an solchen offiziellen Besprechungen nicht teilnehmen kann. Aber so ist nun einmal unser System, und außerdem bin ich nicht daran gewöhnt, mit anderen Männern zusammenzusein.«

Wenn es für sie vorteilhaft ist, macht es weder der Regierung noch den Mullahs etwas aus, die Gebote des Koran zu mißachten. Auf der anderen Seite zwingen die religiösen Autoritäten die saudischen Frauen, die Gesetze des Koran buchstabengetreu zu beachten, auch wenn ihnen bewußt ist, daß die Praxis dann fast eine Farce ist.

Als die Schwestern Lamia und Nadia Baeshen in die USA gingen, um dort an der Universität von Arizona zu promovieren, wurde ihnen mitgeteilt, daß sie für die Dauer ihres Auslandsaufenthalts einen *mahram* mitnehmen müßten. Ihr Vater konnte sein Geschäft nicht mehrere Jahre allein lassen, und ihr einziger Bruder war erst elf Jahre alt. Trotzdem bestanden die Behörden darauf, daß sie ihn als ihren *mahram* mitnehmen müßten. »Der Junge war nicht nur erst elf Jahre alt und wir schon erwachsen, sondern die Regierung wußte genau, daß er außerdem geistig behindert war und die Reife eines Zweijährigen hatte. Bevor wir in die USA gingen, hatten wir beide unser Studium als Semesterbeste abgeschlossen. Wir fühlten uns der Situation durchaus gewachsen und waren völlig selbständig. Aber wir sind eben Frauen. Unser Bruder erfüllte die Anforderungen einer Aufsichtsperson, weil er ein männliches Wesen ist. Daß er geistig behindert war, spielte dabei keine Rolle. Letzten Endes mußte dann auch noch unsere Mutter mitkommen, um den Jungen zu versorgen, der natürlich pflegebedürftig ist.«

Trotz der zahlreichen Auflagen und Einschränkungen, unter denen die
Frauen in Saudi-Arabien zu leiden haben, lernte ich hier wie auch in
anderen muslimischen Ländern viele Frauen kennen, die mich sehr
beeindruckten und die ich wegen ihrer Energie, Intelligenz und Ziel-
strebigkeit bewunderte. Trotz aller Behinderungen waren sie fest entschlossen, ihr Ziel zu erreichen. Eine dieser Frauen war Huda Awad.
Auch in jedem westlichen Land würde das, was sie erreicht hat, großen
Eindruck machen; in Saudi-Arabien war sie so erfrischend wie eine
kühle Brise in der Wüste.

Huda ist Inhaberin und Geschäftsführerin einer Baufirma, die – je
nach Größe des Projekts – bis zu vierhundert Leute beschäftigt. Und
einige von Hudas Projekten sind wirklich groß. Ihre Firma war am Bau
des Innenministeriums, am Beladi-und-Redec-Bürogebäude und dem
dazugehörigen Einkaufszentrum, an der Al-Noor-Klinik und an vier
Häusern für den König in Dschidda, Mekka, Taif und Dharan beteiligt.
Insgesamt hat sie bisher über hundert große Bauprojekte zum Abschluß gebracht. Als ich sie anrief, schlug sie vor, daß wir uns zum Tee
im eleganten Interconti-Hotel am Strand treffen. Als sie auf mich
zukam, sah ich, daß ihr Kopf nicht verhüllt war. Sie war die einzige
saudische Frau, die ich während meiner gesamten Reise kennengelernt
habe, die sich ohne *hijab* in der Öffentlichkeit zeigte. Sie hatte einen
Schmutzfleck auf der Nase, und auch ihr Haar war leicht eingestaubt.
»Verzeihen Sie«, sagte sie und legte ihren genauso verstaubten *abaya* ab.
Zum erstenmal erlebte ich, daß eine saudische Frau in der Öffentlichkeit ihr islamisches Gewand auszog. »Ich komme gerade von einer
meiner Baustellen. Puh! Es war heiß und, wie Sie sehen, unwahrschein-
lich staubig. Normalerweise fahre ich morgens ganz früh hin, damit ich
hinterher noch zu Hause duschen kann, bevor ich ins Büro gehe.«

Sie berührte ihr Haar und sagte: »Ach ja, kein *hijab*. Ich habe gerade
einen Schutzhelm getragen und vergessen, ihn wieder anzuziehen.«

Die Kleidung unter der Staubschicht zeigte die erfolgreiche Ge-
schäftsfrau. Sie trug einen eleganten grün-weißen Leinenanzug, teue-
ren, aber dezenten Schmuck, schwarze Pumps mit hohen Absätzen und
hatte eine raffinierte Scheitelfrisur. In der Hand hielt sie einen Akten-
koffer. So hätte sie im Westen auch an jeder Aufsichtsratssitzung
teilnehmen können. Sie fühlte sich offensichtlich wohl in ihrer Haut,

wirkte lebendig, lachte gern und zeigte sich enorm selbstbewußt. »Genau«, sagte sie lachend, als ich eine entsprechende Bemerkung machte. »Wenn im Geschäft etwas schiefläuft, weine ich immer erst, wenn ich im Auto sitze, damit mich niemand dabei sehen kann.«

Huda begann ihre Karriere in der Werbung, langweilte sich jedoch bald in dieser Branche. »Als ich mich nach einem anderen Job umsah, stellte ich fest, daß es in Saudi-Arabien im Baugewerbe nur wenige Subunternehmer gibt. Die Saudis machen sich nicht gern die Finger schmutzig. Hier ist jeder ein Scheich. Mir macht es nichts aus, wenn ich einmal selbst zupacken muß.« Ihre Familie war strikt dagegen, daß sie so einen Betrieb aufmachte. »Sie hatten Angst um mich. Sie waren sicher, ich würde vergewaltigt oder zumindest überfallen werden.« Da ihr jegliche finanzielle Unterstützung fehlte und sie selbst auch keine Lizenz bekommen konnte, tat sie sich mit einem Franzosen zusammen. Zwei Jahre später war sie so weit, daß sie ihre eigene Firma ins Handelsregister eintragen lassen konnte, und fand sich bei der Montage von Betonplatten in Hochhäusern wieder. Inzwischen redet sie fachmännisch über Gips, Marmorböden und Statik. »Ich hatte Glück – als ich mich gerade selbständig gemacht hatte, begann hier der Bauboom. Wir hatten so viel zu tun, daß ich die Arbeiter von der Straße weg anheuerte.«

Als Bürohilfe stellte sie eine Sekretärin ein. »Und da war auf einmal das Arbeitsministerium hinter uns her. Man drohte mir, meine Firma zu schließen und mir die Lizenz zu entziehen, weil ich eine Frau in einer Firma angestellt hatte, in der Männer arbeiteten. Sie erklärten mir, auch ich selbst dürfe aus dem gleichen Grund nicht in mein Büro gehen. Als ich sie fragte, wie ich denn unter diesen Umständen mein Unternehmen führen solle, empfahlen sie mir, zu Hause ein Büro einzurichten. Als ich die entsprechenden Gesetze sehen wollte, mußten sie natürlich passen. Ich verstehe das System auch heute noch nicht. Hier wird einem gesagt, tu dies nicht, tu das nicht, aber niemand kann einem sagen, warum.«

Nach ihrem Besuch im Ministerium fügte sich Huda den Anordnungen und stellte einen männlichen Manager ein, der an Konferenzen teilnahm, Verhandlungen führte und bestimmte Aktivitäten übernahm, die ihr nicht gestattet waren. »Die Entscheidung kostete mich eine Million Rial. Wie ich erst später feststellte, hat er mich ständig betrogen. Das Kapital der Firma wurde immer weniger, Arbeiten wurden ohne Verträge ausgeführt, meine Unterschrift stand gefälscht unter Verträgen, von denen ich gar nichts wußte. Als ich merkte, was gespielt wurde, sorgte ich dafür, daß ich ihn schnell wieder loswurde.

Niemand kann sich so gut um dich kümmern wie du selbst, für diese Erkenntnis habe ich viel Lehrgeld zahlen müssen. Wenn es um größere Summen geht, muß sich ein Unternehmer selbst um alles kümmern. In einer solchen Situation ist es eine große Belastung, wenn man von jemandem abhängig ist. Und wenn die Tradition unvernünftig ist, toleriere ich sie nicht. Andererseits wollte ich den Herren vom Ministerium natürlich auch nicht auf den Schlips treten. Ich will schließlich weiterarbeiten können.«

Das Arbeitsministerium teilte Huda mit, daß sie nicht den ganzen Tag im Büro verbringen dürfe, daß sie aber hin und wieder hingehen könne, wenn es größere Schwierigkeiten gäbe. »Jeder Bauunternehmer wird Ihnen bestätigen, daß es in dieser Branche ständig Schwierigkeiten gibt.«

Huda hat eine enorme Entwicklung durchgemacht, seit man ihr als Sechsundzwanzigjähriger zu Hause verbot, in der *souk* um die Ecke einkaufen zu gehen. Aber obwohl sie inzwischen Anfang Vierzig ist, fällt es ihr immer noch schwer, die Behörden davon zu überzeugen, daß sie kein kleines Kind mehr ist. Noch vor kurzem plante Huda, die zahlreiche Geschäftsverbindungen zu europäischen Unternehmen hat, eine zweiwöchige Reise nach Paris, um dort Verträge abzuschließen und Rohmaterial einzukaufen. »Ich hatte rund um die Uhr gearbeitet, um alle Termine unter Dach und Fach zu bringen und gleichzeitig mein Geschäft weiterzuführen. Ich nehme meine Arbeit sehr ernst und bin so etwas wie eine Perfektionistin. Als ich dann endlich zum Flughafen fuhr, war ich völlig fertig.«

Sie hielt sich an das saudische Gesetz und ließ sich von ihrem Bruder zum Flughafen begleiten. Außerdem hatte sie die schriftliche Erlaubnis ihres Vaters und des Innenministers, ins Ausland zu fliegen. »Als wir ankamen, legte mein Bruder dem zuständigen Beamten die Dokumente zur Überprüfung vor. Der sagte daraufhin, ich könne nicht reisen. Als mein Bruder zu mir zurückkam, sagte er: ›Deine Reise kannst du

vergessen. Du hast keine Erlaubnis zu reisen.‹ ›Was willst du damit
sagen?‹ fragte ich ihn. ›Alles ist gebucht, ich muß Verträge abschließen,
es hat mich große Mühe gekostet, alles zu arrangieren. Und ich habe
alle Papiere, die ich für die Reise brauche.‹« Der Beamte weigerte sich,
mit Huda über das Problem zu reden. Viermal schickte sie ihren Bruder
zurück, viermal kam er mit dem gleichen negativen Bescheid wieder.
Sogar die Swissair, mit der sie fliegen wollte, schaltete sich ein und
bestätigte, daß alle Dokumente in Ordnung seien. Der Beamte blieb bei
seiner Entscheidung.

Schließlich startete die Maschine ohne sie. »In dem Augenblick
brannte bei mir eine Sicherung durch, was selten vorkommt. Mir
wurde klar, daß all meine Bemühungen vergeblich gewesen waren, daß
die Verträge womöglich platzen würden. Ich konnte mich einfach nicht
mehr beherrschen. Ich nahm meine Reisetasche, die wegen der vielen
Akten ziemlich schwer war, und warf sie dem Beamten an den Kopf. Er
duckte sich, lief in sein Büro und machte die Tür zu. Ich rannte hinter
ihm her und schlug mit der Faust gegen das Fenster. Ich wollte ihn
verprügeln, ich war völlig außer mir. Es war einfach lächerlich. Ich
schlug gegen das Sicherheitsglas, die reine Zeitverschwendung. Irgendwie sagte mir mein Verstand, daß ich es sowieso nicht kaputtkriegen
würde. Ich bin eigentlich ein ruhiger, reifer, gelassener Mensch, aber in
dieser Situation schrie ich den Mann an. Ich sah, wie vier Polizisten
angerannt kamen, und dachte, jetzt würde ich Schwierigkeiten bekommen, aber sie sagten dem Beamten nur, er solle sich nicht wie ein
Idiot benehmen und mich ins Flugzeug lassen. Nur war es dazu bereits
zu spät.

Hinterher erklärte der Beamte meinem Bruder, nicht etwa mir, er
habe mich nur beschützen wollen. Er habe nicht gewollt, daß ich Saudi-
Arabien um zwei Uhr morgens verließe und allein in Europa ankäme.«
Huda gab einen knurrenden Laut von sich, um zu unterstreichen, wie
wütend sie gewesen war. »Ich erklärte dem Idioten, daß ich extra diesen
Flug gebucht hätte, um am Tag in Paris anzukommen. Jetzt zwang er
mich dazu, einen späteren Flug zu nehmen, der erst um Mitternacht in
Paris ankommen würde, was ich hatte vermeiden wollen.«

Wie viele muslimische Frauen sprach Huda eindringlich über ihre
Angst vor einer Vergewaltigung. »Ich könnte nicht allein wohnen, ich

würde mich nie sicher fühlen«, sagte sie. Ihre Wohnung liegt im selben Viertel, in dem auch ihre Famlilie wohnt. »Das ist ideal, ich habe Gesellschaft, wenn mir danach ist, und wenn ich arbeiten muß, bin ich allein.«

Anfang der achtziger Jahre lernte sie, was es heißt, Angst zu haben. Sie hatte einer Freundin ihren Wagen geliehen, die damit ins Krankenhaus fahren wollte. Sie selbst nahm sich später ein Taxi, um sich dort mit ihr zu treffen. »Es war erst acht Uhr abends, und der Fahrer war ein Saudi, also machte ich mir überhaupt keine Sorgen. Da ich mit meinen Gedanken bei der Arbeit war, hatte ich nicht darauf geachtet, wo er hinfuhr. Plötzlich merkte ich, daß er die asphaltierte Straße verlassen hatte und in eine völlig einsame Gegend fuhr. Ich war vor Schreck wie versteinert. Als er hielt, stürzte ich aus dem Wagen und rannte um mein Leben. Schließlich erreichte ich ein Gebäude und lief hysterisch schluchzend hinein. Ich rief einen Freund an und bat ihn, mich abzuholen. Ich schämte mich, meine Familie anzurufen. Meine Angst war so groß, daß ich mich nicht einmal traute, im Inneren des Gebäudes zu warten, weil da vier Portiers waren, die allerdings sicherlich anständige Männer waren. Sie stellten mir draußen einen Stuhl unter eine Straßenlaterne. Dort setzte ich mich hin und wartete auf meinen Freund. Seitdem habe ich kein Taxi mehr benutzt, denn ich habe am eigenen Leib erfahren, daß das nicht sicher ist.

Man erzählt uns, Saudi-Arabien sei der sicherste Ort der Welt und die Verbrechensrate läge ganz niedrig. Wenn es hier so sicher ist, warum gehen die Leute dann kaum spazieren, und warum sind Kinder immer in Begleitung?«

Wenn Huda jetzt früh morgens auf der Strandpromenade ihren Fitness-walk macht, trägt sie *abaya, hijab* und Turnschuhe. Und sie läßt sich dabei von ihrem ägyptischen Fahrer begleiten. »Ich will nichts riskieren, obwohl ich nie Blickkontakt zu irgend jemandem aufnehme. Anfangs ging der Fahrer vor mir her, damit es nicht so auffiel. Was mich jedoch schockierte und ihn natürlich auch, war die Tatsache, daß er unentwegt von Männern belästigt wurde, die ihn anmachen wollten. Das war jeden Tag das gleiche, dabei ist er ein ganz gewöhnlich aussehender Mann. Diese Art der männlichen Begierde ist das Ergebnis der Geschlechtertrennung. Sie können keine Frau bekommen, weil die Frauen so beschützt werden, also versuchen sie es bei den Männern. Mein Fahrer gestand mir, daß ihm zum erstenmal klar geworden sei, wie demütigend und respektlos ein solches Verhalten für eine Frau sein muß. Um nicht weiter so belästigt zu werden, fährt er jetzt langsam mit dem Wagen neben mir her, wenn ich meinen Frühsport mache.«

Wenn Huda in ihrem Beruf mit Männern zu tun hat, mit ihren Angestellten oder mit Vertragspartnern, wird sie ausgesprochen sachlich und mit Respekt behandelt. »Meine Kollegen wissen, daß ich mich in der Branche auskenne, und die Firma hat einen guten Ruf. Meine Angestellten akzeptieren meine Autorität, sie wissen, von wem sie ihr Gehalt bekommen. Ich kann natürlich bei der Arbeit keine Witze machen; so etwas würde sofort mißverstanden, also halte ich mich in dieser Beziehung zurück.«

Schwierigkeiten hat sie nur mit den Ministerien und Abteilungen der Regierung. »Ich hatte einmal offiziell etwas in einem Ministerium zu erledigen. Da ich es mit Männern zu tun hatte, die ich nicht kannte, ging ich völlig verschleiert hin, sogar mein Gesicht war bedeckt. Ich wollte einige Papiere bearbeitet haben. Und obwohl ich völlig verschleiert war, erklärte mir der Mann, an den ich mich gewandt hatte, ich bekäme das, was ich von ihm haben wollte, nur dann, wenn ich ihm das geben würde, was er haben wollte. Er ließ nicht den geringsten Zweifel daran, was das war. Ich vergaß den Papierkram und ging. Ich hätte ihn am liebsten erwürgt, aber als ich wieder in meinem Auto saß, brach ich statt dessen in Tränen aus. Ich war so verletzt, daß ich einen bestimmten Vertrag nicht erfüllen konnte, nur weil dieser Mann sich so verhalten hatte. Wir müssen wirklich etwas tun, um die Köpfe der Männer hier zu reinigen. Wir müssen ihnen beibringen, sich wie verantwortungsbewußte Menschen zu verhalten.«

In die umgekehrte Situation kam Huda, als sie einen Vertragsstreit schlichten lassen wollte. Vor dem saudischen Gegenstück zur Industrie- und Handelskammer wurde sie wegen ihres Geschlechts wie eine Aussätzige behandelt. »Das erste, was der Richter zu mir sagte, war: ›Warum tragen Sie einen beigen *abaya* und keinen schwarzen?‹ Ich erklärte ihm, daß mir kalt sei und dieser mehr wärme. Daraufhin sagte er zu mir, er wolle mich nicht im Gerichtssaal sehen, sondern lieber mit

meinem männlichen Anwalt verhandeln. Mein Anwalt erhob dagegen
Einspruch, weil der Schlichtungsprozeß eine Sache des Firmeninhabers
sei und Frauen in Saudi-Arabien Firmeninhaberinnen sein dürften.
Aber der Richter sagte, er könne nicht mit einer Frau sprechen. Wir
gaben nach und ließen den Fall auf sich beruhen, weil wir genau
wußten, daß unter diesen Umständen gegen mich entschieden worden
wäre.

In den letzten Jahren kommen solche Dinge in Saudi-Arabien immer
häufiger vor. Die Menschen bekommen mit der Zeit ein völlig falsches
Verständnis des Islam. Sie ähneln immer mehr den britischen Purita-
nern, und einige Muslime mißbrauchen und manipulieren ihre Religion. Ich glaube nicht, daß es jemals eine Zeit gegeben hat, in der es
dringender geboten gewesen wäre, den Männern beizubringen, die
Frauen besser zu verstehen – zu verstehen, daß wir Gefühle haben und
daß diese Gefühle wichtig sind.«

Dschidda hat den Ruf, die liberalste Stadt Saudi-Arabiens zu sein. Da
sie das Tor nach Mekka ist, ist sie schon seit langer Zeit einem Strom
von Fremden ausgesetzt. Die wenigsten Frauen verschleiern ihr Gesicht, viele von ihnen besuchen in Gruppen oder mit ihren Männern die
Restaurants. Die Hauptstadt Riad ist dagegen das Herz des konservativen, religiösen Establishments. Außer in besonderen Frauenbasaren
sieht man nur selten Frauen in der Öffentlichkeit, und wenn sie ihr
Haus verlassen, verschleiern sie auch ihr Gesicht.

Ich kam gerade aus dem Fraueneinkaufszentrum Al-Derah-Souk, in
dem alle Läden nichts als schwarze Gesichtsmasken, Kopftücher und
abayas verkaufen, als Ashraf, mein pakistanischer Fahrer, mir den Platz
zeigen wollte, auf dem die öffentlichen Hinrichtungen stattfinden. Mit
offensichtlichem Vergnügen drehte er sich zu mir um und sagte: »Memsahib, ich zeige Ihnen ganz Besonderes, ganz nah: Kopf-ab-Platz.«

Da er einen starken Akzent hatte und nur gebrochen Englisch
sprach, wußte ich zuerst gar nicht, was er meinte. Dann ließ er seinen
Daumen quer über seinen Hals gleiten, um es mir auf diese Weise
klarzumachen. Nicht weit von dem Frauenbasar entfernt befindet sich
vor der Hauptmoschee der Stadt ein großer Parkplatz. »Hier ist freitags
Hack-hack-Kopf-ab. Alle Autos von Parkplatz weg, und dann nach

Beten jeder von Moschee schaut zu. Sie hacken Kopf mit langes Messer. Großer Mann meistens nur einmal hacken. Wenn dreimal hacken und Kopf nicht ab, dann Allah retten Mann. Sehen Sie, ich stehe hier, wo es ist. Wenn Sie sehen genau, Sie finden Blut.« Glücklicherweise fanden wir das nicht, und ich schlug vor weiterzufahren. Ashraf schien von meiner Reaktion enttäuscht zu sein. »Wenn Memsahib noch hier, wenn nächste hacken, ich bringe Sie. Viele Fremde kommen. Sie können zusehen.«

Obwohl die Stadt erzkonservativ ist, hatte sich hier kürzlich in einem Restaurant ein Skandal abgespielt, der zeigt, was die Leute alles veranstalten, um die Restriktionen zu umgehen, und welche Risiken sie eingehen, um sich zu amüsieren. Eins der führenden Restaurants im Stadtteil Sulaymaniyah hatte wieder aufgemacht, nachdem es längere Zeit geschlossen gewesen war. Der zweiunddreißigjährige britische Küchenchef erklärte mir den Grund. Zunächst aber eröffnete er unser Gespräch mit den Worten: »Bitte erwähnen Sie meinen Namen nicht. Mein Vertrag läuft zwar in Kürze aus, und ich werde dann das Land verlassen, aber die saudische Regierung hat einen langen Arm. Ich möchte nicht, daß ich nirgendwo mehr einen Job bekomme.«

Das Restaurant, eins der teuersten des Landes, in dem ein Dinner pro Person bis zu 450 D-Mark kosten kann, ist bei westlichen Ausländern und prominenten Saudis – darunter zahlreiche Prinzen und Prinzessinnen – sehr beliebt. Oft mieten Mitglieder des Königshauses für einen Abend das ganze Restaurant, um dort mit zwölf Personen zu essen. »Wenn Mitglieder der königlichen Familie hier sind, sitzen draußen die Leibwächter mit Maschinenpistolen unterm Arm. Bei solchen Gelegenheiten werden wir nur selten von der *matawain* belästigt. Die Jungs wissen ganz genau, daß sie an den Falschen geraten würden. Und dann könnte es passieren, daß man eines Nachts mit ihnen eine kleine Fahrt in die Wüste macht.

Das Restaurant hat eine Empore, die eigentlich für Familien vorgesehen ist. Dort stehen Paravents, hinter denen sich die Frauen verbergen können. Es ist sehr intim da oben – gedämpftes Licht, nur vier Nischen für insgesamt sechzehn Personen. In den letzten Jahren gab es dort so manches Techtelmechtel vor allem zwischen Saudis und westlichen Ausländern. Die Gesetze sind hierzulande sehr streng, und die

Hotels und Ausländersiedlungen werden ständig von der Polizei kontrolliert; es ist unmöglich, dort einen Saudi in sein Zimmer zu schmuggeln. Leute, die eine illegale Beziehung hatten, ließen sich kurz vor Beginn der *Al-maghreb*-Gebete die gesamte Empore reservieren. Früher konnte man im Restaurant sitzen bleiben, wenn es während des Gebets geschlossen wurde. Voraussetzung war, daß man bereits angefangen hatte zu essen. Inzwischen ist das Gesetz geändert worden. Vorher wurde man einfach nur eingeschlossen, und das Personal ging weg. Wenn man die Empore reserviert hatte, bedeutete das, daß man dreißig Minuten lang nicht gestört werden konnte, weder vom Personal noch von anderen Gästen oder von der *matawain*.

Die Leute vergessen dabei nur eins: Riad ist im Grunde eine Kleinstadt, hier redet jeder über jeden. Es gibt hier auch nicht viel, was man sonst noch tun könnte. Als dem saudischen Inhaber zu Ohren kam, was sich in seinem Restaurant abspielte, drehte er durch. Der Laden wurde vorübergehend geschlossen, denn wenn die Behörden dahintergekommen wären, wären wahrscheinlich alle an die Wand gestellt worden. Der Manager des Restaurants, ein Ausländer, saß im nächsten Flugzeug nach Hause. Der hat Glück gehabt, das können Sie mir glauben.«

Westliche Ausländer verstoßen auch häufig gegen das Alkoholverbot. Zur Zeit betreibt ein englisches Ehepaar in seinem Haus einen richtigen, wenn auch illegalen Pub, der von vielen Ausländern, darunter sogar Diplomaten, frequentiert wird. Er ist an sieben Abenden in der Woche geöffnet, und der größte Teil der alkoholischen Getränke, die dort ausgeschenkt werden, ist im Land produziert worden. Importierter Whisky kostet in Riad pro Flasche 290, Wodka 200 und Gin 240 D-Mark. Die Preise sind genauso hoch wie das Risiko der Schmuggler. Vor ein paar Jahren war eine Engländerin zu achtzig Peitschenhieben verurteilt worden, weil sie ihren Gästen auf einer Party Alkohol ausgeschenkt hatte. Es gelang der britischen Botschaft, das Urteil in eine sofortige Ausweisung umzuwandeln.

Trotz der hohen Risiken blüht und gedeiht die Prostitution in Saudi-Arabien. Als 1962 die Sklaverei abgeschafft worden war, erlebte sie eine regelrechte Konjunktur. Für die Frauen, die vorher Sklavinnen gewesen waren und jetzt nicht mehr wußten, wovon sie leben sollten, war

der älteste Beruf der Welt die einzige Möglichkeit, wie sie ihren Lebensunterhalt verdienen konnten.

Ich war überrascht, als ich erfuhr, daß es in Riad ein Waisenhaus für
Kinder gibt, die entweder unehelich geboren oder deren Mütter Prostituierte sind. Das Dar-Al-Hadana-Waisenhaus wird vom Frauenhilfs-
werk des Ministeriums für Soziales betreut. In dem Haus ist auf mehreren Etagen Platz für vierhundert Kinder.

»Wenn in Saudi-Arabien eine unverheiratete Frau schwanger wird,
kommt sie in ein spezielles Zentrum, wo sie zwei Jahre lang nur eine
Nummer und keinen Namen hat«, berichtete mir die Leiterin des
Waisenhauses, die dreißig Jahre alte Samha Al Gamdi. Sowohl in
Saudi-Arabien als auch in vielen anderen muslimischen Ländern muß
eine Frau ihren Trauschein vorlegen, wenn sie mit Wehen ins Krankenhaus eingeliefert wird, andernfalls wird sofort die Polizei informiert.
»Wir schicken sie zu ihrer eigenen Sicherheit in dieses Zentrum. Wir
sind eine Stammeskultur, und es kann durchaus vorkommen, daß der
Bruder oder der Onkel des Mädchens hinter ihm her sind, um Rache zu
üben. Es ist sogar möglich, daß die Frau umgebracht wird. Das Kind
kommt dann zu uns.

Nach zwei Jahren wird die Frau bestraft, weil sie ein uneheliches
Kind zur Welt gebracht hat. In der Regel mit neunzig Peitschenhieben,
in einigen Fällen sind es jedoch auch schon einhundertfünfzig gewesen.
Wenn sie will, kann sie ihr Kind dann behalten. Das tun allerdings nur
wenige, denn das Stigma ist in unserem Land zu groß, und sie wäre
ihres Lebens nicht mehr sicher.

Wir haben zur Zeit eine Prostituierte, die fünf Kinder von fünf
verschiedenen Vätern bekommen hat, ohne verheiratet zu sein. Sie ist
jedesmal ausgepeitscht worden, hat aber nichts daraus gelernt. Man hat
sie sogar dreimal für insgesamt zwei Jahre ins Gefängnis gesteckt, um
sie zur Vernunft zu bringen. Es hilft alles nichts. Sie hat nie eine Schule
besucht und nimmt Drogen. Wir haben mit ihr geredet und ihr geraten,
doch wenigstens Verhütungsmittel zu benutzen. Aber sie sagt immer
nur: ›Wenn ich Geld brauche, suche ich mir einen Mann.‹

Wir haben bei ihr und bei ihrem letzten Baby einen Aids-Test
machen lassen. Gott sei Dank war das Kind negativ und die Mutter bis
jetzt auch. Wir haben ihr auch eine Wohnung besorgt und sie finanziell

unterstützt. Sie möchte ihre Kinder gern selbst versorgen, aber sie kehrt immer wieder zur Prostitution zurück. Wenn die Frau verheiratet wäre, hätte man sie inzwischen schon hingerichtet.«

Den Kindern in Dar Al Hadana sagt man, ihre Eltern seien tot – was nie stimmt. Auch für sie wäre das Stigma in Saudi-Arabien zu groß. »Wir erzählen ihnen, ihre Eltern wären bei einem Autounfall oder bei einem Brand ums Leben gekommen; wir erfinden Geschichten, um sie zu schützen. Wenn sie dann ins Teenager-Alter kommen, wissen sie Bescheid. Ihnen wird dann klar, daß außer ihnen alle anderen Kinder in Saudi-Arabien einen Nachnamen haben, während sie nur den Vornamen haben, den wir ihnen geben.« Wenn sie etwa neunzehn sind, arrangiert das Waisenhaus für sie eine Ehe. »Aufgrund ihrer Herkunft ist es nicht leicht, für sie Ehepartner zu finden, aber letzten Endes schaffen wir es doch immer wieder. Die Mädchen bekommen von uns 20 000 Rial [8500 D-Mark] als Mitgift.

Die Ehemänner, die wir bisher gefunden haben, sind in der Regel sehr religiös. Sie heiraten so ein Mädchen, weil sie ein gutes, gottge-fälliges Werk tun wollen.«

10 Irak: Eine Nation in Angst

Je tiefer die Wunde des Körpers,
um so größer wird die Seele.

Saddam Hussein, Juli 1992

Als ich mir am Abend vor meiner Abreise nach Bagdad das Material für meine Recherchen ansah, wurde mir beinahe schlecht. Vor mir lagen Berichte und Farbfotos von Folteropfern der Iraker, die mir eine Menschenrechtsorganisation zur Verfügung gestellt hatte. Solche grausamen Darstellungen waren mir als Journalistin nichts Neues. Aber diese Fotos, viele von Frauen, von denen manche noch keine Zwanzig waren, beweisen, in welche Abgründe sich die Phantasie begeben kann, wenn sie neue Möglichkeiten sucht, Menschen Schmerzen zuzufügen.

Im Irak ist die Angst der größte gemeinsame Nenner. Das beginnt manchmal schon, bevor man die Grenze überschritten hat. »Seien Sie bitte sehr vorsichtig«, warnte mich ein Beamter einer westlichen Botschaft im benachbarten Jordanien. »Wenn Sie im Irak in Schwierigkeiten geraten, können wir Ihnen absolut nicht helfen. In Ihrem Hotelzimmer befinden sich versteckte Mikrophone, und Ihr Telefon wird angezapft. Das Personal des Hotels hat Anweisung, über Sie Bericht zu erstatten, das gleiche gilt für die Taxifahrer, für die vom Informationsministerium auf Sie angesetzten Aufpasser und für viele der Leute, mit denen Sie Interviews machen werden. Riskieren Sie nichts, auch wenn Sie sich in anderen Ländern in der gleichen Situation sicher fühlen würden. Der Irak hat vermutlich die mächtigste Geheimpolizei der Welt, und die Leute verstehen ihr Geschäft. Jeder bespitzelt dort jeden.

Wie unter Stalin wird sogar von den Kindern erwartet, daß sie ihre Eltern bespitzeln.«

Da ich Journalistin bin, verlasse ich mich wie alle meine Kollegen überall und jederzeit darauf, daß mein Beruf mir einen gewissen Schutz gewährt. Abgesehen von höherer Gewalt war das Schlimmste, womit ich normalerweise rechnen mußte, daß man mich des Landes verweisen würde. Das war mir bereits einmal passiert, und zwar in einem Land, das unter Kriegsrecht stand.

Der Presseausweis hatte den britischen Reporter Farzad Bazoft im Irak jedoch nicht schützen können. Der gebürtige Iraner, der sich im Auftrag des Londoner »Observer« dort aufhielt, wurde im März 1990 gehängt, nachdem man ihn der Spionage für Israel angeklagt hatte. Der Irak ignorierte die zahlreichen Gnadengesuche verschiedener prominenter Persönlichkeiten. Sogar der Papst und Margaret Thatcher hatten sich eingeschaltet. Besonders besorgniserregend an dem Fall Bazoft war, daß er verhaftet worden war, weil er etwas getan hatte, was viele Journalisten, mich eingeschlossen, an seiner Stelle auch getan hätten. Er hatte versucht herauszufinden, was die rätselhafte Explosion in einem Rüstungsbetrieb in der Nähe von Bagdad – angeblich wurden dort Raketen entwickelt – verursacht hatte, bei der über siebenhundert Menschen ums Leben gekommen sein sollten. Bazoft war erwischt worden, als er gerade Bodenproben nehmen wollte, um sie in England analysieren zu lassen. Er wollte wissen, ob an der Explosion Kernenergie oder chemische Substanzen beteiligt gewesen waren. Er wurde sechs Monate in Einzelhaft genommen, gefoltert und letzten Endes gehängt. Selbst heute noch mißbraucht das irakische Informationsministerium Bazofts Namen, um den ausländischen Journalisten einen Maulkorb zu verpassen, die seiner Meinung nach zu unabhängig oder polemisch sind.

Nach Bazofts Hinrichtung gab es Leute, die behaupteten, seine iranische Herkunft sei der Grund gewesen, warum der Irak sich nicht gescheut hätte, ihn umzubringen. Robert Spurling besaß einen amerikanischen Paß, und Peter Worth war britischer Staatsbürger. Es nützte beiden nichts: Spurling, technischer Direktor eines Luxushotels in Bagdad, wurde 1983 ins Gefängnis geworfen und beinah vier Monate lang immer wieder gefoltert. Erst als der Irak seine Beziehungen zu den

USA verbessern wollte, wurde er – nachdem man ihn nie eines Verbrechens angeklagt hatte – entlassen. Worth, ein englischer Ingenieur, wurde 1981 eingesperrt, geschlagen und gefoltert, nachdem auf der Baustelle, auf der er gearbeitet hatte, durch sein Verschulden ein Bild von Saddam Hussein heruntergestürzt war.

Solche Gedanken und die Fotos gingen mir während der vierzehnstündigen Autofahrt von Amman nach Bagdad fortwährend durch den Kopf. (Seit dem Golfkrieg haben die Vereinten Nationen Linienflüge in den Irak untersagt.) Was müssen das für Menschen sein, die mit einer elektrischen Bohrmaschine einem lebenden Menschen in die Ohren, Augen und Knie bohren, die Brüste, Arme und Beine eines jungen Mädchens mit der Axt abschlagen? Wie kann jemand einen Menschen in einen Tank mit Salpetersäure tauchen oder ihn langsam mit einem Schweißbrenner bei lebendigem Leib verbrennen und anschließend wieder zu Frau und Kindern nach Hause gehen? Ganz gewöhnliche Iraker sind die Opfer solcher Schrecken und der »normaleren« Foltermethoden. Westliche Menschenrechtsorganisationen schätzen, daß unter dem Hussein-Regime zweihunderttausend von drei Millionen Kurden und »Zehntausende« der restlichen fünfzehn Millionen Iraker hingerichtet worden sind. Die große Mehrheit dieser Opfer war vorher gefoltert worden.

Leider gab es auf meiner Reise nach Bagdad nichts, was mich von meinen düsteren Gedanken hätte ablenken können. Die irakische Wüste, durch die wir fuhren, ist flach und trostlos. Die moderne Autobahn ist gut, aber man hat das Gefühl, sie würde nie enden. Das uralte jordanische Taxi, das mir der irakische Konsul in Amman besorgt hatte, blieb unterwegs mehrmals liegen. Und ein großer Teil unseres kostbaren Trinkwassers wurde dazu benutzt, den immer wieder überhitzten Motor zu kühlen. Der Fahrer und ich wären in der sengenden Wüstenhitze schließlich fast verdurstet. Als wir endlich in Bagdad ankamen, sahen wir und unser Wagen so aus, als hätten wir an der Rallye Paris-Dakar teilgenommen.

Ich stieg im Al-Raschid-Hotel ab, das nach dem Abbasidenkalifen Harun Al Raschid benannt ist, der im neunten Jahrhundert, als Bagdad sich auf dem Gipfel seiner Kultur, seiner Entwicklung und seines Ruhms befand, dort regiert hat. Noch vor kurzem ist das Hotel berühmt geworden, als der Sender CNN während des Golfkriegs von hier aus seine Kriegsberichterstattung machte. Sieben Monate nach meinem Besuch schlug ein amerikanischer Marschflugkörper, ein Irrläufer, in dem Hotel ein, verwüstete die Empfangshalle und tötete zwei Angestellte.

Von dem Augenblick an, in dem ich mein Hotelzimmer betreten hatte, begann mein Telefon zu klingeln und hörte bis spät in die Nacht und auch am frühen Morgen nicht auf. Die Fahrer-Mafia von Bagdad war offenbar schon Sekunden nach meinem Eintreffen über meine Ankunft informiert, und alle konkurrierten hektisch miteinander, wer das Geschäft machen würde. Einer, ein Kurde, kam am nächsten Morgen vor dem Frühstück zu mir. Er redete ohne Unterlaß auf mich ein, und ich mußte ihn buchstäblich aus meinem Zimmer stoßen.

Daß die Konkurrenz so groß war, überraschte mich nicht. Im Irak gibt es kaum noch Touristen, und seit der Invasion von Kuwait sind auch die Besucher, die offiziell oder geschäftlich hier zu tun haben, sehr rar geworden. Taxifahrer sind manchmal Tage oder sogar Wochen ohne Kundschaft. Wenn es ihnen gelingt, einen ausländischen Besucher an Land zu ziehen, haben sie Gelegenheit, an Devisen zu kommen. Und sie können sich bei den irakischen Behörden lieb Kind machen, indem sie täglich detaillierte Berichte abliefern, wohin der Reporter gegangen ist oder mit wem er oder sie gesprochen hat. Der wichtigste Anreiz ist jedoch das Geld.

Seit die Vereinten Nationen am 6. August 1990 – vier Tage nach der Invasion Kuwaits – ein weltweites Handelsembargo gegen den Irak verhängten, hat die Inflation dramatische Ausmaße angenommen. Das Einkommen der Bevölkerung ist so stark gesunken, daß irakische Kinder zu Tausenden an Unterernährung sterben. Die Probleme werden noch weiter verschärft, weil es an allem fehlt, was man fürs tägliche Leben braucht, vor allem aber an Medikamenten und Impfstoffen. Wie die meisten arabischen Ölförderstaaten, die vorher arm gewesen waren und es in wenigen Jahren zu riesigem Wohlstand brachten, hat auch der Irak, abgesehen von seinen Ölexporten, mehr importiert, als er produziert hat. Seit die UNO das Embargo verhängte, muß der Durchschnittsbürger im Irak um sein Überleben kämpfen. Nur Lebensmittel und Arzneien sind von der Blockade ausgenommen. Da jedoch Devisen in Höhe von sechs Milliarden D-Mark im Ausland eingefroren sind und das Land nicht in der Lage ist, sein Öl abzusetzen, kann sich Bagdad nach eigenen Aussagen weder das eine noch das andere leisten.

Während meines Besuchs im Irak lag der offizielle Wechselkurs bei 3,30 Dinar für einen Dollar, also genauso hoch wie vor dem Golfkrieg. Auf dem schwarzen Markt dagegen stieg der Kurs während der zwei Wochen, in denen ich dort war, beinah täglich, und zwar von 15 bis auf 24 Dinar. Zwei Monate später hatte er 40 Dinar erreicht. Bevor ich dazu überging, mich auf dem schwarzen Markt zu versorgen, mußte ich im Hotel für ein Glas Orangensaft 83 Dollar bezahlen.

Ein Iraker verdient im Durchschnitt 200 Dinar im Monat, und die Kaufkraft nimmt ständig ab. Ein Fünfzig-Kilo-Sack Reis oder Zucker kostete bei meinem Besuch 400 Dinar. Wenn es überhaupt Milch gab, kostete sie pro Liter 80 Dinar, ein kleines Paket Trockenmilch 400 Dinar. Zwei Autoreifen, die früher 200 Dinar gekostet hatten, verschlangen jetzt zwanzig Monatseinkommen.

Je höher die Preise täglich steigen, um so größer wird auch die Wahrscheinlichkeit, daß man an Falschgeld gerät. Der irakische Markt ist mit falschen Dinaren überschwemmt worden. Das Problem ist so ernst, daß alle Banken und Geschäfte mit UV-Prüfgeräten ausgerüstet sind, mit denen man das Falschgeld erkennen kann. Amerikanische Dollar sind genauso riskant. Ich wechselte auf der Zentrale der Raifadan-Bank große Dollarnoten in kleinere um. Die Hälfte der Geldscheine, die man mir auszahlte, war falsch. Ich merkte das erst, als ich im Hotel damit bezahlen wollte. Die irakischen Behörden behaupten, das Falschgeld, mit dem das Land überschwemmt wird, sei auf eine Aktion der Alliierten aus dem Golfkrieg zurückzuführen, mit der sie das Land destabilisieren wollten. Für den Durchschnittsbürger ist das nur ein weiterer täglicher Alptraum, mit dem er fertig werden muß.

Die Spannung im Irak war direkt zu spüren – bei meiner Ankunft war es siebzehn Monate her, seit in Bagdad die letzte Bombe oder Rakete der Alliierten eingeschlagen war. Trotzdem waren noch viele Fenster gegen den Luftdruck der Explosionen verklebt (obwohl in diesem High-Tech-Krieg das Glas meist regelrecht pulverisiert wurde und nicht in Scherben ging). »Die Leute haben Angst. Sie befürchten, daß die USA uns wieder bombardieren werden«, sagte die fünfundfünfzigjährige Asia Al-Tuhairi, die am Tigris-Ufer direkt gegenüber der Al-Dora-Raffinerie wohnt. Und ihre Angst war begründet.

Im Januar 1993 – fast zwei Jahre nach dem Tag, an dem der Golfkrieg begonnen hatte – flogen hundert amerikanische, britische und französische Flugzeuge einen Bombenangriff im südlichen Irak. Es war ein Vergeltungsschlag, weil der Irak wiederholt in kuwaitisches Territorium eingedrungen war. Tage später wurde Bagdad noch einmal von amerikanischen Flugzeugen bombardiert, die Industrieanlagen zerstörten, in denen vermutlich Komponenten für Atomwaffen hergestellt wurden. Bei diesem Angriff wurde auch das Al-Raschid-Hotel getroffen. Und im Juni desselben Jahres wurde das Hauptgebäude der irakischen Spionageabwehr mit amerikanischen Raketen buchstäblich eingedeckt. Bei diesem Angriff wurden in den angrenzenden Wohnvierteln auch Zivilisten getötet.

Asia und ihre Nachbarn hatten im Golfkrieg voll Entsetzen mit ansehen müssen, wie ferngelenkte Raketen in wenigen Metern Höhe über ihre Häuser hinwegflogen und in der Raffinerie einschlugen. »Einige der sogenannten ›intelligenten Bomben‹ schlugen in unserem Wohnviertel ein und zerstörten die Häuser und nicht die strategischen Ziele. Und als sie die Raffinerie trafen, war das Feuer so heftig, daß die Flammen über den Fluß loderten und fast unsere Häuser erreicht hätten. Sechs Wochen lang brannte es, es war schrecklich.«

Die Bevölkerung von Bagdad wird diese Szenen sicher nie vergessen, aber in den meisten Gesprächen mit Irakern lag die Betonung woanders. »Das Bombardement war schlimm, aber noch schlimmer ist das Embargo«, sagte zum Beispiel Saad Taher, eine vierunddreißigjährige Dolmetscherin aus dem Informationsministerium. »Im ganzen Irak herrscht zur Zeit eine allgemeine Depression. Meine Ehe leidet darunter, und so geht es hier jeder Familie. Wir wußten, daß die Luftangriffe einmal aufhören würden, aber bei den Sanktionen haben wir das Gefühl, daß sie nie enden werden. Unser Leben ist ohne Hoffnung, uns bleibt nur noch der Tod.«

Am schlimmsten traf der wirtschaftliche Zusammenbruch Zehntausende von Kriegerwitwen, die ihre Männer in dem achtjährigen Krieg gegen den Iran verloren hatten, der 1988 zu Ende ging. Diese Frauen mühen sich ab, um bis zu sechs Kinder mit einer Unterstützung in

Höhe von 60 bis 130 Dinar im Monat durchzubringen. Heute bekommen sie dafür nicht einmal mehr einen Liter Milch. Auf den Flohmärkten in der Innenstadt, die man dort Ali-Baba-Basare nennt, sieht man immer häufiger Frauen und Kinder, die versuchen, etwas Gemüse oder die Kleider der Familie zu verhökern. Ein viel zu schmächtiger Elfjähriger stand in der sengenden Mittagshitze vor zehn Paaren kleiner Schuhe und Pantoffeln seiner Schwestern. (Das Thermometer stieg in meiner ersten Woche in Bagdad auf fast 60 Grad Celsius. Das war bei weitem die schlimmste Hitze, die ich je erlebt habe.) »Nein, heute habe ich noch nichts verkauft. Und gestern auch nicht ... Aber vielleicht später ... Wenn ich nichts verkaufe, haben meine Schwestern und ich nichts zu essen.«

Im Fernsehen war kurz vorher die Warnung ausgesprochen worden, daß jedes Kind, das beim Verkaufen oder Betteln auf der Straße angetroffen würde, statt in der Schule zu sein, seinen Eltern weggenommen würde. »Ein Kind gehört in die Schule«, war die Quintessenz dieser Sendung. Ein Mann, der in der Nähe des Jungen einen eigenen Stand hatte, fragte wütend: »Sieht die Regierung nicht ein, daß es heute im Irak wichtiger ist, etwas zu essen zu haben als in die Schule zu gehen? Wie soll ein Kind etwas lernen, wenn es nichts gegessen hat? Und die Regierung gibt ihm nichts.« Offenbar war das auch einem Mullah in Bagdad entgangen, denn er schlug als Lösung der Versorgungskrise unter anderem vor, die Mädchen sollten jeden zweiten Tag fasten. Erst als eine Schülerin im Unterricht ohnmächtig wurde, nahm der Mullah seine Empfehlung zurück.

Auf diesen Märkten der Verzweiflung werden junge, bis aufs Skelett abgemagerte Hunde zum sehr optimistischen Preis von 400 Dinar als potentielle Wachhunde angeboten. Während der Wirtschaftskrise ist die Kriminalität in der Stadt rapide gestiegen. Entführungen und Lösegelderpressungen sind an der Tagesordnung. Die nur aus Haut und Knochen bestehenden jungen Hunde, zum größten Teil Schäferhunde, von denen viele so schwach sind, daß sie kaum stehen können, werden von Leuten gezüchtet, die es sich nicht leisten können, sie zu füttern, aber unbedingt irgend etwas haben müssen, was sie zu Geld machen können.

Eine Szene hat mich besonders traurig gemacht. Eine junge Frau, die in schwarzem *abaya* und *hijab* auf dem Boden saß, versuchte, ein Huhn, das sie großgezogen hatte, für 30 Dinar zu verkaufen, obwohl sie selbst und ihre Kinder seit zwei Jahren kein Fleisch mehr gegessen hatten. Die dreißigjährige Fatima hatte ihren Mann 1986 im Iran-Irak-Krieg verloren. Sie bekam eine Witwenrente in Höhe von 112 Dinar pro Monat. Mit dem Geld konnte sie nicht einmal genügend Brot für ihre Familie kaufen. Sie hatte an diesem Tag zwei Hühner zum Markt gebracht, einem davon hatte ein Passant in dem Trubel versehentlich auf den Kopf getreten und es getötet. Da das Huhn nicht auf die islamische Art geschlachtet worden war, betrachteten es die Muslime als *haram*, verboten, und weigerten sich, es zu kaufen. Ich kaufte das Huhn und sagte ihr, sie solle daraus eine Mahlzeit für ihre Kinder zubereiten. Ich war mir allerdings nicht sicher, ob sie es wagen würde, gegen das islamische Gesetz zu verstoßen, so hungrig sie und ihre Familie auch waren.

An den Auktionshäusern und Läden für Möbel aus zweiter Hand, die sich auf der Nidhal-Straße in Bagdad befinden, läßt sich unschwer erkennen, daß viele Familien gezwungen waren, fast ihre gesamte Habe zu verkaufen. Möbel, Klimageräte, Herde, Kühlschränke, Hochzeitsgeschenke, Orientteppiche, die Erbstücke waren, Bilder, Spielzeug und sogar die fünftausend Bände umfassende kostbare Bibliothek des ehemaligen Dekans der Universität von Bagdad wurden dort zum Verkauf angeboten.

Wer kauft so etwas in den Auktionshäusern? Die »neue Klasse«, sagen die Iraker verächtlich. »Die Schwarzhändler, die aus unserem Leid Kapital schlagen.« Das sind Leute, denen es gelingt, die Sanktionen zu umgehen, die ausländische Spirituosen einschmuggeln, Whisky, Gin, Arrak und viele verschiedene Biersorten. Dazu andere Artikel, die bei der wohlhabenden Elite des Landes, Mitgliedern der Baath-Partei und anderen Freunden Saddam Husseins, Abnehmer finden. »Das meiste davon kommt über die Türkei, Syrien und den Iran zu uns, so war das immer schon.« Zu dieser Klasse, die nachts an den Spieltischen der Kasinos zu finden ist, gehört auch Saddam Husseins Sohn Udai, den man häufig dort antreffen kann.

Zwei Monate nach meinem Besuch klagte die Regierung mehr als vierzig Kaufleute wegen Wucherei an und ließ sie in der ganzen Stadt an Laternenpfählen aufhängen. Man betrachtete das als einen Versuch der Regierung, einer Panik zuvorzukommen, die drohte, weil der Dinar von einem Tag auf den anderen um 50 Prozent gefallen war. Die Lebensmittelpreise erreichten schwindelnde Höhen, und die ganze Aktion entpuppte sich als ein Schuß, der nach hinten losging. Die Lebensmittel wurden noch knapper, weil die anderen Händler, die jetzt Angst hatten, daß sie das gleiche Schicksal ereilen könnte, keinen Nachschub mehr in die Stadt brachten.

Im Irak hat die Angst viele Gesichter und durchdringt alle Schichten der Gesellschaft. Bei Saddam Hussein drückt sie sich darin aus, daß er einen eigenen Vorkoster und einen Bett-Tester beschäftigt und immer mit seinem eigenen Stuhl reist (damit niemand vergiftete Heftzwecken darauf oder Injektionsnadeln darin anbringen kann). Vor dem Golfkrieg war Präsident Hussein immer in der Öffentlichkeit zu sehen, er hielt sogar öffentliche *diwaniyas* ab und schlichtete Familienstreitigkeiten oder Dispute zwischen den einzelnen Stämmen. Damals stand Saddams Telefonnummer sogar im Telefonbuch von Bagdad.

Um die Wahrscheinlichkeit, Opfer eines Attentats zu werden, zu verringern, schläft Saddam Hussein, ähnlich wie Fidel Castro, jede Nacht an einem anderen Ort – begründeterweise, denn es hat bereits zahlreiche Anschläge auf sein Leben gegeben. Aber auch wenn sich der Präsident des Irak kaum noch in der Öffentlichkeit sehen läßt, ist seine Präsenz doch überall zu spüren. Riesige Porträts, manche mehrere Stockwerke hoch, blicken die Iraker von Gebäuden, Lichtmasten und allen möglichen Flächen an. Man wird unwillkürlich an Orwells »Großen Bruder« erinnert. Viele haben einen Bezug zu dem Gebäude, das sie schmücken. An der Fassade des wiederaufgebauten Fernmeldezentrums hält er einen Telefonhörer in der Hand. Vor dem Justizministerium ist er als Richter dargestellt. Und am Mukhabarat, dem Hauptquartier der Geheimpolizei, ist sein Gesichtsausdruck besonders streng. Am Gesundheitsamt, in dem sich alle Besucher des Irak bei Androhung einer Gefängnisstrafe innerhalb von fünf Tagen nach ihrer Ankunft einem Aids-Test unterziehen müssen, ist Saddam mit einem Schutzhelm aus Metall abgebildet! An der großen Kreuzung in der Nähe des Al-Raschid-Hotels stehen sechs riesige Porträts von ihm, und auf einigen davon lächelt er. Es mag Zufall sein, aber eine der Haupt-

straßen, die in diese Kreuzung einmünden, ist das Zentrum eines
aufblühenden Berufszweigs geworden – der Prostitution. Das älteste
Gewerbe der Welt erfährt raschen Zulauf von irakischen Frauen, die
nicht mehr wissen, wie sie ihre Kinder satt bekommen sollen.

Obwohl ihr Mann zum inneren Kreis der Vertrauten Saddam Husseins
gehört, hat Amal Sharqi kein leichtes Leben, und das sieht man ihr auch
an. Ihr Gesicht ist hager, tiefe Falten ziehen sich von ihrer Nase zum
Mund, und sie hat dunkle Ränder unter den Augen. Sie bewegt sich
langsam und wirkt müde. Zum Teil ist ihr Aussehen auf ihre »angegriffene Gesundheit« zurückzuführen, wie sie das nennt. Amal ist zweiund-
fünfzig Jahre alt und schon seit langem herzkrank. Sie muß täglich vier
verschiedene Medikamente nehmen, die heutzutage selbst für die Elite
in Bagdad nur schwer regelmäßig zu bekommen sind. Ein großer Teil
ihrer Gesundheitsprobleme hängt mit der Angst zusammen, unter der
sie seit drei Jahrzehnten leidet. Sie macht sich Sorgen um ihren Mann,
um ihren Sohn, ihr einziges Kind, und sie macht sich Sorgen um die
Zukunft ihres Landes. Sie bricht leicht in Tränen aus, und man kann
das gut verstehen.

  Abdul Jabbar Muhsin, ihr Mann, mit dem sie seit dreißig Jahren
verheiratet ist, ist Saddam Husseins Pressesprecher und reist ständig
mit ihm im gleichen Wagen. Ich war überrascht zu erfahren, daß
Hussein überhaupt einen Sprecher brauchte. Der Präsident tritt fast
täglich im irakischen Fernsehen auf und hält lange Reden. Während
meines Besuchs wurde ein Erziehungsseminar gesendet, an dem die
führenden Pädagogen des Landes teilnahmen. Der Präsident sprach
fast die gesamte Sendezeit von drei Stunden ohne Unterbrechung und
widmete allein zwanzig Minuten einem Monolog zum Thema saubere
Toiletten in der Schule. Zum Schluß versprach er den Leuten, die
die Toiletten reinigten, eine Gehaltserhöhung, nicht jedoch den Pädagogen.

  Saddam Hussein und Amals Mann waren Mitglieder der Baath-
Partei, als sie im Irak noch eine Untergrundorganisation war. Und
beide waren wegen ihres politischen Engagements ins Gefängnis gekommen – Hussein nur einmal, Muhsin dagegen dreizehnmal. »Als
mein Sohn noch klein war, hat er seinen Vater kaum gekannt«, sagte

Amal. »Als wir jung verheiratet waren, arbeitete ich für die Iraqi News Agency. Viele Leute wollten mich damals wegen der politischen Aktivitäten meines Mannes entlassen. Als man ihn freiließ, wollte ihm keiner einen Job geben. Das war eine schwere Zeit. Wenn man mit einem Mann verheiratet ist, der politisch aktiv ist, muß man immer auf das Schlimmste gefaßt sein. Ich habe nie versucht, ihn daran zu hindern; wir befinden uns in unserer Geschichte in einer Periode der Umwälzungen. Ich glaube, es ist wichtiger, daß man etwas erreicht, als daß man ein langes Leben voller Müßiggang führt. Alle Kulturen machen irgendwann so eine Phase durch.«

Amal ist sich darüber im klaren, daß Abduls Nähe zu Hussein das Risiko in sich birgt, daß ihr Mann bei einem Anschlag auf den Präsidenten getötet wird. »Wir haben über diese Möglichkeit gesprochen«, sagte sie ruhig. »Wir haben sie in vielen Briefen erwähnt, die wir uns geschrieben haben. Als Abdul zum Pressesprecher der irakischen Führung bestimmt wurde, gratulierte ich ihm in einem Brief. Ich schrieb: ›Du hast immer für die gute Sache gekämpft, und wenn du jetzt sterben solltest, weißt du, wofür du gestorben bist.‹ Ich schrieb von der irakischen Fahne, die wir über die Toten legen. Ich sagte ihm, nach dem Begräbnis würde ich sie zusammenlegen und aufbewahren. Dann würde ich sie unserem Enkel Abdullah zu seiner Hochzeit schenken. Das würde dann sein Erbe sein, schrieb ich meinem Mann. Denn 1982 folgten alle Frauen im Land einer Initiative Saddam Husseins und gaben ihr Gold und ihren sonstigen Schmuck ab, um damit den Krieg gegen den Iran zu finanzieren. Ich habe sogar meinen Trauring abgegeben. Ich sagte meinem Mann, aus der Flagge würde ein Hochzeitskleid für Abdullahs Frau genäht werden.«

An dieser Stelle brach Amal plötzlich ab; ihre stoische Haltung fiel in sich zusammen. Tränen liefen ihr über das Gesicht, sie blickte mich an und sagte mit erhobener Stimme: »Ist Ihnen klar, daß ich über den Tod meines Mannes rede?« Und genauso schnell wurde sie wieder leiser und versank in ihrem Stuhl. »Es gibt viele Berichte über Attentatsversuche auf den Präsidenten ... Mein Mann fährt oft mit ihm ... Aber wenn Abdullah getötet wird, wird er ein Held sein. Das ist ein Versprechen, das ich meinem Sohn gegeben habe.«

Da ihr Mann aufgrund seiner Tätigkeit selten zu Hause ist, ist Amal

häufig allein. Mir fiel der Spruch aus dem Zweiten Weltkrieg ein:
»Auch wer wartet, dient.« Sie war während des ganzen Golfkriegs allein
gewesen. »Mein Sohn war eingezogen worden, und ich blieb nur aus
einem Grund in Bagdad: Nach jedem Luftangriff konnte ich vom Dach
aus sehen, ob in Richtung seiner Kaserne eine Rauchwolke zu erkennen war.« Ihre Stimme zitterte, und ihre Augen füllten sich wieder mit
Tränen. »Sie wurde oft bombardiert. Jedesmal, wenn Bagdad angegriffen wurde, wartete ich auf dem Dach, um zu sehen, ob mein Sohn
überlebt hatte oder nicht.« Sie wischte sich die Tränen aus dem Gesicht
und seufzte. »Ich war damals sehr allein, und alles war ungewiß. Mein
Mann war bei Saddam Hussein. Und man wußte nicht einmal, ob man
selbst in der nächsten Stunde noch hier sein würde. Ich wußte nicht, ob
mein Kind, mein Mann, mein Haus oder die Stadt überleben würden.
Man hatte uns mit einem Atomschlag gedroht.«

Amal ist eine intelligente, kultivierte Frau, die nicht unüberlegt
daherredet. Sie sagte mir, daß sie dem Interview nur deshalb zuge-
stimmt habe, weil sie »wütend war und diese Wut ausdrücken wollte«.
Wir trafen uns in ihrem Verlag, den sie zwei Jahre zuvor gegründet
hatte, weil ihre angegriffene Gesundheit sie zwang, ihre Stellung als
Generaldirektorin der Abteilung für Kinderkultur in der irakischen
Regierung aufzugeben. Da Papier im Irak wegen des Embargos extrem
knapp war, hatte ihr Verlag seitdem nur vier Bücher herausbringen
können, zwei davon waren arabische Übersetzungen von Edward
Morgan Forster und Graham Greene. Aus dem gleichen Grund verlor
der Irak auch die Hälfte seiner Tageszeitungen und Zeitschriften, und
die Auflagen der Blätter, die überlebt haben, sind um 50 Prozent
zurückgegangen. In der Redaktion des »Alef Ba«, eines Frauenmagazins, sah ich, wie die Journalisten ihre Artikel mit der Hand auf beide
Seiten von Abfallpapier schrieben.

Während zahlreiche Iraker inzwischen dazu tendieren, mit Ausländern klarzukommen, schwenkte Amal plötzlich in eine Attacke auf das
UNO-Embargo ein, für das sie, wie viele ihrer Landsleute, Washington
verantwortlich machte. Sie war Urheberin einer umfangreichen Kampagne, die den Titel »Ich protestiere« trug: Erwachsene und Kinder
schickten Tausende von Briefen in vielen Sprachen an die Regierungschefs der Welt und die internationalen Medien, in denen sie die

Sanktionen kritisierten. »Mir war klar, was die Sanktionen für den Irak bedeuteten, und ich bekam Angst. Wir schickten Briefe an das Weiße Haus, an Downing Street und an den Vatikan. Niemand antwortete.

Ich habe CNN-Berichte über den Hunger in Somalia gesehen. Ich kann Ihnen hier in Bagdad Kinder zeigen, die genauso aussehen. Somalia litt unter einer Hungersnot. Der Irak ist ein reiches Land. Unser Problem ist uns von Menschen aus dem Westen aufgezwungen worden, denen ihre Haustiere wichtiger sind als wir.

In den dreißiger Jahren beschloß die kuwaitische Regierung, Kuwait mit dem Irak zu vereinen. Kuwait gehört zum Irak, das ist eine historische Tatsache.« Während ich im Irak war, begann das staatlich kontrollierte Fernsehen eine dreißigteilige Serie, in der dies belegt werden sollte. »Ihr bestraft uns jetzt nicht, weil ihr euch soviel Sorgen um Kuwait macht. Dem Westen könnte das völlig egal sein. Aber ihr wollt einfach nicht, daß so viel Öl in die Hände eines nationalistischen Führers gelangt. Das Embargo wird erst dann wieder aufgehoben, wenn einer eurer Lakaien in Bagdad regiert. Ihr setzt uns unter Druck und treibt uns zum Wahnsinn, damit wir Selbstmord begehen. Und ihr wollt uns etwas über politische Freiheit und Menschenrechte erzählen. . . . Wenn Saddam Hussein gestürzt wird, werden wir bis zu den Knien im Blut waten.« Als sie weiterredete, wurde sie wieder von ihren Gefühlen übermannt und ihre Stimme zitterte. »Die Baath-Partei hat viele Millionen Mitglieder. Und jedes einzelne wird niedergemetzelt werden.«

Hier liegt auch der Grund, warum die Menschen im Irak, selbst die vielen, die in Opposition zum gegenwärtigen Regime stehen, fest davon überzeugt sind, daß Saddam Hussein nicht so bald gestürzt werden wird. Ein hoher Regierungsbeamter erklärte mir: »Ich will Ihnen sagen, warum es noch keinen Staatsstreich gegen Saddam Hussein gegeben hat. Keiner hat den Mut dazu. Jeder, der den Versuch unternehmen sollte, wird nicht nur selbst hingerichtet, sondern auch seine Kinder und Kindeskinder, seine Brüder, seine Vettern und deren Kinder und Kindeskinder werden dann ihr Leben verlieren. Zum Schluß wird es so aussehen, als hätte es die Familie dieses Mannes nie gegeben. Der Westen mag glauben, daß der Druck der Sanktionen dazu führen wird, daß Saddam Hussein gestürzt wird. Das wird nicht geschehen, denn alle anderen sehen das genauso wie ich. Ich bin lieber ein lebendiges Kaninchen als ein toter, verstümmelter Löwe.« Diese Botschaft hat Saddam Hussein dem irakischen Volk schon zu Beginn seiner Herrschaft übermittelt. Damals erklärte er vor dem Revolutionsrat: »Wir haben den unbeugsamen Willen, denen den Kopf abzuschlagen, die ihre Nation verraten und sich gegen ihr Volk verschwören, ganz gleich, wie viele es sein mögen.«

Amal zufolge versteht der Westen nicht, welche Rolle Hussein im Irak spielt.»Er ist kein Diktator, er ist ein Partisan. Er ist Teil einer sehr starken nationalistischen Bewegung im Irak, die zu Beginn des Jahrhunderts entstanden ist. Er ist der Kulminationspunkt eines langen Kampfes. Ich habe in meinem Leben sechs Staatsstreiche, eine Revolution und den letzten Krieg durchgemacht. Und jetzt verhungert unser Land langsam. Ist das nicht genug? Wenn Saddam stürzt, werden eure westlichen Söldner ein Blutbad anrichten. Es wird ein Schreckensregiment für den Irak werden.

Der Westen begreift nicht, daß in unserer Gesellschaft das Schicksal des Landes mit seinem Führer verbunden ist. Bei uns geht es nicht darum, ob ein Demokrat oder ein Republikaner im Amt ist. Als Sadat in Ägypten an die Regierung gekommen war, machte das Land nach Nasser eine Kehrtwendung um 180 Grad. In unserem Teil der Welt wird das Schicksal eines Landes von einem einzigen Mann bestimmt. Saddam ist der Führer einer modernen, erwachenden Nation, einer kulturellen Erneuerung, des gesellschaftlichen Lebens und der Politik. [*Baath* bedeutet ›Renaissance‹.]

Der Westen redet von Pluralismus und Demokratie. Aber in der gegenwärtigen Situation ist Pluralismus für den Irak kein gangbarer Weg. Ich meine auch, wir brauchten eine Opposition, aber wir brauchen Zeit, um uns darauf vorbereiten zu können. Als das Öl 1972 verstaatlicht wurde, kam der Irak plötzlich zu großem Wohlstand. Die Leute hatten zum erstenmal in ihrem Leben die Möglichkeit, sich ein Paar Schuhe zu kaufen, sich ein anständiges Haus zu bauen, ihre Kinder in die Schule zu schicken, sie konnten sich einen Fernseher und eine Waschmaschine leisten. Die Menschen befinden sich hier in einem frühen Stadium der modernen Entwicklung. Sie sind noch nicht gebildet. In einer Gesellschaft, die sich in der Entwicklung befindet, ist noch kein Platz für Pluralismus. Der Westen weiß nicht, welche Rolle der Führer in einer patriarchalischen Stammesgesellschaft spielt. In unserer Kultur haben die Menschen ein Gefühl der Sicherheit und Geborgenheit, wenn sie von einem selbstbewußten Mann geführt werden. Sie müssen das verstehen. Solange Gott will, wird der Irak von einem einzigen Mann regiert werden.

Im Gegensatz zu meinem Mann bin ich kein Mitglied der Baath-Partei. Ich bin eine Nationalistin, eine Irakerin und eine fortschrittliche Frau. Ich habe dafür gekämpft, in einer islamischen Gesellschaft eine moderne Frau sein zu können. Ich werde mich einem Land wie Saudi-Arabien nicht beugen, das die Frauen zwingt, sich zu verschleiern und zu Hause zu bleiben. Die Baath-Partei ist eine fortschrittliche Partei, die den gesellschaftlichen Wandel fördert.«

Ich wandte ein, daß die irakische Version des Baathismus im allgemeinen als ein brutales totalitäres Regime betrachtet würde. Eine Nation, die noch vor tausend Jahren voller Stolz behaupten konnte, daß sie ein »Volk von Meinungen« sei, durfte jetzt nur noch eine einzige haben – die ihres Präsidenten. Saddam Hussein ist ein Mann, der systematisch jeden Zweifel an seiner Autorität im Keim erstickt und selbst von seinen engsten Freunden keinen Widerspruch duldet. Im Strafgesetzbuch des Irak steht, daß jeder, der den Präsidenten, seine Partei oder die Regierung kritisiert, mit dem Tod bestraft wird.

»Wenn das Thema Totalitarismus diskutiert wird, weise ich immer darauf hin, daß die Frauen im Irak ohne ihn nie den gegenwärtigen Status erreicht hätten«, sagte Amal. »Wenn der Staat die Medien besitzt und wenn der Staat es sich zum Ziel gesetzt hat, die Emanzipation der Frauen zu fördern, kann er alle Medien in den Dienst dieser Sache stellen.

Ich kann mich noch erinnern, wie es war, als die Rechte der Frauen im Irak noch nicht so respektiert wurden wie heute. Ohne eine totalitäre Regierung wäre die Frauenemanzipation bedeutend schwieriger gewesen, und sie wäre auch nicht so schnell durchgesetzt worden. Denken Sie einmal daran, wie sehr die Sufragetten im Westen leiden mußten. Ich verteidige den Totalitarismus nicht, ich bitte nur die Menschen, die unter anderen Regierungsformen leben, sich nicht zu verschließen und auch andere Visionen und Methoden gelten zu lassen.

Es kostet viel Mühe und Zeit, einen Wandel herbeizuführen, der es den Frauen erlaubt, eine Ausbildung zu absolvieren, die Schule zu besuchen und in der Wirtschaft aktiv zu sein. Im Westen hat es ein Jahrhundert gedauert, bis sich der Status der Frauen verändert hat. Zuerst muß man eine entsprechende Infrastruktur aufbauen, und genau das hat Hussein getan, und er hat es in kürzester Zeit erreicht.«

Paradoxerweise genießen die irakischen Frauen in einem Land, in dem die Menschenrechte mißachtet werden, zumindest auf dem Papier mehr Rechte und Freiheiten als in jedem anderen arabischen Land. Ich besuchte die »General Federation of Iraqi Women«, um die langjährige Präsidentin Manal Younis Abdul Razzaq zu interviewen. Während ich darauf wartete, daß sie ein längeres Telefongespräch beendete, erklärten mir die drei Aufpasser der Regierung, die jedes Wort des Interviews mitschrieben: »Präsidentin Younis hat sehr viel zu tun, sie ist die ›First Lady‹ des Irak.« Dann erklärten sie mir, daß im Gegensatz zum Westen nicht die Frau des Präsidenten die First Lady sei. »Bei uns ist das eine Position, die von den Verdiensten einer Frau abhängt. Mrs. Hussein muß sich um ihre Familie kümmern, deshalb hat sie wenig Zeit, eine Rolle im öffentlichen Leben zu spielen. Wenn bei der Begrüßung ausländischer Gäste oder Delegationen eine First Lady gebraucht wird, steht Präsidentin Younis an Präsident Husseins Seite.«

Die »Federation of Iraqi Women«, die es sich zum Ziel gesetzt hat, den Status der Frauen zu verbessern, ist der weibliche Arm der Baath-Partei und hat nach eigenen Angaben über eine Million Mitglieder. Ihre Schriften spiegeln den sozialistisch-islamischen Tenor der Baath-Partei wider. Alle Überschriften beginnen mit »Genossen«, was zur Folge hatte, daß der irakische Präsident mit dem widersprüchlichen Titel »Genosse Präsident Saddam Hussein – Gott möge ihn schützen« angeredet wurde. Außerdem hatte es sich die Frauenföderation zum Ziel gesetzt, »gegen zionistische und imperialistische Aktivitäten, Diskriminierung und Ausbeutung anderer Rassen und jegliche Benachteiligung wegen der Geschlechtszugehörigkeit, Sprache, Religion oder gesellschaftlicher Aktivitäten zu kämpfen«. Das steht in krassem Widerspruch zum gegenwärtigen Leben im Irak, aber das gleiche trifft auch auf die irakische Verfassung zu, die von den Baathisten entworfen wurde und »Rede-, Meinungs- und Pressefreiheit« garantiert.

Frauen, die achtzehn oder älter sind, dürfen wählen, aber das Wahlrecht hat in einem Land, in dem das Parlament nur dem Namen nach existiert, weder für Männer noch für Frauen eine Bedeutung. Trotzdem findet man Frauen in allen möglichen Berufszweigen, sogar in der Armee. Sie nehmen an der Grundausbildung teil, werden aber nicht bei Kampfhandlungen eingesetzt, außer mitunter als Piloten. 70 Prozent der Apotheker, 46 Prozent der Zahnärzte und Lehrer und 40 Prozent der Ärzte sind Frauen. Frauen arbeiten darüber hinaus als Ingenieure; der Generaldirektor des irakischen Fernmeldewesens ist eine Frau. Die sechsundvierzigjährige Azhair Abdul Wahab, Mutter von drei Kindern, ist die ranghöchste Ingenieurin im Irak. Sie hatte den Auftrag, alle beschädigten und zerstörten Telekommunikationszentren des Landes, die bevorzugte Ziele der amerikanischen Angriffe gewesen waren, wiederaufzubauen. Saddam Hussein persönlich hatte ihr für diese Arbeit ganze zwölf Monate Zeit gegeben. Sie schaffte es, diesen knappen Termin einzuhalten, indem sie Studenten und Studentinnen rund um die Uhr als Monteure arbeiten ließ. »Im Krieg ist die Kommunikation das Wichtigste«, sagte sie. »Wenn man das Kommunikationssystem zerstört, zerstört man das Land.«

Im Irak arbeiten Frauen auch als Spezialistinnen in der Ölindustrie. Und es gibt Frauen in der Politik: Zur Zeit sitzen in der aus zweihundertfünfzig Mitgliedern bestehenden Nationalversammlung neunundzwanzig Frauen, und ihr Anteil ist sogar schon einmal höher gewesen. Die erste Ministerin eines arabischen Landes war eine Irakerin. Schon 1948 hatte der Irak die erste Richterin, und im selben Jahr wurde eine Frau zur Botschafterin ernannt. Heute sind 40 Prozent der Studenten an den Universitäten Frauen.

Berufstätige Mütter bekommen einen sechsmonatigen bezahlten Mutterschaftsurlaub und dann noch einmal sechs Monate zum halben Gehalt. Diese Bedingungen sind bedeutend besser als die der meisten Frauen in den USA. Die »Federation of Iraqi Women« verfügt darüber hinaus über großzügig subventionierte Kindertagesstätten für berufstätige Frauen. Das ist für ein arabisches Land ungewöhnlich, denn dort wird diese Funktion in der Regel von der Großfamilie oder von auslän-

dischen Bediensteten übernommen. Und die Arbeitsgesetze des Irak
schreiben vor, daß das Haus eines Ehepaars näher am Arbeitsplatz der
Frau als an dem des Mannes liegen muß. Das ist ein Vorteil, um den
manche erschöpfte berufstätige Mutter im Westen die Irakerinnen
beneiden dürfte. (Wie die Iraker die praktische Umsetzung dieser
Regelung kontrollieren, wird nicht näher erläutert.)

Kriegerwitwen bekommen eine Rente und, bis zur gegenwärtigen
Wirtschaftskrise, auch Häuser und Autos. Ein Mann, der eine Frau
heiratet, deren Mann während des Krieges zum »Märtyrer« wurde,
bekommt eine Prämie in Höhe von 7500 Dinar (37 000 D-Mark), ganz
gleich, ob sie seine erste Frau oder seine Nebenfrau ist.

Im Irak ist ein abgewandeltes Scharia-Gesetz in Kraft: Sowohl Männer als auch Frauen dürfen die Scheidung einreichen. Das Urteil liegt
dann nach der erforderlichen sechsmonatigen Eheberatung im Ermessen des Richters. In der Regel werden die Kinder der Mutter zugesprochen, und wenn sie nicht in der Lage ist, sie zu sich zu nehmen, geht das
Sorgerecht von der Mutter auf deren Schwester oder andere weibliche
Verwandte über. Der Vater darf pro Woche einen Tag mit seinen
Kindern verbringen. Sollte sich der Mann für eine islamische Scheidung entscheiden, genügt es, wenn er dreimal erklärt, daß er sich
scheiden lassen will. Er muß dann allerdings seiner Frau das Haus und
den Wagen überlassen und ihr zwei Jahre lang Unterhalt zahlen. »Und
wenn die Frau einen triftigen Grund hat, weshalb sie sich von ihm
scheiden lassen will, wenn er sie zum Beispiel schlägt, drogenabhängig
ist usw., dann muß er das Haus verlassen und darf nur einen Koffer mit
seinen Kleidern mitnehmen«, sagte Younis.

Solche Rechte und Vorteile für die Frau sind in vielen islamischen
Ländern ungewöhnlich. Aus diesen Gründen wird der Irak auch oft als
Musterbeispiel für den Fortschritt der Frauen im Mittleren Osten
betrachtet. In mancher Hinsicht können diese Verhältnisse auch für die
Frauen im Westen ein Vorbild sein. Vor gar nicht langer Zeit sagte
Saddam Hussein in einer Rede: »Solange die Frau nicht befreit ist, gibt
es im Irak keine Freiheit. Wenn es der irakischen Frau gutgeht, geht es
dem irakischen Volk gut, und wenn ihre Stellung angetastet wird, wirkt
sich das auf alle Iraker aus.«

Wenn man sich die Stellung der Frau im Irak jedoch einmal genauer ansieht, ist nicht alles so rosig und progressiv, wie es auf den ersten Blick erscheint. In einer Rede, die Hussein 1987 hielt und in der er die Fortschritte der modernen irakischen Frau pries, wies er auf die Tatsache hin, daß Frauen im ersten Gesetzbuch der Welt, das vor viertausend Jahren in Babylon von dem prä-irakischen König Hammurabi verfaßt wurde, als Vermögen galten. »Der Mann hatte das Recht, seine Frau einem Gläubiger als Hypothek zu übergeben, bis er seine Schulden bezahlen konnte, vorausgesetzt, das war binnen drei Jahren der Fall«, sagte Saddam Hussein. »Er hatte darüber hinaus das Recht, seine Frau zu verkaufen, wenn sie ihm untreu gewesen war.« Viertausend Jahre nach Hammurabi und drei Jahre nach dieser Rede verkündete Hussein plötzlich, daß ein Mann das Recht habe, jede Verwandte zu töten, die im Verdacht stand, sich »ungebührlich benommen« zu haben oder in flagranti erwischt worden war, und er erließ ein entsprechendes Gesetz. Ein Jahr später, im Dezember 1991, sagte Hussein in einer Fernsehansprache an die Nation: »Wenn ihr eine Frau oder ihre Töchter auf der Straße flirten seht oder wenn ihr einen Fehltritt vermutet, seid ihr der Rat des Volkes. Ihr habt die Erlaubnis, diese Familie aus eurem Viertel zu verjagen und ihr Haus zu beschlagnahmen.«

Iraker, mit denen ich darüber sprach, waren der Meinung, daß Hussein mit diesen beiden Anordnungen die 60 Prozent Schiiten im Land beschwichtigen wollte, von denen der größte Teil in der Südhälfte des Landes lebt. In Karbala und Najaf befinden sich die beiden heiligsten schiitischen Moscheen der Welt. Während der schiitischen Aufstände nach dem Golfkrieg hatte die Bevölkerung dieser Region – die, wie ihre iranischen Nachbarn, Farsi spricht – mehr Fotos von Khomeini als von Saddam Hussein ausgestellt. Im gesamten Süden sind die schiitischen Mullahs ihren Kollegen im Iran gefolgt und haben eine Rückkehr zu den strengen Regeln des orthodoxen Islam im Stile Khomeinis gefordert. Dazu gehörten das Verbot von Kosmetika, die Pflicht zur völligen Verschleierung und die Einschränkung der Bewegungsfreiheit für Frauen.

Da Husseins Regime zunehmend unter Druck geriet, suchte die arabisch-sunnitische Minderheit, die den größten Teil der Baath-Regierung stellt, Mittel und Wege, um die feindselige Mehrheit im Süden zu besänftigen. Aus diesem Grund ist Hussein nach dem Golfkrieg »islamischer« geworden, vor allem in seinen Reden, die er seitdem mit vielen Koran-Zitaten spickt. Und aus demselben Grund ist er auch so hart gegen die weibliche Bevölkerung des Irak vorgegangen. Die Frauen waren für ihn ein leicht zu bringendes politisches Bauernopfer. Im Irak leben auch über eine Million Christen. In Städten wie Mosul im Norden sind Kirchen nichts Ungewöhnliches. Michel Aflaq, der Gründer der Baath-Partei, war ein Christ, ebenso wie der größte Teil der Dienstboten und der persönlichen Angestellten von Saddam Hussein. Man sagt, er traue den Christen mehr als den islamischen Fraktionen, die sich ständig gegenseitig bekämpfen.

Im schiitischen Süden tragen die Frauen im allgemeinen *hijab* und *abaya*, während sie im Norden häufig nur den *hijab* anhaben. In der Hauptstadt sind viele Frauen westlich gekleidet. Ich war allerdings überrascht, als ich erfuhr, daß die islamische Kleidung auch hier, wie im Rest der islamischen Welt, wieder auf dem Vormarsch ist. Ein großer Teil der Angestellten der »Federation of Iraqi Women« trug einen *hijab*. »Wir sind eine islamische Gesellschaft«, sagte Präsidentin Younis, die mit einem Piloten der irakischen Luftwaffe verheiratet ist und vier Kinder hat. Sie selbst trug ein schwarzes Kostüm und war ohne Kopfbedeckung. Aber sie betonte, daß sie keins der fünf täglichen Gebete auslasse, und zeigte mir den Gebetsteppich in ihrer Schreibtischschublade. »Wir haben nichts gegen den Schleier, aber es bleibt den Frauen überlassen, ob sie ihn tragen. Unsere Organisation verlangt nur, daß sie sich konservativ kleiden – lange Ärmel und lange Röcke. Wir halten die Frauen dazu an, sich unauffällig anzuziehen. Die islamische Kleidung wird hier wieder häufiger, weil die Frauen damit dokumentieren wollen, daß sie gegen die westlichen Einflüsse sind.«

Zuvor hatte Amal Sharqi die Zunahme der islamischen Kleidung anders begründet: »In der Krise suchen die Menschen den Seelenfrieden und das Gefühl der Sicherheit, das die Religion ihnen gibt. Der ständige Unfrieden hat sie sehr mitgenommen, deshalb suchen sie Schutz bei der Religion. Ich kann das gut verstehen.«

Younis fuhr fort: »Der *abaya* schränkt die Bewegungsfreiheit der Frauen ein, der *hijab* ist praktischer. Das Wichtigste ist jedoch, daß der Geist der Frauen nicht verschleiert ist und ihr Fortschritt nicht behindert wird. Der Islam ist ein allumfassendes Gesellschaftssystem. Er definiert den Status der Frau in der Gesellschaft und garantiert die Gleichberechtigung für beide Geschlechter.«

Trotz solcher Aussagen gibt es in der Baath-Partei zahlreiche Widersprüche im Hinblick auf die Frauen. »Als ich jung war«, berichtete mir eine etwa fünfzigjährige Frau, »konnte ich im Ausland studieren und reisen, wohin ich wollte. Seit die Baath-Partei an der Macht ist, können Frauen nicht mehr im Ausland studieren, und wenn sie unter fünfundvierzig sind, dürfen sie nur in Begleitung eines *mahram*, eines männlichen Begleiters, reisen.« Khairallah Tulfah, Saddams Onkel, der kurz nach der Machtübernahme durch die Baathisten Bürgermeister von Bagdad wurde, erlangte im Westen vor allem durch ein Regierungspamphlet Bekanntheit, in dem er darlegte: »Drei Dinge hätte Gott besser nicht erschaffen: Perser, Juden und Fliegen.« Die Frauen von Bagdad lernten jedoch das Fürchten, als seine Horden ausschwärmten und in aller Öffentlichkeit über sie herfielen, um ihnen die Beine schwarz zu färben, wenn ihrer Meinung nach zuviel von ihnen zu sehen war. »Sie müssen nicht denken, daß wir Miniröcke getragen hätten«, sagte die Frau eines pensionierten irakischen Diplomaten dazu. Doch die weibliche Bevölkerung Bagdads hatte Glück: Es stellte sich heraus, daß Tulfah selbst für Hussein zu korrupt war, so daß er sich schließlich gezwungen sah, ihn aus dem Amt zu entfernen.

Die irakischen Gesetze in bezug auf Vergewaltigung sind ebenfalls extrem frauenfeindlich. »Wenn die Frau nicht verheiratet ist, muß der Täter sein Opfer nach der Vergewaltigung heiraten«, erklärte mir Sadoun Khalifa, Mitglied der Nationalversammlung und Leiter der irakischen Behörde für Gesundheit und Soziales. »Wenn das Opfer verheiratet ist, muß der Vergewaltiger dem Ehemann eine finanzielle Entschädigung zahlen. Sie beläuft sich auf etwa 15 000 bis 20 000 Dinar [60 000–80 000 D-Mark], das hängt vom Alter des Opfers ab. Je jünger die Frau, um so höher die Entschädigung.«

Die irakischen Frauen wurden aufgefordert, eine Art Arbeitsdienst abzuleisten. Die Baath-Partei startete zu diesem Zweck eine Kampagne, die zwei Ziele verfolgte. Zum einen herrschte, vor allem während des achtjährigen Krieges gegen den Iran, großer Mangel an Arbeitskräften, zum anderen war die Regierung daran interessiert, das Engagement der Frauen von der Familie oder von den ethnischen Gruppen abzulenken und auf den Staat zu richten. Gleichzeitig wurde ihnen allerdings gesagt, es sei ihre Pflicht und Schuldigkeit dem Vaterland gegenüber, mindestens fünf Kinder zur Welt zu bringen, um die Gefallenen zu ersetzen. Jede Frau, die sechs Kinder oder mehr hatte, kam in den Genuß einer besonderen finanziellen Unterstützung. Gleichzeitig wurde jede Form der Geburtenkontrolle verboten – bei Abtreibungen war das, wie in den meisten islamischen Ländern, ohnehin schon der Fall. Trotzdem hat die Zahl der illegalen Schwangerschaftsabbrüche seit Beginn der Wirtschaftskrise zugenommen. Die Prozedur, die ohne Narkose durchgeführt wird, kostet derzeit etwa acht Monatslöhne.

Der Befehl, sich fortzupflanzen, erfolgte gleichzeitig mit dem Aufruf an die Frauen, die Tätigkeiten zu übernehmen, die die Männer wegen des Krieges aufgeben mußten. Zu dieser Zeit wurde auch das Baby-Programm aus der Taufe gehoben: In allen Teilen des Landes wurden die Frauen angehalten, ihren Babys die Flasche zu geben. Noch heute findet man in den Krankenhäusern überall die Plakate der Hersteller von Milchpulver wie zum Beispiel Nestlé. Der Propagandafeldzug gegen das Stillen war leider so erfolgreich, daß er mit zu dem krassen Anstieg der Säuglingssterblichkeit beitrug, denn die Frauen, die jetzt daran gewöhnt sind, ihre Säuglinge mit Milchpulver zu ernähren, können sich das heute nicht mehr leisten. Als ich dort war, kostete eine kleine Büchse Milchpulver mehr als ein durchschnittliches Monatseinkommen und war überhaupt nur selten zu bekommen. Außerdem leidet ein großer Teil des Landes immer noch unter verunreinigtem Wasser, weil die alliierten Streitkräfte die Kläranlagen und Wasseraufbereitungsanlagen bombardierten. In Krankenhäusern traf ich ständig Mütter, die ihre Kinder wegen Unterernährung oder schwerer Entwässerung aufgrund von chronischen Magen-Darm-Infektionen hatten einliefern müssen. Sie berichteten mir, daß sie es sich nicht leisten könnten, ihre Säuglinge mit Milchpulver zu ernähren. Statt dessen gaben sie ihnen stark verdünnte Milch oder einfach nur Wasser, das nicht einmal abgekocht war.

Auch am Arbeitsplatz hat die vom totalitären Machthaber verordnete Gleichberechtigung Risse bekommen. Selbst Manal Younis vom Frauenverband sagte: »Im Irak werden die Frauen bis zum Beweis des Gegenteils als inkompetent betrachtet. Bei Männern ist es umgekehrt.«

Und die Fernmelde-Ingenieurin Azhair, die Chefin von mehr als tausend Männern ist, mußte zugeben, daß es für sie sehr schwer gewesen sei, sich als Ingenieurin und Vorgesetzte durchzusetzen. »Ich mußte viermal so hart arbeiten wie die Männer.« Und obwohl sie über ein jährliches Budget von 35 Millionen Dinar verfügt und seit dem Golfkrieg wegen der umfangreichen Wiederaufbauarbeiten regelmäßig mindestens sechzehn Stunden pro Tag arbeitete, mußte sie trotzdem zu Hause noch kochen. »Nein, nein, mein Mann würde nie kochen. Ein arabischer Mann tut so etwas nicht«, sagte sie verlegen.

Als ich versuchte, ein Interview mit Saddam Husseins Hauptfrau Sajida zu bekommen, warnte mich Younis: »Um Himmels willen, nein, nur wenn es um Leben und Tod geht, kann man an sie herankommen ... Wenn ich mit dem Kopf gegen eine Wand laufe, und sie gibt nach, in Ordnung. Wenn ich mir aber dabei den Kopf einrenne, dann lasse ich es.« Das war eine eigenartige Bemerkung, doch sie ließ erahnen, welche Angst hier alle Staatsdiener bekommen, wenn ihnen auch nur die harmlosesten Fragen über Saddam Hussein und seine Familie gestellt werden.

Kein Iraker ist bereit, etwas über Saddam Husseins zweite Frau zu sagen, wenn ein Band mitläuft. Das hängt zum Teil mit dem ungeschriebenen irakischen Gesetz »Je weniger du sagst, um so länger lebst du« zusammen, hat aber auch etwas damit zu tun, daß es der Baath-Partei peinlich war, als er ein zweites Mal heiratete. Der Präsident setzte sich über sein eigenes Gesetz hinweg, wonach ein Mann erst die Einwilligung seiner ersten Frau und eine Genehmigung des Gerichts einholen muß, bevor er sich eine Nebenfrau nehmen kann. Aber das kümmerte Hussein nicht. Ein Jahr nachdem er Präsident geworden war, hatte er der Nation in einer Fernsehansprache zynisch erklärt: »Ein Gesetz ist nur ein Stück Papier, auf dem wir ein, zwei Zeilen schreiben, und dann unterzeichnen wir: Saddam Hussein, Präsident der Irakischen Republik.«

Nachdem er seine zweite Frau genommen hatte, hob er das Gesetz auf, nach dem die erste Frau die Erlaubnis zur zweiten Heirat ihres Mannes geben muß. Die zweite Heirat des Präsidenten mit Samira Shahbandar kostete indirekt mehrere Männer das Leben. Der erste war Kamal Hana Jajeo, seit zwanzig Jahren Husseins vertrautester Gehilfe,

Diener und Vorkoster. Er wurde im Oktober 1988 auf einer Party zu
Ehren von Suzanne Mubarak, der Frau des ägyptischen Präsidenten,
von Saddams ältestem Sohn Udai zu Tode geprügelt. Jajeo hatte Hussein angeblich mit Samira bekanntgemacht.

Präsident Hussein empfindet sich schon lange als Don Juan. Wenn
er in Behörden unterwegs ist, pickt er sich die attraktivste der jungen
Frauen heraus. Er stellt sich mit ihr etwas abseits, um zu plaudern, und
treibt dann die Sache voran, indem er ihr wenig später ein Geschenk
zukommen läßt, häufig Schmuck. »Das ist sehr peinlich«, erinnerte sich
eine Frau. »Wir leben in einer islamischen Gesellschaft, da ist so etwas
nicht üblich.« Wie es heißt, ließ er etliche der jungen Frauen für jeweils
ein paar Stunden in ein Haus bringen, das er eigens zur »Freizeitgestal-
tung« unterhält. Es liegt im Bagdader Nobelviertel Al Mansur, ganz in
der Nähe des vornehmen Jagdclubs. Der Club ist ein Treffpunkt der
prominenten Mitglieder der Baath-Partei, die dort Black-Label-Scotch
trinken, von dem eine Flasche soviel kostet, wie der durchschnittliche
Iraker im Monat verdient. Der Clubpräsident meinte grinsend: »Wir
jagen hier nichts mehr, nur noch Damen.« Für die organisatorische
Seite der Affären seines Chefs war Jajeo zuständig.

Hussein war in seinen jungen Jahren ein gutaussehender Mann.
Groß und schlank, so ähnlich wie sein Sohn Udai heute aussieht, war er
immer stolz auf seine körperliche Fitneß. Es ist allgemein bekannt, daß
Vater und Sohn eine Schwäche für schlanke, blonde Frauen haben.
Sajida, seine erste Frau, die inzwischen sechsundfünfzig ist, färbt sich
deshalb schon seit langem ihr braunes Haar rotblond. Es überrascht
daher nicht, daß auch Saddams zweite Gattin, Samira, eine intellektuelle, weltgewandte Frau, eine Blondine ist. Der Präsident achtet
immer darauf, daß er nur Affären mit verheirateten Frauen hat, das ist
in der arabischen Welt so üblich. Wenn er den unverheirateten Jungfrauen des Landes nachstellen würde, könnte ihn auf die Dauer nicht
einmal die Revolutionsgarde vor der Rache der entehrten arabischen
Familien schützen.

Seine erste Frau übersah geflissentlich die amourösen Eskapaden
ihres Mannes; auch das ist in arabischen Ländern üblich. Möglicherweise hat sie sogar von vielen gar nichts gewußt. Solange er immer
wieder zu seiner Familie zurückkehrte, war sie mit allem einverstan-

den. Auch als er Samira kennengelernt hatte, soll sie sich zunächst so verhalten haben. Samira war damals etwa Mitte Dreißig und mit Nuredin al-Safi, einem Abteilungsleiter der Irak Airlines in Österreich, verheiratet. Der Präsident fühlte sich nicht nur durch ihre Schönheit angezogen, sondern auch durch die Tatsache, daß sie einer der prominenten Familien Bagdads angehörte.

Hussein, der sich seiner niederen Herkunft aus dem Lehmhüttendorf Tikrit, ein paar Autostunden nordwestlich von Bagdad, schämte, versuchte seit geraumer Zeit, seine Familiengeschichte etwas aufzupolieren. Er hatte schon früher behauptet, seine Vorfahren seien Haschemiten gewesen, hätten also demselben Stamm angehört wie der Prophet und König Hussein von Jordanien, und er sei folglich ein direkter Nachfahre Mohammeds. Um diese Behauptung zu stützen, engagierte er einen gefügigen Ahnenforscher. Anfang der achtziger Jahre hatte er versucht, seinen Sohn Udai mit einer jordanischen Prinzessin zu verheiraten. Für das jordanische Königshaus war das ein Skandal. Seine Behauptung, er stamme von den Haschemiten ab, machte ihn zum Gespött aller gebildeten Araber im Mittleren Osten.

Als der Präsident Samira kennenlernte, versuchte er wieder einmal, sich das zu verschaffen, was er weder kaufen noch mit brutaler Gewalt erreichen konnte: eine Blutaufbesserung. Und seine Versuche in dieser Richtung bewiesen wieder einmal, daß er keine Klasse hat. Samiras Mann wurde »überredet«, sich scheiden zu lassen, und zur Belohnung zum Chef der Iraq Airlines befördert, eine Position, die heute keine Bedeutung mehr hat, denn seit dem Golfkrieg stehen die Maschinen in den Hangars. Inzwischen sind alle Büros der Gesellschaft in der Innenstadt von Bagdad geschlossen und verbarrikadiert.

Als Husseins erste Frau, die eine seiner Kusinen mütterlicherseits ist, erfuhr, daß er Samira heimlich geheiratet hatte, war sie verzweifelt. Sowohl die Kinder – die beiden Söhne Udai (29) und Kusai (27) und die drei Töchter Raghad (25), Rana (27) sowie Hala (17), seine Lieblingstochter – als auch andere Familienmitglieder mischten sich ein, und es kam prompt zu einem bösen Familienstreit.

Die zweite Ehe war für Sajida ein Schlag ins Gesicht. Sie ist zwei Jahre älter als ihr Mann, der damals fünfzig war, und machte sich ohnehin Sorgen wegen ihrer nachlassenden Attraktivität. Ihr war außer-

dem klar, daß ein muslimischer Mann, der sich eine jüngere Nebenfrau nimmt, wahrscheinlich die Kinder aus dieser Ehe bevorzugen
wird. Die zweite Frau wird gewöhnlich als »Frau des Herzens« betrachtet. Die Ehe zwischen Sajida und Saddam war von den Eltern bereits
arrangiert worden, als beide noch Kleinkinder waren. Sie wußte, daß
ihre Ehe mit dem Vetter ersten Grades die Familienbande festigen
sollte; Verliebtheit hatte dabei nie eine Rolle gespielt.

Udai, Husseins ältester Sohn, der das Temperament seines Vaters
geerbt zu haben scheint, traf es am härtesten. Er ist genauso stolz und
arrogant wie Saddam und befürchtete, daß er und seine Geschwister
durch die zweite Ehe seines Vaters ihren Status und die damit zusam-
menhängenden Vergünstigungen verlieren würden. Als der Präsident
sich mit Samira in der Öffentlichkeit zeigte, befürchtete Sajida, völlig
von ihrem Platz verdrängt zu werden. Als Udai sah, welchen Kummer
seine Mutter hatte (einige Iraker behaupten, sie hätte kurz vor dem
völligen Zusammenbruch gestanden), war es nur eine Frage der Zeit,
wann sein Jähzorn ihn zum Handeln zwingen würde. Da eine Auseinandersetzung mit seinem Vater und dessen neuer Braut für ihn unmöglich war, ließ er seine Wut an Kamal Jajeo aus und brachte ihn um.

So brutal Udais Tat auch war, sie ist in der Geschichte des Islam
keine Seltenheit. Vor allem in der osmanischen Periode wurden in den
Harems der Königshäuser viele Lieblingsfrauen vergiftet oder ihre
männlichen Kinder ermordet, weil eine frühere Frau die Demütigung,
ersetzt worden zu sein, nicht ertragen konnte oder nicht mitansehen
wollte, daß ihr eigener Sohn dadurch in der Erbfolge schlechter gestellt
wurde.

Udai hatte jedoch die Zuneigung seines Vaters zu Jajeo unterschätzt,
der einer seiner engsten Vertrauten gewesen sein soll. Saddam wirkte
zunächst wie betäubt. Dann war er außer sich vor Wut und ließ die
ganze Nation über das Fernsehen wissen, daß sein Sohn wegen Mordes
vor Gericht kommen würde. Wie stark seine Gefühle waren, ließ sich
in der Folge daran erkennen, daß er sich weigerte, Speisen zu essen, die
in Sajidas Haus zubereitet worden waren – eine klassische arabische
Beleidigung und ein Symbol der Verachtung.

Sajidas Bruder, General Adnan Khairallah, der damalige irakische
Verteidigungsminister und angeblich einer von Saddams engsten

Freunden, schaltete sich ein. Er stellte den Präsidenten wegen der ständigen öffentlichen Demütigung Sajidas zur Rede. Der General war einer der wenigen, der es wagen konnte, Hussein zu kritisieren. In diesem Fall paßten dem Präsidenten die Vorhaltungen seines Schwagers jedoch überhaupt nicht. Berichten zufolge war ihm außerdem Khairallahs Kritik an seiner Kurdenpolitik, die dieser zur gleichen Zeit geäußert hatte, übel aufgestoßen. Das Massaker von Halabja, bei dem sechstausend Kurden durch Giftgas getötet worden waren, hatte zu Beginn des Jahres stattgefunden.

Kurz danach hieß es, die Familie von Jajeo habe um Gnade für Udai gebeten. Daraufhin wurde Saddams Sohn für kurze Zeit in die Schweiz ins Exil geschickt. Man munkelte viel über dieses Gnadengesuch, das genau im richtigen Moment kam. Allgemein ging man davon aus, daß es nur unter Druck zustandegekommen sein konnte, was auch sehr wahrscheinlich ist. Nach islamischem Recht war ein solcher Schritt jedoch nichts Ungewöhnliches. *Qisas*, das Gesetz der Vergeltung, das auf dem alten arabischen Auge-um-Auge-Prinzip basiert, sieht vor, daß im Fall eines Mordes oder Unfalls auch eine bestimmte Summe – also im wahrsten Sinn des Wortes »Blutgeld« – an die Verwandten gezahlt werden kann.

Zwei Monate nachdem Udai aus der Schweiz zurückgekehrt war, wurde General Khairallah beim Absturz seines Hubschraubers getötet. Er war gerade mit Saddam Hussein im Norden unterwegs gewesen, und da beide nicht mehr miteinander sprachen, flogen sie in getrennten Hubschraubern. Angeblich soll Saddam befohlen haben, seinen Schwager zu ermorden, da ihm dessen Einmischung in seine Ehe mit Sajida und/oder in die Kurdenfrage nicht gepaßt habe.

Der Tod ihres Bruders schwächte Sajidas Position bei Saddam noch mehr. Die Bemerkungen, die ihr Mann früher einmal zum Thema Familie gemacht hatte, müssen ihr wie bittere Ironie vorgekommen sein. Hussein hatte den irakischen Frauen gesagt: »Das Wichtigste an der Ehe ist, daß die Frau sich durch den Mann nicht herabgesetzt fühlen darf, nur weil sie eine Frau und er ein Mann ist. Wenn sie dieses Gefühl hat, ist das Familienleben am Ende.«

Als Saddam Sajida 1960 heiratete, war er einundzwanzig. Sie war dreiundzwanzig und arbeitete bereits als Lehrerin. Erst vor kurzem hat

sie ihre Stelle als Schulleiterin aufgegeben. In den westlichen Medien
wird gewöhnlich behauptet, daß Sajida gebildeter sei als ihr Mann.
Man beruft sich dabei auf die Tatsache, daß er schon über zwanzig war,
als er die Oberschule verließ. In der islamischen Welt, wo nur wenige
die Möglichkeit haben, eine Schulausbildung zu absolvieren, ist das
auch heute nichts Ungewöhnliches. Er besuchte die juristische Fakultät der Universität von Kairo, die im Mittleren Osten damals und
auch heute noch einen sehr guten Ruf hat, machte dort aber keinen Abschluß. Später immatrikulierte er sich an der Universität von
Bagdad.

Leute, die Hussein gut kennen, sagen, daß er nicht der ungebildete
Hanswurst ist, als den der Westen ihn oft hinstellt. Tyrannen sind
immer exzentrische Menschen; Saddam Hussein macht da keine Ausnahme. Das erklärt vielleicht sein manchmal unerwartetes Verhalten
und seine häufigen Fehleinschätzungen von Situationen. Leute, die ihm
nahestehen, behaupten, er sei ein eifriger Leser nicht nur arabischer,
sondern auch französischer und englischer Bücher. Oft wird er auch
wegen seiner provinziellen Einstellung verspottet. Man führt das darauf zurück, daß er kaum Interesse an Auslandsreisen hat. Diese Abneigung ist bei arabischen Führern nichts Ungewöhnliches – Saddams
Todfeind, der Emir von Kuwait, ist genauso. Während die meisten
kuwaitischen Familien sich in den heißen Sommern in kühlere Gefilde
zurückziehen, bleibt der Emir zu Hause. Syriens Assad und Libyens
Ghaddafi verlassen den Mittleren Osten auch nur sehr selten.

Wie Benazir Bhutto hat auch Saddam ein großes Interesse an der
Parapsychologie. Am liebsten läßt er sich von Astrologen aus Indien
beraten, wo die Astrologie eine anerkannte Profession ist, berichtete
mir ein irakisches Ehepaar, das dem Präsidenten nahesteht.

Bei aller Kritik an Hussein muß jedoch auch gesagt werden, daß er
der Mann ist, der den Irak modernisiert hat. Er baute die irakische
Ölindustrie auf und sorgte dafür, daß die Gewinne, die über 30 Milliarden D-Mark jährlich betrugen, wieder ins Land zurückflossen. Er rief
großangelegte Kampagnen gegen den Analphabetismus ins Leben, ließ
die Krankenhäuser und das Bildungssystem modernisieren und sorgte
dafür, daß die Bürger vom Schulgeld befreit wurden und sich im
Krankheitsfall kostenlos behandeln lassen konnten. Saddam war schon

immer ein Befürworter des Bildungswesens gewesen. Er selbst hatte als Achtjähriger darum kämpfen müssen, die Schule besuchen zu können, statt die Schafe der Familie hüten zu müssen, wie es sein Stiefvater von ihm verlangt hatte. Wahrscheinlich ist er auch von der beruflichen Karriere seiner Frau beeinflußt worden. Husseins älteste Tochter Raghad, die ihren Magister in Englisch gemacht hat, war Lehrerin, und ihre beiden jüngeren Schwestern werden vermutlich nach dem College dieselbe Laufbahn einschlagen.

Vor dem Golfkrieg brachte der Irak mehr Ärzte, Ingenieure und Wissenschaftler hervor als jedes andere Land im Mittleren Osten. Die Kinderklinik »Saddam Central Children's Teaching Hospital« in Bagdad wurde als die beste und modernste ihrer Art in der arabischen Welt angesehen. Die meisten Iraker besitzen eigene Häuser und sind von der Regierung mit zinsfreien Krediten unterstützt worden. Hussein modernisierte auch das Autobahnnetz des Landes und sorgte dafür, daß die meisten ländlichen Gebiete an die zentrale Trinkwasser- und Stromversorgung angeschlossen wurden.

Als ich durch Bagdad fuhr, durch diese große, moderne Stadt, die der verschlammte Tigris teilt, war ich erstaunt, wie wenig Kriegsschäden zu sehen waren. Nur eine der vielen Brücken über den Fluß war noch nicht wieder befahrbar, und der Präsidentenpalast und das Verteidigungsministerium, die beide fast dem Erdboden gleichgemacht worden waren, befanden sich in der Wiederaufbauphase. Die Hauptstadt zeigte weniger Kriegsschäden als Kuwait City, denn man hatte bei Kriegsende sofort und rund um die Uhr am Wiederaufbau gearbeitet. Die Atmosphäre des Krieges war jedoch immer noch deutlich zu spüren. Auf den Dächern der meisten Regierungsgebäude konnte man noch Flakgeschütze erkennen, und vor dem Fernseh- und Rundfunkhaus standen Panzer.

Ein Gebäude war allerdings nicht in das Wiederaufbauprogramm aufgenommen worden: der Amiriyah-Bunker am Stadtrand, der von amerikanischen Flugzeugen bombardiert worden war, weil das Pentagon glaubte, es handele sich dabei um Saddams Kommandobunker. Ob das nun stimmte oder nicht, die ersten beiden unterirdischen Stockwerke hatten jedenfalls der Zivilbevölkerung der Umgebung als Luftschutzbunker gedient. Das dritte und unterste Stockwerk ist für Zivilisten gesperrt. In der Nacht, in der zwei zweitausend Pfund schwere »intelligente Bomben« den drei Meter dicken, armierten Beton des Bunkers durchschlugen, befanden sich dort etwa siebenhundert Frauen und Kinder. Die beiden Bomben trafen mit einer derartigen Präzision, daß die zweite durch das ein Meter zwanzig große Loch flog, das die erste gerissen hatte.

Die extreme Hitze des Feuerballs, der nach der Detonation den ganzen Bunker ausfüllte, schweißte die menschlichen Körper buchstäblich zusammen. Im Bunker war es so heiß, daß man die Opfer erst nach drei Tagen bergen konnte. Viele von ihnen waren so verbrannt, daß man sie nicht identifizieren konnte.

Heute ist der Amiriyah-Bunker eine inoffizielle Gedenkstätte für die Menschen, die hier gestorben sind. Innen ist das einzige Licht ein Sonnenstrahl, der durch das von den Bomben geschlagene Loch scheint. Vom Eingang kann kein Licht hereinscheinen, weil der Zugangstunnel mehrere Windungen hat, die den Luftdruck von draußen explodierenden Bomben abhalten sollen. Die Wände, die Decke und der Fußboden des Bunkers sind rußgeschwärzt, wodurch die ohnehin düstere Atmosphäre noch weiter verstärkt wird. Verbogene Eisenträger und Trümmerstücke lassen den Weg durch die Dunkelheit zu einem riskanten Unternehmen werden. Familien, deren Angehörige hier gestorben sind, haben die Namen der Toten mit Kreide an die schwarzen Mauern geschrieben. Hier und da lehnen mit Girlanden und Plastikblumen geschmückte Fotos von Kindern an den Wänden, die wie kleine Altäre aussehen. Wenn der Klang des *azan* zum Mittagsgebet plötzlich hier herunterdringt, wirkt er wie ein tröstlicher Hinweis darauf, daß das Leben weitergeht.

Draußen mußte ich die Augen schließen, so blendete mich das Sonnenlicht, und die Hitze war nach der Kälte des Bunkers direkt angenehm. Ich betrachtete die Vororthäuser, die rund um den Bunker herumstehen. Ich konnte mir nicht vorstellen, wie die Menschen es aushalten konnten, jedesmal, wenn sie aus dem Fenster blickten oder das Haus verließen, diesen Bunker sehen zu müssen. Die meisten der Familien in diesen Häusern haben bei dem Luftangriff vier bis fünf Familienmitglieder verloren.

Was in Amiriyah geschehen ist, war schrecklich. Der Bunker symbolisiert aber mehr als jeder andere Ort im Irak noch etwas anderes: Präsident Hussein hat zwar den Irak modernisiert, wenn er jedoch seine gegenwärtige Politik fortsetzt, wird er eines Tages als der Mann in die Geschichte eingehen, der das zerstörte, was er aufgebaut hat. Ob der Luftschutzbunker in Amiriyah tatsächlich auch militärischen Zwecken gedient hat, werden wir wahrscheinlich nie erfahren. Westliche Geheimdienste konnten jedoch bestätigen, daß nach dem Golfkrieg militärische Kommandostellen in zivile Gebäude wie Schulen und Wohnblocks verlegt wurden, für den Fall, daß Bagdad noch einmal bombardiert werden sollte. Da man in den heutigen High-Tech-Kriegen militärische Ziele mit absoluter Genauigkeit bombardieren kann, würde dieses Versteckspiel in einem neuen Krieg nur dazu führen, daß immer wieder irakische Zivilisten getötet werden.

Doch mehr als ein neuer Krieg ängstigt die Iraker, daß ein Familienmitglied krank werden könnte. Viele Medikamente und Gegenstände wie Spritzen sind entweder überhaupt nicht mehr zu bekommen oder außerordentlich knapp. Röntgengeräte oder Dialyseapparate sind wegen des Mangels an Ersatzteilen oder Röntgenfilmen nicht mehr einsatzfähig. Während meines Besuchs teilte der Gesundheitsminister der Bevölkerung mit, daß die Zahnärzte Zähne jetzt ohne Betäubung ziehen müßten, weil keine Anästhetika mehr vorhanden seien. Selbst die Vorräte an Antibiotika gehen zur Neige.

Im »Saddam Central Children's Teaching Hospital« in Bagdad, das vor den UNO-Sanktionen Iraks Vorzeigeklinik war, funktionieren – wie in den meisten öffentlichen Gebäuden – weder die Aufzüge noch die Klimaanlage. Die kleinen Patienten schwitzen bei Rekordtemperaturen, und die Ärzte kämpfen mit einer technischen Ausrüstung, die von Tag zu Tag schlechter wird, um das Leben der Kinder. Krebskranke Kinder, deren Haut gelblich verfärbt ist, liegen schweißüberströmt in ihren Bettchen. Es geht ihnen von Tag zu Tag schlechter, denn die Mittel für eine Chemotherapie sind schon lange aufgebraucht.

Kleinkinder, die wegen Unterernährung an Zinkmangel leiden, schreien vor Schmerzen, wenn sie bewegt werden müssen oder wenn man sie nur berührt, denn ihre Haut hat sich als Folge dieser früher sehr seltenen Erkrankung abgeschält. Die achtzehn Monate alte Zainab

Rashid, die nur noch zwölf Pfund wog, sah aus, als hätte sie Verbrennungen dritten Grades: Das Fleisch ihres ganzen Körpers war roh. Irakische Ärzte sagten, daß sie Zinkmangel, der auch Haarausfall zur Folge hat, bis vor kurzem nur aus der medizinischen Literatur kannten. Die Krankheit ist so schmerzhaft wie eine schwere Verbrennung. A'isha, die vierzigjährige Mutter des Kindes, saß völlig erschöpft an Zainabs Seite und sah zehn Jahre älter aus als sie war. Sie hatte neun Kinder und davon bereits drei Söhne im Krieg gegen den Iran verloren. Jetzt mußte sie befürchten, daß auch Zainab sterben würde. Außer Hörweite der Mutter sagten mir die Ärzte, der Ausgang sei ungewiß, und selbst wenn Zainab überleben würde, könnte sie irreversible Hirnschäden davontragen oder steril sein.

»Warum tun die Amerikaner nur so etwas?« fragte mich A'isha. »Tun sie es, weil wir Muslime sind und sie die Muslime hassen? Läßt es euer christlicher Gott zu, daß ihr kleinen Kindern so etwas antut?«

Wenn man heutzutage aus dem Westen kommt und im Irak ein Krankenhaus besucht, wird man zur Zielscheibe der Wut der Iraker. Viele Mütter, deren Kinder im Sterben liegen, sind einfache Frauen, manche von ihnen Analphabeten. Sie haben keine Ahnung von internationaler Politik und wissen nicht, was Sanktionen sind. Sie wissen nur, daß ihr Kind krank ist und Schmerzen hat. Da sie von der Außenwelt abgeschnitten sind, sind selbst die gebildeten Leute auf die staatlich kontrollierten Medien angewiesen, die täglich Saddam Husseins Propaganda verbreiten.

Im Al-Qadissiya-Hospital in Saddam City, einem der Armenviertel der Hauptstadt, zählte mir Tamalher Al-Dhahir, der Chef der Kinderabteilung, auf, die Kinder stürben an Typhus, Cholera, Hepatitis und Masern, außerdem seien Kinderlähmung, Diphterie und Keuchhusten wieder auf dem Vormarsch. Vor 1991 gab es im Irak ein vorbildliches Impfprogramm. Heute gibt es weder Impfstoffe noch Spritzen. »Man vergißt leicht, daß Masern eine tödliche Krankheit sein können. Sie schwächen das Immunsystem, so daß das Kind oft an einer chronischen Gastroenteritis stirbt«, erklärte mir ein Angehöriger der UNICEF in Bagdad. »Vor den Sanktionen hatte der Irak das beste und effizienteste Gesundheitssystem des Mittleren Ostens, die besten Ärzte, die beste Infrastruktur.«

Anfang 1992 hatte sich die Sterblichkeit gegenüber dem Vorjahr fast verdoppelt, und die Fälle von Kwashiorkor (Proteinmangel) und Marasmus (Kräfteschwund), die man normalerweise nur in Somalia oder im Sudan findet, und andere schwere Formen von Mangelerkrankungen hatten sich vervierfacht. Einem Bericht der UNICEF zufolge hatte es vor den Sanktionen zumindest in den letzten zehn Jahren im Irak keine Fälle von Unterernährung gegeben. Die Versorgungskrise hat darüber hinaus dazu geführt, daß sich die Kindbettsterblichkeit mehr als verdreifacht hat. Sie ist innerhalb von achtzehn Monaten von 37 Promille im Jahr 1990 auf 117 Promille gestiegen.

Fast die Hälfte der Bevölkerung des Irak ist jünger als vierzehn. Nach den Unterlagen der UN war damit zu rechnen, daß im Jahr 1992 dreihundertvierzigtausend Kinder sterben würden, und daß ein Drittel der dreieinhalb Millionen Kinder unter fünf, die zu der Zeit unter mittelschweren Mangelerscheinungen litten, ebenfalls sterben würde, wenn sich die Situation im Irak nicht änderte. Internationale und irakische Gesundheitsbehörden prophezeiten eine schwere Krise, wenn die Sanktionen nicht aufgehoben würden. Und ein Arzt sagte: »Die Hauptleidtragenden sind immer die Kinder. Das sind keine Wirtschaftssanktionen, sondern Sanktionen gegen das Leben.«

Als ich diese Station des Krankenhauses verließ, hielt mich ein Arzt plötzlich am Arm fest und drehte mich herum. »Was wollen Sie hier?« schrie er mich an. »Was bezwecken Sie überhaupt mit Ihrem Besuch? Wo ist Ihre Barmherzigkeit? Dieser Konflikt spielt sich zwischen Ihren und unseren höchsten Autoritäten ab. Was hat es für einen Sinn, diese Kinder so leiden zu lassen? Haben Sie selbst Kinder? Ich habe zwei«, schrie er. »Ich weiß, was es heißt, Kinder zu haben. Glauben Sie, diese Mütter können mit der Regierung reden? Können sie etwas ändern? Warum läßt Amerikas Präsident Kinder und Säuglinge verhungern?« Drei Schwestern, die durch den Lärm auf die Szene aufmerksam geworden waren, versuchten, ihn zu beruhigen, und brachten ihn weg. Al-Dhahir entschuldigte sich bei mir: »Er ist müde, und er sieht so viele Kinder, denen er nicht mehr helfen kann.«

Die hochschwangere Raskia Mansi schlief in der drückenden Nachmittagshitze neben ihrer sechsjährigen Tochter Zara, die wegen schwerer Symptome von Unterernährung eingeliefert worden war. Raskia wurde wach, als wir an dem Bett vorbeikamen. Sie erwartete in einer Woche ihr dreizehntes Kind. »Ich wollte nicht schon wieder schwanger werden«, sagte sie, »aber ich weiß nicht, woher ich die Antibabypillen bekommen soll, die ich früher genommen habe, und ich könnte sie mir auch überhaupt nicht mehr leisten.« Sie schafft es nicht einmal, die Kinder zu ernähren, die sie bereits hat. Vor fünfundzwanzig Tagen war ihre achtzehn Monate alte Tochter Marwa im gleichen Krankenhaus an den gleichen Mangelerscheinungen gestorben, unter denen Zara leidet. Ihr Mann, ein ehemaliger Fabrikarbeiter, bekommt eine Rente in Höhe von 220 Dinar pro Monat.

»Wir haben alles zu Geld gemacht, um Lebensmittel und Medikamente kaufen zu können – meinen Hochzeitsschmuck, unsere Möbel, unseren Heizofen, unsere Decken, ja sogar unsere Kleider. Dies ist das einzige Kleid, das mir noch geblieben ist«, sagte sie und zeigte auf das Kleid, das sie trug. »Woraus besteht in Ihrer Familie eine typische Mahlzeit?« fragte ich sie. »Eine Suppe aus Wasser und Reis. Eine meiner Töchter hatte neulich so großen Hunger, daß sie eine Kerze gegessen hat«, sagte sie, und in ihren Augen standen die Tränen. Raskia leidet selbst unter Blutarmut, und die Ärzte rechnen damit, daß ihr neues Baby Untergewicht haben wird. Die sechsjährige Zara wird wohl sterben, und die Ärzte bezweifeln, daß das neue Kind überlebt.

Anfang 1992 ging die irakische Regierung dazu über, Lebensmittelrationen auszugeben. Jeder Person standen pro Monat 18 Pfund Mehl, zwei Pfund Zucker, drei Pfund Reis, 230 Gramm Speiseöl, 125 Gramm Tee und vier 400-Gramm-Büchsen Trockenmilch zu. Außerdem bekam jede Familie vier Pfund Fleisch. Bei meinem Besuch sieben Monate später waren Milch und Fleisch kaum zu bekommen, und auch die anderen Rationen gab es nur hin und wieder.

Ich besuchte eine der Moscheen, die für die Verteilung der Rationen in der Innenstadt zuständig war. Draußen hatte sich eine große Menge von Frauen angesammelt, aber da die Vorräte bereits verteilt waren, hatte man die Tore geschlossen. »Immer wieder müssen wir Tausende nach Hause schicken«, sagte Mullah Adnan Abdul Wahab. »Das ist sehr schwer; ich habe selbst sieben Kinder. Aber wir haben einfach nicht mehr. Wenn wir genügend Vorräte hätten, käme die gesamte

Bevölkerung von achtzehn Millionen. Die Not in diesem Land ist einfach zu groß.«

Unter den Frauen, die ausnahmslos nach islamischem Brauch schwarz gekleidet waren, war ein dreizehnjähriges, unterernährtes Mädchen namens Najan Hassan. »Ich bin eine Stunde unterwegs gewesen, um hierherzukommen, und habe dann acht Stunden warten müssen«, sagte sie. »Mein Vater ist krank, er kann schon seit sieben Jahren nicht mehr arbeiten. Meine Mutter ist tot. Ich habe drei jüngere Brüder und drei Schwestern. Wir leben meistens von Tee und Brot. Und es gibt viele Tage, an denen wir überhaupt nichts zu essen bekommen.« Sie war mit den anderen abgewiesen worden, trotzdem war es ihr schließlich gelungen, drei Pfund Reis zu ergattern. Damit würde ihre Familie vermutlich zwei Tage auskommen müssen. Sie drückte den Reis ganz fest an ihren Körper, als sei er das Kostbarste auf der Welt, und machte sich auf den langen, heißen Heimweg.

Robert Yallow, Programmleiter von CARE (Australien), war zwölf Monate lang im Irak. Seine Organisation betreibt ein besonderes Ernährungsprogramm für Säuglinge und Kinder im Südirak, und er arbeitet dabei mit der »Federation of Iraqi Women« zusammen. »Wir haben im australischen Fernsehen Spendenaufrufe für den Irak gesendet. Normalerweise ist das Echo auf solche Sendungen riesig. In diesem Fall gab es jedoch kaum einen Anruf. In den wenigen Briefen, die wir erhielten, stand: ›Wir haben CARE in der Vergangenheit stets unterstützt, aber wir sind nicht bereit, Saddams Kinder zu ernähren.‹ Mein Gott, so etwas ist grotesk. Ich habe mich geschämt, meinen irakischen Mitarbeitern zu sagen, was geschehen war. Kinder, die verhungern, haben nichts mit Politik zu tun. Die Menschlichkeit darf doch nicht wegen der Politik einer Regierung auf der Strecke bleiben.«

In einer Ansprache, in der sich Saddam Hussein über die Entbehrungen äußerte, die das Embargo mit sich gebracht hatte, rief er die Frauen der Nation auf, härter zu arbeiten. »Vor allem in den Städten ist die Arbeitskraft vieler Frauen zur Zeit nur zur Hälfte ausgelastet«, erklärte er, als er eine Kampagane unter dem Motto »Arbeitet, damit die Blockade ihren Sinn verliert« initiierte. Und er fuhr fort: »Wenn die irakischen Frauen den größten Teil ihrer Bedürfnisse durch ihre eigene Arbeit befriedigen können, wird die Blockade sinnlos geworden sein.

Wir wünschen uns, daß die Frauen produktiv sind und ihre Aufmerksamkeit nicht an unwichtige Dinge verschwenden, wie sie das zur Zeit noch tun. Wenn die Männer für die Lebensmittel und die Frauen für die Kleidung sorgen, wird die Blockade beendet sein.«

Schon diese Ansprache bewies ein bemerkenswertes Maß an Realitätsverlust. Als Hussein dann jedoch den Frauen vorwarf, das Geld ihrer Familien für Gold und neue Kleider zu verplempern, bewies er, wie weltfremd er wirklich war. »Sobald eine irakische Frau Geld in die Finger bekommt, geht sie zum Markt, um sich Schmuck und neue Kleider zu kaufen. Stimmt das nicht? Wir leben zur Zeit unter Bedingungen, die es nicht zulassen, daß ihr euch neue Kleider kauft, die 2000 Dinar oder noch mehr kosten. Die Rolle der irakischen Frau ist mit der Zeit immer wichtiger geworden, und ihr Einfluß auf das gesamte Leben ist größer als der des Mannes. Es genügt nicht, wenn wir sagen, wir wollen soundso viele Stunden arbeiten; wir müssen unentwegt arbeiten. Wir müssen sogar von unserer Arbeit träumen. Die irakischen Frauen sollten nicht immer nur einkaufen gehen.« Angesichts der täglich schwieriger werdenden Situation, in der die Bürger des Landes leben mußten, war das ein erstaunlicher Erguß.

Ich kann diesen Aussagen von Saddam Hussein über Frauen, die sich Kleider kaufen, die zehnmal soviel kosten wie der Durchschnittsiraker im Monat verdient, nur das strahlende Gesicht einer Frau entgegenhalten, die von einer Freundin zum Geburtstag eine kleine Dose Tomatenmark geschenkt bekommen hatte.

11 Jordanien: Wenn der Islam die Lösung ist

Man kann die Würde einer Frau nicht verletzen,
indem man sie schlägt,
denn eine Frau wird ohne Würde geboren.
Jordanische Fundamentalisten, 1989

Wenn man aus dem Irak nach Jordanien kommt, fühlt man sich sofort viel wohler. Zum Teil hängt das natürlich damit zusammen, daß man gerade den schlimmsten Polizeistaat der Welt verlassen hat. Die Einheimischen heißen einen freundlich willkommen, selbst die, deren Wände mit Plakaten von Saddam Hussein geschmückt sind. Im Sommer liegt die Temperatur auf der jordanischen Seite der Wüste bei 35 Grad, also 15 bis 20 Grad niedriger als in Badgad, und damit kann man leben. Und das Licht, das in dem kleinen Königreich so klar ist, wird immer intensiver, je mehr man sich der Hauptstadt Amman nähert.

Jordanien wird schon seit langer Zeit als westlichster Staat der arabischen Welt betrachtet. Sein in England erzogener Monarch und seine blonde, blauäugige, in Amerika geborene Königin Nur al-Hussein passen zu dieser Vorstellung. König Hussein besuchte die englische Eliteschule Harrow und wurde an der Militärakademie Sandhurst ausgebildet, daher auch sein makelloses Englisch; seine Frau, eine geborene Lisa Halaby, hat die Princeton University besucht. Vor dem Golfkrieg war das Land ein Muß für jeden Touristen im Mittleren Osten: Jedes Jahr wuchs die 3,8-Millionen-Bevölkerung durch ausländische Besucher vorübergehend um die Hälfte an. Herodes »der Große« baute hier die Festung, in der er Johannes »den Täufer« einsperrte und in der Salome für den König der Judäer tanzte, der ihr dafür den Kopf

des unglücklichen Johannes schenkte. In Jordanien befindet sich auch
die ungewöhnlich schöne Stadtfestung Petra, die »halb so alt ist, wie die
Zeit« und von den Nabatäern aus rosarotem Sandstein gehauen wurde.
Lawrence von Arabien hatte während des großen Araberaufstands im
Wadi Rum sein Hauptquartier, acht Jahrhunderte vor ihm saßen die
Kreuzritter in diesem Tal – ihre Burgen stehen immer noch.

Amman, das wie Rom ursprünglich auf sieben Hügeln erbaut
wurde, dehnt sich heute über mindestens siebenundzwanzig aus. Man
findet kaum eine Straße, die kein steiles Gefälle hat. Auf den ersten
Blick strahlt die Hauptstadt eine Atmosphäre des Wohlstands aus. Die
Villen aus Kalksandstein und Marmor leuchten weiß in der Sonne. Auf
den Dächern stehen Fernsehantennen, die wie kleine Eiffeltürme aussehen. Die Mode in Amman reicht von importierter teurer Eleganz bis zur
konservativen Totalverschleierung. Eine der Boutiquen für gelang-
weilte reiche Damen verkauft nichts als Modelle des amerikanischen
Designers Nolan Miller, der auch für die »Haste-was-biste-was«-Mode
im »Denver-Clan« verantwortlich gewesen ist. Der Sonnenuntergang
wird jeden Abend vom Klingeln der Eiswürfel in den Cocktails einge-
läutet, die auf den unzähligen Terrassen über der Stadt von Dienern
gereicht werden. Und da man sich in Jordanien befindet, geht es in den
Gesprächen zwangsläufig immer wieder um das Problem der Heimat
der Palästinenser – denn über 60 Prozent der Bevölkerung des Königreichs sind Palästinenser. Neben dem Hochzeitsbild und den Fotos der
Kinder stehen bei vielen jordanischen Palästinensern Bilder ihres be-
schlagnahmten Eigentums in den von Israel besetzten Gebieten und
ihrer Häuser in Jordanien, die 1970 im Schwarzen September des
Bürgerkriegs zerstört wurden. »Nächstes Mal müssen wir besser aufpassen, damit wir nicht wieder in einem Land geboren werden, das
Gott anderen Leuten versprochen hat«, sagte ein Palästinenser trocken.

Jordaniens sichtbarer Wohlstand ist jedoch eine Illusion, eine Fata
Morgana, vor allem seit dem Golfkrieg. Wenn man die irakisch-jor-
danische Grenze überquert, verläßt man die ausgezeichnet gewartete
vierspurige Autobahn Saddam Husseins und fährt auf einer Straße
voller Schlaglöcher und Windungen nach Amman. Jordanien fehlt wie
seinem Nachbarn Israel das Öl, mit dem der Rest der Region in Hülle
und Fülle gesegnet ist. Das Königreich, ein Land von der Größe

Österreichs, das zu einem großen Teil aus unfruchtbarer Wüste besteht, ist der arme Vetter der Staaten im Mittleren Osten und am Golf. König Hussein wuchs in Amman in einem eher bescheidenen Einfamilienhaus auf. Als Junge mußte er erleben, daß seine Eltern sein importiertes Fahrrad verkaufen mußten, weil sie sonst nicht zurechtgekommen wären. Husseins Vater bekam vom Staat nur ein Gehalt von 1000 englischen Pfund. Aber noch während Jordanien um sein finanzielles Überleben kämpfte, wurde König Hussein von seinen plutokratischen muslimischen Nachbarn als Oberhaupt der Ersten Familie des Islam bestätigt: Seine haschemitische Herkunft geht über vierzehnhundert Jahre in direkter Linie auf den Propheten Mohammed zurück.

Bis zum Golfkrieg, in dem dieser Mann, den man einmal als Jordaniens »tapferen, kleinen König« bezeichnete, die »falsche Seite« unterstützte, erhielt das Königreich Hilfe aus den USA, aus Saudi-Arabien und aus dem Irak. Als sich König Hussein dann jedoch mit dem Irak verbündete, der bis zum Ausbruch des Krieges Jordaniens wichtigster Handelspartner und Öllieferant gewesen war, froren die USA und Saudi-Arabien die finanzielle Unterstützung des Königreichs ein. Nach dem Inkrafttreten der UNO-Sanktionen war es für Jordanien praktisch unmöglich, die Import- und Exportgeschäfte mit dem Irak fortzusetzen. Und da auch andere arabische Staaten das Königreich boykottierten, war Jordanien politisch und wirtschaftlich isoliert.

Ein weiterer Schlag für die Wirtschaft des Landes war die Ausweisung von dreihunderttausend Palästinensern aus Kuwait, von denen der größte Teil nach Jordanien zurückkam. Diese Wanderarbeiter – jeder zwölfte ein Jordanier – ließen die Arbeitslosenquote des Landes von 8 auf 30 Prozent ansteigen, außerdem fehlten jetzt die Überweisungen aus Kuwait in die Heimat. Es überrascht nicht, daß auch der Tourismus des Königreichs durch die Golfkrise beeinträchtigt wurde. (Um Jordaniens Wirtschaft zu retten, sprach sich König Hussein Mitte 1993 gegen die Fortsetzung der Herrschaft von Saddam Hussein im Irak aus.)

Als es mit der Wirtschaft immer weiter bergab ging und außer einer begüterten, elitären Minderheit die gesamte Bevölkerung davon betroffen war, wurde die Parole der Fundamentalisten »Der Islam ist die Lösung« immer lauter. Im Gegensatz zu den reichen arabischen Ölländern gibt es in Jordanien kein umfassendes Sozialprogramm, so daß die Islamisten immer wieder einspringen konnten. Vor vier Jahren begann die Muslim-Bruderschaft in den jordanischen Flüchtlingslagern, in denen fast eine Million Palästinenser lebt, ihre *Hijab*-Kampagne. In den Moscheen wurde den Männern verkündet, daß »gute islamische Familien« eine monatliche »Wohltätigkeits«-Unterstützung bekämen. Wer sich dafür qualifizieren wollte, brauchte nur dafür zu sorgen, daß alle weiblichen Mitglieder der Familie den *hijab* trugen. Für jede Frau mit *hijab* gab es 15 Dinar (30 Mark) pro Monat. Im Durchschnitt gab es in einer Familie sechs bis sieben Frauen und Mädchen, so daß sie zwischen 90 und 105 Dinar pro Monat kassieren konnte, eine beträchtliche Summe, wenn man bedenkt, daß das Durchschnittseinkommen in diesem Land 200 Dinar beträgt. Die Methode war so erfolgreich, daß man sie auch auf Jordaniens Bildungseinrichtungen ausdehnte.

Ähnlich wie vor ihnen die christlichen Missionare gründen auch die Islamisten zuerst Wohltätigkeitsorganisationen und benutzen sie dann für ihre Bekehrungsarbeit. Und in den muslimischen Staaten, in denen die Regierung entweder nicht bereit ist, solche Angebote zu machen, oder sie nicht machen kann – möglicherweise auch, weil sie zu korrupt ist –, springen häufig die Fundamentalisten in die Bresche. Die Muslim-Bruderschaft, die größte und bekannteste islamistische Organisation in Jordanien, bot schon Anfang der sechziger Jahre medizinische, pädagogische und soziale Dienste an. Heute unterhält sie eins der größten Krankenhäuser des Landes, das »Islamische Hospital« in Amman, in dem allein im letzten Jahr eine halbe Million Patienten behandelt wurde. Sie besitzt darüber hinaus fünfundzwanzig Kliniken, vierzig islamische Schulen und hundertfünfzig Zentren für religiöse Studien. Man betrachtet diese Einrichtungen als Grundpfeiler der Infrastruktur eines islamischen Staates.

1957 billigte auch der König die islamisch-orthodoxe Bewegung in Jordanien. Der Monarch, dessen Beliebtheit im Land einen absoluten Tiefpunkt erreicht hatte, befürchtete damals, daß Nassers panarabischer Sozialismus auch auf sein Land übergreifen könnte. Als ein Mitglied der Muslimischen Bruderschaft versuchte, Nasser umzubringen, kam es zur Krise. Viele Fundamentalisten flohen aus Ägypten und fanden in Jordanien Asyl. König Hussein folgte der alten muslimischen

Maxime »Der Feind meines Feindes ist mein Freund«, unterstützte die Muslim-Bruderschaft in Jordanien und verbot gleichzeitig alle politischen Parteien im Land. Um nach außen hin den Anschein der Unparteilichkeit zu wahren, ließ er die Muslim-Bruderschaft als Wohltätigkeitsorganisation eintragen.

Als 1989 die ersten nationalen Wahlen seit einer Generation stattfanden, befand sich das Land unter Kriegsrecht, und das Verbot der politischen Parteien war noch in Kraft. Das bedeutete, daß die meisten Kandidaten als Unabhängige antreten mußten. Da sie den Status einer Wohltätigkeitsorganisation besaß, konnte nur die Muslim-Bruderschaft organisierte Kandidaten aufstellen, denn sie galt offiziell nicht als politische Partei. Von den achtzig Sitzen des Parlaments fielen daher zwanzig an die Muslim-Bruderschaft und zusätzlich vierzehn an unabhängige Islamisten, so daß die Fundamentalisten letzten Endes über 40 Prozent der Parlamentssitze verfügten und zum stärksten Regierungsblock wurden.

Diese Wahlen waren gleichzeitig die ersten in Jordanien, bei denen Frauen als Kandidaten aufgestellt werden durften. Insgesamt waren es zwölf, von denen jedoch keine gewählt wurde. Für Tujan Faisal, eine der Kandidatinnen, ist die Wahlkampagne, die sich gegen ihre Person richtete, noch nicht zu Ende. Sie kostete sie ihren Beruf, ihre Ehe, ihren komfortablen Lebensstil und ihre Sicherheit.

»Tötet die Abtrünnige! Tötet die Abtrünnige!« Die Worte verfolgen sie noch im Schlaf. Das Blut, das die Fundamentalisten forderten, war ihr eigenes. Jeden Tag wurde die Parole stundenlang vor dem Gerichtsgebäude geschrien, die Schreie verfolgten sie bis nach Hause und wurden per Telefon wiederholt. Sogar ihr Mann, ein Arzt, und seine Patienten wurden in seiner Praxis telefonisch damit belästigt.

Die Anklage der Abtrünnigkeit bedeutete zugleich die Aufforderung an das Gericht, sie für unmündig zu erklären, ihre Ehe aufzulösen, ihr gesamtes Eigentum zu beschlagnahmen, ihr sämtliche Bürgerrechte abzuerkennen, alle ihre Werke zu verbieten und jedem Straffreiheit zuzusichern, der ihr Blut vergießen würde.

Welches Verbrechen hatte sie begangen? Die Fundamentalisten hatten zwei Monate lang in einer Medienkampagne gefordert, Frauen nicht als Kandidaten zuzulassen, weil sie für ein politisches Amt geistig nicht geeignet seien. Faisal hatte daraufhin einen Zeitungsartikel geschrieben und diesen Kreuzzug gegeißelt. Jeden Tag hatten die Islamisten in den Zeitungen des Landes behauptet, »Frauen sind unzulänglich, ihnen fehlt das Verständnis für die Religion und die entsprechende Bildung, sie handeln unbesonnen und lassen sich ausschließlich von ihren Gefühlen leiten«.

Tujan Faisal, die damals Jordaniens bekannteste Fernsehkommentatorin war, eine eigene Sendung hatte und außerdem Artikel für die Zeitung schrieb, sagt: »In den Zeitungen stand, daß Frauen ihr ganzes Leben lang unmündige Kinder bleiben und Männer brauchen, die ihre Angelegenheiten für sie erledigen und dafür sorgen, daß sie nicht vom rechten Weg abkommen. In einem anderen Artikel stand: ›Frauen sind absolut unzulänglich. Sie sind nur zum Putzen, Kochen und Bedienen der Familie gut. Körperlich sind sie nur für niedere Tätigkeiten geeignet. Zum Ausgleich für diese Dienste wird die Frau versorgt, hat ein Dach über dem Kopf und Kleider.‹ In einem dritten stand: ›Es ist erlaubt, eine Frau zu schlagen, wenn sie die Anordnungen ihres Mannes nicht befolgt. Die Schläge können die Würde der Frau nicht verletzen, denn sie wird ohne Würde geboren.‹«

Nachdem Faisal diese Verunglimpfung aller Frauen so lange hingenommen hatte, wie sie konnte, kam sie schließlich zu dem Schluß, daß die Fundamentalisten zu weit gegangen seien. »Es war so billig, wie sie die Frauen schlechtmachten«, erzählt sie. »Es war lächerlich. Sie behaupteten, Frauen würden verrückt, wenn sie ihre Periode hätten, und sie sagten, der Umstand, daß Frauen ihre Kinder liebten, sei ein Zeichen ihrer Schwäche. Ich war wütend, weil die Islamisten die gesamte weibliche Bevölkerung für unfähig hielten, ein politisches Amt auszuüben.«

Faisal schlug zurück. Sie schrieb einen Artikel mit der Überschrift »Sie beleidigen uns ... und wir wählen sie!« Sie schrieb, daß die Kritiker der Frauenrechte den Koran falsch interpretiert hätten. »Sie behaupten, die Unzulänglichkeit der Frau sei durch die Tatsache begründet, daß sie schwanger würde, Kinder zur Welt brächte und menstruiere. Das läßt den Schluß zu, daß die Mutterschaft [die im Islam verehrt wird] die Ursache für ihre Unzulänglichkeit ist. Können wir vielleicht daraus

ableiten, daß die unfruchtbare Frau vollkommener ist als die frucht-
bare? Oder daß Frauen, die nicht menstruieren, vollkommener sind als
die, die es tun?«

Obwohl Faisal eine prominente Frau ist, reagierte nach dem 21. September 1989, dem Tag, an dem der Artikel in der arabischen Zeitung
»Al-Ra'y« erschien, dreiundzwanzig Tage lang niemand darauf. »Niemand konnte in dem, was ich geschrieben hatte, etwas Ketzerisches
entdecken, bis ich dann am 14. Oktober meine Kandidatur anmeldete«,
sagt sie. Die Wahlen sollten am 8. November stattfinden, und der
Wahlkampf ist in Jordanien, wie in vielen europäischen Ländern, nur
kurz. Als sie jedoch ihre Kandidatur angemeldet hatte, entwickelte sich
alles sehr rasch. Noch am gleichen Tag wurde sie von zwei konservativen Mullahs zur Glaubensabtrünnigen erklärt, einer von ihnen war
ein *mufti* (ein Religionsführer und Interpret des islamischen Rechts) in
der jordanischen Armee. Er gab an, der Fall komme »im Namen des
Volkes und zur Verteidigung des Islam« vor Gericht.

Die Anklage gegen Faisal wurde außerdem von einigen prominenten Persönlichkeiten stillschweigend unterstützt, damit das Land »intakt, konservativ und nicht so liberal wie die westlichen Gesellschaften«
bliebe. Der Fall – in Jordanien der erste dieser Art gegen eine Frau –
wurde von den jordanischen Fundamentalisten, die sich dem weltlichen Trend im Land entgegenstellten, als Kraftprobe betrachtet.

»Die beiden Mullahs liefen zwei Tage lang von einem Scharia-
Gericht zum anderen, um einen Richter zu finden, der mit ihrer Anklage sympathisierte«, erinnert sich Faisal. »Das Gericht bei mir in der
Nähe lehnte den Fall ab; der Richter sagte, das Ganze sei Unsinn. Aber
sie gaben nicht auf und fanden schließlich in einem südlichen Stadtteil
von Amman einen Richter, der ihre Ansichten teilte und auch sofort
Anklage erhob. Am Mittag des 17. Oktober wurde ich benachrichtigt,
daß die Anhörung am nächsten Tag um neun Uhr morgens stattfinden
sollte. Nach dem Gesetz hätte mir eigentlich eine Frist von achtundvierzig Stunden zugestanden, aber der Richter setzte sich einfach darüber
hinweg.

Wir kamen zu dem Schluß, daß es das beste sei, wenn mein Anwalt
allein hinginge. Der Richter ließ es jedoch nicht zu, daß er mich vertrat,
und man teilte mir mit, daß ich in Abwesenheit verurteilt werden

würde. Mein Anwalt durfte kein Wort sagen, er konnte sich nur Notizen machen. Niemand gab ihm ein Protokoll der Anhörung, das mir von Rechts wegen zugestanden hätte.«

Im Gerichtssaal drängten sich die Islamisten, und auch vor dem Gebäude hatte sich eine große Menschenmenge angesammelt. Die draußen Stehenden skandierten ihren Schlachtruf: »Tötet die Abtrünnige!« Während der Anhörung, die ziemlich lange dauerte, ließ der Richter nur Beweise zu, die sich gegen Tujan Faisal richteten. Die Verhandlung wurde häufig durch Zwischenrufe der Fundamentalisten unterbrochen, die »*Allahu Akbar*« (Gott ist groß) riefen.

»Diese erste Anhörung sollte vor allem den Islamisten eine Plattform bieten«, sagt Faisal. Die Fortsetzung der Verhandlung wurde um zehn Tage verschoben. »Beim zweiten Termin beschloß die Familie, daß mein Vater, mein Bruder und meine Schwester hingehen würden. Ich sollte zu Hause bleiben. Ich selbst sollte an meinem Prozeß nicht teilnehmen, das sei zu gefährlich. Meine Familie und meine Freunde hatten Angst um mein Leben.«

Faisal sitzt im Wohnzimmer ihres Apartments in Amman und erinnert sich, wie ihr Leben innerhalb von Tagen völlig aus den Fugen geriet. Die Wände der Wohnung, die im zweiten Stock des Hauses liegt, müßten dringend gestrichen werden, aber sie kann sich so etwas nicht mehr leisten. Im Putz der einen Wand ist ein Riß, der fast vom Boden bis zur Decke reicht, aber sie hat kein Geld für die Reparatur. »Und wenn die Möbel verschlissen sind, was bei kleinen Kindern schnell der Fall ist, werde ich mir keine neuen kaufen können.« Ihre beiden Töchter sind vier und zehn, ihr Sohn zwölf Jahre alt.

»Bevor das alles passiert ist, habe ich ein sehr komfortables Leben geführt. Ich hatte ein gutes Gehalt, und mein Mann hatte eine große, gutgehende Arztpraxis. Ich arbeitete seit 1971 beim Fernsehen und hatte seit 1983 eine eigene Sendung.«

Faisal war schon Jahre vor den Wahlen von den islamischen Konservativen aufs Korn genommen worden. Die erste Gelegenheit ergab sich, als sie 1984 im »Amman's Women's Club« ein Seminar über Kindesmißhandlung veranstaltete. Die Auswertung der Unterlagen ergab eine große Häufung von Vergehen an Kindern, die in vielen Fällen sexueller Art waren. »Es ist eine bittere Ironie, aber in Jordanien kann nur der Vater des Kindes oder ein Mann, der das Sorgerecht über das Kind hat, Anzeige wegen Inzest erstatten«, sagt Faisal. Nach diesem Seminar wurde sie in den Moscheen angegriffen. Die Mullahs warfen ihr vor, »die Solidarität und die moralische Struktur der islamischen Familien zu zerstören«. Faisal erinnert sich: »Sie sagten, Kindesmiß-handlung sei eine Krankheit der westlichen Länder, und behaupteten, in Jordanien gebe es so etwas nicht. Ich solle gefälligst kein fremdes Gedankengut einschleppen.«

Vier Jahre später machte sie eine Sendung über Frauen, die von ihren Männern geschlagen wurden. Sie fragte, warum es in Jordanien – einem Land, in dem das Steinigen und das Abhacken der Hand bei Diebstahl abgeschafft waren – immer noch erlaubt war, Frauen zu schlagen. »Wenn eine Frau zur Polizei geht, um Anzeige zu erstatten, hört sie, sie werde ihrem Mann wohl nicht gehorcht haben. Ich war entsetzt über die Briefflut von den betroffenen Frauen, die nach der Sendung bei uns einging. Selbst einige meiner engsten Freundinnen gehörten zu den Opfern, und ich hatte nichts davon gewußt.

Geistliche warfen mir vor, ich hätte das islamische Recht verletzt und wolle es abschaffen. Sie setzten sich mit dem Obersten Richter der Scharia-Gerichte in Verbindung, der sich dann seinerseits an den Inten-danten des Fernsehens wandte. Man wollte erreichen, daß ich nicht im Fernsehen auftreten dürfte. Eine Woche lang legte man mich tatsäch-lich auf Eis, dann platzte dem Informationsminister der Kragen, weil man so mit mir umsprang, und er ließ meine Sendung wieder zu.«

Anfang 1989 wollte Faisal eine Sendung über Polygamie machen. »Die Polygamie war in Jordanien früher nicht sehr verbreitet«, sagt sie. »Durch die Propaganda der Fundamentalisten nimmt sie heute immer mehr zu. Keine verheiratete Frau fühlt sich deswegen heute noch sicher, und viele kamen mit ihren Ängsten zu mir.« Faisal wandte sich an das Scharia-Gericht und fragte an, ob ein Vertreter des Gerichts an der Sendung teilnehmen wollte, um den islamischen Standpunkt zu vertreten. »Ich wollte lediglich, daß jemand erläutert, aus welchem Grund der Islam die Vielweiberei gestattet. Ich erklärte, daß ich in meiner Sendung beide Seiten zu Wort kommen lassen wollte, um dem Zuschauer Gelegenheit zu geben, sich selbst ein Urteil zu bilden.« Die Sendung kam nie über das Planungsstadium hinaus. »Sowohl der

Intendant als auch der Informationsminister wurden bedroht«, erzählt
sie. »Die Fundamentalisten unterstellten ihnen, daß sie politische
Gründe haben müßten, wenn sie zuließen, daß so etwas gesendet
würde. Sie behaupteten, die Sendung sei als Angriff auf den Irak
[damals Jordaniens engster Verbündeter] gedacht, weil Saddam Hussein jetzt zwei Frauen hatte und weil die irakische Regierung die
Männer anhielt, Zweitehen mit den vielen Soldatenwitwen einzugehen.
Man erklärte mir, der Minister sei nicht bereit, seine politische Karriere
aufs Spiel zu setzen. Die Sendung wurde gestoppt.

Während der Wahl brachten die Fundamentalisten die Polygamie-
Sendung wieder aufs Tapet und behaupteten, ich hätte gefordert, daß
Frauen vier Männer heiraten dürften. Sie sagten, so etwas sei un-
islamisch und man solle mich deshalb umzubringen.

Im Islam ist es leicht, einen Menschen wegen Abtrünnigkeit vom
Glauben anzuklagen. In einem Artikel hatte ich geschrieben, man solle
einen politischen Kandidaten nach seinen Verdiensten oder seinem
Intellekt beurteilen. Auch hierfür hatte ich nach Auffassung der Fundamentalisten den Tod verdient, weil ich statt Gott den menschlichen
Geist anbeten würde. Um das Maß vollzumachen, behaupteten sie
dann noch, ich hätte außerdem gesündigt, weil ich mir eine degene-
rierte Gesellschaft wünschte.«

Es ist natürlich beängstigend, solchen Angriffen ausgesetzt zu sein,
aber Faisal war zugleich auch beleidigt und verletzt. Sie ist eine fromme
Muslimin und kennt sich im Islam sehr gut aus. Sie wußte ganz genau,
daß die Vorwürfe gegen sie einfach nur Verleumdungen waren. Auf
der anderen Seite war ihr klar, daß die Mullahs den ungebildeten Mob
durch aufstachelnde Predigten ohne weiteres so manipulieren konnten,
daß er in hysterische Raserei verfiel. Und wenn sie auch nur die
leisesten Zweifel daran gehabt hätte, wäre sie beim ersten Gerichtstermin eines Besseren belehrt worden.

Die brüllende Menge verließ das Gericht und zog vor Faisals Haus.
»Wir schlossen die metallenen Läden, weil wir Angst hatten, daß
jemand Steine werfen oder sogar durch die Fenster schießen würde.
Unser Telefon klingelte Tag und Nacht, es waren entweder obszöne
Anrufe, oder man bedrohte uns. Ich war jedoch entschlossen, nicht
klein beizugeben. Ich sollte in der Universität eine Ansprache vor

Staatsvertretern halten, und ich hielt diesen Termin trotz allem ein. Als wir ankamen, war dort eine so riesige Menschenmenge, daß wir mehrere Straßen weiter parken mußten. Im Saal waren alle vorderen Plätze von verschleierten Frauen besetzt; es waren Islamistinnen, die bewußt schon Stunden früher gekommen waren. Um mich zu kompromittieren, stellten sie mir zahlreiche religiöse Fragen, aber da ich mich im Koran gut auskenne, bin ich auf diese Art schwer zu kriegen. Als sie merkten, daß es so nicht funktionierte, riefen sie: ›Tötet die Abtrünnige!‹ Männer im Publikum begannen zu schreien und islamische Parolen zu rufen, und jemand riß mir das Mikrophon aus der Hand. Dann ging das Licht aus, und wir hörten, wie Glas zersplitterte. Meine Leute packten mich und zogen mich durch einen Hinterausgang ins Freie. Sie hatten Angst, man würde mich tätlich angreifen. Die Polizei wurde eingeschaltet, und ich war einverstanden, unter Polizeischutz gestellt zu werden.

Mein Mann traute jedoch der Polizei nicht. Er sagte, sie sei von Fundamentalisten unterwandert. Er war fest davon überzeugt, daß man einen Anschlag auf mich geplant habe. Er weigerte sich, nachts zu schlafen, und wartete mit einem großen Messer in der Hand darauf, daß man bei uns einbrechen würde. Jedesmal wenn ein Auto vor unserem Haus abbremste, wurden wir nervös. Dina, meine älteste Tochter, hatte Alpträume, in denen bärtige Männer und verschleierte Frauen mich umbrachten. Meine größte Sorge war, daß man meinen Kindern etwas antun könnte. Ich sagte in den Schulen Bescheid, daß die Kinder nur von einem Familienmitglied abgeholt werden dürften. Ich konnte nicht mehr essen und nicht mehr schlafen, ich nahm ab, meine Kleider hingen wie Säcke an mir. Wir fühlten uns wie in einem Belagerungszustand und sahen keine Möglichkeit, diesen Leuten zu entkommen.«

Der zweite Gerichtstermin lief genauso ab wie der erste: wieder der brüllende Mob, diesmal allerdings noch zahlreicher, wieder die Todesdrohungen. Und auch diesmal weigerte sich der Richter, irgendeine Person für die Angeklagte aussagen zu lassen. Die zweite Verhandlung fand auch das Interesse der jordanischen Medien. Wie beim erstenmal hörte sich der Richter stundenlang die Beweise an, die von den Islamisten vorgetragen wurden, und vertagte dann die Verhandlung auf

einen Termin zwei Tage nach der Wahl. »Meine Schwester kam nach
der zweiten Verhandlung schockiert und völlig verängstigt nach
Hause. Sie sagte, es sei wie im Mittelalter gewesen, wie eine Hexenjagd.
Was uns vor allem angst machte, war, wie gut die ganze Haßkampagne
durchorganisiert war.

Dann verkündete der Richter einen Tag vor der Wahl und nach den
beiden publikumswirksamen Veranstaltungen, daß er den Fall nieder-
lege. Er sagte, er habe diese Entscheidung nicht getroffen, weil er
glaube, daß ich unschuldig sei, sondern weil sein Gericht nicht autori-
siert sei, über einen Fall von Glaubensabtrünnigkeit zu befinden. Das
hätte er auch schon vorher wissen können. Der Fall wurde an das
Berufungsgericht verwiesen, denn wenn ich verurteilt würde, wäre das
die Instanz, die auch meine Ehe auflösen müßte.« (Das jordanische
Rechtssystem ist eine komplizierte und oft widersprüchliche Mischung
aus osmanischem, britischem und islamischem Recht.)

Das Berufungsgericht führte die Verhandlung unter Ausschluß der
Öffentlichkeit, und die Demonstrationen fanden nur vor dem Gerichtsgebäude statt. »Als der Anwalt der Mullahs wieder seine islamischen Parolen von sich geben wollte, wurde ihm mitgeteilt, daß
keine weiteren Beweise zugelassen würden.« Die drei Richter des
Berufungsgerichts erklärten Faisal für nicht schuldig. Aber die Fundamentalisten gaben nicht auf. Sie behaupteten, die Behörden hätten das
Gericht unter Druck gesetzt. (Tatsächlich hatte der König, dem die
ganze Sache peinlich war, vor Leuten gewarnt, »die die Religion für
ihre politischen Zwecke mißbrauchen«.) Die Islamisten verlangten
vom Parlament, den Fall vor einem anderen Gericht noch einmal
verhandeln zu dürfen. »Der Fall wurde verhandelt und 1990 erneut
abgewiesen«, sagt Faisal.

»Die Kampagne gegen mich hat jedoch nie aufgehört. Ich werde
seitdem aus jeder Ecke angegriffen.« Trotz ihrer journalistischen Kontakte und ihrer guten Beziehungen konnte Faisal nicht herausfinden,
welche islamistische Organisation hinter der Kampagne steckt. »Bei
den Gerichtsterminen haben sie sich nie zu erkennen gegeben. Sie
sagten immer nur, sie seien die Vertreter des Volkes. Bis zum heutigen
Tag weiß ich nicht, wer dahintersteckt und wer das Ganze finanziert.«
Die Muslim-Bruderschaft hatte sich damals öffentlich gegen eine An-

klage Faisals ausgesprochen. Jordanier, mit denen ich darüber sprach, sahen darin ein taktisches Manöver: »Sie wollten bei den Wahlen 1989 nicht die Stimmen der Frauen verlieren.«

Für Faisal tritt die Frage nach den Urhebern des Kreuzzugs gegen sie immer mehr hinter den Schaden zurück, den man ihr zugefügt hat. »Obwohl das Gericht meine Unschuld bestätigte, wurden viele der Strafen, die die Fundamentalisten anfangs gefordert hatten, durch die Extremisten vollzogen.

Ich kann nicht mehr beim Fernsehen arbeiten. Man hat mir gesagt: ›Ich kann dich nicht auf den Bildschirm bringen, ich muß an die Leute denken.‹ Aus dem gleichen Grund will keiner meine Artikel veröffentlichen. Ich habe einen Magister in Englisch gemacht; meine Bewerbungen um einen Lehrauftrag an der Universität oder um eine Anstellung an einer Schule wurden jedoch abgelehnt. Der Direktor einer Schule gab zu, daß man von den Fundamentalisten gewarnt worden sei, mich einzustellen, aber er war bereit, diese Warnungen zu ignorieren, wenn die anderen Mitglieder des Kollegiums damit einverstanden wären. Sie weigerten sich. Sie hatten Angst.

Das gleiche passierte, wenn ich gebeten wurde, auf privaten Veranstaltungen Vorträge zu halten. Man verschickte Einladungen, nur wurde ich immer wieder ausgeladen. Jedesmal erklärte man mir, man sei gewarnt worden, daß mein Vortrag mit Gewalt gestört werden würde.

Meinem Mann gegenüber wandten die Extremisten die gleiche Einschüchterungstaktik an. Aufgrund ihrer Drohungen wurde er aus der medizinischen Fakultät entlassen. Man bedrohte so viele seiner Patienten, daß er sich schließlich gezwungen sah, seine Privatklinik zu verkaufen. Und er konnte auch keine Anstellung im öffentlichen Dienst finden. Um weiter als Mediziner arbeiten zu können, blieb ihm schließlich nichts anderes übrig, als Jordanien zu verlassen.

Heute versorgt mein Vater mich und die Kinder. Wir leben von einem Zehntel des Einkommens, das wir einmal hatten. Es reicht gerade zum Nötigsten, zu mehr nicht. Die Fundamentalisten haben meine Karriere und die meines Mannes vernichtet. Sie haben uns gezwungen, uns zu trennen. Sie haben mein Leben zerstört, und das wollten sie von Anfang an.«

Trotz ihrer eigenen Probleme macht sich Faisal vor allem Sorgen wegen der Unterwanderung des jordanischen Bildungssystems durch die Islamisten. »Unsere Bevölkerung ist sehr jung, und der Fundamentalismus nimmt in Jordanien so rasch zu, weil die Kinder und Jugendlichen in der Schule entsprechend beeinflußt werden.« Prominente Jordanier teilen diese Sorge.

Nach den letzten Wahlen gehörte dem neuen Kabinett zunächst keins der gewählten Mitglieder der Muslimischen Bruderschaft (MB) an, lediglich drei unabhängige Islamisten saßen mit in der Regierung. Weil sie das heikle Kultusministerium nicht erhalten hatte, hatte die MB eine Regierungsbeteiligung abgelehnt. Ein Jahr später bildete der König das Kabinett um und gab der Bruderschaft fünf Ministerposten. Und er beugte sich dem Druck der Islamisten und ernannte Abdullah al-Akayra, ein Mitglied der Bruderschaft, zum Kultusminister.

Das hatte unmittelbare Auswirkungen. Akayras erster Schritt bestand darin, die Geschlechter zuerst im Ministerium und dann in allen Schulen des Landes zu trennen. Er ordnete an, daß die Frauenabbildungen in allen jordanischen Schulbüchern mit Schleiern übermalt werden müßten. Die größte Wirkung in der Öffentlichkeit hatte er allerdings, als er es den Vätern untersagte, bei schulischen Veranstaltungen ihrer Töchter anwesend zu sein, weil die Mädchen bei dieser Gelegenheit mitunter Shorts oder Sportkleidung trügen. In einem langen Artikel mit dem Titel »Dem Himmel sei Dank für kleine Mädchen (in Shorts)« drückte der führende Kolumnist Rami Khouri die Gefühle vieler Jordanier aus. Er schrieb, daß dieser Erlaß ein Beispiel für »nackte politische Gewalt« sei, und warf die Frage auf, ob dies der Beginn der absoluten islamischen Herrschaft sei. »Bedeutet der Umstand, daß die Muslim-Bruderschaft und andere Islamisten 40 Prozent der Sitze im Unterhaus gewonnen haben, daß die Minister jetzt im Alleingang Gesetze durchsetzen können, die ihren Vorstellungen entsprechen? ... Es geht hier nicht um Shorts und Mädchenbeine. Es geht um Macht, öffentliches Ansehen, nationale Identität und um die Zukunft der arabischen Welt ...«

Er löste damit einen langanhaltenden Proteststurm aus, und sechs Monate später wurde Akayra als Minister abgelöst. Seine Veränderungen im jordanischen Schulsystem leben jedoch durch die Fundamentalisten fort, die er während seiner Amtszeit auf fast allen Ebenen einstellte. Haifa Melhes, die ranghöchste Frau im Kultusministerium, geht seit 1991 jeden Morgen in ihr Büro und hat nichts zu tun. Vor Akayras Ernennung war sie Leiterin der Abteilung für kulturelle Angelegenheiten gewesen. Akayra hatte ihr mitgeteilt: »Ich bin gegen Frauen in Führungspositionen«, und besetzte ihre Stelle mit einem männlichen Kollegen. Bedeutend weitreichendere Folgen hat jedoch der Umstand, daß die zahlreichen von Akayra eingesetzten Islamisten immer noch für Lehrpläne, Schulbücher und Verwaltungsangelegenheiten verantwortlich sind. »Wenn man die Schulen nach fundamentalistischen Richtlinien organisiert, kontrolliert man die ganze Gesellschaft«, sagte Melhes, »denn das Schulsystem produziert die Führungspersönlichkeiten von morgen.«

Aarwa al-Amiri, Professorin für Psychologie an der Universität von Jordanien in Amman, an der vierundzwanzigtausend Studenten immatrikuliert sind, ist wie viele Akademiker im Land in die Defensive gegangen. »Ich habe versucht, eine Konfrontation mit den Fundamentalisten an der Universität zu vermeiden«, erzählte sie mir. »Sie haben großen Einfluß auf dem Campus, das heißt, sie können jeden x-beliebigen zum Sündenbock machen. Ich mußte meine Kleidung ändern und kann nicht mehr sagen, was ich will.

Als ich hier 1973 angefangen habe, Vorlesungen zu halten, konnte ich noch sagen, was ich dachte. Heute müssen wir uns alle vorsehen, damit wir nichts sagen, was uns als anti-islamisch ausgelegt werden könnte. Der Islam ist meine Religion, und ich respektiere sie. Der Islam ist eine große spirituelle und kulturelle Bewegung, durch die die gesamte arabische Welt in den letzten vierzehnhundert Jahren geformt worden ist. Die Fundamentalisten, die bedeutend strenger sind und alles wortwörtlich nehmen, führen viele Veränderungen durch.

In meinem Fach, der Psychologie, konnte ich noch in den siebziger Jahren beim Thema Evolution ohne weiteres über Darwin reden und meine persönliche Meinung dazu äußern. Heute tue ich das nicht mehr.

Ich achte auch jeden Morgen genau darauf, was ich anziehe. Vor ein paar Jahren kamen ein paar islamistische Studenten in mein Büro und sagten: ›Frau Doktor, wir mögen Sie, aber wir fürchten, Sie werden in die Hölle kommen, wenn Sie sich weiter so anziehen.‹ Dabei hatte ich mich immer ziemlich konservativ gekleidet – lange Röcke, lange Ärmel. In den siebziger Jahren sah man auf dem Campus sogar überall ärmellose Kleider, Blusen ohne Rücken und kurze Röcke, ohne daß sich jemand darüber aufgeregt hätte. Damals sah man keine einzige verschleierte Studentin. Der Schleier setzte sich erst nach und nach durch. Inzwischen ist schon über die Hälfte unserer Studentinnen verschleiert.«

Amiri mußte mit ansehen, wie die Fundamentalisten nach und nach alle Fakultätswahlen und die Wahlen zum Studentenparlament gewannen. »In Jordanien sind die Männer, die nicht zu den Fundamentalisten gehören, politisch ziemlich passiv.« Die sechsundvierzigjährige Hochschullehrerin glaubt, daß diese Passivität zum Teil auf Angst zurückzuführen ist. Nach den Studentenunruhen von 1978 und 1979, in deren Verlauf sechs Professoren ihren Lehrstuhl aufgeben mußten, wurden die Bedingungen für eine Anstellung drastisch verschärft. »Die Universität kann heute jeden Professor, ganz gleich, ob er fest angestellt ist oder nicht, ohne Angabe von Gründen entlassen«, sagte Amiri. »Man nennt ihnen keinen Grund, sie fliegen einfach raus, und die Arbeitslosenquote ist in diesem Land sehr hoch.«

Die Fundamentalisten sorgten auch dafür, daß die Aufnahmeprüfungen an der Universität von Jordanien für Frauen jetzt schwieriger sind als für Männer. Die neue Regelung wurde ohne nennenswerten Widerstand hingenommen. In der pädagogischen Fakultät müssen die weiblichen Bewerber zum Beispiel siebenundsiebzig Punkte erreichen, während den männlichen dreiundsiebzig genügen. »Mädchen werden benachteiligt, sobald sie versuchen weiterzukommen«, sagte Amiri.

Vor ein paar Jahren wurde sie selbst zur Zielscheibe der Islamisten an der Universität. Es ging um eine scheinbar unwichtige Angelegenheit: um eine leere Kaffeetasse, die während des Ramadan auf ihrem Schreibtisch gestanden hatte. Im Fastenmonat darf zwischen Sonnenaufgang und Sonnenuntergang nichts gegessen und getrunken werden. Dieses Gesetz des Koran wird in der Regel jedoch nur in den orthodoxeren islamischen Staaten wie Saudi-Arabien strikt befolgt. Schwangere und Frauen, die gerade ihre Periode haben, sind davon ausgenommen. Man erwartet jedoch von ihnen, daß sie das Fasten später nachholen.

»Am zweiten Tag des Ramadan hatte ich morgens in meinem Büro eine Besprechung und bot meinen Gästen Kaffee an. Als ich später in den Hörsaal ging, bemerkte ich die leere Tasse auf meinem Schreibtisch, dachte mir aber nichts dabei. Kurz darauf wurde ich zum Dekan der Scharia-Fakultät bestellt, weil ich angeblich die Gesetze des Islam verletzt hatte. Offenbar hatte mich ein islamistischer Student aus meinem Kurs angezeigt. Ich wies darauf hin, daß die Tasse leer gewesen sei und niemand mich habe daraus trinken sehen. Zwei Tage später ließ mich der Dekan der pädagogischen Fakultät in sein Büro kommen und brüllte mich gleich an: ›Wie können Sie so etwas wagen? Man wird Sie dafür feuern.‹

Ich fragte ihn ganz ruhig: ›Wegen einer leeren Kaffeetasse will man mich feuern?‹ Das ganze Theater zog sich über mehrere Tage hin. Es war einfach lächerlich und eine Beleidigung für den Islam. Was mir wirklich Sorge machte, war die Tatsache, daß mich meine Studenten angeschwärzt hatten. Im Koran steht ausdrücklich, daß man mit einem Menschen, der einen Fehler gemacht hat, in aller Ruhe reden soll, um ihn wieder auf den rechten Weg zu bringen. Ich habe mitunter das Gefühl, daß die Fundamentalisten die Religion nur mißbrauchen. Der Islam ist keine Religion der Unterdrückung. Es hat nie einen größeren Mann gegeben als den Propheten Mohammed. Es ist eine Schande, daß die Religion, die er der Welt gegeben hat, auf diese Weise profanisiert wird.

Wenn der muslimische Fundamentalismus so weitermacht, wird er hier bald die Regierungsmacht übernehmen. Und wenn die Fundamentalisten an die Macht gekommen sind, wird sich das für die Frauen außerordentlich negativ auswirken.«

Eine Reihe prominenter Jordanier, darunter sogar der König selbst, hegen die Befürchtung, daß die Extremisten im Fall eines Scheiterns der Nahost-Friedensgespräche die Macht im Land übernehmen könnten. »Wenn die Gespräche abgebrochen werden, hätte das für die gesamte Region, womöglich sogar für die ganze Welt, verheerende Folgen. Verzweiflung und Extremismus würden an der Tagesordnung sein«, sagte König Hussein 1992, ein Jahr vor der Einigung zwischen der PLO und Israel. Trotz ihres Verhandlungserfolgs sind sich Araber und Israelis darüber im klaren, daß die Realisierung ihrer Übereinkunft durch eine gewalttätige Opposition auf beiden Seiten unterminiert werden könnte.

As'ad Abdul Rahman, ein angesehener jordanischer Politologe, stimmt dem zu: »Die Muslim-Bruderschaft, zu der die Hamas in den besetzten Gebieten gehört, ist gegen die Nahost-Friedensgespräche. [Die Hamas und andere extremistische Palästinensergruppen haben schon vor langer Zeit erklärt, daß für sie nur die vollständige Zerstörung Israels in Frage kommt.] Sollten die Gespräche scheitern, würden die Islamisten die Oberhand gewinnen. Der Fanatismus entsteht durch die Halsstarrigkeit der anderen Seite [Israels]. Wenn man seine Probleme nicht selbst lösen kann, legt man sein Schicksal in Gottes Hand. Solange der Durchschnittsbürger noch Hoffnung hat, tritt er keiner fanatischen Organisation bei. Der Extremismus ist die Politik der Verzweiflung.«

Man kann vermuten, daß der siebenundvierzigjährige Rahman – inzwischen auch Leiter der Shuman-Stiftung, die Wissenschaft und Kultur in der arabischen Welt fördert – besser als die meisten anderen weiß, wovon er spricht. Anfang der achtziger Jahre, als die PLO für viele nichts anderes als eine terroristische Vereinigung war, war Rahman ein enger Berater Jassir Arafats. Er gab diese Tätigkeit auf, weil er mit dem ständig umherreisenden Arafat nicht »mithalten« konnte, der offenbar in seinem speziell zu diesem Zweck eingerichteten Flugzeug wohnt. »Mir blieb kaum noch Zeit für mein Familienleben«, sagte er lächelnd. Heute ist Rahman stellvertretender Vorsitzender des politischen Ausschusses des Nationalen Komitees der Palästinenser und berät den PLO-Führer nur noch in besonderen Fällen.

Wegen seiner Verbindung zur PLO wurde Rahman von 1973 bis 1989 die Lehrerlaubnis an der Universität von Jordanien entzogen. Während dieser Zeit lehrte er elf Jahre lang an der Universität von Kuwait. Dort mußte er erkennen, daß viele der Hilfsorganisationen am Golf zur Muslimischen Bruderschaft gehören, darunter auch die Gesellschaft für Soziale Reformen. »Es mag sein, daß die saudische Regierung oder die Rabitat sie finanziell unterstützt, die Organisationen selbst bekennen sich jedenfalls zur Muslimischen Bruderschaft«, sagte er. »Die internationale Organisation der MB ist teilzentralistisch, sie ist keine richtige Konföderation. Die Beziehungen sind womöglich nur lose, aber sie existieren. Ihr Räderwerk wird mit sehr viel Geld geschmiert, vor allem in Jordanien. Und sie gibt ihr Geld auf eine Weise aus, die große politische Auswirkungen hat. Im Vergleich mit anderen Organisationen in diesem Teil der Welt gibt es bei ihnen kaum Korruption. Der religiöse Fanatismus hat zur Folge, daß die Leute engagierter und aktiver sind; das ist ein bekannter psychologischer Faktor.«

Die Islamisten haben, laut Rahman, darüber hinaus begriffen, daß auch die Konzentration auf die Frauen ein wichtiger psychologischer Faktor ist. »Wenn man die Familie und die Zukunft wirklich unter Kontrolle bekommen möchte, muß man sich auf die Frauen konzentrieren. Wenn Sie so wollen, ist die Frau die Innenministerin der Familie. Sie formt die junge Generation.«

Wie Professor Amiri ist Rahman der Meinung, daß das Gros der Jordanier politisch desinteressiert ist. »Und jedes Vakuum wird sofort von der MB ausgefüllt«, sagte er. Auch die Vorurteile, mit denen der Westen die Araber betrachtet, nutzen die islamischen Fundamentalisten für ihre Zwecke aus. »Es gibt viele Aussagen des Propheten, die den Arabern beim Aufbau des Islam eine besondere Rolle zuweisen. Im Koran steht, daß es ohne die Würde der Araber keine Würde in der islamischen Welt geben kann.«

Eine prominente politische Journalistin erklärte mir in Amman: »Die MB fängt an, unser Leben zu bestimmen. Ein palästinensischer Film über arrangierte Ehen, der in Amman gezeigt werden sollte, wurde durch eine Rauchbombe unterbrochen. Im Flüchtlingslager Al Baqaa wurde das Kino mit einer richtigen Bombe in die Luft gesprengt, weil dort angeblich moderne Filme gezeigt wurden. Die Lesung eines berühmten libanesischen Dichters wurde aus dem gleichen Grund unterbrochen: Seine Werke wurden als zu progressiv betrachtet. Solche Aktionen weisen auf die zunehmende Stärke der MB und anderer Islamisten hin. Wenn solche Vorfälle nicht unter Kontrolle gebracht werden können, werden sie letzten Endes die Macht der Regierung aushöhlen. Jordaniens Geheimpolizei hat immer ein waches Auge auf die Kommunisten, aber wenn es um die MB geht, ist sie seit den fünfziger Jahren auf einem Auge blind.

Die MB hat zahlreiche jordanische Institutionen unterwandert und dadurch einen einschneidenden Wandel der Struktur unserer Gesellschaft eingeleitet. Politisch mag sie einen kompromißbereiten Eindruck machen, auf die Machtzentrale trifft das jedoch nicht zu. Sie wird von Tag zu Tag radikaler und wendet sich gegen jeden Muslim, der ihre Autorität in Frage stellt.

Ich glaube, daß die Islamisten in den islamischen Staaten durch Staatsstreiche, Revolutionen und Wahlen die Oberhand gewinnen werden. Das ist unausweichlich. Ich glaube auch, daß in den USA immer mehr Schwarze im Islam das Heil suchen werden. Für sie ist er nicht nur eine Religion, sondern auch eine politische Kraft.«

Manchmal hat man in Jordanien den Eindruck, als würden die gemäßigten Muslime eine Verunglimpfungskampagne gegen die Islamisten führen. Wenn man jedoch mit Mitgliedern der Muslimischen Bruderschaft spricht, sind interessanterweise die Aussagen, die sie über ihre eigene Organisation und deren Ziele machen, ähnlich wie die ihrer Gegner. Kandil Shaker Shubair, der als Internist an der Universitätsklinik arbeitet, an der University of Illinois studiert hat und ein hochrangiges Mitglied der MB ist, erklärte mir: »So wie Salz beim Kochen in die Nahrung eindringt, durchdringt die MB jede Gesellschaft. Es gibt keine größere Stadt in Europa und in den USA, in der die MB nicht präsent ist. Der Kommunismus brach zusammen, weil er ein ungerechtes System darstellte. Den Kapitalismus wird das gleiche Schicksal ereilen, weil die Leute, die das Geld haben, den Armen den Fuß in den Nacken setzen. Schauen Sie sich die USA an – sie verbrauchen 40 Prozent von allem, was auf der Welt produziert wird. Weil die anderen Systeme so ungerecht sind, breitet sich der Islam wie ein Steppenbrand aus. Er ist die zukünftige Religion der ganzen Welt.«

Shubair, der außerdem einen Lehrstuhl für Medizin an der Universität von Jordanien innehat, sitzt in seinem Büro, in dem die kalligrafische Darstellung einer Koran-Sure das größte Bild ist, das an der Wand hängt. Sein Gebetsteppich ist lässig über eine Stuhllehne drapiert. »Unsere Mitglieder sind hochgebildete Ärzte, Anwälte, Ingenieure oder Studenten, und die, die arbeiten, haben ein gutes Einkommen. Alle führen einen gewissen Prozentsatz an die Bewegung ab.«

Der einundsechzigjährige Shubair, der den traditionellen islamistischen Vollbart trägt, ist Vater von acht Kindern, darunter vier Töchter. Über die Rolle der Frau in der islamistischen Bewegung sagt er: »Wir glauben, daß die Frauen die wichtigsten Mitglieder der Gesellschaft sind. Sie zu unterdrücken, ist ein Verbrechen. Die Muslimische Schwesternschaft, die in bezug auf die MB unabhängig ist, ist sehr aktiv. Meine Frau ist genausoviel unterwegs wie ich, sie fährt sogar Auto. Die Saudis sind Dummköpfe, wenn sie den Frauen das Autofahren verbieten. Was ist denn besser, wenn die Frau von einem fremden männlichen Taxifahrer gefahren wird oder wenn sie selbst fährt? Natürlich wenn sie selbst fährt.«

Wie jeder Anhänger einer orthodoxen Religion ist auch Shubair der Meinung, daß man den Koran buchstabengetreu interpretieren müsse. Wenn eine seiner Töchter Ehebruch begehen würde, müßte sie ausgepeitscht werden, vorausgesetzt, sie wäre unverheiratet. Sonst müßte sie zu Tode gesteinigt werden. Und zum Thema Schwangerschaft als Folge einer Vergewaltigung oder eines Inzests sagt er: »Die Frau sollte das Kind bekommen.« Und wie ist es um die Gefühle der Mutter bestellt? »Meine Sympathien gehören dem Ungeborenen.«

Shubair ist jedoch der Meinung, daß die MB häufig falsch dargestellt wird. »Die MB diskriminiert niemanden und begeht auch keine Gewalttaten. Niemals, niemals, niemals!« sagt er mit großem Nachdruck. »Wir bringen keine Leute um und drohen niemandem. Wir verurteilen solche Aktionen. Das sind nur die Radikalen, die so etwas tun. Wir sind nicht radikal, uns geht es nur darum, den Islam zu verbreiten, deshalb predigen wir. Wir verurteilen jede Gewalt.«

Kurz nachdem ich Jordanien verlassen hatte, wurden zwei Mitglieder des Parlaments, die hohe Ämter in der Muslimischen Bruderschaft bekleiden, vor Gericht gestellt. Sie wurden wegen subversiver Tätigkeit und einer Verschwörung zum Sturz des Königs und der Regierung angeklagt. Der Staatsanwalt forderte die Todesstrafe, die Männer wurden jedoch zu hohen Gefängnisstrafen verurteilt. Einige Tage später begnadigte der König die beiden Politiker, obwohl er schon früher gewarnt hatte, daß »Jordanien solchen ehrgeizigen Elementen und Renegaten die Stirn bieten« müsse. Diese Entscheidung wurde von vielen als typisch für die ambivalente Einstellung des Königs gegenüber der Muslimischen Bruderschaft in Jordanien gewertet.

Suleika Abu Risha, die neunzehn Jahre lang mit einem hochrangigen Funktionär der MB verheiratet war und selbst zu den Gründungsmitgliedern der »Islamic Women's Society«, einem Zweig der MB, gehörte, ist nicht der Meinung, daß die Bruderschaft Gewaltakten meidet, wie es Kandil Shubair behauptet hat. Nach ihrer Scheidung im Jahr 1987 begann Risha, kritische Artikel über den Fundamentalismus und die MB zu schreiben. Sie hat seitdem Hunderte von Todesdrohungen erhalten und steht schon seit Jahren unter Polizeischutz. Es war nicht leicht, sie zu finden. Aus Sicherheitsgründen geben ihre Freunde ihren Aufenthaltsort nicht gern preis. Nach zahllosen Telefonaten ohne Ergebnis erwähnte ich das Problem einer Frau gegenüber, die ich interviewte. Ich hatte Glück: Sie war eine enge Freundin von Risha und konnte ein Treffen für mich arrangieren.

Ich traf mich mit ihr in einem kleinen Hotel, in dem sie vorübergehend wohnte. Sie sah absolut nicht so aus, wie ich mir eine arabische Frau vorgestellt hatte, die den größten Teil ihres Lebens völlig verschleiert im Schatten eines prominenten Mitglieds der MB verbracht hatte. Ihr schickes schwarzes Leinenkleid war modisch kurz, hatte sehr kurze Ärmel, einen tiefen Ausschnitt und betonte ihre gute Figur. Ihre schweren Ohrringe und reich verzierten beduinischen Halsketten klingelten, wenn sie sich bewegte. Und ihr knallroter Lippenstift hinterließ rote Spuren auf den langen Zigarillos, die sie Kette rauchte.

Nach ihrer Scheidung begann Risha, Artikel über die Strategien der islamistischen Bewegung zu schreiben, vor allem in bezug auf die Frauen. »Ich war der Meinung, daß die MB endlich Farbe bekennen sollte«, sagte sie. »Wenn sie sich gegen die Frauen ausspricht, Männer und Frauen in den Büros voneinander trennt und ihre Autorität mißbraucht, um die Frauen zu unterdrücken, schreibe ich darüber. Der Islam gibt ihnen kein Recht, so etwas zu tun.« Fast unmittelbar nach der ersten Veröffentlichung erhielt sie die ersten Todesdrohungen und obszöne Telefonanrufe. »Sie nannten mich eine Prostituierte, schickten mir Fotos von nackten Frauen und behaupteten, das sei ich. Sie sagten außerdem, ich würde getötet, warfen mir vor, ich hätte die Gedanken der Menschen vergiftet, und behaupteten, ich würde gegen den Islam arbeiten. Ich bekam eine Menge solcher häßlicher Anrufe.

Zuerst hat mich das sehr beunruhigt, und meine Freunde hatten große Angst um mich. Sie sagten mir, ich sollte doch lieber nicht so viel über die Fundamentalisten schreiben.« Risha wußte natürlich, daß die Drohungen den Zweck hatten, sie zum Schweigen zu bringen. Je mehr sich die Extremisten bemühten, sie vom Schreiben abzubringen, um so notwendiger erschien es ihr weiterzumachen.

Die Kampagne gegen sie eskalierte, als sich eine der führenden islamistischen Zeitungen an dem Kreuzzug beteiligte. »Jede Woche bringen sie einen bis drei Artikel, in denen ich angegriffen werde. Ein paar sind höflich abgefaßt, die meisten jedoch außerordentlich beleidigend.« In der islamischen Kultur, in der die Ehre und der Ruf einer Frau sorgfältig gehütet werden, fällt gewöhnlich jede sexuelle Andeutung der Zensur zum Opfer. Die öffentlichen Angriffe auf Risha sind dagegen häufig auf eine pubertäre Weise anzüglich und in der islamischen Gesellschaft um so schockierender. »Ein Artikel behandelte mein Sexualleben mit meinem Mann und endete mit dem Satz: ›Wenn sie über die Frauen spricht, vergißt sie, daß sie im Bett auf ihren Mann gewartet hat, während der bei seiner anderen Frau war.‹

Vor zwei Jahren wurden die Angriffe besonders schlimm«, sagte sie. »Die Läden an meinen Fenstern waren ständig geschlossen, damit man nicht erkennen konnte, ob ich zu Hause war oder nicht. Dann drohten sie, eine Bombe unter meinem Wagen zu montieren. Jedesmal, wenn ich das Haus verließ, suchte ich zuerst mein Auto nach Bomben ab. Können Sie sich vorstellen, was es bedeutet, über längere Zeit so leben zu müssen? Das ist einfach schrecklich.« In dieser Phase bat Risha, die inzwischen neunundvierzig ist, um Polizeischutz und wird seitdem rund um die Uhr bewacht.

Während die meisten Journalisten Schwierigkeiten haben, Risha aufzufinden, fällt es der islamistischen Zeitung, in der sie jede Woche attackiert wird, offenbar nicht schwer. Als sie sich kürzlich sechs Monate in Europa aufhielt, um ihre Promotion in arabischer Literatur abzuschließen, wurde ihr jede Ausgabe der Zeitung nachgeschickt. »Ich weiß nicht, woher sie wußten, wo ich war.« Als sie nach Jordanien zurückgekehrt war, wogen die Schmähbriefe, die sich in ihrer Abwesenheit angesammelt hatten »viele Kilo. Ich bewahre jeden einzelnen auf; vielleicht werde ich eines Tages irgend etwas damit machen.«

Risha, Tochter eines bekannten Religionsführers der Sufi, lernte ihren Mann als zweiundzwanzigjährige Studentin an der Universität von Jordanien kennen. Er war Mitte Dreißig und Mitglied der Fakultät. »Er war ein außerordentlich charismatischer Mann, ich war dagegen völlig unschuldig, naiv und hatte überhaupt keine Erfahrung mit Männern. Ich war völlig fasziniert von ihm, und als er mich fragte, ob ich ihn heiraten wolle, stimmte ich zu. Mein Vater war außer sich vor Wut. ›Wir stammen aus einer vornehmen Familie, du hättest jeden haben können‹, sagte er mir. Er war besonders gegen die Heirat, weil mein Mann Mitglied der MB war und bereits eine Frau und drei Kinder hatte. Letzten Endes gab er mir dann aber doch seine Erlaubnis.«

Es fiel Risha nicht leicht, über ihre Ehe zu reden, vor allem nicht über die ersten Jahre. »Mein Mann hatte mir vor der Hochzeit gesagt, ich könne mein Studium abschließen, und er versprach mir, mich nach Kairo zu schicken, damit ich dort meinen Magister machen könne. Als wir jedoch verheiratet waren, änderte er seine Meinung. ›Bildung verdirbt die Frauen. Das einzige, was eine Frau wissen muß, ist, wie man eine gute Ehefrau und Mutter ist‹, sagte er.« Risha hatte nebenbei eine Teilzeitbeschäftigung als Dozentin in einem Lehrerseminar gehabt. »Auch diese Tätigkeit mußte ich aufgeben. Er verlangte sogar von mir, daß ich ihn um Erlaubnis bat, wenn ich ausgehen wollte, und er sagte unweigerlich nein. Er erklärte mir, daß er sich sofort scheiden ließe, wenn ich ohne seine Erlaubnis das Haus verlassen würde.« Rishas Mann verbot ihr auch, bunte Kleider zu tragen, die Ärmel hochzukrempeln oder ihr Haar sichtbar werden zu lassen.

Laut Risha war er außerdem gewalttätig. »Wenn ich nicht sofort parierte, wurde ich grün und blau geschlagen. Einmal brach er mir sogar das Nasenbein. Als meine Familie mich sah, riet sie mir, die Schläge als Scheidungsgrund zu nehmen. Aber ich hatte Angst vor einer Scheidung. Für eine Frau ist so etwas sehr peinlich. Und er erklärte meiner Familie immer wieder: ›Sie ist stur, sie will einfach nicht gehorchen.‹ Letzten Endes glaubte ich dann beinahe selbst, daß er recht hatte.« In den ersten sieben Ehejahren hatte Risha mehrere Fehlgeburten, was sie auf den Druck zurückführt, unter dem sie stand. »Dann ließ sich mein Mann von seiner ersten Frau scheiden und behielt die Kinder. Ich zog sie groß und bekam dann schließlich selbst zwei Kinder.« Anfang der siebziger Jahre war Rishas Mann bereits ein hohes

Mitglied der MB, später bot man ihm verschiedene Posten in Ministerien an. »Aber er hat immer abgelehnt. Er sagte, es sei seine Aufgabe,
die Studenten im Sinn des islamischen Glaubens zu unterrichten.« Das
Leben der beiden wurde immer mehr von der MB beherrscht. Im Lauf
der Jahre lernte Risha viele der wichtigsten Persönlichkeiten der internationalen islamistischen Bewegung kennen. »In Jordanien wurde die
MB vom Iran und von Saudi-Arabien finanziert, und zwar sowohl von
der Regierung als auch von der Rabitat. Unser Leben bestand nur noch
aus einer unendlichen Serie von Konferenzen, bei denen es in den
meisten Fällen um Politik ging und die zu einem großen Teil bei uns zu
Hause stattfanden. Es wurde mir sehr bald klar, daß die Organisation
nichts anderes im Sinn hatte als Macht, absolute Macht.

Die Islamisten wollen unsere moderne Gesellschaft verändern, damit sie dem entspricht, was sie als den ›reinen Islam‹ bezeichnen. Sie
möchten, daß das Land ausschließlich nach der Scharia regiert wird.
Und sie möchten die Frauen wieder in den Harem schicken [d.h. in die
Teile des Hauses, die Besuchern nicht zugänglich sind], wo ihr Anteil
am Leben eingeschränkt ist – sie sollen zu Hause sitzen, die Kinder
hüten und den Mann versorgen. Sie sollen nur noch eine begrenzte
Ausbildung bekommen und im politischen und wirtschaftlichen Leben
keine Rolle mehr spielen dürfen. Sie sind dann nur noch dazu da, dem
Mann zu gehorchen. Man will uns wieder zu Sklavinnen machen.
Selbst jetzt, fünf Jahre nach meiner Scheidung, sagt mir mein Exmann
immer noch, mein Platz sei zu Hause bei den Kindern. Er sagt, es sei
meine eigene Schuld, wenn ich bedroht würde, ich hätte eben nichts
gegen den Islam schreiben dürfen.

Ich bin nicht gegen den Islam. Er gehört zu meiner Identität, aber es
ist an der Zeit, daß gebildete Frauen selbst den Koran lesen und ihn
selbst interpretieren, statt – wie es zur Zeit geschieht – mit den falschen
Interpretationen, durch die sie ihrer Rechte beraubt werden, leben zu
müssen.«

Während in der jordanischen Gesellschaft das islamistische Pendel
wild hin und her schwingt, bleibt manches doch beim alten. Wenn eine
jordanische Frau zum erstenmal heiratet, muß sie Jungfrau sein. Wenn
sie nicht mehr unschuldig ist, läßt sich das leicht beheben. Die Wieder-

herstellung des Jungfernhäutchens ist ein medizinischer Eingriff, der in allen Ländern der islamischen Welt angeboten wird. Er dauert nur wenige Minuten, kostet in Amman umgerechnet etwa 450 D-Mark und wird ambulant und ohne Betäubung durchgeführt. »In Jordanien ist das weit verbreitet«, bestätigt Efteem Azar, einer der führenden Gynäkologen des Landes. »Es ist ein sehr einfacher Eingriff und schnell erledigt. Eine Betäubung ist unnötig, denn wenn man mit einer sehr feinen Nadel arbeitet, tut das weniger weh als die Betäubungsspritze. Die operative Wiederherstellung des Jungfernhäutchens muß etwa drei bis sieben Tage vor der Hochzeit durchgeführt werden, denn das Gewebe wird dabei einfach nur zusammengezogen und hält nicht lange.«

Ein weiterer Service, den die Gynäkologen in muslimischen Ländern anbieten, besteht darin, nach der Hochzeitsnacht zu bestätigen, daß die Braut vorher Jungfrau gewesen ist. »Es kommt häufig vor, daß ein Gynäkologe in seinem Wartezimmer mit einer schamhaft errötenden jungen Braut konfrontiert wird, die von einer Horde männlicher Verwandter umgeben ist, die auf einer solchen Untersuchung bestehen«, schilderte Azar. Sie hat in der Hochzeitsnacht nicht geblutet, und alle wollen jetzt wissen, warum nicht.

»Man muß sich dabei immer auf die Seite des Mädchens schlagen, denn wenn man das nicht tut, wird es von seiner Familie umgebracht. Manchmal, wenn ein Mädchen Gelegenheit dazu findet, bittet es einen, es zu schützen. Alle Frauen haben große Angst, denn sie wissen, daß es um ihr Leben geht. Also erzählen wir den Verwandten, die Braut hätte ein elastisches Hymen, was bei vielen Frauen tatsächlich der Fall ist, und das sei der Grund, warum sie nicht geblutet hat.

In Jordanien werden immer noch Frauen getötet, weil die Familienehre es verlangt. Die Familie beauftragt damit in der Regel einen minderjährigen Bruder oder einen anderen männlichen Verwandten. Wenn es dann zu einer Untersuchung kommt, geschieht nichts. Der Fall wird niedergeschlagen.«

Der Besucher braucht nicht lange, um zu erkennen, daß Jordanien bedeutend weniger westlich ist, als oft behauptet wird. Das Land befindet sich eigentlich mitten in einer Identitätskrise. König Hussein behauptet, sein Land sei auf dem Weg zur Demokratie und zum Pluralismus, obwohl die Regierung zur gleichen Zeit drei der neugegründeten politischen Parteien verboten hat. Erst 1989 war die Pressezensur gelockert worden, jetzt wurde ein Gesetz erlassen, das Kritik am Königshaus und an der Armee verbietet. Offenbar kann sich das haschemitische Königreich nicht entscheiden, ob es sich weltlich-islamisch orientieren soll wie die Türkei oder neokonservativ-religiös.

Wenn schon sowohl die Besucher als auch die Einheimischen darüber verwirrt sind, wie wird dann Königin Nur damit fertig, die in Amerika geboren und aufgewachsen ist? Nachdem mich die beste jordanische Freundin der Königin überprüft und für genehm befunden hatte, wurde ich in den Palast eingeladen. Die Liegenschaften der königlichen Familie haben sich seit der Zeit, als der König als Kind in einem gewöhnlichen Haus lebte, erheblich vermehrt. Heute besitzt die Familie Häuser in Saudi-Arabien, in der Schweiz sowie in England, und zwar in London und Ascot. Das Haus in Ascot soll über 18 Millionen D-Mark wert sein; es wurde Prinz Andrew und Sarah, der Herzogin von York, zur Verfügung gestellt, als das junge Paar darauf wartete, daß sein eigenes Haus fertig wurde. In Jordanien wohnt die erste Familie des Landes in den Königspalästen, einer Reihe von kleineren Residenzen, die auf dem Anwesen verstreut an einem steilen Hang liegen, von dem aus man einen Blick auf die geschäftige Innenstadt von Amman hat. In den Königspalästen wohnt außerdem Husseins jüngerer Bruder, Kronprinz Hassan Bin Talal.

Auf den beiden sehr hohen Mauern, die das königliche Anwesen umgeben, befinden sich Metallgitter, die wiederum mit Metallstacheln besetzt sind. Die zahlreichen Geschützstellungen wimmeln vor Soldaten mit automatischen Waffen. Auch das Haupttor ist mit den häßlichen Metallstacheln gespickt. Die strengen Sicherheitsvorkehrungen legen Zeugnis davon ab, daß der König in diesem Jahr nur deshalb sein vierzigstes Thronjubiläum feiern konnte, weil er offenbar, wie die sprichwörtliche Katze, sieben Leben hat: In einem Teil der Welt, in dem Monarchen selten eines natürlichen Todes sterben, hat König Hussein Staatsstreiche, Aufstände, Kriege und mindestens neun Anschläge überlebt.

Hussein war erst fünfzehn, als König Abdullah, der damalige jordanische Monarch, direkt neben ihm erschossen wurde, als beide gerade
in eine Moschee gehen wollten. Als der Junge sich auf den Attentäter
stürzte, schoß der auch auf ihn, die Kugel glitt jedoch von einem Orden,
den er an seiner Brust trug, ab. Er wurde von dem Schlag zu Boden
geworfen, trug aber nur blaue Flecken davon. Zwei Jahre später, als
sein Vater wegen schwerer Depressionen abdanken mußte, wurde
Hussein zum König gekrönt. Beinah sofort begannen die Anschläge auf
das Leben des jungen Königs. Arabische Nationalisten vergifteten sein
Essen und mischten Säure in seine Nasentropfen.

Hussein überlebte auch den Hubschrauberabsturz, bei dem seine
dritte Frau, Königin Alia, ums Leben kam. Als Lisa Najeeb Halaby, eine
Amerikanerin syrischer Abstammung, seine vierte Frau wurde, war sie
sechsundzwanzig. Sie hatte gerade erst das College hinter sich und war
urplötzlich Königin Nur sowie Stiefmutter von acht Kindern aus den
früheren Ehen des Königs – das älteste Kind war nur vier Jahre jünger
als sie selbst.

Wahrscheinlich hat das jordanische Königspaar mehr Tragödien
durchmachen müssen als die meisten Familien. Und auch als ich sie
kennenlernte, widerfuhr ihnen Schlimmes. Eine Woche vor unserem
Gespräch war die Mutter der Königin mit dem königlichen Jet von
ihrem Urlaubsort am Mittelmeer nach Amman geflogen worden und
mußte sich dort einer Herzoperation unterziehen. Und nur ein paar
Tage nach unserer Begegnung flog Nur mit dem König in die Mayo-
Klinik in den Vereinigten Staaten, wo man bei ihm Krebs diagnosti-
zierte und seine linke Niere und den Harnleiter entfernen mußte.

Die Königin war natürlich blaß und wirkte erschöpft, aber trotz der
Anspannung, unter der sie stand, war sie sehr aufmerksam und konzentrierte sich ganz auf unser Gespräch. Sie hat die gleiche gertenschlanke
Figur wie Prinzessin Diana, und wie Lady Di ist auch sie größer als ihr
Mann. Auf offiziellen Fotos wird das Königspaar allerdings immer so
dargestellt, als sei sie kleiner als er. Wir trafen uns in den Räumen, in
denen Nur in der Zeit zwischen ihrer Verlobung und ihrer Hochzeit mit
dem König gewohnt hatte. Da sie eine romantische Ader hat, wollte sie
das Haus behalten, und ich konnte das gut verstehen. Die Rosenholz-
türen mit den reichen Schnitzereien und die *Mashrabiyya*-Trenn-

wände bildeten einen interessanten Kontrast zu den jordanischen Beduinenteppichen und antiken orientalischen Messinglampen und Wandleuchtern. Der Duft nach arabischem Weihrauch und das Plätschern der Springbrunnen in dem üppig bepflanzten Atrium direkt vor dem Zimmer wirkten ungemein beruhigend.

Außer ihrer syrischen Herkunft sprach nichts an Lisa Halaby dafür, von einem arabischen Monarchen zur Frau genommen zu werden. Jordanien ist immerhin ein Land, in dem eine Frau am besten nur gesehen, aber nicht gehört wird. Ein einziger Fauxpas, eine einzige unpassende Bemerkung der Frau des Königs reicht hier, um eine ausgewachsene politische oder religiöse Krise auszulösen. Außerdem war diese Frau, die gerade ihre Examen in Architektur und Städtebau gemacht hatte, weder Muslimin, noch sprach sie Arabisch. Als Studentin hatte sie gegen den Vietnamkrieg demonstriert – wie würde sie sich da der Etikette einer Monarchie anpassen können, deren Tradition streng und unnachgiebig war?

Sie gibt offen zu, daß das für sie eine große Herausforderung gewesen ist. »Ich mußte enorm viel lernen, und es gab keine Richtlinien, Instruktionen oder Empfehlungen, an denen ich mich orientieren konnte.« Nur – der Name bedeutet im Arabischen »Licht« – trat kurz vor der Hochzeit zum muslimischen Glauben über. Anschließend begann sie Arabisch zu lernen, das sie heute fließend spricht. »Als ich 1978 heiratete, war es noch leichter, mich an meine Rolle anzupassen. Später wäre das nicht mehr so einfach gewesen. Seit damals sind die konservativen Kräfte stärker geworden, und zwar in der gesamten Region wie in unserer Gesellschaft.

Politisch und wirtschaftlich hat diese Gesellschaft schon immer unter großem Druck gestanden, er war jedoch vermutlich noch nie so groß wie heute. Wie Sie sicher wissen, werden die jungen Leute schon in der Schule unter Druck gesetzt, und auf die Eltern wird in den Moscheen und von anderen Seiten [von den Islamisten] Druck ausgeübt. Es gibt zum Beispiel für die jungen Frauen einen finanziellen Anreiz, den *hijab* zu tragen. Wenn die wirtschaftliche Lage schlecht ist, bringt die islamische Kleidung den Frauen Vorteile: Sie beendet den Wettbewerb im Hinblick auf die Kleidung und entlastet auf diese Weise die Familie in finanzieller Hinsicht.

In wirtschaftlichen Krisenzeiten suchen die Menschen außerdem
spirituellen Trost, sie erwarten sogar spirituelle Lösungen. Und das
führt dann zu einer neuen Beurteilung der Lage, in der sich Jordanien
zur Zeit befindet. Es geht um die Frage, ob die Parlamentarier materielle Alltagsprobleme durch spirituelle Lösungen aus der Welt schaffen können. Es ist deshalb keine Überraschung, daß so ermutigende
und Trost spendende Parolen wie ›Der Islam ist die Lösung‹ bei vielen
Leuten auf fruchtbaren Boden fallen. Wenn jedoch die Lösungen von
dieser Seite ausbleiben, hoffen wir – und das ist einer der Vorteile eines
demokratischen Systems –, daß die Leute sich selbst so weit bilden
werden, daß sie erkennen können, ob es wirklich eine schnelle Lösung
gibt oder ob sie sich selbst darum bemühen müssen.

Eine meiner Stieftöchter hat den *hijab* ausprobiert. Sie wollte sehen,
welche Wirkung... – wie soll ich sagen? –, ob er eine positive Wirkung
auf ihr Image hat.« Die Königin selbst bevorzugt westliche Kleidung
und trägt selten eine Kopfbedeckung. »Sie war damals vierzehn. Ich
habe nichts dazu gesagt, aber ich glaube, einige ihrer Vettern und
Kusinen haben ihr gesagt, was sie davon hielten. Es dauerte nicht lange,
weniger als ein Jahr. Sie hat weder mit mir noch mit ihrem Vater
darüber geredet und hat ihn auch nicht in unserer Anwesenheit getragen, deshalb habe ich auch nichts gesagt. Offensichtlich war das etwas,
über das sie nicht mit ihren Eltern reden wollte.

Zu der Zeit sah man den *hijab* in Jordanien immer häufiger. Vielleicht glaubte sie, sie müsse ihn jetzt tragen. Keine ihrer Freundinnen
trug ihn damals ... aber ich glaube nicht, daß solche oberflächlichen
Symbole des Glaubens und der politischen Ideologie wirklich ein Problem darstellen. Ich möchte meine Kinder so erziehen, daß sie Selbst-
vertrauen haben und an ihre Fähigkeit glauben, später einmal eine
konstruktive Rolle in der Gesellschaft spielen zu können.«

Die Zunahme des Konservativismus in Jordanien hat Nur, ähnlich
wie Professor Amiri, dazu veranlaßt, sich selbst eine gewisse Zensur
aufzuerlegen. »Ja, in meiner Position muß man in seinem Auftreten
etwas vorsichtiger sein. Man muß erkennen, daß zwischen den Leuten,
die konservativ sind, und den Fanatikern ein Unterschied besteht,
zwischen Leuten, die zwar konservativ, aber verantwortungsbewußt
und konstruktiv sind, und jenen, die intolerant sind und keine andere

Meinung gelten lassen. Ich versuche in meiner Arbeit, vor allem im Ausland, möglichst wenig aufzufallen. Ich gebe mir immer große Mühe, bei politischen Diskussionen nicht zu dick aufzutragen. Die Leute sollen kein falsches Bild von mir bekommen, wenn sie mich im Fernsehen oder auf Video sehen. Ich habe immer versucht, mich so darzustellen, wie ich wirklich bin, aber ich nehme dabei immer Rücksicht auf die Traditionen und Erwartungen der Leute.

Wir leben hier immer noch in einer weitgehend von Männern beherrschten Gesellschaft, und das Establishment im Umfeld meines Mannes ist sehr konservativ und wird von Männern beherrscht. Ich mußte mich in diesem Bereich vermutlich stärker anpassen als in meiner Ehe, die ich immer als Partnerschaft betrachtet habe. Mein Mann hat mich immer unterstützt, so daß ich Rollen übernehmen konnte, die nicht einmal die Frauen im Westen für ihre Männer übernehmen können. Das ist vor allem immer dann der Fall, wenn es darum geht, dem Westen Verständnis für bestimmte politische Probleme zu vermitteln. Und in ganz besonderen Situationen spreche ich gelegentlich auch im Auftrag meines Mannes und kläre für die Regierung oder besser gesagt für meinen Mann bestimmte politische Schritte in kritischen Phasen ab. Normalerweise bearbeite ich solche Fragen mit meinen eigenen Leuten, ohne seine Mitarbeiter um Rat zu fragen.«

Die Königin gibt allerdings zu, daß ihre Position an der Seite ihres Mannes in dessen Umgebung mitunter Eifersucht auslöst. »Ich bin von Natur aus eine optimistische und idealistische Person und glaube, daß die Menschen möglichst immer zusammenarbeiten sollten. Es ist jedesmal ein kleiner Schock, wenn mir plötzlich klar wird, daß es starke Widerstände und Rivalitäten gibt ... und Leute, die mit ihren Gefühlen nicht hinterm Berg halten. Dadurch wird es noch viel schwieriger. Es gibt jedoch ein paar bestimmte Personen, deren Vorstellungen ich teile, von denen ich lernen kann, wie ich in dieser Gesellschaft einen positiven Beitrag leisten kann.

Es gibt jedoch auch Tage, da rufe ich meine beste Freundin an und sage zu ihr: ›Laß uns ein bißchen reden.‹ Sie und ich sind liberaler als ein großer Teil des hiesigen Establishments. Und es hat Gelegenheiten gegeben, da haben uns bestimmte Probleme und der Druck, der auf dieser Gesellschaft lastet, große Sorgen gemacht. Zur Zeit stellt sich die

Frage, wie man den demokratischen, pluralistischen Geist, der sich in den letzten Jahren entwickelt hat, am Leben halten kann. Man muß ihm trotz des wirtschaftlichen und politischen Drucks, der von allen Seiten kommt, die Möglichkeit schaffen, sich weiterzuentwickeln.«

Es überrascht nicht, daß sich Nur intensiv für die Interessen der Frauen in Jordanien einsetzt. 1985 wurde die nach ihr benannte Nur-Al-Hussein-Stiftung gegründet. »Uns war natürlich klar, daß wir keine Arbeitsmöglichkeiten für Frauen schaffen konnten, trotzdem mußten die Einkommen der Familien gesteigert werden. Unsere Programme zur Einkommensverbesserung sind mit Gesundheitsvorsorge und Weiterbildung verknüpft, so daß die Frau die Lebensqualität ihrer Familie und damit auch ihre eigene Position innerhalb der Familie und der Gemeinde verbessern kann.

Große Sorge bereitete uns der Umstand, daß die Frauen als Folge der Golfkrise wieder Rückschläge hinnehmen mußten. Viele Familien nahmen ihre Töchter von der Schule. Das geschieht auch heute noch in großem Umfang. Die Leute können es sich nicht mehr leisten, alle Kinder in die Schule gehen zu lassen, also schicken sie nur die Jungen hin. Die Mädchen müssen im Haushalt helfen. In vielen Fällen gehen sogar die Jungen nur abwechselnd in die Schule, weil sich die Familie nur eine Schuluniform leisten kann.

Wir müssen außerdem dafür sorgen, daß die jordanischen Frauen sich politisch engagieren. Das wird nicht so schnell möglich sein, aber wir arbeiten daran.« Würde das nicht einen Konflikt mit den Islamisten auslösen, die keine Frauen in führenden Positionen dulden? »Ich glaube nicht, daß deren Einstellung mit dem frühen Islam übereinstimmt. Und ich bin nicht der Meinung, daß man gegen Worte kämpfen sollte. Die Frauen müssen kämpfen, um sich selbst zu beweisen, um ihre Glaubwürdigkeit unter Beweis zu stellen. Und überall, wo das geschehen ist, haben wir einen Wandel beobachten können. Die Frauen sind sowohl wirtschaftlich als auch in anderen Bereichen zu einer bedeutenden Kraft geworden. Die konservativen Männer erkennen das allmählich und akzeptieren es. Das mag sich nicht wie eine große Leistung anhören, aber es ist ein Anfang.«

Eine weitere Sorge, die Königin Nur beschäftigt, bezieht sich auf die Flüchtlinge, die in ihrem Land leben und die Bevölkerungszahl während und nach dem Golfkrieg beinah verdoppelt haben. »Ich fühlte mich für das, was im Irak passiert ist, mitverantwortlich und war sehr traurig.« Wieso verantwortlich? »Verantwortlich insofern, als kein menschliches Wesen über das hinwegsehen kann, was mit anderen Menschen geschieht. Ich empfand eine unendlich tiefe Trauer ... Mein Mann hat sich so große Mühe gegeben, den Krieg zu vermeiden, die Zerstörung des Irak und den Tod so vieler Menschen abzuwenden. Wir waren beide zornig und enttäuscht, daß wir trotz unserer Anstrengung so wenig ausrichten konnten. Und wir machten uns beide große Sorgen über das, was aus unserer Welt wird: Können wir nicht humaner und konstruktiver werden, müssen wir immer nur alles zerstören?«

Nur gibt zu, daß sie und ihr Mann »diskutieren und debattieren und nicht immer einer Meinung« waren, wie sie ihre Auffassung während des Golfkriegs am besten nach außen hin darstellen sollten. »Es gab Gelegenheiten, da habe ich ihm den Rat gegeben, es anders zu machen. Da ich aus Amerika komme, kenne ich die Medien und die öffentliche Meinung in den USA besser. Ich war fest davon überzeugt, daß wir unseren Standpunkt nicht genügend klargemacht hatten. Ich kam schnell dahinter, daß man unsere Position in den USA völlig verzerrt darstellte und daß wir nichts dagegen unternommen hatten. Es war dringend erforderlich, daß wir uns unmißverständlich ausdrückten.« Die Königin war nicht bereit, an diesem Punkt in Einzelheiten zu gehen, sondern sagte nur: »Es ging dabei um einfache Dinge, die dazu benutzt wurden, das negative Bild unserer Position zu verstärken, und das Bild stimmte so nicht.

Wir haben darüber diskutiert, aber ich konnte mich nicht immer durchsetzen. Und wir befanden uns in einem schrecklichen Zwiespalt. Auf der einen Seite ging es darum, wie die Leute hier die Situation beurteilten, und um ihren Zorn über das, was Washington und andere behaupteten. Auf der anderen Seite stand der größere Überblick, den Seine Majestät über die Situation der gesamten Region hatte. Mein Mann war fest davon überzeugt, daß man durch vernünftige Gespräche mit den führenden Politikern der Welt eine friedliche Lösung finden könnte, aber das war leider nicht der Fall.

Obwohl mein Mann und ich Diskussionen über die Art und Weise hatten, wie man sich in dieser Krise verhalten und wie man mit der

Weltpresse umgehen sollte, war ich trotzdem fest davon überzeugt, daß er sich richtig verhielt. Am Ende eines jeden langen Tages kam er zu seinem treusten Anhänger nach Hause, zu einem Menschen, der wirklich daran glaubte, daß dies der Kampf unseres Lebens war. Ich hatte das Gefühl, daß wir in einen Kampf ums Überleben verstrickt waren. Es ging um alles, an das wir glauben, und um die Zukunft unserer Kinder.«

War sie als gebürtige Amerikanerin, die in den Vereinigten Staaten aufgewachsen ist und dann einen Araber geheiratet hat, in einen Loyalitätskonflikt geraten – vor allem, als ihr Mann sich im Mittelpunkt der Krise befand?

»Er ist ein typischer Araber, und ich bin eine Frau, die in einer westlichen Kultur groß geworden ist, das hat uns beide beeinflußt. Aber ich betrachte uns trotzdem als Mann und Frau und als Familie. Ich weiß, daß das eine naive Sichtweise ist. Es gab keine Loyalitätskonflikte, denn auch in Amerika fühlten viele meiner Freunde das gleiche wie ich: Sie machten sich große Sorgen wegen der militärischen Eskalation und bedauerten zutiefst, daß keine vernünftigen Gespräche geführt wurden. Sie machten sich Sorgen, weil viele Aspekte der Krise nicht gerade die beste Seite der amerikanischen Gesellschaft widerspiegelten, wie ich sie in meiner Jugend kennengelernt habe. Und hier in der arabischen Welt hatte die Krise zu einem Trauma geführt. Die Leute sind engstirniger geworden, und ihre Gefühle wurden in einer außerordentlich irrationalen und intoleranten Weise verstärkt. Die beiden Gesellschaften, die mir sehr viel bedeuten und mit denen ich mich identifiziere, haben sich nicht gerade auf die beste Art dargestellt.«

Während der Golfkrise gingen die Tage des Königspaars selten vor zwei Uhr morgens zu Ende. Er führte politische Verhandlungen, und sie half bei der Evakuierung. »Ich gab mir die größte Mühe, für ihn dazusein, ihm zuzuhören, wenn er enttäuscht war, und ihn, wo es möglich war, mit ein bißchen Humor aufzuheitern. Ich machte ihm auch immer wieder klar, daß wir nicht isoliert waren. Überall auf der Welt gab es Menschen, die uns schrieben, und ich las ihm die Briefe aus den USA, aus Europa und aus anderen Teilen der Welt vor. Manchmal war es besser, wenn ich einfach nur da war und überhaupt nichts sagte. Aber es gab auch Augenblicke, in denen wir uns einfach entspannt haben, dann beschäftigte sich mein Mann mit den Computerspielen der Kinder.

Während des Krieges gingen zwei unserer Kinder in Amerika in die Schule und zwei in England. Da ihr Vater im Westen immer wieder angegriffen wurde, war das für sie eine verwirrende und schwierige Zeit. Wir versuchten, ihnen einen gewissen Überblick zu verschaffen, trotzdem war es eine ziemlich brutale und schockierende Lektion für sie. Aber das gehört auch zur Vorbereitung auf das Leben. Seit ihr Vater König dieses Landes ist, hat er so etwas immer wieder erleben müssen. Man hat schon oft behauptet, Jordanien stünde kurz vor der Auflösung.«

Sie ist mit einem Mann verheiratet, der schon viele Attentate überlebt hat, und lebt in einem politisch sehr instabilen Teil der Welt. Wie wird sie mit dem Gefühl fertig, jedesmal, wenn ihr Mann das Haus verläßt, damit rechnen zu müssen, ihn zum letzten Mal gesehen zu haben?

»Ich habe in dieser Beziehung eine philosophische Einstellung. Wie mein Mann glaube auch ich, daß man aus jedem Augenblick des Lebens auf dieser Welt das Beste machen sollte. Aber ich teile seine fatalistische Einstellung nicht, derzufolge meine Nummer an einem bestimmten Tag aufgerufen wird. Aber es ist noch so viel zu tun, und wenn wir ständig an die Gefahren und Bedrohungen denken, verlieren wir nur unsere Kraft.«

Königin Nur sagt, sie und ihr Mann hätten – im Gegensatz zu vielen Scheichs in den Krisengebieten des Mittleren Ostens und am Golf – für den Fall eines Staatsstreichs oder eines nationalen Notstands keinerlei Vorsorge getroffen. »Wir haben nie darüber gesprochen. Während des Krieges haben viele ihre Fenster verklebt und Schutzräume gebaut, für den Fall, daß chemische Waffen eingesetzt werden würden. Unsere Familie hat sich daran nicht beteiligt. Wir haben beschlossen, auch geistig keine Festung zu bauen. Dies ist unser Land, und unser Schicksal ist mit ihm verbunden. Möge Gott uns davor schützen, daß irgendeinem von uns etwas Schlimmes passiert, aber dies ist unsere Gesellschaft. Wenn etwas schiefgeht, werden wir nicht ins Exil gehen und im Ausland leben.«

Ich fragte sie, ob sie sich keine Sorgen mache, daß sie als Amerikanerin in einem Land, in dem die Muslim-Bruderschaft immer stärker würde, zur Zielscheibe dieser Organisation werden könnte. »O doch, Suleika Abu Risha hat das erlebt, genau wie alle möglichen anderen Leute. Zwar hat mir bisher niemand gesagt, daß ich von Gewalttätern bedroht werde. Ich bin jedoch mit Sicherheit das Ziel von Verleumdungen. Aber ich denke nicht daran, deshalb meine Lebensweise zu ändern. Ich bewege mich frei, und meine Beziehungen zu anderen Menschen haben sich nicht verändert.«

Königin Nur glaubt, daß man sie aufs Korn genommen hatte, als die Weltpresse 1992 behauptete, König Hussein würde sich eine Nebenfrau nehmen. Die Frau, um die es ging, war Rana Najem, eine attraktive, damals fünfundzwanzigjährige Pressesekretärin, die im Palast arbeitete. Zuerst brachte die in London erscheinende, arabische Zeitung »Al-Quds« die Geschichte, und bald darauf war sie in der gesamten arabischen Welt in Umlauf. Gerüchten zufolge hatte der König dieser Frau in Amman eine große Wohnung gekauft und sie gebeten, ihre Stellung aufzugeben, um sich darauf vorzubereiten, seine Frau zu werden und die Pflichten am Hof wahrzunehmen, die mit dieser Position verbunden waren.

»Das war nicht das erste Mal; so etwas hat es schon früher gegeben. Im Leben des Königs kommt so etwas immer wieder vor«, sagte Nur. »Jedesmal, wenn er jemandem Mut macht oder ein gewisses Interesse an einer bestimmten Person zeigt, gibt es Eifersuchtsreaktionen. In unserer Welt geraten Männer und Frauen, denen das Staatsoberhaupt irgendwelche besonderen Vergünstigungen gewährt hat, sofort in die Schußlinie der Kritik. Es gibt zahllose Gerüchte über Einzelheiten aus unserem Privatleben. Daß gerade dieses Gerücht solche Ausmaße angenommen hat, hängt damit zusammen, daß es von Leuten, die mit den Kuwaitis zusammenarbeiten, an die internationale Presse weitergegeben worden ist. Das Gerücht wurde Teil einer gegen uns gerichteten politischen Kampagne. Wir wissen, wer dahintersteckt.

Es nahm immer größere Ausmaße an und hatte nach einer gewissen Zeit auch Auswirkungen auf das Leben unserer Kinder. Sie riefen uns aus dem Ausland an. Wir sind ja mit der Vorstellung groß geworden, daß das geschriebene Wort fast heilig ist. Aber das waren nicht die ersten Gerüchte, die sie über uns hören mußten. Es gab vom Beginn der

Golfkrise an eine Verleumdungskampagne gegen meinen Mann, die uns sehr geärgert hat.«

Ich fragte sie, ob sie ihre Söhne und Töchter hier in der islamischen Welt anders erzöge, als sie sie in den Vereinigten Staaten erzogen hätte. »Ich bin strenger als der König. Ich wünschte, es wäre anders, aber einer muß es ja sein. Seine Majestät läßt vieles durchgehen. Ich glaube, die Erziehung der Kinder eines haschemitischen Staatsoberhaupts, die die innere Verpflichtung erben, später für alle haschemitischen Muslime ein Vorbild zu sein, stellt eine große Aufgabe dar. Wir leben hier in einer sehr verwirrenden Welt, aber woanders ist die Verwirrung nicht geringer. Wir haben hier keine Drogenprobleme, keine Aids-Epidemie und keine zerbrochenen Familien. Wir versuchen, den Kindern Demut und menschliche Werte zu vermitteln, damit sie die Tradition, die mit der besonderen gesellschaftlichen Stellung ihres Vaters verbunden ist, fortsetzen können.«

Wenn sie auf ihr Leben zurückblickt und irgend etwas ändern könnte, was in den vierzehn Jahren, seit sie verheiratet ist, passiert ist, was würde sie anders machen? Sie lächelte: »Ich hätte gern eine Möglichkeit gefunden, den Golfkrieg abzuwenden.« Jetzt mußte ich lächeln. »Natürlich, aber Sie sind nur eine Königin und nicht der liebe Gott.«

»Man fragt sich trotzdem immer wieder, was wäre gewesen, wenn ...? Hätte ich aggressiver sein müssen?« sagte Nur nachdenklich. »Es gibt im Leben so viele Augenblicke, da meint man, wäre ich doch nur nicht so diplomatisch gewesen ... Ich hoffe und bete nur, daß ich die Erfahrungen, die ich gemacht habe, in der Zukunft gut einsetzen werde.

Und wenn es, so Gott will, im Mittleren Osten zu einer Friedensregelung kommt, könnte das für die Frauen die Wirkung eines Katalysators haben. Und es wäre der wirkungsvollste Weg, um die Kräfte der Extremisten zu neutralisieren, die den Horizont unserer Gesellschaften einengen wollen.«

12 Die israelisch besetzten Gebiete:
Nächstes Jahr in Jerusalem

Für die Hamas sind Unverschleierte Kollaborateure.
Es ist unsere heilige Pflicht, Kollaborateure zu töten.
Graffito der Hamas in Gaza

Die Allenby-Brücke zwischen Jordanien und Israel ist als Grenzübergang nicht besonders beeindruckend. Die wacklige Holzbrücke mit ihren islamisch-grünen Hilfsträgern aus Eisen ist gerade mal
so lang wie der alte Bus, der die Reisenden auf die andere Seite bringt.
Der Jordan ist hier nur zwei Meter breit und sieht gerade mal knietief
aus. Aber wenn man von Jordanien nach Israel fährt, ist das Bemerkenswerte nicht die Szenerie, sondern die Art, wie sich der Grenzübertritt vollzieht.

Die Trennung beginnt bereits an der Grenze – Araber auf die linke
Seite, alle anderen Nationalitäten auf die rechte. Die Reise von Amman
nach Jerusalem ist kurz, achtundsechzig Kilometer über gute Straßen.
Sie kann jedoch bis zu sieben Stunden und länger dauern, wobei man
den größten Teil der Zeit in der brütenden Hitze zubringt und die wohl
strengsten Sicherheitskontrollen der Welt über sich ergehen lassen
muß. Für diejenigen, die einen palästinensischen Reisepaß besitzen,
kann die gleiche Reise je nach Jahreszeit eine oder sogar zwei Wochen
dauern. Als ich Ende August über die Grenze fuhr, berichteten die
jordanischen Zeitungen gerade, daß zwanzigtausend Palästinenser seit
vierzehn Tagen an der Brücke kampierten und darauf warteten, nach
Israel hineingelassen zu werden. Viele von ihnen kehrten von ihrer
hadsch nach Mekka zurück. Der Stau war entstanden, weil die israelischen Grenzbehörden die Zahl der Palästinenser, die pro Tag die

Grenze überqueren durften, willkürlich geändert hatten. »Mal sind es dreitausend, mal fünfzehnhundert oder auch nur achthundert«, sagte man mir. »Und die Zeiten, an denen die Grenze geöffnet ist, sind genauso willkürlich. Eigentlich soll sie von acht Uhr morgens bis zwei Uhr nachmittags geöffnet sein, häufig machen sie aber schon um elf oder zwölf Uhr vormittags wieder dicht.«

Im Inneren der an Lagerhäuser erinnernden großen Schuppen pflücken sich die Beamten der Einwanderungs- und Sicherheitsbehörden Amerikaner arabischen Ursprungs aus den Schlangen heraus, die ansonsten hauptsächlich aus Touristen aus dem westlichen Ausland bestehen. Schon seit langem herrscht hier der Grundsatz: Einmal ein Palästinenser, immer ein Palästinenser, ganz gleich, welchen Paß der Betreffende besitzt. Man scheucht sie auf eine Seite und fordert sie ziemlich barsch auf zu warten. »Wir müssen sehr vorsichtig sein, das müssen Sie verstehen«, erklärte mir eine junge Beamtin. »Israel hat viele Sicherheitsprobleme. Wenn wir hier einen Fehler machen, werden unter Umständen viele Menschen – Israelis oder Touristen – getötet.«

Vor dem Zollschuppen flattern auf den Dächern zahlreiche Fahnen mit dem Davidstern. Arabische Gemeinschaftstaxis fahren die Passagiere das kurze Stück von der Allenby-Brücke über Jericho nach Jerusalem. Jericho, die am längsten durchgehend bewohnte Stadt der Welt, macht, wie die meisten arabischen Städte in den besetzten Gebieten, einen verarmten und heruntergekommenen Eindruck. Ein paar Kilometer weiter fährt man an Ma'ale Adummim vorbei, einer der größten und ältesten jüdischen Siedlungen im Westjordanland. Sie wurde mit viel Geld erbaut und wird mit viel Geld erhalten.

Ma'ale Adummim veranschaulicht, daß die Bezeichnung »Siedlung« nicht zutreffend ist. Sie ist keine kleine Gemeinde, sondern eine vollständig neue Stadt. Solche Siedlungen bedecken in den besetzten Gebieten ganze Hügelkämme und verbrauchen den größten Teil der natürlichen Ressourcen dieser Region. Der Jordan ist heutzutage kaum mehr als ein Rinnsal, denn der größte Teil seines Wassers wird inzwischen über Pipelines nach Tel Aviv und in die jüdischen Siedlungen im Westjordanland geleitet. Wenn die Brunnen der Araber ausgetrocknet sind, verbietet das israelische Gesetz ihnen, neue zu bohren. Die jüdischen Nachbarn der Araber genießen in ihren Siedlungen den Luxus von Swimmingpools und sprengen regelmäßig ihren Rasen. Heute bekommen nur noch vier Prozent der Landwirtschaftsbetriebe in arabischem Besitz Wasser aus den Bewässerungsanlagen.

Minuten später kommt Jerusalem in Sicht. Die Hochhäuser der modernen Metropole verschwinden im Hitzedunst. Im Vordergrund steht die mit Zinnen geschmückte Mauer der Altstadt. Zu Fuß kann man die Altstadt dieses Zentrums der drei Weltreligionen in nur zwanzig Minuten durchqueren. Hier befindet sich auch die Via Dolorosa (die Schmerzensstraße), die von Gethsemane, wo Christus gefangengenommen wurde, nach Golgatha, dem Ort seiner Kreuzigung, führt. Nicht weit davon erkennt man die große goldene Kuppel des Felsendoms, der die Silhouette von Jerusalem prägt. Das mit blauen Mosaiken verschwenderisch geschmückte Heiligtum ist eine der schönsten Moscheen der gesamten islamischen Welt und wurde über dem Felsen erbaut, von dem aus der Prophet Mohammed in den Himmel aufgestiegen sein soll – daher der Name. Die nach Mekka und Medina drittheiligste Moschee steht auf einem Plateau, auf dem ursprünglich der Zweite Jüdische Tempel gestanden hat, der von den Römern 70 n. Chr. zerstört wurde. Direkt darunter befindet sich die Klagemauer, die früher Teil dieses Tempels gewesen sein soll. Der Tempelberg, der dahinter liegt und ein Quadrat zwischen dem Felsendom und der Al-Aksa-Moschee bildet, ist die heiligste Stätte der Juden.

Der Umstand, daß diese heiligen Stätten so dicht beieinander liegen, war sowohl für die Juden als auch für die Muslime schon immer brisant. So kam es zum Beispiel am 8. Oktober 1990 zu einem Massaker auf dem Tempelberg, weil es ein Gerücht gab, demzufolge messianische Juden planten, einen Grundstein für den Dritten Jüdischen Tempel zu legen. Die fundamentalistische jüdische Sekte, die sich »Getreue des Tempelbergs« nennt, hatte schon seit einiger Zeit von solchen Plänen gesprochen, und Karten, die in ganz Jerusalem verkauft werden, zeigen an der Stelle der Moschee einen jüdischen Tempel. Mit Steinen bewaffnete Muslime hatten sich zwischen den beiden Moscheen versammelt, um diese Aktion zu verhindern. Israelische Grenzsoldaten befürchteten einen Angriff auf die Juden, die an der darunterliegenden Klagemauer beteten, und beschossen die Muslime mit Maschinenpistolen. Sie feuerten sogar auf Krankenwagen und verletzten Sanitäter und Ärzte. Als

alles vorbei war, waren einundzwanzig Palästinenser tot und hundertfünfundvierzig verwundet. Der erste Kommentar der israelischen Behörden lautete: »Glücklicherweise wurde niemand [gemeint war: kein
Israeli] getötet.« Später weigerte sich die Regierung, zur Klärung des
Vorfalls eine Untersuchungskommission einzusetzen.

»Die tragischen Ereignisse am Tempelberg ließen die palästinensische Widerstandsbewegung aktiv werden und gaben nicht nur der
Intifada, sondern auch ihrer islamischen Vorhut, der fundamentalistischen Hamas, neuen Auftrieb«, sagt Scott Appleby vom »U.S. Fundamentalist Project«. »Der Zusammenstoß vom 8. Oktober hat, wie die
Hamas es nennt, einen ›Krieg der Messer‹ ausgelöst – eine neue Welle
von Messerstechereien und Vergeltungsanschlägen in den besetzten
Gebieten und in Israel.«

Die islamische Widerstandsbewegung, die unter dem arabischen
Akronym Hamas bekannt geworden ist, entstand im Dezember 1987,
zur gleichen Zeit wie die Intifada. Ihr Begründer, der religiöse Scheich
Ahmed Jassin, der schon lange in Verbindung mit der Muslimischen
Bruderschaft steht, hatte bereits vierzehn Jahre früher eine Organisation gegründet, um die islamischen Werte in Gaza hochzuhalten. Ironischerweise wurde diese frühe Bewegung von Israel unterstützt, weil
man sie als willkommene Opposition gegen die PLO betrachtete. Heute
ist die fundamentalistische Hamas eine der wichtigsten Organisationen
in den besetzten Gebieten und eine Herausforderung für die Führer der
PLO.

Als die Friedensgespräche im Mittleren Osten begannen, verstärkte
die Hamas ihre Aktionen gegen die Israelis, um jede Möglichkeit einer
Einigung zu torpedieren. Als Ende 1992 die Angriffe der Hamas auf
israelische Bürger immer mehr zunahmen, verhafteten die jüdischen
Behörden tausendvierhundert ihrer Mitglieder und deportierten vierhundertfünfzig von ihnen in den Libanon. Das hatte zur Folge, daß die
Friedensgespräche zunächst in eine Sackgasse gerieten.

Die Strategien der PLO und der Hamas ähneln auf fatale Weise
denen, die die jüdischen Widerstandsgruppen in den vierziger Jahren
in ihrem Kampf gegen die Briten anwendeten, um einen eigenen Staat –
Israel – durchzusetzen. Um ihren Forderungen Nachdruck zu verleihen, hatten damals radikale Extremisten der »Irgun« unter Führung

von Menachim Begin zahlreiche Bombenanschläge und Attentate verübt. Zur gleichen Zeit schlugen die »Jewish Agency« und ihr militä-
rischer Zweig, die »Haganah«, einen anderen Weg ein und nahmen
politische Verhandlungen auf. Der israelische Historiker Yehoshua
Porat sagte in einem Interview mit dem »Christian Science Monitor«:
»Die Haganah war gemäßigter, die Irgun war extremer und schneller
bereit, Gewalt anzuwenden.« Die PLO würde – wie damals die Haganah – eine Zwei-Staaten-Lösung akzeptieren. Die Hamas fordert dagegen die völlige Abschaffung Israels, genau wie die Irgun damals auf
ganz Israel bestanden hatte. Sogar bei den Massendeportationen gibt es
Parallelen: Um den Widerstand der Irgun-Führer zu brechen, hatten
die Engländer vierhundert Irgun-Mitglieder ohne Gerichtsverhandlung nach Ostafrika deportiert.

Auf den Schultern der palästinensischen Frauen ruht heutzutage eine
doppelte Last: die israelische Besatzung und das Patriarchat, das durch
den zunehmenden islamischen Fundamentalismus immer stärker wird.
»Die arabischen Frauen kämpfen an zwei Fronten: gegen die israelische
Besatzung und gegen die Fundamentalisten«, sagt Fawdah Labadi,
deren zwei Brüder auf Lebenszeit ins Exil geschickt wurden, obwohl
der eine gerade einen Monat zuvor geheiratet hatte. Seine junge Frau
durfte nicht mit ihm gehen. Labadi arbeitet ehrenamtlich als Sprecherin
des »Women's Studies Center«, einer Forschungs- und Hilfsorganisation im Westjordanland. Sie lacht trocken, als sie meine Frage zur Rolle
der palästinensischen Frauen in einem zukünftigen Staat beschreibt:
»Wir möchten unbedingt daran teilnehmen, aber 85 Prozent unserer
Männer wollen die Frauen nicht hochkommen lassen, sondern sie
weiter beherrschen. Es wird nicht leicht sein, sich dagegen durchzusetzen.«
       Labadi war Lehrerin und wurde von den Israelis entlassen, weil die
Frauengewerkschaft der Lehrerinnen, der sie angehört, ihrer Meinung
nach eine politische Bewegung ist. »Dabei hatten wir nur das Ziel,
unsere Arbeitsbedingungen zu verbessern. Wir verdienten nur halb so
viel wie die Israelis. Statt dessen durfte ich schließlich gar nicht mehr
arbeiten und auch nicht mehr reisen. Ich habe mich schon 1988 an das
Oberste Gericht gewendet, aber bis jetzt ist weder ein Termin für eine

Verhandlung angesetzt worden, noch hat man Beweise gegen mich vorgelegt. Als meine Brüder deportiert wurden, wurde ich zu einem der Hauptverdiener in der Familie. Da ich nicht mehr arbeiten darf, wissen wir kaum noch, wie wir zurechtkommen sollen. Wir versuchen jetzt, unsere Lebensmittel selbst anzubauen. Ich habe zwar aus England ein Stipendium für meine Magisterarbeit bekommen, aber die Israelis haben mir bis jetzt keine Ausreiseerlaubnis gegeben.

Haß und Gewalt ..., beide Seiten haben sich so viele Wunden geschlagen. Dabei haben Juden und Muslime früher zusammengelebt, und ich meine, das müßte auch heute wieder möglich sein. Die Frage ist, ob Juden und Muslime sich gegenseitig verzeihen können, was in den letzten Jahren geschehen ist. Ich fürchte, nein. Auf beiden Seiten sind es die Fundamentalisten – die jüdischen und die muslimischen –, die dafür sorgen, daß der Kampf immer weitergeht.«

Die palästinensischen Frauen beteiligen sich schon lange an ihrer nationalistischen Bewegung. Schon 1948 legten viele von ihnen aus Protest gegen die Gründung Israels zum erstenmal ihre *hijabs* ab. Desungeachtet zwangen Hitzköpfe der Hamas – zum Teil gerade erst Teenager – im ersten Jahr der Intifada die Frauen in Gaza, wo die Extremisten stark vertreten waren, ihren Kopf wieder zu bedecken. Als sie das erreicht hatten, bestanden sie darauf, daß die Frauen das lange islamische Gewand, den *abaya*, tragen. Und seit einiger Zeit werden sie außerdem gezwungen, sich zu verschleiern und Handschuhe zu tragen. Man trifft heute in Gaza kaum noch eine Frau, die nicht so gekleidet ist wie ihre Geschlechtsgenossinnen in Saudi-Arabien. In Ostjerusalem und im Westjordanland sind heute schätzungsweise 50 Prozent der Frauen verschleiert, und es werden immer mehr – selbst in Städten wie Ramallah, wo arabische Frauen noch vor gar nicht allzu langer Zeit Shorts trugen.

Im Juni 1992 mußte ein internationales Frauenfestival, bei dem Filme und Bücher von Frauen vorgestellt wurden und das jährlich stattfinden sollte, abgebrochen werden, weil die Veranstalterinnen Drohungen erhalten hatten. »Die Extremisten behaupteten, die Filme seien un-islamisch«, berichtete Suha Hindiyeh-Mani, die Leiterin des »Women's Studies Center«, die das Festival organisiert hatte. »Sie sagten, wenn die palästinensischen Frauen etwas über Scheidung, Ehe

usw. erfahren wollten, dürften sie keine ausländischen Quellen heran-
ziehen. Eigenartigerweise waren die Filme in Gaza ohne Probleme
gezeigt worden, obwohl sie unter der Zuhörerschaft zahlreiche Diskussionen ausgelöst hatten. Aber die Schule in Ramallah, in der wir sie
zeigen wollten, erhielt Drohungen, und da sahen wir uns gezwungen,
das Festival zu beenden.«

Man hat die palästinensische Gesellschaft lange Zeit als weltlich
eingestuft. Das hat sich jedoch geändert. »Die Palästinenser wenden
sich wieder dem Islam zu. In einer Generation wird der Islam hier die
Macht haben«, sagte ein Islamist. Der Druck islamistischer Organisationen wie der Hamas hat zweifellos eine Veränderung der palästinensischen Gesellschaft zur Folge. Und wie überall geschieht das auch hier
mit erheblicher finanzieller Unterstützung der Golfstaaten. Wohltätigkeitsorganisationen und andere Institutionen, die von solchen Gruppen geführt werden, schießen wie Pilze aus dem Boden. Inzwischen
stehen schon die besten palästinensischen Schulen, Kliniken und Krankenhäuser unter ihrem Einfluß.

Die wachsende Finanzkraft der Hamas wirkte sich vor allem zu der
Zeit aus, in der die PLO sich gezwungen sah, ihre Unterstützung für die
notleidenden Palästinenser zu kürzen. Es gab außerdem Hinweise
darauf, daß Arafat in den besetzten Gebieten an Macht verlor – eine
Entwicklung, die in der letzten Zeit durch seine angegriffene Gesundheit noch weiter beschleunigt wurde. Und je mehr auch seine Position
innerhalb seiner eigenen Organisation schwächer zu werden schien,
um so mehr verlor die PLO im Leben der Palästinenser an Bedeutung.
Für die jüngere Generation haben die anti-israelische Propaganda und
die militante Haltung der religiösen Extremisten eine bedeutend größere Faszination als die Friedensgespräche.

Viele Jahre lang wurden die Palästinenserinnen als die gebildetsten
Frauen in der muslimischen Welt betrachtet. Als die Intifada entstand,
nahmen Frauen und Mädchen aktiv an der Erhebung teil. Eine Untersuchung der UNO, die 1990 durchgeführt wurde und sich auf den
Status der palästinensischen Frauen bezog, ergab, daß in den ersten
drei Jahren seit dem Bestehen der Intifada 10 Prozent der Toten und
23 Prozent der Verwundeten Frauen waren. Sie werden häufig verhaftet und wie die Männer gefoltert, oft ohne angeklagt zu werden. Nir-

gendwo auf der Welt hat man mehr Leute ins Gefängnis gesteckt als in den besetzten Gebieten – in den ersten zwei Jahren der Intifada ist jeder sechste männliche Palästinenser im Alter zwischen vierzehn und fünfundfünfzig unter den Notstandsgesetzen der Israelis eingesperrt worden.

Für die Palästinenser im Westjordanland, in Gaza und in Ostjerusalem ist es so normal, im Gefängnis gesessen zu haben, wie es normal ist, braune Augen oder schwarzes Haar zu haben. Es gibt kaum eine Familie, in der nicht mindestens ein Mitglied ein israelisches Staats- oder Militärgefängnis von innen kennt.

Frauen haben bei den israelischen Sicherheitskräften keinen Anspruch auf Sonderbehandlung. Intisar El-Qaq, eine angehende Sozialarbeiterin in Silwan in Ostjerusalem, war neunzehn Jahre alt und in den ersten Monaten schwanger, als sie verhaftet wurde. Trotz ihres Zustands kam sie, an Händen und Füßen gefesselt, in Einzelhaft. Sie konnte ihre Schwangerschaftsgymnastik nicht machen und wurde nicht angemessen ernährt oder medizinisch versorgt. Auch noch während der Wehen waren ihre Beine an ein Krankenhausbett gefesselt.

Khitam Moluch, eine fünfunddreißigjährige Mutter von fünf Kindern aus Beit Anan im Westjordanland, wurde verhaftet, weil sie Stickereien angefertigt hatte. Gemeinsam mit der Hilfsorganisation »World Vision« hatte sie einen palästinensischen Folklorebasar organisiert, um Geld für Lehr- und Lebensmittel für einen Dorfkindergarten zu sammeln. Einige Stunden nach der Eröffnung wurde der Basar von der Polizei gestürmt. Moluch wurde verhaftet, und Wandteppiche, Schals usw. wurden beschlagnahmt. Der Grund: Die subversiven Gegenstände waren mit roten, grünen, schwarzen und weißen Mustern bestickt – den Farben der verbotenen palästinensischen Fahne. Auch diese Frau mußte eine Zeitlang im Gefängnis sitzen.

Die dreiundzwanzigjährige Terry Boullata wurde verhaftet, nachdem man bei ihr eine Leberbiopsie (Gewebeentnahme) durchgeführt hatte. Die Wunde blutete noch, und sie konnte nicht ohne fremde Hilfe gehen. Trotz ihres Zustands wurde sie verhört und anschließend in eine Zelle gebracht, die im israelischen Strafvollzug »Sarg« genannt wird. Das ist ein Container aus Beton mit einer Stahltür, der 180 mal 60 mal 80 Zentimeter groß ist. »Es ist wie in einem Grab«, sagte Terry, die zu der Zeit als Forschungsassistentin im Informationszentrum der palästinensischen Menschenrechtsorganisation arbeitete. »Innen ist es absolut dunkel; es gibt nur drei oder vier Luftlöcher oben, die jedoch so hoch liegen, daß man nicht hinaussehen kann. Es ist sehr heiß und es stinkt. Die Gefangenen müssen im Stehen essen, schlafen und ihre Notdurft verrichten.«

Terry war zwei Jahre zuvor zum erstenmal verhaftet worden, nachdem sie als Vertreterin der palästinensischen Studentenunion an einem Kongreß in Griechenland teilgenommen hatte. Als sie zurückgekehrt war, warf man ihr vor, sie habe sich in Griechenland mit Mitgliedern arabischer Organisationen getroffen und sei politisch aktiv geworden. Bei späteren Verhaftungen warf man ihr vor, eine Führerin der Intifada zu sein. »Aber das werfen sie jedem vor, den sie einsperren«, sagte Terry.

Als sie zum erstenmal in Einzelhaft kam, steckte man sie in eine unterirdische Zelle, die 2,70 Meter lang und 1,60 Meter breit war. »Da unten kommen einem vierundzwanzig Stunden wie vierundzwanzig Jahre vor«, erinnerte sie sich. »Sie sagen den Leuten, daß nur ihre Zunge sie retten könne. Niemand wüßte, wo sie sind, und sie müßten sterben, wenn sie nicht redeten. Im Sommer ist es heiß und feucht, und Insekten kriechen einem über den Körper. Im Winter ist es so kalt, daß man den Atem sehen kann. Man verliert jedes Zeitgefühl. Das einzige, was man weiß, ist, daß der Shin Beth [Allgemeiner Sicherheitsdienst] einen immer wieder zum Verhör holt. Man drohte mir, mich zu vergewaltigen. Man stülpte mir eine Kapuze über und fesselte mich stundenlang an eine Stange, so daß ich mich nicht rühren konnte.« Die Kapuze, die aus einem filzartigen Stoff besteht, wird gewöhnlich vorher angefeuchtet. Wenn der Stoff trocknet, zieht er sich über dem Gesicht zusammen, und das Opfer hat das Gefühl, erstickt zu werden. Die Gefangenen berichten, daß die Kapuze nach Schweiß und Erbrochenem riecht, was den Ekel des Opfers noch weiter steigert.

»Es ist keine Schande, zuzugeben, daß man bei seiner ersten Verhaftung Todesangst gehabt hat. Und jedesmal, wenn man später verhaftet wird, hat man wieder große Angst«, sagte Terry. Während ihres ersten Gefängnisaufenthalts litt sie unter Gelenkschmerzen und bekam dann an Armen und Beinen Ödeme. Schließlich hatte sie einen völligen

Zusammenbruch und wurde endlich in ein Krankenhaus eingeliefert. »Meine Arme und Beine schwollen an, bis sie unglaublich dick waren. Meine Hände waren doppelt so dick wie vorher. Als man mich an das Krankenhausbett fesselte, schrie ich vor Schmerzen. Die Fesseln schnitten mir ins Fleisch. Einem Polizisten fiel schließlich ein, daß ich gar nicht laufen, also auch nicht fliehen konnte, und er schloß die Fesseln wieder auf. Aber als sein Kollege zurückkam, legte er sie mir wieder an.« Der Gefängnisarzt erklärte Terry, daß weitere, komplizierte Untersuchungen nötig seien, die man aber dort nicht durchführen könne. Da er nichts mehr für sie tun konnte, wurde sie wieder in ihre Zelle gebracht.

Sofort tauchte jemand vom Shin Beth auf und verhörte sie wieder. »Inzwischen litt ich solche Qualen, daß ich nur noch schluchzen konnte. Ich flehte sie an: ›Ich kann nicht mehr, laßt mich in Frieden sterben.‹« Kurz darauf wurde sie entlassen und sofort in ein Krankenhaus eingeliefert, in dem sie zwei Monate behandelt werden mußte.

Es stellte sich heraus, daß Terry unter chronischer Hepatitis und der Crohnschen Krankheit litt, einer schmerzhaften Autoimmunerkrankung, bei der der Körper sein eigenes Verdauungssystem angreift, was zu inneren Blutungen führen kann. Sie hatte außerdem Arthritis entwickelt, die bei Frauen häufig gemeinsam mit der Crohnschen Krankheit auftritt. Vermutlich löste der Streß im Gefängnis die Autoimmunreaktion aus. Wegen ihrer angegriffenen Gesundheit muß sie ihr Blut regelmäßig untersuchen lassen, und auch die Leberbiopsie, die sie gerade hinter sich hatte, als sie erneut verhaftet wurde, diente der Vorsorge.

»Als sie mich in den ›Sarg‹ steckten, dachte ich, jetzt sei alles zu Ende. Ich konnte nicht mehr atmen und schnappte krampfhaft nach Luft. Immer wieder trommelte ich mit den Fäusten gegen die Tür, bis schließlich einer der Wärter kam und sie öffnete: ›Bist du immer noch nicht tot?‹ fragte er mich. Er konnte sehen, daß ich Atembeschwerden hatte.« Terry brach zusammen und verlor das Bewußtsein. Am nächsten Tag wurde sie wieder ins Krankenhaus eingeliefert.

Kurz darauf sorgte die Menschenrechtskommission dafür, daß ihr Fall dem französischen Präsidenten Mitterrand zu Ohren kam. »Itzhak Rabin machte damals gerade einen Besuch in Frankreich. Zufällig lief zur gleichen Zeit im französischen Fernsehen die erste Dokumentation, in der gezeigt wurde, wie israelische Soldaten Jungen der Intifada absichtlich die Arme brachen. Rabin wurde nicht sehr freundlich empfangen. Wahrscheinlich waren das und Mitterrands persönliche Intervention der Grund, warum er von Paris aus anordnete, mich freizulassen.« Terry wurde zur Behandlung nach Frankreich und später nach Chicago geflogen. Sie wurde letzten Endes zu einer Gefängnisstrafe von vierzehn Monaten verurteilt, die drei Jahre zur Bewährung ausgesetzt wurde. Aber wie bei den meisten Prozessen wurden auch in ihrem Fall keine Beweise gegen sie vorgelegt.

Die Al-Haq-Menschenrechtsorganisation, die der Internationalen Juristenkommission in Genf angegliedert ist, berichtet, daß aufgrund der Notstandsgesetze in den besetzten Gebieten schon nicht näher spezifizierte »Sicherheitsgründe« ausreichen, um einen Menschen einzusperren oder zu deportieren. »Es genügt, wenn der israelische Militärkommandant glaubt, Grund zu der Annahme zu haben, daß eine bestimmte Person eine Bedrohung darstellt. Er braucht dafür keine Beweise vorzulegen. Und Beweise werden ohnehin als streng geheim eingestuft. So einfach ist das«, sagte Said Zeedani, Leiter der Al-Haq. »Man kann sich höchstens einen Anwalt nehmen und die Anklage vor dem Obersten Gericht anfechten. Aber selbst dann werden die Beweise, die gegen einen vorliegen, nicht offengelegt.«

Terry ist inzwischen sechsundzwanzig und Mutter einer gesunden Tochter, aber selbst ihre Hochzeit mußte um zwei Wochen verschoben werden, weil ihr Mann auf dem Weg zur Trauung an einer Straßensperre als »Verdächtiger« verhaftet worden war. »Ich saß in meinem Brautkleid in dem Wagen direkt hinter seinem. Sie hielten ihn acht Tage lang fest. Ich war sehr nervös. Als wir schließlich heirateten, durfte er die Stadt nicht verlassen. Und während unserer Flitterwochen wurde eine Ausgangssperre von zweiundzwanzig Stunden täglich verhängt. Wir waren gerade achtzig Tage verheiratet, als mein Mann wieder verhaftet und ohne Anklage zehn Monate lang festgehalten wurde. Bis jetzt hat man ihn insgesamt zehnmal verhaftet.

Ich bin natürlich verbittert, obwohl ich immer versuche, meinen Humor nicht ganz zu verlieren – man muß es halt versuchen. Aber ich würde sehr gern ein ganz normales Leben führen – eine Freundin zum

Mittagessen einladen, ohne Angst haben zu müssen, daß sie vorher
verhaftet wird, oder ein Picknick planen, das ich nicht gleich wieder absagen muß, weil über die Gemeinde eine Ausgangssperre verhängt wurde. Mein Mann sagte einmal zu mir: ›Weißt du, Terry, ich
wünschte, ich könnte einmal mit dir und dem Baby ungehindert in
Jerusalem spazierengehen, ohne erst einen Antrag stellen zu müssen,
der dann mit großer Wahrscheinlichkeit abgelehnt wird.‹

Ich hoffe nur, daß meine Tochter die Chance hat, ein Leben zu
führen, das von gegenseitigem Respekt geprägt ist«, sagte Terry, die ein
Jahr vor der Besetzung geboren wurde. »Ich werde es wohl nicht mehr
erleben, daß der Traum von der Freiheit Wirklichkeit wird. Ich kann
nur hoffen, daß sie es noch erlebt. Ich weiß aber auch, daß einem die
Freiheit nie geschenkt wird. Man muß darum kämpfen.«

Frauengruppen sind häufig Zielscheibe von Polizeieinsätzen. Ihre
Mitglieder werden unter dem Verdacht politischer Aktivitäten gegen
den Staat Israel festgenommen. Zahira Kamel, die siebenundvierzigjährige Leiterin der »Palestinian Federation of Women's Action Commit-
tees« und Beraterin der palästinensischen Friedensdelegation, wurde
dreimal verhaftet und ins Gefängnis gesperrt, obwohl sie nie offiziell
angeklagt worden war. Außerdem durfte sie von Juni 1980 bis März
1987 den Ort, in dem sie lebte, nicht verlassen, die längste Beschrän-
kung dieser Art, die je gegen einen Palästinenser verhängt worden ist.
Für sie bedeutete das, daß sie sieben Jahre lang in ihrem kleinen Dorf in
der Nähe von Ramallah im Westjordanland festsaß und außerdem von
Sonnenuntergang bis Sonnenaufgang ihr Haus nicht verlassen durfte.
Darüber hinaus mußte sie sich zweimal täglich bei der Polizei melden
und wurde oft von unangemeldeten Besuchen der Polizei überrascht.
Was warf man ihr vor? »In der Verfügung stand nur ›aus Gründen
der Sicherheit‹. Keine weiteren Erklärungen, keine Beweise oder sonst
etwas«, sagte sie.

Kamels Frauenorganisation war ursprünglich gegründet worden,
um den Frauen zu helfen, ihre Rolle in der palästinensischen Gesellschaft zu verändern. Sie berät ihre Mitglieder in sozialen und juristischen Fragen, und da viele der Männer im Gefängnis sitzen, unterstützt
sie die Familien, solange der Versorger nicht da ist. Seit der Intifada hat
Kamel viele Veränderungen im Leben der palästinensischen Frauen

beobachtet. »Da so viele Schulen von den israelischen Behörden über lange Zeiträume hinweg geschlossen wurden, hat das Analphabetentum wieder zugenommen. Viele Eltern schicken ihre Töchter nicht mehr in die Schule, weil sie Angst vor den Gewalttätigkeiten haben. [Im Lauf eines Jahres durften die Oberschulen nur an zwanzig, die Grundschulen nur an fünfunddreißig Tagen geöffnet sein. Und die Bir-Zeit-Universität war viereinhalb Jahre geschlossen; sie wurde erst kürzlich wieder geöffnet.] Das Heiratsalter ist gesunken, weil man glaubt, die Mädchen auf diese Weise von den Demonstrationen fernhalten zu können. Ehen werden heute schon für sechzehnjährige Mädchen arrangiert, früher waren sie durchschnittlich zwanzig Jahre alt. Unter dem Einfluß der Islamisten ist die Polygamie wieder auf dem Vormarsch, und auch die Gewalttätigkeiten innerhalb der Familie haben dramatisch zugenommen.«

Eine palästinensische Untersuchung ergab, daß jede zweite bis dritte arabische Ehefrau zu Hause mißhandelt wird. »Die Häuser sind hier klein, oft bestehen sie nur aus einem einzigen Zimmer. Bei den häufigen Ausgangssperren sind die Männer zu Hause bei der Familie eingesperrt, und das führt unweigerlich zu Spannungen. Bei einer Ausgangssperre darf man nicht einmal seinen Balkon betreten oder in den Garten gehen. Wer gegen dieses Verbot verstößt, wird erschossen, wie die Frau, die auf einem Balkon in Nablus saß und ihr Baby stillte. Sie wurde getötet, der Säugling überlebte. Wenn man ein Volk mit solcher Gewalt unterdrückt, wenn man die Leute unmenschlich behandelt und demütigt, werden sie selbst auch gewalttätig.«

Das gilt auch für die israelischen Streitkräfte. Während der sechsundzwanzigjährigen Besatzungszeit waren beide Seiten einem sich ständig steigernden Haß und immer größerer Brutalität ausgesetzt. In den Flüchtlingslagern von Gaza gehörte es zum Alltag, daß man Steine auf israelische Soldaten warf; es wurde zu einem Ritual, das die israelischen Soldaten, die häufig nicht älter waren als die palästinensischen Jugendlichen, fürchten lernten. Mit der Zeit wurden die Steine dann immer häufiger durch Messer, Gewehre und Molotowcocktails abgelöst. Bewaffnete Palästinensergruppen wie die »Red Eagles« und die »Black Panthers«, die insgesamt auch »Red Intifada« genannt werden, schossen sich auf israelische Sonderkommandos ein, die als verdeckte Agenten auf sie angesetzt worden waren. »Steine, Kugeln und der plötzliche Tod gehören in Gaza so sehr zum Alltag, daß ausländische Zeitungen schon längst nicht mehr darüber berichten, es sei denn, die Zahl der Opfer ist so hoch, daß man sie nicht ignorieren kann«, schrieb die »New York Times« 1993.

Viele palästinensische Intellektuelle sind der Meinung, daß die brutale Behandlung der arabischen Männer durch die israelischen Streitkräfte viel dazu beigetragen hat, daß die Hamas immer beliebter wurde, insbesondere ihre Kampagne gegen die Frauen. »Ein Teil dessen, was wir jetzt im Hinblick auf die Frauen und die Hamas erleben, ist eine psychologische Gegenreaktion«, sagte Suha Sabbagh, die palästinensische Leiterin des »Institute for Arab Women's Studies« in Washington. »Der palästinensische Mann, der Vater, die Autoritätsperson im Haus, hat seine gesamte Autorität eingebüßt. In Israel wurden die palästinensischen Männer auf der Straße und bei der Arbeit ständig herumkommandiert und gedemütigt. Sie wurden von den Sicherheitskräften schlecht behandelt und konnten sich nicht wehren. Viele dieser Demütigungen geschahen vor den Augen ihrer Kinder und Frauen. Die Israelis haben die öffentlichen Demütigungen systematisch eingesetzt, um das Image des palästinensischen Mannes als Heldenfigur der Familie zu demontieren. Für einen arabischen Mann ist das gleichbedeutend mit dem Verlust seiner Männlichkeit.

Gleichzeitig haben sich die Beziehungen zwischen den Geschlechtern bei den Palästinensern enorm verändert. Arabische Frauen, die in der Intifada ihr Leben aufs Spiel gesetzt haben, waren nicht mehr ohne weiteres bereit, sich den muslimischen Traditionen zu unterwerfen.«

Die dreiundvierzigjährige Rehab Essawi, eine Professorin aus dem Westjordanland, deren gesamtes erwachsenes Leben davon überschattet wurde, daß ihre Angehörigen im Gefängnis saßen, schilderte mir: »Ich hatte ein Vaterland, aber sein Name wurde geändert. Wir haben politische Parteien, aber sie wurden verboten, deshalb dürfen wir nicht sagen, ob und welcher wir angehören. Ich kann mich nicht einfach vor Sie hinstellen und Ihnen sagen, wer ich bin. Zuerst haben die Frauen sich in kleinen Gruppen zusammengefunden, um gemeinsam zu nähen oder zu stricken, dann wurden sie politisiert und nahmen an der Intifada teil. Und wenn es mitten in der Nacht klopfte, gingen die

Frauen an die Tür, um ihre Männer vor einer Verhaftung zu schützen. Nach all dem konnte man den Frauen ihre Rechte nicht mehr vorenthalten.

Glauben Sie, daß heute einer meiner Brüder noch zu mir sagen könnte: ›Sieh zu, daß du aus dem Bett kommst, und mach mir was zu essen‹? Früher war das so, da haben sie mich zu so etwas gezwungen. Sie haben mich geohrfeigt und gesagt: ›Das ist das Recht des Mannes.‹

Auch der Begriff Ehre machte einen Bedeutungswandel durch. Früher bezog er sich auf die Jungfräulichkeit, während es heute darauf ankommt, welchen Beitrag eine Frau zur Befreiung ihres Landes geleistet hat«, sagte Sabbagh. Frauen, die beim Verhör oder bei der Folter im Gefängnis sexuell mißbraucht worden waren, wurden deshalb in ihrer Gemeinde nicht mehr zwangsläufig geächtet. Die israelische Armee scheint jedoch die einzige auf der Welt zu sein, bei der es zur Routine gehört, sich zu entblößen und zu masturbieren, um Demonstrationen oder andere Gruppen arabischer Frauen aufzulösen.

»Die Männer waren außerdem selten zu Hause, weil sie entweder im Gefängnis saßen oder versuchten, in der Golfregion Geld zu verdienen. Das hatte zur Folge, daß sich die Kinder an die Mutter als Chefin im Haus gewöhnten«, erklärte Suha Sabbagh. »Wenn die Männer dann wieder nach Hause zurückkehrten, kamen sie sich überflüssig vor und hatten das Gefühl, daß sie von ihren Frauen und Kindern nicht mehr respektiert wurden.

Ein weiterer Faktor war, daß die Intifada Hoffnung weckte, weil sie der übrigen Welt die Not der Palästinenser bewußt machte. Die Palästinenser glaubten, daß der Aufstand die Unterdrückung, unter der sie ihr Leben lang gelitten hatten, beenden würde. Und als sich nichts zu ändern schien, mußte irgendwas anderes passieren. Die Männer wandten sich der Religion zu und erwarteten von ihr die Lösung ihrer Probleme. Die Hamas sagte ihnen, es sei richtig, wenn sie ihre Frauen wieder ins Haus zurückholten. Wenn die Frauen aus der politischen Arena wieder an den Herd zurückgekehrt seien, werde auch die alte Ordnung wiederhergestellt, in der die Frau dem Mann zu gehorchen hat.«

Sabbagh glaubt, daß die Frauen zum Teil auch selbst für die Rückorientierung der Fundamentalisten verantwortlich sind. »Das ursprüngliche Engagement der Frauen für die Intifada war sehr spontan. Als der Aufstand dann besser organisiert war, versäumte es die Führung der Vereinigten Palästinenser, die Frauen durch entsprechende Programme bei der Stange zu halten. Für sie war das eine zweitrangige Angelegenheit. Man konzentrierte sich ausschließlich auf die nationale Befreiung und ignorierte dabei die Bedürfnisse der Frauen. Die Folge war, daß viele Frauen das Gefühl hatten, bei der nationalen Erhebung nicht mehr gebraucht zu werden, und nach Hause gingen.«

Es dauerte auch viel zu lange, bis sich das Führungsgremium der Intifada (UNLU) gegen die aggressive Kampagne der Fundamentalisten aussprach, die die Frauen zwingen sollte, sich zu verschleiern. Dabei hatten in einer Schule in Gaza Jugendliche bereits Mädchen angegriffen, weil sie nicht verschleiert waren. Und aus dem gleichen Grund schüttete man in Gaza und im Westjordanland Frauen Salpetersäure ins Gesicht oder bewarf sie mit Steinen und faulen Eiern. Graffiti forderten die Frauen auf, sich zu verschleiern, weil man sie sonst als Kollaborateure ansehen würde.

Es dauerte zwei Jahre, bis die UNLU endlich eine Erklärung abgab, in der es hieß, »daß niemand das Recht hat, Frauen und Mädchen auf der Straße wegen ihrer Kleidung oder dem Fehlen eines *hijab* anzupöbeln«, aber da war es bereits zu spät. »Wenn man den Schleier einmal angezogen hat, akzeptiert man alles, was er symbolisiert; das Leben verändert sich völlig, und es ist dann sehr schwer, ihn wieder abzulegen«, erklärte mir eine Frau. »Manchmal denke ich, mir wäre es lieber, alles würde so bleiben wie es ist [kein Frieden]. Ich möchte nicht mitten in der Nacht statt von einem Israeli von einem Araber verhaftet werden«, sagte eine andere Palästinenserin, die aus verständlichen Gründen etwas dagegen hatte, daß man ihren Namen veröffentlicht.

Terry Boullata befürchtet, daß es den palästinensischen Frauen genauso ergehen wird wie den Frauen in Algerien, die für die Unabhängigkeit ihres Landes kämpften. »Sie haben mit den Männern gekämpft, haben mit ihnen gelitten, und als dann alles vorbei war, verloren sie ihre hart erkämpften Freiheiten und wurden wieder in die Häuser eingesperrt. Immer wenn der gemäßigte Flügel der Palästinenser schwach wird, wird die Hamas stärker. Man hat von mir verlangt, daß ich mich verschleiere, aber ich denke nicht daran. Ich bin eine liberale

Frau. Nach allem, was ich mitgemacht habe, bin ich nicht bereit, jetzt
wieder das Leben zu führen, das die Hamas den Frauen zugedacht hat –
ein bedeutungsloses Leben ohne jeden Inhalt.«

In allen muslimischen Ländern gibt es starke Frauen wie Terry
Boullata und Rehab Essawi, Frauen, die sich dem Druck der religiösen
Extremisten nicht beugen. In den meisten Fällen können sie das auch
deshalb, weil die Männer in ihrer Umgebung ihre Ansichten teilen. Für
eine muslimische Frau ist es bedeutend schwerer, sich für die Unabhängigkeit einzusetzen, wenn ihre Brüder, Ehemänner, Väter oder andere
männliche Verwandte sie dabei nicht unterstützen. Immer wieder geben Frauen dem Druck der Männer nach – schon die Meinung eines
Onkels oder eines Vetters kann in solchen Fragen von entscheidender
Bedeutung sein. Die Männer machen der Frau dann klar, daß sie, und
damit natürlich auch ihre ganze Familie, weniger respektiert wird oder
körperlichen Schaden davonträgt, falls sie nicht gehorchen sollte.

Selbst in Amerika konnte es passieren, daß ein islamischer Extremist seine sechzehnjährige Tochter erstach, weil sie – wie ihre Klassen-
kameradinnen – ein westliches Leben führen wollte. Die aus Palästina
stammende Tina Isa, die in St. Louis zur Schule ging, starb 1989, vier
Jahre nachdem sie mit ihrer Familie aus einem Dorf in der Nähe von
Jerusalem in die Vereinigten Staaten gekommen war. Ihr Vater war
wütend geworden, weil sie sich mit einem Jungen aus dem Ort treffen
wollte und einen Halbtagsjob in einem Schnellimbiß angenommen
hatte. Als sie nach ihrem ersten Arbeitstag nach Hause kam, behauptete
ihr Vater, sie habe die Familienehre besudelt und deshalb den Tod
verdient.

Zwei Jahre nachdem Zein Isa, der Vater von Tina Isa, wegen des
Mordes an seiner Tochter verurteilt worden war, wurde er angeklagt,
ein Mitglied der Terrororganisation von Abu Nidal zu sein, einer
Splittergruppe der frühen PLO. Er sollte geplant haben, amerikanische
Juden umzubringen und die israelische Botschaft in Washington in die
Luft zu sprengen.

Terry Boullata hat einen Mann geheiratet, der nicht konservativ ist
und ihre progressiven Ansichten teilt. Rehab Essawi, eine redege-
wandte, sehr direkte Frau, die zupacken kann, ist in Palästinenser-
kreisen sehr bekannt, doch der Respekt, mit dem man ihr begegnet,

beruht zum Teil darauf, daß sie mit einem sehr angesehenen, inzwischen verstorbenen Mann verlobt war.

Rehab ist Professorin für Pädagogik an den Universitäten von Hebron und Bethlehem. Sie ist eine attraktive, energische Frau und lacht gern. Obwohl sie schon über Vierzig ist, ist sie immer noch unverheiratet, was in ihrer Gesellschaft ungewöhnlich ist. Mit neunzehn war sie mit Omar Kassem verlobt. Die beiden waren gemeinsam in einem kleinen Dorf in der Umgebung von Ostjerusalem aufgewachsen. Die Verlobung sollte einundzwanzig Jahre dauern, denn so lange saß Omar in einem israelischen Gefängnis. Seine Strafe wurde erst durch seinen Tod beendet, und natürlich war sie auch für Rehab eine Strafe gewesen.

Als die israelischen Streitkräfte 1967 das Westjordanland und den Gazastreifen besetzten, war Omar Kassem siebenundzwanzig und arbeitete als Englischlehrer. Als Mitglied der Arabischen Nationalen Bewegung wurde er ein hoher Funktionär der frühen PLO. Einige Monate nach der Besetzung ging Kassem mit einer Gruppe von Palästinensern illegal nach Jordanien, um die dortige Widerstandsbewegung gegen die Israelis zu unterstützen. Als die Gruppe auf dem Rückweg versuchte, die israelische Grenze zu überschreiten, wurde sie entdeckt. Bei dem anschließenden Scharmützel wurde Kassem festgenommen. Er bekam dreimal lebenslänglich und war der höchste PLO-Funktionär, der jemals ins Gefängnis gesperrt wurde. »Es war eine extrem harte Strafe«, sagte Rehab. »Heute hätte er höchstens sechs Jahre bekommen. Aber keiner von uns hat damals geglaubt, daß die Besetzung so lange dauern würde. Wir dachten, sie wäre schon viel früher zu Ende, und wir könnten dann wieder unser normales Leben führen. Wir lebten von der Hoffnung. Omar und ich waren absolut sicher, daß wir eines Tages heiraten würden.«

Statt dessen sah Rehab ihren Verlobten in den nächsten zwei Jahrzehnten nur zweimal im Monat. Aus diesen kostbaren dreißig Minuten schöpften beide ihre Kraft. »Wir sprachen miteinander durch ein Drahtgitter und preßten unsere Hände dagegen. Viele Jahre war das die einzige Intimität, die uns blieb.

Politische Gefangene werden von ihren Besuchern durch so ein Drahtgitter getrennt. Bei Kriminellen wurde das Gitter nach oben geschoben, so daß sich die Paare küssen oder berühren konnten. Einmal hatte der Wärter vergessen, das Gitter zu schließen, und Omar und ich konnten uns umarmen. Für ihn war es das erste Mal, daß er eine Frau umarmte. Es war ein so intensives Gefühl für ihn, daß er anfing zu zittern.

In all den langen Jahren habe ich nur für seine Briefe gelebt. Sie waren wunderschön, und in ihnen drückte er seine große Liebe zu mir aus. Die Gefangenen dürfen nur eine begrenzte Anzahl von Briefen schreiben, deshalb bekam ich manchmal welche, auf denen unten der Name eines anderen Gefangenen stand. Immer wenn ich einsam war, nahm ich seine Briefe und las sie. Dann konnte ich ihn sehen und seine Stimme hören. Wenn meine Einsamkeit und meine Sehnsucht nach ihm zu groß werden, tue ich das auch heute noch.«

Die einzigen Besuchstermine, die Rehab verpaßte, fielen in die siebziger Jahre, in denen sie selbst dreimal im Gefängnis saß. »Weil ich meinen Bruder im Irak besucht hatte, wurde ich beschuldigt, mit einer illegalen Organisation in Verbindung zu stehen.« In ziemlich nüchternem Ton berichtete Rehab über ihre eigenen Erlebnisse im Gefängnis. »Während meines Verhörs wurde ich geschlagen und angespuckt. Außerdem drohte man mir, mich zu vergewaltigen. Man steckte mich in eine Zelle, in der ich Männer vor Schmerz schreien hörte, ich glaube allerdings, daß die Stimmen von einem Tonband kamen; vermutlich sollte es eine psychologische Folter sein. Am schlimmsten war, wenn ich auf einem Bein dicht vor einer Wand stehen mußte. Sobald ich mich auch nur einen Millimeter bewegte, traten oder schlugen sie mich.

So oder so spielten Gefängnisse seit 1967 in meinem Leben die entscheidende Rolle. Aber das trifft auf jede palästinensische Familie zu. Nachdem Omar bereits im Gefängnis saß, wurde auch mein Bruder verhaftet und zu einer Gefängnisstrafe von zehn Jahren verurteilt. Seitdem wurden außerdem noch zwei meiner Schwäger eingesperrt, der eine bekam fünfzehn, der andere dreieinhalb Jahre.« (Rehabs Mutter starb an einem Herzanfall, der durch Tränengas ausgelöst worden war, mit dem Demonstranten vertrieben werden sollten, das jedoch auch in das kleine Zimmer eindrang, in dem sie gerade saß. In geschlossenen Räumen ist Tränengas besonders gefährlich.)

Im Sommer 1989 bekam Omar Hepatitis, eine Erkrankung, die in israelischen Gefängnissen häufig auftritt. »Er wurde ganz gelb, und seine Lungen versagten. Er war völlig abgemagert und siechte förmlich dahin. Trotzdem ketteten sie ihn ans Bett an. Dabei konnte er nicht einmal stehen, geschweige denn gehen oder fliehen. Weil er wegen der Kette immer in derselben Position liegen mußte, bekam er offene Stellen am Körper, die ihm große Schmerzen bereiteten.

Ein paar Stunden vor seinem Tod konnte ich ihn das zweite und letzte Mal umarmen. Ich hielt ihn in den Armen, er schloß die Augen, öffnete dann eins, und eine Träne rollte über sein Gesicht. Am Nachmittag war er tot.«

Omar Kassem wurde wie ein Nationalheld beerdigt, es war das größte palästinensische Begräbnis in Jerusalem. »Die PLO hielt eine Gedenkfeier für ihn ab. Sie sprachen von seinem Beruf als Lehrer, davon, daß er als Palästinenser den Respekt aller Menschen gewonnen habe, die ihn gekannt hätten. Aber sie sprachen nicht über den Menschen, über den Mann, den ich gekannt und geliebt hatte.« Alles, was Rehab noch von Omar geblieben ist, ist eine Sammlung von vergilbten Briefen aus einundzwanzig Jahren, ein paar Fotos und die Erinnerung an zwei kurze Umarmungen.

Genau ein Jahr nach Omars Tod brachte Rehabs Schwester ihr erstes Kind zur Welt. Es war ein Mädchen und wurde Lara genannt. Seit Rehabs Schwager vier Monate nach der Hochzeit ins Gefängnis gesperrt wurde, betreut Rehab das kleine Mädchen. »Er sitzt jetzt seit zwei Jahren im Gefängnis und hatte noch immer keinen Prozeß. Wird das Kind seinen Vater jemals sehen?« Lara, ein lebhaftes Kind, kam von der anderen Seite des Zimmers gelaufen und sprang ihrer Tante mit einem Satz auf den Schoß. Rehab drückte sie an sich und sagte leise: »Wissen Sie, Lara ist mein Lebensinhalt. Sie ist das Kind, das Omar und ich nie haben konnten.«

Auf der Fahrt von Jerusalem nach Gaza fiel mir auf, wie grün das israelische Land war, viel grüner als ich es von meinem letzten Besuch vor zweiundzwanzig Jahren in Erinnerung hatte. Wo vorher kaum etwas gewachsen war, sah ich jetzt überall gepflegtes Ackerland. Auf der Fahrt wurde mir auch klar, wie schmal das Land ist. Wenn die Israelis sich aus dem Westjordanland zurückzögen, wären es von Tel

Aviv im Westen gerade einmal fünfundzwanzig Kilometer bis zur jordanischen Grenze. Auf diesen Umstand wird man auch von jedem Israeli sofort hingewiesen. Gaza ist zwar nur etwa hundert Kilometer von Jerusalem entfernt, trotzdem liegen zwischen den beiden Orten Welten. Jerusalem ist eine kosmopolitische Stadt, in der es das ganze Jahr über von Touristen wimmelt, die sich abends in der Gegend um den Zion-Platz – Jerusalems Montmartre – treffen. Das Viertel besteht aus gewundenen Straßen voller Cafés und Bars, und immer wieder sieht man Musikanten und Straßenartisten. Gaza ist dagegen ein von Fliegen heimgesuchter Streifen Sand, fünfundvierzig Kilometer lang und acht Kilometer breit. Die Bevölkerungsdichte in den Flüchtlingslagern gehört zu den höchsten der Welt.

Die arabischen Bewohner nennen Gaza das »Elend an der See«. Als ich dort ankam, gab es schon seit vier Jahren eine nächtliche Ausgangssperre. Wer dagegen verstieß, wurde ganz nach Belieben der Soldaten an den zahlreichen Kontrollpunkten verhaftet, angeschossen oder getötet. Das Nachtleben von Gaza bestand zu dieser Zeit aus den gepanzerten israelischen Streifenwagen und Jeeps, in denen die Soldaten unter schützenden Käfigen saßen, um nicht von der hier üblichen Munition – Steinen – getroffen zu werden. Und in Gaza herrscht kein Mangel an Steinen – viele stammen aus dem Schutt der Häuser, die man gesprengt hat.

Solche Sprengungen, die in großem Stil durchgeführt wurden, stellten in den besetzten Gebieten eine außergerichtliche Bestrafung dar, die Rabin 1985 eingeführt hatte, als er noch Verteidigungsminister war. Sie war Teil der »Politik der eisernen Faust« Israels. In der Regel sagte man den Leuten, daß ihr Haus gesprengt würde und daß sie dreißig bis sechzig Minuten – manchmal auch weniger – Zeit hätten, ihre Habe in Sicherheit zu bringen. Es gab weder eine Anklage noch einen Prozeß oder die Möglichkeit eines Einspruchs. Die Explosionen waren mitunter so stark, daß die benachbarten Häuser ebenfalls beschädigt wurden.

Als ich in Gaza war, lag die Arbeitslosenquote dort selbst unter Leuten mit Universitätsabschluß bei 60 Prozent, und die Mehrheit der achthunderttausend Einwohner lebte deutlich unter der Armutsgrenze. Sechs Monate später, im März 1993, waren Gaza und das Westjordanland »auf unbestimmte Zeit« vollständig isoliert, weil es wieder einmal zu einer Eskalation der Gewalt gegen die Juden gekommen war. Einen Monat vor dieser Anordnung waren fünfzehn Israelis erstochen oder erschossen worden. Im gleichen Zeitraum starben sechsundzwanzig Palästinenser bei Zusammenstößen mit israelischen Soldaten. Die Abschottung der besetzten Gebiete hatte zur Folge, daß über hunderttausend Palästinenser arbeitslos waren – 30 Prozent der arbeitenden arabischen Bevölkerung sowohl in Gaza als auch im Westjordanland, die täglich nach Israel gefahren waren, um dort für einen Hungerlohn zu arbeiten. In den besetzten Gebieten selbst gab es kaum Arbeit, da arabische Unternehmen, die für das israelische Monopol eine Konkurrenz bedeutet hätten, verboten worden waren.

Die Fahrt durch Gaza war eine echte Herausforderung. Zahlreiche Nebenstraßen waren durch hohe Barrikaden aus Ölfässern vollständig abgeriegelt. Sie waren von den Sicherheitskräften errichtet worden, um die Bewegungsfreiheit der Leute einzuschränken. Eselskarren und einzelne Kamele waren häufiger zu sehen als Autos. Und die Kinder liefen barfuß nebenher. Die Flüchtlingslager bestehen aus armseligen Behausungen aus Gasbeton mit Wellblechdächern und Fenstern mit Läden, aber ohne Scheiben. Baufällige Anbauten, von denen einige zwei Stockwerke hoch sind, wurden aus allem möglichen Schrottmaterial errichtet. Viele Straßen sind nicht befestigt, und an den meisten Kreuzungen liegen große Müllhaufen. So etwas wie eine Grundversorgung – Wasser, Elektrizität und Müllabfuhr – gibt es nur sporadisch.

Ich fuhr zuerst zur »Palästinensischen Frauenunion«, die Anfang der sechziger Jahre gegründet worden war. Yussa Barbari, die Gründerin, eine kultivierte Siebzigjährige, war früher Leiterin der einzigen Mädchenschule in Gaza. Ursprünglich hatte sich die Union das Ziel gesetzt, »das soziale, kulturelle, gesundheitliche und wirtschaftliche Niveau der Frauen zu erhöhen und ihnen dabei zu helfen, im öffentlichen Leben ihre Forderung nach Gleichberechtigung gegenüber den Männern durchzusetzen«. Inzwischen geht es nicht mehr um die Gleichberechtigung der Geschlechter, sondern um das nackte Überleben. Für die Frauen, die sich im Inneren des Gebäudes und auf dem Hof drängen, ist die Union oft die einzige Institution, von der sie noch Hilfe erwarten können. Alle waren mit Männern verheiratet, die während der Besetzung getötet oder deportiert wurden oder lange Gefängnisstrafen absitzen müssen. Fast alle Frauen, die dort warten, sind verschleiert, tragen lange Mäntel und Handschuhe. Sich eine Weile hier aufzuhalten bedeutet, eine Litanei der Not zu hören.

»Die ganze Welt glaubt, der Islam bestünde nur aus fanatischen Muslimen«, sagt Yussa Barbari. »Ich sage Ihnen ganz offen: Der Schleier ist ihre letzte Hoffnung, sie hoffen, daß die Religion sie rettet. Sie wissen genau, daß ihnen sonst keiner helfen wird. Sie merken, daß alle UNO-Resolutionen immer nur gegen arabische und muslimische Völker gerichtet sind: gegen die Libyer, die Iraker und die Palästinenser. Wenn man alles verloren hat, bleibt einem nur die Religion.«

Und die Frauen, die hier auf ihre monatliche Unterstützung in Höhe von 100 israelischen Schekel (65 D-Mark) warten – Geld, das zum größten Teil von europäischen Hilfsorganisationen stammt –, haben viel verloren. Iman Sardiah ist vierundzwanzig und Mutter von drei Kindern. Ihr Mann wurde angeklagt, einen Kollaborateur getötet zu haben, »einen Mann, der für Israel spioniert hat«, und sitzt eine lebenslange Strafe ab. »Sie haben ihn mitten in der Nacht abgeholt«, erzählte sie mir. »Als ich ihn das nächste Mal sah, war er von der Folter auf einem Auge blind geworden. Schon ein Jahr, bevor mein Mann vor Gericht gestellt wurde, hatten sie unser Haus gesprengt. Ich war damals gerade im achten Monat schwanger. Sie ließen uns nicht einmal genügend Zeit, um unsere Sachen herauszuholen. In dem Haus hatten drei Familien gewohnt, wir hatten nur ein paar Zimmer, trotzdem sprengten sie das ganze Haus. Wir verloren alles, und die anderen Familien wurden mit uns bestraft. Der Rote Halbmond [das arabische Rote Kreuz] stellte uns ein Zelt zur Verfügung, in dem wir wohnen konnten.«

»Der Gazastreifen diente als Versuchsgelände, um alle möglichen Maßnahmen zu testen, wie man die Menschenrechtskonvention verletzen kann«, sagt Barbari. »Da wir hier in einem Dschungel leben, gilt auch das Gesetz des Dschungels. Die USA haben Israel unterstützt und dadurch unseren arabischen Staat zerstört. Wir haben 75 Prozent unseres Landes an die Juden verloren, und wir haben unsere gesamte Habe und unsere jungen Männer verloren. Die Welt weiß nichts davon. Und wir sollen die Terroristen sein. Russische Einwanderer und Äthiopier konnten hierhin kommen; was haben diese Menschen für eine historische Verbindung zu dieser Region? Und wir, die wir hierhin gehören, haben keine Rechte, überhaupt keine.« Palästinenser und Juden waren gleichermaßen überrascht, als Israel im März 1993 dreihundert muslimische Bosnier einwandern ließ. Beide Seiten betrachteten die Aktion als bloße Geste, mit der man von den vierhundertfünfzehn deportierten Palästinensern ablenken wollte.

Die siebenundvierzigjährige Shallabiyah Schewda, Mutter von elf Kindern, berichtete mir, daß ihre fünfzehnjährige Tochter brutal geschlagen worden sei, als sie auf dem Heimweg von der Schule in einen Zusammenstoß zwischen palästinensischen Jugendlichen und Soldaten geraten war. Das Mädchen bekam einen hysterischen Anfall und konnte nicht mehr aufhören zu weinen. Der Vater schickte den Sohn in die Apotheke, um ein Beruhigungsmittel zu holen. Das geschah während der Ausgangssperre. Der Junge wurde verhaftet, und Soldaten kamen zu der Familie nach Hause. Schewdas sechzigjähriger Mann wurde mit dem Gewehrkolben zusammengeschlagen und erbrach Blut. Er starb ein paar Stunden später im Krankenhaus.»Einige Tage später kamen drei israelische Offiziere zu uns und entschuldigten sich bei mir. Sie sagten, so etwas hätte nicht passieren dürfen. Mein Mann war umgebracht worden, weil keiner der Soldaten arabisch sprechen konnte und wir ihnen nicht erklären konnten, daß meine Tochter ein Medikament brauchte.«

Jede Frau, die dort wartet, hat eine ähnliche Schreckensgeschichte zu erzählen. In der Nähe des Hauses, in dem sich die Union befindet, ist ein fast zwei Meter hohes Graffito zu sehen: »Hamas ist die Basis Israels«. Außerdem findet man auch überall den Spruch »Der Islam ist die Lösung«. »Wir sind Allah für die Hamas dankbar«, sagt eine der Frauen. »Wenn die Straßen von den Juden abgeriegelt werden, öffnet die Hamas sie wieder. Und genauso wird die Hamas unser Land befreien. Diese Leute tun etwas für Palästina. Alle anderen haben uns im Stich gelassen.«

Später im Beach Camp, das 1952 errichtet wurde und achtundvierzigtausend Palästinenser beherbergt, von denen viele schon dort zur Welt gekommen sind, luden mich einige Frauen in eines der Häuser ein. Ursprünglich gingen die zwei kleinen Zimmer, jedes etwa zweieinhalb mal zweieinhalb Meter groß, hinten in einen kleinen Hof mit einer Kochstelle über. Nachdem man das Ganze mit rostigem Blech überdacht hat, bietet es der Familie heute einen zusätzlichen Wohnraum, obwohl Teile dieses Dachs immer noch offen sind, so daß die Fliegen, der Regen und der intensive Gestank des Straßenmülls eindringen können. Ein bunter, aus Plastikfäden gewebter Teppich bedeckte im Wohnzimmer einen Teil des Bodens, ansonsten gab es nur nackte Zementböden. Die einzigen Möbel waren ein paar dünne Matratzen sowie Kissen, die man aus Mehlsäcken gemacht und bestickt hatte. Quer durch das Zimmer gespannte Leinen ersetzten die Kleiderschränke und dienten außerdem zum Trocknen der Handtücher.

Auch hier definierten sich die Frauen über ihre eigenen Gefängnisstrafen oder die ihrer Familienangehörigen. Woanders wäre mir eine arabische Frau zum Beispiel als Mutter des Khalil oder Khalid vorgestellt worden, hier hieß es: »Das ist Widad Dahman. Sie war im Gefängnis. Drei ihrer vier Jungen sind im Gefängnis, und alle sind natürlich gefoltert worden.« Widad unterbrach: »Ja, und Khalil ist zweiundzwanzig und schon achtmal verhaftet worden«, und dann rasselte sie – als habe sie die Fußballergebnisse ihres Sohnes auswendig gelernt – herunter: »Beim ersten Mal holten sie ihn für drei Monate, dann für vier, beim nächsten Mal waren es sechs, dann wieder fünf Monate, dann sechs, danach fünfzehn und dann zwei Monate. Jetzt haben sie ihn schon wieder abgeholt. Beim letzten Mal haben sie ihn ins Bein und in den Kopf geschossen. Er ist nie angeklagt oder vor Gericht gestellt worden.

Meinen vierzehnjährigen Sohn haben sie bisher noch nicht abgeholt, aber den werden sie wohl auch noch verhaften. Er ist schon von den Soldaten geschlagen worden. Manchmal meine ich, sie sollten uns einfach allesamt ins Gefängnis stecken. Damit könnten sie sich und uns eine Menge Zeit ersparen.«

Widad, die inzwischen vierzig ist, wurde im Beach Camp geboren, wo ihr Vater ums Leben gekommen war, als die Soldaten wahllos in die Menge geschossen hatten. »Friedensgespräche? Kommen Sie mir nicht mit so etwas. Die palästinensische Fahne sollte überall in diesem Land vom Jordan bis ans Meer wehen. Alles sollte Palästina sein. Alles andere lehne ich ab.«

Am meisten betroffen war ich jedoch über die Worte, mit denen Habiba Alyian ihre Geschichte begann: »Meine Tochter ist *shaheed*, eine

Märtyrerin, und ich bin froh, daß sie ihr Leben für die gerechte Sache der Palästinenser geopfert hat.«

Wafa, die jüngste Schwester der zwölf Kinder, war siebzehn, als sie erschossen wurde. »Es war ihr letzter Schultag und der letzte Tag ihrer Abschlußprüfung. Als sie aus der Schule kam, warfen irgendwelche Jungen Steine auf die Soldaten. Die Mädchen beteiligten sich. Dann bekamen die Soldaten Verstärkung, und die Jungen rannten weg, aber die Mädchen konnten nicht so schnell laufen. Wafa wurde von einer richtigen Kugel, nicht von einem Gummigeschoß, am Kopf getroffen.«

Das junge Mädchen wurde fünf Stunden lang in der Neurochirurgie operiert und mußte in den nächsten achtzehn Tagen noch drei weitere Operationen über sich ergehen lassen. »Sie konnte weder sehen noch sprechen, noch sich bewegen und wurde durch einen Schlauch ernährt.« Schließlich wurde Wafa in eine Gehirnklinik nach Kairo gebracht. Nach achtzehn Monaten konnte sie wieder ein wenig sehen und sprechen, starb dann aber an einer schweren Niereninfektion, die durch eine Kanüle verursacht worden war. »Wafa war eine sehr gute Schülerin. Sie war die Blume in unserem Leben«, sagte ihre Mutter und unterbrach ihre Geschichte, um mir ein zerknittertes Foto von Wafa im Rollstuhl zu zeigen, das kurz vor ihrem Tode gemacht worden war.

»Ich habe allen meinen Kinder befohlen, die Soldaten mit Steinen zu bewerfen«, sagte die inzwischen fünfundfünfzigjährige Habiba. »Warum? Wegen der Intifada. Vier von Wafas Brüdern saßen damals, als sie erschossen wurde, wegen derselben Sache im Gefängnis. Gott sei Dank war Wafas Liebe für ihr Land so stark, daß sie bereit war, dafür zu sterben. Und ich danke Gott, daß meine Tochter als Märtyrerin für Palästina gestorben ist.« Für Habiba Alyian ist der Tod ihres Kindes eine Auszeichnung, da es in einem Krieg starb, der für sie heilig ist. Seit ihrer Kindheit denkt sie immer an den Koran-Vers: »Die, die für die Sache Allahs umkommen, werden nicht unter die Toten gezählt. Sie leben in der Gegenwart ihres Herrn, und für sie wird gut gesorgt.«

Der Arzt Mamoud Zarhar äußerte sich später, im Haus eines der beiden Hamas-Führer in Gaza, ähnlich über islamische Märtyrer. »Der Islam ist das einzige System der Welt, das mit dem Tod der Anhänger umgehen kann, die seiner Sache einen Dienst erweisen, das ist seine

Stärke. Amerikaner wollen ganz einfach nicht für ihren Glauben oder für ihr Land sterben.« Er sprach über die Ziele der Hamas. »Wenn wir einen separaten Staat gründen, muß er islamisch sein. Alles andere haben wir in der Vergangenheit versucht und sind gescheitert. Wir haben es mit Moskau versucht, wir haben versucht, uns weltlich zu orientieren: Das Ergebnis war die schändliche Niederlage der Araber im Jahr 1967. Dann sind wir in Camp David wieder auf den Westen zugegangen. Aber wir sind keine westlichen Menschen. Palästina kann nur durch die Macht der Muslime wiederhergestellt werden. Nur so können die Araber ihre Würde zurückgewinnen.«

Der Chirurg Zarhar gehört zur Fakultät der fundamentalistisch orientierten Islamischen Universität von Gaza. Bis 1982 hat er als Arzt im Regierungshospital gearbeitet und war Vorsitzender der »Arab Medical Association«, wurde dann jedoch von den Israelis wegen seiner politischen Aktivitäten entlassen. Nachdem er drei Jahre lang eine Privatklinik geführt hatte, bekam er einen Lehrauftrag an der Islamischen Universität. Als er mich in seinem schlicht möblierten Haus begrüßte, machte er einen erschöpften Eindruck. Mit seiner alten Knieverletzung hinkte er immer, wenn es klingelte, durch den großen Empfangsraum zum Telefon, und es klingelte während unseres Gesprächs pausenlos.

»Zu viele Konferenzen, zu viele Anrufe. Wir haben die Israelis gebeten, uns nach Jordanien fahren zu lassen, damit wir uns dort mit der PLO wegen der Friedensgespräche treffen können. Aber man hat unsere Bitte abgelehnt. Für einige werden die Fenster geöffnet, aber nicht für uns.« Als er sich wieder hinsetzte, bemerkte ich die großen Gebetsschwielen an seiner Stirn und oben auf beiden Füßen, die sich durch das jahrzehntelange tägliche Knien und Berühren des Bodens mit dem Kopf gebildet hatten.

»Hamas ist eine mißverstandene Organisation. Sie besteht nicht aus religiösen Scheichs, sondern aus Intellektuellen und ist Teil der Muslimischen Bruderschaft, die man überall auf der Welt antrifft. Selbst amerikanische Muslime gehören dazu. Die Leute haben Angst vor der Hamas, aber das ist nur auf die Propaganda palästinensischer Spione zurückzuführen, die für die Israelis arbeiten. Wir wollen die Israelis nicht ins Meer jagen, auch wenn die Juden das behaupten. Schauen Sie sich die Geschichte an: Als die Juden aus Spanien vertrieben wurden, öffneten wir ihnen den Weg nach Nordafrika. Wir erkennen die Juden an, sie uns jedoch nicht. Das ist das Problem.

Bei diesem ganzen Friedensprozeß wird letzten Endes nichts herauskommen. Israel wird nie das ganze Land aufgeben, das es 1967 erobert hat. Und die Palästinenser sind sehr schwach. Wie sollen wir dem ganzen Druck allein widerstehen können? Andere arabische Länder in der Region vertreten westliche Interessen. Die USA sind jedoch völlig blind, wenn es um das Verhalten der arabischen Führer geht, die sie unterstützen, und die UNO ist vollständig neutralisiert. Aber wir sind in der muslimischen Welt keine isolierte Einheit, sondern wir sind Teil der gegenwärtigen islamistischen Entwicklung. Wenn Israel unser Land nicht freiwillig aufgibt, müssen wir es uns mit Gewalt und mit der Hilfe der anderen arabischen Länder zurückholen. Unser Problem sind die Führer der anderen muslimischen Länder. Diejenigen, die uns nie unterstützt haben, müssen eliminiert werden. Alle weltlichen Herrscher, mit Ausnahme des sudanesischen, werden von den Islamisten gestürzt werden. Das wird schneller gehen, als wenn wir versuchen, mit den Israelis über einen Palästinenserstaat zu verhandeln. Gegen Ende dieses Jahrhunderts wird die Muslim-Bruderschaft eine große Erhebung gegen diese Herrscher in die Wege leiten.«

Als unser Gespräch zu Ende ging, fragte mich Zarhar, ob ich verheiratet sei. Als ich verneinte, wollte er wissen, warum nicht. »Sie sind zum Kinderkriegen geschaffen, Ihre Gebärmutter ist zum Kinderkriegen geschaffen. Ihre Brüste sind zum Stillen geschaffen. Natürlich haben Sie auch ein Gehirn. Aber Sie sind auch eine Frau, und Ihr Lebenszweck ist es, Kinder zu kriegen.« Ich gab keine Antwort, denn ich hatte auf meinen Reisen gelernt, daß solche Gespräche sich letzten Endes nur im Kreis drehen.

»In meinen Freitagspredigten in der Moschee erzähle ich den Leuten etwas über die westliche Welt. Vom Gesetz her dürfen Sie zwar nur mit einem Partner verheiratet sein, aber in Ihrer Welt ist es gestattet, gleichzeitig zahlreiche ehebrecherische Beziehungen zu unterhalten. Das verstößt gegen die Menschlichkeit. Um die Einheit der Familie zu gewährleisten, haben wir Muslime mehrere Frauen. Wir brauchen keine ehebrecherischen Beziehungen und haben keine Probleme mit

Aids. Ich predige immer, daß es gut für die Einheit der Familie ist, wenn der Mann mehrere Frauen hat, vorausgesetzt, er braucht das.«

Zu der Zeit, als wir unser Gespräch führten, hatte der Arzt eine Frau und sechs Kinder. Drei Monate nach unserem Treffen gehörte Zarhar zu den Vierhundertfünfzehn, die in das unwirtliche Niemandsland zwischen Israel und dem Libanon deportiert wurden. Die Libanesen ließen sie nicht hinein, und die Israelis schossen auf sie, wenn sie sich ihrer Grenze näherten. An dieser Deportation scheiterten die Friedensgespräche. Als Zarhars Gruppe wochenlang die Schlagzeilen der Weltpresse beherrschte, fragte ich mich, wie es wohl seiner Frau und seinen kleinen Kindern gehen mochte. In Gaza waren sie nur eine weitere statistische Größe, Kinder ohne Vater, eine Frau ohne ihren Mann. Wie hoch ist der Preis für das Zusammensein der Familien?

Als ich nach Jerusalem zurückkam, geriet ich in einen der unvermeidlichen riesigen Staus, die sich Kilometer vor der Stadt bilden und ein, zwei Stunden kosten können. Um das Schlimmste zu vermeiden, kurvte der Taxifahrer durch abgelegene Nebenstraßen. Plötzlich befanden wir uns in einem der neu angelegten jüdisch-orthodoxen Vororte. Die Frauen trugen lange Röcke und langärmlige Blusen und bedeckten ihre Köpfe mit Haarnetzen. Die Männer trugen lange schwarze Mäntel, schwarze Hüte und hatten *Peyot*-Löckchen an den Schläfen. Sie unterschieden sich kaum von ihren Vorfahren, die vor fast zweihundertfünfzig Jahren in Polen und Rußland gelebt hatten. Da es einem orthodoxen Juden verboten ist, empfängnisverhütende Mittel zu benutzen, waren Ehepaare mit acht oder mehr Kindern keine Seltenheit. In Mea Shearim, dem orthodoxen Viertel von Jerusalem, stehen Schilder mit englischen und hebräischen Aufschriften, die Frauen darauf hinweisen, daß sie das Viertel nur in angemessener Kleidung betreten dürfen.

In Israel hat das orthodoxe Judentum in den letzten fünfzehn Jahren deutlich zugenommen. Wie bei den anderen religiösen Bewegungen auf der ganzen Welt haben sich auch hier militante, fundamentalistische Gruppen gebildet. Da die orthodoxen Juden die einzigen Bürger Israels sind, die keinen Militärdienst ableisten müssen – ihre Begründung: Im Krieg wird sowohl körperliche als auch spirituelle Kraft gebraucht, und sie stellen die letztere –, sind die terroristischen Gewaltakte, die von solchen Gruppen begangen werden, ein Paradox. Zu den militanten jüdischen Organisationen gehört die pro-zionistische »Gush Emunim«, von der die Unruhen der Siedler in den besetzten Gebieten ausging, dann die anti-zionistische »Neturei Karta«, die Autos und Busse »steinigte«, die den Sabbat verletzten, und schließlich die »Kach«, die aus Mitgliedern der Partei des Rabbi Meir Kahane besteht. Gemeinsam mit der Gush hatte die Kach die verstärkte Deportation von Palästinensern aus den besetzten Gebieten gefordert, die sie heute noch Samaria und Judäa nennt.

Anfang der achtziger Jahre begann die Gush eine Kampagne, die die Spannungen zwischen den Israelis und den Palästinensern verschärfen sollte. »Zu diesen terroristischen Aktionen gehörten Bombenanschläge auf zwei arabische Bürgermeister, die 1980 mit ihren Autos in die Luft gesprengt wurden, der Tod von drei palästinensischen Studenten eines islamischen Instituts in Hebron und vor allem der Plan, 1984 die Kuppel des Felsendoms in Jerusalem zu sprengen«, sagte Scott Appleby. Die radikale Gush Emunim, die mit hohen israelischen Offizieren zusammenarbeitet, plante, »achtundzwanzig Präzisionssprengkörper anzubringen, um die drittheiligste Stätte der Muslime zu zerstören, ohne in der Umgebung Schäden anzurichten. Wenn der Anschlag erfolgreich gewesen wäre, hätte er zweifellos eine schwere Krise ausgelöst und zu einer Konfrontation zwischen Israelis und Arabern geführt, deren Folgen unabsehbar gewesen wären.« Glücklicherweise wurde der Plan in letzter Minute aufgedeckt. Der jüdisch-fundamentalistische Untergrund begann außerdem, einzelne Palästinenser zu ermorden (in der Regel wird das Opfer im Vorbeifahren erschossen), um die anderen auf diese Weise zu zwingen, die besetzten Gebiete zu verlassen.

Die erfolgreichste Kampagne der Gush war jedoch die Errichtung jüdischer Siedlungen auf palästinensischem Land. Obwohl es gegen die Genfer Konvention von 1949 verstieß, bekam das Siedlungsprogramm, das in den siebziger Jahren begonnen hatte, durch die Unterstützung des rechts orientierten Wohnungsbauministers Ariel Sharon und durch die Finanzhilfe der Regierung in den achtziger Jahren weiteren Auftrieb. Die Kampagne diente dem Zweck, die palästinensischen Dörfer zu isolieren und gewissermaßen einzukesseln. Die ausgedehnten jüdischen Siedlungen sollten eine Rückkehr der Region unter palästinensische Kontrolle erschweren. Als die Arbeiterpartei im Sommer 1992 die Regierung übernommen hatte, versprach Premierminister Rabin, die Errichtung neuer Siedlungen auszusetzen. Das bezog sich jedoch weder auf Jerusalem noch auf die elftausend Einheiten, die sich bereits im Bau befanden. Die Aussetzung war unter dem Druck der Vereinigten Staaten erfolgt, die damit gedroht hatten, Kredite in Höhe von zehn Milliarden Dollar zurückzuhalten. Westliche Diplomaten behaupten jedoch, daß die Bauarbeiten nicht eingestellt wurden, sondern daß es nur zu einer vorübergehenden Verzögerung kam.

Heute sind laut Appleby drei Viertel der Siedler, unter denen sich zahlreiche orthodoxe Juden aus Amerika befinden, keine Mitglieder der Gush. Trotzdem verwaltet die Gush Emunim weiterhin einen großen Teil der Infrastruktur dieser Siedlungen. Einer der Köpfe der Gush-Siedlerbewegung ist Daniela Weiss, Mutter von fünf Kindern. Sie ist stolz auf ihren Fanatismus und glaubt fest daran, daß »Samaria« und »Judäa« nur jüdisches Land sein können. »Ich denke nicht daran, tolerant zu sein. Extremismus im Dienst der Gebote Gottes ist kein Laster.« Wenn sie so etwas sagt, wird man unwillkürlich an ihre Gegenspieler bei der Hamas erinnert.

Das Bild ist das erste, was man sieht, wenn man das Haus betritt, und das letzte, wenn man wieder geht. Das Gemälde scheint das kleine Zimmer völlig auszufüllen. Es stellt einen jungen palästinensischen Mann dar, der in einem Garten auf dem Rücken liegt. Sein glasiger Blick verrät, daß er tot ist, und Blut strömt aus einer Wunde in seiner Brust auf sein Hemd. »Zwei Tage vor Yusefs achtzehntem Geburtstag ist es passiert«, sagt die Mutter des Jungen, die hinter mir ins Zimmer gekommen ist. »Sein Vater hatte ihm eine Uhr geschenkt, es war seine erste. Sie war goldfarben, kein echtes Gold – das hätten wir uns nicht leisten können –, aber mein Sohn war so stolz darauf, als wäre sie aus echtem Gold gewesen.«

Yusef, der die letzte Klasse der Oberschule besuchte, hatte vorübergehend für einen Nachbarn als Installateur auf einer Baustelle in Bethlehem gearbeitet. Abends fuhr er mit dem öffentlichen Bus in sein Dorf Silwan zurück, das direkt unterhalb der südlichen Mauer der Altstadt von Jerusalem liegt. Mit ihm fuhren einige Jungen, jüdische

Siedler. »Später erfuhren wir, daß sie behauptet hatten, die Sonne, die von seiner Uhr reflektiert wurde, hätte sie geblendet. Als Yusef ausstieg, folgten sie ihm, und als er eine Abkürzung durch eine öffentliche Anlage nahm, griffen sie ihn an. Sie stachen ihm ein Messer ins Herz und überließen ihn seinem Schicksal.« Dreißig Minuten später, um vier Uhr nachmittags, fand ein Journalist, der dieselbe Abkürzung genommen hatte, seine Leiche.

»Als Yusef nicht pünktlich nach Hause kam, machte ich mir Sorgen. Er ging nie aus. Wo soll ein Araber in den besetzten Gebieten auch hingehen?« fragte Widad Yabani, seine Mutter. »Ich hatte mir vorgenommen, ihm an diesem Nachmittag einen gelben Geburtstagskuchen zu backen. Den mochte er am liebsten. Aber mein Mutterinstinkt sagte mir, daß etwas nicht stimmte. Ich rief die Polizei und die Krankenhäuser an und fragte, ob es einen Bombenanschlag auf den Bus gegeben habe oder ob sonst ein Unfall gemeldet worden sei. Sie sagten nein. Um sieben Uhr abends war ich so beunruhigt, daß ich mir ein Taxi nahm und zu seiner Arbeitsstelle fuhr. Ich rief seinen Namen, aber niemand antwortete. Auf dem Rückweg kam über das Funkgerät des Taxis die Nachricht, ich solle mich bei der Polizei melden. Dort teilte man mir mit, daß mein Junge im Krankenhaus in Jaffa sei. Dort hatte man ihn hingebracht, um eine Autopsie durchzuführen.«

Die jüdischen Jungen, die Widads Sohn umgebracht hatten, wurden verhaftet. »Später erfuhren wir, daß sie ganze zwei Monate im Gefängnis gesessen hatten. Wenn es ein arabischer Junge gewesen wäre, der einen Juden umgebracht hätte, hätte er lebenslänglich bekommen.« »B'Tselem«, eine israelische Organisation, die in den besetzten Gebieten die Einhaltung der Menschenrechte kontrolliert, beklagt sich schon seit langem über die unterschiedliche Behandlung von Juden und Arabern. »Jedesmal, wenn ein Araber verurteilt wird, weil er einen Juden umgebracht hat, wird der Täter in allen Instanzen zu einer lebenslangen Haftstrafe verurteilt. Anschließend wird sein Haus zerstört«, steht in einem der Berichte. »Wenn dagegen ein Araber umgebracht wird, werden die Akten häufig geschlossen, ohne daß überhaupt Anklage erhoben wird. Wenn ein Jude verurteilt wird, muß er oft nur für ein paar Monate ins Gefängnis.«

Die nächste Auseinandersetzung, die Widad mit jüdischen Siedlern hatte, ereignete sich im August 1991. Damals erhielten viele Familien ihres Dorfes Briefe, in denen sie informiert wurden, daß ihre Häuser jetzt zu Israel gehörten und daß sie zwanzig Tage Zeit hätten, sie zu räumen. Die Briefe kamen erst einen Monat, nachdem sie abgeschickt worden waren, an, also zehn Tage nach Ablauf der Frist. Silwan, das Dorf, in dem Widad wohnt, gehörte bis 1967 zu Jordanien. Für die militanten jüdischen Siedler befindet sich das palästinensische Dorf, das nur fünf Minuten von der Klagemauer entfernt ist, an der Stelle, an der sich früher die Stadt Davids befunden hat. Das war auch der Grund, warum sie die Araber zwingen wollten, ihr Dorf zu verlassen.

»Sie kamen am 14. Oktober um Mitternacht, zwei Monate, nachdem wir die Briefe bekommen hatten. Sie zerschlugen die Fensterscheiben, drangen in die Häuser ein und warfen unsere Möbel und Kleider auf die Straße. Man hörte Schreie und konnte Männer mit Bärten, Schädelkäppchen und Maschinenpistolen erkennen. Wir dachten zuerst, es wäre die Polizei, die nach Aktivisten der Intifada suchte. Erst später wurde uns klar, daß es israelische Siedler gewesen waren.

Die Polizei kam, und es gab eine lange Diskussion auf Hebräisch, die wir nicht verstehen konnten. Fatima Karim, unsere Hauswirtin, die über uns wohnte, weigerte sich, ihr Haus zu verlassen. Die Polizei erklärte ihr, sie würde erschossen, wenn sie sich weigerte. Schließlich trug man sie mit Gewalt hinaus. Dann versiegelte die Polizei ihre Wohnung, was bedeutete, daß von dieser Nacht an niemand mehr hinein durfte. Der gesamte Besitz der Familie war eingeschlossen. Im Kühlschrank waren Fleisch und Gemüse, aber alles mußte zurückgelassen werden.

Obwohl Fatima das Haus von ihrem Großvater geerbt hatte und ihre Familie schon seit Generationen darin wohnte, behaupteten die Siedler einfach, es gehöre ihr nicht. Dabei besaß sie alle notwendigen Dokumente und konnte sogar nachweisen, daß wir ihr Miete zahlten. Die Behörden teilten ihr später mit, da ihr Vater in Amman lebe, gehöre das Haus der Regierung.« (Widads Familie durfte in ihrem Teil des Hauses bleiben und zahlt weiter Miete an Fatima.) Israel hat schon immer den Anspruch erhoben, daß in den besetzten Gebieten jeglicher Besitz, dessen Eigentümer nicht anwesend ist, von der Regierung enteignet werden kann.

In den folgenden Wochen setzten die jüdischen Siedler ihre nächtlichen bewaffneten Überfälle fort und besetzten in einer Nacht Widads Nachbarhaus. »Mein Nachbar wurde bei dem Kampf verletzt und mußte ins Krankenhaus gebracht werden. Jetzt wohnt dort ein junges orthodoxes jüdisches Ehepaar. Er ist etwa zwanzig und sie achtzehn. Wir sprechen kein Wort miteinander, obwohl wir so dicht nebeneinander wohnen, daß wir hören können, wenn sie sich bewegen.«

Das kleine Nachbarhaus sieht genauso aus wie das von Widad, nur weht dort eine israelische Fahne auf dem Wassertank, und ein hoher Stacheldrahtzaun umgibt das Gelände. Vor der Tür stehen ständig zwei mit Maschinenpistolen, Revolvern und Messern bewaffnete Israelis, die über Sprechfunkgeräte mit den Sicherheitskräften verbunden sind, die in dem Gebiet mit gepanzerten Jeeps patrouillieren. Die Wachen, die Zivil tragen, behaupten, sie gehörten zu einem privaten Wachdienst und hätten nichts mit dem Militär zu tun.

»Die Siedler haben meinen Sohn getötet. Ich möchte nicht mit ihnen zusammenleben, aber wir können es uns nicht leisten umzuziehen«, sagt Widad. »Und ich kann nicht verstehen, warum sie mit uns zusammenleben wollen, obwohl das bedeutet, daß sie hinter Stacheldraht leben müssen. Die Sicherheitskräfte haben ihr Haus in ein Gefängnis verwandelt.«

In den Wochen, in denen die Überfälle der Siedler in Silwan stattfanden, kamen israelische Studenten der Friedensbewegung »Peace Now« in das Dorf, um den Palästinensern zu helfen. Für Widad war das eine große Überraschung, und sie war sehr gerührt. Die Mitglieder dieser israelischen Organisation befürworten schon seit langer Zeit die Politik »Land gegen Frieden« zwischen den Arabern und den Siedlern. »Wir konnten nachts nicht schlafen, weil wir Angst hatten, daß die Siedler wiederkämen. Wir kannten die Studenten nicht, aber sie schliefen bei uns auf dem Fußboden, um uns zu beschützen. Wir waren ihnen sehr dankbar.

Als 1967 die ersten Juden hierhinkamen, sah es zunächst gar nicht so schlimm aus. Wir arbeiteten mit ihnen und hatten jüdische Freunde. Aber dann wurde es mit der Zeit immer schlimmer, bis schließlich beide Seiten Angst voreinander hatten.«

»Wenn die Juden Gewalt gegen Araber ausüben, sollten wir ihre Leute auf die gleiche Weise leiden lassen.« Mariam Shakskier wohnt in Nablus im Westjordanland. Die fünf Treppen, die zu ihrer Wohnung führen, sind sehr steil. Mariam selbst schien mir zunächst nur eine von vielen entnervten Müttern zu sein: Ysar, ihr sechsjähriger Sohn, und einige seiner Freunde zankten sich lautstark bei einem Computerspiel, ihre vierjährige Tochter Sumood, die am Down-Syndrom leidet, fühlte sich nicht wohl und mußte versorgt werden. Mariam selbst, eine schlanke Frau mit den vorzeitigen Falten einer starken Raucherin, versuchte, gegen den Lärm anzukommen. Sie wiederholte ihre Bemerkung: »Wenn Juden mit Gewalt gegen Araber vorgehen, müssen wir ihnen die Stirn bieten und ihr Volk genauso leiden lassen. Das waren damals meine Gedanken, als ich es getan habe. Sonst nichts.«

Mariam schilderte den Tag, an dem sie eine Bombe in die überfüllte Mensa der Hebräischen Universität gelegt hatte. Die Explosion versetzte die Studenten, die dort gerade zu Mittag aßen, in Panik und die gesamte israelische Öffentlichkeit in einen Schockzustand. Bei der Explosion wurden achtundzwanzig Menschen verletzt, es gab jedoch keine Toten.

In der konventionellen Umgebung ihres adretten Wohnzimmers mit der schwarzweißen Polstergarnitur, den gerahmten Familienfotos und einer Vase mit künstlichen Blumen, die auf dem Kaffeetisch stand, kam mir unser Gespräch irgendwie unwirklich vor. Mariam servierte Wurstbrote und Kaffee, und nur das gelegentliche Zucken eines Nervs in ihrem Gesicht ließ erkennen, daß wir uns nicht über das Fernsehprogramm vom Vorabend unterhielten.

»Man hat die Palästinenser aus dem Westjordanland verdrängt. Mein Volk, unsere Kinder haben darunter gelitten. Ich wollte ihnen nur helfen. Frauen sollten sich an der Revolution beteiligen, deshalb habe ich eine Möglichkeit gesucht, wie ich dazu beitragen konnte, die Besetzung zu beenden. Ich dachte ständig darüber nach, was ich bloß tun könnte.« Es dauerte nicht lange, bis Mariam Kontakt mit einer Gruppe bekam, die ihr eine Antwort auf ihre Frage geben konnte.

»Es war eine selbstgemachte Rohrbombe. Meine Aufgabe bestand darin, sie in die Universität zu schaffen und kurz vor der Mittagspause auf einen Stuhl in der Mensa zu legen. Man hatte sich für die Universität entschieden, weil sich dort viele Soldaten aufhielten. Wir glaubten, daß eine solche Bombenexplosion die Menschen zwingen würde, sich Gedanken darüber zu machen, warum so etwas geschah, dann würden sie unsere Motivation verstehen. Es war nicht meine eigene Entscheidung, die Bombe in die Mensa zu legen. Man gab mir den Auftrag, sie dorthin zu bringen. Das habe ich dann auch getan, und eine halbe Stunde später explodierte sie.

Als ich die Nachricht von der Explosion im Radio hörte, wußte ich, daß es geklappt hatte. Ich war froh, denn es war mir gelungen, etwas für Palästina zu tun. Ich hatte keine Schuldgefühle und bereute nichts. Ich lebte einfach ganz normal weiter wie zuvor.«

Mariam, die damals achtzehn gewesen war, sagte, sie könne sich nicht erinnern, ob sie dabei Angst hatte. »Nein, ich habe nicht an die Leute gedacht, die verletzt worden sind, auch nicht an ihre Familien. Nein, ich habe noch nie gesehen, welche Verletzungen solche Bomben verursachen. Ich habe immer nur daran gedacht, wie mein Volk gelitten hat. Als die Israelis mich später folterten, wünschte ich, ich hätte die ganze Universität in die Luft gejagt, nicht nur die Mensa.«

Sieben Tage nach dem Bombenanschlag umstellten israelische Soldaten das Haus, in dem Mariam mit ihren Eltern, vier Schwestern und fünf Brüdern wohnte. »Sie fragten zuerst alle meine Schwestern nach ihrem Namen. Als ich an der Reihe war, sagten sie nur: ›Du kommst mit.‹ Sie brachten mich zum Russian Compound.« Das ist ein großes Steingebäude in der Nähe der Altstadt von Jerusalem. Es diente im letzten Jahrhundert Pilgern als Raststätte. Heute ist das düstere Gebäude durch seine Folterkeller und nicht wegen seiner Gastlichkeit bekannt.

»Der Russian Compound ist ein Schlachthaus«, sagte Mariam. »Sie haben mich gefragt, wo ich am Tag des Bombenanschlags gewesen sei. Ich habe gesagt, ich wäre in der Schule gewesen. Sie nannten mich eine Lügnerin. Es waren drei Männer. Einer von ihnen schlug mich in den Magen und verdrehte mir die Arme so sehr, daß ich dachte, er wollte sie mir ausreißen. Dann begannen alle drei auf mich einzuschlagen. Die ganze Zeit nannten sie mich eine Lügnerin. Sie sagten, sie würden mich aufhängen und in Stücke schneiden. Als ich mich immer noch weigerte zu reden, sagten sie: ›Du wirst sehen, was du davon hast.‹

Um drei Uhr morgens holten sie mich wieder. Sie sagten, ich solle mich ausziehen. Ich weigerte mich. Sie rissen mir die Kleider vom Leib. Dann fesselten sie meine Beine an einen Stuhl, und einer von ihnen schlug mich mit einem Knüppel auf den Kopf, auf die Hände und Beine. Es tat schrecklich weh. Dann hörten sie auf und sagten, ich würde jetzt vergewaltigt und sie würden zuschauen.« Mariam wurde ohnmächtig, sie weiß nicht, ob vor Angst oder wegen ihrer Verletzungen. »Als ich wieder zu mir kam, war neben mir Wasser, und man brachte mir ein Blatt Papier. Ich sollte mein Geständnis aufschreiben.« Mariam, immer noch nackt, leistete weiterhin Widerstand. Schließlich brachte man einen Mann in das Zimmer, den sie kannte. »Er hatte schwere Kopfverletzungen, und man hatte zwei seiner Finger mit einer Zwinge zusammengeschraubt, sie waren völlig zerquetscht. Vor meinen Augen schlugen sie ihm mit dem Knüppel auf seine verletzte Hand. Er schrie. Gleichzeitig stellten sie ihm dabei ständig unsinnige Fragen wie zum Beispiel: ›Welche Farbe hat ein Auto?‹ ›Gelb‹, schrie er dann. Und sie sagten: ›Nein, rot‹, und schlugen ihn wieder mit dem Knüppel auf die Finger. Er sollte gestehen, daß er mit mir an dem Bombenanschlag in der Universität beteiligt war. Aber er wußte gar nichts davon.

Schließlich sagten sie, sie wollten mit uns keine Zeit mehr verschwenden. Sie würden uns jetzt beide, nackt wie wir waren, aufhängen. Da habe ich gestanden, daß ich die Bombe gelegt hatte, aber ich sagte, daß ich es allein gewesen sei. Damit waren sie nicht zufrieden, und die Schläge und die Folter gingen noch fünfundvierzig Tage weiter. Dann brachte man mir eines Tages eine hebräische Zeitung mit dem Bild meines Vaters. Sie sagten mir, sie hätten unser Haus versiegelt, sein Restaurant geschlossen und alles mitgenommen, was der Familie gehört hatte. ›Deine Familie ist jetzt bettelarm‹, erklärten sie mir. Ich konnte nicht sprechen, weil mein Gesicht von den Schlägen so stark angeschwollen war.« Mariam erfuhr, daß man Narjah, eine ihrer Schwestern, als Mariams Komplizin verhaftet hatte. Sie wurde zu dreieinhalb Jahren Gefängnis verurteilt. »Meine Schwester hat überhaupt nichts von dem Bombenanschlag gewußt, ich habe mit niemandem darüber geredet.« Mariam selbst wurde zu zweimal lebenslänglich verurteilt.

Im Gefängnis lernte sie Englisch und Hebräisch und belegte Oberstufenkurse. Mehrfach wurde der inoffizielle Unterricht im Gefängnis vorübergehend unterbrochen. Weil die Fremdsprachenlehrerin die Gefängnisschülerinnen aufgefordert hatte, auf Englisch »Ich bin eine Palästinenserin« zu sagen, wurde sie wegen politischer Agitation angeklagt. »Damals durften wir nicht einmal laut sagen, daß Palästina unsere Heimat ist.« Während der Haft erfuhr Mariam, daß ihr Bruder Samir bei Kämpfen getötet worden war.

Als sie zehn Jahre ihrer Strafe abgesessen hatte, kam sie bei einem Gefangenenaustausch frei. Ein israelischer Pilot wurde gegen fünfundsiebzig arabische Gefangene ausgetauscht, darunter zehn Frauen, zu denen auch Mariam gehörte. »Niemand wußte, daß man uns freilassen würde, und ich wußte nicht, wo meine Familie jetzt lebte. Ich ging in unser altes Viertel zurück, und irgend jemand benachrichtigte meinen Vater. Meine Mutter erkannte mich nicht. Als man mich verhaftete, hatte ich sechzig Kilogramm gewogen, bei meiner Entlassung wog ich noch vierzig.

Nach meiner Entlassung hatte ich immer noch das Gefühl, in einem Gefängnis zu sitzen, es war nur größer. Alle Restriktionen, unter denen die Araber leiden, waren in meiner Gefängniszeit verhängt worden. Ich bin zum Beispiel seit meinem achtzehnten Lebensjahr nicht aus Nablus herausgekommen.« Heute ist Mariam zweiundvierzig.

»Als man mich freiließ, hatte die PLO ihre Strategie geändert. Anstelle des bewaffneten Widerstands wollte man über die Möglichkeit einer Koexistenz zwischen einem jüdischen und einem arabischen Staat reden. Das war das erste Stadium des Realismus in der PLO.« Auch Mariam teilte die gemäßigte Einstellung der PLO. »Zehn Jahre im Gefängnis verändern einen Menschen völlig«, sagte sie. »Ich bereue nicht, was ich getan habe. Aber ich würde heute eine andere Form des Widerstands wählen. Ich bin inzwischen davon überzeugt, daß Bombenanschläge keine gute Sache sind, ganz gleich, wie das Problem auch aussehen mag. Früher bestanden wir darauf, daß ganz Palästina den Palästinensern gehören sollte; wir waren nicht bereit, unsere Heimat mit anderen Menschen zu teilen. Mit der Zeit lernt man, daß man Kompromisse machen muß.

Ich werde jedoch nie die Gesichter der palästinensischen Frauen und Kinder vergessen, die aus ihren Häusern vertrieben wurden – die

Angst in ihren Augen. Deshalb habe ich es als meine Pflicht betrachtet, das zu tun, was ich getan habe. Die Palästinenser fühlten sich schutzlos. Bei der ganzen Sache habe ich keinen Gedanken an die Israelis verschwendet, ich dachte immer nur daran, wie wir sie loswerden könnten. Unser Feind hatte einen Staat, wir nicht. Und ich bin sicher, daß die Israelis sich auch keine Gedanken darüber gemacht haben, welche Schmerzen ich hatte, als sie mich folterten.

Ich kann mich jedoch noch gut daran erinnern, was Arafat vor der UNO gesagt hat: ›Ich habe ein Gewehr und einen Olivenzweig. Sorgen Sie dafür, daß der Olivenzweig nicht aus meiner Hand fällt. Ich möchte Frieden.‹«

Vor kurzem hat Mariam ihre Hebräischkenntnisse aus dem Gefängnis für einen guten Zweck einsetzen können. »Ich habe an Gesprächen zwischen jüdischen und arabischen Frauen teilgenommen. Obwohl wir auf engstem Raum zusammenleben, weiß die eine Seite kaum etwas von der anderen. Man muß sich zusammensetzen und miteinander reden, man muß verstehen, was die andere Seite will und wovor sie Angst hat. Wir versuchen den Juden klarzumachen, daß auch wir Rechte haben und daß wir einen Staat haben müssen und daß der Staat für uns die gleiche Bedeutung hat wie für sie.

Wir erklären ihnen, daß wir um unsere Freiheit kämpfen. Wir wollen nicht weiter leiden oder noch mehr Kinder verlieren. Ich möchte die Gewißheit haben, daß ich meinen Sohn in der Nähe des Hauses spielen lassen kann, ohne Angst haben zu müssen, daß er erschossen wird. Im Gefängnis haben wir einmal eine Gedenkfeier für alle Frauen abgehalten, deren Söhne im Widerstandskampf der Palästinenser getötet worden waren. Die Liste der getöteten Jungen war lang. All dieser Schmerz, all diese Tränen …

Eins habe ich jedoch bei den Begegnungen mit den Israelis gelernt: Obwohl sie so stark sind, betrachten sie sich wegen der Nazizeit immer noch als Opfer. Wir wissen, was die Juden im Holocaust mitgemacht haben, aber wir hatten nichts damit zu tun. Heute sind die Palästinenser die Opfer, und das müssen die Israelis erkennen. Selbst heute fragen uns die jüdischen Frauen noch: ›Wollt ihr wirklich Frieden?‹ Wir erklären ihnen, daß wir nicht noch mehr Gewalt anwenden wollen, nur um dann von Israel noch mehr Gewalt zurückzubekommen. Eine

Besetzung hat nicht nur Auswirkungen auf die Besetzten, sondern auch auf die Besatzer. Es ist eine Krankheit, die Soldaten und Zivilisten befällt. Aus diesem Grund brauchen beide Seiten den Frieden.«

»Genug Blut und Tränen. Genug!« Das war eine sehr emotionale Formulierung, und die Medien überschlugen sich förmlich, als im September 1993 die »Declaration of Principles« zwischen Israel und der PLO unterzeichnet wurde. Die längst überfällige und oft angekündigte Vereinbarung überraschte sowohl die Juden als auch die Palästinenser. Obwohl man auf beiden Seiten der grünen Grenze vor Freude auf der Straße tanzte, waren weniger optimistische Beobachter – man könnte auch sagen, die realistischeren – nicht so euphorisch. »Es ist noch zu früh, um zu sagen, wir stünden vor einem großen Moment der Geschichte«, warnte Chaim Herzog, der frühere Präsident Israels. »Die Entwicklung kann unter Umständen zum Frieden, zu wirtschaftlichem Wohlstand und sogar zu einer Konföderation führen. Sie kann jedoch auch ein tragisches Ende nehmen.«

Edward Said, Amerikaner palästinensischer Herkunft und Experte für den Mittleren Osten an der Columbia University, gab die Gefühle vieler Palästinenser wider, als er erklärte, daß ihn diese Übereinkunft sehr beunruhige: »Sie hat viele Mängel. Zu vieles bleibt unklar, zu vieles wird der Zukunft überlassen. Die Beziehung zwischen beiden Parteien ist immer noch durch Dominanz und Unterordnung bestimmt. Die Übereinkunft ist in vieler Hinsicht eine Katastrophe.«

Der Durchschnittspalästinenser stellte sich die Frage, ob seine Seite nicht nur einen Scheinerfolg errungen hatte. Die Zuständigkeiten, die man nach der Übereinkunft palästinensischen Behörden übertragen hatte – Gesundheit und Erziehung –, unterscheiden sich kaum von denen, die sie schon hatten, als die Intifada sechs Jahre zuvor begann. Eine Ausnahme machte nur die Übertragung der Steuerhoheit. Rehab Essawi erklärte: »Schon vor dreizehn Jahren wollten uns die Israelis bedeutend mehr Land zurückzugeben, als wir jetzt bekommen. Damals haben sie sich auch bereit erklärt, dafür zu sorgen, daß sich die jüdischen Siedler aus den besetzten Gebieten zurückziehen. Jetzt bekommen wir Palästinenser die teilweise Oberhoheit über weniger als 17 Prozent unseres Landes. Die Siedler sollen bleiben, und es werden sogar neue Siedlungen angelegt. Außerdem ist es kein Geheimnis, daß die Israelis Gaza nur zu gern loswerden würden. Sie wollen schon seit langer Zeit nichts mehr damit zu tun haben.«

Andere Palästinenser machen sich Sorgen, daß sie nur eine Form der Unterdrückung gegen eine andere eingetauscht haben. Erst waren es die Israelis, jetzt wird es Arafat sein. »Der Vorsitzende spricht zwar immer von Demokratie, hat die PLO jedoch immer wie ein Diktator geführt. Ein arabisches Gefängnis ist genauso schlimm wie ein jüdisches; Arafats eiserne Hand tut genauso weh wie Rabins«, sagte ein Bürger von Gaza. Außerdem hat man Angst, daß ein großer Teil der Auslandshilfe für Gaza und Jericho in falsche Kanäle gerät. Für die PLO wird es etwas ganz Neues sein, wenn sie dem Fiskus gegenüber Rechenschaft ablegen muß. In der Vergangenheit hat Arafat allein die absolute und geheime Kontrolle über die Schatulle der Organisation gehabt.

In der Zwischenzeit geht das Blutvergießen weiter, es fließen immer noch Tränen, Frauen werden zu Witwen, Kinder zu Waisen. Kurz nach der Unterzeichnung des historischen Dokuments fiel einer von Arafats Statthaltern in Gaza einem Anschlag zum Opfer. Danach kam es in Gaza und im Westjordanland zu Bombenanschlägen, die von Selbstmordkommandos ausgeführt wurden. Außerdem gab es gewalttätige Auseinandersetzungen zwischen Palästinensern und Israelis. All das bewies, wie brüchig eine solche Übereinkunft ist. Drei Wochen nach Arafats und Rabins symbolischem Händedruck auf dem Rasen des Weißen Hauses schrieb der PLO-Chef dem jüdischen Premierminister einen wütenden Brief, in dem er den israelischen Raketenangriff auf Häuser in der Innenstadt von Gaza aufs schärfste verurteilte. Die Ermordung zweier Kommandeure der Hamas und die Verhaftung weiterer Mitglieder der Organisation seien eine Verletzung des Geistes der Friedensvereinbarung. Als ob sich überhaupt nichts geändert hätte, erklärte Rabin daraufhin, daß solche bewaffneten Angriffe wenn nötig auch in Zukunft durchgeführt werden würden.

Auch wenn Israel weiterhin behauptet, Juden und Araber hätten einen gemeinsamen Feind, den islamischen Fundamentalismus, sind beide Seiten in den entscheidenden Fragen doch noch immer weit voneinander entfernt: Weder das Problem der Souveränität Jerusalems noch die Wasserrechte oder die Kontrolle der Grenzen sind geklärt. Vermutlich wird die Friedensvereinbarung letzten Endes von der palästinensischen Wirtschaft abhängen. Sechsundzwanzig Jahre erzwungene Armut und Verzweiflung haben den Extremismus entstehen lassen. Experten zufolge gibt es nur zwei Möglichkeiten: Singapur oder Somalia – Stabilität in einem strengen System oder Chaos und Gewalt.

13 Ägypten: Mutter der Welt

Der Himmel der Frau ist unter den Füßen ihres Mannes.
Islamisches Sprichwort

An Kontraste und Widersprüche kann man sich meistens am besten erinnern. Ägypten, das antike Zentrum des Islam und der Gelehrsamkeit, die »Mutter der Welt«, ist auch als »Land der Lasterhaftigkeit« bekannt geworden. Die Araber vom Golf kommen in Scharen hierhin, um Wein, Weib und Gesang zu genießen und dem Glücksspiel zu frönen, die allesamt in ihren Heimatländern verboten sind. Ägyptische Bauchtänzerinnen – die meisten sind in Wirklichkeit Prostituierte – machen jährlich eine Wallfahrt nach Mekka, um für die Verfehlungen des letzten Jahres Buße zu tun und anschließend wieder in Kairos schmierigen Nachtclubs zu sündigen. In Ägypten halten sich die Männer schon für besonders fromm, wenn sie im Fastenmonat Ramadan auf ihren Whisky verzichten. Der ist zwar im Islam eigentlich verboten, man kann ihn jedoch überall im Land kaufen.

Ägypten ist ein Land, in dem das Recht auf Arbeit in der Verfassung garantiert wird, in dem jedoch ein Fünftel der arbeitenden Bevölkerung – an einigen Orten sogar 50 Prozent – arbeitslos ist, und diese Zahl steigt ständig weiter an. Die Verfassung »verbietet« auch jede Pressezensur, trotzdem zensiert der Staat alle Zeitungen, das Fernsehen und den Rundfunk. Autoren, deren Bücher »die nationale Sicherheit gefährden«, darunter kann beispielsweise feministische Literatur fallen, werden eingesperrt oder dürfen nichts mehr veröffentlichen.

Der Große Scheich von Al Azhar, für 85 Prozent aller Muslime auf der Welt die höchste Autorität in allen Fragen des Islam, ist ein vom Staat bezahlter Angestellter: Alle seine Predigten und, wie man sagt, auch seine *fatwas* werden vorab vom Informationsministerium überprüft. Der Scheich benötigt sogar eine Genehmigung, bevor er ein Interview geben darf. Aber während der Große Scheich ein Symbol der Religiosität und Moral ist, bessern sich seine Angestellten ihr Gehalt auf, indem sie ein Gespräch mit ihm für 150 D-Mark verkaufen. Auf diese Weise halten sie die Bakschisch-Tradition lebendig, die sich durch die gesamte ägyptische Bürokratie zieht und vermutlich älter ist als die elfhundert Jahre alte Al-Azhar-Moschee.

Ägypten war das erste arabische Land, das sich schon in den achtziger Jahren des vorigen Jahrhunderts um die Bildung der Frauen bemühte. Trotzdem sind auch heute, einhundertzehn Jahre später, noch 63 Prozent aller Frauen Analphabeten. Die ersten feministischen Bewegungen der muslimischen Welt begannen in den zwanziger Jahren in Ägypten. Trotzdem verlangt das »Gesetz des Gehorsams«, das 1979 erlassen wurde, von der Frau, daß sie sich der Autorität des Ehemannes vollständig unterwirft. Das sogenannte »Gesetz der Rückgabe« erlaubt es der Polizei, eine Frau, die ihren Mann verließ, weil er sie mißhandelte, mit Gewalt wieder zu ihm zurückzubringen. Vor zwanzig Jahren wurde die weibliche Beschneidung in Ägypten verboten, doch 80 Prozent der Mädchen auf dem Land und schätzungsweise 40 Prozent in den Städten werden immer noch gezwungen, sich diesem Brauch zu unterwerfen, bei dem ihre Genitalien verstümmelt werden. In Ägypten sind 25 bis 30 Prozent der Versorger der Familie Frauen, trotzdem führen die Fundamentalisten eine Kampagne, die das Ziel hat, die Frauen nicht mehr arbeiten gehen zu lassen.

Ägypten hat zwei Gesichter, das fällt einem vor allem in Kairo auf: An der El-Nil-Promenade steht ein Luxushotel neben dem anderen. Von dort hat man einen Blick über den geschichtsträchtigen Fluß, an dessen Ufer Bettlerkinder auf dem Bürgersteig schlafen und der durchdringende Geruch vom Urin der Esel, Pferde und Kamele in der heißen Sonne kaum zu ertragen ist. Die Schulen der Stadt sind derart überfüllt, daß die Lehrer täglich in drei Schichten arbeiten müssen und jede Klasse aus etwa hundert Schülern besteht. Trotzdem kürzt die Regierung regelmäßig die Haushaltmittel für Bildung und Gesundheit zugunsten des Innenministeriums, dem die Geheimpolizei und die Sicherheitskräfte unterstehen. In dem erst fünf Jahre alten, supermodernen Opernhaus Kairos gastieren die besten Musiker der Welt und spielen für ein Publikum, das sich in Samt und Seide kleidet und mit Brillanten behängt. Auf der anderen Seite ist die Wohnungsnot in der Stadt so groß, daß eine Million Menschen heute in den Grabkammern der Nekropolis lebt.

Die Bewohner der Totenstadt leben jedoch bedeutend angenehmer als viele andere Bürger Kairos. Die steinernen Mausoleen, von denen einige noch aus dem dreizehnten Jahrhundert stammen, sind kühl und trocken. Die meisten sind inzwischen an das Stromnetz angeschlossen und verfügen über sanitäre Installationen; viele haben sogar kleine Gärten. Die breiten Boulevards sind erfreulich leer, es gibt hier keine stinkenden, hupenden Autostaus, die im größten Teil der Stadt das Chaos und die Kakophonie vervollständigen. Aus diesem Grund wird die Nekropolis an Feiertagen und Wochenenden gern als Ausflugsziel für Picknicks gewählt.

Die Bewohner der Kairoer Slums, etwa des Stadtteils Bulaq, leben dagegen unter Bedingungen, die selbst einen Charles Dickens entsetzt hätten. Die Mietskasernen, die aus dem neunzehnten Jahrhundert stammen, sind schmal, dunkel und baufällig. Sie lehnen sich aneinander an wie Betrunkene, die sich nur noch auf diese Weise aufrecht halten können. Nur ein geistig verwirrter Optimist hätte den Mut, einen der morschen Balkone zu betreten. Die meisten Gebäude sehen aus, als würden sie jeden Augenblick einstürzen und ihre Bewohner unter sich begraben, und genau das geschieht auch mit schöner Regelmäßigkeit. Als ich in Ägypten war, las ich in der Zeitung: »18 Menschen bei Einsturz eines siebenstöckigen Gebäudes erschlagen«, und nur wenige Tage später: »Baufälliges Haus gefährdet Menschenleben; 30 Bewohner in letzter Sekunde gerettet«.

Die Müllsammler der Hauptstadt, die *zebaleen*, leben jedoch unter so unbeschreiblichen Bedingungen, daß die Bezeichnung für Kairo »Kalkutta mit Pyramiden« eine Beleidigung für Kalkutta ist. Die zwei Gruppen von *zebaleen* – die eine besteht aus koptischen Christen, die andere aus Muslimen – haben ihre Behausungen in den verrottenden Müllhalden Kairos. Der Abfall stapelt sich hier vier bis fünf Meter hoch über den Hütten der *zebaleen*. Die schmalen Pfade, über die man die labyrinthartigen Ansiedlungen erreicht, führen über Müllhalden, die in Jahrzehnten plattgetreten wurden. Der Angriff auf den Geruchssinn ist qualvoll; zersetzende Fäulnis scheint in jede Pore einzudringen, und statt sich zu schließen, erinnert sich die Nase noch tagelang an den Gestank. Wer am unteren Ende der Müllkette einer Stadt der Dritten Welt leben muß, ist wirklich arm. Im christlichen Teil sortiert eine Mutter mit ihren kleinen Kindern – alle barfuß – Berge gebrauchter Injektionsspritzen, die wiederverwertet werden sollen. Sie sind offenbar immun gegen die ständigen Kratzer und Stiche der Nadeln und scheinen das Risiko einer Infektion nicht zu kennen. »Aids soll gefährlich sein?« sagt die Frau verächtlich. »Hunger auch.«

In der muslimischen Müllsammlergemeinde Ain El Sira gibt es noch andere Gefahren. Die dichten Rauchwolken und der Aschenregen stammen von den zahlreichen Müllbränden, die von Bauunternehmern gelegt wurden. Sie kippen Bauschutt auf den fünfundvierzig Meter hohen Müllberg, der sich direkt hinter den Hütten der *zebaleen* erhebt. In den sechs Wochen vor meiner Ankunft waren vier Hütten unter Schuttlawinen begraben worden, die die Lastwagen ausgelöst hatten. Sie laden ihren Schutt rund um die Uhr dort ab. Das letzte Unglück hatte sich nachts ereignet. »Wir wurden wach, als die Lastwagenfahrer brüllten, wir sollten weglaufen. Sekunden später stürzte das Dach ein«, berichtete Ibrahim Abdul Razak. »Es gelang uns gerade noch herauszukommen, nur mein siebenjähriger Sohn Tahir schaffte es nicht mehr. Die Schuttmassen zerquetschten sein Bein.« Tahir mußte ins Krankenhaus, das Heim der Familie war zerstört. Und die anderen *zebaleen* können nur abwarten, ob ihnen dasselbe passiert.

»Niemanden interessiert es, ob wir leben oder tot sind«, sagte die fünfundvierzigjährige Samira Hassan. »Wir wohnen hier seit fünfunddreißig Jahren. Die Stadt hat uns Wasser und Elektrizität versprochen. Wir haben schon vor fünf Jahren für den Stromanschluß bezahlt. Unser Geld haben sie genommen – wir haben immer noch die Quittung –, aber sie kamen nie wieder.« Samira hat die Müllsiedlung noch nie verlassen und war noch nie in einem Park oder auf dem Land. »Wir haben weder die Zeit noch das Geld dafür. Ich habe einmal versucht, eine Blume zu pflanzen, aber hier wächst nichts Grünes.«

Samira ist Mutter von neun Kindern. »Ich hatte noch sechs Kinder, aber die sind gestorben, als sie noch ganz klein waren. Das ist hier normal. Wir haben viele Probleme – Skorpione, Mücken, Ratten und Wiesel, immer wieder Wiesel. Sie sind unser Hauptproblem. Sie beißen unsere Babys, sie fressen sie nachts an. Die Kinder werden krank, bekommen Fieber und sterben dann. Im Winter regnet es durch, und nachts ist es sehr kalt; dann sterben wieder Kinder.«

Ein Viertel der ägyptischen Bevölkerung lebt heute in Kairo. Die Stadt hat fünfzehn Millionen Einwohner, zu denen jeden Tag noch drei Millionen Pendler hinzukommen. Die restlichen achtundfünfzig Millionen Ägypter drängen sich auf 3,5 Prozent der Fläche des Landes, und alle zehn Monate nimmt die Bevölkerung um eine Million zu. Ägypten ist eine Million Quadratkilometer groß, der größte Teil besteht jedoch aus Wüste oder Sümpfen. Nur das enge Tal des Nil und sein Delta sind besiedelt. Schon seit langer Zeit kann Kairos Infrastruktur mit dieser Entwicklung nicht mehr Schritt halten. Einstürzende Häuser, explodierende Kanalisationsschächte, mit viel zu hohen Steuern belastete öffentliche Verkehrsmittel, Wassermangel und eine Luftverschmutzung, mit der Kairo Mexico City Konkurrenz machen kann, werden von den ägyptischen Behörden mit wenig mehr als einem »Malesh, malesh« (Was soll's) kommentiert. »Morgen, inshallah, wird es besser werden.«

Solche Lebensbedingungen haben die extremistische Bewegung auf den Plan gerufen und dafür gesorgt, daß sie immer stärker wird. Die Islamisten organisierten nach dem Erdbeben im Jahr 1992 die Notversorgung – Zelte, Lebensmittel und Wasser – für die obdachlos Gewordenen. Damals wurden ganze Stadtteile zerstört, mehr als fünfhundert Menschen getötet und zehntausend verletzt. Als die Erdbebenopfer revoltierten, weil die Regierung auf die Katastrophe überhaupt nicht reagierte, bat Mubarak sie um Geduld, konnte ihnen aber sonst nur wenig bieten. Statt dessen leistete sich die Regierung eine typische Fehlleistung: Als die islamistischen Organisationen Geld und Versorgungsgüter an die obdachlosen Familien ausgaben, waren die Behörden peinlich berührt und ließen vierzig der zweihundert Ärzte verhaften, die die Hilfsgüter verteilten. Die öffentlichen Stellen wiesen darauf hin, daß die Verteilung von Versorgungsgütern nach den Notstandsgesetzen nur über amtliche Kanäle laufen dürfe. Wieder einmal hatte die Handlungsunfähigkeit der ägyptischen Regierung der Sache der Islamisten Auftrieb gegeben.

Heute wird der Kampf der militanten Islamisten, die sich den baldigen Zusammenbruch der weltlichen Mubarak-Regierung zum Ziel gesetzt haben, immer gewalttätiger. Und ihr Vorwurf, daß die Regierung ineffizient und korrupt sei, trifft zu. Ägyptische Bürokraten halten wie selbstverständlich bei der kleinsten Dienstleistung die Hand auf, selbst wenn es nur um die simple Weiterleitung eines Formulars geht. Im ganzen Land werden Bombenanschläge verübt und Touristenbusse mit Maschinenpistolen beschossen, prominente Ägypter erhalten Todesdrohungen oder fallen Attentaten zum Opfer – all das gehört in Ägypten inzwischen zum Alltag.

»Jede Regierung bekommt die Opposition, die sie verdient«, sagt Fahmy Howeidy, eine fünfundfünzigjährige Kolumnistin von »Al Ahram«, der größten Tageszeitung Kairos, deren Redaktionsräume direkt an die Bulaq-Slums grenzen. »Anfangs, das heißt 1928, war die islamistische Bewegung in Ägypten sehr gemäßigt«, sagt Howeidy, die selbst eine gemäßigte Islamistin ist. »Die Nasser-Regierung war die erste, die mit Gewalt gegen die Muslim-Bruderschaft vorgegangen ist. Die Bewegung wurde verboten, fünfzigtausend Mitglieder ins Gefängnis gesteckt und brutal gefoltert, manche von ihnen wurden hingerichtet. Die anderen kamen erst wieder frei, als Sadat 1970 die Regierung übernommen hatte.« Andere Chronisten würden Howeidys Einschätzung der Gewalt gegen die Bruderschaft allerdings nicht teilen.

Hassan al Banna, Lehrer und leidenschaftlicher Begründer des modernen islamischen Fundamentalismus, predigte den Sturz der weltlichen Regierung »mit allen Mitteln, einschließlich militanter«. Sein Ziel war es, Ägypten zum »wahren Islam« zurückzuführen. In den gesamten vierziger Jahren verübten terroristische Schwadronen der MB Anschläge auf bekannte Ägypter. Berichten zufolge wurde Banna selbst im Jahr 1949 auf Befehl König Faruks, des letzten ägyptischen Monarchen, von Sicherheitskräften umgebracht. Als die MB fünf Jahre später versuchte, Präsident Nasser zu töten, kam es in Ägypten zu einem Pogrom gegen die islamistische Bewegung. Die von Nasser angeordneten Massenverhaftungen und Hinrichtungen veranlaßten zahlreiche Mitglie-

der der MB, in die benachbarten arabischen Länder zu fliehen, was zur
Folge hatte, daß sich die Bewegung auch dort ausbreitete.

Zu den Opfern der drastischen Aktion Nassers gegen die Islamisten
gehörte auch Zeinab al-Ghazzali, Gründerin und oberste Hüterin der
Muslimischen Schwesternschaft (MS), des weiblichen Zweigs der Muslimischen Bruderschaft. Weil sie den Sturz der Regierung geplant hatte,
wurde sie zum Tod durch den Strang verurteilt. Ihr Mann bekam einen
Schlaganfall, als er das Urteil hörte, und starb kurz darauf. Zu der Zeit,
als Ghazzali verhaftet worden war, hatte die MS nach eigenen Angaben
in Ägypten eine Million eingetragene Mitglieder. Die Zahl war möglicherweise übertrieben, aber als bekannt wurde, daß sie hingerichtet
werden sollte, kam es überall zu Unruhen. Kurz darauf wurde ihre
Strafe auf fünfundzwanzig Jahre Gefängnis reduziert, von denen der
größte Teil in Einzelhaft abgesessen werden sollte. König Faisal von
Saudi-Arabien intervenierte zu ihren Gunsten, aber Nasser log ihn an
und behauptete, man habe sie bereits freigelassen. In Wirklichkeit saß
sie in einem Kairoer Gefängnis, wo Nassers Geheimpolizei versuchte,
sie so weit zu bringen, daß sie nie wieder eine Bewegung gegen den
Staat anführen würde.

Ghazzali wurde besonders brutal gefoltert. Obwohl sie sich an jede
Einzelheit erinnert, fällt es ihr auch heute noch schwer, darüber zu
reden. »Ich wurde monatelang ununterbrochen gefoltert«, sagte sie, als
ich sie in ihrem Haus in Heliopolis, einem vornehmen Vorort Kairos,
besuchte. »In einer Zelle mußte ich täglich zwölf Stunden bis zu den
Schultern im Wasser stehen. Für den Rest des Tages wurde ich in eine
andere Zelle gebracht, die einen Meter achtzig mal neunzig Zentimeter
groß war und in der sonst nur Ratten waren. Man hängte mich stundenlang an den Händen auf, schlug mich unentwegt und drohte mir an,
mich zu vergewaltigen.« Die plötzliche Veränderung ihres Tonfalls
verrät jedoch, daß sie die größte Angst hatte, als man sie mit knurrenden Hunden in eine Zelle sperrte, die, wie man ihr sagte, mehrere Tage
nichts zu fressen bekommen hatten. »Ich betete. Das tat ich immer,
wenn ich gefoltert wurde, und als ich betete, taten mir die Hunde
nichts«, sagte Ghazzali. Nach Nassers Tod bat der König von Saudi-
Arabien Präsident Sadat, sie zu begnadigen. Das geschah dann auch,
und sie wurde freigelassen.

Wenn man die inzwischen fünfundsiebzigjährige Zeinab Ghazzali in ihrem Arbeitszimmer, das bis zur Decke mit in Leder gebundenen Büchern angefüllt ist, erlebt, spürt man, daß sie trotz allem nichts von ihrem Feuer und ihrer Leidenschaft eingebüßt hat. »Ich habe nicht an Sadat geglaubt, und ich glaube auch nicht an Mubarak. Ich wünsche mir eine Regierung des Koran und der *sunna* [der Weg des Propheten], und ich werde mich nicht eher aufs Altenteil zurückziehen, bis das erreicht ist, es sei denn, Gott ruft mich zu sich.« Selbst in ihrem hohen Alter ist sie noch immer der Kopf der MS. Sie behauptet, daß 50 Prozent aller ägyptischen Frauen hinter ihr stünden, was zwar eine krasse Übertreibung ist, aber ihre Bewegung hat tatsächlich eine beachtliche Anhängerschaft. »Ich hatte nie Kinder; die muslimischen Brüder und Schwestern sind meine Nachkommen«, sagte sie. Auch heute hält Ghazzali noch jede Woche in ihrem Haus Vorträge und schreibt zur Zeit drei Bücher über den Islam: eins über den Koran, eins, in dem die Namen Gottes erklärt werden, und ein drittes über die *hadiths*, die Berichte über das Leben Mohammeds. Bei ihrer Arbeit wird sie von Helferinnen unterstützt, die alle wie sie selbst islamische Kleidung tragen, allerdings in Weiß. »Weiß war die Lieblingsfarbe des Propheten«, erklärte sie mir.

Ghazzali, die jahrzehntelang gepredigt und Ungläubige bekehrt hat, ist kein leichter Interviewpartner; sie doziert gern und läßt dabei die im Gefängnis abgebrochenen Zähne sehen. Wenn man ihr eine Frage stellt, bekommt man die Antwort auf eine andere Frage, und die führt wiederum zu einem Gedanken, den sie dann begeistert weiterverfolgt. Ihr kultiviertes Arabisch fasziniert den Zuhörer genauso, wie die Sprache des Koran die Muslime seit vierzehnhundert Jahren inspiriert. Und ähnlich wie der Koran läßt sich auch die Poesie ihrer Sprache nicht in nüchterne Alltagssprache übersetzen. »Ach, die Schönheit ihres Arabisch«, sagten unsere beiden Dolmetscher ein ums andere Mal und hatten wenig Lust, sie in ihrem Redefluß zu unterbrechen. Bengo, ihr afrikanischer Papagei, war jedoch weniger rücksichtsvoll. Sein durchdringendes »*Saalam Aleikum*« und »*Allahu Akbar*« und »Der Islam ist die Lösung« in fließendem Arabisch übertönten immer wieder die Stimme seiner Besitzerin.

Ghazzali wurde als eins von elf Kindern in Mit Yaish geboren, einem achtzig Kilometer von Kairo entfernten Dorf. Ihr Vater, ein Gelehrter der Al-Azhar-Moschee, hatte zwei Frauen. Schon als sie noch ein kleines Kind war, hatte ihr Vater die Vision, daß sie einmal eine wichtige Rolle im religiösen Leben spielen würde, und entschloß sich aus diesem Grund, ihr eine umfassende Ausbildung angedeihen zu lassen. Als er starb, war Ghazzali dreizehn, und ihr älterer Bruder wollte nicht, daß sie ihre Ausbildung fortsetzte. »Er sagte, ich sei ohnehin schon zu streitlustig. Ich beschäftigte mich statt dessen mit den religiösen Büchern meines Vaters, und als ich fünfzehn war, hatte ich schon dreihundertfünfzig davon gelesen.« Mit siebzehn machte sie jedoch einen unerwarteten Abstecher und trat der Frauen-Union bei, die von Huda Shaarawi, einer ägyptischen Feministin der ersten Stunde, gegründet worden war und 1919 eine Kampagne gegen die Verschleierung der Frauen geführt hatte. Drei Jahre später trat Ghazzali wieder aus und gründete die Muslimische Schwesternschaft. (Heute gehört sie außerdem zur Führungsschicht der Muslimischen Bruderschaft.)

»Ich hatte die Überzeugung gewonnen, daß der Islam die wahre Lösung ist. Wenn die Muslime wieder zum rechten Weg zurückkehren, so wie Allah es will, wird der Islam die Welt beherrschen. Aber der Westen sollte sich nicht davor fürchten; es sollte ihn trösten. Der Islam ist die Gerechtigkeit Allahs auf Erden.« Und als habe sie es mit einem zurückgebliebenen Kind zu tun, lächelte sie mich herzlich an, reichte mir Tee und Kuchen und erklärte mir: »Sie müssen das verstehen, Allahs Botschaft, die mit dem Judentum zu uns kam, endete, als Jesus kam. Und Allahs Botschaft, die er uns über Jesus und das Christentum mitteilte, endete, als Mohammed kam. Adam, Noah, Abraham, Moses und Jesus waren Muslime, aber sie waren nur Boten. Die letzte Religion, die Religion der Zukunft, die Religion Gottes ist der Islam. Judentum und Christentum sind überflüssig geworden.

Die Welt braucht nur abzuwarten, und sie wird sehen, wie der Islam ihr das Glück bringt. Er ist die Religion, die sich am schnellsten auf der ganzen Welt verbreitet, weil er sich für das Leben der Menschen am besten eignet. Er steht im Einklang mit dem Verstand und mit den Gefühlen; er kämpft nicht wie andere Religionen gegen die Gefühle an. Zuerst findet der Verstand den Weg zum Islam, dann das Herz. Der einzige Grund, warum es zwischen dem Westen und dem Islam solche Konflikte gibt, ist darauf zurückzuführen, daß die Kreuzritter von den Muslimen geschlagen wurden. Deshalb lehnen die Menschen im Westen unsere Religion so fanatisch ab. Wenn Sie sich mit dem Leben von Saladin [1138–93] befassen, werden Sie die Humanität des Islam und sein gutes Herz erkennen. Wie er die gefangenen Christen behandelte – er hat sich zum Beispiel persönlich um die Offiziere gekümmert. Das Bild des Islam im Westen ist durch die Kreuzzüge geschädigt worden, und eure vorurteilsvollen Geschichtsbücher und eure Erziehung haben ein übriges getan, um ihm im Westen weiteren Schaden zuzufügen.

Die jungen Leute, die den Islam wiederentdeckt haben, rebellieren. Sie sind wütend auf unsere Herrscher, auf die Regierung und auf die Unterstützung, die das Regime vom Westen erfährt. Viele der islamistischen Gruppen gehen mit dem Problem nicht so um, wie sie es sollten. Ich meine damit die Drohungen, das Morden und die Raubzüge von Gruppen wie der Al-Jihad ... Die Muslim-Bruderschaft geht mit dem Herrscher vernünftiger um. Sie behandelt ihn wie eine Mutter ihren kleinen Sohn, der einen Fehler gemacht hat.

Es ist falsch, den Islam für die Aufstände verantwortlich zu machen. Sie sind eine Reaktion auf die Grausamkeit des Herrschers und seines Regimes. Außerdem versuchen westliche und muslimische Agenten in der islamischen Welt, sogar hier in Ägypten, die verschiedenen islamistischen Gruppen zu entzweien. Geheime und/oder ausländische Elemente sind dabei am Werk. So hat zum Beispiel Frankreichs Mitterrand gesagt, er würde es nicht dulden, daß die Islamisten in Algerien an die Macht kommen. Aber wir wollen nicht, daß unsere Länder von Herrschern regiert werden, die selbst wieder vom Westen gesteuert werden.

Leider halten die Christen sich nicht an die ursprüngliche Fassung der Bibel, und bei den Juden ist es genauso. Wenn sich beide Glaubensrichtungen an ihre heiligen Schriften halten würden, würden wir uns nicht gegenseitig bekämpfen. Der islamische Glaube ändert sich nicht; unsere Gebete, die Scharia und unser Verhalten bleiben immer gleich. Ihr habt eure Bibel verändert, dazu hattet ihr kein Recht.« Ihre Stimme wird lauter, sie wird erregt, und ihr Gesicht zeigt, wie leidenschaftlich engagiert sie ist.

»Mit der sogenannten Modernisierung hat sich die Situation der
Frau im Westen verschlechtert. Eure Mode, die kurzen Röcke, das
Tanzen, Frauen, die einen Freund, aber keinen Ehemann haben, die
Kinder bekommen, ohne verheiratet zu sein – das alles ist ungesetzlich.
Und es schadet *allen* Frauen. Der Prophet hat gesagt, die Frauen seien
die Schwestern der Männer; Frauen haben in Kriegen Seite an Seite mit
Männern gekämpft, Frauen arbeiten wie Männer. Der Islam verbietet
den Frauen nicht zu arbeiten, aber die Gesetze ...« – sie schlug mit der
Faust auf den Tisch, daß die Gegenstände hüpften – »die Gesetze. Sie
müssen befolgt werden. Die Zimmertür darf *niemals* geschlossen sein, ein
Mann und eine Frau dürfen niemals allein zusammensein. So können
sexuelle Gedanken gar nicht erst entstehen ... «

Ohne jede Überleitung kam Ghazzali auf einen anderen Punkt
zurück, den sie vergessen hatte: die Ermordung der Befürworter der
Säkularisation durch die Islamisten. »Wenn sich im Islam ein Mensch
von seiner Religion losgesagt hat, muß er getötet werden, jawohl. Aber
er hat das Recht auf eine Gerichtsverhandlung. Wenn er schuldig
gesprochen wird, sollte er ins Gefängnis gesperrt werden, damit er Zeit
hat, darüber nachzudenken, was getan hat. Und wenn er dann zu
Gott zurückfindet, muß man ihn nicht töten.

Der Koran sagt, daß die Religion nicht erzwungen werden darf,
nicht einmal bei Abtrünnigen. Wenn ein Mensch jedoch am Tag des
Jüngsten Gerichts den Islam noch nicht angenommen hat, wird man
ihn nicht aufnehmen, und er wird für alle Zeit und Ewigkeit ein
Verlorener bleiben. Bis zum heutigen Tag hat der Islam die Bedürfnisse
der Menschen befriedigt, und das wird auch bis zum Jüngsten Tag so
sein.«

Wieder lächelte sie über das ganze Gesicht, lehnte sich in ihrem
Sessel zurück und war plötzlich ganz ruhig; die Anspannung wich aus
ihren Zügen. Offensichtlich war das Treffen beendet.

Obwohl Sadat die Fundamentalisten 1970 aus den Gefängnissen freigelassen hatte, um – wie Jordaniens König Hussein – ein Gegengewicht
gegen Nassers Sozialismus zu schaffen, brachten sie ihn um. Sie hatten
ihm nicht verzeihen können, daß er sich in Camp David mit den Israelis
geeinigt hatte. 1981 warf ein Leutnant der Armee bei einer Militär-

parade dem Präsidenten, der auf der Ehrentribüne stand, eine Hand-
granate vor die Füße. Der junge Offizier war ein fanatisches Mitglied
der Al-Jihad-Gruppe von Scheich Omar, einer gewalttätigen Splittergruppe der Muslimischen Bruderschaft.

»Die Muslim-Bruderschaft ist hier auch heute noch verboten. Man
sollte das Verbot aufheben«, sagt die Journalistin Howeidy. »Wenn so
eine Organisation legal ist, ist sie auch weniger radikal. Wenn man
jedoch mit ansehen muß, wie hart die Polizei in diesem Land durch-
greift ... Schauen Sie nur einmal, was zur Zeit geschieht. Vor einigen
Monaten gab es in einer kleinen Stadt in Oberägypten unter fünfzigtausend Einwohnern etwa dreißig Unruhestifter. Die Behörden brannten
aus diesem Grund Moscheen nieder, in denen sich unschuldige Menschen befanden, zerstörten Häuser und verhafteten viele Leute. Die
Regierung hat inzwischen erkannt, daß die Islamisten durchaus die
Macht übernehmen könnten, und fühlt sich bedroht.

Jetzt akzeptiert sie nicht einmal mehr gemäßigte Islamisten, und je
repressiver die Regierung wird, um so mehr Leute treten den Gruppen
bei. So läuft's, wenn Behörden zu hart durchgreifen.« Die Liste der
Menschenrechtsverletzungen wirft zweifellos kein gutes Licht auf die
Verhältnisse in Ägypten. »Systematische Folterungen und lange Haft-
strafen ohne Anklageerhebung sind zwei der häufigsten Verstöße, aber
nicht die einzigen«, berichtet die in den USA ansässige »Middle East
Watch«. »Obwohl Ägypten sich der Welt gegenüber einen demokratischen Anstrich gibt, ist die Liste der Menschenrechtsverletzungen
lang und gut dokumentiert.« Vor kurzem haben andere Menschenrechtsorganisationen dem Mubarak-Regime vorgeworfen, Kinder, die zum Teil
erst acht Jahre alt waren, als »Geiseln« zu nehmen. Die Kinder wurden
ins Gefängnis gesteckt und gefoltert. Auf diese Weise wollte man die
Familienmitglieder, die von der Polizei gesucht wurden, dazu bringen,
sich zu stellen.

Im Dezember 1992 riegelte die Regierung Imbaba, ein weit ausge-
dehntes Slumgebiet in Kairo, mehrere Tage lang ab und setzte über
vierzehntausend schwerbewaffnete Soldaten und hundert gepanzerte
Fahrzeuge in Marsch, um das Gebiet zu durchkämmen. Imbaba, ein
Stadtteil mit einer Million Einwohnern, ist schon lange eine Hochburg
der Fundamentalisten. Dort trauen sich nur wenige Frauen auf die

Straße, wenn sie nicht von Kopf bis Fuß schwarz verhüllt sind. Am
ersten Tag der Operation wurden siebenhundert Menschen verhaftet,
mindestens vier getötet und achtundzwanzig Waffen- und Munitions-
lager entdeckt, dazu Tonbänder militanter Religiöser, darunter einige
von Scheich Omar. Seit der Ermordung Sadats war das der größte
Schlag gegen die Dissidenten. Die militanten Islamisten, die die gegenwärtige Regierung durch eine muslimische Theokratie ersetzen wollen,
drohten daraufhin, ihre Anschläge auf ausländische Touristen zu inten-
sivieren.

Der angedrohte Vergeltungsschlag kam ein paar Wochen später.
Am gleichen Tag, an dem der Bombenanschlag auf das Welthandels-
zentrum in New York verübt wurde, ließen militante Islamisten, die mit
der Organisation des Scheichs Omar in Verbindung gebracht wurden,
mitten in Kairo in einem vollbesetzten Café, das bei Touristen sehr
beliebt war, eine Bombe hochgehen. Es gab drei Tote und zwanzig
Schwerverletzte. Seitdem hat es weitere Bombenanschläge in dichtbe-
völkerten Teilen Kairos gegeben, einen davon vor dem Ägyptischen
Museum, das die Tutanchamun-Sammlung und viele andere altägyp-
tische Schätze beherbergt. Auch in den Pyramiden und den Pharaonen-
tempeln von Gizeh am Rand der Hauptstadt wurden Bomben gelegt.
Die Fanatiker, darunter wiederum Scheich Omar, sind der Ansicht, die
antiken Monumente dienten nur der Götzenanbetung und sollten zerstört werden. Und dieser Teufelskreis der Gewalt setzt sich täglich fort.

Nawal El-Saadawi ist eine prominente Ägypterin, die sich in der
einmaligen Situation befindet, sowohl vom ägyptischen Staat als auch
von den Islamisten als Feindin betrachtet zu werden. Die dreiundsech-
zigjährige weißhaarige Ärztin und Schriftstellerin ist eine der bekanntesten Feministinnen der arabischen Welt. Sie hat eine so direkte Art, daß
sie mitunter ziemlich aggressiv wirkt. Ihr Stil erinnert an die frühe
Frauenrechtsbewegung im Westen. Sowohl die ägyptische Regierung
als auch die Islamisten versuchen schon seit langer Zeit, sie mundtot zu
machen; die Regierung hat ihre Artikel und Bücher seit fünfundzwanzig Jahren verboten (sie hat dreißig Bücher geschrieben, von denen nur
eins in Ägypten erschienen ist). Man schloß auch die Büros ihrer
Frauenorganisation, verbot ihr Frauenmagazin, und Sadat ließ sie sogar einmal einsperren. Erst nach Sadats Tod wurde sie wieder freige-

lassen. Die religiösen Extremisten waren noch aggressiver: Im August 1992 setzten sie ihren Namen auf die Todesliste. Seit dieser Zeit wird Saadawi rund um die Uhr von Beamten der Regierung bewacht, die ihr zwar einen Maulkorb verpaßt, sie aber offenbar nicht umbringen will. Bisher ist es jedoch keiner von beiden Seiten gelungen, sie mundtot zu machen.

Zum erstenmal machte Saadawi auf sich aufmerksam, als sie sich als Leiterin der Behörde für Gesundheitswesen zum Problem der Prostitution und anderer Formen der sexuellen Ausbeutung in der arabischen Welt äußerte. Darüber hinaus griff sie Themen auf, die vorher nie offen diskutiert worden waren, wie zum Beispiel die weibliche Beschneidung, den Inzest und die Geschlechtskrankheiten. Viele ihrer Bücher, sowohl belletristische als auch Sachbücher, behandeln diese Themen. »Meine Schwierigkeiten begannen an dem Tag, an dem ich zum erstenmal einen Kugelschreiber in die Hand nahm«, sagt sie.

Wir sitzen in ihrem Arbeitszimmer, das mit Ansichtskarten feministischer Kolleginnen aus aller Welt dekoriert ist, und Saadawi schießt ihre erste Salve ab. »Sowohl hier in Ägypten als auch in den Vereinigten Staaten leiden die Frauen unter einem Fundamentalismus, der vom Staat verursacht wurde.

Sadat ermutigte die fundamentalistische Bewegung, weil er auf diese Weise die Gruppen um Nasser neutralisieren wollte. Er war für die Restriktion der Frauen und für den Schleier, weil die Fundamentalisten das so wollten. Als ich in den fünfziger Jahren Medizin studierte, gab es an der Kairoer Universität keine einzige verschleierte Frau. Als meine Tochter dann zwanzig Jahre später studierte, waren dreißig Prozent der Frauen und Mädchen in den Universitäten und Schulen verschleiert.« Heute sind es schon fast 80 Prozent. Saadawi sieht auch Sadats Frau Jihan sehr kritisch, obwohl man sie im Westen als progressive Feministin betrachtet. »Sie hat nichts für die Frauen getan«, sagt sie schroff und bezieht sich dabei auf das 1979 erlassene Jihan-Gesetz. »Es besagte, daß ein Mann, der wieder heiraten wollte, verpflichtet war, seine Frau von seiner Absicht in Kenntnis zu setzen. Sie konnte sich dann entscheiden, ob sie weiter mit ihm verheiratet bleiben oder sich scheiden lassen wollte.« 1985 wurde das Gesetz wieder abgeschafft. »Heute muß eine Ägypterin vor Gericht ziehen und beweisen, daß sie durch die zweite Ehe Schaden erleidet, und das ist sehr schwierig. Wenn sie erst einmal geschieden ist, verliert sie ihr Zuhause; der Mann kann sowohl die Kinder als auch die Wohnung beanspruchen. Auch die amerikanische Regierung hat die Fundamentalisten dazu ermutigt, die Frauen zu unterdrücken. Die christlichen Fundamentalisten möchten, daß in den USA die Gesetze der Bibel gelten, und Ihre Präsidenten haben sie darin unterstützt. Solche Bewegungen gibt es in vielen anderen Ländern. Sie sind für die Rückentwicklung der Situation der Frauen und für die weltweite Gegenreaktion verantwortlich.« (Es stimmt tatsächlich, daß die christlich-fundamentalistische Bewegung in den Vereinigten Staaten mitunter stark an ihr islamisches Gegenstück erinnert. Für Rousas Rushdoony, den man »Vater des christlichen Rekonstruktionalismus« nennt, ist Demokratie gleichbedeutend mit Gotteslästerung. Er möchte, daß sich alle Amerikaner, also auch die Nichtchristen, den Gesetzen der Bibel unterwerfen. Außerdem hat er eine Kampagne ins Leben gerufen, die für »Ehebrecher, Homosexuelle, Befürworter der Abtreibung, Häretiker, Gotteslästerer und ungehorsame Kinder« die Todesstrafe fordert, und zwar am besten durch Steinigen. Rushdoony, der einer der Führer der »Coalition for Revival« ist, also der Dachorganisation der christlichen Fundamentalisten, ist, wie auch andere Mitglieder der Organisation, der Ansicht, daß Frauen unter der Kontrolle der Männer in der Familie stehen sollten und stets gehorchen müßten.)

»Der Fundamentalismus hat dazu geführt, daß die Frauen in der islamischen Welt wieder den Schleier tragen«, sagt Saadawi. »Und ich werde aus demselben Grund nach all den Jahren immer noch zensiert. Ich kann weder im Fernsehen reden noch Artikel in Zeitungen oder Zeitschriften veröffentlichen, und alle meine Bücher sind verboten. Die Regierung ist gegen mich und zensiert jede meiner Äußerungen. Die Fundamentalisten wollen meinen Tod.«

Im Juni 1992, einen Tag nach der Ermordung des Schriftstellers Farag Fouda, erfuhr Saadawi zum erstenmal von der Todesdrohung gegen sie. An diesem Tag wurde sie um zwei Uhr morgens von der Sicherheitspolizei geweckt. »Zuerst dachte ich, sie wollten mich wieder abholen und ins Gefängnis bringen«, erinnert sie sich. »Aus welchem Grund sollte die Polizei sonst mitten in der Nacht bei mir klingeln? Sie teilten mir jedoch mit, daß Fouda ermordet worden sei und man mich aus diesem Grund ab sofort rund um die Uhr bewachen würde.« Die islamistische Organisation hatte alle Schriftsteller auf die Todesliste gesetzt, die sich gegen die Errichtung eines theokratischen Staates ausgesprochen hatten.

Aber obwohl die Regierung Schritte unternahm, um ihr Leben zu schützen, wirft Saadawi dem Mubarak-Regime vor, in den letzten Jahren eine »systematische Kampagne« gegen sie geführt zu haben. Sie begann, als das von ihr gegründete feministische Magazin »Noon«, das von ihrer Tochter Mona herausgegeben wurde, die Autodemonstration der saudischen Frauen befürwortete. Saadawi, die schon immer die Meinung vertrat, daß der Islam nicht frauenfeindlich sein müsse, kritisierte dann in einem Artikel den saudischen Scheich Bin Bas. »Er hat ein ganzes Buch darüber geschrieben, warum Frauen vollständig verhüllt sein müssen. Er schrieb, der Islam erlaube es den Frauen nur, ein halbes Auge sichtbar werden zu lassen. Das ist einfach nicht wahr. Als Reaktion auf Scheich Bin Bas' Buch schrieb ich einen sehr kritischen Artikel, in dem stand, daß eine Frau auch mit entblößtem Gesicht eine gute Muslimin sein kann. Die Saudis schäumten vor Wut.

Ich wurde daraufhin in saudischen Zeitungen und ägyptischen Blättern, die mit Saudi-Arabien sympathisieren, angegriffen. Hierzulande werden viele Journalisten von den Saudis bezahlt. Eine ägyptische Zeitung nannte mich korrupt und anti-islamisch; sie behauptete, ich wollte die Frauen zur Unmoral verleiten. Aber Moral hat nichts mit einem verschleierten Gesicht zu tun.

Saudi-Arabien ist ein Land, in dem vieles gepredigt wird, sieht man sich aber das alltägliche Verhalten an, nimmt man das Leben dort einmal unter die Lupe, dann entdeckt man viel Dekadentes. Solange die Frauen verschleiert sind, ist jedoch alles in Ordnung. Das ist die Oberflächlichkeit der Religion. Die Saudis werfen den ägyptischen Frauen vor, sie hätten eine lockere Moral, und dann kommen sie selbst hierher, gehen in unsere Nachtclubs und kaufen sich Prostituierte. Je strenger die Geschlechtertrennung in Saudi-Arabien gehandhabt wird, um so seltener findet man dort noch so etwas wie Moral.«

Kurz nachdem Saadawi den Artikel über Bin Bas geschrieben hatte, löste das ägyptische Sozialministerium 1991 die von ihr gegründete

internationale »Arab Women's Solidarity Association« (AWSA) auf, die
sich für soziale und wirtschaftliche Verbesserungen im Leben der
Frauen eingesetzt hatte. In der Verfügung wurde behauptet, die Organisation habe eine gegen den Islam gerichtete Ideologie verbreitet und
ihre Aktivitäten stünden im Widerspruch zu den allgemeinen Interessen des Landes. Darüber hinaus schädige die AWSA die Beziehungen
zwischen Ägypten und einigen anderen (nicht näher bezeichneten)
arabischen Staaten. Gleichzeitig überwies die Regierung das gesamte
Kapital der AWSA an eine islamistische Frauengruppe.

Bis vor kurzem war die Einstellung der ägyptischen Regierung
den Fundamentalisten gegenüber zwiespältig. Auf der einen Seite be-
kämpfte sie die Bewegung, versuchte aber auf der anderen Seite häufig
islamischer zu erscheinen als die Islamisten selbst. Den religiösen Programmen wurden im Fernsehen und im Rundfunk großzügige Sende-
zeiten eingeräumt, das ist auch heute noch so. Außerdem wurden
zahlreiche Religionsführer, die man für gemäßigt und daher für kontrollierbar hielt, in offizielle Positionen gehievt.

Wie viele andere muslimische Frauen ist auch Saadawi der Meinung, daß die Männer den Koran zu ihren Gunsten auslegen. Doch
anders als die meisten muslimischen Frauen bekommt sie bei dem
Thema leuchtende Augen, sie grinst beinah spitzbübisch, und man
merkt ihr an, daß die Kampfeslust ihr einen Adrenalinstoß versetzt.
»Die Fundamentalisten konzentrieren einen großen Teil ihrer Energie
auf die Frauen, weil sie die Leute von den wirklichen Tagesproblemen
ablenken wollen, zum Beispiel von der Armut.

Aber sie verlieren nie ein Wort darüber, daß sie mit zweierlei Maß
messen, je nachdem, ob es sich um Frauen oder um Männer handelt.
Bei Frauen sind sie sehr streng, bei den Männern sehr lax und großzügig. Unter den Männern werden Korruption und Promiskuität sogar
noch gefördert. Trotzdem behaupten sie, gute Muslime zu sein. Die
Polygamie, die Männern vier Frauen zuspricht, ist Promiskuität. Sie
schadet der Familie, trotzdem ist sie erlaubt. Diese Doppelmoral ist
verlogen.«

Bemerkungen wie diese bringen militante Muslime in Rage. Hat sie
keine Angst, wegen Glaubensabtrünnigkeit angeklagt zu werden?
»Ach, das passiert mir ständig«, sagt Saadawi und macht eine wegwer-

fende Handbewegung. »Mein Gott, so etwas geschieht hier jeden Tag.
Immer wieder erklärt man uns, daß wir keine Muslime, sondern Atheisten und Feinde des Islam sind.« Solche Etikettierungen machen Saadawi keine Kopfschmerzen. Ihr Hauptanliegen als Ärztin und Schriftstellerin ist die Verbesserung der Lebensbedingungen der Frauen
durch eine »Veränderung des Systems«.

»Man kann Gesundheit und Politik nicht voneinander trennen. Ich
komme vom Land und habe auch als Ärztin auf dem Land gearbeitet;
ich kenne die Lebensbedingungen dort. Die Männer und Frauen, die zu
mir kamen, waren krank, weil sie arm waren, weil sie sich nicht gut
ernähren konnten oder weil sie in miserablen Wohnungen leben mußten. Die Frauen mußten illegale Abtreibungen über sich ergehen lassen,
weil sie schon zu viele Kinder hatten. Mädchen kamen zu mir, weil sie
Blutungen nach der Beschneidung hatten. Solche Probleme kann man
nicht nur als Arzt angehen. Ich muß wissen, warum es so etwas überhaupt gibt, warum die Menschen Hunger haben und warum die Mädchen beschnitten werden. Man kann die Gesundheit nicht von der
Politik, von der Armut oder von der Wirtschaft getrennt sehen. Alle
Bereiche sind wichtig, wenn es um die Gesundheit der Frauen geht.

Warum muß ein Mädchen unbedingt eine Jungfrau sein und in der
Hochzeitsnacht bluten? Dreißig Prozent der Mädchen werden entweder ohne Hymen geboren oder mit einem so elastischen Jungfernhäut-
chen, daß es in der Hochzeitsnacht nicht blutet. Von den Männern
erwartet keiner, daß sie unberührt in die Ehe gehen. Warum von den
Frauen?«

Die Abschaffung der Beschneidung von Mädchen war eins der
Hauptanliegen von Saadawis Organisation, bevor sie von der Regie-
rung aufgelöst wurde. »In Ägypten wird der größte Teil der weiblichen
Bevölkerung auf dem Land immer noch beschnitten. Hier entfernt man
nur die Klitoris und verzichtet auf die bedeutend größere Operation.
Trotzdem gibt es viele Komplikationen: Infektionen, Blutungen, Verletzungen des Harnleiters, Blutvergiftung, ja sogar Todesfälle. Abgesehen von den seelischen Verletzungen kann es später als Folge des
Eingriffs zu Schmerzen beim Geschlechtsverkehr kommen. In den
Dörfern wird der Eingriff an den Mädchen kurz vor der Pubertät
durchgeführt. Unausgebildete Hebammen benutzen dazu ein gewöhn-

liches Messer oder eine Rasierklinge, und der Eingriff findet ohne Betäubung und unter unsterilen Bedingungen statt. In der Mittel- und Oberschicht wird die Operation gewöhnlich von einem Arzt vorgenommen. Begründet wird die Beschneidung hier mit ›Reinlichkeit‹ und ›damit die Mädchen nicht hinter den Männern her sind‹.« In vielen Gesellschaften glaubt man außerdem, daß ein Baby stirbt, wenn sein Kopf bei der Geburt mit der Klitoris in Berührung kommt.

Die weibliche Variante der Beschneidung wird häufig als »altes muslimisches Ritual« bezeichnet. In Wirklichkeit ist sie älter als der Islam, man glaubt sogar, daß sie aus vorjudaischer Zeit stammt. Im Koran wird sie nicht erwähnt, und in den authentischen *hadiths* findet sich nur eine kurze Erwähnung, in der es heißt: »In Medina pflegte eine Frau die Beschneidung durchzuführen. Der Prophet sagte zu ihr: ›Schneide nicht zu heftig, das ist besser für die Frau und erstrebenswerter für den Ehemann.‹« Aber dieses – immer noch umstrittene – *hadith* ist der Grund, warum einige islamische Gelehrte der Shafi-Schule, die vor allem in Ostafrika anzutreffen ist, die Beschneidung der Mädchen als obligatorisch ansehen. Die Hanafi und die meisten anderen Schulen gehen dagegen davon aus, daß sie nur empfohlen wird und nicht unbedingt durchgeführt werden muß. Im neunzehnten Jahrhundert wurden in den Vereinigten Staaten und in Europa gelegentlich Frauen beschnitten, weil man glaubte, auf diese Weise Epilepsie, Hysterie und Geisteskrankheiten heilen zu können.

Schätzungen zufolge sind auf der Welt hundert Millionen Frauen auf diese Weise verstümmelt worden. Die Beschneidung wird in vielen afrikanischen Ländern praktiziert, etwa im Sudan, in Somalia, Äthiopien, Kenia und im Tschad. Auch in Malaysia, Indonesien und in einigen Ländern des Mittleren Ostens einschließlich Ägyptens, der VAE und ländlicher Regionen Saudi-Arabiens ist sie Tradition. Das Ritual wird sowohl von Kopten in Ägypten, animistischen Stämmen in Afrika und Muslimen praktiziert.

Im Sudan wird an über 90 Prozent der Frauen die schlimmste Form, die sogenannte »pharaonische Beschneidung« durchgeführt, die auch »Infibulation« (Verschließen der Geschlechtsorgane) genannt wird. Bei diesem Eingriff, der an Mädchen im Alter von sieben bis acht Jahren vorgenommen wird, werden die gesamte Klitoris und die inneren und äußeren Schamlippen entfernt. Dann werden beide Seiten – oft mit Dornen – so zusammengenäht, daß nur eine kleine Öffnung bleibt, durch die der Urin und das Menstruationsblut abfließen können. Anschließend bindet man dem Mädchen die Beine zusammen und reduziert die Flüssigkeitsaufnahme ganz radikal, bis die Einschnitte verheilt sind. Nicht selten sterben die Opfer, die während dieser primitiven, schweren Operation von weiblichen Verwandten festgehalten werden, am Schock oder verbluten. Mitunter werden dabei auch die Scheide, der Harnleiter, die Blase und das Gebiet um das Rektum verletzt. Die massive Gewebewucherung bei der Vernarbung kann zu einer lebenslangen Gehbehinderung führen.

Nach der Hochzeit müssen die Frauen, die vorher infibuliert worden sind, mit Gewalt penetriert werden. »Das kann bis zu vierzig Tage dauern, und wenn die Männer die Geduld verlieren, benutzen sie ein Messer«, berichteten sudanesische Frauen auf einem Kongreß in Kairo, an dem ich vor ein paar Jahren teilnahm. Er stand unter dem Motto: »Die Entwicklung der Frau in der islamischen Welt«. Sie berichteten auch von besonderen Häusern für die »Flitterwochen«, die sich außerhalb der Orte befinden, »damit man die Schreie der Braut nicht hört«. Auch hierbei ist das Risiko einer Infektion oder einer starken Blutung wieder außerordentlich hoch.

Bei der Geburt eines Kindes muß das Narbengewebe weggeschnitten und die Öffnung erweitert werden, sonst besteht die Gefahr, daß Mutter und Kind sterben. Mitte der achtziger Jahre begann das amerikanische »Nursing«-Magazin, praktischen Ärzten in den Vereinigten Staaten Hinweise zu geben, wie solche Patientinnen zu behandeln sind, denn die Einwanderungsrate der Frauen aus den Ländern, in denen diese Form der Beschneidung praktiziert wird, wurde immer größer. Das bedeutete, daß sich das amerikanische Gesundheitssystem mit diesen Frauen auseinandersetzen und sie im Krankenhaus behandeln mußte. Wenn bei solchen Fällen nicht richtig vorgegangen wird, kann es zu ernsten Komplikationen kommen. In vielen Ländern hat die Tradition der weiblichen Beschneidung so starke Wurzeln, daß sich selbst in den USA viele dieser Frauen nach der Geburt eine neuerliche Infibulation wünschen.

Halla Sarhan, Herausgeberin eines ägyptischen Frauenmagazins, bezeichnet sich selbst ebenfalls als Feministin, obwohl sie sich in ihrem Stil und im Hinblick auf die Welt, in der sie lebt, von Nawal El-Saadawi nicht stärker unterscheiden könnte. Sie ließ mich von ihrem Chauffeur mit ihrem Mercedes, der natürlich mit einem Mobiltelefon ausgestattet war, abholen. Als man mich in ihr Büro führte, das ganz in Weiß und Pink gehalten ist, fand dort gerade eine Redaktionskonferenz statt. Ihre fast ausschließlich männlichen Redakteure scharwenzelten um sie herum und redeten sie respektvoll mit »Doctura« an, während Sarhan mit kurzen, knappen Gesten Layouts akzeptierte oder verwarf und gleichzeitig mit spitzen Fingern Trauben aus einer großen Schüssel aß. Ihr Make-up war perfekt, Lippenstift und Nagellack waren genau auf die leuchtendrote Bluse abgestimmt, und ihr Haar war mit einer schwarzen Samtschleife nach hinten gebunden. An ihren beiden Händen funkelten zahlreiche Brillanten.

»Die Themen, die wir behandeln, sind ähnlich wie die in Ihrem ›Cosmopolitan‹, sogar Sex ist dabei«, sagte Sarhan, die das amerikanische Magazin gut kennt, da sie sieben Jahre an der George-Washington-Universität studiert und anschließend beim Sender »Voice of America« in Washington gearbeitet hat. Trotz der Themen, die in ihrer Zeitschrift behandelt werden, gelingt es Sarhan, das Magazin sowohl in Ägypten als auch in den Golfstaaten zu verkaufen. »In der arabischen Gesellschaft gibt es eine schrecklich strenge Zensur. Sie wird entweder durch die Regierung ausgeübt oder, wie in Saudi-Arabien, das wir auch beliefern, durch die religiösen Gemeinden. Wenn denen ein Artikel oder eine Anzeige nicht gefällt, reißen sie die Seite heraus oder schwärzen den Text. Manchmal wird auch die ganze Ausgabe beschlagnahmt.

Das hiesige Informationsministerium hat mir untersagt, hübsche Frauen auf das Titelblatt zu setzen, weil die Moscheen behaupten, das würde die Männer erregen und sei daher nicht mit dem Islam vereinbar. Wie alle anderen Zeitschriften verkauft sich mein Magazin aber nur mit hübschen Frauen.

Was die Frauen anbetrifft, entwickeln wir uns in diesem Teil der Welt zurück. Ich habe jedoch ein gutes Rezept gefunden, wie ich Dinge veröffentlichen kann, an die sich die anderen nicht herantrauen. Vor kurzem hatten wir zum Beispiel eine Ausgabe über Hochzeiten. In einem Abschnitt ging es darum, was in der Hochzeitsnacht passiert. Darüber spricht hierzulande niemand. Die Braut muß Jungfrau sein, und der Mann ist entweder auch völlig unerfahren oder hat höchstens schon mal etwas mit einer Prostituierten oder mit einer Hausangestellten gehabt. Was Sexualität angeht, so existieren in unserer Welt zwischen den Geschlechtern enorme Mißverständnisse. Unsere jungen Leute haben meist überhaupt keine Ahnung; sie können mit niemandem über solche Probleme reden, und ihre Beziehungen leiden natürlich darunter. Es gibt hier keine Freundschaften zwischen Mann und Frau. Dem Mann gibt man immer noch oft den Rat, seine Frau in der Hochzeitsnacht mit Gewalt zu nehmen, ›die Katze zu schlachten‹, damit sie Angst vor ihm bekommt und ihm gehorcht. Das ist für viele Frauen ein traumatisches, sehr schmerzhaftes Erlebnis, das sie in Angst und Schrecken versetzt.« In der arabischen Überlieferung gibt es eine Geschichte, in der ein Bräutigam vor den Augen seiner Frau ein kleines, weißes Kätzchen auf brutale Weise tötet, bevor er sie entjungfert. Der vor Angst zitternden Braut wird erklärt, daß es ihr ebenso ergeht wie dem Kätzchen, wenn sie ihrem Mann jemals den Gehorsam verweigert.

»Wenn ich einfach nur etwas über sexuelle Probleme schreiben würde, würden die Seiten nie die Zensur passieren«, erklärte Sarhan. »Wenn ich das Ganze jedoch in Koran-Verse einkleide, und das habe ich getan, werden die Artikel von den Behörden ernst genommen. So konnten wir zum Beispiel einen Beitrag unter der Überschrift ›Was mache ich in der Hochzeitsnacht, Mama?‹ bringen. Wir ließen sogar einen Gynäkologen zu Wort kommen, der erklärte, wie das Hymen verletzt wird. Ein weiteres Thema dieser Ausgabe behandelte die Tatsache, daß 60 Prozent der arabischen Frauen in der Hochzeitsnacht den Geschlechtsverkehr verweigern, weil sie zuviel Angst haben. Auch in diesem Artikel haben wir einen Koran-Vers gebracht, in dem es heißt, der Mann solle mit Küssen und zärtlichen Worten zu seiner Frau gehen. In einem Beitrag über Frigidität, ein in der arabischen Welt weitverbreitetes Problem – kein Wunder, bei den Schwierigkeiten, die die Paare miteinander haben –, wiesen wir darauf hin, daß der Koran den Männern vorschreibt, ihren Frauen das Recht auf sexuelle Lust zuzugestehen.«

Während mir Sarhan von den sexuellen Störungen vieler Männer und Frauen in der arabischen Welt berichtete, Störungen, die ich auch von anderen Frauen kannte, die ich auf meinen Reisen interviewt hatte, wurde mir eins klar: Daß die arabischen Männer im Westen einen Ruf als außergewöhnlich gute Liebhaber haben, ist wohl vor allem auf arabische Klassiker wie »Tausendundeine Nacht«, auf Hollywood-Filme mit Rudolfo Valentino und auf die schiere Größe königlicher Harems zurückzuführen – der Realität entspricht dieses Bild nicht. In den von Israel besetzten Gebieten war der Biologieprofessor Mohammad Haj Ali wegen der Unwissenheit der verheirateten palästinensischen Männer so besorgt, daß er 1992 einen Leitfaden der Sexualität für Araber veröffentlichte. In diesem Buch wird das Thema Sexualität unter physiologischen, psychologischen, sozialen und moralischen Aspekten besprochen.

»Die Frauen werden in dieser Gesellschaft völlig unterdrückt und schlecht behandelt«, sagte Sarhan. »Die Männer wissen, daß ihnen die Religion alle Freiheiten zugesteht; selbst mein sechsjähriger Sohn weiß das schon: Er ist ein Mann, und das allein verleiht ihm eine gewisse Macht. Der Mann kann seine Frau verlassen oder sich von ihr scheiden lassen, wie es ihm gerade gefällt. Der Mann kann tun und lassen, was er will, nicht die Frau. Die Männer können sich heimlich Nebenfrauen nehmen, ohne ihrer ersten Frau etwas davon zu sagen. Es kommt hier oft vor, daß man bei einer Beerdigung plötzlich eine Frau mit einem Kind an der Hand sieht, die niemand kennt. Dann stellt sich heraus, daß sie die zweite Frau des Verstorbenen war. Ich habe sogar bei meinem eigenen Mann Angst vor der Polygamie; sie stellt für alle Frauen eine Gefahr dar. Generationen von Müttern haben ihren Töchtern beigebracht, daß sie ihrem Mann alles geben sollen, was er haben will, und daß sie ihn nie zur Rede stellen dürfen, selbst wenn sie wissen, daß er sie betrügt.

Alle Frauen, mit denen ich rede oder die uns schreiben, sagen, daß die Männer nur an sich selbst denken. Der arabische Mann verlangt von seiner Frau – der Mutter seiner Kinder –, daß sie sehr passiv und konservativ ist. Wenn sie dann aber seine Bedürfnisse nicht befriedigt, geht er zu einer Prostituierten. Sowohl im Bett als auch außerhalb des Bettes muß der arabische Mann immer alles unter Kontrolle haben.

Wenn bei uns ein Mann seine Frau auf der Straße verprügelt, sagen die Leute, er soll aufhören. Wenn er dann aber sagt, sie sei seine Frau, ist alles in Ordnung, und niemand mischt sich mehr ein.

Die Gewalt gegen Frauen nimmt unter dem Einfluß der islamistischen Bewegung immer weiter zu. Ich habe an Veranstaltungen teilgenommen, bei denen man Frauen angeblich den Koran vermitteln wollte. In Wirklichkeit war vieles, was dort erzählt wurde, freie Erfindung. Ich war schockiert, als man den Frauen sagte: ›Hängt eine Peitsche im Haus so auf, daß ihr und andere sie immer sehen könnt‹, damit sie immer daran erinnert würden, daß sie ihren Männern gehorchen müßten. Das Schlimmste ist, daß die Frauen jetzt anfangen, diesen Blödsinn zu glauben, und Gefallen an ihrer Sklavenrolle finden. Orientalische Frauen werden zum Gehorsam erzogen. Man sagt ihnen, daß Kraft und Gewalt männlich sind. Sanftheit und Zärtlichkeit werden als Schwäche und Dummheit ausgelegt. Die Frauen hier wünschen sich einen Diktator und keinen Mann, der anständig, zärtlich und höflich ist.«

Sarhan heiratete zum erstenmal mit siebzehn, »weil ich mich nicht länger von meinem Vater beherrschen lassen wollte. Ich wollte frei sein«, sagte sie. »Aber ich habe nur eine Form der Kontrolle durch eine andere ersetzt. Mein Mann wollte mich nicht einmal zur Uni gehen lassen.« Sarhans zweite Ehe war ähnlich, nur wurde sie dieses Mal zu allem Übel auch noch verprügelt. »Um ihm zu entkommen und um zu vermeiden, nach dem ›Gesetz der Rückgabe‹ von der Polizei zu ihm zurückgebracht zu werden, ging ich in die Vereinigten Staaten und weigerte mich, nach Hause zurückzukehren.« Nach einiger Zeit ließ ihr Mann sich scheiden. In den USA lernte sie dann ihren dritten Mann kennen. Eman, der ein Double des Opernsängers Pavarotti sein könnte, ist auch ihr Verleger. »Wir kannten uns schon drei Jahre, bevor wir heirateten; wir hatten die Chance, uns wirklich gut kennenzulernen. Wir lebten in einer Gesellschaft, in der das möglich war und in der uns niemand deswegen umbringen wollte. In Ägypten muß ein Paar schon verlobt sein, bevor die beiden überhaupt miteinander reden dürfen. Das, was wir gemacht haben, war bedeutend gesünder und sehr romantisch. Als wir dann aber nach Ägypten zurückkehrten, verschoben sich die Gewichte in unserer Beziehung. Die Männer fühlen sich in dieser Gesellschaft einfach mächtiger. Drüben waren wir gleichberechtigte Partner gewesen. Hier gleicht die Partnerschaft einer Pyramide, und der Mann muß immer oben sein, sonst wird er von der Gesellschaft verachtet. Wenn man den ganzen Tag über in der Redaktion die Chefin ist, kann man abends nicht plötzlich umschalten. Mir ist das jedenfalls sehr schwergefallen, und wir hatten aus diesem Grund viele Meinungsverschiedenheiten. Aber ich liebe ihn ..., und wenn es ihn glücklich macht ... In der muslimischen Welt heiraten die Männer lieber ein Mädchen, das überhaupt noch keine Lebenserfahrung hat und unberührt ist, damit sie es formen können. Es ist wie bei Pygmalion: Der Mann gestaltet die Frau, die er begehrt, nach seinen Vorstellungen: sexuell, geistig, wie sie redet, wie sie sich anzieht. Sie ist Wachs in den Händen ihres Mannes.«

Sarhan betrachtet sich selbst nicht als eine Feministin »wie Gloria Steinem«, aber sie ist über die Veränderungen, die sich in der muslimischen Gesellschaft vollziehen, besorgt. »Für die Frauen wird alles immer schlechter, sehr viel schlechter. Ich finde das beängstigend.« Das war ihr vor allem klargeworden, als die Zeitungen von einer Vergewaltigung berichteten, die sich in einem Kairoer Bus zugetragen hatte. Das Ereignis hatte eine Kampagne für Sarhans Magazin ausgelöst.

Eine junge Frau mit Vornamen Shahinaz stieg während des Ramadan mit ihrer Mutter und Schwester in Ataba, einem Arbeitervorort der Hauptstadt, in den Bus ein. Erst wenn man einmal mit einem Kairoer Bus gefahren ist, weiß man, was »überfüllt« bedeutet. Im Gegensatz zu anderen muslimischen Ländern haben die Busse keine separate Abteilung für Frauen. Die dreiundzwanzigjährige Shahinaz, die als Sekretärin in einer Anwaltspraxis arbeitete, wurde in dem Gedränge von ihrer Mutter und Schwester getrennt und fand sich im hinteren Teil des Busses wieder, wo sie zwischen zwei Männern eingeklemmt war. Trotz ihrer Schreie – die von den anderen Fahrgästen ignoriert wurden – hielt sie der eine Mann fest, während der andere sie mit seiner Hand deflorierte. Erst als die junge Frau völlig hysterisch wurde und ein Polizist an der nächsten Haltestelle feststellte, daß ihr Rock blutbefleckt war, verfolgte die Polizei die beiden Männer und verhaftete sie. Bis jetzt sind sie noch nicht verurteilt worden.

Berufstätige Frauen beklagen sich schon seit langem darüber, daß sie im Bus sexuell belästigt werden. Die Männer nutzen das Gedränge aus, um sich an den weiblichen Fahrgästen zu reiben, ihre Brüste zu berühren und an ihnen herumzufummeln. Sarhan und andere Frauen sehen die Ursache dafür in dem späten Heiratsalter. »Die meisten Männer können erst Geschlechtsverkehr haben, wenn sie verheiratet sind, und heiraten können sie erst, wenn das Paar eine Wohnung hat, und die Wohnungsnot hat hier schlimme Ausmaße erreicht. In der Regel sind die Männer hier Mitte Dreißig, bevor sie es sich leisten können zu heiraten. Deshalb mündet ihre sexuelle Frustration häufig in die Mißhandlung von Frauen. Und da so etwas in unserer Kultur für das Opfer eine Schande bedeutet, leiden die anständigen Frauen lieber still, als sich vorwerfen zu lassen, sie hätten den Mann dazu ermutigt.«

Genauso erging es Shahinaz, nachdem sich die erste Welle der Empörung darüber gelegt hatte, daß eine junge Ägypterin in einem öffentlichen Bus sexuell belästigt worden war. »Die Fundamentalisten behaupteten, die junge Frau sei selbst schuld gewesen. Sie habe einen Rock getragen, zwar einen langen, aber keinen *hijab*. Auch in den Medien wurden Vorwürfe gegen sie erhoben, und es gab sogar Frauen, die sagten, wenn sie zu Hause geblieben wäre und nicht arbeiten ginge, hätte das alles nicht passieren können. Niemand griff das Schwein an, das ihr die Unschuld geraubt hatte. Ich war über diese Reaktionen so empört, daß ich ein Symposion über Vergewaltigung organisierte. Wir luden Frauen und Männer dazu ein. Die Männer – Polizisten, Anwälte, Psychologen und die Redakteure meines Magazins – waren allesamt der Auffassung, daß es Schuld einer Frau sei, wenn sie vergewaltigt würde. Das war sehr deprimierend. Dann startete ich eine Artikelserie, und wir bekamen Faxe von Frauen aus allen möglichen Gegenden, sogar aus Saudi-Arabien. Alle schrieben uns, daß es sich dabei nicht um eine besondere Erscheinung der ägyptischen Gesellschaft handele, sondern daß das die Einstellung der Männer im Mittleren Osten und der Gesellschaft im allgemeinen sei.«

Für Shahinaz, die Tochter eines Mullahs ist, geht das Trauma weiter, und ihre Chancen auf eine Heirat sind sehr gering geworden. Sie schläft schlecht, weint häufig und weigert sich, das Haus zu verlassen. »Der Innenminister hat gesagt, das, was mir passiert ist, sei nichts Ungewöhnliches gewesen. Ich schwöre bei Gott, wenn das nichts

Ungewöhnliches ist, werde ich meine Schwestern und mich selbst
töten, damit ihnen das, was mir passiert ist, nicht auch passieren kann.«

Häufig behaupten die Islamisten, die ägyptischen Filmschauspiele-
rinnen und Bauchtänzerinnen seien für die ungezügelte Geschlechts-
lust der Männer verantwortlich. Ägypten ist neben Indien der zweitgrößte Filmproduzent der Dritten Welt. Überall sieht man in Kairo
Plakate, auf denen spärlich bekleidete Schauspielerinnen in schreien-
den Farben abgebildet sind. Die Bilder versprechen mehr, als der
zensierte Film halten kann. Trotzdem haben militante Muslime Kinos
angegriffen und Videogeschäfte niedergebrannt, weil angeblich beide
einen verderblichen Einfluß auf die Menschen haben. Eine ihrer Kampagnen, die besonders erfolgreich war, bestand darin, daß sie bekannten Schauspielerinnen und Bauchtänzerinnen große Geldsummen
boten, wenn sie ihren Beruf aufgeben und sich verschleiern würden,
um so den ägyptischen Frauen als Vorbild zu dienen.

Der Taxifahrer Said Abdel Wahab »weiß, daß Kairo die Stadt der
Sünde ist«, und ist fest entschlossen, seine Frau und seine Tochter von
diesem zügellosen Leben fernzuhalten. Bei seiner Tätigkeit bringt er oft
Touristen in die Nachtclubs, Bars und Casinos. Besonders schockiert
ist er, wenn er mit ansehen muß, wie muslimische Touristen, vor allem
Frauen, solche Lokale besuchen.

Der sechsunddreißigjährige Said betrachtet sich selbst als einen
gemäßigten Konservativen und hat – wie viele andere Taxifahrer auch –
immer einen Koran in seinem Wagen, in dem er liest, wenn er keinen
Fahrgast hat. Ich lernte ihn am ersten Tag meiner Reise kennen und
fand ihn so hilfsbereit und ehrlich, daß ich ihn für die Dauer meines
Aufenthalts engagierte. Gegen Ende meiner Reise lud er mich zu sich
nach Hause ein, damit ich seine Frau und seine Familie kennenlernen
konnte. Er wohnte in einem der vielen dürftigen Häuser in Shurba
Al Khima, einem besonders dicht bevölkerten Viertel Kairos. Eine
schmale, steile Treppe, die völlig verbogen war, weil sich das Erdreich
gesenkt hatte, führte zu der Wohnung, die aus vier winzigen Zimmern
bestand, von denen das größte gerade mal sechs Quadratmeter groß
war. Nur die beiden vorderen Zimmer hatten Fenster, die auf eine
schmale Straße hinausblickten. Said wohnte hier mit seiner vierund-
zwanzigjährigen Frau Wafa, seiner vierjährigen Tochter Safar, seinem

zweieinhalbjährigen Sohn Ahmad, seinem sehr alten Vater und seiner blinden Mutter.

In dieser trübe beleuchteten, engen Wohnung, in der man über Möbel steigen mußte, um sich bewegen zu können, hatte Said seine Frau buchstäblich eingekerkert, »um sie zu schützen«. Auf dem Land hätte Wafa in einer Großfamilie gelebt, sich zumindest auf dem Grundstück frei bewegen können und die Gesellschaft anderer Frauen gehabt. Hier war es ihr nicht einmal gestattet, die anderen Frauen im Haus zu besuchen oder Brot kaufen zu gehen. Sie durfte auch keine Einladung zu einer Hochzeit annehmen, obwohl Hochzeitsfeiern für jede Frau, die in *purdah* lebt, gesellschaftliche Höhepunkte sind.

Sowohl Said als auch Wafa waren auf der höheren Schule. Er hat einen kaufmännischen Abschluß, und sie wollte ursprünglich eine ähnliche Laufbahn einschlagen, aber dann heirateten sie vor sechs Jahren. Said ließ es nicht zu, daß sie weiterstudierte. »Es ist besser, wenn sie zu Hause bleibt und die Kinder erzieht. Es gibt auf den Straßen so viele Probleme, und ich würde es nie zulassen, daß sie mit Männern arbeitet. Nein, nein, nein«, sagte Said. »Ich möchte sie und meine Tochter immer genau unter Kontrolle haben. Sie darf sich nicht mit anderen Leuten treffen. Ohne mich darf sie nirgendwo hingehen. Als Taxifahrer arbeite ich von sieben Uhr morgens bis Mitternacht, also muß sie zu Hause bleiben. Ich erledige die Einkäufe. Ich erlaube ihr auch nicht, andere Frauen in diesem Haus zu besuchen, nicht einmal für eine Stunde. Wenn Frauen sich zusammensetzen und reden, gibt es nur Schwierigkeiten – das war schon immer so –, deshalb habe ich ihr das nie erlaubt, und sie muß mir hundertprozentig gehorchen.

Natürlich besuche ich meine männlichen Freunde, wir sitzen dann zusammen und reden, aber Männer sind eben anders als Frauen; Männer machen keine Schwierigkeiten, sie sind klug. Der Verstand einer Frau ist anders als der eines Mannes. Sie ist einem Mann nicht ebenbürtig. Warum? Weil ein Mann ein Mann ist – und eine Frau eine Frau. Es ist besser, wenn meine Frau jeden Tag bei den Kindern zu Hause ist.«

Ich fragte Said, wie er seine Freizeit verbringt, vor allem im Winter, wenn weniger Taxis gebraucht werden. »Im Sommer schlafe ich, und im Winter, wenn die Touristensaison vorüber ist, mache ich Picknicks, fahre in der Gegend umher oder an den Strand. Nein, meine Frau nehme ich dabei nie mit. Das ist nicht nötig. Ich gehe mit meinen Freunden, alles Männer. Warum sollte ich sie mitnehmen? Ich gehe immer mit Männern an solche Plätze. Auch wenn ich auf eine Hochzeit gehe, mache ich das so. Ich gehe immer allein. Meine Frau nehme ich nie mit, denn da sind immer so viele Menschen.« Said erlaubt Wafa auch nicht, mit ihm in die Moschee zu gehen, nicht einmal im Ramadan. »Sie kann zu Hause beten, das ist besser.«

Said ist nicht absichtlich so streng, er hält sich selbst für einen freundlichen Mann, und auch die anderen Leute sehen ihn so. Er ist zum Beispiel absolut dagegen, daß ein Mann seine Frau schlägt. »Zwischen einer Frau und einem Tier besteht ein Unterschied«, sagt er, und er hat auch nichts für die Polygamie übrig. Seiner Meinung nach nimmt er nur seine Rolle als Hüter seiner Frau und seiner Kinder sehr ernst.

»Für mich ist es sehr schwer. Ich bin oft sehr einsam«, sagt Wafa. »Als ich früher noch bei meinen Eltern gewohnt habe, kamen immer die Freundinnen meiner Mutter zu Besuch. Sie standen mir so nahe wie meine eigenen Verwandten. Als ich Said geheiratet habe, kannten wir uns gerade zwei Wochen. Wir hatten keine Zeit, darüber zu reden, wie er sich unser gemeinsames Leben vorstellte. Ich habe ihn geheiratet, weil man mir gesagt hat, er sei ein ruhiger, guter Mann. Als er mir verbot, auf Hochzeiten zu gehen, sprach mein Vater mit ihm und versuchte, ihn dazu zu bewegen, weniger streng zu sein, aber Said sagte nur: ›Das ist mein Charakter, ich kann mich nicht ändern.‹«

Als ich die beiden fragte, was sie in ihrem Leben ändern würden, wenn sie die Möglichkeit dazu hätten, sagte Said sofort: »Ein neues Auto, das ist mein Traum.« In Gegenwart ihres Mannes sagte Wafa: »Ich würde Said ändern, damit ich wenigstens auf Hochzeiten gehen könnte.« Als Said einmal das Zimmer verließ, um Mineralwasser für seine Gäste zu holen, lächelte Wafa ein wenig verkniffen und fügte hinzu: »Er ist ein guter Ehemann, aber wenn ich vorher gewußt hätte, was er für einen Charakter hat, hätte ich ihn nicht geheiratet. Ich glaube, das war mein Schicksal.«

Kariman Hamza ist eine Frau, deren Gesicht im Mittleren Osten, mit Sicherheit jedoch in Ägypten, fast jeder kennt. Auch sie ist, wie ihr

Land, voller Gegensätze und scheinbarer Widersprüche. Als führende Islamistin leistet es sich die kleine, etwas rundliche und sehr modebewußte Frau, *hijabs* aus Chiffon, Spitze oder sogar Goldlamé zu tragen. Sie drapiert sie zudem über einen Pillbox-Hut, um sie besser zur Geltung kommen zu lassen. »Man kann elegant und trotzdem religiös konservativ sein«, sagt Hamza, die die Abteilung für religiöse Programme beim ägyptischen Staatsfernsehen leitet und darüber hinaus zweimal in der Woche eine eigene Interviewsendung über islamische Themen bestreitet.

Die fünfundfünfzigjährige Großmutter und Mutter von neun Kindern kann für sich in Anspruch nehmen, die erste ägyptische Frau in einem öffentlichen Amt gewesen zu sein, die schon 1970 einen Schleier trug. Seitdem führt sie einen Krieg mit der Regierung über die Frage, ob sie ihn auch in der Sendung tragen darf. »Der Minister hat elfmal versucht, mich daran zu hindern, den *hijab* zu tragen. Er hat mich gebeten, doch nicht so konservativ zu sein. Ich kann darauf immer nur dieselbe Antwort geben: Eine höhere Macht, Allah, hat mir und allen anderen Frauen auf der Welt befohlen, ihn zu tragen, und ich gehorche ihm.«

Hamzas Fernsehmodenschau wurde allerdings von der Regierung abgesetzt. Sie lief nur kurze Zeit und stellte islamische Damenmode vor. Die *hijabs* und *abayas* aus prächtigen Stoffen in leuchtenden Farben waren zum größten Teil mit Perlen, Blumen, luxuriösen Stickereien und sogar mit Pelzbesatz verziert. Es war die Art von aufsehenerregender Bekleidung, wie sie sie selbst trägt und die kaum noch an die schwarzen Umhänge erinnert, wie sie die Frauen nach Auffassung der islamischen Männer tragen sollten. Als die Modenschau abgesetzt wurde, funktionierte Hamza das Ganze unverzagt in ein islamistisches Modemagazin um und hatte großen Erfolg damit.

Ihre Interviewsendung wird in elf Ländern im Mittleren Osten, am Golf und in Nordafrika ausgestrahlt. Sie hat mit Königin Elisabeth im Buckingham-Palast diniert und die Schahbanuh von Persien, den König von Marokko und andere internationale Würdenträger interviewt. Themen ihrer letzten Sendungen waren unter anderem: islamische Banken, das Leben nach dem Tod, die Beziehung zwischen den Geschlechtern und die Frage nach der Notwendigkeit einer Reformation

des Islam. Über das letzte Thema äußerte sie sich mit der klaren
Schärfe, die sie in dreiundzwanzig Jahren Fernseharbeit perfektioniert
hat: »Indem wir zu Gott zurückfinden, überwinden wir jede Modernisierung. Der Islam ist jeder Modernisierung weit voraus; die Technologie hinkt hinterher. Ägypten ist nur deshalb ein unentwickeltes Land,
weil wir der Religion den Rücken gekehrt haben.«

Hamza ist die einzige Frau in Ägypten, die eine eigene religiöse
Fernsehsendung bestreitet. »Viele Frauen hatten sich beworben, aber
die Regierung hat sie stets abgelehnt.« Sie gibt allerdings zu, daß der
Sender häufig Briefe bekommt des Inhalts, daß das Gesicht einer Frau
nicht auf dem Bildschirm erscheinen sollte oder daß jemand Ungeeig-
netes interviewt wurde. »In solchen Fällen nehme ich Kontakt mit der
betreffenden Person oder islamischen Gruppe auf und versuche den
Leuten zu erklären, warum der Islam einer Frau nicht verbietet, in der
Öffentlichkeit aufzutreten. Viele dieser Islamisten tun mir leid, weil sie
mit ihrer Religion nicht sehr vertraut sind.« Die verzerrte Darstellung
des Islam durch die Islamisten hat in der Amerikanischen Universität
in Kairo so große Besorgnis ausgelöst, daß Seminare eingerichtet wurden, um die echten Grundlagen dieser Religion zu vermitteln.

Aufgrund ihrer mangelnden Kenntnisse, darauf pocht Hamza, wei-
gern sich viele der fundamentalistischen Gruppen, Frauen arbeiten zu
lassen. »Der wahre Islam steht dem Fortschritt der Frauen nicht im
Weg; er verbietet ihnen nicht, Führungspositionen zu bekleiden und zu
arbeiten. Sogar der Prophet hat seiner Frau Zeinab nach der Hochzeit
erlaubt weiterzuarbeiten. Sie machte ausgezeichnete Ledersättel, und
Mohammed war von ihrer Arbeit begeistert.« Hamza bringt es fertig, in
der einen Sekunde zu klingen wie eine Radikalemanze und in der
nächsten wie ein muslimischer Mann.

»Andererseits stimmt es natürlich, daß eine Frau zerbrechlicher und
empfindsamer ist als ein Mann. Sie braucht einen Mann, an den sie sich
anlehnen kann. Körperlich ist die Frau in jeder Beziehung schwächer
als der Mann, zum Beispiel ihr Puls, ihre Muskulatur, ihr Blut. Sie muß
ganz einfach Mutter und Ehefrau sein. Sie ist für die Ehe geschaffen.
Dem Islam ist es lieber, wenn die Frau nicht arbeitet, deshalb haben die
Männer auch mehr Macht. Der Islam hält die Frauen jedoch nicht
davon ab zu arbeiten, wenn es nötig ist, wenn der Mann zum Beispiel

krank ist, wenn er gestorben ist oder wenn sie geschieden ist.« Daß Hamza selbst, die vor kurzem Witwe geworden ist, seit über zwei Jahrzehnten beim Fernsehen arbeitet, ist da offenbar kein Widerspruch:»Ich liebe meinen Beruf, und ich wollte der Welt etwas über den Islam mitteilen. Ich habe angefangen zu arbeiten, als meine Kinder in die Schule gingen.«

Durch ihre exponierte Position ist sie mit den religiösen Scheichs der Al-Azhar-Moschee gut bekannt. Und sie macht sich Sorgen über die *fatwas*, die diese theologische Institution veröffentlicht, denn die Regierung hat eine gewisse Kontrolle über die islamischen Gelehrten, die in der Moschee arbeiten. »Al Azhar sendet Religionsgelehrte in die ganze Welt, damit sie den Menschen den Islam nahebringen, und das ist gut so. Aber der Große Scheich von Al Azhar, der höchste Würdenträger des Islam, wird von der Regierung ernannt und nicht gewählt. Das ist ein großer Fehler, denn seine Entscheidungen werden immer so ausfallen, daß sie der ägyptischen Regierung genehm sind. Wenn der Große Scheich in Al Azhar gewählt würde (so wie ein Papst gewählt wird), hätten die Muslime mehr Vertrauen zu den *fatwas*, die von ihm erlassen werden.«

Wie Hamza und anderen prominenten Muslimen schien es auch mir ziemlich fragwürdig zu sein, daß der Mann, nach dem sich 85 Prozent aller Muslime in allen Lebenslagen richten, ein ägyptischer Regierungsbeamter ist. Denn das bedeutet, daß jede politische Frage, die ihm die Regierung eines anderen islamischen Landes vorlegt, im Sinn der ägyptischen Regierung beantwortet wird. Trotzdem erkennen die Staatsoberhäupter Al Azhar in strittigen Fragen immer noch als höchste Instanz an und akzeptieren widerspruchslos die Entscheidungen, die von dort kommen. »Weil Al Azhar seit 1954 unterdrückt wird [als die Islamisten zum erstenmal gezwungen wurden, in den Untergrund zu gehen], hat der Islam seine Unabhängigkeit eingebüßt«, sagte mir die Kolumnistin Fahmy Howeidy. »Solange wir keine Demokratie haben, darf sich Al Azhar im Hinblick auf den Islam nicht zu weit von der Linie des Regimes entfernen.«

Es war gar nicht so leicht, Seine Exzellenz, den Großen Scheich Gad Al Haq von Al Azhar zu treffen, und es kostete mich viel Zeit. Man benötigte nicht nur eine persönliche Empfehlung, sondern auch eine besondere Genehmigung des Informationsministeriums. Abgesehen davon, daß alle Fragen vorher eingereicht werden mußten, brauchte ich zusätzlich noch eine Beglaubigung der amerikanischen Botschaft. Außerdem mußte man darauf achten, daß alle erforderlichen Dokumente von einer Behörde zur anderen weitergeleitet wurden. Wie alle ägyptischen Ministerien ist auch das Informationsministerium total übersetzt, weil man vor Jahren allen Universitätsabsolventen eine Stelle in einem der Ministerien garantiert hatte. Offizielle Untersuchungen zeigen, daß die Angestellten im öffentlichen Dienst in Ägypten pro Tag kaum länger als dreißig Minuten arbeiten.

Al Azhar wurde im zehnten Jahrhundert erbaut und war zunächst eine schiitische Moschee und das religiöse Zentrum der Fatimiden, die während ihrer zweihundertjährigen Herrschaft Ägypten mit Gewalt zum schiitischen Islam bekehrten. Saladin, der damals General war und aus demselben Dorf im heutigen Irak stammte wie Saddam Hussein, führte Ägypten 1171 zum sunnitischen Islam zurück.

Das Büro des Großen Scheichs von Al Azhar ist so bescheiden wie er selbst. Das schmutzige Gebäude, das einem nur wegen der vielen Bettler auffällt, liegt direkt an einer der verkehrsreichsten Kreuzungen der Stadt. Der Staub, die Auspuffgase, die Hitze und der ständige Verkehrslärm sind im Inneren genauso schlimm wie draußen. Ein schmutziger, verschlissener roter Läufer führt direkt zu Scheich Al Haqs Räumen und ist ein Hinweis auf seinen hohen Rang. Die anderen Fußböden sind nackt.

Der Scheich sah wie ein typischer Großvater aus. Mit über dem Bauch gefalteten Händen saß er an seinem großen Schreibtisch und begrüßte mich mit einem warmherzigen Lächeln. Er trug eine einfache graue Galabia, wie sie von Tausenden ägyptischer Büroangestellter getragen wird, und einen roten Fes, um den ein weißer Schal gewickelt war. Seine schwarze Brille und der gestutzte weiße Bart gaben ihm das Aussehen eines Gelehrten. Nur die drei Telefone, die moderne, gut funktionierende Klimaanlage und der Reißwolf verrieten, daß er kein gewöhnlicher Geistlicher war. Ich bin nie dahintergekommen, wozu ein Gottesmann einen Reißwolf braucht.

Der Große Scheich eröffnete das Gespräch mit einem kurzen Gebet:

»Allah sei gepriesen, Friede und Gebete seinem Propheten«. Seine ersten Bemerkungen erinnerten mich an Zeinab al-Ghazzali von der Muslimischen Schwesternschaft. Auch er führte die weltweite Erneuerung des Islam darauf zurück, daß er die naturgegebene Religion der Menschheit sei. »Sie kommt dem Wesen des Menschen, seinen Gedanken und seinem Verhalten entgegen. Und weil die Gesetze der Religion und die Scharia nicht starr, sondern so flexibel sind, daß der Mensch sie ohne Fanatismus befolgen kann, ist es nur logisch, daß sich eine solche Religion ausbreitet.«

Animositäten zwischen dem Westen und der muslimischen Welt schob er den Regierungschefs einiger westlicher Staaten in die Schuhe. »Sie wollen die muslimischen Länder im Mittleren Osten wieder kolonialisieren, um an ihre Bodenschätze zu kommen. Der Islam ist für seine Toleranz und Friedfertigkeit bekannt. Muslime sind keine Aggressoren, keine aggressiven Menschen. Aber Sie müssen unsere Religion durch qualifizierte Gelehrte kennenlernen und nicht durch die neue islamistische Bewegung. Solche Bewegungen und Gruppierungen richten sich gegen die Autoritäten. Sie sind mit Gewalt gegen die Menschen vorgegangen, so daß den Behörden nichts anderes übrigblieb, als wiederum mit Gewalt darauf zu reagieren.«

Manche Leute behaupten, daß Al Azhar bei diesen Gewalttätigkeiten eine aktive Rolle gespielt habe, weil die höchste islamische Autorität eine Reihe von Schriftstellern verbot, die daraufhin von den militanten Islamisten auf Todeslisten gesetzt und in manchen Fällen auch getötet wurden. »Das haben die Schriftsteller selbst zu verantworten. Sie haben sich durch das, was sie geschrieben haben, in diese Lage gebracht«, lautete die Antwort des Großen Scheichs. »Sie sollten nur über das schreiben, was gut ist und in Übereinstimmung mit dem Glauben der Menschen steht. Alles andere sollte von der Gesellschaft ferngehalten werden. Wenn ein kleines Kind mit Streichhölzern spielt, muß man sie ihm wegnehmen, denn sonst kann es sich und andere verbrennen. Deshalb hat Al Azhar etwas gegen Publikationen, Filme, Schauspiele und Bilder, die der Gesellschaft Schaden zufügen können oder den Prinzipien des Islam zuwiderlaufen. Wir legen sie dem Gericht vor, damit sie unterbunden werden können. Und die Gerichte müssen darüber entscheiden, ob sich jemand der Apostasie [Abtrünnigkeit vom

Glauben] schuldig gemacht hat. Der gewöhnliche Mann hat kein Recht, einen solchen Menschen zu töten.«

Solche Bemerkungen über Zensur muten einen Nicht-Muslim patriarchalisch und antiquiert an. Der Große Scheich weist jedoch die Unterstellung zurück, daß sich der Islam nach vierzehnhundert Jahren durch eine religiöse Reform an die moderne Welt anpassen müßte. »Die Säulen und Prinzipien des Islam wurden durch Allah verkündet. Deshalb besitzt der Islam bis in alle Ewigkeit und überall auf der Welt Gültigkeit. Eine Reform ist unnötig und unakzeptabel.«

Aber, wandte ich ein, es hat doch Veränderungen im Koran gegeben; sowohl die Sklaverei als auch das Konkubinat sind im Islam abgeschafft worden. Wenn der Islam in diesen Aspekten reformiert werden konnte, warum können dann nicht auch weitere Veränderungen durchgeführt werden, damit die Religion mit dem modernen Leben Schritt halten kann. »Im Falle der Sklaverei und des Konkubinats konnten diese Veränderungen durchgeführt werden, weil beides schon vor dem Islam existiert hat.«

Im Hinblick auf die Frauen erinnerten Scheich Al Haqs einleitende Bemerkungen sehr an die Äußerungen des Propheten Mohammed. »Männer und Frauen sind im Islam gleich, das bezieht sich auf die Ausbildung und auf alle anderen Lebensbereiche. Wenn es trotzdem im Islam besondere Gesetze für die Frauen gibt, dann dient das nur dem Wohl der Gesellschaft. Nehmen wir zum Beispiel das Verhüllen des Gesichts und der Hände. Das ist eine kulturelle Tradition der Frauen und keine Forderung des Islam.« Er zeigte sich dann jedoch schnell als kultureller Traditionalist. »Frauen können keine Richter sein«, betont er. »Schon vor langer Zeit haben die Schriftgelehrten und Imame des Islam erkannt, daß Frauen zu empfindsam sind, um sich mit schlimmen Verbrechen, Strafgesetzen, Hinrichtungen und solchen Dingen auseinanderzusetzen.«

Auch das, was der fünfundsiebzigjährige Scheich über Frauen in der Politik sagte, schien mir eher durch die konservative Einstellung seiner Generation geprägt zu sein, als durch den Islam. »Eine Frau kann eine Führungsposition bekleiden, aber sie kann kein Staatsoberhaupt sein. Sie kann niemals Präsidentin werden. Warum nicht? Auch in diesem Fall müssen wir die weiblichen Gefühle und ihre Empfindsamkeit

berücksichtigen, dann erkennen wir, daß sie nicht in der Lage ist, sich
mit den großen Dingen auseinanderzusetzen, vor die das Volk und die
Regierung gestellt werden.« Ich fragte ihn, was denn dann mit Benazir
Bhutto in Pakistan sei. Da lachte der Scheich und sagte: »Fehler werden
immer wieder gemacht, und das war ein Fehler der Demokratie. Wenn
sie mich bei ihrem Besuch gefragt hätte, ob es richtig war, daß sie zum
Staatsoberhaupt gewählt wurde, hätte ich nein gesagt.«

Der höchste Kirchenmann des Islam ist jedoch nicht der Meinung
der Fundamentalisten, die sagen, Frauen dürften nicht außerhalb ihres
Hauses arbeiten. »Der Islam sagt zwar, daß der Mann für die finanzielle
Versorgung der Frau verantwortlich sein sollte. Aber unter widrigen
Umständen und in einer Wirtschaftskrise, wie sie zur Zeit herrscht, ist
es durchaus statthaft, daß eine Frau arbeitet, um zum Unterhalt der
Familie beizutragen. Der Islam verlangt nur, daß sich die Frauen bei der
gemeinsamen Arbeit mit den Männern korrekt verhalten, über jeden
Verdacht erhaben sind und nicht versuchen, die Männer zu verfüh-
ren.« Wieder einmal sah es so aus, als müsse die Frau allein die ganze
Verantwortung dafür tragen, daß es zwischen Männern und Frauen
gesittet zugeht. Ich gestand dem Scheich, daß mich das verwirre.
Schließlich stehe im Koran, daß Männer *und* Frauen sittsam gekleidet
sein müßten und sich dem anderen Geschlecht gegenüber ebenso
verhalten sollten. Die Islamisten verlangten jedoch nur von den
Frauen, nicht von den Männern, daß sie sich an diese Regeln hielten.
»Warum ist das so?« fragte ich ihn. Er wich mir aus und sagte: »Männer,
die Frauen belästigen, wissen nichts über die Lehren des Koran, denn
sonst wüßten sie, daß der Koran es ihnen verbietet, eine Frau zu
berühren, anzuschauen oder zu belästigen.«

Ich erwähnte den Umstand, daß einige prominente Muslime besorgt seien, weil die für 85 Prozent aller Muslime höchste Autorität der
Welt ein Beamter der ägyptischen Regierung sei. Gerate er nicht in
einen Interessenkonflikt zwischen den Erfordernissen des Islam und
den Interessen des Staates? »Es mag da einige Meinungsverschiedenheiten geben, aber der Große Scheich von Al Azhar leitet stets die
Auffassung des Islam an die Regierung weiter, und nach der ägyptischen Verfassung darf sich die Regierung nicht gegen die Scharia des
Islam wenden.«

Zum Schluß fragte ich ihn, ob er glaube, daß Ägypten in naher Zukunft ein theokratischer islamischer Staat werden könnte, der durch die Scharia regiert würde, wie es die Islamisten fordern. »*Inshallah*, so Gott will, wird Ägypten auch in Zukunft den Anweisungen Allahs folgen.« Auch das war eine sehr diplomatische Antwort. Wenn er etwas anderes gesagt hätte, hätte es so ausgesehen, als erstrebe er das Ende der gegenwärtigen Regierung, der er selbst angehört.

»Wo haben Sie meine Telefonnummer her? Wer hat sie Ihnen gegeben? Wer sind Sie?« Sa'id al-Ashmawy, Ägyptens oberster Richter, ist verständlicherweise vorsichtig, wenn Leute, die er nicht kennt, Kontakt mit ihm aufnehmen. Seit zwölf Jahren ist er gezwungen, die Zeit, in der er nicht im Gericht arbeitet, hinter den dicht verschlossenen Fensterläden seiner Wohnung zu verbringen. In der Empfangshalle des Gebäudes kontrollieren bewaffnete Wachtposten alle Besucher und bringen sie mit dem Aufzug bis vor seine Tür. Schon seit Jahren kann Ashmawy nicht mehr zum Essen ausgehen oder einen abendlichen Spaziergang machen. An seiner Blässe erkennt man, daß er kaum an die frische Luft kommt.

Der fünfundfünfzigjährige Richter, der im Anschluß an seine Promotion noch in Harvard studiert hat, ist ein Mann, der sich nicht von seinen Grundsätzen abbringen läßt, auch wenn er dadurch in seiner Sicherheit und Freiheit drastisch eingeschränkt wurde und aus diesem Grund nicht heiraten und keine Kinder haben konnte. Al Azhar und andere führende Mullahs betrachten seine Auffassungen als Gotteslästerung, und die Islamisten versuchen seit 1980, ihn umzubringen. Daß ihnen das bisher noch nicht gelungen ist, ist einzig und allein darauf zurückzuführen, daß er strenger bewacht wird als manches Staatsoberhaupt. Worin besteht sein furchtbares Verbrechen? Er hatte erklärt, daß die Scharia zum größten Teil von Menschen gemacht wurde, nicht aus göttlicher Quelle stammt, und daher durch ein neues, zeitgemäßes Recht ersetzt werden könnte, das auch die Menschenrechte berücksichtigt. Für seine Gegner ist der Richter, der sich selbst als liberalen Muslim betrachtet, einer der schlimmsten Dissidenten, weil er seine Argumente mit Koranstellen untermauert.

»Die Rechtsvorschriften des Koran sind ziemlich begrenzt, und es gibt, verglichen mit der Gesamtzahl der Verse, verhältnismäßig wenige relevante Stellen. Der Koran enthält etwa sechstausendzweihundert Verse, von denen sich nur zweihundert – die meisten davon sind inzwischen außer Kraft gesetzt – mit Rechtsfragen beschäftigen. Die achtzig Verse, die noch übriggeblieben sind, behandeln vor allem den persönlichen Status und das Erbrecht. Der Koran ist im wesentlichen ein ethischer Kodex und kein Gesetzbuch.

Trotzdem glauben die militanten Islamisten, daß das islamische Recht von Gott verkündet wurde, und sie unterscheiden dabei nicht zwischen religiösen Gesetzen und dem Rechtssystem, das später angefügt wurde. Ein großer Teil dessen, was heute als Scharia betrachtet wird, wurde Jahrhunderte nach dem Tod des Propheten von Herrschern hinzugefügt, die sich selbst auf diese Weise unter dem Deckmantel der Religion für heilig erklärten. Das waren reine Diktaturen, die nichts mit dem Geist des Islam zu tun hatten. Nur für den Kalifen und seine Minister gab es so etwas wie Gerechtigkeit und Wohlstand. Sie verfügten darüber nach Gutdünken. Das Volk hatte kein Anrecht darauf und kam nicht in den Genuß solcher Vorteile. Jede Opposition war verboten. Wenn sie trotzdem entstand, wurde sie als Gotteslästerung und Atheismus gebrandmarkt.

Im Koran werden nur vier Strafen erwähnt, die von einem Gericht verhängt werden können: Amputation einer Hand bei Diebstahl, Auspeitschen bei Ehebruch, Auspeitschen als Strafe für denjenigen, der eine Frau ungerechtfertigt des Ehebruchs bezichtigt, und Gefängnis oder Tod für Straßenraub. Der Koran erwähnt außerdem eine Anzahl von Voraussetzungen, die erfüllt sein mußten, bevor solche Strafen verhängt werden durften. So durfte zum Beispiel die Amputation nicht vollstreckt werden, wenn der Dieb arm war und sich in Not befand. Und die Todesstrafe für Apostasie wird im Koran überhaupt nicht erwähnt. In Wirklichkeit betont der Koran sogar die Religionsfreiheit des einzelnen. Darüber hinaus enthält er einige Gesetze, die nur vorübergehend in Kraft waren. So wurden zum Beispiel die Sklaverei und das Konkubinat abgeschafft. Und da es bereits diesen Präzedenzfall gibt, könnte auch die Scharia modifiziert werden, und die Amputation bei Diebstahl könnte man zum Beispiel ebenfalls abschaffen.

Ähnlich ist es mit dem Begriff *jihad*: Er bedeutet im Koran im wesentlichen Selbstkontrolle und Selbstläuterung. Wenn sich das Wort *jihad* auf Krieg bezieht, bezeichnet es nur einen Akt der Selbstverteidigung. Der Koran verbietet jeden *jihad* als ausschließlich aggressiven Akt. Die Lehre der militanten Islamisten stellt nicht nur eine Bedrohung des Friedens und der Menschheit dar, sie unterminiert auch den Islam selbst, verfälscht seine großartigen Lehren und versetzt seinem lebendigen Geist und seiner Menschlichkeit den Todesstoß.«

Als Ashmawy vor zwölf Jahren sein erstes Buch veröffentlichte, in dem zu lesen war, daß die Scharia von Menschenhand gemacht und nicht heilig sei, geriet die ganze religiöse Gemeinde sofort in Aufruhr. Mehrere Bücher des Richters, die folgten, lösten weitere Unruhen aus, obwohl gemäßigte Muslime und weltlich orientierte Menschen sie als Grundlage für ihre Auseinandersetzungen mit den Islamisten benutzten. »Die extremistische Gruppe Al-Jihad startete eine regelrechte Revolution gegen mich. Ich wurde von vielen angegriffen, von der Presse, vom Großen Scheich, und Al Azhar veranstaltete Demonstrationen gegen mich. Die erste Todesdrohung erhielt ich, nachdem der Minister für religiöse Angelegenheiten sich beim Gebet in der Moschee gegen mich ausgesprochen hatte. Dann erklärte einer der religiösen Scheichs, ich sei vom Glauben abgefallen und hätte die Todesstrafe verdient. In einer anderen Moschee in Kairo forderte man die Leute offen dazu auf, mich umzubringen. Zu diesem Zeitpunkt beschwerte ich mich bei Präsident Sadat, und der betreffende Mullah wurde entlassen. Seitdem läßt die Regierung mich rund um die Uhr bewachen.

Ich stand damals kurz vor der Heirat, aber ich sah ein, daß das meiner Frau und meinen Kindern gegenüber unfair gewesen wäre. Sie würden durch solche Drohungen in Angst und Schrecken versetzt, und meine Sorge um ihre Sicherheit würde meine Position schwächen. Seit ich diese Todesdrohungen erhielt, habe ich mein Leben drastisch ändern müssen. Ich gehe nicht mehr aus, und ich bin sehr vorsichtig, bevor ich jemanden in meine Wohnung lasse. Aber ich verfolge die ganze Problematik mit großer Leidenschaft, und Gott wird mich beschützen. Seit Farag Foudas Tod bin ich allerdings noch nervöser geworden. Ich hoffe, als alter Mann im Bett eines natürlichen Todes zu sterben ... Aber ich werde niemals nachgeben. Ich würde lieber mein

Leben verlieren als meine Arbeit. Ich versuche, ein besseres Verständnis des Islam zu fördern.

Die militanten Muslime leisten der Menschheit keinen Dienst. Und sie reagieren auf jeden Widerstand mit Todesdrohungen. Ihre Argumente sind schlecht durchdacht und entbehren jeder Grundlage. Wenn Sie zum Beispiel der islamistischen Argumentation im Hinblick auf die Verschleierung der Frauen folgen, dann müßten sich auch die Männer verschleiern. So einfach ist das. Für diese Bewegung steht eine Frau immer unter der Obhut eines Mannes, das kann der Vater, Bruder, Ehemann oder sogar ihr Sohn sein. Die Islamisten behaupten, sie habe kein Recht, das Haus zu verlassen, ohne vorher die Erlaubnis ihres Aufpassers einzuholen, und sie dürfe nicht arbeiten, sobald sie verheiratet ist. Für die Islamisten hat die Frau kein Recht, das anzuziehen, was sie anziehen möchte, sie muß vollständig verhüllt sein, sonst wird sie zur Häretikerin erklärt.

Diese Bewegung hat nichts mit Rationalität zu tun, sie ist nichts anderes als eine politische Partei mit bestimmten Parolen. Die Islamisten werden von Saudi-Arabien und dem Iran unterstützt und sind inzwischen in Ägypten über das Fernsehen und die Presse in alle Lebensbereiche vorgedrungen.«

Ashmawy behauptet, daß die totalitären Regime der meisten islamischen Länder schuld daran seien, daß sich so viele Muslime in militante religiöse Organisationen drängen ließen. »Die meisten Länder, in denen die Muslime in der Mehrheit sind, werden von militärischen oder halbmilitärischen Regierungen geführt. Und es ist typisch für solche Regierungen, daß sie ein großes Interesse daran haben, daß äußere Bedrohungen aufgebauscht werden, weil sie auf diese Weise von den inneren Schwierigkeiten ablenken können. Für die islamische Welt sind die westliche Kolonialpolitik und der Staat Israel eine permanente äußere Bedrohung. Da die Leute nicht in einer Demokratie leben und ihre aus dem Mißtrauen entstandenen Gefühle nicht auf normale, gemäßigte Weise abreagieren können, werden sie den Extremisten in die Arme getrieben.

In der gesamten islamischen Welt haben die totalitären Herrscher die Möglichkeit wahrgenommen, öffentliche Mittel und Finanzhilfen aus dem Ausland für sich selbst abzuzweigen, was eine Welle der

Korruption ausgelöst hat. Freiheit, Bildung und Verantwortungsbewußtsein wären in einer solchen Situation die richtige Medizin. Da das alles jedoch nicht vorhanden ist, glauben viele Leute, daß die Errichtung einer theokratischen Regierung alle sozialen Übel kurieren könnte. Eine solche Regierung, so glauben sie, würde eine neue, ideale Gesellschaft schaffen. Sie würden dann in dieser Welt, in der sie sich zur Zeit noch wie Fremde vorkommen, ihre Identität, Sicherheit und Hoffnung finden.

Wenn man jedoch der Überlieferung des Propheten folgt, dann ist eine wahre islamische Regierung eine Regierung des Volkes, eine Regierung, die die Bürger in freien Wahlen bestimmen und an der sie teilhaben können. Eine Regierung, die sie auf friedlichem Weg ändern können, ohne Blut vergießen zu müssen und ohne gleich als Häretiker verdammt zu werden. Aber die Scheichs von Al Azhar sind Regierungsbeamte. Warum sollten die Muslime ihre Blicke auf Al Azhar richten, um von dort das letzte Wort über den Islam zu vernehmen? Ich kann dort keinen einzigen wirklich klugen Gelehrten erkennen, alle sind ziemlich heruntergekommen. Einige von ihnen sind gebildet, andere nicht, und das Niveau der religiösen Kenntnisse ist recht mäßig. Ich wundere mich daher immer wieder, daß andere Länder von Al Azhar das letzte Wort über den Islam erwarten.

Wenn ich an die Zukunft Ägyptens denke, wird mir angst und bange. Die Islamisten könnten das Land durch ihren sektiererischen Kampf zerstören. Ihre Bewegung ist nicht mehr zu kontrollieren, und sie könnte auch noch viele andere islamische Länder verwüsten und ihnen ungeheuren Schaden zufügen. Die Islamisten werden sehr bald auch dem Westen große Probleme bereiten. Begonnen hat es schon.«

Epilog

Und wenn zwei Gruppen von den Gläubigen einander bekämpfen,
dann stiftet Frieden zwischen ihnen.
Wenn dann aber die eine der anderen Gewalt antut,
dann kämpft gegen diejenige, die gewalttätig ist,
bis sie wieder einlenkt,
dann stiftet zwischen den beiden Frieden,
wie es recht und billig ist, und laßt Gerechtigkeit walten.
Koran 49:9

Fundamentalismus ist keine Modeerscheinung, sondern entspricht den Vorstellungen einer ganzen Generation.« Diese Auffassung Martin Kramers vom Institut für Nahost-Politik in Washington wird von vielen Kennern des Mittleren Ostens und auch von den islamistischen Führern selbst geteilt.»In diesem Teil der Welt wird letzten Endes nur der Islam überleben. Nichts anderes kann die Jugend inspirieren, mobilisieren und ihr ein Gefühl für ihre Geschichte vermitteln«, sagt Hassan al-Turabi, der militante Führer der Fundamentalisten im Sudan.»Der Islam ist eine Kraft, die sich in jedem Fall durchsetzen wird, denn er ist eine geschichtliche Kraft. Der Westen wird einfach lernen müssen, mit diesem neuen, immer stärker werdenden Machtblock zu leben.«

Und Turabi zufolge wird die islamistische Bewegung sich ständig weiter ausbreiten. Und ihre repressiven Politiker werden das Leben der Muslime, vor allem das der Frauen, immer mehr bestimmen. Fortschritte, die die muslimischen Frauen in den letzten Jahren gemacht haben, werden entweder von den fundamentalistischen Bewegungen oder von den herrschenden Regimen selbst wieder rückgängig gemacht, wenn sie befürchten, daß die Islamisten ihre Macht bedrohen. In einer Welt, in der man Frauen noch vor einer oder zwei Generationen das Recht auf eine Ausbildung zugestand, werden sie inzwischen wieder wie unmündige Kinder behandelt. Im Namen der Religion verbietet man ihnen zu reisen, zu arbeiten, zu studieren, sich scheiden zu lassen, zu wählen oder Führungspositionen zu bekleiden. Man verbietet ihnen, in wichtigen oder weniger wichtigen Fragen, die ihr Leben betreffen, selbst Entscheidungen zu treffen. Und weil die islamischen Schriften, die ihre Rechte bezeugten, verfälscht wurden und gegen sie verwendet werden, riskieren Frauen ihr Leben, wenn sie nicht bereit sind, sich dem Diktat zu beugen, und deshalb von den Fanatikern als un-islamisch bezeichnet werden.

»Solche Einschränkungen sind notwendig«, behaupten die Islamisten. »Sie schützen die Ehre der Frauen und sind gleichzeitig ein Symbol für die große Achtung, die wir vor ihnen haben.« In Wirklichkeit werden die Frauen von diesen neokonservativen politischen Organisationen auf tausend verschiedene Arten erniedrigt, für die es in ihrer Religion keinerlei Grundlage gibt.

Auf der einen Seite bleibt die Ehre der Frau der Angelpunkt, um den sich die ganze islamische Gesellschaft dreht, auf der anderen ist das Maß der Einschränkungen der Frauen gleichzeitig der Indikator für die Veränderungen in der muslimischen Welt. Die Veränderungen, die sich im Leben der Frauen vollziehen, nehmen den Kurs vorweg, den die islamischen Nationen im nächsten Jahrhundert einschlagen werden.

Schon jetzt sind außer den zehn Ländern, die hier beschrieben wurden, zahlreiche andere davon betroffen. Im Sudan hat die Nationale Islamische Front, ein militanter Ableger der Muslimischen Bruderschaft unter der Führung des weltgewandten, im Westen erzogenen Turabi, das Land in einen gewalttätigen theokratischen Staat verwandelt. Die Zwangsbekehrungen von drei Millionen Christen in den südlichen Provinzen waren so brutal, daß der Papst sie persönlich öffentlich verurteilt hat. Der Sudan trägt dazu bei, daß sich der islamische Extremismus auch auf die gemäßigten arabischen Länder und auf einige afrikanische Staaten ausdehnt, und der Iran unterstützt ihn dabei.

Selbst auf dem chinesischen Festland ist der islamische Fundamentalismus auf dem Vormarsch, »vor allem unter den Hui in der Gegend von Xian«, schreibt Richard Weeks, der amerikanische Anthropologe, Demograph und Islamkenner. Wie der Sudan plant auch Malaysia, die

Scharia einzuführen und auf die zehn Prozent der Bevölkerung mit anzuwenden, die keine Muslime sind. In Indonesien, dem Land mit der größten muslimischen Bevölkerung, schmücken heute bereits Fotos von Khomeini die Wände der Klassenzimmer. In den ehemaligen Sowjetrepubliken Aserbeidschan, Usbekistan, Kirgisien und Tadschikistan sind bereits über sechzig Millionen Menschen Muslime, und in den nächsten fünfzehn Jahren dürften es hundert Millionen werden. Der Streit zwischen dem Iran, Pakistan und Saudi-Arabien um die Hegemonie in diesen »Islamistan« genannten Ländern, die über reiche Bodenschätze und eine hochentwickelte Technologie verfügen, hat bereits begonnen. »Das Schicksal des fundamentalistischen Islam als weltweite politische Bewegung, die in der Lage ist, sowohl eine materielle als auch eine spirituelle Entwicklung einzuleiten, steht und fällt vermutlich mit dem Erfolg, den man bei der Rekrutierung der Muslime in den zentralen exsowjetischen Staaten haben wird«, sagt der Fundamentalismuskenner Scott Appleby.

Und nachdem der islamische Extremismus in Afghanistan Fuß gefaßt hat, sind die Afghanen jetzt dazu übergegangen, ihre neue Ideologie und ihr militärisches Know-how in andere islamische Staaten zu exportieren. In Tadschikistan, wo seit 1992 Tausende bei Kämpfen zwischen sozialistischen und islamischen Einheiten ums Leben gekommen sind, hat Afghanistan Zentralasiaten militärisch ausgebildet und mit Waffen versorgt. Und auch in Kaschmir haben sie die muslimischen Aufständischen im Kampf gegen die indischen Truppen unterstützt. Tausende von arabischen Extremisten, Veteranen des Krieges zwischen Afghanistan und der Sowjetunion, haben sich als Söldner Saudi-Arabiens mit den algerischen Fundamentalisten verbündet. Auch in Bosnien haben Araber und Afghanen an Kampfhandlungen teilgenommen und Muslime des ehemaligen Jugoslawien militärisch ausgebildet; Waffen kamen aus dem Iran.

Beobachtern aus dem Westen wie aus dem Mittleren Osten bereitet jedoch der islamistische Aufstand in Ägypten die größten Sorgen. Wenn es den Fundamentalisten gelingen sollte, die dortige Regierung zu stürzen, befürchtet man, daß andere Länder in der Region diesem Beispiel folgen werden. »Ägypten ist der Knackpunkt. Die anderen muslimischen Länder achten sehr genau darauf, wie die Regierung mit der Situation fertig wird«, sagt Appleby. »Wenn Ägypten an die Fundamentalisten fällt, wenn das weltliche Regime gestürzt oder abgewählt wird, wird es im Mittleren Osten und in Nordafrika zu einer Welle von Veränderungen kommen. Die westliche Politik, die Politik der USA in der Region, ist eng mit dem Schicksal Ägyptens verbunden. Und Ägypten ist natürlich auch ein wichtiger Mitspieler im Friedensprozeß im Mittleren Osten. Wenn es Ägypten nicht gelingt, alles zusammenzuhalten, wird es zu einem geopolitischen Domino-Effekt kommen.« Die zunehmende Instabilität Ägyptens ist auch Thema eines besorgniserregenden Berichts, den CIA-Chef R. James Woolsey im Oktober 1993 einem Senatsausschuß zukommen ließ. Darin räumte er ein, daß Ägypten über biologische Waffen verfügt. Sollten solche Waffen Fanatikern in die Hände fallen, wäre das eine bedeutend größere Bedrohung für Tel Aviv und Jerusalem als Saddam Husseins Scud-Raketen.

»Ägypten ist immer der Führer der anderen gewesen, die ›Mutter von allen‹«, fügt der Politologe Alon Ben-Meir hinzu. »Wenn Ägyptens desolate Wirtschaft nicht gesundet, werden die Fundamentalisten die Macht übernehmen. Ägypten braucht dringend Geld, nicht nur die umgerechnet zwei oder drei Milliarden Dollar US-Hilfe pro Jahr, von der ohnehin über die Hälfte gestohlen wird. Es braucht umfangreiche Investitionen, um seine Infrastruktur ausbauen zu können.«

Seit der Unterzeichnung des Camp-David-Abkommens im Jahr 1978 hat Ägypten von den Vereinigten Staaten umgerechnet 45 Milliarden D-Mark bekommen und steht damit an zweiter Stelle nach Israel. Allerdings geben sowohl Amerikaner als auch Ägypter zu, daß ein großer Teil dieser Finanzhilfe abgezweigt und/oder verschwendet worden ist. Einer der größten Übeltäter ist ägyptischen Kritikern zufolge die Familie Mubarak. Sie werfen dem Präsidenten und seinen beiden Söhnen Ala und Gamal vor, Geld aus der ägyptischen Staatskasse und der amerikanischen Finanzhilfe auf eigene Konten umzuleiten. Ihr Vermögen soll inzwischen fast drei Milliarden D-Mark betragen.

Und obwohl Ägypten offiziell ein Vielparteienstaat ist, glauben viele, daß Präsident Mubarak sich selbst immer mehr als »Präsident auf Lebenszeit« versteht. Diese Auffassung wurde 1993 bestätigt, als Mubarak als einziger Präsidentschaftskandidat für eine dritte sechsjährige Amtszeit »erneut nominiert« wurde, obwohl seine Partei ganz offensichtlich nicht mit den zahlreichen Problemen des Landes fertig wird. Die einzige Reaktion der ägyptischen Regierung auf die folgenden Unruhen bestand darin, daß sie Razzien durchführte und Dissidenten hinrichten ließ.

»Da es der Demokratie im Mittleren Osten bisher nicht gelungen ist, Fuß zu fassen, können die arabischen Führer ungestraft ihre eigenen Leute abschlachten und den Überlebenden weismachen, Israel und der Westen seien die wahren Feinde«, schrieb letztes Jahr ein Kolumnist der »New York Times«. »Seit dem Zweiten Weltkrieg ist es der arabischen Welt nicht gelungen, eine einzige Regierung hervorzubringen, die die Macht mit dem Volk teilt, keine einzige Regierung, die sich für ihr Volk verantwortlich fühlt, keine einzige Regierung, die auf einem echten parlamentarischen Prozeß, auf Religionsfreiheit und demokratischer Selbstbeschränkung basiert.«

Es wird mit der Zeit immer wahrscheinlicher, daß die ägyptische und andere islamische Regierungen zwangsläufig bald erkennen, daß es zu den Rebellionen, die durch die Unterdrückung ausgelöst werden, nur eine einzige Alternative gibt: echte Reformen. Der muslimische Bürger steht zur Zeit vor einer unmöglichen Alternative, meint Hisham Sharabi, ein Wissenschaftler aus Washington. »Auf der einen Seite warten die Fundamentalisten, auf der anderen steht die Tyrannei des Staates, der Einheitspartei, der Armee. Die muslimische Gesellschaft wird zwischen beiden hin- und hergerissen.« Das Fehlen echter Alternativen macht die ohnehin schon brisante Situation in der muslimischen Welt noch explosiver.

Nachbemerkung

In der islamischen Welt entwickeln sich zwischen Frauen schneller persönliche Bande als im Westen, was vermutlich auf die Trennung der Geschlechter dort zurückzuführen ist. Ich bin dankbar dafür, daß mich die Frauen auf meinen Reisen wie eine Schwester in ihrer Mitte aufgenommen haben, und bewundere ihre Ehrlichkeit, ihre Kraft, ihren Mut und die Beständigkeit ihres Glaubens. Sie sorgten dafür, daß es mir in ihrer Welt gutging, dabei war nicht ich, sondern sie waren in Gefahr, wenn sie mit mir sprachen oder mir halfen. Das gilt vor allem für die Frauen, die in totalitären Regimen leben und deren Namen hier nicht genannt werden dürfen. Ich bin stolz, daß ich viele von ihnen als neue Freundinnen betrachten darf, und hoffe inständig, daß diejenigen, die mir die Erlaubnis gaben, ihre Namen zu veröffentlichen, keinen Repressalien ausgesetzt sind – sei es von der Regierung, von den Extremisten oder von der Gesellschaft.

Viele andere Menschen haben mir massive Unterstützung zukommen lassen: westliche und islamische Journalisten haben mir ihre Unterlagen zur Verfügung gestellt, mir ihre Quellen genannt und mich an ihren Erfahrungen teilhaben lassen. Das gilt ebenso für Hochschullehrer, Theologen, Botschaftsangehörige, Mitglieder der Menschenrechtsbewegung und Dolmetscher. Alle opferten mir in den Ländern, die ich bereist habe, in großzügiger Weise ihre Zeit.

Im Lauf meiner Odyssee sorgten viele Leute für mein seelisches und leibliches Wohl: Lynn und Mustafa, John und Margaret Rodgers, die Familie Rahmat in Pakistan, David und Diane, Robert L., Bernice, L. und K. am Golf, T. und Y. in Jordanien und D. in Israel. Besonderer Dank geht auch an die Angestellten von Asma Jahangir, die hart für mich gearbeitet haben, und an Nafsia Hoodbhoy und Tahir Malik. Ferner an Faribah G. und J. im Iran, an Fatima, Faiza und an S. und A. in Ländern, deren Namen ich nicht nennen möchte.

Wenn Rachel Rossow und D. K. mir ab und zu nicht gut zugeredet und mir Mut gemacht hätten, hätte dieses Buch nie das Licht der Welt erblickt. Brigitte Georgevichs großzügiges Angebot, Dutzende von Tonbändern abzutippen, war wirklich sehr nobel, und ihre kluge Kritik war für mich von unschätzbarem Wert. Auch Pam Hait, Janet Maughan, Irene Bell, Bill Jones, Sam McGarrity und Beth Weinhouse haben mir mit Rat und Tat zur Seite gestanden. Sharon Epperson danke ich für die Sorgfalt, mit der sie mir bei meinen Recherchen geholfen hat.

Nicht zuletzt möchte ich meiner Verlegerin Fredrica Friedman danken. Sie ist der Meinung, daß die Aufgabe eines Autors ihn an die Grenzen seiner Möglichkeiten führen sollte, und es gelingt ihr, das zu einer faszinierenden Herausforderung werden zu lassen. Ich danke ihrem fantastischen Team: Jordan Pavlin, Eve Yohalem und Pamela Marshall. Und dann ist da natürlich noch Connie Clausen, eine Literatur-Agentin, die den Schmerz mit Humor lindert.

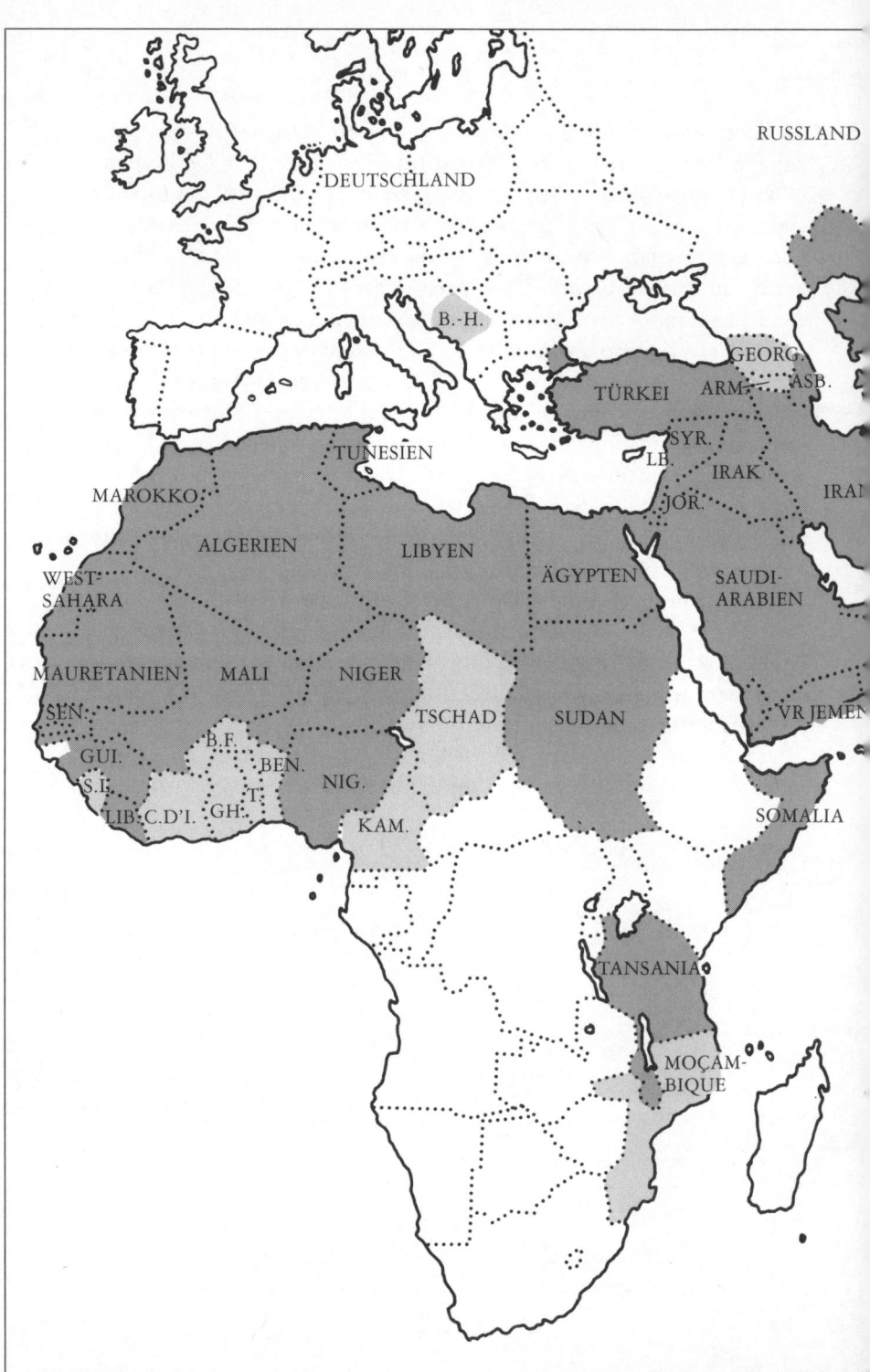

RUSSLAND

DEUTSCHLAND

B.-H.

GEORG.

TÜRKEI ARM. ASB.

SYR.

LB.

IRAK IRAN

JOR.

TUNESIEN

MAROKKO

ALGERIEN LIBYEN ÄGYPTEN SAUDI-
ARABIEN

WEST-
SAHARA

MAURETANIEN MALI NIGER

SEN. TSCHAD SUDAN VR JEMEN

GUI. B.F.

S.L. BEN.

LIB. C.D'I. GH. T. NIG.

KAM.

SOMALIA

TANSANIA

MOÇAM-
BIQUE

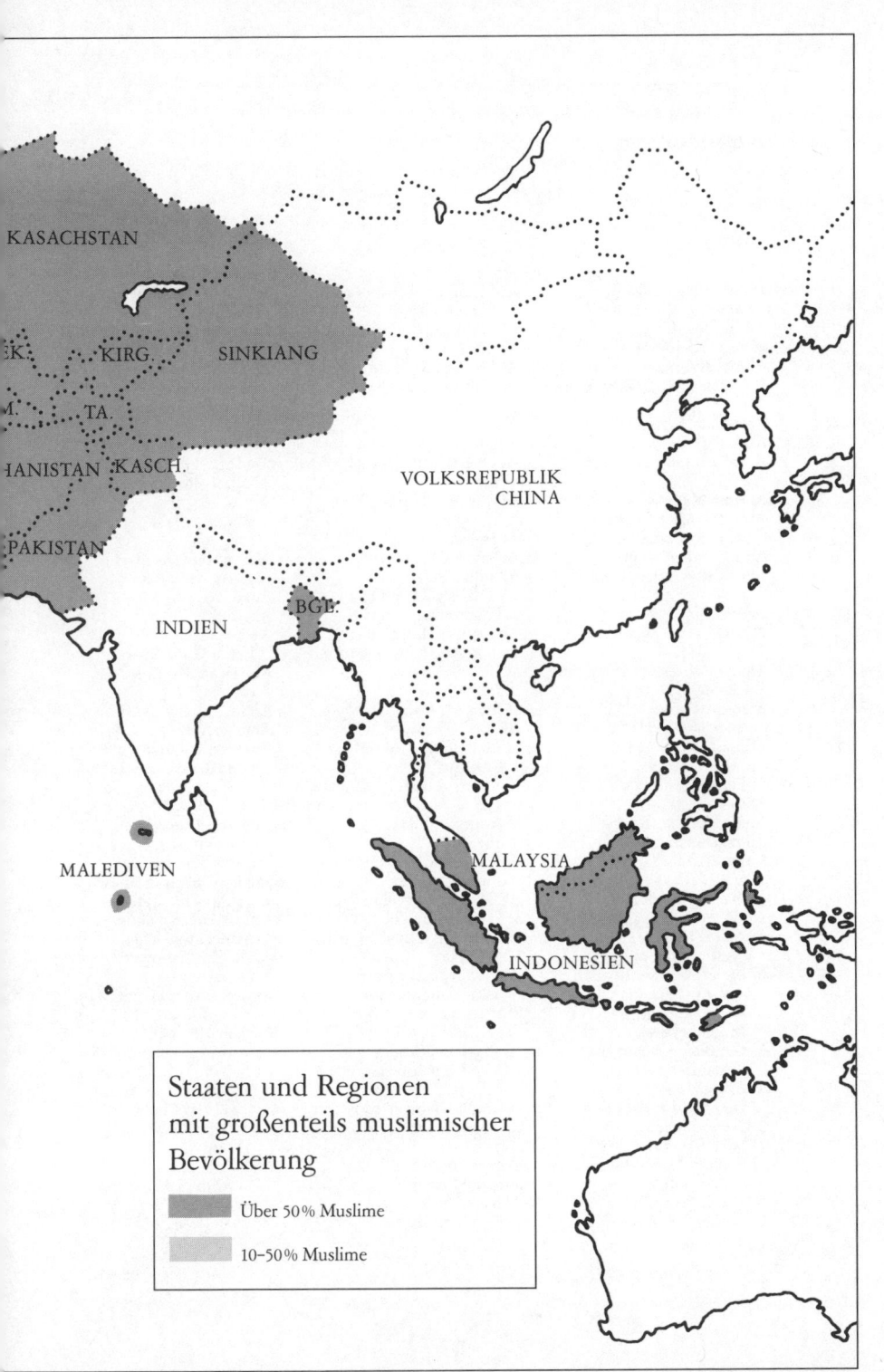

KASACHSTAN

EK. · · · KIRG. · · · SINKIANG

M. · · · · · TA.

HANISTAN · KASCH.

PAKISTAN

INDIEN

VOLKSREPUBLIK
CHINA

BGL.

MALEDIVEN

MALAYSIA

INDONESIEN

Staaten und Regionen
mit großenteils muslimischer
Bevölkerung

    Über 50% Muslime

    10–50% Muslime

Register